四川省志

Sichuan Shengzhi

旅游志

1986—2005

【第四十卷】

四川省地方志编纂委员会 编

方志出版社
Publishing House of Local Records

图书在版编目（CIP）数据

四川省志. 旅游志 ：1986－2005 / 四川省地方志编纂委员会编. — 北京 ：方志出版社，2014.9
ISBN 978-7-5144-1385-4

Ⅰ. ①四… Ⅱ. ①四… Ⅲ. ①四川省－地方志②地方旅游业－旅游业发展－概况－四川省－1986－2005 Ⅳ. ①K297.1

中国版本图书馆CIP数据核字(2014)第223749号

四川省志·旅游志(1986－2005)

编　　者：四川省地方志编纂委员会
责任编辑：陈　菁

出 版 人：冀祥德
出 版 者：方志出版社
地址　北京市朝阳区潘家园东里9号（国家方志馆4层）
邮编　100021
网址　http://www.fzph.org
发　　行：方志出版社发行中心
（010）67110500
经　　销：各地新华书店
印　　刷：深圳中华商务安全印务股份有限公司
设计制作：成都蓝月星空文化传播有限公司

开　　本：889×1194　1/16
彩插印张：4.5
正文印张：26.25
字　　数：698千
版　　次：2014年9月第1版　2014年9月第1次印刷
印　　数：0001～2000册

ISBN 978-7-5144-1385-4/K·1131　定价：372.00元

·版权所有　翻印必究·

世界自然遗产九寨沟 SHIJIE ZIRAN YICHAN JIUZHAIGOU

九寨沟：如梦如幻　如诗似画

九寨沟　位于阿坝藏族羌族自治州九寨沟县（原南坪县）境内，因沟内有九个藏族村寨而得名。九寨沟海拔在2000米以上，沟内遍布原始森林，有108个湖泊（海子），众多瀑布、泉水和水滩，水色水景最为奇丽。翠海、叠瀑、彩林、雪峰、藏情……被誉为“梦幻仙境”“童话世界”。图为九寨沟诺日朗瀑布，落差20米，宽达300米，是九寨沟最宽阔的瀑布

九寨沟冬景

九寨沟树正群海　树正群海由大小19块海子组成，中间由树林、小瀑布相连，犹如美丽的翡翠项链

九寨沟长海　长海是九寨沟海拔最高、湖面最宽的海子，湖深处达百余米，呈S形，海子四周森林碧翠，山峰终年积雪　　（杨　孝　摄）

世界自然遗产黄龙 SHIJIE ZIRAN YICHAN HUANGLONG

黄龙：钙华奇观　人间仙境

黄龙　位于阿坝藏族羌族自治州松潘县境内岷山主峰雪宝顶下。由碳酸钙凝聚而成的色彩奇特的钙化埂，连绵分布3600余米，最宽170米，流水潴留其中，形成层叠相连的大片彩池群，彩池数多达3400余个，是中国一绝、世界罕见的钙华奇观

黄龙冬雪　　（陈　笃　摄）

黄龙五彩池　五彩池群面积2.1万平方米，有彩池693个，是黄龙沟内最大的彩池群。五彩池色彩缤纷，极尽美丽娇艳，被誉为“人间瑶池”

世界自然与文化遗产峨眉山 SHIJIE ZIRAN YU WENHUA YICHAN EMEISHAN

峨眉山：名山古刹　秀甲天下

峨眉山　位于峨眉山市（原峨眉县）境内，最高峰万佛顶海拔3099米，景区面积154平方公里，风景秀丽，有“秀甲天下”之美誉。峨眉山是中国四大佛教名山之一，有寺庙26座，万年寺、报国寺、伏虎寺等享有盛名。图为峨眉山金顶，在金顶可欣赏“日出”“云海”“佛光”和“圣灯”四大绝景。2005年建成的金顶金佛，铜铸鎏金工艺，通高48米，总重量达660吨

峨眉杜鹃　峨眉山植被丰富，共有3000多种植物，其中包括世界上稀有的物种

峨眉山大佛禅院　位于峨眉山市郊，明代无穷国师开创，明万历慈圣皇太后赐寺名“大佛寺”，后被毁。1996年4月奠基，1998年破土开建，改名为“大佛禅院”。占地400余亩，为朝拜峨眉山的第一门户，亚洲最大的十方丛林之一

乐山大佛：山佛同体　三江同流

乐山大佛　地处乐山市，大佛座落在岷江、青衣江、大渡河三江汇流处凌云山悬崖，与乐山城隔江相望，为弥勒佛坐像，通高71米，是中国最大的一尊摩崖石刻造像，大佛于唐代开元元年（公元713年）开建，完成于贞元十九年（公元803年），历时约90年。大佛在凌云山岩壁上开凿而成，佛在山中，山为佛体，被称为“山是一尊佛，佛是一座山”

乐山睡佛　乐山睡佛是由乌尤山、凌云山、龟城山构成的奇观。1989年，广东顺德人潘鸿忠到乐山旅游拍照后发现，在乐山市区江边眺望乌尤山、凌云山、龟城山，状似一尊睡卧的大佛，得到认同，引起海内外的轰动和关注

乐山凌云山乌尤山夜景 乐山大佛与睡佛的夜景，蔚为壮观　　（高陆川　摄）

世界文化遗产青城山 SHIJIE WENHUA YICHAN QINGCHENGSHAN

青城山：幽幽山廓　深深道观

青城山　位于都江堰市西南，因山势状若城廓而得名。全山林木青翠，四季常青，诸峰环峙，曲径通幽，以幽深取胜，自古有“青城天下幽”的美誉。青城山是中国著名的道教名山，中国道教的发源地之一。全山的道教宫观以天师洞为核心，包括建福宫、上清宫、祖师殿、圆明宫、老君阁、玉清宫、朝阳洞等数十座道教宫观

青城山天师洞　青城山最主要的道观，1983年，被国务院确定为全国重点道教宫观。相传东汉末年，天师道创始人张道陵在青城山峭壁间修炼布道　（玫　影　摄）

青城山山门夜景

世界文化遗产都江堰 SHIJIE WENHUA YICHAN DUJIANGYAN

都江堰：千年古堰　天府之源

都江堰　位于四川省都江堰市城西，是中国古代建设并一直使用的大型水利工程，由秦国蜀郡太守李冰及其子二郎于公元前256年左右主事修建，是以无坝引水为特征的宏大水利工程，在海内外享有盛名，被誉为“世界水利文化的鼻祖”

都江堰二王庙　世界文化遗产都江堰的重要组成部分，位于岷江东岸的玉垒山麓，为纪念都江堰的开凿者李冰父子而建。庙内有李冰父子的塑像，石壁上嵌有治水的格言

都江堰南桥　位于都江堰宝瓶口下侧的岷江内江上，是一座廊式古桥。清光绪四年（公元1878年）建成木桥，名“普济桥”。1959年重建更名为“南桥”。1982年，国务院将南桥划入都江堰文物保护区范围

大熊猫：珍稀国宝　亲善使者

大熊猫　世界上最珍贵的动物之一，国家一级保护动物，被誉为“中国国宝”。大熊猫是中国特有物种，2004年，全世界野生大熊猫数量约为1590只。其中除少量分布在陕西、甘肃外，主要分布在四川省

雅安碧峰峡熊猫园大熊猫西西和宝宝　　（程果凡　摄）

憨态可掬、人见人爱的大熊猫

自然风光 ZIRAN FENGGUANG

剑门绝壁　剑门蜀道为首批国家级风景名胜区之一。剑门关峭壁如城墙，独路如门,是古蜀道的咽喉，有“剑门天下险”一说

翠云廊　古柏驿道，位于广元市剑阁县和绵阳市梓潼县，古驿道两侧有古柏8000余株。古柏,民间称“皇柏”，又称“张飞柏”，相传为三国蜀汉名将张飞所植

贡嘎夕照　贡嘎山位于甘孜藏族自治州，有海拔6000米以上的山峰45座，主峰海拔7556米，被喻为“蜀山之王”。贡嘎山是国际上享有盛名的高山探险和登山圣地，也是难以征服的大尺度高山。贡嘎山国家级风景名胜区由海螺沟、木格错、伍须海、贡嘎南坡等景区组成

九龙伍须海　位于贡嘎山西麓甘孜藏族自治州九龙县境内，主要景观由山峰、原始森林、林中溪流、五花草甸、高山草甸与湖泊、奇树和各种珍稀动植物及独特的藏族风情组成

海螺沟冰瀑布　海螺沟位于贡嘎山东麓甘孜藏族自治州泸定县境内，以低海拔现代冰川闻名于世。大冰瀑布，高达1000多米，宽约1100米，瑰丽非凡

海螺沟天然温泉　凛冽冰雪与滚热汤泉强烈的对立统一

康定木格措　又名康定情歌风景区，位于贡嘎山脉中段甘孜藏族自治州康定县境内，高山湖泊和温泉，原始森林、草原和雪山景色辉映，自然景观与浓郁的情歌情景交融　（文　月　摄）

蜀南竹海　位于宜宾市长宁、江安两县境内，国家级风景名胜区。景区7万余亩，一望无际的竹子连川连岭，覆盖了500多座山丘。竹海植物种类繁多，最丰富的是竹类，有楠竹、人面竹、花竹、慈竹、香妃竹、罗汉竹等58种

稻城亚丁　位于甘孜藏族自治州，青藏高原东部横断山脉中段，国家级自然保护区，海拔2900~6032米，面积1344平方公里，是原始的高山自然生态系统之一，被誉为“最后的香格里拉”

石海洞乡　位于宜宾市兴文县，国家级风景名胜区。石林、溶洞遍及全县17个乡，故有“石海洞乡”之誉

日照四姑娘山　四姑娘山位于阿坝藏族羌族自治州，国家级风景名胜区。由四座长年被冰雪覆盖的山峰组成，如同头披白纱，姿容俊俏的四位少女。四姑娘山山体陡峭，冰雪覆盖，银光照人。山麓森林茂密，溪流潺潺不绝，四姑娘山也是登山探险胜地，吸引不少中外登山运动员和爱好者,人称“东方的阿尔卑斯”

月映四姑娘山　　（汪秉宁　摄）

西岭雪山　位于成都市大邑县，名称取自杜甫诗句“窗含西岭千秋雪”之意，国家级风景名胜区，总面积483平方公里。峰顶终年积雪，有原始森林，悬崖绝壁，激流瀑布，以及云海、日出、阴阳界等高山景观

西岭雪山滑雪场　海拔2200—2400米，面积8平方公里，是规模大、设施好的大型高山滑雪场之一

卧龙国家级自然保护区　位于阿坝藏族羌族自治州，保护区建于1963年，面积70万公顷，是中国建立最早、栖息地面积大、以保护大熊猫及高山森林生态系统为主的综合性自然保护区

白龙湖　地处龙门山脉和摩天岭交汇处，四川境内在广元三堆镇和青川县，国家级风景名胜区，总面积62平方公里，有湖泊、岛屿、山峦、溶洞等自然景观，以及三国遗址和红军长征遗址

邛海　位于凉山彝族自治州西昌市，古称邛池，属更新世早期断陷湖，形状如蜗牛，周长35公里，水域面积31平方公里。邛海景色以恬静著称，与西昌皎洁的明月相辉映，有“月出邛池多诗意”情怀。邛海—螺髻山风景名胜区为国家级风景名胜区

螺髻山　状似少女头上青螺状之发髻而得名。面积1083平方公里，主峰海拔4359米，保留有完整的第四纪古冰川形貌，有角峰、刃脊、冰斗、冰蚀洼地、冰蚀冰碛湖、冰坎等古冰川遗迹，其中冰蚀冰碛湖蔚为壮观，有50余个　（陆　军　摄）

光雾山　位于巴中市南江县大巴山脉，因常年云雾缭绕而得名，最有特色的是秋冬季的满山红叶，观赏红叶景观的面积有580平方公里，观赏周期长达一个月，每年红叶节吸引大量游客。光雾山—诺水河景区为国家级风景名胜区　（强　子　摄）

诺水河溶洞 位于巴中市通江县诺水河景区，景区面积约170平方公里，以岩溶地貌为主，有大型地下溶洞群　（李永安　摄）

唐家河国家级自然保护区　位于广元市青川县，以保护大熊猫、金丝猴、扭角羚等珍稀动物及其栖息地为主

米仓山国家级自然保护区　位于广元市旺苍县，米仓山船歌是保护区一道人文风景

瓦屋山　位于眉山市洪雅县境内，因山体状若瓦屋而得名，道教发源地之一。瓦屋山神奇秀美，与峨眉山并称为“蜀中二绝”。瓦屋山国家森林公园占地面积104万亩，是国内最大的国家森林公园之一

古蔺黄荆老林　位于泸州市古蔺县西北、云贵高原向四川盆地过度带的赤水河流域，景区面积433平方公里，平均海拔1300多米，森林覆盖率96%以上。是地球北纬28度同纬度完好的亚热带原始常绿阔叶林区　（成　林　摄）

泸沽湖　位于四川凉山彝族自治州盐源县与云南省宁蒗县之间。湖面海拔约2690米，面积约48平方公里，以高原湖泊自然风光和独特的摩梭母系民族文化闻名于世　（胡小平　摄）

万源鱼泉沟　鱼泉山位于达州市万源市大巴山腹心地带，鱼泉沟是达县洲河的主要源头之一，泉水自山中七处涌出，称为七眼鱼泉　（刘乾坤　摄）

江油窦圌山　位于江油市城北。窦圌山山颠三峰，拔地而起，峰顶各有古庙一座，其中有两峰由两根铁索相连作为通行通道。李白年少时曾游此山，题下诗句“樵夫与耕者，出入画屏中”

格萨拉生态旅游区　位于攀枝花市盐边县西北攀西大裂谷西缘。彝语“格萨拉”俗称最好玩的地方，自然景观以万亩杜鹃、原始森林、天坑地漏、高山草甸为主，该区域也是彝族聚居区，具有浓郁的彝族风情

华蓥山　位于广安市，景区面积20平方公里，山林苍翠，群峰壁立。人文景观有佛教文化、华蓥山游击队遗迹等

达古冰川　位于阿坝藏族羌族自治州黑水县，海拔3800~5100米，罕见的现代山地冰川，有山地冰川13条，冰川分布区210平方公里，核心面积119平方公里，冰面积6．04平方公里，冰川积厚约30米

若尔盖草原（黄河第一弯） 四川最大草原，面积近3万平方公里。黄河第一弯地处草原腹心地带，白河于此汇入黄河，河面宽而蜿蜒，曲折河水分割出无数河洲、小岛

亚拉雪山 位于甘孜藏族自治州道孚县，海拔5820米，山顶终年白雪皑皑，是康巴地区藏民顶礼膜拜的神山。图片下方为著名的萨迦派寺庙塔公寺 （李少白 摄）

甘孜州燕子沟　燕子沟又称“贡嘎红石之谷”，在宽近百米、长近30公里的河谷两岸，炽热的红石辉映密布，洁白湍急的河水环绕着红石奔流而下，愈显鲜艳

扎溪卡草原　位于甘孜藏族自治州石渠县。藏语“扎溪卡”的意思就是雅砻江流域的部落

人文景观 RENWEN JINGGUAN

成都杜甫草堂　首批全国重点文物保护单位，唐代大诗人杜甫流寓成都时的居所，五代前蜀时期在杜甫流寓遗址重结茅屋，历代多次修复或重建。1985年成立成都杜甫草堂博物馆，是有关杜甫平生创作馆藏最丰富、保存最完好的地方

成都武侯祠　首批全国重点文物保护单位，又名“汉昭烈庙”，是纪念中国古代三国时期蜀汉皇帝刘备和丞相诸葛亮以及其他蜀汉英雄的君臣合祀祠宇，是中国唯一的君臣合祀祠庙

三星堆博物馆　位于德阳市广汉三星堆遗址东北，是一座现代化的专题性遗址博物馆。收藏和展示三星堆遗址及出土的青铜器、玉石器、金器以及陶器、骨器等千余件珍贵文物

成都金沙遗址　商周时代遗址，面积超过5平方公里，已经出土的1000多件文物的价值及精美度极高，其中“太阳神鸟”金饰2005年正式成为中国文化遗产标志

安岳石刻 位于资阳市安岳县，全国重点文物保护单位。安岳石刻始于南北朝（公元521年前后），盛于唐、五代和宋。安岳县有摩崖石刻造像105处，造像10万尊左右，是著名的中国石刻之乡

自贡恐龙博物馆 是在著名的“大山铺恐龙化石群遗址”上就地兴建的一座大型遗址类博物馆，中国第一座专门性恐龙博物馆，也是世界三大恐龙遗址博物馆之一

自贡市盐业博物馆　位于自贡市中心，又称西秦会馆，全国重点文物保护单位。于清乾隆元年（公元1736年）动工兴建，历时16载建成，占地3000多平方米，耗银5万余两，是当时到自贡经营盐业的陕籍盐商集资修建的同乡会馆。1959年设为盐业博物馆，是中国博物馆发展历史上最早建立的专业博物馆之一，是中国唯一的盐业史博物馆

报恩寺 位于绵阳市平武县，建成于明代天顺四年(公元1460年)。全寺布局严谨，装饰华丽，是一组兼有宫殿和寺庙特征的建筑群

广元市皇泽寺　广元古称利州，是唐代女皇武则天的出生地。皇泽寺位于广元城西嘉陵江畔，是中国唯一祭祀武则天的祀庙，首批全国重点文物保护单位

眉山市三苏祠　位于眉山市区，是中国著名文学家苏洵、苏轼、苏辙父子3人的故居，元代改宅为祠，清康熙四年(公元1665年)原址重建，后多次改建增修　　（周伦斌　摄）

隆昌古牌坊群　位于内江市隆昌县，有石牌坊17座，为明弘治九年（公元1496年）至清光绪十三年（公元1887年）近400年间“奉旨”建造，分布在县城金鹅镇南北二关（古关隘）的古驿道上，俨然成群

达州市真佛寺　位于达县城南真佛山腰，是一座远近闻名的佛教胜地，原为关帝庙，后改建名“德化寺”，清道光六年（公元1825年）扩建后更名为真佛寺　　（周伦斌　摄）

绵竹年画村　绵竹年画，中国四大年画之一。位于德阳市绵竹市射箭台村。射箭台村绘制绵竹年画历史悠久，形成专业加工、制作、经营绵竹年画系列产品的生产经营作坊，被称为绵竹年画村　（喻俊钦　摄）

梓潼七曲山大庙　全国重点文物保护单位，位于绵阳市梓潼县，始建于晋，后经元、明、清三代多次扩建，逐步形成了由三条轴线组成的建筑群。占地1．2万平方米。大庙较完整地展现了由元到清各个时期的建筑风格

富顺文庙 位于自贡市富顺县城区。宋庆历二年（公元1042年），富顺县中了一名进士，庆历四年（公元1044年），人们集资在县城南门建成文庙，供奉孔子，在庙内刻历次中试者名字，庙内常为生员开课，致文风大开

遂宁灵泉寺 位于遂宁城东灵泉山，始建于隋文帝开皇年间，寺号为圣佛寺,明孝宗弘治三年（公元1490年）重建后，寺以山为名，是川中佛教活动中心和旅游胜地

广元明月峡栈道　明月峡原名朝天峡，位于广元以北朝天镇南的嘉陵江上，全长约4公里，宽约100米，两岸石崖壁立，为蜀道咽喉中的咽喉，是古代连接南北的唯一通道，先民们在崖壁凿孔架木，修建了栈道。以后在原崖壁凿孔上重建栈道

成都三圣乡　位于成都市锦江区，2002年起三圣乡建成花乡农居、幸福梅林、东篱菊园、荷塘月色、江家菜地5个旅游片区，以“五朵金花”而闻名，是城乡建设、观光农业、休闲旅游、花卉产业、文化生活结合的典型

“中国死海”位于遂宁市大英县，其地下古盐湖形成于1.5亿年前，盐卤资源的储量十分丰富，出口水温87摄氏度，含盐量高达22%，由于其盐含量类似中东的“死海”，故名为“中国死海”。“中国死海”旅游度假景区占地1000余亩，2003年10月开始接待游客　（喻俊钦　摄）

“中国死海”水的含盐量高，比重大，旅游者可体验“神奇漂浮”，是水上运动、休闲、保健等要素的水文化旅游度假地

古城古镇 GUCHENG GUZHEN

阆中古城　位于南充市阆中县。阆中公元前314年置县，汉为巴郡，隋时改称阆内县，宋以后称阆中。古城的建筑风格体现了中国古代的居住风水观，棋盘式的古城格局，融南北风格于一体，是中国古代建城选址“天人合一”的典型范例

阆中古城的门楼

天地相接-丹巴藏寨　位于甘孜藏族自治州丹巴县的藏族村落，丹巴藏寨在嘉绒藏寨中最具特色，旧称碉楼寨房，既有寨房的特征，又有碉楼的形态。2005年《中国国家地理》主办的“中国最美的地方”评选活动中，丹巴藏寨被评为中国最美六大古镇古村之首

阿坝藏寨　史料记载，阿坝县远古时代就有藏人栖息。由于阿坝县气候温和，大片土地适合农耕，实行半农半牧生产方式，形成了阿坝县和藏区历史上最早的较为成熟的阿坝土房藏寨建筑艺术风格

桃坪羌寨　位于阿坝藏族羌族自治州理县杂谷脑河畔桃坪乡，是中国保存完整的羌族建筑文化艺术，保持着古朴风情的原始羌族村寨。黄褐色的石屋顺陡峭的山势依坡逐坡上垒，其间碉堡林立，被称为神秘的“东方古堡”

迤沙拉村　位于四川省攀枝花市，被称为中国俚颇彝族（彝族的一个支系）第一寨，具有传统风貌的彝族自然村落。2005年，迤沙拉村被建设部、国家文物局评选为“中国历史文化名村”

仙市古镇　位于自贡市釜溪河畔，原名仙滩，始建于隋代，民国元年改称“仙市”。仙市古镇“因盐设镇”，是釜溪河盐运重要码头之一，俗有“中国盐运第一镇”之称

昭化古城　位于广元市昭化镇。昭化古称葭萌，古蜀国建立苴国都邑，（公元前316年）秦国建立葭萌县，是中国历史上最早的县治地之一，历代均为县城，1953年改制昭化镇。是国内保存完好的三国古城之一，大量的古三国遗址诸如葭萌古关、费祎墓、武侯祠、战胜坝、天雄关、姜维井、关索城等保存完整

上里古镇　位于雅安市，初名“罗绳”，是历史上南方丝绸之路临邛古道进入雅安的重要驿站，是唐蕃古道上的重要边茶关隘和茶马司所在地，建筑风格以明清时期的为主。1935年，红四方面军长征途经上里并驻扎半年之久　　（李万平　摄）

罗城古镇　位于乐山市犍为县东北部，古镇主街凉厅街俗称“船形街”，始建于明代崇祯元年（公元1628年）。古镇老街保留着部分明清时代的人文风貌

恩阳古镇 位于巴中市大巴山腹地，民居具有川东北村镇建筑特色。最早建制在南北朝时期，公元525年置义阳郡，同置义阳县，郡县同治。隋开皇十八年(公元598年)，改为恩阳县。1933年，红四方面军建立川陕革命根据地，在这里先后设仪阆县，恩阳特别市，恩阳县，1980年设镇　　（李永安　摄）

隆昌云顶寨　位于内江市隆昌县云顶镇，在云顶山上围地245亩，明洪武四年（公元1371年）开始筑寨，是一个古老而又历史底蕴深厚的山寨，也是保存完整的古堡

尧坝古镇　位于泸州市合江县。北宋元丰(公元1078—1085年) 年间，设置尧坝寨为军事要寨，居合江六大古寨之首。尧坝古镇从北宋黄佑年间起便是川黔交通要道上的驿站，是江阳（泸州）到夜郎国（贵州）的必经之道，有“川黔走廊”之称　　（耿　艺　摄）

福宝古镇　位于泸州市合江县。始建于元末明初，明末清初成为大漕河流域政治、经济、文化交流中心。古镇依山而建，保存完好　　（玫　影　摄）

李庄古镇　位于宜宾东郊长江南岸，有“万里长江第一古镇”之称，由于濒临长江，明清时期起为水运商贸重镇。李庄还是抗日战争时期大后方的文化中心之一，1939年起同济大学、金陵大学、中央研究院、中央博物院、中国营造学社等10多家高等学府和科研院所迁驻李庄，知名专家学者如李济、傅斯年、梁思成、林徽因、童第周等云集李庄达6年之久

柳江古镇　位于眉山市洪雅县西南柳江两岸，始建于宋绍兴十年（公元1140年），柳江被称作“烟雨柳江”，小雨淅沥，朦胧中听雨望江，诗情画意油然而生

成都洛带古镇　建于三国蜀汉时期，传说因蜀汉后主刘禅的玉带落入镇旁的八角井中而得名。镇上居民中客家人有2万多人，占全镇人数的9成，故有中国西部客家第一镇之称。古镇有诸多古建筑群落，有名的有广东会馆、江西会馆、湖广会馆等

黄龙溪古镇　位于成都双流县西南部府河、鹿溪河交汇处。黄龙溪古称赤水，乃古蜀王国的军事要地。公元前316年，末代蜀王曾在此作最后决战。镇上古牌坊、古寺庙、古建筑民居与古榕树、古崖墓浑然一体，是以旅游业为主，商贸服务业为辅的旅游型山水小城镇。古镇也是影视拍摄基地，自1983年起，成了多部电影、电视剧的场景地

成都锦里　一条集中展示巴蜀民风民俗和三国蜀汉文化的民俗风情街，2004年开市。锦里依托成都武侯祠，以秦汉、三国精神为灵魂，明、清风貌作外表，民风、民俗作内容，扩大了三国文化的外延。有茶楼、客栈、酒楼、酒吧、戏台、风味小吃、工艺品、土特产，展现了四川民风民俗的独特魅力

成都宽巷子　成都宽窄巷子历史文化片区，由宽巷子、窄巷子和井巷子三条平行的老式街道及四合院群落组成，是遗留下来的较成规模的清朝古街道。21世纪初，经过精心设计改造，在保护老成都原真建筑的基础上，形成以旅游、休闲为主、具有鲜明地域特色和浓郁巴蜀文化氛围的复合型文化商业街　（袁学军　摄）

红色旅游 HONGSE LVYOU

邓小平故里——广安市牌坊村

资阳市乐至县陈毅故居

红军长征纪念碑　位于松潘县川主寺镇元宝山，由主碑、大型花岗石群雕、陈列室三大部份组成。1988年6月12日奠基，1990年8月落成。邓小平题写碑园名，江泽民、李鹏、杨尚昆、聂荣臻、徐向前、李先念、邓颖超、王震、萧克、刘华清等题词。是红军长征总纪念碑。主碑41.30米，红军战士铜像高14.80米

泸定县大渡河铁索桥

红军会师广场　位于阿坝藏族羌族自治州小金县（旧名懋功），修建于2002年，总面积6000平方米。1935年6月12日，中国工农红军一、四方面军在懋功达维会师，红军先后在县域内战斗生活长达11个月，其间在两河口召开中央政治局会议（即“懋功会议”）

夹金山　藏语称为“甲几”，夹金为译音，意为很高很陡，位于阿坝藏族羌族自治州小金县和雅安市宝兴县境内，红军长征翻越的大雪山　　（李少白　摄）

红军翻越夹金山纪念馆　位于宝兴县城青衣江畔夹金山脚下，2005年建成，占地约5000平方米，建筑面积1350平方米，由红军广场、主题雕塑和连环画护拦三大部分组成，再现红军三越夹金山及红军在宝兴境内的战斗历程

广元市红军碑林　1933—1935年红四方面军在广元战斗生活两年之久。红军碑林集中陈列红军留下的石刻标语碑板43块，刻有标语65条。碑板最高2.5米，最长的4米，最重的有2吨　　（赖庆民　摄）

巴中红四方面军总指挥部旧址纪念馆　（石　明　摄）

巴中市红军标语遗址　（石　明　摄）

民族风情　节庆活动 MINZU FENGQING JIEQING HUODONG

凉山彝族火把节　火把节是彝族最盛大的传统佳节，自汉唐起，沿袭1000多年，一般于每年农历6月24日举行。届时举行盛大的篝火晚会，开展唱歌、跳舞、赛马、斗牛、摔跤等具有民族特色的文体活动，彻夜狂欢，并在节日期间开展社交和商贸活动，有“东方狂欢节”之称

自贡灯会　灯会是传统的民间文化活动。唐宋时期自贡地区逐步形成新年燃灯、元宵节张灯结彩的习俗，明清时期逐渐衍展为大型民俗文化活动。1964年，自贡举办中华人民共和国成立以来的首届灯会，1987年，举办首届国际恐龙灯会及经贸交易会。自贡灯会荟萃了中国灯文化的风采，被誉为“南国灯城”，多次到国内和境外展出

都江堰放水节　都江堰市的民间习俗。每年清明节，为庆祝都江堰水利工程头年冬季岁修竣工和进入春耕季节，同时为了纪念李冰父子，举行盛大的放水庆典活动　　（高明鑫　摄）

平武白马风情节　白马藏族属于藏族的分支，聚居在平武县西北部的白马等4个藏族乡境，白马风情节展示白马人独具神韵的敬酒歌、跳槽盖、园园舞、猫猫舞等民族歌舞以及浓郁的传统习俗

草原盛会（甘孜州理塘八一赛马节）　理塘县赛马活动具有悠久的历史，每逢藏历六月初三为敬神山日，按照习俗举办赛马会。1964年将这一传统节日定为八月一日举行，故为“八一”国际赛马节

甘孜州色达经幡 漫山的五彩经幡与寺庙、藏寨、草坡，犹如红莲绽放

嘉绒锅庄节 节庆时开展锅庄比赛、服饰比赛、选秀、嘉绒藏戏、宗教乐舞等活动。2004年7月，在阿坝藏族羌族自治州马尔康举行首届嘉绒锅庄节的万人锅庄活动，获上海大世界基尼斯总部颁发的“规模最大的嘉绒锅庄展演活动”基尼斯证书

九寨沟黄龙机场通航庆典　机场位于阿坝藏族羌族自治州松潘县川主寺镇北，海拔3448米，距九寨沟88公里，距黄龙43公里，是高原机场，可起降大中型飞机。机场于2003年10月正式投入使用，2005年，旅客吞吐量超过110万人次

2005年10月，第二届四川阿坝国际熊猫节文艺演出　　（庆　九　摄）

2002年中国（四川）第二届南国冰雪节

沐川草龙　从唐代起，沐川百姓年年举办草龙表演，耍草龙的习俗世代相传。沐川草龙是从3000多公斤当年收割的稻草中精选84万余根稻秆制作而成，总长200余米。2003年，沐川草龙获得吉尼斯世界纪录证书，成为世界上最长的草编龙　　（王家福　摄）

古三国文化 GUSANGUO WENHUA

成都武侯祠博物馆　1984年成立，享有“三国圣地”之美誉。内中有三绝碑、刘备殿、诸葛亮殿、刘备墓（惠陵）以及人物塑像和名联，是三国文化的精品。馆藏文物6000余件，包括字画、拓片、铜器、陶器、钱币、线装书、名人手稿、图书资料、遗迹照片等。其中关于诸葛亮和三国的拓片字画和研究资料最为丰富

张飞庙　张桓侯祠的俗称，位于阆中市古城区西街，全国重点文物保护单位，纪念三国时蜀汉名将张飞的祠庙。刘备平定益州后，派张飞为巴西太守，领军驻守阆中7年，张飞死后，追谥为桓侯。张桓侯祠为四合庭式明清古建筑，占地6600平方米，建筑面积2400多平方米

罗江白马关 位于德阳市罗江县，古时是整个西川、成都平原的屏障，因三国时期刘备军师庞统乘白马攻打雒城（广汉）于此中箭身亡而得名。附近有落凤坡、张飞点将台、古驿道、换马沟等遗址，是三国文化旅游区之一。“白马关”关名，相传为宋代苏东坡手迹

庞统祠墓 位于罗江县西，祠墓为建安十九年(公元214年)庞统中流矢卒后，蜀汉昭烈帝 刘备所建，清康熙三十年（公元1691年）修复。内有庞统陵墓。祠内存有庞统及诸葛亮雕塑像，历代匾联、碑刻、字画等珍贵文物史料

绵阳市富乐阁　据《方舆胜览》记载，汉建安十六年（公元211年）刘备入蜀，站在涪城（绵阳）东山顶欢曰："富哉，今日之乐乎"遂改名富乐山。1992年在山顶建成富乐阁，阁高53.米，共5层。富乐阁与富乐堂（1990年建成纪念刘备与刘璋涪城相会的殿堂）在内的富乐山公园展示大量三国文化雕刻和书画作品，成为三国文化主题公园

蜀汉大司马蒋琬墓　位于绵阳市西山之巅，蒋琬（？—公元246年），蜀汉名臣，病卒葬于涪城（绵阳）。清道光年间在原址重建，光绪年间作了修葺

剑刀坝君臣园　位于广元市昭化，章武元年（公元221年），刘备入驻葭萌（昭化），剑刀坝是当时刘备练兵之处。剑刀坝君臣园，是以三国时期蜀汉史实为素材，用石雕艺术表现的蜀汉人物园林，共有蜀汉人物雕像11尊，有刘备、张飞、马超、黄忠、庞统、姜维等

1997年，四川、湖北、陕西、甘肃等省市在四川召开第八届古三国旅游协作区年会

旅游工作 LVYOU GONGZUO

2003—2005年，省委省政府每年召开一次四川旅游发展大会，全面推动四川旅游产业发展，确定建设旅游强省战略目标，省委、省人大、省政府、省政协主要领导，各市州党政主要负责人以及旅游相关部门负责人、部分旅游企业负责人参加。

首届四川旅游发展大会　2003年8月25日在峨眉山召开。省委书记、省人大常委会主任张学忠作报告，省长张中伟、国家旅游局副局长孙纲出席会议并讲话

第二届四川旅游发展大会　2004年9月8—10日在阿坝藏族羌族自治州九寨沟召开，中共中央政治局委员、国务院副总理吴仪发来贺电，省委书记、省人大常委会主任张学忠作报告，省长张中伟、国家旅游局局长何光暐出席会议并讲话

第三届四川旅游发展大会　2005年8月28日在雅安市召开，中共中央政治局委员、国务院副总理吴仪发来贺信，省委书记、省人大常委会主任张学忠作报告，省长张中伟、国家旅游局局长邵琪伟出席会议并讲话

首届四川冬季旅游发展大会　为推动冬季四川旅游，促进旅游科学均衡发展，省委省政府2004年12月17日在攀枝花市召开四川首届冬季旅游发展大会，省委书记、省人大常委会主任张学忠作报告，省长张中伟、国家旅游局局长邵琪伟出席会议并讲话

1997年9月24日，四川省政府与世界旅游组织在成都举行"四川省旅游发展总体规划"签字仪式，副省长徐世群（左）与世界旅游组织秘书长弗朗加利（右）在协议书签字

2001年6月，由国家旅游局主办的2001中国国内旅游交易会在成都举行，省委副书记、副省长杨崇汇，副省长王怀臣，国家旅游局副局长张希钦等参加总结表彰大会。图为四川省代表团获奖

2004年9月8日，由省政府主办，阿坝州政府、省旅游局等承办的第二届四川省旅游商品交易会开幕式在阿坝州举行。省委副书记刘鹏（右五），省委副书记、副省长蒋巨峰（右四），副省长王怀臣（左前一）出席开幕式

1988年，四川省游优质服务表彰大会

四川省地方志编纂委员会成员

主任委员	魏　宏			
副主任委员	薛　康	张为人	马小彬	吕　华
	陈继宁	罗亚夫		
委　　员	向怀树	殷建中	徐　立	雷开平
	张玉山	何晓平	李卓明	周孟林
	陈克福	李登全	李泽远	王卫南
	杨占昌	胡　云	傅志康	谢开华
	李兆权	王　伟	张　新	史志伦
	李明昌	李明泉	段　渝	傅勇林
	陈吉明	沈　钧	梁伟华	邓国建
	李　炜	王　菲	赵洪武	王　猛
	徐建群	向　东	徐　进	庭继岗
	何　平	陈延荣	李伊林	宋朝华
	蒋　林	秦大林	王怀林	仰　协

四川省地方志编纂委员会成员

（2007 年 8 月—2009 年 12 月）

主任委员	魏　宏
副主任委员	齐国生　秦安禄　张为人　李清禾 刘仁勇　罗亚夫
委　　员	向怀树　殷建中　鲁国铁　李亚平 张玉山　何晓平　李卓明　周孟林 陈克福　李登全　魏阿庆　王卫南 杨占昌　胡　云　傅志康　谢开华 李兆泉　王　伟　张　新　史志伦 李明昌　罗　鸣　段　渝　赵小维 黄昌明　邵革军　梁伟华　张金明 左代富　王　菲　赵洪武　郑光伟 夏代荣　向　东　刘晓晨　庭继岗 邓宏志　陈延荣　李伊林　黄　跃 苟正礼　秦大林　香根·巴登多吉 蒲　波

四川省地方志编纂委员会成员

（2004 年 7 月—2007 年 7 月）

主任委员	蒋巨峰			
副主任委员	黄启国	王东洲	秦安禄	李尚志
	陈宏志	罗亚夫		
委　　员	王福海	郑晓幸	鲁国铁	李亚平
	张玉山	德尔基彭错	李卓明	谭开林
	李　钢	李登全	魏阿庆	王卫南
	杨占昌	陈荣仲	滕彩元	谢开华
	张在德	周国良	张　新	史志伦
	李明昌	陈焕仁	段　渝	蒋显伦
	侍　俊	张祖芸（女）	余小平（女）	刘　哲
	黄正良	何启书	翟义仲	刘国强
	何　健	蒋辅义	闻光源	夏代荣
	马　波	梁治辉	李伊林	徐爱婷（女）
	罗勤宏	谷运龙	香根·巴登多吉	
	杨朝波			

《四川省志（1986—2005）》
审核委员会成员

（2014 年 9 月—　　）

主　　任	钟　勉		
副 主 任	陈越良		
委　　员	马小彬	何晓平	冯宝运
	胡品生	罗亚夫	王孝平
	谭继和	陈世松	陈廷湘

《四川省志（1986—2005）》
审核委员会成员

（2010 年 11 月—2014 年 8 月）

主　　任	魏　宏		
顾　　问	蒋先继		
副 主 任	薛　康		
委　　员	马小彬	何晓平	冯宝运
	胡品生	罗亚夫	谭继和
	陈世松	陈廷湘	

《四川省志(1986—2005)》
总编、副总编

总　　编　马小彬

副 总 编　罗亚夫（常务）　王孝平　汪　毅
曾新苗　何瑞明　陶利辉　熊　倩
张兆法　邓　瑜　高伟明

《四川省志(1986—2005)》
总编、副总编

(2010 年 3 月—2010 年 12 月)

总　　编	马小彬			
副 总 编	罗亚夫（常务）		曾新苗	王友平
	何瑞明	陶利辉	汪　毅	叶　红
	熊　倩	张兆法		

《四川省志（1986—2005）》
总编、副总编
（2006年12月—2010年12月）

总　　编	秦安禄
副 总 编	马小彬（2009年1月—2010年2月）
	罗亚夫　曾新苗　何瑞明
	王友平　陶利辉　张兆法

《四川省志(1986—2005)》

总编、副总编

(2006 年 6 月—2006 年 12 月)

总　　编　秦安禄

副 总 编　罗亚夫　张学君　曾新苗

何瑞明　王友平

《四川省志·旅游志（1986—2005）》
责任总编、责任编辑

责任总编　　陶利辉
责任编辑　　邓肖婷

《四川省志·旅游志（1986—2005）》
编纂委员会成员

主　　任	郝康理			
副 主 任	陈加林	宋　铭	郑学炳	吴　勉
	陈立祥	王继春	谢海银	苗玉砚
委　　员	彭志林	王燕林	游　勇	董　李
	周伦斌	黄　萍	熊隆东	柴延祝
	廖再新	朱其跃	姚界平	周世永
	徐蓓兵	羽　欣	徐　淼	李　琳
	孟　刚	蒋卫平		

《四川省志·旅游志（1986—2005）》
编纂委员会成员

（2006 年 11 月—2011 年 2 月）

主　　任	张　谷			
副 主 任	陈加林	陈献春	张令祥	陈立祥
	孙　前			
委　　员	黄　萍	吴　勉	刘　萌	游　勇
	苗玉砚	姚界平	柴延祝	朱其跃
	廖再新	孟　刚	徐　淼	徐蓓兵
	羽　欣	彭志林	沈皖蜀	蒋卫平

《四川省志·旅游志（1986—2005）》
初评审查小组成员

组　　长	郝康理		
副 组 长	宋　铭		
成　　员	何一心	陆　埙	彭志林
	王燕林	游　勇	周伦斌
	董　李	黄　萍	熊隆东

《四川省志·旅游志(1986—2005)》

总　编　室

主　　编	张巨雄		
副主编	张承隆		
总　　纂	张巨雄		
编辑（撰稿）	张巨雄	张承隆	付能强
编　　务	付能强	雷粉艳	

《四川省志（1986—2005）》

凡　例

一、本书编纂工作以马克思列宁主义、毛泽东思想、邓小平理论和“三个代表”重要思想为指导，全面贯彻落实科学发展观，坚持辩证唯物主义和历史唯物主义的立场、观点和方法，全面客观地记述四川省行政区域内自然、政治、经济、文化和社会的历史与现状。

二、本书系中华人民共和国成立后首部《四川省志》续编，总名《四川省志（1986—2005）》，由总类、大事纪述、专志、人物、市（州）概况、附录共计93卷构成。各分卷名称为《四川省志·××志（1986—2005）》或《四川省志·××志》（后者为特色志志名），设中英文目录。

三、本书上限一般起自1986年，下限一般截至2005年。对前志未设之分卷或篇章从事物发端写起；对前志漏载、误载的某些事项进行补载、更正；对前志记载后变化不大的某些事项进行简要复载；升格详载具有地方特色的某些事项。

四、本书记述的地域范围以1986—2005年四川省行政区划为准。

五、本书采用述、记、志、传、图、表、录等体裁，以志为主。

六、本书总类卷设序言、凡例、总述、卷目等，为各卷之首，全书之纲。关于自然环境、建置沿革、经济与社会历史发展状况等基本省情在总述中作简要复载或反映。各专志（分卷）根据社会分工和学科分类的实际，按照“以类相从”或“突出地方特色”的原则设立，以篇、章、节横分类别，节、目以下纵述史实，立足反映四川省行政区域某一事物（事业、行业）断限期内历史与现状的全貌。人物志卷采用传、录、表诸种表述形式，坚持“生不立传”原则，在世人物的突出事迹以事系人载入相关分卷。人物传统一收入人物志。本书大事记以编年体为主，辅以纪事本末体。为完整记述一些重要事物，保存有价值史料，有些分卷设置了专记。

七、本书使用规范的现代语体文记述，行文严谨、朴实、简洁、流畅、合乎语法。使用规范汉字，用词概念准确，符合现代汉语语法规范。使用的标点符号、数字、计量单位等均按国家规定的统一标准书写。

八、本书使用公元纪年，各卷正文（除引文外）采用第三人称表述；行文涉及机构、会议、文件、职衔、地名等，均按当时称谓；除涉及人名、地名、纪年和简称等项采用括注外，其余采用页下脚注。

九、本书资料来源于文献、档案、报刊、书摘、口述史资料及实地调查等，所用资料均经各修志部门考证、核实。各分卷数据一般采用省统计局公布的数据，省统计局缺乏的，采用有关部门正式提供的数据。

十、各分卷图片分为前置图片和随文插图，随文插图和表格均以篇为单位依次排序编号；所用地图均以省测绘局审定者为准。

十一、各分卷需要特别说明的事项，均在各分卷的《编辑说明》中注明。

《四川省志·旅游志（1986—2005）》
编 辑 说 明

一、本书系中国人民共和国成立后首部《四川省志·旅游志》的续编。首部《四川省志·旅游志》的时间下限是1990年，本轮修志与上一轮衔接的时间上限应是1991年。根据四川省地方志编纂委员会部署，《四川省志（1986—2005)》及各分卷的上限统一为1986年，因此本书的上限为1986年，下限为2005年，与上一轮《四川省志·旅游志》在时间上略有交叉。

二、本书记述的地域范围，以1986—2005年四川省行政区划为准。本书对涉及重庆市成立直辖市前后的资料、数据均作了注明。

1997年行政区划调整，此前1996年，四川省旅游局与重庆市旅游局商定并经国家旅游局同意，四川省及直辖市重庆市旅游业数据以1995年的数据为行政区划调整后的基数。根据这个商定，四川省和重庆市分别将业已公布的1995年及1996年的旅游业数据重新公布。但国家旅游局在《中国旅游年鉴》《中国旅游统计年鉴》等公开发布的数据中，四川旅游业1995年、1996年两年的数据仍含重庆市。因此，四川省旅游业1995年及1996年出现在公众视野的有两组数据：一组数据是国家旅游局公布的数据含重庆市，一组数据是四川省旅游局重新公布的数据不含重庆市。本书在出现这两年的数据时，均作了说明，请阅读和使用时注意。

三、本书慎用简称。本书出现的“中国第一山”，指峨眉山，源自公元四世纪，峨眉山被称为“震旦第一山”“震旦”是古印度对中国的尊称。

四、本书资料主要来源：(1) 国家旅游局正式出版的《中国旅游年鉴》《中国旅游统计年鉴》；(2) 国家旅游局正式出版的《海外旅游者抽样调查资料》《中国国内旅游抽样调查资料》；(3) 四川省旅游局编印的《四川旅游统计便览》；(4) 省旅游局档案资料；(5) 各市（州）旅游局提供和补充的资料。由于统计的截止时限有时不一致等原因，有的数据会出现差异。在这种情况下，本书对数据选择取舍的顺序依照本条所述资料来源的顺序。

五、本书对四川旅游业的各种公开数据，采取能用尽用的原则，尽量增加本书的信息量。有的数据信息，为了方便阅读和查询，本书在不同篇章节中予以重复使用。国家旅游局每年公布全国及各省市区旅游业主要数据，如入境旅游接待量、旅游外汇收入、旅行社规模及效益、旅游饭店规模及效益等，进行全国范围排序，为使公众了解四川旅游业在全国横向比较中的地位，本书基本采用。

六、本书对旅游业的行业术语，如旅游资源、入境旅游及入境旅游者、国内旅游及国内旅游者、出境旅游、旅行社、旅游饭店、旅游交通、旅游购物等，为不致产生歧义，对这些行业术语的内涵及外延，对数据的统计范围、统计边界及统计方式，尽量明确规范。此外，对于旅游业发展的实践和理论研究中揭示出来的规律，对于国内外旅游界公认的结论，如世界各国人均GDP与旅游业的产业形态的关系，旅游业直接从业人员与间接就业人员在数量上的关系等，本书予以记述。

七、世界自然遗产四川大熊猫栖息地是2006年获得批准的，但申报世界自然遗产的主要过程是在2005年以前进行的，因此，图片选用世界自然遗产四川大熊猫栖息地，特作说明。

八、本书所用照片未署名摄影者的，分别由四川省旅游促进中心、四川省旅游信息中心、相关市（州）旅游局以及景区管理局提供。

目　　录

第四篇 旅游人力资源开发

第五篇 旅游产业

第六篇 旅游管理

附　录

Contents

概　　述

旅游业是经济和社会文明发展到一定阶段出现的新兴产业。旅游产业的发展规律表明：当一个国家或地区人均 GDP 达到 1000 美元时，入境旅游接待量快速增长，同时国内旅游需求明显增长，旅游形态主要是观光旅游；当人均 GDP 达到 2000 美元时，旅游形态开始向休闲旅游转化，国内旅游成为常态，出境旅游进入增长期；当人均 GDP 达到 3000 美元时，旅游形态开始向度假旅游升级；人均 GDP 达到 5000 美元以上时，旅游经济开始进入成熟期。

中国现代旅游业在改革开放中产生并迅速发展壮大。1986—2005 年，中国经济建设和改革开放取得巨大成就。1986 年，中国大陆人均 GDP 只有 279 美元，2001 年突破 1000 美元，2005 年达到 1716 美元（接近 2000 美元），比 1986 年增长了 5 倍多。由于区域发展不平衡，1986 年，上海市人均 GDP 超过 1000 美元，北京市、天津市接近 1000 美元。2000 年，中国大陆已有 9 个省、市、区人均 GDP 超过 1000 美元，其中，上海市超过 4000 美元，北京市、天津市超过 2000 美元。到 2005 年，有 6 个省、市、区人均 GDP 超过 3000 美元，其中，上海市人均超过 6000 美元，北京市超过 5000 美元，天津市超过 4000 美元。经济社会发展和改革开放的深入推进，是旅游业发展的巨大推动力。在这 20 年间，中国旅游业从产业起步，经过亚洲旅游经济大国阶段，发展成为亚洲旅游经济强国。入境旅游、国内旅游、出境旅游三大旅游市场蓬勃发展，旅游业形态在主要是观光旅游的同时，呈现休闲、度假、商务等多种旅游形态。

四川山川俊秀，气候宜人，人文荟萃，民族民俗风情独特，旅游资源类型丰富，品位价值高，是公认的旅游资源大省，是中国重要的自然和历史文化旅游目的地。2002 年以前，四川拥有的国家级风景区数量一直居全国第一；1991 年评出的“中国旅游胜地四十佳”，四川有 7 佳，数量居全国第一；四川拥有的列入联合国世界遗产名录的景区数量，国家级自然保护区、国家森林公园数量，全国重点文物单位以及中国历史名城的数量，均居全国前列。四川是全国最大彝族聚居区、第二藏族聚居区和唯一的羌族聚居区，多民族在四川繁衍生息，历史悠久的巴蜀文化、康巴文化、藏羌文化、彝族文化、摩梭文化等蕴涵深厚，以及川酒文化、川菜文化、川剧文化、川茶文化等，具有浓郁的四川民族民间特色。

极其丰富的旅游资源，是发展四川旅游业的深厚客观基础，展示了持久的发展潜力。与此并存的是，四川地处内陆，距离口岸较远，旅程时间较长；全省综合经济实力不高，经济和社会发展水平与发达地区相比有一定差距，旅游业发展依托的相关产业如交通（民航、公路、铁路）、通信、能源、接待等基础设施建设相对滞后，是发展四川旅游业相对不利的客观条件。

一

四川现代旅游业与中国旅游业同步始于 1978 年。是年 1 月，国务院召开全国旅游工作会议，决定发展中国的国际旅游业，同时决定四川省成都、重庆两市及重庆沿长江以下水域对外开放。四川省 1978 年起对入境旅游接待人数进行统计，当年接待入境旅游者 2500 人。1979 年起对入境旅游外汇收入进行统计，当年旅游外汇收入 635.12 万元外汇券人民币。1983 年起对国内旅游进行统计，当年全省国内旅游接待 1400 万人次，国内旅游收入 3 亿元人民币。

20 世纪 80 年代初期，四川旅游业处于起步阶段，旅游业从以前的外事友好交往接待转向对旅游团队的收费接待，但仍属于接待事业型，执行的是“友谊为上，经济受益”的方针。旅游经济基数低，基础设施和接待设施条件较差，即使在成都市、重庆市等大城市，接待设施也比较欠缺。除大城市的涉外宾馆外，全省基本上没有合乎标准的卫生间，经常出现境外旅游团队在城市观光中途，急急用车送游客到宾馆如厕的情况。主要旅游景区的可进入性更差，如九寨沟—黄龙旅游线，途中经常遭遇塌方、道路中断、飞石袭人等危险情况，被境外旅游业界列为高危线路，同时因为旅程时间长，从成都到九寨沟的旅游时间至少在 7 天以上，也制约了四川旅游业的发展。省内的旅行社团无外联组团的权限，处于“等客上门”的状态，入境游客只有等候口岸城市的总社分配旅游团队到四川。

到 1985 年，四川旅游业已有初步的发展，当年接待入境旅游者突破 10 万人次，外汇收入 3475 万元外汇券人民币；接待国内旅游者 2241 万人次，收入 7 亿元人民币。全省旅游企业虽然有较大发展，但仍处于规模偏小，接待能力不足，从业人员少的状况。1985 年，全省尚无一类旅行社，仅有二类旅行社（即可以经营接待入境旅游者业务的旅行社）10 家，三类旅行社（即经营国内旅游业务的旅行社）55 家，从业人员 3237 人；可以经营涉外旅游接待业务的宾馆（饭店）仅有 27 家，能提供的客房只有 1546 间，从业人员 8643 人；有旅游汽车公司 3 家、涉外空调旅游车 200 多辆、长江涉外旅游客轮 5 艘。

1986—2005 年期间，四川旅游业高速持续发展，实现了从旅游资源大省向旅游经济大省转变的历程。这一历史阶段以四川行政区划调整为线，分为两个十年，两大阶段，分别以相同的统计口径来比较数据，记载四川旅游业发展历史。第一阶段，1986—1995 年，四川旅游业从接待事业型向一般经济产业型转变。第二阶段，1996—2005 年，旅游业从一般经济产业型向支柱产业型转变，实现了跨越式的大发展，成为旅游经济大省。

二

1986—1995 年，四川旅游业实现从接待事业型向一般经济产业型的转变，旅游业从接待性事业发展为经济产业，并在 1992 年被列为全省第三产业中的重要产业。

这一时期旅游业发展的特点是，从基数低、增幅大的模式，发展到产业各项经济指标成倍增长。其中，前 5 年（1986—1990 年），即“七五”计划期间，旅游业主要数据的年平均增长率均保持在两位数以上；后 5 年（1991—1995 年），即“八五”计划期间，与“七五”期间相比，实现了成倍增长。

1995 年接待入境旅游者 37.80 万人次，是 1985 年（10.20 万人）的 3.71 倍。1990 年以前，旅游外汇收入用外汇券人民币统计，1990 年，四川外汇收入 17260 万元外汇券人民币，是 1985 年（3475 万元外汇券人民币）的 4.97 倍。1991 年起外汇收入用美元统计。1995 年，外汇收入 12500 万美元，是1991年（4647万美元）的2.69倍。

1995年，接待国内旅游者4960万人次，是1985年（2241万人次）的2.21倍。1995年，国内旅游收入108亿元人民币，是1985年（收入7亿元）的15.43倍。

1991起对旅游总收入进行统计，当年全省旅游总收入为19.90亿元人民币，1995年为118.39亿元，相当于全省GDP的3.3%，是1991年的5.95倍。

1995年，有各类旅行社271家，其中，经营国际旅游业务的一、二类旅行社27家（其中一类旅行社已有8家），经营国内旅游业务的三类旅行社244家，旅行社从业人员5497人。与1985年相比，旅行社总数增长3.16倍，从业人员增长79%。

1995年，有旅游涉外的宾馆（饭店）148家，客房19080间，从业人员29898人，其中有星级饭店87家，包括1家五星级饭店和4家四星级饭店。旅游涉外饭店比1985年增长4.48倍，客房总数增长11.34倍，从业人员增长2.45倍。

旅游业对经济发展及改革开放的促进作用逐步显现，旅游业的发展，既有赖于相关行业发展，同时又促进相关行业发展。入境旅游带来外汇收入，同时促进对外开放；国内旅游扩大内需消费，适应和满足人们不断增长的物质和文化需求。1988年起，重庆人民宾馆、重庆宾馆、四川锦江宾馆花园餐厅实行中外合资或中外合作经营，1989年，中外合资的重庆扬子江假日饭店营业，引进国际先进的管理方式。旅行社打破上下隶属关系，数量得到很大的发展。长江三峡线的巫山县大宁河小三峡旅游，小型旅游船只发展很快；武隆县新开发了芙蓉洞景点和水上漂流；重庆、涪陵、万县等地的水上交通部门建造一批旅游客轮，缓解了三峡旅游运力不足的问题。峨眉山景区1992年年底实行新的管理体制，成立了峨眉山管委会，在乐山市、峨眉山市领导下，在全景区范围内实行统一规划，统一管理，推动了旅游业和各行业的全面发展，景区的接待设施建设和服务质量不断提升。

尽管从纵向比较，四川旅游业取得长足的发展，但旅游经济在全省经济总量中所占比重仍然很小，旅游基础设施建设，包括交通、通信和接待设施建设，主要景区的可进入性，以及旅游规划、旅游促销、行业管理等，仍处于初级发展水平，与旅游资源大省的地位很不相称。景区经常发生停电停水，旅游线路之中的多数处于通信盲区，1995年以前，九寨沟、黄龙等地不能实现移动通信。旅游产业投入不足，实行的是“以旅游养旅游”政策，即省财政将省旅游局直属企业的盈利返还旅游业，用于全省重点旅游资源和基础设施的开发建设，以及重点旅游宣传促销工作等，数额相当有限。社会资金对旅游业的投入基本上是空白。一个明显的事例是，当时四川提出旅游开发的重点是“一水一山两条沟”“水”即长江三峡，“山”即峨眉山，“两沟”即九寨沟（包括黄龙）、海螺沟。这几个全省重点旅游景区及旅游线，仅有长江三峡是比较成熟的旅游线，1995年以前每年接待入境旅游者10多万人次。峨眉山每年接待不过100余万人次游客，其中入境旅游者数量在2万—3万人次之间徘徊。九寨沟受交通条件等基础设施及接待设施的制约，每年只接待10多万人次游客，其中入境游客仅1万人次左右。海螺沟的可进入性更差，每年不足1万人次国内游客。

三

1996—2005年，四川旅游业完成从一般经济产业型向支柱产业型的转变，实现了跨越式的大发展，从旅游资源大省发展成为旅游经济大省。

1997 年四川行政区划调整，根据国家旅游局部署，调整后的四川省旅游业的入境旅游和国内旅游的主要统计基数从 1995 年起实行。为了同口径比较，本节 1995 年及 1996 年的数据不包含重庆直辖市区域的数据。

1997 年行政区划调整，对四川的旅游资源、旅游业总量、产业规模、在全国横向排位等方面产生重大影响，旅游资源情况的变化表现在四川的国家级风景名胜区由 13 处变为 9 处，省级风景名胜区由 54 处变为 45 处。其中，划出四川行政区的长江三峡旅游线，是国家旅游局向海外重点推出的 13 条旅游线路之一。四川旅游发展总量以及在全国旅游排名位次的变化表现在：接待入境旅游者数量 1995 年的基数划转重庆市的部分占全省的 57. 80%，在全国排名从第 14 位下降到第 22 位；旅游外汇收入 1995 年的基数划转重庆市的部分占全省的 59. 15%，在全国排名从第 11 位下降到第 22 位。

根据行政区划调整后新的格局，1997 年，四川省委、省政府制定四川省国民经济和社会发展跨世纪发展战略，确定培育六大支柱产业，旅游业成为六大支柱产业之一。这在四川旅游业发展史上具有里程碑的意义，是四川旅游业发展上的一次重要的挑战和机遇。

这一时期旅游业发展的特点是，确立了“政府主导，企业主体，市场化运作”的旅游业发展战略，旅游产业进入全面发展阶段。前 5 年（1996—2000 年），即“九五”计划期间，旅游业在产业调整中保持高速发展。特别是后 5 年（2001—2005 年），即“十五”计划期间，旅游业实现大跨越，2000 年，全省旅游总收入 258 亿元，2005 年增长到 721 亿元，增长 1. 79 倍。2003 年至 2005 年三年期间，一年上一个百亿元台阶。

省委、省政府高度重视旅游业发展，出台一系列政策和重大措施。1998 年，省委、省政府下发《关于加快旅游业发展的决定》，同年，省政府决定聘请世界旅游组织的专家编制《四川省旅游发展总体规划》。2000 年，省委、省政府下发《关于加快培育旅游支柱产业建设旅游经济强省的决定》。2001 年，省政府下发《四川省人民政府关于加强旅游景区建设和管理，提升我省旅游整体形象的通知》。2002 年，省政府下发《关于加强旅游市场管理的实施意见》。2003 年，省政府下发《关于加快四川旅游产业发展的实施意见》。从 2003 年起，每年一次，在全国首创全省旅游发展大会模式。地方党委政府重视和大力支持旅游业发展，旅游业发展较快的地方将旅游业列为当地经济和社会发展的支柱产业。

四川旅游产业规模快速扩大、产业品质全面提升，旅游发展特色突出，亮点纷呈。

旅游业投入有突破性进展。1998 年起，省财政设立旅游业发展专项经费，当年为 2000 万元，以后逐年增加。各级政府加大对旅游业的投入，重要旅游地区设立了相应的旅游专项经费。旅游业招商引资取得实质性效果，各种社会力量关注旅游业，大量社会资金投入旅游业。

景区建设管理达到全国先进水平。峨眉山成为全国建设和管理一流水平的景区，1999 年，峨眉山景区被中央文明办、国家旅游局、建设部列为全国“文明旅游风景区示范点”。在首批中国优秀旅游城市中，峨眉山市获全国县级市第一名，都江堰市获全国县级市第二名，其中景区的建设和管理是重要因素。九寨沟 2000 年实现“沟内游，沟外住”，在全国率先开通景区内环保观光车，2000 年接待游客突破 100 万人次，2004 年突破 200 万人次。成都是全国农村观光旅游“农家乐”的发祥地，2003 年成都开发的“五朵金花”城乡一体化建设新农村旅游区，成为“农家乐”的新亮点，是城乡建设、观光农业、休闲旅游、文化生活相结合的典范。

旅游厕所工程成效突出。1999 年，省政府决定全省实施旅游厕所工程，制定了旅游厕所建设标准、建设场地、质量要求，落实了建设资金，在全省主要旅游城市、主要景区和主要旅游线路沿途建成一批合乎旅游业和现代文明要求的厕所，提升四川旅游业形象。

全省旅游业发展的良好大环境形成并良性发展，旅游业基础设施建设、旅游规划、旅游市场治理、旅游宣传促销效果明显，全省形成大旅游、大产业、大市场的良好发展氛围。

四川旅游发展的主要经验及重大措施，如确立旅游业支柱产业地位，政府聘请世界旅游组织专家制定高水准的旅游总体规划，确定旅游业发展战略，设立旅游业发展的财政专项经费，全省旅游发展大会的模式等，受到国家旅游局的充分肯定，引起全国旅游界的重视。2003 年以后，全国各省、市、区和许多地方到四川学习和交流旅游发展经验。

1995 年，旅游总收入的基数为 83.20 亿元人民币（不含重庆市），相当于全省 GDP 的 3.3%，在全国排名第 21 位。到 2005 年，旅游总收入达到 721.26 亿元，相当于全省 GDP 的 9.8%，是 1995 年的 8.67 倍，在全国排名从第 21 位上升到第 9 位，

1995 年，四川入境旅游的接待基数为 15.96 万人次（不含重庆市），在全国排名第 22 位。到 2005 年超过 100 万人次，是 1995 年的 6.59 倍，在全国各省区排名从第 22 位上升到第 11 位。1995 年四川旅游外汇收入基数为 5064 万美元。到 2005 年达到 3.16 亿美元，是 1995 年的 6.24 倍，在全国各省、市、区的排名从第 22 位上升到第 14 位。

1995 年，接待国内旅游者 3487 万人次。2005 年达到 1.316 亿人次，是 1995 年的 3.77 倍。国内旅游收入，1995 年国内旅游收入 79.15 亿元人民币，2005 年达到 695 亿元人民币，是 1995 年的 8.78 倍。

1995 年，全省有各类旅行社 101 家（不含重庆市），其中，经营国际旅游业务的旅行社 27 家，从业人员 3185 人。到 2005 年，有各类旅行社 550 家，其中，国际旅行社 54 家，国内旅行社 496 家，从业人员 8939 人，有 2 家国际旅行社和 4 家国内旅行社分别进入全国旅行社“百强”，进入“双百强”旅行社总数列全国第 9 位。10 年期间，旅行社总数增长 4.45 倍，从业人员增长 1.81 倍。

1995 年，全省有旅游涉外饭店 124 家，其中，星级饭店 63 家（均不含重庆市），从业人员 23441 人。2005 年，全省有星级饭店 447 家，其中，五星级饭店 11 家，四星级饭店 49 家，从业人员 58538 人。10 年期间，星级饭店总数增长 6.10 倍，从业人员增长 1.50 倍。

2005 年，四川的中国优秀旅游城市数量达到 14 座，居西部第一。全省有 A 级旅游景区 76 个，其中 AAAA 级旅游景区达到 19 个。有大型旅游、购物、餐饮及娱乐服务企业近 1000 家。全省旅游直接从业人员 36 万人，其中导游 1.6 万人，旅游及其带动相关行业从业人员已达 180 多万人。

四

回顾 20 年的发展历程，四川旅游业发展的主要经验有以下五点。

（一）实施政府主导、企业主体、市场化运作的旅游发展战略

旅游业综合性强、关联度大、开放度高，旅游发展中涉及到的许多重大问题都需要政府主导、综合推动和实施。四川旅游发展基础条件较差，制约性因素较多，能够保持快速发展，基本经验就是坚持实施政府主导型战略。省委、省政府和各级党委政府制定了一系列支持旅游业发展的政策，主要领导亲自抓，全省和各市（州）成立旅游领导小组，主要领导任组长，统筹协调解决旅游发展

重大问题。政府主导主要体现在：一是确定旅游业的支柱产业地位，确定四川旅游业的发展目标及发展总体思路。二是抓好旅游规划，在省政府主导编制《四川省旅游发展总体规划》的基础上，各地政府组织编制了全省21个市（州）和50个重点旅游县的发展规划，制定了大九寨国际旅游区，五大精品旅游区规划建设方案和一批重点旅游景区的开发建设规划。三是创立旅游发展大会模式，在全国有示范效应。四是加大旅游基础设施投入。政府围绕旅游业发展，在交通路网规划、项目建设、资金安排上对旅游项目实行了重点倾斜，加快重点景区的交通、通信、能源、垃圾污水处理等基础设施的建设，省财政及地方财政安排旅游业专项发展资金，并逐步增加。五是加强旅游市场综合治理，建立起"政府统一领导、部门协调配合、地方政府负责"的旅游市场综合治理机制，制定了一系列专项整治方案。六是加大四川旅游形象的整体促销，形成了党政全力推动、上下整体联动的良好发展格局。

发挥企业主体作用，积极推进市场化运作。在政府主导下，遵循市场经济规律，充分发挥市场配置资源的基础性作用，不断提高市场化运作水平。推动投融资体制改革，鼓励和吸引多种经济成分参与旅游业发展，为解决旅游资源开放资金不足的问题，加快旅游景区开发，省旅游局与地方政府联合向社会推出省内部分旅游景区的所有权与经营权、管理权适当分离，出让部分景区的部分经营权和管理权，为全国首创，吸引了大量、多种资金的投入，碧峰峡便是成功事例之一。积极鼓励、支持和引导民间资金向旅游业的投入，加快民间资金向民营资本的转变。九寨天堂国际会议度假中心、"中国死海"等都是民间资本投资旅游业的范例。

（二）突出特色和优势，实施旅游精品战略

建设成熟的、高品质的世界级旅游精品，是四川旅游发展的重要战略目标。以大熊猫、三星堆、九寨沟三大品牌和四大世界遗产为支撑，建设五大国际精品旅游区（即：中国"第一山"国际旅游区、大九寨国际旅游区、卧龙中华大熊猫生态旅游区、三星堆古迹遗址文化旅游区和都江堰—青城山生态文化旅游区）。制定了《关于五大旅游区建设的标准》，制定和实施了五大旅游区规划建设方案，连续3年召开全省五大旅游区建设工作会议，严格按规划推动实施。从2003年至2005年，累计投资250亿元，建设162个项目，五大旅游区的管理水平上了一个新的台阶。峨眉山、九寨沟被中央精神文明办、建设部、国家旅游局评为国家"文明示范风景旅游区"。2005年，五大旅游区旅游总收入占全省旅游总收入达65%以上，成为带动四川旅游发展的龙头。

（三）大力发展生态旅游，实施可持续发展战略

大力发展生态旅游，是四川旅游业可持续发展战略的基点。2004年编制完成的《四川省生态旅游发展报告》，是实施合理开发和有效保护生态资源的指导性文件，得到了时任国务院副总理吴仪的充分肯定，受到国内外专家的一致好评。初步形成了以世界遗产、"世界人与生物圈保护区网络"、森林公园和自然保护区等生态旅游项目为主要载体，以森林观光、避暑、度假、野生动植物观赏、生态考察、科学研究和教育培训、环境保护等为主要内容的生态旅游发展格局，产生了良好的生态效益、经济效益和社会效益。尤其是以"农家乐"为主要形式的农业生态旅游发展迅猛，成为生态旅游发展的新亮点。据不完全统计，2005年，全省"农家乐"经营户超过1.8万家，接待游客8200万人次，实现收入24.7亿元，吸纳就业达到23.8万人。

（四）坚持依法治旅，营造良好的旅游环境

加强旅游法治建设，依法治旅，是提高四川旅游产业品质的根本保证。四川省人大公布和修改

发布《四川旅游管理条例》，积极推动《四川旅游条例（草案）》的出台。旅游管理部门配合相关部门，加强行业标准化管理，制定旅游活动涉及的交通安全、线路设计、景区景点管理、购物场所管理、宗教场所管理和餐厅管理等系列管理规范。建立和完善旅游市场综合治理机制，统一开展旅游综合执法和监督检查。开展精神文明建设，把旅游环境建设与“两个文明建设”和社会治安综合治理有机结合起来，开展了“军警民共建安全文明旅游区”和“文明经营，诚信服务”等活动。大规模开展旅游人才培训，加强旅游从业人员职业道德教育和旅游行风建设。

（五）扩大对外开放，加强区域合作与境外合作

扩大对外开放，加强省内区域合作、省际合作与境外合作，形成和加强特色互补的旅游发展协调机制，是建立旅游业大产业、大市场、大旅游的基本途径。

省内区域合作，实行统一规划、统一开发、统一建设、统一宣传促销，初步形成了以九寨沟、黄龙、三星堆、都江堰为重点的九环线，以卧龙、四姑娘山、“情歌故乡”康定、海螺沟冰川森林公园为重点的西环线，以佛教文化、盐业文化、彩灯文化、恐龙文化、竹文化和酒文化为主题的南环线，以三国文化、革命历史文化和川东将帅故里为主题的东环线共四大旅游线路。

省际合作，与云南省签署了联合开发“泸沽湖旅游区”协议，与云南省、西藏自治区签署了联合开发“中国香格里拉生态旅游区”协议，与贵州省、重庆市达成了联合开发川黔渝“金三角”生态旅游区的共识，与陕西省形成了开发建设“川陕旅游协作区”的合作框架，与浙江、北京、上海、广东等国内主要客源地签署了互组客源协议。

境外合作上，利用“泛珠三角（9+2）区域合作”的契机，在香港和澳门举办了“四川—香港合作周”“四川—澳门合作周”活动。同时，与中国香港、新加坡签订了互送客源的协议，还与泰国签订了“中泰旅游精美组合”协议，联合开发国际旅游线路。

四川旅游业发展还存在着问题和不足。旅游产业粗放型经营的特征还比较明显，旅游经济的总量规模不够大，质量效益不够好；旅游产业结构不够合理，缺乏支柱型的旅游大企业（集团），旅游商品开发滞后；旅游服务质量在全国处于中等偏上水平，旅游环境有待进一步改善。与旅游业相对发达的省、市、区相比，仍有一定差距。四川旅游业正在持续发展，向着旅游经济强省的宏伟目标前进。

第一篇　旅游发展规划与旅游资源开发

旅游发展规划是根据旅游业的历史、现状和市场要素的变化所制定的目标体系，以及为实现目标体系在特定的发展条件下对旅游发展的要素所做的安排。旅游发展规划应当坚持可持续发展和市场导向的原则，注重对资源和环境的保护，防止污染和其他公害，因地制宜、突出特点、合理利用，提高旅游业发展的社会、经济和环境效益。

旅游资源开发是以保护旅游资源为前提，将旅游资源开发为旅游产品。旅游资源的开发和旅游项目建设，应当符合旅游发展规划的要求。

制订旅游发展规划及开发旅游资源是旅游业发展的先导性工作，也是基础性工作。

第一章　旅游发展规划

四川省旅游发展规划的编制工作起始于20世纪80年代初期，四川省委主要领导要求旅游部门和峨眉山景区当地政府要做好峨眉山的旅游开发规划，同时做好旅游发展五年规划。省旅游局根据省委、省政府的要求，分别制定了各个时期的旅游发展总体规划和旅游资源开发规划。其中，“六五”（1981—1985年）旅游发展规划重点强调的是接待海外旅游者数量和创汇水平。1986—2005年期间制订的“七五”“八五”“九五”“十五”规划，将旅游产业的发展作为制订旅游规划的主要目标。省级及各市、州政府，大多数县（市、区）政府都先后编制本区域的旅游发展总体规划和旅游资源开发规划。截至2005年年底，全省21个市、州均已完成了旅游发展总体规划的编制工作；全省180个县（市、区）中有96个完成了总体规划编制工作。全省完成的旅游片区、旅游线路、旅游景区（点）的开发规划有190余件。

第一节　旅游发展综合规划

一、《四川省旅游发展总体规划》编制

根据省委《关于发展四川旅游产业的意见》，省政府于1997年提出了《关于培育六个新的经济增长点的意见》，把旅游业列为全省六个新的经济增长点之一来加以培育。为此，省政府决定制定一部跨世纪的《四川省旅游产业发展规划》，成立了规划领导小组，由副省长徐世群任组长，省级相关部门的领导为领导小组成员。1997年7月4日，《四川省旅游产业发展规划》领导小组在北京召开会议，国家旅游局有关负责人应邀与会。会议议定了以下事项：（1）《四川省旅游产业发展规划》的编制工作以外国专家为主，国内专家协助；（2）国家旅游局在年内落实外国专家的委托工作，规划编制计划在1998年完成；（3）国家旅游局拟向联合国开发署申请援助项目，由国外专家编制九寨沟、黄龙旅游景区的旅游发展规划。

会议还议定由旅游规划专家任规划组组长，规划组成员由旅游市场营销、旅游人力资源开发、旅游基础设施建设、生态旅游、公园规划等方面的专家组成。

1997年9月24日，四川省政府与世界旅游组织签订《关于编制四川省旅游发展总规划之协议书》。根据协议，省政府将委托世界旅游组织帮助制定一份高质量的、与世界旅游接轨的全省旅游发展规划。

1997年10月13日至21日，世界旅游组织的规划专家爱德华·因斯基普到四川对重点景区进行考察，并与省旅游局协商规划编制工作的具体步骤及有关接待事宜。之后，省旅游局根据与世界旅

游组织专家商定的工作部署编制经费预算，上报省政府。

1998 年 5 月 3 日，世界旅游组织委派亚太规划公司总经理路德维希·雷德以外方专家组组长身份先期到成都，开展《四川省旅游产业发展总体规划》的筹备工作。5 月 7 日至 10 日，经与中方专家共同研讨协商，最终提出《中国四川省旅游产业发展总规划项目启动报告》。5 月 11 日，省政府办公厅在岷山饭店国际会议厅召集省计委、省建委、省财政厅、省文化厅、省交通厅、省林业厅、省国土局、省旅游局和成都市旅游局等部门负责人及相关人员，正式举行“四川省旅游产业发展总规划项目启动会”，副省长徐世群、国家旅游局领导和世界旅游组织亚太部主任瓦尔玛等出席会议并讲话。5 月中下旬，中方根据外方专家组提出的资料目录，广泛收集资料并统计分析基础数据。同时，省旅游局召集各市、州旅游局和相关县（市）旅游部门负责人开会，具体布置落实专家组的考察计划和资料收集工作。

经过中外专家对全省 16 个市（州）的 34 个县，94 处景区、景点，以及宾馆、城市公园的实地考察，9 月中旬，规划组最终编制完成了《四川省旅游发展总体规划》（以下简称《总体规划》）。1998 年 12 月 16 日至 17 日，四川省人民政府在四川锦江宾馆国际会议厅召开《四川省旅游发展总体规划》评审会。出席评审会的有国家计委，国家旅游局、国家文物局的负责人，省级有关部门的负责人，以及来自北京大学、中国旅游学院、中山大学、浙江大学、四川大学等单位的专家、学者共 86 人。由 17 名专家组成的评委会经过认真讨论，形成了评审意见。之后国外专家又根据评委会意见对《总体规划》稿进行了修改。

1999 年 1 月 28 日，《四川省旅游发展总体规划》递交仪式在四川锦江宾馆举行。世界旅游组织亚太部主任瓦尔玛博士代表世界旅游组织将《四川省旅游发展总体规划》（英文本）正式递交省长宋宝瑞，标志着世界旅游组织承担编制的四川省旅游发展总体规划任务完成。

《四川省旅游发展总体规划》由三个部分组成。一是远期规划（1999—2015 年），内容主要是为实现总体规划的目标而应确定的各项目标、政策和战略；二是近、中期实施计划（1999—2005 年），内容是实现 2005 年前的近期目标应采取的规划、管理和开发行动；三是六个试点项目的土地使用规划和前期可行性评估报告，并提出具体的开发思路和布局。六个试点项目是成都大熊猫繁育和研究基地、九寨沟世界自然遗产区、海螺沟冰川公园、峨眉山世界自然和文化遗产区、自贡市恐龙公园、大邑刘氏庄园。

省委、省政府做出的聘请世界旅游组织专家来编制四川旅游发展规划的决策在全国是首创，得到国家旅游局的全力支持和充分肯定，全国不少省、市、区到四川学习交流经验。

1999 年 4 月 14 日，中共四川省委、四川省人民政府发出《关于实施“四川省旅游发展总体规划”的通知》（以下简称《通知》），对各市、州政府，省级有关部门贯彻实施规划提出了具体要求。一是要认真学习和宣传《四川省旅游发展总体规划》。这个总体规划反映了四川经济实行可持续发展战略对旅游业的总体要求，明确四川自然生态和文化旅游的发展定位；按照国际惯例对全省旅游资源、旅游产品、旅游基础设施、旅游服务接待设施、客源市场、人力资源开发、旅游投入与产出、旅游管理等各个子系统做了科学策划和总体布局，为四川省旅游业绘制了近期、中期、长期的发展蓝图，是一部完整的、切实可行的旅游产业规划，有很强的可操作性。《通知》要求各地、各部门要认真学习和宣传《总体规划》，以《总体规划》的总要求指导具体工作。二是要把《总体规划》作为指导全省培育和发展旅游支柱产业的重要法规性文件认真贯彻实施。要坚持“旅游资源保护第一，开发服从于保护”的原则，紧紧围绕旅游业的发展，做好基础设施建设。三是各地、各部门要围绕《总体规划》分项细化，分步实施。省旅游局要根据《总体规划》的要求，组织有关部门制订分年度实施方案，并认真组织实施。各地编制旅游规划必须服从全省《总体规划》。在此之前已作规划的地区，要对照《总体规划》进行调整和修订；尚未完成规划的地区，要按照《总体规划》的要求编制符合本地实际的旅游发展规划。各地编制的旅游发展规划必须报省旅游局审查批准后方可实施。四是实行政府主导、多方筹资的投资体制，尤其要加大对外招商引资的力度，吸引更多的客商到川投资，兴办旅游业。

根据《四川省旅游发展总体规划》，在省政府领导下，省旅游局主持编制一批跨市（州）的区域性的旅游发展规划，各市（州）政府和旅游资源比较丰富的县（市、区），部分乡镇编制了当地的旅游发展规划。

二、全省旅游发展中长期规划编制

1986—2005 年期间，省旅游局编制四川旅游发展“七五”“八五”“九五”“十五”规划，以及相应时期的旅游发展远景规划。

（一）四川旅游发展“七五”规划

根据《全国旅游发展十五年规划（1986—2000 年）》提出的“七五”（1986—1990 年）时期全国旅游发展目标计划，省政府于 1986 年 2 月批准《四川省发展旅游事业的“七五”规划》。“七五”规划的头两年执行情况较好，1988 年旅游接待人数出现滑坡，同时，国家又出台了“治理整顿”和压缩基本建设投资规模的政策措施，因此，省旅游局于 1988 年年底提出调整“七五”规划指标的意见。调整方案在 1989 年 4 月召开的全省旅游工作会议上做了部署。至 1990 年年底，全省旅游系统基本完成了“七五”计划的各项经济指标。

（二）四川旅游发展“八五”计划及十年发展规划纲要

1990 年，省旅游局着手《四川旅游业发展“八五”（1991—1995 年）计划和十年（1991—2000 年）发展规划纲要》的编制工作。当时提出的编制规划的指导思想是：“以质量、效益为中心，建设、管理一起抓，国际、国内旅游一起上，提前三年实现规划目标，变旅游资源大省为旅游业大省”。编制规划的原则是“依托热线，带动新线，合理规划，突出重点，分类指导，超越发展”。1993 年，根据四川省旅游业发展实际，省旅游局修订《四川省旅游业发展“八五”计划和十年发展规划纲要》，并由省科技顾问团聘请专家和相关部门领导进行了论证。省政府于 1993 年 4 月 19 日正式批准执行。修订后的规划提出的总目标是在 1990 年的基础上，到 2000 年全省接待旅游者人次和创汇翻两番。

（三）四川旅游发展“九五”计划及十年发展规划纲要

省旅游局从 1995 年 3 月开始着手编制《四川省旅游发展“九五”（1996—2000 年）计划和 2010 年远景目标纲要》，1996 年 5 月完成该计划的编制工作并报省政府审批。由于 1996 年下半年，四川省行政区划做了调整，重庆成为中央直辖市，并将涪陵、万县、黔江三市（地）划归重庆管辖。因此，1997 年 3 月，省旅游局又对“九五”计划做了修订。“九五”计划提出全省旅游业发展总的思路是以市场需求为导向，以质量、效率为中心，以世界名牌产品为龙头，以国内旅游为基础，国际旅游为主导，发挥旅游资源优势，加强宏观调控，优化产业结构，拓宽客源市场，强化行业管理，注重人才培训，提高经营管理水平和服务质量，把旅游业发展壮大成全省六大支柱产业之一，为地方经济社会发展，为全省创汇、创收做出更大贡献。

“九五”期间全省旅游业发展的规划目标是，接待海外旅游者人次年均增长15%；旅游外汇收入年均增长22%；全省接待国内旅游者人次年均增长12%。

（四）四川旅游发展“十五”计划及远景目标纲要

2000年，省旅游局着手制定《四川省旅游业发展“十五”（2001—2005年）计划和2010年、2020年远景目标纲要》（以下简称《纲要》）。制定这个《纲要》的主要依据是：（1）“九五”期间四川旅游业发展的基本情况；（2）2000年5月，省委七届七次全会把旅游业确定为全省实施西部大开发战略、加快经济发展的六大支柱产业之一，提出了培育旅游支柱产业、建设旅游经济强省的宏伟目标和要求。

《纲要》提出了2001—2010年的旅游经济增长目标，以及旅游景区景点建设目标等各项具体指标。其中，2001—2005年，旅游经济增长目标为实现旅游发展倍增计划，国际、国内旅游总收入年均增长18%；入境旅游人数年均增长15.2%；旅游外汇收入年均增长18.1%；国内旅游者人数年均增长7.2%，国内旅游收入年均增长18%。

第二节　旅游专题规划

四川不仅旅游资源十分丰富，而且各具特色。省旅游局根据旅游资源特色，编制一批旅游专题规划，在全国旅游界产生重大影响。

一、四川省红色旅游发展纲要及总体规划的编制

四川是红色旅游资源大省，据初步统计，全省有重要红色旅游景区（点）120多个，分布在全省80%以上的市（州）。红色旅游景区（点）不仅点多面广，而且主题鲜明，品牌突出，尤以“长征丰碑”“将帅故里”和“川陕苏区”三大红色旅游品牌闻名全国。

四川是全国开展红色旅游较早的省份之一，1998年制定全省旅游发展总体规划提出将“革命历史文化旅游线”作为全省四大精品旅游环线；从1999年开始，四川连续5年在全国国内旅游交易会上推介“重走长征路、将帅故里游”活动；2002年，编制了《四川省开发红军长征旅游产品可行性研究报告》。2004年12月，中共中央办公厅、国务院办公厅印发《2004—2010年全国红色旅游发展纲要》。据此，省旅游局在完成全省红色旅游资源普查的基础上，着手编制《四川省红色旅游发展总体规划》和一系列红色旅游景区（点）的开发规划。2005年，省旅游局正式制定《四川省红色旅游发展纲要》和《四川省红色旅游发展总体规划（2005—2010年）》。

《四川省红色旅游发展纲要》提出的全省发展红色旅游总体目标是高标准建设好一批重点红色旅游区，打造出一批在国内具有震撼力的红色旅游精品，树立“长征丰碑、伟人故里、川陕苏区”的红色旅游总体形象，将四川红色旅游打造成为国内外有影响力的旅游品牌，使四川成为全国新型红色旅游目的地和红色旅游强省。《四川省红色旅游发展纲要》提出的发展四川红色旅游的总体格局是：“围绕3大红色旅游主题，重点培育6个红色旅游片区，推出8条精品红色旅游线路，开发建设36个红色旅游景点景区”。3大红色旅游主题是长征丰碑主题、伟人故里主题和川陕苏区主题；6个红色旅游片区是四渡赤水旅游片区、金沙江—彝海旅游片区、大渡河—甘孜旅游片区、雪山草地旅

游片区、伟人故里旅游片区和川陕革命根据地旅游片区；8 条红色旅游精品线路是雪山草地旅游线、伟人故里旅游线、大渡河旅游线、川陕苏区旅游线、剑门蜀道旅游线、嘉陵江旅游线、四渡赤水旅游线和甘孜会师旅游线。36 个红色旅游经典景区要按照国家 A 级景区标准进行建设。

《四川省红色旅游发展总体规划（2005—2010 年）》由前言、四川红色旅游发展条件与前景、四川红色旅游发展战略规划、红色旅游重点片区规划、红色旅游经典景区建设规划、红色旅游产品线路规划、红色旅游营销规划、红色旅游保障体系建设规划及规划实施对策等 9 个部分组成。

二、《四川省生态旅游发展报告》编制

2004 年 8 月，省政府发布《四川省生态旅游发展报告》（以下简称《发展报告》）。该《发展报告》由生态旅游发展战略、四川生态旅游建设、四川生态旅游近期建设重点，以及附件等 6 个部分组成。《发展报告》由省政府主持，省发改委、省林业厅、省水利厅、省文化厅、省国土资源厅、省交通厅、省科技厅、省农业厅、省环保局、省政府研究室等部门参与，省旅游局组织编制。

《发展报告》提出的四川发展生态旅游的指导思想是以市场为导向，以资源为依托，以产品为基础，以综合效益为中心，坚持保护与开发并重，国内市场与国际市场并举，自然景观和人文景观相结合，突出特色，发挥优势，构建以生态观光和休闲度假为主，集科考、探险、漂流等各种专项生态旅游于一体、较为完善的生态旅游产业体系。

《发展报告》提出了 6 条四川生态旅游开发原则，即政府主导原则、原生态原则、保护性开发原则、依法有序开发原则、精品建设原则、群众参与原则。

《发展报告》提出生态旅游建设目标。2005 年到 2010 年基本实现经济不发达地区生态旅游区群众脱贫，生态旅游科研与教育工作得到加强，生态旅游产品认证体系基本建立，建成九环线、西环线等 6 条生态旅游精品线路，建成“大九寨国际旅游区”“中国第一山”国际旅游区等 10 个生态旅游精品区。2011—2015 年的发展目标是生态旅游产品标准化得到推广，实现生态旅游区生态系统良性循环，生态旅游区群众实现小康，把四川建成为国内外知名的生态旅游目的地，实现生态旅游大省和强省的目标。

三、《四川省文化旅游发展报告》编制

四川是历史文化旅游资源十分丰富的省份之一。根据工作计划，2004 年，省旅游局启动《四川省文化旅游发展报告》的编制工作。在开展了全省历史文化和古三国文化旅游资源调查的基础上，于 2005 年基本完成《四川省文化旅游发展报告》的编制工作。

《四川省文化旅游发展报告》主要内容由“四川文化旅游发展态势”“四川文化旅游资源”“四川文化旅游发展战略”“四川文化旅游建设”“近期四川文化旅游发展主要措施”5 个部分组成。

四川文化旅游发展目标是通过 5—10 年的努力，打造形成“太阳神鸟”文化旅游品牌，建成一批富有影响力的文化旅游精品，基本形成具有四川文化品位、体现四川文化特色、适应旅游经济强省建设要求的文化旅游发展格局，使四川成为中国文化旅游的重要目的地。

《四川省文化旅游发展报告》提出的四川文化旅游发展格局是“一个中心，三带，五区”，即把成都市培育成文化旅游开发建设整体水平在西部地区名列前茅的重要文化旅游中心；形成三国文化、南方丝绸之路文化、茶马古道文化等三个特色文化旅游带；规划建设好康巴风情文化旅游区、古羌风情旅游区、攀西大裂谷阳光彝族风情旅游区、嘉陵江流域“巴文化”旅游区、川南苗岭文化和夜

郎文化旅游区等5个特别文化旅游区。

四、《四川省乡村旅游发展报告》编制

2005年，省旅游局开始着手制定《四川省乡村旅游发展报告》（以下简称《报告》），对四川未来5年乡村旅游的发展做出规划。该《报告》由前言、乡村旅游的发生和发展、乡村旅游的主要类型和模式、发展乡村旅游对“三农”的带动作用、乡村旅游发展的主要经验与存在的问题、乡村旅游发展战略及发展重点、乡村旅游发展保障措施等7部分组成。

《报告》在总结四川乡村旅游发展历程的基础上，提出到2010年全省乡村旅游发展的总目标和发展战略，即到2010年，力争建成全省农业旅游示范点100个，其中50个成为全国农业旅游示范点；实现全省乡村旅游接待人数和收入年均增长15%以上。通过实施政府主导战略和可持续发展战略，发挥各地乡村旅游资源优势，把全省乡村旅游建设成5大特色板块，即：环大中城市“天府农家”乡村旅游板块、川西“藏羌风情”乡村旅游板块、川东“苏区新貌”乡村旅游板块、攀西“生态农业”乡村旅游板块和川南“古镇古寨”乡村旅游板块，使全省乡村旅游朝着品牌化、规模化、特色化、多样化和规范化方向发展。

第三节 旅游区域发展规划

从20世纪90年代初至2005年，四川相继完成的旅游区域规划有：《四川三峡经济区旅游发展规划》《西环线旅游发展规划》《大九寨国际旅游区旅游线路发展规划》《稻城亚丁香格里拉生态旅游区总体规划》《“中国第一山”国际旅游区规划建设方案》《四川省“两湖一山”精品旅游区战略规划》和《小平故里—华蓥山旅游区规划建设方案》等。

一、参与《中国香格里拉生态旅游区规划》编制以及《稻城亚丁香格里拉生态旅游区总体规划》编制

2002年6月，四川、云南、西藏三省（区）旅游局联合行文，请国务院西部开发办、国家旅游局、国家计委支持编制《中国香格里拉生态旅游区规划》。在国家旅游局等中央部委指导下，三省（区）政府于2002年7月启动该旅游区规划。在省政府领导下，省旅游局参与并具体承担该规划中四川行政区域部分的编制工作。在编制规划过程中，与云南省旅游局和西藏自治区旅游局相互协调配合。2003年，《中国香格里拉生态旅游区规划》编制完成，获得国家旅游局等中央部委批准。

在参与编制《中国香格里拉生态旅游区规划》的同时，四川省旅游局委托四川省旅游规划设计所负责《稻城亚丁香格里拉生态旅游区总体规划》的编制工作。2004年，规划编制工作正式完成。2005年2月，省旅游局正式批复，原则同意该规划。

二、《四川三峡经济区旅游发展规划》编制

省旅游局组织编制的《四川三峡经济区旅游发展规划》于1994年启动，1996年通过最后评审。规划范围涉及重庆、涪陵、万县、黔江、达州、南充、广安、巴中等8个市（地），规划时限为1996年至2010年。该区域联合开发旅游资源的重点是长江干流、乌江流域、嘉陵江流域的自然旅游资

源，三峡文物资源，革命历史文物资源。规划中包括了旅游线路规划、旅游基础设施建设规划、旅游商品开发规划和联合开发旅游业的保障措施等方面的内容。四川行政区划调整后，该规划由重庆市和四川省相关市政府分别组织实施。

三、《大九寨国际旅游区旅游线路发展规划》编制

2002 年 7 月，省旅游局组织旅游规划专家着手编制《大九寨国际旅游区旅游线路发展规划》，当年 9 月底基本完成。规划的范围以九寨沟县、松潘县、若尔盖县、红原县为核心区，面积约 3.2 万多平方公里；辐射区为成都、阿坝、德阳、绵阳、广元所辖部分地区。《大九寨国际旅游区旅游线路发展规划》的总体构想为实施绿色开发、绿色经营；根据生态容量对游人实行控制；实施区域联动，分工协作发展；实施多元投资战略，发挥市场的基础性配置作用；采取集约化经营，强调开发效益。《大九寨国际旅游区旅游线路发展规划》提出的发展战略是：建立 1 个集散中心（川主寺镇），确立 2 个主导精品景区（九寨沟、黄龙），三条主环线（内环、东环、南环），4 个主要出入通道（成都、绵阳、甘肃、青海），5 个支撑服务点（漳扎镇、九寨沟县城、若尔盖县城、唐克乡、红原县城），6 个优先开发区（九寨天堂、神仙池、牟尼沟、红军长征纪念碑园、九曲黄河第一湾、日干乔红军文化），以及 7 个配套景区等。

四、《“中国第一山”国际旅游区规划建设方案》编制

为加快峨眉山—乐山大佛旅游区建设，整合峨眉山、乐山大佛及周边区域旅游资源，培育壮大旅游支柱产业，省旅游产业发展领导小组根据省委关于建设“中国第一山”的重要指示精神，组织省旅游局、乐山市、峨眉山市以及有关部门经过认真调查研究，编制完成《“中国第一山”国际旅游区规划建设方案》上报省委省政府。2003 年 7 月，省政府办公厅行文批复：该方案已经省委、省政府原则同意，请乐山市人民政府、省级有关部门认真贯彻落实，并在实施中不断完善。

五、《小平故里—华蓥山旅游区规划建设方案》编制

2004 年，省旅游局组织编制《小平故里—华蓥山旅游区规划建设方案》，该规划建设方案以精心打造小平故居为主、华蓥山山水景观为辅的多元化旅游产品，努力将该红色文化旅游区建设成为全国爱国主义教育和中国特色社会主义教育示范基地。规划提出的建设重点为开发好小平故居、华蓥山，并与朱德故居、张爱萍故居、罗瑞卿故居、张澜纪念馆、陈毅故居串联成线，联合包装推出“伟人故里”红色旅游精品线路；后结合嘉陵江渠化工程的实施，推出由广元、苍溪、阆中、南充、广安、重庆等各景点组成的华蓥山、嘉陵江“红色山水”旅游精品线。该规划建设方案于 2004 年 12 月编制完成。

六、《四川省“两湖一山”精品旅游区战略规划》编制

“两湖一山”指龙泉湖、三岔湖、龙泉花果山。根据 2004 年 2 月省政府召开的启动龙泉湖、三岔湖、龙泉花果山精品旅游区规划建设专题会议的要求，由省旅游局牵头，组织有关部门专家于 2005 年编制完成了“两湖一山”的旅游发展规划，制定《四川省“两湖一山”精品旅游区战略规划》，旨在跨行政区划界限，整合成都市龙泉驿区和资阳市辖简阳市的旅游资源，统一规划，分步骤开发，努力把“两湖一山”旅游片区打造成四川的精品旅游区。

第四节　市（州）旅游发展规划

1999年4月4日，中共四川省委、四川省人民政府《关于实施〈四川省旅游发展总体规划〉的通知》下发后，在各地党委政府领导下及省旅游局支持下，各市（州）政府按通知要求积极推进本地区旅游发展规划的编制工作，从而使各地旅游业的发展进入规范化的管理轨道。各市（州）旅游发展规划编制工作情况及成果分叙如下：

一、成都市

成都市政府于1997年5月完成《成都市旅游发展总体规划（1996—2010）》的编制工作。成都是中国重点旅游城市、四川省旅游中心城市、中国西部旅游的重点目的地和集散中心。规划确定要充分发挥成都的旅游中心城市作用，发挥四川旅游业龙头作用，带动全省旅游业发展。同时深化成都市旅游产品开发，提升品质档次，突出都江堰、青城山、西岭雪山为主的自然风光旅游产品，以杜甫草堂、武侯祠、洛带古镇、黄龙溪古镇、平乐古镇景点为主的人文旅游，包括三国文化、蜀文化、古镇文化、茶文化等旅游产品，以及农家乐为主的休闲旅游产品。至2005年年底前，县（市、区）已完成的旅游发展总体规划有：《双流县旅游业发展总体规划》（2004年5月编制完成）、《都江堰市旅游发展总体规划》（2000年12月编制完成）、《都江堰市旅游发展振兴计划》（2005年11月编制完成）、《崇州市旅游发展总体规划》（2001年编制完成），以及《大邑县旅游规划》等。至2005年年底，锦江区、成华区、武侯区、青羊区、金牛区、金堂县、新都区、新津县、彭州市、龙泉驿区、温江区、邛崃市、郫县等区（市、县）的旅游总体规划在编制过程中。

二、自贡市

自贡市政府于2000年3月委托四川省旅游规划设计所承担《自贡市旅游发展总体规划》的编制工作，同年10月，规划稿基本完成，并通过省旅游局组织的专家组评审。自贡素以“千年盐都”“恐龙之乡”“南园灯城”闻名中外，被称为“自贡三绝”。自贡是川南旅游区的重要地方之一。

根据《自贡市旅游发展总体规划》的要求，自贡市贡井区、大安区、荣县分别于2005年制定了旅游业“十一五”发展规划，富顺县制定了《自贡市富顺县旅游发展总体规划（2001—2015年）》及《富顺县古城旅游区发展规划与重点地段概念性详细规划（2005—2020年）》。

三、攀枝花市

攀枝花市根据省旅游发展规划的思路于2000年完成《四川省攀枝花市旅游总体规划（2001—2015年）》；2005年，编制完成《四川省攀枝花市旅游发展规划（2006—2020年）》。攀枝花旅游以攀西金沙江裂谷风光、二滩森林公园、苏铁林国家级自然保护区为主，开发旅游资源，利用冬季阳光气候条件，开发冬季阳光之旅，推动攀西文化旅游发展。

四、泸州市

《泸州市旅游产业发展总体规划》于1999年12月完成编制工作，并通过省旅游局组织的专家组评审。《泸州市旅游产业发展总体规划》得到了市委、市政府的充分肯定，市人大常委会审议通过了总体规划。市委、市政府下发通知，要求全市各区、县、政府各部门认真学习、宣传和贯彻执行《泸州市旅游产业发展总体规划》。自然风光以佛宝国家森林公园、玉蟾山、方山风景区为重点，人文景观以泸州老窖、郎酒的酒文化，尧坝古镇、福宝古镇、太平古镇的古镇文化为重点。

根据《泸州市旅游产业发展总体规划》的思路，市旅游局于2005年编制了《泸州市旅游产业发展“十一五”规划》，确定了到2010年旅游发展目标，即当年旅游业产值相当于全市GDP的8%，使泸州市的旅游业成为名副其实的支柱产业。

根据市委、市政府的要求，纳溪区、合江县、古蔺县亦根据本区（县）旅游资源特色编制了旅游产业发展总体规划。

五、德阳市

1999年4月，德阳市政府成立以市长为组长的旅游发展规划领导小组，启动《德阳市旅游产业发展总体规划》的编制工作；同年11月，完成规划文本并通过初审；2000年1月，通过省旅游局组织的专家组评审。德阳是蜀文化的重要地区，是历史文化旅游的重要目的地，闻名中外的古蜀国三星堆遗址以及在遗址附近的三星堆博物馆，成为四川旅游的重要名片。古三国文化遗址有白马关、庞统祠、落风坡等，自然景观有莹华山风景区、九顶山风景区以及云湖森林公园等。

在《德阳市旅游产业发展总体规划》的框架下，什邡市、广汉市、绵竹市、罗江县先后完成了旅游发展总体规划的编制工作。

六、绵阳市

1991年，绵阳市旅游局着手编制《绵阳市“八五”旅游发展规划（初稿）》，后经反复论证修改，于1993年形成《绵阳市旅游发展“八五”计划和十年规划纲要》，并经市政府批准组织实施。

1995年，绵阳市旅游局着手编制《绵阳市旅游发展“九五”计划和2010年长远规划》，1996年经绵阳市政府批准下发全市执行。

1999年7月，绵阳市人民政府正式委托省旅游规划设计所编制《四川省绵阳市旅游发展总体规划（2000—2015）》，2000年9月编制工作完成并通过省旅游局组织的专家组评审。2001年，绵阳市政府行文将规划印发全市组织实施。

2004年12月7日，绵阳市旅游产业发展领导小组决定在旅游发展总体规划的基础上，以产业提升为目标，着手编制旅游产业提升总体规划。2005年，《四川省绵阳市旅游产业提升规划总报告》编制完成。

根据这些规划，绵阳作为李白故里，中国科技城，北倚剑门、南接成都、西连九寨的重要旅游枢纽，重点打造三国蜀道文化旅游线、科技工业旅游线、大九寨旅游环线、李白故里旅游线。

江油市、平武县、盐亭县、北川羌族自治县分别于1998年4月、2004年7月、2001年10月、2003年11月完成了旅游发展规划的编制工作，游仙区于2005年10月编制完成《游仙区旅游“十一五”规划》。

七、广元市

2000年2月，广元市政府成立旅游发展规划编制领导小组，着手旅游产业发展规划的编制工作。

同年11月，《广元市旅游产业发展总体规划》编制完成并通过专家组评审后报市人大常委会审议通过。2001年11月，省政府、省旅游局正式批复广元市政府，同意组织实施。根据规划，广元作为川北门户，武则天女皇故里，历史文化名城，突出皇泽寺、千佛崖、明月峡、翠云廊、昭化古镇为主的历史文化及古三国文化，突出剑门关、康家河为主的自然生态风景旅游，突出红色文化及川北民族文化。2003年4月，《广元市旅游产业发展总体规划》获市政府科技进步奖。2005年10月，完成了《广元市“十一五”旅游产业发展规划纲要》（初稿）的编制工作。

八、遂宁市

《遂宁市旅游发展总体规划》在市委、市政府的直接领导下，于2003年3月着手编制，2004年1月编制完成，并通过省旅游局组织的专家组评审。根据规划，遂宁市重点打造以中国观音故里旅游区（广德景区、灵泉景区）为代表的宗教观光型旅游产品，以中国死海为代表的休闲度假型旅游产品，以宋瓷博物馆为代表的文化型旅游产品以及一批自然风景旅游产品。与此同时，遂宁市还完成了乡村旅游总体规划的编制工作。

根据《遂宁市旅游发展总体规划》的要求，2005年，大英县、射洪县、蓬溪县等先后完成本县旅游发展总体规划的编制工作。安居区编制《安居区黄金旅游走廊概念性规划》和乡村旅游开发规划。

九、内江市

内江市于20世纪90年代初制定《四川省内江旅游发展总体规划》（含行政区划变更后的资阳市辖区）。根据这个规划，内江市将在市区开发建设沱江城区段风光带旅游区；市中区开发建设十里休闲长廊；大力发展乡村旅游，为城市居民提供休闲度假场所；东兴区将扩大张大千纪念馆规模，与西林公园融为一体；隆昌县将进一步开发古宇湖风景名胜区，打造中国石牌坊之乡；威远县重点开发建设俩母旅游区，先规划、后建设。全市旅游开发的重点是资州古城——金龙山、大千文化园、川中第一禅林——圣水寺、明清牌坊群和云顶古寨等。内江市区将建设成体现“山水内江、文化内江、现代内江”特点的旅游城市，成为川东南游客集散中心。力争在2009年建成具有山水园林特色的中国优秀旅游城市。

十、乐山市

乐山市委、市政府2001年5月组织旅游发展规划的编制工作，成立规划编制领导小组，聘请北京大学旅游规划与开发研究中心承担规划编制工作。《乐山市旅游发展总体规划》于2004年年底获得省旅游局的正式批复。规划指出乐山是中国旅游、四川旅游的重点地区，要以峨眉山、乐山大佛为重点，发挥世界文化和自然遗产的旅游资源优势，发挥佛教文化，川南文化特色，发挥乐山作为四川旅游重点地区和川南旅游区的枢纽作用。在《乐山市旅游发展总体规划》的框架内，乐山市又相继完成《乐山历史文化名城保护规划》和《乐山市城市总规（修编）》等规划的编制工作，乐山市坐落于三江交汇处，融佛、山、水、城于一体，发挥森林在城市里，城市在山水中的特色。

在《乐山市旅游发展总体规划》提出的战略目标指导下，五通桥区、马边彝族自治县、犍为县、夹江县分别于2001年、2002年、2004年、2005年完成了旅游发展总体规划编制工作。在此之前，峨眉山市于1995年完成了《峨眉山市旅游业发展“九五”计划和2010年远景规划》的编制工作。

十一、南充市

《南充市旅游发展总体规划（2000—2015 年）》于 2000 年 4 月启动编制，11 月完成，并通过省旅游局组织的评审。根据规划，南充作为川北旅游重要地区，要以阆中古城、嘉陵江中游地区特色旅游为重点，发挥古城文化、古三国文化、丝绸文化、川北灯影、大木偶、川北名小吃等民族文化特色。

根据《南充市旅游发展总体规划》的要求，阆中市、南部县、西充县、仪陇县等均在 2000 年完成了本市、县旅游发展总体规划的编制工作；营山县、嘉陵区和蓬安县也分别于 2002 年、2004 年和 2005 年完成了旅游发展总体规划的编制工作。

十二、宜宾市

1993 年，宜宾地区旅游局根据全省旅游发展规划的要求编制《宜宾地区旅游业发展十年规划和“八五”计划纲要》。同时，根据宜宾地区行署《关于开展编写宜宾地区中、长期国土综合开发规划的通知》要求，地区旅游局又编制了《宜宾地区中、长期旅游发展规划》。1996 年地区旅游局又编制《宜宾地区旅游业发展“九五”计划和 2010 年远景目标》并通过了行署组织的评审委员会评审。1998 年 9 月，宜宾市旅游局委托四川现代旅游工程研究所承担《宜宾市旅游发展总体规划（2000—2020 年）》的编制工作，1999 年 5 月，规划编制工作基本完成。同年 8 月，通过了省科技顾问团组织的专家组评审。

宜宾位于川南旅游区的中心，以蜀南竹海、石海洞乡为重点，连结乐山、自贡、泸州以及云南、贵州的旅游线路规划，融合川酒文化、竹文化、石文化、古民居（夕佳山古民居）、古镇（李庄古镇）的古镇文化，旅游资源丰富独具特色。根据宜宾市旅游发展规划的总体要求，1996 年，高县旅游局编制《高县旅游发展规划》；2005 年又编制《高县旅游发展总体规划》。1999 年，屏山县人民政府编制完成《屏山县旅游业“十五”计划及 2015 年远景目标规划》。南溪县、长宁县、江安县、筠连县和兴文县政府分别于 2000 年、2001 年、2003 年完成了旅游发展总体规划的编制工作。

十三、广安市

《广安市旅游发展总体规划》的编制工作于 1999 年 7 月启动，2000 年 3 月，基本完成规划文本并通过省旅游局组织的专家组评审。同年 8 月，省旅游局批复了该规划。年底，广安市政府统一组织实施。

1999 年，广安市旅游局按照《中共广安市委、广安市人民政府关于加快旅游业发展的决定》的要求，组织编制《广安市旅游业发展“十五”规划和 2015 年远景目标纲要》，主要内容突出小平故里，以华蓥山自然风光及红色文化旅游为重点开发旅游资源，于 2000 年 7 月通过市政府评审。

2005 年 3 月，根据广安市政府《关于切实做好广安市“十一五”规划编制工作的通知》要求，市旅游局启动了全市旅游业发展“十一五”规划的编制工作，2005 年 10 月，《广安市旅游业发展“十一五”规划和 2020 年远景目标纲要》的编制工作正式完成，在通过市旅游产业领导小组评审后报市发改委审定。

根据《广安市旅游发展总体规划》的总体要求，华蓥市、武胜县、邻水县、岳池县等先后于 2002 年、2004 年、2005 年完成了旅游发展总体规划的编制工作，并通过省、市旅游局组织的专家组评审。

十四、达州市

达州市早在建市前的1998年9月就委托四川省地学研究会、中科院成都山地灾害与环境研究所编制达州地区旅游发展总体规划，1999年12月，《四川省达州地区旅游发展总体规划（1998—2010）》编制完成并通过专家评审，经中共达州地委、地区行署批准组织实施。2004年10月至2005年11月，达州市政府委托省旅游规划设计院修编完成《达州市旅游发展总体规划（2005—2020）》。与此同时，达州市还编制《达州市红色旅游发展规划（2005—2015年）》。根据规划，达州旅游以红色文化及自然风景为主线，发挥红色文化旅游、八台山龙潭河自然风景观光旅游，真佛山佛教文化及民族风情旅游特色。

根据《达州市旅游发展总体规划》的总体部署，万源市、宣汉县、大竹县、开江县等也分别于2001—2005年间完成旅游发展总体规划的编制工作。宣汉县还编制《宣汉县红色旅游发展规划》。

十五、巴中市

1993年，原巴中地区旅游局根据巴中旅游资源开发现状和各县、市旅游发展规划草拟了《巴中地区发展旅游业十年规划和五年计划》。1995年，正式编制完成《四川省巴中地区旅游业发展“九五”计划和2010年长远规划》，并通过地区计委纳入全区经济和社会发展计划。1997年，又对该规划进行修订。2002年，巴中市成立以市委书记为组长的旅游规划领导小组，编制完成《巴中市旅游发展总体规划》。2004年，市政府成立了巴中市红色旅游发展规划领导小组，完成《巴中市红色旅游发展规划》的编制工作。根据规划，巴中旅游突出两条主线，一是作为川陕革命根据地主要地区的红色文化旅游，二是以诺水河为主的大巴山的自然生态风光和溶洞旅游。2005年，市政府制定了《巴中市旅游业“十一五”发展规划》，还编制《川东北片区旅游交通网络规划（巴中篇）》和《巴中市旅游人才培训规划》。

根据巴中市旅游发展总体规划制定的发展战略，各区、县也启动旅游发展总体规划的编制工作。

十六、雅安市

雅安市根据《四川省旅游发展总体规划》的要求，先后投入370多万元资金，完成了13部旅游发展规划，包括市、县级旅游发展规划和景区开发规划。其中，《四川省雅安市旅游发展总体规划》于2000年3月通过省旅游局组织的专家组评审。根据规划，雅安旅游突出以碧峰峡、喇叭河、东拉山大峡谷、蜂桶寨为主的自然风光及大熊猫观光旅游，突出了上里古镇文化、茶马文化、红色文化，突出以茶顶山为主的茶文化。

根据《雅安市旅游发展总体规划》提出的战略目标，雅安市雨城区、名山县、石棉县分别于2000年3月、6月、11月完成旅游发展总体规划的编制工作。之后，宝兴县、荥经县、天全县、汉源县也先后完成旅游发展总体规划的编制工作。

十七、眉山市

眉山市旅游发展规划的编制工作起始于眉山地区刚成立时，1996年，编制完成一部《眉山地区旅游业发展战略规划》。地改市以后，眉山市政府于2000年9月完成旅游发展总体规划的编制工作，2001年3月，通过专家组评审，2002年5月，市政府将规划印发各区、县和市政府各部门组织实施。

眉山旅游以打造"中国诗书城"为基点，三苏祠为重点，将三苏文化、长寿文化（彭山彭祖）、道教文化、佛教文化以及青神的竹编文化结合，开发旅游资源。2000年8月，眉山市旅游局根据原眉山地委、行署《关于加快旅游业发展的意见》，为做好各县旅游规划工作，专门召开了全区旅游规划工作会议。会后，各县均成立了旅游规划领导小组，着手旅游发展规划的编制工作。此后，市属东坡区、仁寿县、彭山县、青神县、丹棱县、洪雅县等都先后完成旅游发展规划编制工作。东坡区还编制了三苏文化旅游专题规划和乡村旅游专题规划。

十八、资阳市

《四川省资阳地区旅游发展规划纲要》由当时的资阳地委、行署组织的规划编制领导小组负责，聘请省级有关部门专家于1999年12月编制完成，并通过省旅游局组织的专家组评审。规划以安岳石刻为重点，突出巴蜀石刻文化；建设好"两湖一山"景区，以三岔湖、龙泉湖、龙泉山为重点，发展乡村旅游、休闲度假旅游。根据地区旅游发展总体规划的要求，《安岳县旅游发展总体规划》于2003年编制完成，并通过省级专家评审。

十九、阿坝藏族羌族自治州

阿坝藏族羌族自治州于2000年10月启动旅游发展总体规划的编制工作，2001年11月形成正式文本，并通过省旅游局组织的专家组评审。该规划提交州人大审核通过后下发各县组织实施。2005年，阿坝州编制《阿坝藏族羌族自治州红色旅游发展总体规划》。

根据规划，旅游业作为阿坝州国民经济战略性支柱产业，打造和完善九寨沟、黄龙、大熊猫故乡卧龙保护区等世界级旅游产品，突出藏族文化风情、羌族文化风情，突出红军长征等红色文化，突出大草原生态风光，完善旅游业为主的现代服务业。

截止到2005年，阿坝州13个县中，除壤塘县外，都相继完成了旅游发展总体规划的编制工作。其中，《汶川县旅游发展总体规划（1998—2012年）》于1998年完成；马尔康县、黑水县的旅游发展总体规划于2001年完成；九寨沟县、茂县、理县、红原县、若尔盖县、松潘县、小金县、阿坝县的规划于2002年完成；金川县的旅游发展规划于2003年完成。

二十、甘孜藏族自治州

1998年10月，甘孜州政府组建《甘孜州旅游发展总体规划》课题组，启动规划编制工作。1999年11月，规划编制工作基本完成，其间两次在州内征求各方面意见，两次在省内组织专家预审。1999年12月，通过省旅游局组织的专家组评审。

根据规划，甘孜旅游突出三条主线。一是突出自然生态风光特色，贡嘎山集现代文化冰川、温泉、原始森林、高山湖泊草原为一体，稻城亚丁香格里拉风光，跑马山、野人海风光；二是具有深远历史底蕴和民族文化底蕴的康巴文化；三是以康定情歌为标志的"情哥文化"以及川藏茶马古道形成的锅庄文化。

根据《甘孜州旅游发展总体规划》的基本原则，甘孜州政府相继制作完成《甘孜州生态旅游产业发展总体规划》《甘孜州康巴文化发展总体规划》和《甘孜州红色旅游发展规划》。同时，全州18个县也于2004年前相继完成县级旅游发展总体规划。

二十一、凉山彝族自治州

《凉山州旅游发展总体规划》的编制工作于1999年年初开始启动，同年8月，完成规划文本并通过评审。凉山为全国最大的彝族聚居区，攀西文化区的主要地区，突出彝族火把节、彝族服饰文化、凉山州博物馆等彝族文化风情，突出泸沽湖、邛海、螺髻山、马湖等自然风光及民族民俗风情，突出西昌卫星发射基地的工业旅游。

根据《凉山州旅游发展总体规划》的总体布局，普格县编制2000—2010年的旅游发展总体规划；雷波县编制2003—2018年的旅游发展总体规划；喜德县制定2001—2009年的旅游发展规划；冕宁县制定2003—2015年的旅游发展规划；西昌市制定2000—2015年的旅游发展规划。

各市（州）旅游发展规划的编制情况见表1－1。

1997—2005年四川省各市（州）旅游发展规划编制情况一览表

表1－1

序号	市(州)名称	规划名称	完成时间	已完成规划的县(区、市)
1	成都市	《成都市旅游发展总体规划（1996—2010)》	1997年5月	双流县、都江堰市、崇州市、大邑县
2	自贡市	《自贡市旅游发展总体规划》	2000年10月	贡井区、大安区、荣县、富顺县
3	攀枝花市	《四川省攀枝花市旅游局总体规划（2001—2015年)》	2000年	—
		《四川省攀枝花市旅游发展规划（2005—2020年)》	2005年	
4	泸州市	《泸州市旅游产业发展总体规划》	1999年12月	纳溪区、合江县
5	德阳市	《德阳市旅游产业发展总体规划》	1999年11月	广汉市、什邡市、绵竹县、罗江县
6	绵阳市	《绵阳市旅游发展“八五”计划和十年规划纲要》	1991年	江油市、平武县、北川县、盐亭县、游仙区
		《绵阳市旅游发展“九五”计划和2010年长远规划》	1995年	
		《四川省绵阳市旅游发展总体规划（2000—2015年)》	2000年	
		《四川省绵阳市旅游产业提升规划总报告》	2005年	
7	广元市	《广元市旅游产业发展总体规划》	2000年2月	—
		《广元市“十一五”旅游产业发展规划纲要》	2005年10月	
8	遂宁市	《遂宁市旅游发展总体规划》	2000年11月	大英县、射洪县、蓬溪县、安居区
		《遂宁市“十一五”旅游产业发展规划纲要》	2005年10月	
9	内江市	《四川省内江市旅游发展总体规划》	2004年	—
10	乐山市	《乐山市旅游发展总体规划》	2004年6月	犍为县、沐川县、夹江县、峨眉山市、五通桥区、马边彝族自治县
11	南充市	《南充市旅游产业发展总体规划(2000—2015年)》	2000年11月	阆中市、南部县、西充县仪陇县、营山县、蓬安县、嘉陵区
		《南充市旅游发展总体规划修编（2006—2020年)》	2005年6月	

续表 1－1

<table>
<tr><th>序号</th><th>市(州)名 称</th><th>规 划 名 称</th><th>完成时间</th><th>已完成规划的县(区、市)</th></tr>
<tr><td rowspan="4">12</td><td rowspan="4">宜宾市</td><td>《宜宾地区旅游业发展十年规划和“八五计划”纲要》</td><td>1993 年</td><td rowspan="4">屏山县、南溪县、高县、长宁县、江安县、兴文县筠连县</td></tr>
<tr><td>《宜宾地区中长期旅游发展规划》</td><td>1993 年</td></tr>
<tr><td>《宜宾地区旅游业发展“九五”计划和 2010 年远景目标》</td><td>1996 年</td></tr>
<tr><td>《宜宾市旅游发展总体规划（2000—2020 年）》</td><td>1999 年 5 月</td></tr>
<tr><td rowspan="3">13</td><td rowspan="3">广安市</td><td>《广安市旅游发展总体规划》</td><td>2000 年 3 月</td><td rowspan="3">华蓥市、广安区、岳池县、武胜县、邻水县</td></tr>
<tr><td>《广安市旅游发展“十五”规划和 2015 年远景目标纲要》</td><td>2004 年 7 月</td></tr>
<tr><td>《广安市旅游业发展“十一五”规划和 2020 年远景目标纲要》</td><td>2005 年 10 月</td></tr>
<tr><td rowspan="3">14</td><td rowspan="3">达州市</td><td>《四川省达州地区旅游发展总体规划》</td><td>1999 年 12 月</td><td rowspan="3">万源市、宣汉县、大竹县、开江县</td></tr>
<tr><td>《达州市旅游发展总体规划（2005—2020 年）》</td><td>2005 年 11 月</td></tr>
<tr><td>《达州市红色旅游发展规划（2005—2015 年）》</td><td>2005 年</td></tr>
<tr><td rowspan="7">15</td><td rowspan="7">巴中市</td><td>《巴中地区发展旅游业十年规划和五年计划》</td><td>1993 年</td><td rowspan="7">—</td></tr>
<tr><td>《四川省巴中地区旅游业发展“九五”计划和 2010 年长远规划》</td><td>1995 年</td></tr>
<tr><td>《巴中市旅游发展总体规划》</td><td>2002 年</td></tr>
<tr><td>《巴中市红色旅游发展规划》</td><td>2004 年</td></tr>
<tr><td>《巴中市旅游业“十一五”发展规划》</td><td>2005 年</td></tr>
<tr><td>《川东北片区旅游交通网络规划（巴中篇）》</td><td>2005 年</td></tr>
<tr><td>《巴中市旅游人才培训规划》</td><td>2005 年</td></tr>
<tr><td>16</td><td>雅安市</td><td>《四川省雅安市旅游发展总体规划》</td><td>2000 年 8 月</td><td>雨城区、名山县、石棉县、宝兴县、荥经县、天全县、汉源县</td></tr>
<tr><td>17</td><td>眉山市</td><td>《眉山市旅游发展总体规划（2000—2015 年）》</td><td>2000 年 9 月</td><td>东坡区、仁寿县、彭山县、青神县、丹棱县、洪雅县</td></tr>
<tr><td>18</td><td>资阳市</td><td>《四川省资阳地区旅游发展规划纲要》</td><td>1999 年</td><td>安岳县</td></tr>
<tr><td rowspan="2">19</td><td rowspan="2">阿坝藏族羌族自治州</td><td>《阿坝藏族羌族自治州旅游发展总体规划》</td><td>2001 年 11 月</td><td rowspan="2">全州 13 个县中除壤塘县外，均完成旅游发展总体规划编制工作。</td></tr>
<tr><td>《阿坝藏族羌族自治州红色旅游发展总体规划》</td><td>2005 年</td></tr>
<tr><td rowspan="4">20</td><td rowspan="4">甘孜藏族自治州</td><td>《甘孜州旅游发展总体规划》</td><td>1999 年 11 月</td><td rowspan="4">全州 18 个县均于 2004 年前完成县级旅游发展总体规划</td></tr>
<tr><td>《甘孜州生态旅游产业发展总体规划》</td><td>2001 年</td></tr>
<tr><td>《甘孜州康巴文化旅游发展总体规划》</td><td>2003 年</td></tr>
<tr><td>《甘孜州红色旅游发展规划》</td><td>2004 年</td></tr>
<tr><td>21</td><td>凉山彝族自治州</td><td>《凉山州旅游发展总体规划》</td><td>1999 年 8 月</td><td>普格县、雷波县、喜德县、冕宁县、西昌市</td></tr>
</table>

资料来源：省旅游局

第五节　旅游线路规划

从20世纪80年代后期开始，省旅游局根据全省旅游资源分布情况和交通状况，逐步规划并向外推出乐山—峨眉山、重庆—长江三峡、黄龙—九寨沟、自贡—蜀南竹海、剑门蜀道等几条旅游线路。20世纪90年代后期，又推出川东伟人故里及大巴山革命根据地红色旅游线路，其中有长江三峡线、九寨沟线和西环线3条旅游线路编制了线路规划；另编制了《中国南方丝绸之路线旅游资源及其开发研究报告》。

一、《长江三峡旅游线路总体规划》

长江三峡享誉中外，名胜古迹众多。长江三峡是全国和四川（1997年以前）的重要旅游线路。省旅游局组织的规划组从1993年2月开始勘察工作，经过两个月的现场调查，行程4000多公里，于8月完成规划初稿，经市地级评审，10月形成文本，又经省级旅游系统评议后形成送审文本。12月下旬，省科委组织专家组对规划进行了评审，认为：规划提出以长江三峡为主干，逐渐向两岸辐射的发展思路正确，“理论上有新意，实用性强，在国内处于领先水平”，并一致通过评审。

二、《九寨沟—黄龙旅游线路总体规划》

九寨沟、黄龙被列为世界自然遗产，景区价值高，而且持续发展潜力大，是四川旅游业的拳头产品。九寨沟、黄龙旅游线以成都为起点，分东西环线连结都江堰、青城山，以及德阳、绵阳、广元等地区景区景点，融合巴蜀文化、藏族文化、羌族文化，极具特色。《九寨沟—黄龙旅游线路总体规划》的编制工作是与长江三峡旅游线路规划同时进行的。省旅游局委托四川省地学研究会组织有关专家组成线路规划领导小组，下设长江三峡和九寨沟—黄龙两个课题组同时开展两条线路的规划工作。省科委邀请省内外专家和部门领导组成的评审组对《九寨沟—黄龙旅游线路总体规划》的评审意见是：“资料丰富翔实，论证充分，方法得当，理论上有新意……提出的以主环线带动辅环线及地区旅游发展的战略思想，较好地体现了旅游线路产品的特性，可作为沿线地区制定旅游业发展计划的依据。”

三、《中国南方丝绸之路旅游资源及其开发研究报告》

南方丝绸之路是一条古代起源于四川成都，经云南省到达印度的通商孔道，是中国古老的国际通道之一。南方丝绸之路旅游资源包括四川成都、雅安、宜宾、凉山等地的地域风光和民族风情，巴蜀文化、青铜文化与佛教文化、商业文化相交融积淀的古道文化。根据1994年国家旅游局在中山市召开的全国旅游局长会议的安排，四川省旅游局于1995年8月编制完成《中国南方丝绸之路旅游资源及其开发研究报告》，1995年11月24日通过了由省科委组织的专家组评审。该报告系统地研究了南方丝绸之路的形成、发展及在各个历史时期的地位和作用；整理沿线旅游资料，进行科学评价，确认开发南方丝绸之路的可行性；提出开发构想和初步规划方案。

四、《西环线旅游发展规划》

省旅游局委托四川省旅游规划设计所负责组织，于2002年1月完成《西环线旅游发展规划》编制工作，省政府于2002年4月批复同意该规划。规划时限为2002—2010年，规划区域跨越了成都市、阿坝州、甘孜州、雅安市所辖的8个市（县、区）。沿线自然风光、大熊猫观赏，以及藏族文化、茶马古道文化等民族民俗风情。《西环线旅游发展规划》的内容包括线路发展环境分析、发展战略规划、主要景区（点）建设意见、旅游服务设施规划、旅游交通及其他基础设施规划、市场营销规划、旅游软环境建设规划、生态环境保护规划等8章。规划区域内由大小两个环线组成。大环线为：成都—都江堰市—卧龙—小金县—康定县—泸定县—雅安市—成都，全长约860公里。小环线为：成都—都江堰市—卧龙—小金县—宝兴县—雅安市—成都，全长600公里。规划提出的建设目标为2005年基本形成高质量的旅游公路交通网络，服务设施基本完善；到2010年建成一批精品旅游区。

除省旅游局直接抓的几条旅游线路规划之外，各市、州旅游局结合本地实际编制多条本地区或跨区域的旅游线路规划，以及一日游、二日游、三日游等短途线路规划。

第六节　旅游景区开发规划

根据国家有关部门规定，旅游景区（点）开发必须坚持“先规划，后开发”的原则，做到在保护好旅游资源的前提下有序开发。为指导全国各级旅游部门科学地认识旅游，科学地规划旅游，科学地开发旅游，国家旅游局于2003年制定下发《旅游规划通则》。为此，省旅游局委托四川省旅游规划设计研究院编制了一部《旅游区开发规划细则》，以便统一旅游区开发规划的技术要求，统筹对旅游区规划工作的科学管理。全省各级旅游部门都十分重视旅游景区（点）的开发规划工作，并按程序报上级有关部门审批，其中重点旅游景区的规划报省政府（或国家有关部委）和省旅游局审批。全省重点旅游景区规划编制情况详见表1－2。

全省重点旅游景区规划一览表

表1－2

序号	规划名称	规划单位	完成时间
1	峨眉山风景名胜区总体规划	省建委	1996年3月
2	邛海—螺髻山风景名胜区总体规划	凉山州政府	1994年1月
3	中华大熊猫园（卧龙）旅游规划	省林业局、省旅游局	2001年
4	蜀南竹海风景名胜区总体规划	长宁县、江安县	1997年12月
5	西昌航天旅游建设项目规划	凉山州旅游局	1994年
6	三星堆遗址文化旅游区规划	德阳市政府	2003年10月
7	都江堰—青城山旅游区建设方案	都江堰市政府	2003年10月
8	稻城亚丁香格里拉生态旅游区亚丁景区规划	甘孜州政府	2005年10月
9	彭祖山风景名胜区总体规划	眉山市政府	2001年
10	四川省云顶石城风景名胜区总体规划	成都市政府	2005年

续表 1－2

序　号	规　划　名　称	规划单位	完成时间
11	李白故里风景名胜区总体规划	德阳市政府	2005 年 11 月
12	罗浮山风景名胜区旅游发展总体规划	绵阳市旅游局	2002 年
13	七曲山风景名胜区总体规划	广元市政府	2005 年
14	九寨沟风景名胜区总体规划	九寨沟管理局	1999 年 12 月
15	黄龙风景名胜区总体规划续编	黄龙管理局	2005 年通过终审
16	四姑娘山风景名胜区总体规划	四姑娘山管理局	2005 年 7 月
17	兴文县石海洞乡总体规划	兴文县政府	1996 年
18	珙县僰人故里旅游发展总体规划	宜宾市旅游局	1999 年

资料来源：省旅游局

此外，市、州旅游部门组织编制完成的景区开发规划还有以下各项。

成都市境内的大熊猫生态公园、成都游乐中心、龙池镇虹口、青城天国山、翠月湖、大邑恩威道源圣城、青城山镇、五凤镇等 8 处。

自贡市境内的釜溪河城区段、荣县大佛、三多古寨、吴玉章故居、大公井古盐井文化区、五条沟风景名胜区、高石梯森林公园、莲花—牛尾生态旅游区、农团生态旅游风景区、硅化木景观、花卉产业基地等 13 处。

攀枝花市境内的攀西阳光生态旅游区、攀西大裂谷格萨拉旅游区 2 处。

泸州市境内的张坝景区、福宝古镇、尧坝古镇、太平古镇、川南旅游环线、长江水上旅游线 6 处。

绵阳市境内的仙海、九黄山、莲花湖、养马峡、佛爷洞、嫘祖陵、雪宝顶、子云亭、富乐山、窦圌山、王朗白马等处。

遂宁市境内的观音湖、观音故里、灵泉、宋瓷博物馆、龙凤峡、涪江湿地等。

乐山市境内的大佛乌尤、黑竹沟、罗城古镇、小西湖—桫椤谷、夹江千佛岩、川西竹海、黄湾温泉等 7 处。

南充市境内的西山、阆中古城、朱德故里、嘉陵江第一江山（第一桑梓、第一曲流）、千年绸都第一坊、凌云山 6 处。

眉山市境内的江口镇、刘备墓、象耳寺、中岩寺、青神竹编城等 5 处。

宜宾市境内的《宜宾县石城山森林公园总体规划》《芙蓉山风景名胜区总体规划》《江安夕佳山旅游细则规划》《高县荔枝湖详细规划》《屏山县龙华旅游区旅游总体规划》《南溪县云台山森林公园总体规划》共 6 个。

广安市境内的华蓥山石林、华蓥山天池、华蓥山宝顶、华蓥山御临河、小南海、华蓥山大峡谷、嘉陵江秀观湖、沿口古镇 8 处。

达州市境内的张爱萍故居、凤凰山、莲花湖、真佛山、铁山森林公园、州河、九龙湖、石桥古镇、宣汉观音山、巴山红军公园、五峰山森林公园、大竹高观寨、渠县双阙、渠县龙潭—汉阙、八台山、大竹河、鱼泉山、万源市红军公园等18处。

雅安市境内的龙苍沟国家森林公园、夹金山风景名胜区、蒙顶山、碧峰峡、二郎山、喇叭河、红灵山、龙门洞、大川河、颛顼故里园、安顺场等11处。

巴中市境内的光雾山、诺水河、米仓山森林公园、佛头山森林公园、中峰洞等5处。

资阳市境内的“两湖一山”旅游产品开发规划。

阿坝州境内的黑水卡龙沟达古冰川景区、毕棚沟景区、草坡旅游区、夹金山国家森林公园、雅克夏森林公园、卓克基会议遗址、莲宝叶则景区、色尔古藏寨、客龙沟等9处。

甘孜州境内的稻城亚丁，海螺沟景区磨西、新兴，九龙县伍须海，党岭景区等5处。

凉山州境内的会理县龙肘山、会理古城、雷波县马湖地质公园、云览堡瀑布生态旅游区、寸冬海子生态旅游度假村、贡嘎雪岭—白水河国家森林公园、木里穆天王遗址、俄亚纳西古寨、木里大寺、安宁河漂流基地、利家嘴母系部落—达巴文化园与仁江巴丁拉姆女神洞景区等11处。

第二章　旅游资源开发

旅游资源，指自然界和人类社会凡能对旅游者产生吸引力，可以为旅游业开发利用，并可产生经济效益、社会效益和环境效益的各种事物和因素。旅游资源开发，指根据旅游发展规划，在保护好生态环境的前提下，将旅游资源开发成为可产生经济效益、社会效益和环境效益的旅游产品。

四川是中国自然生态和历史文化的重要旅游目的地，1998 年《四川省旅游发展总体规划》及省委、省政府关于四川旅游发展的总体布局，确定四川旅游资源开发的思路是走可持续发展之路，保护与开发并重，围绕自然生态、历史文化两条主线，打造开发“中国第一山”与乐山大佛、九寨与黄龙、三星堆与金沙遗址、大熊猫与都江堰青城山五大精品，加快全省的旅游资源开发。

旅游资源开发包括传统景区的深度开放，新景区开发、工农业旅游项目、休闲度假文化旅游项目的开发，以及 A 级景区的创建工作。

第一节　传统旅游景区（点）的深度开发

传统旅游景区主要是指改革开放以前就存在并接待游客的景区。改革开放以后，四川首先对外开放的也是这些景区，被称为四大旅游片区。川西旅游片区主要景区（点）有都江堰、青城山、新都宝光寺以及成都市区的武侯祠、杜甫草堂、青羊宫、王建墓、望江楼公园、省博物馆等；川东旅游片区有长江三峡四川段各景点、大足石刻、南北温泉、红岩村、缙云山等；川南旅游片区有乐山大佛、峨眉山景区、三苏祠等；川北旅游片区（剑门蜀道各景区）在 20 世纪 80 年代中期以后又相继对外开放。这些传统景区对外开放以后都有一个对原有景点进行修复、甚至重建的问题，普遍都需要进行服务设施和配套设施建设，以改善游览环境。

一、景区恢复重建

传统旅游景区景点因年久失修，特别是“文化大革命”期间遭到人为破坏，均需要修复、乃至重建。20 世纪 80 年代各地方政府、景区管理部门面临的旅游资源开发任务主要是景点修复和重建，恢复接待能力。

川东旅游片区的景点修复，主要是大足石刻、丰都名山、忠县石宝寨、云阳张飞庙、奉节白帝城等重点景区，根据统一规划，对已被移作它用或成了居民住房的古建筑实施搬迁，对损毁了的房屋和文物加以修复。经过 20 世纪 80 年代的恢复重建，到 1996 年，川东（长江三峡）旅游线的境外游客接待量超过了川西地区，成为四川的一条旅游热线。

川西片区的重点修复工程主要集中在都江堰景区。1974 年为修建鱼嘴闸门，将年久失修的安澜索桥下移100米重建，由竹绳换成了铁链。为大量接待游客，20世纪80年代当地政府又对索桥和桥亭进行了装修改造。二王庙的古建筑也进行了规划修复，重塑了被砸毁的塑像。

川南旅游片区的乐山大佛景区对凌云寺古建筑和大佛头部进行了维修、保养，修复了乌尤寺被损毁的佛堂，重塑了五百罗汉堂。峨眉山景区的破坏也较严重，伏虎寺内的塑像和五百罗汉堂在“文化大革命”期间被全部捣毁，金顶建筑被电视转播台的工作人员失火烧毁，其他各寺庙都有不同程度的毁损，因此，峨眉山现存各类寺庙基本上都是20世纪80年代至90年代修复或重建的。

川北片区的剑门蜀道景区主要是修复了德阳庞统祠墓、绵阳重建西山子云亭、广元重建了剑门雄关等，使剑门蜀道各三国遗迹景点基本上恢复了接待能力。

二、景区新项目开发

全省各传统旅游景区在恢复重建的过程中都注重新项目的开发，以丰富参观游览的内容，提高景区的文化品味。

川西片区的成都武侯祠新建了“三国历史陈列馆”，丰富了三国历史文化陈列内容；新建了“锦里一条街”，将成都的民俗文化、民间手工艺品以实景形态展现在游人面前，颇受中外游客青睐。成都杜甫草堂新增杜甫诗意画陈列馆。1997年，新建一座具有川西民居特色的杜甫茅屋，使游客对杜甫当年生活场景和杜甫诗歌的内涵有了更深刻的感受。21世纪初，成都市在草堂外围新建一座占地32.32公顷的浣花溪公园，公园以草堂文化内涵为背景，山水花树与川西文化醇厚的建筑相融，公园南大门388米长的“中国诗歌大道”，展示300多名中国历代著名诗人形象，刻有数百首中国诗歌，被全国文联授予“中国诗歌文化中心”称号。都江堰景区在离堆公园内新建以水文化为主题的“堰功道”景点和以川派盆景为特色的“清溪园”；在二王庙后山平台上新建了观景台，可以观赏都江堰全景；在松茂古道一侧的玉垒山麓新建了玉垒山公园，更加丰富了都江堰景区的游览内容。

川南片区的乐山大佛景区内新建乐山大佛博物馆，以及书法碑廊、海棠香园、龙池等景点，游览内容更加丰富，1994年建成“东方佛都”，雕刻有3000多尊国内外大小佛像，后又挖山建造阿富汗拉米扬大佛（未展出），这个项目因对乐山大佛景区整体形象造成一定破坏而广受批评。峨眉山景区为打造“中国第一山”，在清音阁景区修建了“清音平湖”，增加了水景；金顶景区新建十方普贤铜象，恢复了金、银、铜殿，新建了“四大奇观”观景台和朝拜大道等新的景观。另外还在低山区开发了温泉度假区—峨眉山灵秀温泉欢乐谷，以及红珠山温泉公馆，峨眉山大酒店瑜伽温泉和温泉保健馆等项目。

川北片区的剑门蜀道旅游线新开发的旅游景区（点）主要有广汉三星堆遗址博物馆，德阳石刻公园（石刻艺术长廊），四川文化娱乐城，东湖公园；绵阳富乐山以三国文化为主题的富乐山公园，以及江油李白纪念馆等。

川东片区的长江三峡旅游线新开发的景区（点）规模较大的有丰都的《鬼国神宫》景点，与名山为邻，其景观规模甚于名山鬼城，曾轰动一时，亦广受批评。巫山的大宁河小三峡开发成功以后成为三峡旅游线的热点景区，1992年被评为全国旅游景点四十佳之一。之后，巫山县又开发马渡河小小三峡漂流项目。涪陵市开发的武隆芙蓉洞和芙蓉江漂流旅游项目也在旅游界引起轰动效应。此外，万县市龙宝区开发的青龙瀑布、奉节县开发的“天坑”景观等众多新景观都大大地丰富了长江三峡旅游线的游览内容。

三、景区服务设施及配套设施建设

改革开放前，全省几条传统旅游线路各景区（点），因只接待国内散客，故基本上没有服务设施和配套设施。改革开放以后，为接待境外旅游团队，省旅游局把修建景区（点）的服务设施（主要是接待室、住宿、餐饮点和冲水式厕所）作为一项主要任务来抓。成都市内重点抓的景点有杜甫草堂、武侯祠、望江楼公园、省博物馆、王建墓、文殊院、竹编工艺厂、蜀绣厂、蜀锦厂等；都江堰景区的伏龙观、二王庙；青城山景区的建福宫、天师洞；新都的宝光寺、桂湖公园等，要求每个景点都必须修接待室和冲水式厕所，资金以“自办公助”方式解决。

乐山—峨眉山旅游线服务设施建设的重点景区主要是眉山三苏祠。除三苏祠内的服务设施外，还以眉山县招待所为基础，改造为成都—峨眉山乐山大佛线上的一个住宿、餐饮接待点；在乐山大佛凌云寺内兴建一个有20余个床位的住宿和餐饮接待点；峨眉山景区的报国寺、清音阁、万年寺、金顶等几个重要景点都兴建了接待服务设施。同时以红珠山宾馆为基地，经过改扩建，使之成为峨眉山第一家涉外旅游饭店。

川东长江三峡旅游线各景区、景点都新建了接待室和冲水式厕所。其中大足石刻景区还在大足宾馆内改造了部分带卫生间的房间供旅游接待用；丰都县在名山脚下兴建集餐饮住宿于一体的接待站；忠县石宝寨利用原文管所旧房改造为接待点；万县市新建一座小型宾馆——太白宾馆，供接待游客用；奉节县在县招待所改造了部分房间供接待用，同时在白帝城景区内兴建了一座小型宾馆；巫山县政府也将原招待所进行了改造，作为旅游服务设施以应急。

除服务设施外，各传统旅游景区为提高景区档次和接待水平，都加强了配套设施的建设，最主要的是通水、通电、邮政通信设施，以及环境卫生设施的建设。

20世纪80年代前期，全省各传统旅游景区的配套设施严重不足，尤其是青城山、峨眉山、长江三峡等离城市较远的景区（点），不通水、不通电、不通邮，更缺乏环卫设施。为此，“七五”时期，省旅游局重点抓景区配套设施建设，峨眉山景区是国家旅游局和省上抓的重点。在国家旅游局的支持和省政府重视下，峨眉山抓通水、通电、通邮和环卫设施建设等几大工程。首先是把水抽上山顶，解决高山区吃水问题，结束金顶景区靠接雨水过日子的历史；然后是架设高压线路和邮电通信线路，解决高山区用电和通信联络问题；再是环卫设施，及时把中山区和高山区的垃圾清运下山进行处理；修建了污水处理厂，解决景区排污、治污难题，维持景区可持续发展。长江三峡沿线各景区、特别是大宁河小三峡景区也同时抓了配套设施建设，解决游客在游览过程中的饮水、吃饭、通信问题。

四、景区环境建设

景区环境有硬环境和软环境之分。硬环境是指景区的基础设施，卫生设施等是否符合美观、环保的要求；软环境则是指人为因素。全省各传统旅游景区最突出的硬环境问题，一是青城山、峨眉山景区都居住有大量农民，他们在景区内开荒种地，种药材，甚至于采伐木材，对景区环境造成严重破坏。为此，从20世纪90年代开始，青城山、峨眉山开始实施严格的停耕还林政策。峨眉山市还把景区的两个乡划归景区管理局，农民停耕还林后改为从事旅游服务，从此，中山区以下的森林植被得以恢复。二是景区内原有一些与景观不谐调的建筑物，如峨眉山金顶的气象站和703电视转播台，政府下决心进行了拆除和迁建；原金顶有一批与景观不协调的农民饭店也予以拆除；景区内农民住房，如影响景观的予以迁建。三是全面实施生态工程，以改善景区环境质量。青城山建福宫至大山门及大山门至都江堰的公路进行了改造升级，公路两侧数十米范围内实施绿化，大大地改善了生态环境。峨眉山完成了一线天栈道回线修建和珍稀植物长廊建设；对200多株古树名木实施挂牌保护；对报（报国寺）黄（黄湾）公路实行绿化，栽种树木6000余株，绿化面积达20000余平方米。峨眉山还投巨资对报国寺、五显岗、雷洞坪等地停车场进行改造，使之达到绿色环保要求。此外，景区还投资数百万元，按五星级宾馆厕所标准改造了景区18个旅游公厕。都江堰、青城山景区打造了古堰景区，开发了青城后山景区，加宽和改造市区至青城山门的道路，修建和改造青城前山至青城后山的公路。

乐山大佛景区为改善景区环境，对乐山大桥至大石桥沿线50米及可视范围内的破、旧建筑物实施拆迁，累计拆迁约15.5万平方米，耗资1.87亿元。景区回收土地6万多平方米，景区实际控制面积由0.25平方公里扩大到约1平方公里，景区环境大为改观。景区投资73万元，采用SSP微型污水处理器膜——生物反应技术对核心区五个区域的污水进行了深度处理，使景区污水达到国家一级排放标准。2004年3—9月，对大佛北门河堤进行了改造，不仅改善了大佛景区环境，还提高了防洪标准，缓解了游客拥堵。为减少汽车尾气、粉尘及噪声对大佛核心景区的影响，乐山市投资2.1亿元建成10公里绕大佛景区公路，将原穿过景区的过境公路改造成绿化带，从而改善了大佛景区的外围环境。

长江三峡各景点，如丰都名山、忠县石宝寨场镇、奉节白帝城等都对景区周围环境进行了整治，主要工程是：拆除危旧建筑物，整修街道，建冲水式旅游厕所，实施绿化等，以改善景区环境。

景区软环境建设。20世纪80年代前期，围绕传统旅游景区发展的一个突出问题是管理工作不到位，景区秩序混乱。最突出的表现是：青城山、峨眉山等景区抬滑竿的农民无人管理，强拉客人、高价宰客等问题突出；景区卖小商品，纪念品的小商小贩乱设摊点、强买强卖、敲诈勒索等问题严重；导游宰客、“野马”导游横行等问题，给四川旅游业形象带来严重损害。

为解决前述各类问题，20世纪80年代后期，全省旅游管理部门把加强景区管理、规范景区经营秩序作为重点工作来抓，使景区管理软环境得到明显好转。峨眉山景区在景区管理软环境建设方面采取以下措施：一是创新经营服务行业管理办法。大力推行旅游摊点管理标准化、滑竿管理军事化、咨询服务现代化、农民旅馆（饭店）星级化。对景区导游（讲解员）、滑竿、摊点、旅馆饭店等经营项目实行计分管理。在景区推行经营联合体，杜绝拉客、宰客等现象的发生。对景区讲解员、滑竿等实行定点候客，统一发放服务质量跟踪卡，接受游客监督。全山所有经营服务项目都实现了“五统一”，即：统一着装，统一商品价格，统一亮证挂牌经营，统一服务用语，统一服务质量标准。二是印发了旅游市场综合整治的一系列文件。重点开展对旅行社、导游（讲解员）违规行为和景区经营秩序的整治，净化景区经营环境。三是实施团队用餐标准上墙公示，维护游客的切身利益。四是加强办证审核工作，按照“总量控制，统一办证”的原则，统一办理“景区经营许可证”，验证、年检率达100%。对部分不具备景区经营资格、服务条件和质量很差的经营户予以坚决取缔，从源头上把好旅游经营市场的“入口关”。五是建立健全投诉处理机制，切实保障游客权益。全山设立咨询接待服务点36个，全面推行“首问责任制”，游客投诉接待率均达100%，满意率达98%以上。

五、重点景区开发成果

传统景区的旅游资源开发取得很大成果，接待能力和接待水平不断提高，景区品质不断提升，在四川旅游业发展中发挥了重要作用。

峨眉山风景名胜区位于四川峨眉山市境内，景区面积154平方公里，最高峰海拔3099米，地势陡峭，风景秀丽，有“秀甲天下”之美誉。峨眉山是中国佛教四大名山之一。1982年，峨眉山被国务院批准为首批国家级风景名胜区，1996年，峨眉山与乐山大佛共同被列入《世界自然与文化遗产名录》，成为全人类自然和文化双重遗产。2000年，成为全国首批AAAA级旅游景区之一。1999年，峨眉山管委会获得中央文明委表彰的“全国创建文明工作先进单位”称号，获得国家旅游局表彰的“全国旅游系统先进集体”称号。2003年和2004年连续两年，峨眉山管委会获得省政府表彰的“四川省旅游工作先进单位”称号，并在2004年获得四川省委省政府表彰的“四川旅游金熊猫奖”。峨眉山、乐山大佛是四川入境旅游和国内旅游的重要目的地，峨眉山1986—1997年每年接待几十万人次旅游者，1998—2004年每年超过100万人次，2005年接近200万人次。乐山大佛每年接待几十万人次，其中有5年接待超过100万人次。

青城山—都江堰风景名胜区位于四川省都江堰市，1982年，青城山—都江堰风景名胜区被国务院批准为首批国家级风景名胜区，2000年，作为世界文化遗产被列入《世界遗产名录》。2000年，成为全国首批AAAA级旅游景区之一。2003年，青城山景区管理局获得省政府表彰的“四川省旅游工作先进单位”称号。2005年，都江堰景区管理局获得四川省委省政府表彰的“四川旅游金熊猫奖”。青城山—都江堰风景名胜区是四川入境旅游和国内旅游的重要目的地，两处景点年接待量100多万人次，最多时超过200万人次。

长江三峡风景名胜区1982年被国务院命名为首批国家重点风景名胜区，当时位于四川省和湖北省区域。1996年以前，长江三峡风景名胜区四川段包括奉节—白帝城、瞿塘峡、巫峡、大宁河小三峡、马渡河小三峡、大昌古镇、忠县石宝寨、丰都名山、涪陵白鹤梁等区域，是四川旅游最主要的旅游热线，每年接待入境旅游者占最大比例。1997年行政区划调整，长江三峡旅游线属重庆市区域。

成都武侯祠又名“汉昭烈庙”，是纪念中国古代三国时期蜀汉皇帝刘备和丞相诸葛亮以及其他蜀汉英雄的君臣合祀祠宇，占地面积56亩。1961年，被国务院公布为首批全国重点文物保护单位。1984年，成立成都武侯祠博物馆，是中国影响最大的三国遗迹博物馆，中外闻名，因而是四川和成都市主要旅游景点。武侯祠东侧的锦里由武侯祠博物馆恢复修建，依托武侯祠，扩展三国文化的外延，并融入川西民风、民俗，集吃、住、行、游、购、娱于一体，成为成都文化旅游的新亮点。成都武侯祠每年接待海内外旅游者100多万人次。

成都杜甫草堂总面积近300亩，完整保留着清代嘉庆重建时的格局，是非常独特的“混合式”中国古典园林。成都杜甫草堂1961年被国务院公布为首批全国重点文物保护单位。1985年，成立杜甫草堂博物馆，是现存杜甫行踪遗迹中规模最大、保存最完好、最具特色和知名度的一处。2001年年底，在草堂内发掘出大面积的唐代生活遗址和一批唐代文物，它丰富了杜甫草堂的历史文化内涵，印证杜甫当年对居住环境及生活情景的描写。2005年，重建的万佛楼是杜甫草堂又一标志性建筑和文化旅游新亮点。成都杜甫草堂在海内外享有盛名，每年接待海内外旅游者数十万人次，或超过100万人次。

剑门蜀道风景名胜区剑门蜀道是1982年国务院公布的首批国家级风景名胜区之一，以剑门关为核心，北起陕西宁强，南到成都，全长450公里。剑门蜀道沿线三国文化深厚，翠云廊“古柏三百里”，明月峡“飞梁架绝岭”。因1000年前诗仙李白的“蜀道难，难于上青天”得以名扬天下。

20世纪80年代以来，地方财政投入6800万元进行修复、重建，1985年对外开放，2005年接待游客50余万人次。

第二节　新景区开发

随着国家对外开放政策的不断深化，四川对外开放的地域不断扩大，20世纪90年代初，全省各市、地、州全面对外开放。全省旅游资源的开发进入了一个新阶段，先后开发几条精品旅游线路。以九寨沟、黄龙景区为龙头的川西北生态旅游线；以雅安蒙顶山茶文化、康定跑马山民族文化为特色的康巴文化旅游线；以西昌邛海、螺髻山、攀枝花亚热带风光为代表的攀西阳光之旅旅游线；以自贡恐龙博物馆、蜀南竹海为代表的川南旅游线；以巴中、达州革命老区革命遗址为特色的红色旅游线；以广安邓小平故居、仪陇朱德故里为代表的川东伟人故里旅游线等。这几条精品旅游线既有自然风光类旅游资源；也有人文景观类旅游资源，还有工农业旅游项目和民俗风情旅游资源，经过20余年的开发建设，均已成为较成熟的旅游产品。

四川在旅游景区开发的资金筹措上走出了一条新路子，即“碧峰峡模式”。位于雅安市近郊的碧峰峡风景名胜区因缺乏开发资金，于1998年与成都万贯（集团）置业股份有限公司达成协议，由万贯集团投资开发并自主经营。这种所有权和管理权、经营权适当分离的模式在当时的社会上引起很大争议，实践证明，碧峰峡模式是成功的，取得了明显的社会效益和经济效益。全省许多旅游景区参照仿效，加快了四川旅游景区开发的进程。

一、自然景观类

自然景观类景区（点）是全省新开发旅游资源中的主体，点多、面广，且品味较高。截止到2005年年底，全省有省级及其以上风景名胜区（或自然保护区、森林公园、地质公园）的景区（点）计231处，包括风景名胜区65处（其中国家级风景名胜区14处），自然保护区77处，森林公园78处，地质公园11处。主要景区有：

（一）风景名胜区

九寨沟风景名胜区　位于阿坝藏族羌族自治州九寨沟县境内，原属于林业部门的林场。改革开放以后实施封山育林，1982年首批国家级风景名胜区之一。1984年1月，九寨沟风景名胜区正式对外开放，1985年，九寨沟旅游公司成立，随后成立九寨沟管理局，对九寨沟景区实施管理和开发。1992年12月，九寨沟被联合国教科文组织遗产委员会批准列入“世界自然遗产名录”；1994年，被批准为国家级自然保护区；1997年10月，被批准加入世界生物圈保护区；2000年，成为全国首批AAAA级旅游景区之一；2001年7月，通过“绿色环球21”评审，九寨沟成为中国第一家通过该组织评审的旅游风景区。

为加强景区管理和统一规划建设项目，1998年11月成立九寨沟管理委员会和九寨沟绿色旅游观光有限责任公司。2002年3月起，九寨沟内实施“退耕还林、退耕还草”环保工程；2003年，景区内开通总长70余公里的人行栈道，完成景区内公路扩建和二级路面改造，从而最大限度地减轻游人对景区环境的破坏；2004年，九寨沟实行“沟内游、沟外住”措施，完成景区内建筑拆迁工作，沟内拆迁面积12万平方米，沟外拆迁25.2万平方米，同年，九寨沟被批准为国家地质公园。

黄龙风景名胜区　位于阿坝藏族羌族自治州松潘县境内，以奇特的钙华彩池群景观闻名于世。与九寨沟景区一道，1982 年首批国家级风景名胜区之一。1992 年，被列入《世界自然遗产名录》。1997 年，被批准加入《世界生物圈保护区》，以及被批准为国家级地质公园和国家级自然保护区。2000 年，成为全国首批 AAAA 级旅游景区之一。2001—2005 年，黄龙景区加大开发建设力度，共新建、扩建 32 个项目，其中，公路 27.5 公里，旅游基础设施建设总面积 107024 平方米，环保设施建筑总面积 148400 平方米，拆除不符合景区规划的建筑 14735 平方米，建成了迎宾大道和游人服务中心。

贡嘎山风景名胜区　位于甘孜州泸定、康定、九龙三县交界处，为 1988 年第二批国家级风景名胜区之一。景区由三大片景区组成，其中东片区包括海螺沟、燕子沟、雅加埂、泸定桥等四个景区；北片区包括跑马山、木格措、榆林宫温泉、塔公草原等四个景区；西片区包括玉龙西泉华滩、莫溪沟、新都桥—力邱河峡谷、伍须海等四个景区。自 20 世纪 90 年代开始，该风景名胜区内的海螺沟、泸定桥、跑马山、木格措、榆林宫温泉、塔公草原、五须海等景区相继实施开发建设，其重点开发的景区是：

海螺沟冰川　位于泸定县西南贡嘎山主峰东坡，其冰川全长 14.7 公里，面积 16 平方公里，是闻名中外的低海拔冰川，国家森林公园，国家地质公园和国家级自然保护区。1987 年 10 月试行旅游接待，受到国内外旅游者关注。1998 年 3 月，甘孜州政府与省交通厅达成协议，共同开发海螺沟冰川公园，开发项目包括交通设施、旅游设施、环境保护设施等共 27 个。2000 年元月正式对外开放，至 2005 年，年接待游客量十多万人次。

跑马山　位于康定县城郊，是享誉世界的《康定情歌》诞生的地方。自 20 世纪 80 年代开始，政府投资对跑马山实施开发，修通上山公路和游山小道，重建山顶古刹——吉祥禅院和富有藏传佛教特色的凌云白塔，以及东山亭、飞云廊、咏雪楼、团结阁等建筑。每年农历四月初八举行“转山会”（又称“浴佛节”）是这里最隆重的民俗节庆活动，每年吸引的中外游客达数十万人次。

木格措　位于康定县城西北部，距县城 28 公里，是川西北最大的高原湖泊之一。景区面积 350 平方公里，其中水域面积 4 平方公里，除森林、草原外，还有红海、白海、黑海及 30 多个无名海，属湖泊型自然风景旅游区。20 世纪 80 年代中期，康定县政府投资 2400 万元实施开发建设，1989 年开始接待游客。至 2005 年，年接待游客量已达 10 万人次。

塔公草原　位于距康定县城 113 公里的高原上，景区面积 712.37 平方公里。除美丽的草原风光外，这里还有浓郁的藏乡风情和藏传佛教文化。塔公寺是康巴藏区最古老的萨迦派（花教）寺庙；塔公乡每年举行的赛马会是一场具有浓郁藏乡风情的盛会。至 2005 年，年接待游客约 40 余万人次。

伍须海　位于九龙县汤古乡伍须村，距九龙县城 25 公里，距成都 545 公里。景区面积约 400 平方公里，以高山湖泊、原始森林、高山草甸、木雅藏乡风情为主要特色，属山岳型自然生态旅游景区。主要景点有伍须海、雪山峰、温泉、出龙洞、观音岩等。伍须海 2000 年招商引资开发建设，至 2005 年累计投资 4500 万元。2005 年开始接待游客，接待 5 万人左右。

蜀南竹海风景名胜区　位于宜宾市江安县与长宁县交界处，国家级风景名胜区，景区面积 120 平方公里，中心景区 44 平方公里。其中 4.6 平方公里的楠竹覆盖着 28 座山岭、500 多个山峦，因此被称为“竹海”。主要景观有忘忧谷、仙寓洞、天皇寺、七彩飞瀑、龙吟寺、虎龙坪、青龙湖、迎风湾等。1992 年，被评为中国旅游胜地四十佳之一。之后又陆续获得世界“绿色环球 21”认证、中国最美的十大森林等荣誉。景区自1983年开发接待游客以来，至2005年政府先后投资1.18亿元进行基础设施和接待设施建设，并建成中国最大的竹类专业博物馆——蜀南竹海博物馆。景区年接待游客量接近50万人次。

西岭雪山风景名胜区 位于成都市大邑县境内，总面积482.8平方公里，核心景区102平方公里。1988年，被评为省级风景名胜区。1994年，被批准为国家级风景名胜区。西岭雪山原是一处未开发的原始森林，初名“大飞水原始森林风景区”，1991年申报国家重点风景名胜区时，取杜甫诗句“窗含西岭千秋雪”意，定名为“西岭雪山”。景区自1992年起至2005年，引进11家企、事业单位，投资12亿多元实施开发，开发了花石峪景区、瀑布群水景区、桂花杜鹃林区、奇峰怪石区、高山天景区等景区，高山滑雪场对游客最有吸引力，是四川省历届举办的“南国冰雪节”主会场之一。

四姑娘山风景名胜区 位于阿坝州小金县境内，国家级风景名胜区，国家级自然保护区和国家地质公园，由四姑娘山、双桥沟、长坪沟、海子沟4部分组成，景区总面积1375平方公里。景区由四姑娘山管理局负责管理开发，采取政企合作方式，至2005年已先后投资6.5亿元实施开发建设。1993年开始接待游客，2005年接待游客近20万人次。

石海洞乡风景名胜区 位于宜宾市兴文县境内，景区面积156平方公里，以地面石林、石笋和地下溶洞、漏斗景观为特色，被称为“喀斯特地貌形成、发展、深化的天然博物馆”。2002年，被批准为国家级风景名胜区。2003年，被评为国家地质公园。2005年，被联合国教科文组织确定为世界地质公园。景区由兴文县旅游局负责管理，20世纪80年代至2005年，先后投资6900余万元实施开发建设。2005年接待游客约20万人次。

邛海—螺髻山风景名胜区 位于凉山彝族自治州境内，2002年，被批准为国家级风景名胜区。邛海位于凉山州西昌市城郊，距市区3.5公里。邛海水域面积29平方公里，是四川省第一大天然淡水湖，也是四川省水上体育运动训练基地。位于邛海之滨的泸山景区面积43平方公里，山上树木丰茂、四季常青，有汉、唐两代柏树和明代紫薇等古树；有创建于唐代的光福寺和观海楼、蒙段祠等古建筑。蒙段祠内藏有记载明清以来西昌地区地震资料的石碑百余通，是国内罕见的一座地震碑林。景区于20世纪90年代实施规模开发，兴建邛海公园、小渔村、民族文化生态园、花卉博览园等景点，2005年接待游客量约50万人次。

螺髻山位于西昌市与普格县交界处，距西昌市约30公里。景区面积1083平方公里，冰川湖泊、冰川刻槽、角峰刃脊、杜鹃花海、温泉瀑布等五大景观被誉为“螺髻五绝”，属山岳型自然风景旅游区。2002—2005年，景区开发投资约4100万元。2005年仅螺髻山仙人洞、温泉瀑布等景点便接待游客约6万人次。

白龙湖风景名胜区 位于广元市西60公里处的三堆镇，是国家重点建设工程宝珠寺水电站截流白龙江而形成的人工湖。景区总面积482平方公里，其中水域面积75平方公里。景区以阴岛为中心，四周分布着沙洲、刘家峡、龙洞峡、洛阳峡、青草坪、景谷峡、宝珠寺7个各具特色的景点。有“沙洲日出”“碧水丹秋”“双峡环流”“黄峡探奇”“西港飞虹”等十大景观和多处溶洞景观。另有白水关、阴平关、“木牛流马”山等三国遗址和战国、汉代墓葬群等。1993年，被批准为省级风景名胜区。2004年1月，被批准为国家级风景名胜区。20世纪90年代后期接待游客。

光雾山—诺水河风景名胜区 位于巴中市境内，1986年，被批准为省级风景名胜区。2004年，被批准为国家级风景名胜区。光雾山—诺水河风景名胜区分为光雾山景区和诺水河景区两大部分。

光雾山景区位于巴中市南江县境内，景区面积400余平方公里，由光雾山、龙架山、燕子岩、桃园、米仓山国家森林公园、韩溪河等几大片区组成，景观以奇特的峰林、幽深的洞穴和原生态林海为主要特色。光雾山于1986年对外开放，至2005年累计投资3.7亿元进行开发建设，解决出入景区的交通、水电供应设施、邮电通信设施，以及接待服务设施等问题。2005年，游客接待量已接近30万人次。

诺水河景区位于巴中市通江县境内，主要景观集中在诺水河、临江峡谷、空山天盆、麻坝石林四大片区，尤以诺水河数以百计的地下溶洞群和临江峡谷的瀑布最具特色。景区面积457平方公里。1986年2月，"通江县诺水河风景区建设指挥部"成立，至2005年累计投资2.5亿元进行开发建设，开发的景点主要有中峰洞、狮子洞、龙湖洞等。2005年接待游客约5万人次。

天台山风景名胜区 位于成都市属邛崃市境内，属邛崃山南段余脉，总面积105平方公里，目前踏勘开发的面积约30平方公里。主峰海拔1812米，山地的北、西、南三面外壁陡峭如削，内呈三级台地分布，只东北方向有一缺口，整个山顶地形呈长方形簸箕状。据地方志载，天台山"形势高峻如台"，自"汉时名曰天台"。1990年，被批准为省级风景名胜区。2004年，被批准为国家级风景名胜区。天台山景观以陡峭的山峰、奇异的怪石和飞瀑流泉为主要特色，森林覆盖率达94.4%。天台山还曾经是一座宗教名山，唐宋时，山上的佛道寺观达130多座，佛众达万余人。为解决宗教纠纷，南宋时陆游、文同曾在此任"通判"，专门处理宗教诉讼案件，是中国唯一存在过的宗教法庭。天台山寺观遗址40多处，永乐寺保存完好。天台山1986年开始开发建设，至2005年累计投资6000余万元，1987年7月正式接待游客。

龙门山风景名胜区 位于成都市属彭州市境内，由九峰山、银厂沟、丹景山、马鬃岭等景区组成，规划面积309平方公里，1988年，被省政府批准为省级风景名胜区。2004年，被批准为国家级风景名胜区。九峰山、银厂沟从20世纪80年代后期开始开发，以高山峡谷、飞瀑流泉、杜鹃花林、原始林海等景观为主要特色，成为成都远郊集观光、休闲度假于一体的旅游目的地。丹景山景区由天彭山、白塔坪、三味水等景区组成，历史上以天彭牡丹闻名于世，与河南洛阳、山东菏泽一道为中国三大牡丹生产基地。南宋诗人陆游曾写有《天彭牡丹谱》专记其事。20世纪80年代至2005年，丹景山新辟牡丹园3处，增植牡丹上万株，共169个品种，另植梅花、樱桃、柏树等数万株。

龙泉花果山风景名胜区 位于成都市龙泉驿区境内，景区总面积234平方公里，以盛产花果闻名于世，是中国三大水蜜桃生产基地之一，省级风景名胜区。主要景点有"一山、三湖、四古迹"，即：龙泉花果山，百工堰、宝狮湖、龙泉湖，石经寺、长松寺、明蜀僖王陵、北周文王碑。1993年，经成都市政府批准建立龙泉旅游度假区。至2005年累计建设投资超亿元。从2002年开始，每年举办一次"龙泉花果节"，为著名旅游度假区。

九龙沟风景名胜区 位于成都市属崇州市境内，景区面积40平方公里，主峰鸡冠峰海拔3868米，森林覆盖率达90%以上。景区分三大片区：鸡冠山景区有丰富的动植物资源、险峻的山峰、十多处瀑布和峡谷溪流景观；九龙沟景区内有高山峡谷、瀑布、叠水、飞泉、深潭等自然景观，其中以九龙大峡谷、双龙吐水、响水沟、九龙飞瀑四大景观特色最为鲜明；凤栖山景区有原始森林自然景观，以唐求故里、字库、古寺、梅花寨等人文景观为主。九龙沟从1986年开始开发，1987年成立风景区管理局，1993年被批准为省级风景名胜区。至2005年累计投资2亿多元。

朝阳湖风景名胜区 位于成都市蒲江县境内，省级风景名胜区，系建于20世纪60年代的系列大型人造水库，景区包括三湖（朝阳湖、长滩湖、石象湖）、一阁（飞仙阁），总面积约128平方公里，湖区森林覆盖率达95%左右。朝阳湖于1983年开始开展旅游开发，1984年正式接待游客；长滩湖于1979年正式建成，1996年开始旅游接待；石象湖于1992年开始旅游开发；飞仙阁始建于汉代，为纪念归隐的武士莫公将军而建，原名“莫公堂”，南宋绍兴年间始称“飞仙阁”。飞仙阁下有飞仙洞，洞内有宋真宗敕赐的《信相院》和唐代以来的摩崖石刻造像百余龛，各类佛教造像700余尊。

云顶石城风景名胜区 位于成都市金堂县境内，省级风景名胜区，由大云顶山、小云顶山、炮台山、沱江小三峡、云顶湖5个景区组成，总面积57.5平方公里。云顶山石城海拔982米，四周峭壁如刀劈斧削，峰顶为平台，为南宋末年抗击蒙古军的防御阵地，是四川著名三大抗元城堡遗址之一（另2处为合川钓鱼城、万县天子城）。山顶有云顶寺，始建于南北朝时期。沱江小三峡由鳖灵、明月、九龙三段峡谷组成，全长12公里，峡谷相对高差四五百米，雄奇险峻。炮台山位于沱江东岸，与云顶山隔江相对，上有古炮台和古灵开寺，以及纵横龟裂崖坡地质景观。云顶山景区于1984年开展旅游开发，至2005年累计投资500余万元。

黄龙溪风景名胜区 位于成都市双流县境与眉山市的彭山县、仁寿县交界处，景区面积约10平方公里。黄龙溪古称赤水，因古谚语“黄龙渡清江，真龙内中藏”而得名。黄龙溪镇东临锦江，北靠牧马山，依山傍水，风景秀丽，镇内有一条明清时的古街和三座古寺（潮音寺、镇江寺、古龙寺），以及众多的古黄桷树、吊脚楼式古建筑等把古镇装扮得古色古香。1992年，被省政府批准为省级历史文化名镇。1998年，被批准为省级风景名胜区。20世纪80年代至2005年累计投资2亿余元，建成仿清一条街、大佛寺等新景观和一批基础设施，年接待游客量达250余万人次。

莹华山风景名胜区 位于德阳市属什邡市境内，属龙门山国家地质公园的一部分，省级风景名胜区。景区面积106平方公里。景观特色以飞瀑、流泉著称，尤以“五绝”（看日出、观云瀑、赏佛光、品圣灯、逛花山）、“四海”（云海、雾海、林海、花海）奇景吸引众多国内游客前往游览。人文景观有李冰陵墓、罗汉寺、龙居寺等。

窦圌山风景名胜区 位于绵阳市属江油市境内，因山形似圌（盛谷物的囤子），俗称圌山。相传唐代彰明县主簿窦子明弃官归隐圌山修道，后人依此改名为窦圌山。景区总面积4.7平方公里。山顶有三座巨石凌空，形成三峰，峰顶有寺庙，峰间有铁链相连，形成一独特景观。山顶寺庙云岩寺始建于唐代，清代重建，寺内木质飞天藏（星辰车）系宋代建筑。从1984年起，江油市对窦圌山进行开发，修复了原有建筑，重建了文武殿、玉皇殿、钟鼓楼等仿古建筑，新建了“历代皇帝廊”等众多景点。窦圌山1998年被批准为全国重点文物保护单位，与佛爷洞一道被批准为省级风景名胜区。

七曲山风景名胜区 位于绵阳市梓潼县境内，由七曲山大庙、翠云廊等景区组成，属剑门蜀道国家级风景名胜区的一部分。七曲山大庙原为纪念梓潼树神张亚子而建，名“亚子祠”，唐代改名“七曲寺”，元代改“文昌庙”，成为纪念文昌帝君（文曲星）的神庙，全国重点文物保护单位。从2001年到2005年，景区共筹集9600多万元，并按国家AAAA级景区标准进行打造，景区规模有所扩大，景观价值得到提升。

罗浮山风景名胜区 位于绵阳市安县境内，景区面积4平方公里，多奇峰怪石和变幻无穷的云雾景观，被称为罗浮仙境。山腰的“飞鸣禅院”始建于唐武宗时期。另有羌王城遗址，明代建筑。

1993 年，罗浮山与白水湖一起被批准为省级风景名胜区。2001 年，四川省福山旅游开发有限责任公司获得罗浮山开发经营权，至2005 年先后投资近3000 万元建成一批旅游接待设施。罗浮山温泉度假区吸纳投资逾 10 亿元，建成 7 座温泉酒店，年接待游客达 100 万人次。

白水湖风景名胜区　位于绵阳市安县沸水镇与睢水交界处，水面 3008 亩，湖内大小岛屿 23 个，年接待游客 10 万人次以上。2005 年 8 月，被水利部命名为“国家水利风景区”。

寻龙山风景名胜区　位于绵阳市安县安昌镇，省级风景名胜区，由卧龙溶洞，龙隐镇、龙鳞坡石林、五彩池温泉、聚龙广场、卧龙居太空浴、卧龙居温泉别墅等景点组成。从 2003 年 4 月起，绵阳蜀龙旅游有限公司对景区实施开发，至 2005 年累计投资 6500 多万元，完成了地下溶洞暗河整治、龙隐镇影视城改造、生物礁奇石馆及太空浴工程建设等众多项目。

云台风景名胜区　位于绵阳市三台县境内，由云台观景区、郪江古镇、鲁班湖景区等组成。1993 年，被批准为省级风景名胜区。郪江古镇为省级历史文化名镇，鲁班湖为国家水利风景区。云台观始建于南宋，明成祖永乐年间诏令重修，被列为皇家道观；郪江镇是西汉时郪县和蜀汉时的广汉郡治所；鲁班湖水面约 14 平方公里，有 6 沟、12 弯、15 座岛屿。2005 年，三台县政府与四川锦盛集团签订授权开发协议，对景区内云台观、郪江镇、鲁班湖实施整合包装，整体开发。

彭祖山风景名胜区　位于眉山市彭山县江口镇，省级风景名胜区，原名仙女山，古称彭蒙山、彭王山、彭女山，因古代殷商时期的寿星彭祖及其女儿在此养生、修炼而得名。所在的江口镇是省级历史文化名镇。彭祖山主峰与四周群山之间构成了一幅形似太极图的地貌，彭祖墓就处在太极图的阳鱼鱼眼上。景区内还有一立、一坐分别高 28 米、24 米的齐山石刻双佛，开建时间早于乐山大佛近百年；有中国文字记载最早的茶叶市场——汉代“武阳茶肆”遗址；有江口 5000 余座古汉墓群（至 2005 年已发掘 76 座），以及唐代诗人李白读书台和将军湖、仙女湖等景观。彭祖山是彭山县开发的两大旅游品牌——“中华第一寿”和“中华第一孝”的重点景区。自 20 世纪 90 年代至 2005 年，修建了中国长寿牌坊、九九长寿梯、采气场、养生殿和游山道，修复了彭祖墓、慧光寺、碧山寺、李密墓等，每年接待游客数十万人次。

黑龙滩风景名胜区　位于眉山市仁寿县境内的龙泉山南麓，省级风景名胜区，大型人工湖泊，水面 23.6 平方公里，湖区内有 85 座岛屿似星罗棋布，主要景观有：位于较大岛屿的三大湾蓬莱岛，由小连山、阿弥陀佛山、花果山、风坡山等；阴溪沟龙洞，洞长约 1500 米，直贯湖底；太乙坝的摩崖石刻龙，长约 10 米，泼水才现身，为黑龙滩一大奇观；龙崖附近还有明代开凿的石刻大佛，高 15 米，宽 12 米；湖西部的双燕子景区，栖息着上百种野禽。黑龙滩自 20 世纪 80 年代后期即开始开发建设旅游设施接待游客，至 2005 年累计投资近千万元。

中岩风景名胜区　位于眉山市青神县境内岷江畔，省级风景名胜区、省级重点文物保护单位。山上有上、中、下三座佛教寺庙，始建于唐代，川南佛教从林之一。坐落于上寺翠微峰下的“中岩书院”历史悠久，苏东坡曾游历，留下有“唤鱼池”等遗址。从山脚流过的岷江中有平羌小三峡风光，历代文人墨客曾浏览于此。20 世纪 80 年代后期开始接待游客，以接待国内游客为主。

槽渔滩风景名胜区　位于眉山市洪雅县境内青衣江上游，省级风景名胜区。景区面积 18 平方公里，系槽渔滩电站建成后形成的人工湖泊，水面有 5600 余亩。景观以 6 公里长的桫椤峡为轴线分布。桫椤峡以峡谷内生长的古冰川孑遗植物——桫椤树而得名。峡谷内山势陡峭、怪石嶙峋，有自然景观如神龟饮水、睡佛和天然笑佛等；另有古栈道及明清两代遗留下来的石刻和寺庙遗址等。景区建成儒、释、道三个文化景区和一批接待设施，配套修建湖心岛、垂钓场、水上乐园、大型游船等设施，至2005年累计投资1亿余元，年接待游客量达到30万—40万人次。

五通桥桫椤峡谷—小西湖风景名胜区 位于乐山市五通桥区境内。小西湖是位于五通桥镇的岷江河谷，涌斯江、茫溪河在此与岷江汇合，水面宽阔，环境优美，清代诗人李嗣源曾在此留下了“烟火万家人上下，风光不应让西湖”的诗句，因此有“小西湖”之称，每年这里要举行龙舟赛和各种游泳比赛，五通桥因此被称为“游泳之乡”。桫椤峡谷是20世纪90年代新发现的一处原生态古生物群落景区，峡谷内生长着成片的古老孑遗植物——桫椤树，是探险猎奇旅游者的理想旅游目的地，被批准为省级风景名胜区。2005年接待量达10万人次以上。

田湾河风景名胜区 位于雅安市石棉县境内的贡嘎山南坡，省级风景名胜区，以原生态的峡谷风光、飞瀑流泉、奇峰怪石为主要特色。1996—1997年，省建委、省林业学校专家编制了开发初规和详规。石棉县城建局成立专门开发机构，修建通往景区的公路及接待设施。2000年后开始接待旅游者。

碧峰峡风景名胜区 位于雅安市雨城区，景区面积约20平方公里，森林覆盖率达90%以上。1995年，被批准为省级风景名胜区。1997年，被评为省级文明风景区。1998年由成都万贯（集团）置业股份有限公司投资近3亿元对碧峰峡进行开发，建成野生动物园、大熊猫繁育基地等一大批旅游项目及基础设施，年接待游客数十万人次。

灵山风景名胜区 位于凉山州冕宁县境内，省级风景名胜区，省级森林公园。景区总面积29平方公里，主要景观有高原五彩池、瀑布、灵山秋林等。另有始建于清乾隆四十八年（公元1783年）的灵山寺古庙。自然风光奇特，宗教文化资源丰富，自20世纪90年代后期实施开发，至2005年，年接待游客达20余万人次。

黄联土林风景名胜区 位于西昌市境内的黄联乡，景区面积约2平方公里。土林是黄土和砂岩的胶结层，经地表水冲刷与风化、不断下切而形成的柱状体，千姿百态，有科考价值和观赏价值。1994年进行开发，1995年5月正式对外开放，年接待游客约5万人次。

马湖风景名胜区 位于凉山州雷波县境内，是一座地震堰塞湖，是四川四大天然湖泊之一，也是全国第三大高山深水湖泊。湖中有一金龟岛，岛上有座建于明万历十七年（公元1589年），全国唯一的彝族寺庙——孟获庙（海龙寺）。景区每年七月举办“火烛”庙会，十月举办“中国彝族民歌节”。每年接待游客数万人。2005年3月，经规划对孟获庙进行修缮。

泸沽湖风景名胜区 位于凉山州盐源县与云南省交界处，省级风景名胜区，水域面积62.8平方公里，分“亮海”和“草海”两部分，湖中有1个半岛和6个小岛。湖周居住的摩梭人，保存着母系氏族为主的家庭形态和古老的“走婚”习俗。20世纪80年代后期开始接待游客，到2005年，年接待游客量已突破10万人次。

龙潭溶洞风景名胜区 位于攀枝花市米易县境内，由龙潭溶洞、龙吟峡谷、花水坝壁画、龙肘山顶风光等景点组成。1998年，被批准为省级风景名胜区。1997年，由政府投资和银行贷款共1200万元进行开发建设；2005年，又投入300多万元对景区实施改造，使景区水、电、路等基础设施和接待服务设施进一步完善，年接待游客量达30余万人次。

琳琅山风景名胜区 位于南充市仪陇县马鞍镇，省级风景名胜区，景区面积52.5平方公里，由琳琅山、柏杨湖、蓬莱阁、插旗山四片区组成。以朱德故居和朱德纪念馆为主体的朱德纪念园区是琳琅山景区的核心部分。2001—2005 年，累计投资约 12 亿元对琳琅山景区实施总体开发，2005 年接待游客 40 余万人次。

西山风景名胜区　位于南充市顺庆区城郊，面积 12.1 平方公里，最高海拔 480.7 米，省级风景名胜区。早在魏晋南北朝时便是蜀中胜景之一。1990 年 3 月，南充市（原县级市）政府决定并投入资金开发建设西山景区。1997 年，聘请上海同济大学编制了西山风景区总体规划。截止到 2005 年，累计投入 1.5 亿元资金开发景区及配套设施建设，主要包括 7 个景区和一条西河风景线：（1）舞凤山道教庙观；（2）栖乐山景区，是西山风景区的中心（主峰上有栖乐寺、顺庆起义保卫战总指挥部纪念碑和刘伯承元帅雕像；东坡上有任翰“读易洞”和“读易记”摩崖石刻及太师坟，栖乐古寨和东汉崖墓群近百孔，南坡建有“革命烈士纪念馆”）；（3）开汉楼景区；（4）官宝山景区；（5）火凤山景区：林木茂密，下部有桂花坪及陈于陛墓；（6）果山景区（包括万卷楼、牌坊湾、赛云台文物及甘露寺、玉皇宫遗址等）；（7）玉屏公园景区（集生态园林、三国文化、宗教文化、游乐、休闲度假为一体）。西河风景线有玉带河明代西桥，现代西河大桥、衡子河大桥。河堤两岸春风拂柳，河水清澈，景色宜人。景区年接待游人 20 万人次。

升钟风景名胜区　位于南部县西北部升钟镇，省级风景名胜区，相接于剑门蜀道，横跨南部、阆中、剑阁三县、市，库区长 81 公里，水面最宽处 300 米，蓄水 13.9 亿立方米，景区总面积 436.9 平方公里，核心景区面积 235.9 平方公里。重要景观有：水库大坝、碧波仙岛、神坝砖塔、醴峰观及皇娘坟等。另有为纪念 1932 年 11 月 25 日中共四川省委和南充中心县委领导的升钟、保城农民武装起义而兴建的“铁炉寺升保起义纪念地”，1935 年红军北上时建立的“德丰县苏维埃”遗址等革命纪念地。景区于 1992 年由升钟管理局和民间资金投入开发，至 2004 年，累计投入 2000 余万元修建道路及增设水上游船、食宿等设施；2005 年后由政府投入开发。

赤城湖风景名胜区　位于遂宁市蓬溪县境内，是一座人工湖，水域面积 104 平方公里，省级风景名胜区。湖区自下而上呈“人”字型向左右延伸各 10 余公里，既有湖泊、森林，也有田园风光，还有佛教、道教寺观。湖区建有览胜亭、湖心亭、游乐场、映霞阁等景点和游乐设施。1985 年开放接待游客，2005 年接待的游客量达 50 余万人次。

广德灵泉风景名胜区　位于遂宁市城郊，由广德、灵泉两景区组成，省级风景名胜区。广德寺始建于唐，曾受到唐、宋、明 3 朝 9 个皇帝 11 次敕封，被尊为“西来第一禅林”。广德景区以“千年观音道场、西来第一禅林”为主体实施开发，面积 6 平方公里。灵泉山，位于遂宁市城东，山中灵泉寺始建于隋朝开皇年间，原名圣佛寺，明孝宗弘治三年（公元 1490 年）重建后命名为灵泉寺。因寺内观音殿中有一泉，虽地处山顶，千百年来泉水不溢不涸，被称为“观音圣水”，寺因此得名。2002 年对外开放，年接待游客达数十万人次。

百里峡风景名胜区　位于达州市宣汉县境内，省级风景名胜区，由喀斯特岩溶地貌构成的峡谷，因峡谷长百余里而得名。景区面积 65 平方公里，有 99 座陡峭的山峰，55 处飞瀑，72 处溶洞，108 道险滩，有原始森林 2600 多公顷，400 多种野生动物。景区还是四川唯一的土家族聚居地。景区 2004 年对外开放，年接待游客数十万人次。

龙潭风景名胜区　位于达州市渠县境内，省级风景名胜区，属石灰岩构成的天坑地缝奇特的喀斯特地貌景观。景区内有险峻的山峰，陡峭的峡谷，以及深潭、溶洞、茂林等自然景观，面积 133 平方公里。该景区由渠县财政拨款 800 万元实施开发，2003 年对外开放接待游客，2005 年接待游客逾10万人次。

八台山风景名胜区 位于万源市境内，省级风景名胜区，由八台山和龙潭河两大片景区组成，总面积120平方公里。八台山属石灰岩地质结构，地貌呈梯级递降，有八层之多，因此得名。主峰海拔2348米，为大巴山第二高峰。景观以陡峭的孤峰、悬崖、溶洞及丰富的动植物资源为特色，亦是红四方面军组织万源保卫战的主战场。景区由市财政和民营企业投资开发，2001年对外开放，2005年接待游客近10万人次。

真佛山风景名胜区 位于达州市达县境内，是一处以佛教寺庙为主体，集宗教朝拜、游览观光、森林游憩于一体的旅游目的地。1989年，被批准为省级风景名胜区。景区总面积37平方公里，核心景区德化寺占地近30万平方米，建筑面积15000平方米，儒、释、道三教合一。除德化寺外，还有一佛寺、金刚寺、凌云寨、胭脂湖、三仙石、海螺洞、莲花庵、云华山、刀脊梁、仙女山等景观。景区开发由达县真佛山开发有限公司承包，至2005年，累计投资1100多万元。2000年以来，每年农历六月十九日办庙会，吸引周边市、县大量游客，2005年接待游客5万余人次。

华蓥山风景名胜区 位于广安市辖华蓥市境内，省级风景名胜区，国家森林公园、国家地质公园，以石林、峡谷、溶洞、天然湖泊等自然景观为特色，另有宝顶寺庙、华蓥山游击队遗址等人文景观。重点景区华蓥山石林，面积21平方公里，以石林、天坑、溶洞景观为代表，有“双枪老太婆”纪念墙、塑像、华蓥山游击队纪念馆及游击步道、游击队藏枪存粮洞等遗址。自然景观有天池、华蓥山大峡谷、华蓥山宝鼎等。景区2003年对外开放，2005年接待游客50余万人次。

卡龙沟风景名胜区 位于阿坝州黑水县境内，省级风景名胜区，以喀斯特地貌为特色，景区面积403平方公里。主要景观有：六十里彩林、20里沙棘林，以及迎宾仙境、迎宾飞瀑、彩池盆景、龙鳞坡、钙华长坡、钙华彩池群、翡翠金坡、仙女池、卡龙高山石林等。从1992年开始，黑水县陆续投入资金进行开发，1993年开始接待游客，以散客和自驾车游客为主。

米亚罗风景名胜区 位于阿坝州理县境内，省级风景名胜区，景区面积3688平方公里，属山岳型自然生态风景区，森林覆盖率达75%，以秋季红叶最有特色，面积相当于北京香山红叶区的180倍。景区内还有新开发的古尔沟温泉，是秋冬季节游客的休闲度假胜地，建有藏式宾馆20余家。1993年开始接待游客，2005年接待游客7万人左右。

叠溪松坪沟风景名胜区 位于茂县境内，成都去九寨沟的旅游途中，省级风景名胜区。景区面积约30平方公里，以叠溪地震遗址为特色。主要景点有叠溪古城遗址、乱石公园、点将台遗址、叠溪海子、鱼儿寨海子、白石海、墨海、水磨长海等。该景区由茂县景区管理局负责开发管理。2000年开始接待游客，年接待游客万余人。

牟尼沟风景名胜区 位于阿坝州松潘县境内，属高山湖泊钙华地貌景观，由黄龙风景名胜区管理局负责管理。1990—2005年地方政府累计投资2600多万元实施开发，1992年10月开始接待游客，2005年接待游客近20万人次。

古宇湖风景名胜区 位于内江市隆昌县境内，省级风景名胜区。景区内除湖泊风光外，还有古寨、古堡、古牌坊，被称为“三古”之旅。20世纪90年代初，县政府投资500万元实施开发，1993年正式接待游客，2005年接待游客约50万人次。

佛宝风景名胜区 位于泸州市合江县境内，1989年被批准为省级风景名胜区，与贵州赤水、重庆四面山相邻。景区面积430平方公里，以竹海、林海、瀑布、石滩、阔叶原始森林等景观为特色，其中，原始森林36平方公里，楠竹林8000余万平方米，森林覆盖率达87%以上。2000年成立佛宝风景名胜区管委会，至2005年地方财政累计投资7000余万元开发建设。2005年接待游客40余万人次。

玉蟾山风景名胜区 位于泸州市泸县境内，1989年8月，被批准为省级风景名胜区，由大小椅子山、古佛山、长山头等十余座山峰组成，景区面积52.8平方公里，森林覆盖率达90%以上。景区内有山石景观、水体景观、植物景观及石刻艺术景观。因山上的岩石大都状似蟾蜍，玉蟾山即因此得名。玉蟾山还是川南著名佛教圣地，景区内尚存始建于明代的龙岩寺和弥陀寺，有明代摩崖佛教造像300余尊和南唐徐铉、宋代黄庭坚、明代杨慎等古代文人的书法石刻，以及近代画家蒋兆和的《流民图》浮雕石刻。1984年，泸县人民政府将玉蟾山开发为旅游区。2005年接待游客30余万人次。

九狮山风景名胜区 位于泸州市龙马潭区，2002年，被批准为省级风景名胜区，因有九座山峰状似九头雄狮迎面奔来而得名。景区面积11.2平方公里，森林面积30多万平方米。景区景观由千狮坛、恐龙馆、阳高寺组成，以千狮坛的上千尊石狮造型最为壮观，为景区一大特色。1993年由当地政府投资开发，山上建有仿造的长城和三国城。年接待游客10余万人次。

丹山风景名胜区 位于泸州市叙永县境内，1995年2月批准为省级风景名胜区，与云、贵两省接壤，景区面积160平方公里，因山石呈赭红色，又名红岩坝。景区以丹霞地貌奇观为主体，有龙泉溶洞群；另有古寺庙、摩崖石刻等人文景观。从1984年开始，叙永县政府投资进行开发。2005年接待游客近20万人次。

笔架山风景名胜区 位于泸州市合江县境内，1998年，被批准为省级风景名胜区，景区面积670余万平方米，森林覆盖率达88%，属丹霞地貌景观，有仙人洞、白鹿洞、云台古道、晒丹石等20多处景点和云台寺等人文景观。由县林业部门负责开发和管理，2005年接待游客数已超过10万人次。

天仙洞风景名胜区 位于泸州市纳溪区，2003年，被批准为省级风景名胜区，景区面积31.38平方公里，森林覆盖率76.8%，属丹霞地貌景观。景区内有奇山怪石景、飞瀑流泉景、摩崖石刻及民俗风情。1996年对游人开放，截至2005年年底已累计接待游客80余万人次。

玉龙湖风景名胜区 位于泸州市泸县，毗邻重庆市荣昌县，1999年，被批准为省级风景名胜区，是一座集防洪、灌溉、旅游观光于一体的人工湖泊。湖区面积13平方公里，水域面积6平方公里，湖中有大小岛屿和半岛72个。除湖区山水景观外，景区内还有立石镇古驿站、始建于明代的普照寺等。1996年，泸县政府决定对玉龙湖实施整体开发，成立风景区管理处负责景区开发、保护、管理工作，至2005年，管理处和有关投资主体累计投资9000余万元建成一批基础设施和服务接待设施，年均接待游客约10万人次。

（二）自然保护区、森林公园、地质公园

龙溪—虹口国家级自然保护区 位于都江堰市虹口乡境内，景区面积364平方公里，奇峰耸峙，古树参天，有珙桐、红叶杉等珍稀植物2500余种，大熊猫、金丝猴等国家一、二级保护动物30余种。景区1995年对外开放，至2005年累计投入1.4亿元，开发避暑、休闲度假和漂流项目，年接待游客约50万人次。

白水河国家级自然保护区 位于彭州市龙门山镇与小鱼洞镇交界处，景区面积301.5平方公里，除丰富的动植物资源外，还有九峰山、太子城山，银厂沟峡谷，以及溶洞、瀑布、云海等景观。2003 年对外开放，至 2005 年景区管理委员会累计投资 400 余万元开发旅游项目，年接待游客约 10 万人次。

攀枝花苏铁国家级自然保护区 位于攀枝花市西区，是以苏铁为保护对象的自然保护区，天然苏铁分布面积大、株数多，面积 1358.3 公顷，1996 年，被批准为国家级自然保护区。至 2005 年，政府有关部门已先后投资 2000 万元实施保护与开发，年接待游客 1 万余人次。

王朗国家级自然保护区 位于绵阳市平武县西北部，地处岷山山系腹心地带。保护区面积 323 平方公里，属原始的森林生态系统，以大熊猫、金丝猴为主要保护对象。从 2000 年开始，管理局投资开发旅游项目，至 2005 年累计投资 2600 多万元。2002 年对外开放接待游客，游览区面积约 15 平方公里，20 余处景点，年接待游客约 10 万人次。2002 年，被澳大利亚国际生态组织评为 NEAP 国际高级生态旅游区。

唐家河国家级自然保护区 位于广元市青川县西北部，地处龙门山脉西北侧摩天岭南麓。1978 年，建立省级自然保护区。1986 年，被批准为国家级自然保护区，以大熊猫及其栖息地为主要保护对象，被世界自然基金会划定为 A 级自然保护区。保护区面积 400 平方公里，其中森林面积 170 平方公里，1986 年对外开放，由国家林业局和青川县政府共同投资 3900 万元规划建设。2005 年接待游客约 50 万人次。

卧龙国家级自然保护区 位于阿坝州小金县境内，保护区面积 2000 平方公里，中国大熊猫保护研究中心和中国第一个大熊猫野外生态观测站——“五一棚”均设在区内。至 2005 年政府先后投资 1.6 亿元进行基础设施和接待设施建设，接待观光和科教旅游者，2005 年接待游客 20 余万人次。

稻城亚丁国家级自然保护区 位于甘孜州稻城县香格里拉乡（亚丁），与云南、西藏接壤。景区面积 1000 余平方公里，以雪山、峭壁、冰川、高山海子、原始森林、草场等原生态景观为特色，1996 年由政府贷款 15000 万元实施保护与开发，1998 年开始接待游客，2005 年接待游客逾 20 万人次。

米仓山国家级自然保护区 位于广元市旺苍县东北部，地处米仓山—大巴山山脉西段南坡，由鼓城山、七里峡、白龙宫三大景区组成，总面积约 330 平方公里。景区内有峰林、峰丛、峡谷、溶洞、瀑布景观和古驿道（木门道）遗址。1999 年，被批准为鼓城山自然保护区。2002 年，更名为米仓山自然保护区，被批准为国家级自然保护区。保护区由国家林业局和旺苍县政府共同投资开发，至 2005 年累计投资约 1200 万元。1994 年对外开放接待游客，2005 年接待游客约 10 万人次。

龙池国家森林公园 位于都江堰市龙池乡境内，属龙门山脉的尖尖山、龙池岗两分支中的一个山间盆地。景区面积 16 平方公里，1992 年，被批准为国家森林公园。自 20 世纪 80 年代开发以来，每年接待避暑、疗养、旅游的游客 10 余万人次，是四川举办“南国冰雪节”的主场地之一。

天台山国家森林公园 位于广元市市中区西北部龙门山与米仓山交汇处，景区面积 1334.3 公顷，森林覆盖率达 92%。公园内有天台、读书台、蟠桃石、天池湖等百余处景点，由国家林业局、广元市政府共同投资 2490 万元实施开发，1994 年对外开放接待游客，2005 年接待游客 10 余万人次。

瓦屋山国家森林公园 位于眉山市洪雅县境内，因山体形态似一座瓦屋，因此得名。山顶平台约 11 平方公里。公园总面积 104 万亩，由瓦屋山核心原始森林区、玉屏山人工林海和八面山人工林区组成。公园由瓦屋山旅游有限公司负责开发和管理，1993 年开始接待游客，2005 年接待游客已达

30 万余人次。

千佛山国家森林公园 位于绵阳市安县与北川、茂县交界处，景区面积 220 平方公里，原始森林覆盖率达 96%。主要景点有金溪湖、老街、龙洞沟等，另有始建于唐代的千佛庙。千佛山森林公园于 2000 年规划建设，2005 年对外开放，年接待游客 10 余万人次。

金口河大峡谷国家地质公园 位于乐山市金口河区与雅安市汉源县、凉山州甘洛县交界处，全长 26 公里，总面积 400 余平方公里。峡谷深达 2600 米，宽不足 200 米，地质地貌奇特，动植物资源丰富。有大瓦山、金口河大峡谷、顺水河大峡谷等自然景观。2000 年以来逐步开发接待游客，以自驾车游客居多，2005 年接待游客 6.6 万人次。

黑竹沟国家森林公园 位于乐山市峨边县境内，景区面积 575 平方公里，由沟口景区、石门关、特克马鞍山等八景区组成，有岩溶、冰川、海子、瀑布、高山草甸等自然景观。1996 年，被批准为省级风景名胜区。2000 年，被命名为国家森林公园。2001—2005 年，先后投资 2000 多万元实施开发，年接待游客 3 万余人次，以自驾车游客为主。

喇叭河国家森林公园 位于雅安市天全县境内，属二郎山国家森林公园（省级风景名胜区）的一部分，景区面积 234.4 平方公里，以牛羚、大熊猫、珙桐、银杏等动植物为主要保护对象。1999 年，由二郎山企业集团公司负责开发，至 2005 年先后投资 1.7 亿元，2000 年 5 月初步建成，对外接待游客，2005 年接待游客 10 余万人次。

二滩国家森林公园 位于攀枝花市盐边县和米易县境内，景区面积 732.4 平方公里，以高峡平湖、原生态森林景观和民族风情为主要特色。其中，二滩湖水面 63.4 平方公里，森林覆盖率达 67%。1995 年完成总体规划，规划了九大旅游区，实施开发建设，截至 2005 年累计投资 1.36 亿元。2003 至 2005 年，累计接待游客 70 余万人次。

镇龙山国家森林公园 位于巴中市平昌县境内，面积 25.6 平方公里，森林覆盖率达 83.5%。1995 年，被批准为省级森林公园。2003 年 12 月，被批准为国家森林公园，以森林景观为主、兼有佛教文化和历史文化特色。该公园由平昌县林业局投资开发，截至 2005 年先后投入 1200 万元，1998 年对外开放接待游客，2005 年接待游客已近 10 万人次。

天马山国家森林公园 位于巴中市东北 40 公里处，由天马山、鼓楼山、酢坊沟、蒿枝坪、五马槽等景区（点）组成。于 1980 年至 1981 年修建了部分旅游接待设施。巴州区成立后，区林业局先后投资 3500 万元实施开发，2001 年对外开放接待游客，年接待游客 10 余万人次。

五峰山国家森林公园 位于达州市大竹县境内，由五峰山、蒲苞山、百岛湖 3 个景区组成，总面积 876.16 公顷。其核心景区五峰山森林覆盖率达 86%，其中竹林面积约 400 公顷，以竹海、湖泊、岩溶地貌为特色。公园由大竹县财政拨款开发，至 2005 年累计投资近 2000 万元。2003 年对外开放接待游客，年接待游客量约 30 万人次。

九寨沟神仙池国家森林公园 位于九寨沟县大录乡，以钙华彩池景观和原始森林景观为特色，森林覆盖率达 70% 以上。公园由九寨沟管理局负责管理，至 2005 年累计投资 1 亿元实施开发建设，2005 年接待游客约 6 万人次。

三江生态旅游区 位于阿坝州汶川县境内，景区面积 188 平方公里，因岷江支流寿江的上游西河、中河、黑石河在此汇合而得名，森林覆盖率达 90% 以上，以峡谷、瀑布景观为特色，属龙门山国家地质公园的一部分。2003 年，被批准为省级风景名胜区。1995 年，成立开发管理委员会，由三江生态旅游开发公司等数家企业联合投资开发，至2005年累计投资1.2亿元。1999年正式向游人开放，2005年接待游客2万余人次。

小寨子沟自然保护区 位于绵阳市北川县境内，省级自然保护区。区内有珙桐等国家保护植物20余种，有大熊猫等国家一级保护动物9种。保护区面积443.9平方公里，有磨子沟、万亩杜鹃林等10余处景点和红军长征遗迹、羌族风情等文化景观。2001年，旅游开发区管委会投资500万元进行基础设施建设，2002年对外开放，年接待游客20万人次。

金城山森林公园 位于南充市高坪区胜观镇境内，1991年，被批准为国家森林公园。森林面积3171亩，水域面积1600亩。景区内森林茂密，动植物种类繁多。金城山海拔824米，川北名山，为天下七十二佛地之一，主要景点有：陡寨门、金凤庵、金城寺、南京门、老龙洞、打子洞等。至2005年，先后投入资金3200余万元用于景区道路、景点、接待设施等建设，年均接待游客2万人次。

太蓬山森林公园 位于南充市营山县境内，园内群峰绵延，计12峰，似莲花花瓣并峙，因此得名，有“蜀北名山”“太蓬仙境”之称。景区面积6.56平方公里，省级森林公园。园内有古寨、古代摩岩石刻、古寺庙等古迹，尤以《安禄山石刻》为珍贵文物。年接待游客约10万人次。

（三）其他自然景观类旅游景区

成都大熊猫繁育研究基地 位于成都市磨盘山，一、二期工程已投资1.1亿余元，1990年对外开放接待游客，2005年接待游客已达30余万人次。

西羌九黄山猿王洞 位于绵阳市北川羌族自治县，景区面积25平方公里。景区内有以猿王洞为核心的溶洞群、羌族风情园等景观，至2005年累计投资3亿元实施开发，1998年对外开放接待游客，2005年接待游客约50万人次。

曾家山风景区 位于广元市朝天区，景区面积518平方公里，2001—2003年，由朝天区政府投资3700余万元开发建设，2003年开放接待游客，年接待游客30余万人次。

川西竹海旅游区 位于乐山市境内，规划旅游项目总投资7700万元，至2005年已投入4000万元建成一批接待设施，2005年接待游客3.5万人次。

百丈湖风景区 位于雅安市名山县蒙顶山东麓，是20世纪60年代建成的人工湖。1990年成立风景区管理处对景区实施开发，至2005年已投入资金近400万元。

大竹河风景区 位于万源市境内，景区面积49.6平方公里。大竹河是国内最长的一条内陆倒流河，流域内有36潭、108滩，以及峰丛、天坑、地缝、溶洞景观。至2003年地方财政累计投入1000余万元开发观光、漂流等旅游项目，2003年对外开放接待游客，年接待10余万人次。

凌云山风景区 位于南充市高坪区，景区内青龙、白虎、朱雀、玄武四座山峰环绕，由道教、佛教、儒家三大文化旅游区组成，至2005年政府累计投资9000万元实施开发建设，年接待游客10余万人次。

莲花湖景区 位于南充市西充县，属湖泊类自然风景区，由浙江金天置业公司承包开发，至2005年已投资1亿元，2005年对外开放接待游客，年接待游客约50万人次。

翠湖风景区 位于广安市岳池县境内，是一座20世纪60年代修建的人工湖，至2005年政府累计投资5000万元开发建设，有“川东第一湖”美称。2005年接待游客40余万人次。

达古冰川 位于阿坝州黑水县境内，景区面积220平方公里，以现代冰川、古冰川地貌、原始森林、高原草甸、雪峰藏寨景观为特色，至2005年，地方政府累计投资2亿多元进行开发建设。以接待自驾车游客为主。

红原大草原　位于阿坝州红原县，以高原草原湿地、森林湿地、雪山、藏乡风情、红军长征遗址等景观为特色，至1992年先后由企业投资1.5亿元开发建设，1992年开始接待游客，2005年接待游客已逾40万人次。

热尔大草原（花湖）　位于阿坝州若尔盖县境内，区内有大小300余个高原湖泊，以高原泥炭沼泽湿地景观为特色，至2000年由花湖旅游有限责任公司先后投资300余万实施开发，2000年开始接待游客。

九曲黄河第一湾　位于阿坝州若尔盖县唐克乡，黄河在此与白河相汇后突然转弯向北流去，形成“九曲黄河第一湾”景观，至2005年累计投资150万元实施开发。2005年开始接待游客。

三岔湖　位于简阳市龙泉山东麓三岔镇，景区面积121平方公里，湖区有113个孤岛和160多个半岛，有240公里迂回曲折的湖岸线，以湖光山色为特色，至2005年，累计投资7.6亿元开发建设，1985年开始接待游客，2005年接待游客30余万人次。

金花桫椤谷　位于自贡市荣县境内。景区内有桫椤3万余株，另有100种蕨类植物和数千亩常绿阔叶次生林，属山谷型自然景观。至2005年，桫椤谷公司已投资100多万元实施开发建设。

凤凰湖　位于泸州市纳溪区，拥有水面157万平方米，湖中有大小岛屿十余座，湖岸弯曲延伸，岸边层峦叠嶂，植被繁茂，1989年开发接待游客，2005年接待游客逾10万人次。

二、人文景观类

人文景观类旅游资源是四川旅游资源的重要组成部分。自20世纪80年代以来，全省新开发的人文景观类旅游景区（点）有100余处。按景区性质分类有文物古迹、现代革命遗址、博物馆及纪念馆3部分。其中重点景区80余处。

（一）文物古迹类景区

三星堆博物馆　三星堆遗址位于德阳市属广汉市南兴镇，古蜀国文化遗址，范围达10平方公里。1988年，被批准为全国重点文物保护单位。三星堆博物馆位于三星堆遗址东北角，是一座现代化的专题性遗址博物馆，馆区占地面积约530亩，建设投资累计达1.5亿元，1997年博物馆建成并开放接待游客。三星堆博物馆以其文物、建筑、陈列、园林之四大特色，成为享誉中外的文物旅游胜地，全国首批AAAA级旅游景区，国家一级博物馆。2005年接待游客约60万人次。

安岳石刻　资阳市安岳县被称为“石刻艺术之乡”，全县有摩崖石刻造像143处，10万余尊，其中有全国重点文物保护单位2处，省级文物保护单位6处。比较集中的有八庙乡（139龛、1600余尊）、卧佛院（除摩崖造像外，还有石刻佛经15窟、40余万字）、千佛寨（造像3061尊、摩崖浮图7座、唐碑30块、历代题记26处）、圆觉洞（造像103窟、1933尊，唐代浮图1座、碑刻题记25处）、华严洞（造像59尊）、毗卢洞（造像446尊），以及茗山寺、孔雀洞、木门寺等9处。截至2005年各级财政投资实施保护开发的资金达6500万元，2005年接待游客逾50万人次。

泸定桥　位于泸定县城西大渡河上，是“茶马古道”上的一座重要桥梁，始建于清康熙四十四年（公元1705年）。桥身由13根铁链组合而成，桥面长101.67米，宽2.9米，桥头堡由条石垒砌而成。泸定桥因红军长征时发生的“飞夺泸定桥”激烈战事而闻名于世。1961年，被列为全国重点文物保护单位。2005年接待游客约30万人次。

德格印经院 位于甘孜州德格县城内，全国重点文物保护单位，是一座拥有200多年历史、29万多块木刻印板，涵盖了藏民族历史、政治、经济、宗教、文化等藏文化经典的古老印经院，其规模居全国三大藏传佛教印经院之首。截至2005年，地方财政已累计投入1000万元进行保护建设，2000年后开始接待游客，年接待5万余人次。

僰人悬棺 位于宜宾市珙县境内，全国重点文物保护单位，是保存悬棺数量最多、最完整的悬棺群。至2005年地方政府累计投资385万元进行基础设施建设。1988年开始接待游客，2005年接待游客2万余人次。

南龛摩崖造像群 位于巴中市城郊，由南龛、北龛、西龛、东龛摩崖造像组成，共有造像137龛、1400余尊，经幢14座，造像碑10则。造像大多为盛唐时期作品，尤以盛唐彩雕闻名全国，是全国十大名窟之一，亦是国家重点文物保护单位。南龛摩崖石窟于1986年对外开放接待游客，截至2005年，财政已累计投资1500万元实施保护和开发，2005年接待游客突破10万人次。

皇泽寺 位于广元市郊区，始建于后蜀广政二十二年（公元959年），是纪念中国历史上唯一的女皇帝武则天的神庙，寺内有北魏至隋唐时期的摩崖石刻54窟，全国重点文物保护单位。20世纪80年代，地方财政累计投入7500万元进行开发建设并对外开放。2005年接待游客50万余人次。

明蜀王陵博物馆 位于成都市龙泉驿区十陵镇，全国重点文物保护单位，地方财政累计投资约6000万元20世纪90年代建成的专业博物馆。1994年对外开放，2005年接待游客10万余人次。

石经寺 位于成都市龙泉驿区茶店镇，是西藏黄教在汉族聚居区的道场，川西五大佛教丛林之一，全国重点文物保护单位。20世纪80年代对外开放，至1998年地方财政累计投资2000万元进行修复并兴建接待设施，2005年接待游客超过100万人次。

千佛崖 位于广元市城北嘉陵江东岸，全国重点文物保护单位，其摩崖石刻造像从南北朝一直延续至清代，计有龛窟400多个，大小造像7000余尊。20世纪80年代，地方财政累计投资580万元进行开发建设，1983年对外开放接待游客。2005年接待游客30余万人次。

西秦会馆 位于自贡市城区，建于清朝乾隆年间，由陕西籍盐商集资兴建，自贡市盐业历史博物馆设在馆内，1988年1月列为全国重点文物保护单位。至2005年，政府累计投资3000万元建设，是中国唯一的盐业史博物馆，年接待游客3万余人次。

自贡恐龙博物馆 位于自贡市大山铺，建于20世纪80年代，总投资3500万元，全国重点文物保护单位。1987年对外开放接待游客，1992年被评选为“中国旅游胜地四十佳”之一，2005年接待游客10余万人次。

荣县大佛 位于自贡市荣县境内，石刻佛像通高36.67米，为中国第二大石刻佛像，开凿于宋代。大佛寺建筑面积达3400平方米，全国重点文物保护单位。20世纪80年代至2005年，地方财政累计投资1200万元进行保护与开发建设，2005年接待游客近30万人次。

富顺文庙 位于自贡市富顺县境内，是四川规模较大的文庙之一，建筑面积3000多平方米，全国重点文物保护单位。至2005年，文物部门累计投资200万元进行修复，年接待游客5万人次。

燊海井 位于自贡市大安区，是世界上第一口超千米深井，是保存完整的清代井盐生产遗址，全国重点文物保护单位。至2005年，燊海旅游开发公司累计投资1000余万元实施开发，2001年对外开放接待游客，年接待量1万余人次。

夹江千佛岩 位于乐山市夹江县境内，在长约1000米、高约60米的峭壁上，原有唐代及明、清两代摩崖造像271龛，大小佛像4000余尊，保存完好的162龛，造像2470余尊，全国重点文物保护单位，2005年接待游客20多万人次。

泸州大曲老窖池　位于泸州市城内，是中国建筑时间最早、连续使用时间最长、保存最完整的白酒窖池群，全国重点文物保护单位，被批准为全国工业旅游示范点。2005年正式对游人开放，年接待游客10多万人次。

宝梵寺　位于遂宁市蓬溪县，寺内有明清古建筑1700余平方米，绘制于明代的宝梵寺壁画181平方米，全国重点文物保护单位。至2005年政府累计投资5700万元实施保护与开发，1988年对外开放接待游客，2005年接待游客逾40万人次。

渠县汉阙　位于达州市渠县境内。全县有汉阙6处7座，约占全国汉阙总数的四分之一。其中，冯焕阙和沈君府阙于为全国首批重点文物保护单位之一，其余4阙于2001年列为全国重点文物保护单位，合称为"渠县汉阙"。至2005年地方财政拨款100万元进行开发建设，1998年对外开放接待游客。

庞统祠墓　位于德阳市罗江县白马关镇，清康熙年间重建，全国重点文物保护单位。20世纪80年代地方财政投资166万元修复并对外开放，2005年接待游客60万人次。

德阳文庙　位于德阳市中区，是中国西部地区规模宏大、保存完整的文庙之一，素有"德阳文庙甲西川"之说，全国重点文物保护单位。20世纪80年代修复对外开放，2005年接待游客6万余人次。

隆昌石牌坊　位于内江市隆昌县城境内，有17座保存完好的明、清石牌坊，是全国最大的石牌坊群，被中国乡土协会命名为"中国石牌坊之乡"。1991年，被列入省级文物保护单位。2001年，被列入全国重点文物保护单位。石牌坊群及云顶古寨由重庆世源公司投资开发，至2005年累计投入1000万元。2005年接待游客逾30万人次。

鹤鸣山　位于成都市大邑县境内，中国道教发源地，中国早期道教创始人张陵、唐代道教大师杜光庭、明代道教宗师张三丰等都曾在此留下足迹。最盛时山上道观达100余座，清代以后鹤鸣山道教日渐衰败。20世纪90年代，成都恩威道源圣城旅游开发有限公司投资4.3亿元进行开发建设，修复和新建一批道观建筑，改善了基础设施和接待设施，但建筑物的体量过大，持续发展不够。

文君井　位于成都市辖邛崃市临邛镇。据《史记》记载是司马相如与卓文君"文君当垆，相如涤器"的遗址地，后成为历代文人聚会吟诗作赋的胜地。园内建有"临邛古陶陈列馆"，被批准为省级文物保护单位。20世纪80年代至2005年，当地财政累计投入800万元实施开发建设，2005年接待游客逾20万人次。

望丛祠　位于成都市郫县郫筒镇，有古蜀国望帝和丛帝的陵墓，省级文物保护单位。至2005年地方财政累计投入600余万元进行修复扩建，1987年对外开放，每年端午节举办一年一度的"望丛歌会"，年接待游客近20万人次。

报恩寺　位于绵阳市平武县，始建于明代，是一座仿北京故宫布局的庞大寺庙建筑群。20世纪80年代，地方财政投入50万元进行修复并对外开放。2005年接待游客10余万人次。

李白故里　位于绵阳市辖江油市青莲场，遗址有陇西院、粉竹楼、太白祠、衣冠墓等。20世纪90年代地方财政投入7000万元恢复重建，1992年对外开放，2005年接待游客20余万人次。

三苏祠　位于眉山市城内，北宋文学家苏洵、苏轼、苏辙父子三人的故居。20世纪80年代至

2005年，先后投资2000万元对原有建筑进行修复，扩建了园林和相应服务设施，2005年接待游客10万余人次。

万卷楼 位于南充市城郊西山风景区内，是西晋著名史学家、《三国志》作者陈寿读书、治学的处所。万卷楼始建于三国蜀汉建兴年间（公元222—237年），屡经兴废，后毁于20世纪60年代。1990年，万卷楼由南充市（县级市）政府拨款恢复重建，由陈寿读书楼、陈寿纪念馆（堂）、藏书楼组成。至2005年累计投资2500余万元。建筑面积2400平方米。万卷楼是四川三国文化遗迹寻踪游线上的重要景点，年接待中外游客4万人次。

南充白塔 俗称宋代白塔，原名“无量宝塔”。位于南充市区嘉陵江大桥西南的鹤鸣山上，建于宋朝建隆元年（公元960年），塔高37.1米，为13层方形砖塔，是研究唐塔向宋代过渡的珍贵遗产，原为省级文物保护单位，20世纪80年代进行全面维修，20世纪90代再次维修并启动中报全国重点文物保护单位工作（2006年，国务院批准为全国重点文物保护单位）。

龙爪塔 位于达州市通川区，始建于唐代，景区由白塔和朝阳寺组成，占地2万余平方米，省级文物保护单位。2000年对外开放，自筹资金800万元开发建设，年接待游客20万人次。

宝箴寨 位于广安市武胜县境内，建于清朝末年，占地26000平方米，闽南团城建筑风格，省级文物保护单位。至2005年，地方财政累计投资1000万元开发。2003年12月对外开放接待游客，年接待10万人次。

资中重龙山 位于资中古城东北隅，由重龙山、二龙山景区组成，以永庆寺、北岩摩崖石刻、重龙阁等古迹构成主要景观，20世纪90年代由民营公司投资450万元开发建设，1986年对外开放接待游客，2005年接待游客10余万人次。

（二）现代革命遗址景区

四川的现代革命遗址景区以红军长征遗址、川陕革命根据地遗址和革命先驱故里三大类景区为主，在全国红色旅游资源体系中占有十分重要的地位。截至2005年年底，全省已经初步开发的红色旅游景区有27处。

1. 红军长征遗址及纪念性建筑

红军四渡赤水纪念馆 位于泸州市古蔺县太平镇和二郎镇。其中，太平镇于1996年建成红军四渡赤水纪念馆、陈列馆；二郎镇赤水河渡口建有红军长征纪念亭、纪念碑。太平镇陈列馆内有馆藏文物200余件，镇内有红军遗址87处，红军标志随处可见。年接待游客10余万人次。

彝海结盟地 位于凉山州冕宁县境内，高山深水湖泊，湖水面积约15万余平方米，1935年5月，红军长征路过此地时，红军先遣队总指挥刘伯承与彝族头人果基约达在彝海歃血为盟，“彝海结盟”成为红军长征途中十件大事之一。省级风景名胜区，也是全国红色旅游经典景区。2004年，政府投资1800万元实施开发，打造成集红色旅游、生态休闲度假、民族风情展示于一体的旅游目的地，增加建筑面积1260平方米，绿化面积5万余平方米，2005年接待游客约5万余人次。

红军飞夺泸定桥纪念碑公园 位于泸定桥下游3公里河滩处，纪念碑和纪念馆占地2万余平方米，1986年10月纪念红军长征三大主力会师50周年时建成，2005年接待游客10万余人次。

红军甘孜会师遗址 1936年2月至6月，红军四方面军和二、六军团在甘孜会师地，遗址面积7358平方公里，省级风景名胜区，亦是省级红色旅游经典景区。政府投资100万元进行基础设施建设，1998年开始接待游客，2005年接待游客约8万人次。

夹金山红军纪念馆　位于雅安市宝兴县城西青衣江畔。夹金山是红军长征途中翻越的第一座雪山。该纪念馆由长征史实、红军广场、主题雕塑和红军翻越夹金山连环画护栏四部分组成，建设总投资728万余元，2005年开始接待游客。

红军强渡大渡河遗址。位于雅安市石棉县安顺场，遗址有刘伯承、聂荣臻住过的指挥楼，红军强渡大渡河渡口及残留红军标语。遗址地建有纪念碑、纪念馆，建设总投资560万元，2004年开始接待游客，年接待游客10多万人次。

瓦切红军长征过草地遗址　位于阿坝州红原县、松潘县和若尔盖县交界处，区内瓦切安多藏族风情旅游村为全国牧业旅游示范点。景区内由企业投资60万元建设一批旅游接待设施。2005年开始接待游客。

红军长征纪念碑碑园　位于阿坝州松潘县川主寺镇，1990年8月建成，包括纪念碑、纪念园、陈列馆、红军长征事迹雕塑等内容。阿坝州境内的红军长征遗迹，包括芦花会议会址、沙窝会议会址、两河口会议会址、毛儿盖会议会址、巴西会议会址，以及一、四方面军会师遗址，包座战役遗址等均在碑园陈列馆内展出。

2. 川陕革命根据地遗址及纪念性建筑

红四方面军总指挥部旧址纪念馆　位于巴中市通江县城文庙内，系红四方面军总指挥部、总政治部住址。政府投资700万元开发建设，馆藏文物2000余件，2005年接待游客约10万人次。

川陕革命根据地红军烈士陵园　位于通江县沙溪镇王坪村，由墓、碑、牌坊、展室组成。园内安葬烈士7800余人，建设投资425万元，2002年开始接待游客。

川陕革命根据地博物馆　位于巴中市南龛公园内，是反映川陕苏区历史面貌和红四方面军辉煌战绩的综合性博物馆。南龛山顶新建有川陕苏区将帅碑林，总投资1500万元，共立碑4280余块。1993年对外开放，2005年接待游客10余万人次。

万源保卫战战史陈列馆　位于达州市辖万源市驮山公园内，为纪念红四方面军战史上“时间最长、规模最大、战斗最艰苦、战绩最辉煌”的“万源保卫战”而建，耗资5500万元。馆舍面积2500平方米，陈列文物1000余件。1986年3月对外开放，1986—2005年累计接待游客约200万人次。

巴山红军公园　位于达州市宣汉县城内。园内建有红33军创始人王维舟塑像、王维舟纪念馆及红军碑林等景点。地方财政拨款20万元进行保护与开发，2000年对外开放，2005年接待游客约20万人次。

苍溪红军渡纪念园　位于广元市苍溪县城南嘉陵江边，是红四方面军长征强渡嘉陵江时的渡口。地方财政投资3700万元开发建设，建成红军广场、红军石刻标语碑廊、将帅台、红军渡标志铜质塑像群、文物陈列室等，1993年对外开放，2005年接待游客30余万人次。

红军血战剑门关遗址　位于广元市剑阁县剑门关，主要遗迹有：内容完整的《中国共产党十大政纲》石刻及其他石刻标语，剑阁会议会址，红军烈士陵园等。地方财政投资35万元开发建设，2005年开始接待游客，年接待游客30余万人次。

旺苍红军城　位于广元市旺苍县老县城，川陕苏维埃政府在此建立的广元县苏维埃和英安县苏维埃政权办公地遗址。县政府投资620万元开发建设，1994年开始接待游客，2005年接待游客20多万人次。

太公红军山 位于广元市元坝区太公镇，原红军四方面军31军276团驻扎地。区政府投资220万元开发建设，主要革命文物有：红军所留遗址、遗物，新建的红军亭、烈士陵园，征集的1位元帅、26位将军所写回忆录及书画作品等。1996年开始接待游客，2005年接待游客10余万人次。

3. 将帅故里、名人遗迹景区（点）

邓小平故居及邓小平故居陈列馆 位于广安市协兴镇牌坊村。保护区面积29.91平方公里，由政府出资对邓小平故居进行修缮，同时兴建了邓小平铜像广场、邓小平故居陈列馆及园林，总投资30784.6万元，2004年8月正式对外开放，2005年接待游客约60万人次。

朱德故居及朱德故居纪念馆 位于南充市仪陇县马鞍镇。故居纪念馆1970年建立，1982年对外开放。21世纪初，政府投资同琳琅山风景区一道进行开发建设，其中以朱德故居和朱德纪念馆为主体的核心景区面积2.94平方公里。纪念馆占地1.2万余平方米，2005年基本建成。年接待游客约50万人次。

郭沫若故居及郭沫若故居博物馆 位于乐山市沙湾镇。故居于1980年被列为四川省文物保护单位。故居博物馆建于1992年，占地1000平方米，一楼一底仿古建筑。2002年，引进投资业主对故居实施旅游开发，新建游人中心、文豹堂、停车场等配套设施。

陈毅故居及陈毅纪念馆 位于资阳市乐至县劳动镇。故居占地面积6050平方米，其中房屋面积750平方米，1980年10月对外开放。陈毅故居陈列馆建于1986年，占地6500平方米，建筑面积2000平方米，馆内共有大小陈列室41间。1996年5月，地方政府又在灵鹫山修建了陈毅纪念馆，总投资2600多万元，中央军委赠送一尊陈毅铜像。年接待游客10余万人次。

罗瑞卿纪念馆 位于南充市将军路，为一座清代三合院式木结构穿斗青瓦房，占地3000多平方米，陈列文物千余件，由政府投资800万元将原故居改造而成。1988年对外开放，年接待游客约10万人次。

张澜故居及张澜纪念室 故居位于南充市顺庆区，由三个紧密相连的小四合院组成，由地方财政出资1800万元开发建设，2004年4月建成对外开放。张澜纪念室位于南充市建华中学内，为张澜在南充办学、生活和进行社会活动的地方。地方政府于1985年将其改建为纪念室，共6个展室，800余平方米。

张爱萍故居 位于达州市通川区罗江镇，由正堂和左右厢房共25间组成，呈四合院布局，占地1480平方米。故居由地方财政和民营单位出资100万元建成，2003年开放接待游客，年接待游客约10万人次。

刘伯坚烈士纪念馆 位于巴中市平昌县佛头山森林公园内，1983年动工兴建，1986年对外开放，中央和省级财政拨款1200万元建成。建筑面积4000平方米，包括刘伯坚烈士纪念碑和刘伯坚生平事迹陈列馆、江阳碑林、红军陈列室等建筑。

吴玉章故居 位于自贡市荣县，由玉章公司投资560万元开发建设，有陈列展室11间，建筑面积1900平方米。1988年开始接待游客，2005年接待游客约9万人次。

黄继光纪念馆 位于德阳市中江县凯江镇，1962年建成，占地16000平方米，由纪念性景区和陈列展览区组成，陈列区有5个展室。2005年接待游客近30万人次。

（三）博物馆、纪念馆

建川博物馆聚落 位于成都市大邑县安仁镇，由建川文化产业有限公司投资4.3亿元建设，是展示中国抗日战争时期、“文化大革命”时期和中国近代社会生活习俗的一座大型民间博物馆系列，有展品200余万件，2005年开始接待游客约7万人次。

中国彩灯博物馆 位于自贡市彩灯公园内，是中国彩灯收藏、保护、研究和展示的专门机构。馆内设8个展厅，数十个单元，由政府投资2000万元建成，建筑面积6375平方米。1994年开始接待游客，2005年接待游客近20万人次。

绵竹年画博物馆 位于德阳市辖绵竹市境内。绵竹年画始于明代，盛于清代，是中国四大年画产地之一。博物馆由财政投资500万元建成，1996年开始接待游客。

凉山彝族奴隶制社会博物馆 位于西昌市泸山东麓，占地面积3万平方米，建筑面积5000平方米，由7个展厅和1个民俗院组成，20世纪80年代由政府投资3000多万元建成，全国十佳博物馆之一。

中国宋瓷博物馆 位于遂宁市船山区，是全国唯一的专业宋瓷博物馆，建筑面积5000平方米。展出瓷器主要产于南宋时期的浙江龙泉窑、江西景德镇、河北定窑、陕西耀州窑和四川彭州窑。博物馆由财政拨款1800万元建成，2003年开始接待游客。

张大千纪念馆 位于内江市圆顶山，占地近4000平方米，建筑面积2000平方米，由4个陈列展览厅、1个展廊和1个展销厅组成，是展示张大千生平及其艺术成就的博物馆，由地方财政投资192万元建成，1992年正式接待游客。

格萨尔纪念堂 位于甘孜州德格县西北部，是藏区民族英雄格萨尔王的家庙，由宗教大师巴佳活佛在原址上修建。政府和投资商投入200万元将其开发为旅游接待点，2002年开始接待游客。

（四）历史文化古（城）镇

四川有许多历史悠久、文化特色浓郁的古镇，是重要的旅游资源。自20世纪90年代以来，各地都十分重视古镇旅游资源的保护、规划与开发，截至2005年，经初步开发接待游客、经济效益和社会效益较好的古镇有：

阆中古城 位于南充市辖阆中市，是四川保存最完整的县级古城，全国首批历史文化名城之一。保存下来的唐宋格局、明清风貌的古街区1.78平方公里，保存较完好的古街巷70余条。有张飞庙、滕王亭子石塔等全国重点文物保护单位4处，有清代四川乡试贡院、华光楼等省级文物保护单位13处。至2005年政府累计投资1亿元实施保护、开发，2001年对外开放接待游客，2005年接待的游客量达130万人次。

洛带古镇 位于成都市龙泉驿区，以客家文化为特色，至2005年政府累计投资7800万元实施开发，年接待游客超过200万人次。

黄龙溪古镇 位于成都市双流县，以清末明初时期明清建筑的街坊为特色，至2005年地方财政累计投资8000万元实施开发，2005年接待游客200余万人次。

安仁古镇 位于成都市大邑县，以川西农村庄园建筑为特色，20世纪90年代至2005年政府和民营企业累计投资8000万元对庄园建筑恢复及开发建设，新建成建川博物馆等博物馆聚落，2005年接待游客20余万人次。

平乐古镇 位于成都市辖邛崃市境内，以古街、古寺、古桥、古树、古堰、古坊、古道、古风、古民居等“九古”为特色，保留的明清建筑有23.54万平方米，2005年接待游客150万人次。

仙寺古镇 位于自贡市沿滩区釜溪河畔，因古代自贡井盐外运出川而兴起，由“四街、五栈、五庙、一祠、三码头、一鲤、三牌坊、九碑、十土地”及明清古建筑群组成。至2005年地方财政累计投资360万元开发，2005年接待游客20多万人次。

罗城古镇 位于乐山市犍为县，始建于明朝崇祯元年（公元1628年）。古镇的正街凉厅街呈船形，全长209米。街道中部的戏楼好似船的指挥塔楼，东端的灵官庙似船尾篷，西端的天柱似船的篙竿。灵官庙右侧22米的过街楼好似船舵。罗城古镇由于造型奇特，澳大利亚的洛克斯市在设计建造“中国城”时曾以此为样版，罗城成为中外闻名的旅游名镇。2005年接待游客10余万人次。

福宝古镇 位于泸州市合江县，地处川、黔、渝交汇处，是古代川南大漕河流域政治、经济、文化中心。古镇始建于元末明初，现存古建筑中以“三宫八庙”具有特色。福宝镇地处佛宝国家森林公园之中，至2005年旅游公司投资300万元开发，2005年接待游客40余万人次。

孝泉镇 位于德阳市旌阳区，以中国孝文化为核心，每年9月举办孝文化节。镇内有姜公殿、孝泉井、延祚寺、白衣庵、邻姑庙、玉皇殿等历史古迹。至2005年地方财政累计投资2000万元开发，年接待游客40余万人次。

昭化古镇 位于广元市元坝区，以三国文化为特色，传说《三国演义》中描述的“张飞挑灯夜战马超”“姜维兵败牛头山”等故事发生地。至2005年地方财政累计投资2300万元开发建设，2005年接待游客30余万人次。

李庄古镇 位于宜宾市翠屏区长江边，有明代建筑慧光寺、东岳庙、旋螺殿，清代建筑禹王宫、文昌宫、南华宫、天上宫等古建筑。抗日战争时期，因中国营造学社、中央研究院、中央博物院和同济大学等单位迁入李庄，使它同重庆、成都、昆明一道成为中国抗日文化中心之一。至2005年地方财政累计投资6000余万元开发建设，2002年开始接待游客。

沿口古镇 位于广安市武胜县，始建于宋代，保留下来的建筑多建于明清时期，是嘉陵江流域第二大回族聚居区，建筑具伊斯兰特色。至2005年地方财政累计投资500万元开发旅游项目，年接待游客10余万人次。

清河古镇 位于达州市大竹县。古镇老街“将军街”是川军抗日将领范绍增（电视剧“哈儿将军”原型）的故居，中西合璧式的古建筑群。当地财政投资500万元开发旅游项目，2005年接待游客约10万人次。

白衣古镇 位于巴中市平昌县，古名柳州。镇内有仿北京故宫修造的古建筑群和宋代书法家米芾、民族英雄岳飞等手迹石刻，以及“白衣十景”自然景观，是省级试点小城镇。至2005年地方政府投资3000万元进行保护与开发，年接待游客5万人次。

恩阳古镇 位于巴中市巴州区，保留的明清古建筑群有白云寺、文昌阁、禹王宫、武王宫、文治寨、普贤寺，以及千佛岩石刻等。镇内还有红四方面军旧址8处，遗址5处，石刻标语87处。至2005年地方政府累计投资400万元进行保护与开发，2001年开始接待游客，2005年接待游客近8万人次。

上里古镇 位于雅安市雨城区北部的一处山间小平原上，是古代南方丝绸之路进入雅安的主要驿站。保留的古建筑有双节孝牌坊、韩家大院、二仙桥、文峰塔、舍利塔、高僧墓等，至2005年地方政府投资3000万元开发旅游业，年接待游客50余万人次。

桃坪羌寨 位于阿坝州理县，始建于西汉元鼎六年（公元前111年），石雕楼与民居融为一体，是一座典型的羌族古雕楼建筑群，全国重点文物保护单位。21世纪初开发接待游客，年接待游客40多万人次。

磨西古镇　位于甘孜州泸定县，是通往海螺沟冰川公园的门户，也是古时候康巴地区藏民与内地进行茶马交易的重要驿站。古镇里现还居住着汉、藏、彝等11个民族的居民，民族风情浓郁。除古老的街道外，古建筑中最大的特色是古老的佛教寺庙与近代的天主教堂并存。红军长征时，毛泽东等中央领导曾在天主教堂住过一夜，留下许多长征遗迹。海螺沟冰川公园对外开放后，当地政府和民间投资改善了古镇交通环境，兴建了旅游接待设施。

丹巴甲居藏寨　位于甘孜州丹巴县城西北7公里处。“甲居”为藏语百户人家之意，这里数百户嘉绒藏寨建筑，白色素装，星罗棋布在大金河谷山坡上，被《中国国家地理杂志》举办的“选美中国”活动评选为“中国最美丽的乡村古镇”。截至2005年，当地政府和民间投资计300万元开发旅游业，年接待游客约9万人次。

2004年，四川省旅游局开展四川古镇游宣传推介活动，成都黄龙溪、阆中古城、宜宾李庄、泸州福宝、犍为罗城、雅安上里、泸定磨西、理县桃坪羌寨、丹巴甲居藏寨、巴中恩阳古镇等被推介为四川十大古镇。

第三节　工农业旅游项目

从四川旅游业发展初期起，一些入境旅游团队在观光旅游的同时，希望到工厂和农村去参观或体验，为顺应这一需求，一些工业企业和农村被选作参观点，向入境旅游团队推荐。随着旅游业发展，国内旅游团队和国内旅游者也有这方面的需求，20世纪90年代，随着经济和社会发展，人民生活水平的提高，每周双休日的实行和公休假日的增加，城市近郊的休闲游和一日游迅猛发展，刺激和推动乡村旅游休闲点发展。但在旅游项目和旅游目的地的分类上，尚未明确工业旅游和农业旅游。

21世纪初，根据工业旅游和农业旅游的发展形势，国家旅游局决定全国开发建设工农业旅游项目，在旅游目的地分类上明确为工业旅游示范点和农业旅游示范点，2004年，国家旅游局制定全国工业旅游示范点和农业旅游示范点标准（试行），标准分10个大项，39个小项，及若干附则。标准确定：工业旅游示范点是指以工业生产过程、工厂风貌、工人工作生活场景为主要旅游吸引物的旅游点。农业旅游示范点是指以农业生产过程、农村风貌、农民劳动生活场景为主要旅游吸引物的旅游点。各省市区参照此标准，确定省级工业旅游示范点和农业旅游示范点，进行开发建设。

一、工业旅游项目

20世纪80年代，四川对外开放的工业旅游主要集中在传统手工艺品生产厂商，比较有代表性的企业有：成都的蜀绣厂、蜀锦厂、金银制品厂、成都漆器厂、瓷胎竹编厂，重庆的刻花玻璃厂，自贡扎染厂，万县的丝厂等。这些工艺品生产厂商既是旅游参观点，也是定点的旅游购物点。随着商业和流通领域的发展，这些工艺品生产厂作为旅游参观点的功能逐步减弱。20世纪90年代以后，四川逐步开放了一些具有代表性的传统产业、高科技产业企业或科研机构作为旅游项目。对入境旅游者来说，这些旅游项目可以充分展示四川现代工业水平和科学技术水平；对国内旅游者则可以进行科技普及和爱国主义教育，对青少年旅游者尤其如此。比较有代表性的如泸州老窖集团公司、绵阳长虹电器有限公司、攀枝花钢铁公司、二滩水电站、西昌卫星发射中心等。

2004年，国家旅游局公布全国首批工业旅游示范点103家，四川有3家，分别是泸州老窖集团公司、绵阳长虹电器股份有限公司、乐山龚嘴水力发电总厂。

2005 年度全国工业旅游示范点 77 家，四川有 3 家，分别是攀枝花钢铁公司、攀枝花二滩水电站、宜宾五粮液工业园区。

四川省级工业旅游示范点有西昌卫星发射中心、成都高新区金威啤酒厂工业旅游区、遂宁美宁生态食品科技园等。

二、农业旅游项目

20 世纪 80 年代，四川温江县金马乡、郫县友爱镇农科村等一批乡村作为旅游参观点，向入境旅游团队推荐，满足入境旅游者参观农村和农民劳动生活的需求。随着国内旅游业兴起，城市居民到近郊农村休闲旅游成为热点，农村旅游休闲旅游点如雨后春笋，先在城市近郊迅速发展并逐步向远郊延伸，旅游休闲方式从就餐、娱乐、购买农作物和花木发展到住宿、观光、在田间劳作，与村民互动等，农村旅游休闲旅游点经过开发建设档次和品质提高，1992 年，郫县友爱镇农科村在全国首先使用“农家乐”这一具有中国旅游特色的品牌。1996 年，中央领导胡锦涛考察郫县农科村，对“农家乐”的形式给予充分肯定，中国的农业旅游项目起源于“农家乐”，国家旅游局正式授予四川郫县农科村“中国农家乐旅游发源地”称号。

“农家乐”乡村旅游的兴起，带动了全省农业旅游项目的开发，主要表现在三个方面。一是规模的扩大。在全省大、中城市周围都兴起了一个具有相当规模的农家乐产业，大城市周边的“农家乐”数以千计，中等城市周边也有数百家之多。二是档次不断提高，服务项目日益丰富多彩，涉及民俗、文化、娱乐、保健等诸多领域。三是“农家乐”由普通家庭式发展到具有专业化和高科技水平的农业项目，如各种水果种植基地，专业化茶叶种植园，高科技生态园等。

2004 年，国家旅游局公布全国首批农业旅游示范点 203 家，四川有郫县友爱镇农科村、成都市三圣乡红砂村花乡农居、成都龙泉驿区兴农镇万亩观光果园、都江堰市青城红阳弥猴桃绿茶基地、华蓥山黄花梨有限公司、夹江天福观光茶园、乐山市五通桥国家花木科技园、绵阳市老龙山生态农业旅游区、泸州市张坝桂圆林等 9 家。

2005 年度全国工业旅游示范点 156 家，四川有攀枝花市宇森酒堡、雅安市农业高科技生态园区、南充市嘉陵区凤垭山生态园区、洪雅县曲沿村生态家园、青神县中国竹编工艺城、广安市牌坊新村、宜宾市叙府龙芽科技园、眉山东坡区广济乡鸭池沟桃花山景区等 8 家。

四川省级农业旅游示范点有绵阳市龙门镇小桥村、宜宾市长宁县佛来山、成都邛崃市平乐镇花楸村、都江堰市虹口乡高原村、广元市苍溪文化博览园、广元市朝天区曾家山、遂宁市麒山农业生态园、泸州市龙马潭区石洞镇花博园、雅安市名山县万亩生态观光茶园、德阳市绵竹沿山乡村旅游观光带、眉山市丹棱县梅湾湖等。

第四节　休闲度假及文体旅游项目

休闲度假及文化体育旅游项目主要是利用当地的自然环境或自然与文化资源开发的旅游项目，四川开发成功的项目虽然不多，但仍然产生一定的经济效益和社会效益。

一、休闲度假与体育旅游项目

四川开发的休闲度假旅游项目除风景名胜区、自然保护区、森林公园的度假区外，其他开发成功的项目以温泉和漂流项目为主。

花水湾温泉度假区位于成都市大邑县花水湾，由中铁二局等单位投资6亿多元开发建设，1996年对外开放，是一处集旅游观光、温泉浴疗、休闲度假于一体的大型温泉疗养度假基地，年接待游客约40万人次。

红格温泉度假区位于攀枝花市盐边县红格镇，20世纪80年代由攀枝花市红格温泉开发公司投资2亿元开发建设。度假区规划面积4.3平方公里，是一处集温泉浴疗、休闲度假、运动健身于一体的综合性旅游度假区，年接待游客近20万人次。

罗浮山温泉度假区位于绵阳市安县罗浮山，由绵州集团等10余家公司投资10亿元开发建设，主要旅游项目有：温泉浴疗、温泉泳池、冲浪等。2000年开始接待游客，拥有星级温泉酒店8家，年接待游客30多万人次。

中国死海度假区位于遂宁市大英县，由天友集团投资8亿元开发建设，主要旅游项目有：温泉浴疗、温泉泳池、冲浪等。2003年开放接待游客，年接待游客80多万人次。

飞云温泉度假区位于达州市开江县飞云山垭，由开江县飞云温泉有限责任公司投资1200万元开发建设，1997年开始接待游客，2005年接待游客已突破10万人次。

周公山温泉度假公园位于雅安市雨城区周公山麓，由当地政府、企业投资开发，先后投资2.2亿多元，2005年开始接待游客，年接待游客10万余人次。

古尔沟温泉度假区位于阿坝州理县米亚罗风景区，由米亚罗桃坪景区管理局开发管理，先后投资1100万元，1993年开始接待游客。截至2005年，已建成藏式宾馆20余家，床位4000余张，年接待游客7万人次。

四川开发的漂流、登山等体育旅游项目较大型的有以下4个：

大宁河小三峡及其支流马渡河漂流。起源于20世纪80年代后期和20世纪90年代初期，曾风靡海内外。1992年，大宁河小三峡还被评选为“中国旅游胜地四十佳”之一。

攀枝花市西区格里坪镇的长江国际漂流培训基地。该项目开发于20世纪90年代，总投资2700万元，1999年对外开放，已成功举办四届“中国攀枝花国际长江漂流节”，年接待游客10余万人次。

米易国家级皮划艇激流回旋竞训基地。由省级有关部门和县政府拨款6500万元建成，2005年1月投入运行，当年接待游客数千人。

四川开放登山旅游的山峰有贡嘎山、四姑娘山、雪宝顶等，主要由省体育局登山协会指导的专业单位承办接待，每年接待多批国内外登山旅游爱好者。

二、文化娱乐旅游项目

四川开发的文化娱乐旅游项目分为传统文化娱乐项目和新开发的文化娱乐项目两大类。

传统文化娱乐项目有成都市灯会、花会，都江堰放水节，洛带镇的水龙节、火龙节；自贡灯会；乐山五通桥的龙舟节；广元女儿节；康定情歌节；凉山普格火把节、马湖“中国彝族民歌节”；以及各地、各大寺庙的庙会等其他民俗文化活动。

新开发的旅游节庆活动有凉山彝族国际火把节、中国（四川）国际熊猫节、康定国际情歌节、乐山国际旅游大佛节、四川南国冰雪节、中国南充丝绸节、攀枝花国际长江漂流节、中国·四川嘉陵江龙舟旅游文化节、隆昌中国古牌坊节、中国四川国际峨眉武术节、绵阳盐亭先蚕节、大九寨冰瀑旅游节等数十个节日活动。参加这些活动的游客，少则数千、上万人，多则达到数十万人次。

新开发的人造文化景观有成都的世界乐园（这个旅游产品的生产周期有10年，1994年建成，1995年游客超过100万人次，1999年以后逐渐式微，2003年关门），德阳的西部惊奇欢乐谷、德阳石刻文化墙及四川文化娱乐城等。

有的文化旅游项目开发并不成功，如成都的“西南日月城”、新都的“西游记宫”、金堂的野生世界项目，产品生命周期短，无吸引力，效益差。

第五节　创建A级景区

一、创建工作

1999年，国家质量监督总局颁布国家标准《旅游区（点）质量等级的划分与评定》(GB/T 17775—1999)。旅游区（点）质量等级划分为四级，从高到低依次为AAAA、AAA、AA、A级旅游区（点）。

省旅游局从1992年开始着手制定景区管理等级标准。1999年，根据国家标准，省旅游局制定并下发了《四川省旅游景区（点）质量等级评定办法》，要求各市、州旅游局，各旅游景区（点）按照标准，采取切实可行的措施，加强景区（点）的硬件建设和软件建设，争创A级景区。2000年，经过景区自评，省旅游局组织初评后报国家旅游局检查评定，九寨沟、黄龙、峨眉山、乐山大佛、都江堰、青城山、三星堆博物馆、海螺沟、蜀南竹海等9个景区被评为首批AAAA级旅游景区。四川的AAAA级旅游景区总数在全国位居第4位。

2001年7月，省政府在乐山召开了全省旅游景区管理工作现场会，旨在把全省旅游景区管理工作推上一个新的台阶。会议要求全省各级旅游管理部门和旅游景区（点）要积极宣传贯彻《旅游区（点）质量等级划分与评定》国家标准，不断提高景区管理水平和服务水平，并加强景区管理与规划方面的监督检查工作。当年全省共完成了18个旅游区（点）的评定工作。

2003年，国家质量监督总局发布国家标准《旅游区（点）质量等级的划分与评定》(GB/T 17775—2003)，代替1999年发布的国家标准GB/T 17775—1999。主要修改内容为在划分等级中增加了AAAAA级旅游区（点）。新增的AAAAA级主要从细节方面、景区的文化性和特色性等方面做更高要求。省旅游局全面贯彻和认真实施经国家旅游局修订后的《旅游区（点）质量等级的划分与评定》国家标准及实施细则，在旅游区（点）的建设和管理中更加强调以人为本的管理和服务宗旨，积极做好向国家旅游局申报AAAAA旅游区（点）的工作。2004年，省旅游局经过初评，向国家旅游局申报3家AAAAA级景区。

2005年，省旅游局进一步加强了旅游景区等级评定工作，调整了四川省旅游景区质量等级评定委员会；制定并发布了《四川省旅游景区质量等级评定工作程序》；举办了全省旅游景区等级质量新标准培训班，培训了120余名检查员；组织对景区的创“A”辅导工作等。至此，全省创建A级景区的工作逐步进入程序化轨道。

二、创建成果

经过全省各级旅游管理部门和景区的共同努力，全省创建 A 级景区的工作取得了显著成果。除 2000 年首批评定的 9 个 AAAA 级景区外，2001 年又有自贡恐龙博物馆、雅安碧峰峡、大邑刘氏庄园、小金四姑娘山 4 个景区被评为国家 AAAA 级景区；另有 7 个景区被评为 AAA 级，7 个景区被分别评为 AA 和 A 级景区。截至 2003 年年底，全省公布的 AAAA 级景区（点）有 12 个，AAA 级景区（点）8 个，AA 级景区（点）37 个，A 级景区（点）1 个。2004 年，省旅游局向国家旅游局推荐了广安市小平故里、华蓥山旅游区、遂宁中国死海旅游度假区、兴文石海洞乡旅游区为 AAAA 旅游区候选对象及一批 AAA、AA、A 旅游景区评选对象。经国家旅游局组织检查评审，广安邓小平纪念园等 11 个旅游区（点）通过了国家质量等级评定，全省 A 级旅游区总数 61 个，其中 AAAA 级旅游区 13 个。2005 年，全省 A 级旅游景区有 76 个。

截至 2005 年年底，全省有 3 家景区通过 AAAAA 级旅游景区初评，并向国家旅游局申报。

四川省初评 AAAAA 级旅游景区情况一览表

（截至 2005 年年底）

表 1－3

序号	名　　称	地　　址	初评时间
1	青城山—都江堰旅游景区	成都都江堰市	2004 年
2	峨眉山风景名胜区	乐山峨眉山市	2004 年
3	九寨沟风景名胜区	阿坝州九寨沟县	2004 年

到 2005 年年底，全省被评定的 A 级景区实际总数达到 76 个，其中，AAAA 级景区 19 个，AAA 级景区 16 个，AA 级景区 40 个，A 级景区 1 个。

全省 AAAA 级和 AAA 级景区名录见下表 1－4。

四川省 AAAA 级旅游景区一览表

表 1－4

序号	名　　称	地　　址	评定时间
1	青城山旅游景区	成都都江堰市	2000 年
2	都江堰旅游景区	成都都江堰市	2000 年
3	峨眉山风景名胜区	乐山峨眉山市	2000 年
4	乐山大佛景区	乐山市	2000 年
5	九寨沟风景名胜区	阿坝州九寨沟县	2000 年
6	黄龙风景名胜区	阿坝州松潘县	2000 年
7	海螺沟冰川森林公园	甘孜州泸定县	2000 年
8	广汉三星堆博物馆	德阳广汉市	2000 年

续表 1－4

序号	名　　称	地　　址	评定时间
9	宜宾蜀南竹海风景名胜区	宜宾市江安县/长宁县	2000 年
10	刘氏庄园旅游区	成都市大邑县安仁镇	2001 年
11	自贡恐龙博物馆	自贡市大安区	2001 年
12	雅安碧峰峡旅游区	雅安市雨城区	2001 年
13	四姑娘山风景名胜区	阿坝州小金县	2001 年
14	广安邓小平纪念园	广安市邓小平故居保护区	2004 年
15	遂宁市中国死海旅游度假区	遂宁市大英县	2005 年
16	兴文石海洞乡旅游区	宜宾市兴文县	2005 年
17	雅安市蒙顶山旅游区	雅安市名山县	2005 年
18	绵阳市江油窦圌山	绵阳江油市武都镇	2005 年
19	广安华蓥山旅游区	广安华蓥山市	2005 年

四川省 AAA 级旅游景区一览表

表 1－5

序号	名　　称	地　　址	评定时间
1	乐山东方佛都旅游区	乐山市中区	2001 年
2	安岳石刻旅游区	资阳市安岳县	2001 年
3	佛宝森林公园	泸州市合江县	2001 年
4	瓦屋山国家森林公园	眉山市洪雅县	2001 年
5	盐业历史博物馆	自贡市自流井区	2001 年
6	中国彩灯博物馆	自贡市公园路	2001 年
7	卫星发射基地	凉山州冕宁县泽远乡	2001 年
8	成都芙蓉古城	成都市温江区永宁镇	2004 年
9	遂宁中国宋瓷博物馆	遂宁市西山北路 613 号	2004 年
10	成都翠月湖	成都市都江堰市翠月湖镇	2004 年
11	玉蟾山风景区	泸州市泸县	2004 年
12	方山旅游区	泸州市江阳区	2005 年
13	攀枝花长江国际漂流基地	攀枝花市西区	2005 年
14	乐山金鹰山庄	乐山市	2005 年
15	峨眉山竹叶青生态茗园	乐山市峨眉山市佛光东路	2005 年
16	犍为文庙	乐山市犍为县正津镇南街	2004 年初评

第二篇　旅游基础设施与服务设施建设

四川的旅游基础设施建设从20世纪80年代开始起步，到20世纪90年代逐步纳入各级政府国民经济发展计划和财政计划，经历了一个由各级财政投资为主过渡到以多元化社会投资主体为主，由分散投资建设过渡到有规划、成规模地进行系统建设发展过程。1997年8月，四川省人大常委会通过的《四川省旅游管理条例》正式明确各级政府要把旅游业发展列入当地国民经济发展计划，旅游业成为全省国民经济发展的重要组成部分。

全省旅游基础设施与服务设施建设大致分为三大板块：一是旅游交通设施建设，包括航空、铁路、公路和水上运输；二是旅游服务设施建设，包括宾馆（饭店）、餐饮娱乐、游客接待中心等；三是环境建设，包括治污工程、绿化工程等。

第一章　旅游交通设施建设

旅游交通涉及交通运输业的各个领域，即航空运输、铁路运输、公路运输和内河航运。自20世纪80年代以来，为适应旅游业发展的需要，省委、省政府下大力气抓旅游交通设施的建设。经过20余年的努力，全省旅游交通环境，包括出入境交通环境，进出四川省的交通环境和省内交通环境都得到了很大改善，使海内外游客能够“进得来”“出得去”，促进了四川旅游业的快速发展。

第一节　航　空

一、航空线路

四川地处中国西南腹地，航空运输业相对落后。1986年前，全省通往省外的航空线路只有成都通往全国主要城市的航线13条，省内航线2条；重庆飞往全国主要城市的航线10条，省内航线1条，没有境外航线。为解决境外游客进出四川的交通瓶颈问题，1985年根据省政府的指示，由四川省旅游总公司（四川省旅游局）筹建，开通了成都—香港包机旅游业务，每周一个往返航班。包机业务由中国国际旅行社成都分社（以下简称国旅成都分社）具体承办，如出现亏损由省财政承担（当年亏损56.28万元外汇人民币）。1986年，包机扭亏为盈，因此从1987年起包机业务由国旅成都分社承包经营。1989年改由国旅成都分社和四川省中国旅行社联合承包。1990年，民航西南航空公司提出参加包机经营业务，三方遂达成协议，共同组建一个包机公司经营成都—香港包机业务。

1985年，省政府联合云南、贵州两省组建西南航空公司，并成立筹备组，购买了两架波音737飞机，后因各种原因，西航筹备组1987年二季度下马。与此同时，国家民航部门实施改革，由军队领导为主的政企合一管理体制向企业化管理过渡。

1986年，重庆市旅游公司提出开办重庆—香港直航包机业务，经省政府和重庆市政府的共同努力，重庆—香港包机业务获得国务院口岸办批准。为此，重庆市政府批准成立重庆旅游包机公司，并与香港中国国际旅行社有限公司签订了共同经营重庆—香港包机业务的协议。1987年7月23日，重庆—香港包机首航成功，至此，四川有了两条通往海外的旅游航线。

1987年10月，民航西南管理局、中国西南航空公司、成都双流机场正式成立。四川省政府也同时组建了四川省航空公司，开辟航线10余条。四川的对外航空交通发生了根本性的变化。截至1993年年底，西南航空公司拥有的国内航线增加至114条，四川航空公司拥有航线33条，还开通了成都至北海、成都至芒市等沿海沿边城市的航线。境外航线中，除增加了成都至中国香港、重庆至中国香港的包机航班外，还增加了成都至泰国曼谷和成都至新加坡的直航包机业务。至“八五”计划末的1995年，四川的航空运力和航线又有了较大改善。其中，西南航空公司的总运力比“七五”期间增长了3倍多，新增航线80多条。重庆还开通了至日本名古屋的包机航线。至“九五”末期，四川航空运力进一步增强，民航经营的航线已达200余条，通达国内外70余大中城市，其中，成都飞往中国香港、泰国曼谷、新加坡的包机航线成为正式定期航线，另开通成都至日本广岛、成都经拉萨至尼泊尔加德满都的包机航线。1999年，泰国安琪尔航空公司开通曼谷至成都定期航线，开创了成都双流国际机场接纳外国航空公司定期航班的历史。

1992年8月，为增加通往四川主要旅游景区的航空线路，并开辟空中观光游览活动，省旅游局草拟《关于组建中外合资四川旅游航空公司的立项建议书》，向省政府提出申请，并获得省计委批准。公司的主要经营业务有三项：省内各主要景区的旅游航线；空中观光游览；直升机通用航空业务。该航空公司规划投资规模为2500万元，注册资金1300万元。投资方分别为：四川省旅游总公司出资325万元，中国华能技术开发公司出资520万元，川澳高科技开发中心出资455万元。1993年3月，因川澳高科技开发中心（国际）有限公司等单位退出，省旅游局又向省计委申请更改合资方，更改后的各方投资额为：四川省旅游总公司：625万，占25%；台湾国际侨资联合开发有限公司：625万，占25%；成都市成华区投资公司：500万，占20%；成都铁人动力装备成套联营公司：450万，占18%；四川中银实业有限公司：150万，占6%；人保四川分公司资金应用部：150万，占6%。该航空公司只运行两年多时间，因民航体制原因，最终未获成功。

2001—2005年，四川民航运输业迅猛发展，西南航空公司已拥有波音、空客为主体的大型客机40余架，拥有国际、国内航线190多条，通航城市60余个。四川航空公司率先在国内引进5架国产“新舟60”和5架巴西EMB145飞机，投入以中国西部地区为重点的支线航空运输，至此，公司已拥有国内航线130多条，形成以成都、重庆为基地，辐射全国各主要城市的航空运输网络。2005年，四川民航客运量达到1.288亿人次。

二、机场建设

（一）老机场改扩建

20世纪80年代，四川只有成都双流机场、重庆白市驿机场是对全国各航空公司开放的口岸机场；另有南充、达川、西昌、万县梁平4处小型机场供省内支线飞机停降，但航班很少。20世纪80年代后期至20世纪90年代，四川机场建设步伐加快。

1983年，成都双流机场经过第三次改扩建后，3600米长的主跑道可供波音747－400等大型飞机起降，被国家批准为允许外籍飞机进入的机场。20世纪80年代后期，重庆市新建江北机场，可起降大型客机，也被批准为允许外籍飞机进入的机场。

西昌青山机场1991年投资450万元新建了候机楼，2004年又对候机楼进行了改造，成为可适应各类大型飞机起降的国家一级机场，2005年起降航班2702架次，比1995年1160架次增长了1.5倍多。

南充的都蔚坝机场，1993年经国务院、中央军委批准迁建至高坪，机场按4D级规划，跑道长2400米，可起降图154和波音737等同类型飞机，2004年5月1日正式建成通航，总投资2.49亿元人民币。高坪机场通航后，不仅取代原都蔚坝机场的省内支线航班，还开通南充至北京、广州、深圳的航线，为四川增加了一处新的旅客进出口岸。

达州河市机场始建于1940年，此后经历过3次扩建，机场等级为4C，跑道长2000米，可供波音737－300型以下飞机起降。1998年，由四川航空公司开通成都—达川—武汉—达川—成都航线和达川—西安—达川航线。2000—2005年，该机场停航扩建。

宜宾机场系1991年在驻军陆航机场基础上扩建而成，1992年12月16日正式开通宜宾至成都航线。1994年扩建成二级机场，4C级，可起降波音737以下机型。

泸州机场始建于1938年，从抗日战争时期至1994年，都是驻军的第二转场站和教练机场，1995年改造为4C级民用机场，可起降波音737、747大型客机。自1995年开航以来，已先后开通至北京、上海、广州、昆明、深圳、贵阳等大中城市的航班，年旅客吞吐量达12万人次。

（二）新机场建设

从20世纪90年代后期以来，四川陆续上马绵阳、广元、阆中、甘孜州、攀枝花市等一批新机场。绵阳南郊机场于1992年5月开始筹建。2000年，机场各项建设任务基本完成。2001年4月28日，由西南航空公司的波音737－300型客机执行了绵阳至北京、绵阳至广州的首航任务；5月2日，绵阳至上海航线开通，由东方航空公司的MD90型客机执行。此后，由四川航空公司和武汉航空公司分别开通绵阳至深圳、昆明，绵阳经重庆至武汉的航线。至2005年，绵阳先后开通的国内航线还有绵阳至福州、厦门、石家庄、哈尔滨、沈阳、大连、青岛等大中城市。广元机场位于市中区盘龙山上，2000年建成并投入运营，已开通广元至成都、北京、广州、西安、九寨沟等地的航线。攀枝花机场位于市区东南部，机场主体工程于2000年6月正式开工建设，2003年12月建成通航，飞行区等级为4C，设有3—4个站坪机位，可起降波音737和A－320等机型，已开通的航线有攀枝花至成都、昆明、重庆、丽江等大中城市。

（三）旅游专用机场建设

四川唯一的旅游专用机场——九黄机场从1984年起就开始考察论证。当年12月，省旅游局就修建九寨—黄龙机场一事向省政府递交专题报告。1986年，省政府得到国家计委通知：九寨机场待民航提出议案后再议。1988年10月，省旅游局再次组织有关部门工程人员进行勘察。1991年4月，省旅游局与民航西南管理局抽调人员成立了“黄龙—九寨通航工作调研小组”，对兴建九黄机场的可行性进行调研，提出的初步意见是在初选场址上修建一座跑道为2.1—2.5公里的民用机场是可能的，海拔标高3100—3200米，距黄龙40公里，距九寨沟80公里。1993年，九寨黄龙中型机场选址工作完成前期论证，机场总投资需18亿元，因资金筹措问题未付诸实施。1996年，省委、省政府领导关于“搞中型机场困难”，可以“搞小型机场”的建议在省旅游协调小组会上得以通过。省旅游局即委托中国民航局机场建设总公司作九寨黄龙机场预可研报告。7月中旬，总公司一行12人对松潘、南坪进行了实地考察，认为在松潘漳腊镇原老机场后山梁上修建机场是可行的，并于11月上旬上交书面报告，建议将机场建设纳入“九五”规划，至此，九黄机场建设提上了议事日程。1998年8月，省交通厅和阿坝州政府共同组建了机场建设股份公司。2000年，九黄机场经国务院、中央军委正式审批立项，同年开工建设，总投资12亿元。2003年9月8日，九黄机场正式通航，飞行区等级为4D，跑道长3400米，海拔3300—3500米，可起降B737－600、700，B757－200，以及A319、320等机型。2004年1—11月，机场安全保障航班6956架次，高峰日进出航班达50架次以上，年游客吞吐量92万人次，实现经济收入5000万元，创造了全国支线机场通航第一年游客吞吐量的最高纪录。2005年，游客吞吐量更突破110万人次。2004年，机场公司着手机场扩建工程，包括跑道向南延长200米、新建1座1万平方米航站楼、新增10个停机坪等项目，2005年9月，民航西南管理局批准扩建可研报告和总体设计。

此外，1984年6月，四川省建设委员会出资170万元修建的九寨沟直升机场，1985年5月完成机场跑道、停机坪、进场公路等建设工程，能满足中型直升机起降，1986年试航成功，截至2005年年底一直未投入营运。

第二节 铁路、公路及水运交通

一、铁路旅游专列

铁路运输在四川旅游客运中占有十分重要的地位。一是成渝铁路线，从长江三峡进入四川的旅游团队和散客到达重庆后，很多团队和游客选择乘火车到成都。二是成昆铁路线，到峨眉山、乐山旅游以及西昌、攀枝花等地的游客可选乘火车。三是成渝线和内昆线，游览宜宾蜀南竹海、自贡恐龙博物馆等的游客可选乘火车。四是宝成铁路线，游览剑门蜀道、绵阳等地的游客可选乘火车。为适应客源市场的需求，铁道部门增加成都至重庆的直达车和卧铺车厢，于1993年开通成都至重庆的“五粮液号”旅游专列，1993年开通了成都至自贡、宜宾的“鸿化号”旅游专列，1994年开通成都至江油的“太白号”旅游专列。1995年，“太白号”旅游列车改称“亚太号”。1998年7—10月开通峨眉山—昆明旅游专列，为游览参观昆明世界园艺博览会提供便利；同年9月，开通重庆—峨眉山周末旅游专列。1999—2000年，省旅游局组织的“攀西阳光之旅”在春节前后运行，铁路运输部门亦配合开通了“攀西阳光之旅”旅游专列。

此外，铁路运输部门还承担省内外各大旅行社组织的旅游团队的大量运送任务。

二、旅游公路建设

公路运输是旅游客运短途运输中的主体，20年来，四川交通部门为适应旅游业发展的需要，加快了省内各大中城市之间和通往主要旅游景区的公路建设步伐，取得了重大成果。

（一）城市间高速公路建设

在1995年前，四川的高速公路运输还是空白。1995年7月，成渝高速公路全线贯通，使成渝两大中心城市，川西和川东两大旅游片区联系更加紧密。至1999年，成都通往川西自然生态旅游区贡嘎山海螺沟的成（都）雅（安）高速公路建成通车，同时打通二郎山隧道，建成泸定通往海螺沟的大渡河大桥，从而为加速雅安—甘孜生态旅游线的开发力度提供了便利条件。成都通往乐山、峨眉山旅游区的成（都）乐（山）高速公路也同时建成，将旅游团队途中运行时间缩短了约3小时，是原旅程时间的一半。同时建成的还有内江通往宜宾的高速公路，大大地缩短了成都、重庆等主要客源地通往蜀南竹海的距离，促进了川南旅游线路的开发建设。成（都）绵（阳）高速公路也于“九五”期间建设完成，之后又延伸至广元。成—绵—广高速公路的贯通，不仅使剑门蜀道旅游线更加畅通，而且还加速了九寨沟环线建设的步伐。“十五”期间，成（都）南（充）高速公路建成通车，同时，南充至广安、达州至重庆，遂宁至重庆的高速公路也加快了建设进度，为川东革命老区和伟人故里旅游线路的开发建设提供了便利条件。

（二）旅游中心城市通往旅游景区的公路建设

成都市20世纪90年代建成了通往龙泉风景区的成（都）龙（泉）、成（都）洛（带）快速通道，2002年改扩建成都至龙泉段交通；北部2002年部分通车，2004年全线通车，建成通往龙门山风景区的成彭高速公路；西部2000年建成通往都江堰、青城山的成灌高速公路，2004年建成通往西岭雪山、天台山景区的成温邛高速公路等。作为四川的旅游中心城市，成都的旅游客运中心、成都汽车总站、北门汽车站、西门汽车站、石羊场汽车站、高笋塘长途汽车站、昭觉寺汽车站、成都联运总公司城北客运中心等车站除开通通往全省各大中城市及部分县城班车外，都开辟通往全省各主要旅游区（点）的专线车，并开通旅游包车和跨省区的长线旅游车，以及小轿车旅游包车业务。

自贡市截至2005年完成的主要工程是从高速公路出口通往各景区的公路改造升级。其中，通往双溪湖景区约42公里，通往吴玉章故居约32公里，通往荣县大佛寺约40公里均为省道；通往飞龙峡景区约17公里；通往彩灯博物馆、盐业博物馆等景点的道路都改造成沥青黑色路面。

攀枝花市至2005年，市区通往各景区（点）的公路交通环线已经建成。为迎接四川省首届冬季旅游发展大会在攀枝花召开，2004—2005年的两年间，全市共改造12个路段和2座大桥、3个车站；新建和改建道路350公里，其中柔性路面139公里。市区通往红格温泉、欧方营地、格萨拉、迤沙拉等景区（点）的客运线路已开通。

德阳市有计划地加强川北旅游环线和德阳旅游环线公路建设，重点旅游公路项目有广汉三星堆景区外环线；绵竹沿山旅游公路；什邡至绵竹的快速旅游公路。“十五”计划期间完成的旅游公路还有绵竹至茂县、绵竹至银厂沟的旅游公路。市内公交线路可通达各主要旅游景点；另设有观光巴士线路和环旌湖旅游观光线路。

绵阳市2001—2002年期间，共投资2.85亿元对九环线江油至黄土梁段206公里公路进行改建，将过去的沥青路面改造为水泥混凝土路面和标美油路。同时期还完成了绵阳至安县、至北川的公路和绵阳至盐亭的公路建设、改造工程，改善了绵阳通往罗浮山景区、嫘祖故里景区的交通。2004年，平武通往松潘的三级公路平武段建成通车，大大缩短了绵阳至黄龙景区的路程。同时完工的还有北川至茂县及平武王坝楚至王朗自然保护区的旅游公路，以及绵阳至江油的快速通道等。

广元号称川北门户，国道108线和212线呈X型交汇于广元市境。2002年，绵阳至广元的绵广高速公路建成，将剑门蜀道各景点串联在一起，2005年前，建成了市区通往白龙湖、米仓山等主要景区的快速通道。

遂宁是川东地区的公路交通枢纽，2001年，建成通车的遂宁至大英县回马的遂回高速公路是遂宁第一条高速公路，2002年，成南高速公路建成通车通过遂宁，到中国死海、广德灵泉等主要旅游景区旅游方便快捷。2005年，遂宁市开元运业集团成立专业旅游运输的分公司。

内江市通过改造与新建相结合的办法，完成境区内旅游公路的改造升级和旅游环线公路的建设。“十五”期间（2001—2005年）完成的公路工程有归德至铁佛镇至连界二线公路改扩建工程，形成旅游环线；板栗垭至新桥至金李井镇的三级公路；铁佛镇至罗泉镇、东兴至高桥至般若寺的三级公路；付家桥至胡家镇至云顶寨的三级公路；庆卫镇经慈菇塘至镇西的旅游公路和船石湖旅游公路等。

乐山市截至2005年年末，市区通往乐山大佛景区、五通桥、沙湾、峨眉山景区的公路改造升级工程已全面完成；乐山至夹江千佛崖景区的公路改造项目已竣工通车。乐山至宜宾和乐山至雅安的高速公路已开工建设。

南充市截至2005年，完成了市区通往仪陇县朱德故里琳琅山风景区和南充至阆中古城的公路建设；通往凌云山风景区的旅游公路和营山县城通往太蓬山的旅游公路等。南充旅游汽车公司成立于1992年，是旅游专业运输企业，拥有大、中、小型豪华旅游车200余辆，开辟有省内客运线路20余条。

眉山市2001—2005年期间，改扩建峨眉—瓦屋山—雅安“金三角”旅游环线公路洪雅境内段，以及眉山市区经青神至中岩寺风景区，市区经仁寿至黑龙滩风景区及市区经洪雅到瓦屋山景区的旅游公路。

1993年，宜宾通往蜀南竹海的旅游公路（水泥路面）竣工；至1999年，市区通往蜀南竹海、石海洞乡、僰人悬棺、芙蓉山、筠连溶洞等景区的水泥公路已连成一线，形成了快速交通网。2005年，宜宾至长宁的高等级公路（双向四车道）通车，形成一条宜宾通往蜀南竹海的快速旅游通道。

广安市自2001年开展创优活动以来，新建了市区通往华蓥山天池、华蓥山石林、武胜农业旅游示范园区、宝箴寨、翠湖、肖溪古镇、大洪湖等主要旅游区的公路，广安各旅游景区的可进入性大大增强。同时还开通观光巴士和旅游专线车，成立了旅游汽车公司。

达州市全市公路交通形成了以通川区为中心，国道210、318和省道202为骨干的公路运输网络。为改善通往旅游景区的交通条件，2001年，万源市投资1500万元完成八台山至龙潭河35公里旅游公路的扩建和硬化工程；大竹县投资100万元完成国道318至五峰山森林公园旅游公路改造工程；宣汉县为启动百里峡旅游项目，完成宣南路的改造。截至2005年，还完成万源至龙潭河景区、土溪至冯焕阙、开江县城至飞云温泉等旅游公路的改扩建工程。

2000年，建成通车的成雅高速公路推动雅安旅游快速发展，1998—2005年建设和改造通往旅游景区的公路有：红岩桥至云峰寺的道路改造、宝兴至硗碛公路的加宽改造、夹金山公路建设、省道210线夹金山段改建、通往大渡河峡谷国家地质公园景区公路、龙门乡至龙门溶洞景区公路、芦山县至大川镇、荥经县城至龙苍沟等旅游公路，累计投资1.7亿余元。

巴中市自1997年以来加大了对旅游公路建设的投入。主要项目有：南江县马跃溪至光雾山景区；南江县至诺水河景区；平昌县城至佛头山森林公园；通江县城区至诺水河景区；通江到沙溪红四方面军烈士陵园；南江县铁炉坝至大坝森林公园；凌云至南阳森林公园得等。1997—2005年间，旅游公路建设中的总投资已近2亿元。

资阳市截至2005年年底，市区通往安岳石刻景区、陈毅故居景区和简阳至三岔湖景区的公路均已实现硬化。

阿坝藏族羌族自治州全州旅游公路建设主要有6大工程。一是九环线建设，从1992年11月开始筹备，至1998年，全长1075公里的九寨沟旅游环线全线贯通，总投资4亿多元；二是川主寺至九寨沟二级公路改造，2002年开工，2003年建成，总长94.16公里，总投资4.1亿元，其中，4000万元用于边坡治理和植被恢复，成为全国第一条环保工程示范路，被交通部列为全国公路建设示范工程；三是通县油路建设，截至2004年已贯通全州8个县，形成全州快速便捷的旅游公路网；四是鹧鸪山隧道建设，2001年动工，2004年6月竣工，全长4448米，它的建成使九寨沟西环线更加便捷；五是郎木寺至川主寺公路改造，全长229公里，2002年动工，改造设计里程224公里，它不仅是通往若尔盖大草原的通道，也是青海、甘肃、宁夏游客到九寨沟—黄龙旅游的直接通道；六是完成川主寺至黄龙景区的公路改造工程。

甘孜藏族自治州全州旅游公路建设的高潮期起始于2000年二郎山隧道贯通之后。同时期，海螺沟景区公路建成通车。2001年，稻城亚丁旅游公路、“香格里拉环线”的乡城至得荣公路和“环贡嘎山旅游环线”的榆林至磨西公路开工建设。2002年，全州实施通县油路工程和二郎山至康定公路的改造工程。截至2005年年底，从州府康定通往贡嘎山旅游环线各主要景区的公路基本改造完成。

凉山彝族自治州自1995年以来，新建和改造的通往景区的旅游公路主要有：盐源至泸沽湖旅游公路，从新建四级公路开始，到改造成柏油路面，前后经历11年，总长100余公里，总投资2.79亿余元；雷波县城至马湖景区公路，全长50.7公里，2001年10月动工，2002年11月竣工，总投资4200余万元；百草坡自然保护区公路，从省道208至百草坡景区中心，全长35公里，投资500万元；普格县城至养窝和县城至螺髻山珍珠湖景区公路改造，总投资1100多万元；冕宁县彝海路、灵山景区鹦停路等总长9公里，投资400多万元。

三、旅游水路交通及游船建设

四川的旅游水路交通主要集中在长江主航道和大宁河、嘉陵江、乌江、岷江水域。水上旅游运输兴起于20世纪70年代末四川国际旅游业开始起步的时期，20世纪80年代是长江旅游客运业迅速发展的时期；至1991年年底，往返于重庆至宜昌、武汉之间的豪华游轮就有巴山号、峨眉号、神女号、三峡号、长江之星号、隆中号、西陵号、昆仑号、长江明珠号等12艘，计1390个舱位，年运载力达10万人次。另有重庆开往宜昌、武汉、上海的客班船36艘，有二等舱位1200个，可供游览长江三峡的豪华旅游团队乘坐。中国长江轮船总公司所属的长江轮船海外旅游总公司是专门从事国际旅游业务的专业化运输公司，也是长江上最大的旅游企业，至1992年，已拥有中、高档豪华游船12艘。同时，四川重庆、涪陵、万县等地也积极建造旅游轮船，至1993年年底，在长江上运行的旅游轮船达28艘。省旅游总公司等几家省属旅游企业也集资建造了一艘豪华游轮“北斗号”投入长江旅游客运业务。据省交通部门的统计，截至1997年重庆直辖之前，进出川旅游客运企业已发展到27家，旅游客船达122艘。1996年，水上客运量达5310万人次（含普通客轮）。与此同时，大宁河小三峡成为川东旅游热线，省旅游局积极支持万县市旅游局和巫山县旅游局打造在大宁河上运行的游船，仅1993年就新建小游船108艘，游船总量达到159艘，计5088个座位。并投资建设了大昌镇码头和巫山码头。

宜宾港是长江主航道的起点，长江沿岸六大枢纽港之一，新建成的合江客运码头，增加年客运能力60万人次。2000年，全市完成水运客运量258万余人次，并开通宜宾至泸州、宜宾至重庆和宜宾至乐山的旅游快船运输业务。

为开发水上旅游业务，广安市成立了游船公司，共有170艘旅游船舶，其中，高档游船60多艘，星级游船6艘，提供嘉陵江、渠江旅游客运服务，并为此新建了嘉陵江沿口码头、渠江东门码头和邓家湾码头。

南充是嘉陵江中游船运枢纽港，全市有10家航运企业，开通有南充至合川、南充至蓬安、南充至青居等客运航线。阆中、南部、蓬安也开办了客运业务，至2005年，全市共有客轮452艘，完成年度客运量370万人次，为通过水路出行的旅游客人提供了方便。

第三节　景区专用交通

一、景区公路

景区公路建设是景区基础设施建设的重要组成部分，对某些游览面积比较大或景点相对分散的大型景区更显得十分重要。

四川旅游景区公路建设时间最早、工程量最大的一个项目是峨眉山景区公路建设。20世纪80年代，根据当时国家旅游局与省、地两级政府达成的协议，由地方政府投资修建从山脚通往低山区两河口和通往高山区双水井的公路，以后又分别延伸至万年寺索道下站和接引殿（金顶索道下站）。20世纪90年代，当地公路部门和峨眉山管委会又投资将龙洞至双水井公路、“天下名山”牌坊至报国寺公路、双水井至雷洞坪公路、两河口至五显岗公路、杨岗至零公里至接引殿等路段，总长50余公里路面进行了加宽改造。2003年和2005年又分别将零公里至小楔头、杨岗至接引殿计60余公里路面进行改造升级，并安装近40公里的波形防护栏，完善公路安全防护设施，总投资近1.1亿元。

九寨沟景区自对外开放以来至1990年，财政投资1700万元将原三条沟内的林区公路改造成旅游公路；1991—1995年，国家旅游局，省财政和九寨沟管理局又先后投资近1200万元将沟口至诺日朗14.2公里、诺日朗至原始森林18公里道路改造成沥青路面。2003年6月至2004年6月，景区管理局又投资1亿余元将景区38.14公里道路改造成高等级公路，等级为二级公路、一级沥青混凝土路面。道路加宽至8.5—9米。同时对公路两旁危岩进行治理，对边坡进行绿化，绿化面积达37万平方米。

四姑娘山景区于1998年投资260万元建成了双桥沟景区碎石公路；1999—2003年投资近5000万元建成长坪沟至喇嘛寺6.5公里沥青公路，并将景区的碎石公路改造成混凝土路面。2004年，投资55万元对双桥沟13处水毁路基进行了修复。

绵阳七曲山风景区于2002年投资120万元建成了环景区水泥路面公路，全长5公里。西羌九黄山猿王洞景区累计投资2100万元建成了4.3公里上山公路，1999年5月建成，2004年改建成水泥路面。仙海水利风景区投资400余万元建成乡村公路20公里。

宜宾市珙县僰人悬棺景区3.5公里公路于1999年5月竣工，总投资105万元；夕佳山民居环山公路3公里，投资50万元建成；蜀南竹海景区环线公路2003年10月竣工，投资950万元。

巴中市诺水河风景区于2005年前完成了楼房洞道路建设、牛角嵌公路改造；光雾山景区建成了彭家坝—燕子岩—韩溪河—两河口10公里道路；南阳森林公园修建3公里林区公路。

遂宁市蓬溪县宝梵寺建成了4公里一级景区公路，总投资4000万元（含拆迁）；蓬莱公园完成了山脚至罗汉堂至五凤寺，及罗汉堂至虎门等景区公路建设，总长4.5公里。遂宁市正在建设中的还有死海景区至龙凤峡高速公路等。

凉山州泸山风景区于2002年10月建成卧云山庄观光公路，全长23公里，总投资1600万元。

二、景区游览道路

全省各旅游景区（点）都很重视步行游览道路建设，特别是某些重点旅游景区，游览道路长达10公里以上，甚至数十公里，游览道路建设的任务十分艰巨。

峨眉山的游览道路全长60余公里，是历史上香客朝山拜佛必走的道路，具有陡、窄、险的特点。自20世纪80年代开展现代旅游业以来，峨眉山管委会对全山游览道路进行了全面整治，一是尽量加宽路面，二是重建毁损部分，三是增加防护安全措施，四是在道路两旁植树种草，进行绿化，使游览道真正具有游览观景的价值。五是设置专人管理，保证道路完好，道路两侧无垃圾。峨眉山游览道路已成为“文明风景旅游区示范点”的重要组成部分。

九寨沟景区刚开放时，游客只能站在公路上观景，人车混杂，既不安全，又不能满足游客尽情地欣赏九寨风光的需求。为方便游客游览，实现人车分流，1987 年，管理局投资修建了五花海、珍珠滩两处游览栈道，总长 7.5 公里；1997 年又投资维修了熊猫海、珍珠滩景观栈道，改建了五花海栈道；1998 年，修建了树正景区 1000 余米景观栈道；2001 年，景区投资上亿元将景区内所有观景栈道、栈桥贯通，其中大部分为新建，至此，景区游览栈道总长达 109.8 公里。2003 年，管理局又修建景区环形架空式栈道 69 公里，以有效保护景区生态环境。

黄龙景区为保护好彩池和地表钙华景观，于 20 世纪 80 年代在景区架设栈道、栈桥计 5.8 公里，施工所需材料全部由景区外运进。同时在彩池旁林间修建了下山道路。1992 年，景区管理局采取同样方式对栈道进行维修。2001 年，再次对观景栈道进行全面改造，并对景区下山道路进行了重建。

绵阳西羌九黄山猿王洞景区自开放以来修建了观光游览道路 46.8 公里，总投资 4800 万元。王朗自然保护区修建了游览小道 7 公里，有木板小道、生态小道和栈道，道路宽 1.5 米，既方便游客游览，又保护了生态环境，总投资 100 余万元。

宜宾蜀南竹海景区投资 40 万元的墨溪和挂榜岩两处游山道于 2001 年竣工；翡翠长廊和忘忧谷红石板路于同年竣工，共投入 62 万元；兴文石海洞乡景区 5 公里长的步行游览道于 2002 年 3 月建成，投资 28 万元；2005 年建成的夕佳山民居景区游山道，总长 3.5 公里，投资 30 万元。

资阳市境内的安岳石刻景区投资 150 万元修建青石板铺砌的游览道路，于 2000 年建成；2005 年，陈毅故居亦投资 60 万元修建了游览步行道。

三、索道、缆车

索道、缆车一般建于山岳型景区，具有运送旅客和观光览胜双重功能。四川旅游景区最早的一条客运索道是 1987 年 7 月动工修建的峨眉山接引殿至金顶的索道，1988 年 5 月竣工，全长 1158 米，坡度 47 度，从海拔 2540 米直达 3030 米的金顶。索道是引进的日本 20 世纪 80 年代先进技术和设备。江油窦圌山索道设施由四川江油矿山机器厂建造，1989 年 7 月 1 日正式投入运营，全长 615 米，垂直高差 221 米，总投资 175 万元。1993 年，峨眉山投资建设万年寺索道，索道全长 1480 米，同年 8 月成立万年寺索道公司，1998 年被峨眉山旅游股份有限公司收购并控股。1991 年，都江堰索道开始建设，跨越在伏龙观与二王庙之间，水平距离 791 米，1992 年 5 月建成投入运营。以后又续建二王庙至灵岩寺索道，将都江堰与灵岩寺两大景区连成一片。但都江堰索道因游客和旅游界专家都反映有碍观瞻，后被拆除。青城山索道于 1992 年投入运营。前山索道起于月城湖，止于上清宫四望观，索道全长 980 米，垂直高差 250 米。同时建成的还有青城后山索道，起于泰安镇，止于白云寺。同时期，重庆市先后开通长江、嘉陵江过江索道和南山、南温泉、歌乐山三景区的上山索道。绵阳九黄山索道于 2001 年 7 月开始修建，2002 年 1 月投入运营，全长 1950 米，总投资 860 万元；羌情园索道于 2003 年 7 月开始修建，2004 年 5 月投入运营，全长 3980 米，总投资 3800 万元；滑雪滑草场索道于 2005 年 7 月开始修建，全长 380 米，总投资 480 万元。西昌市泸山索滑道于 2001 年 3 月建成，索道全长 1080 米，滑道长 1100 米，高差 100 米，总投资 750 万元。2001 年，雅安蒙顶山索道建成投入运营。蜀南竹海雄龙索道建成于 2005 年 3 月，连接于仙寓洞和挂榜岩景区，全长 480 米，总投资 1050 万元。

此外，2005 年动工修建的黄龙索道，投资 1 亿余元。2005 年 9 月开工的达古冰川索道，线路长 3142 米，设计总投资 1.05 亿元。

第二章　旅游中心城市建设

旅游中心城市既是重要的旅游目的地，也是游客中转地和集散中心。1997 年行政区划调整前，四川能称得上是旅游中心城市的只有成都市和重庆市，这两大城市被国家旅游局列为“全国重点旅游城市”。随着经济和社会发展，城市作为区域中心的作用和辐射带动能增强，城市化进程加快，处于省内重点旅游线和旅游交叉点的一批中等城市如绵阳、乐山、宜宾、自贡、广元、攀枝花、西昌、南充等逐步发展成具有一定规模的游客集散中心，即旅游中心城市。省委、省政府和成都、重庆以及省内旅游中心城市政府都十分重视城市综合环境的改善和基础设施建设，重视城市服务设施建设，包括改善、提升城市和城市景区的旅游接待设施及旅游服务功能，很好发挥旅游中心城市的作用。

第一节　环境建设

一、城市环境

城市环境包括硬环境和软环境。硬环境是指城市交通、通信、能源设施、卫生条件、治污设施等城市综合环境建设，软环境是指城市的服务功能及精神文明建设。

为改善城市环境，成都市启动了几项大的工程。一是修建了市区通往周边小城镇和旅游景区的高速公路或高等级公路，重点工程有：成都至都江堰，成都至温江、邛崃，成都至彭州的高速公路；成都至青城山，成都至青白江、金堂，成都至龙泉的快速通道等，改善了旅游交通环境。同时大力整治市内中小街道，加宽街道路面和绿化美化。二是府南河综合整治工作，府南河又称锦江，是岷江流经成都市区的府河、南河的名称，该工程 1993 年启动，历时 5 年，1997 年竣工，实施包括防洪、环保、滨河绿化、道路管网、居民安居五大工程在内的综合整治，被命名为成都市“1 号工程”，搬迁居民 3 万余户，安置人口 10 万余人，疏淘河道 16 公里，沿河筑路 4 公里，新建和加固河堤 25 公里，新建和改造桥梁 18 座，埋设排污管道 26 公里，净化水面 850 公顷，两岸开辟绿地 400 余亩，沿岸边 4 个风光带和 8 个小公园，其中活水公园突出水文化特色。府南河治理工程获“联合国人居奖”、联合国“最佳环境范例奖”，环境地域设计奖等 5 项国际大奖。三是沙河综合整治工程，2001 年启动，2004 年竣工，整个工程包括污染治理、防洪及河道整治、绿化及园林景观、管网建设、拆迁安置、环境和文化等 9 大工程，整治区域 10 平方公里，河道 22 多公里，河道两侧 50—200 米绿化，修建道路 43 公里，新建和加固桥梁 16 座，埋设管网 35 万米，建设北湖、麻石桥、三洞桥等 8 大景点。四是修建城市污水处理设施，实行雨、污分流，改善城市河道水质。同时改造市区和景点、公园厕所，截至 2005 年年底，全市城区有公厕 608 座，其中一类高档公厕 8 座，独立二类公厕34座，全市公厕水冲率达100%。2005年，市旅游局按照国家《旅游厕所质量等级的划分与评定》标准，配合市城管局对全市旅游厕所进行了质量等级评定，其中278座旅游厕所达到星级标准（五星级1座、四星级2座、三星级22座、二星级253座）。在市政建设方面还按建设部要求设置了配套设施和公共图形符号标志。市属风景名胜区、景区（点）修建了标准化公厕共100多座。五是加强城市绿化，获得“国家园林城市”称号。在软环境建设方面，成都市结合创建国家卫生城市、国家文明城市、创建中国优秀旅游城市、创建中国最佳旅游城市等活动，不断完善城市服务功能，加强城市精神文明建设。

绵阳市政府20世纪90年代后期对市区安昌河两岸风景林带进行整治，形成长达10公里的安昌河绿化带；同时对一环路、安昌路、剑南路、花园片区、南河片区等主要街道和片区进行绿化改造。截至2005年，全市建成园林绿地总面积1300余公顷，城市绿地率达30.8%，被评为全国造林绿化十佳城市和四川省园林绿化先进市。在大抓城市绿化的同时，注重城市环境净化工程，先后建成占地16.7公顷的垃圾处理场，新建和改建城市公厕160座。还投资2亿元，引进比利时政府贷款建成日净化污水20万吨的塔子坝生活污水处理厂。

乐山市自20世纪90年代开展城市环境整治工作以来，至2005年城市绿化覆盖率达到40.09%；生活垃圾无害化处理率为100%；市区建成空气污染指数监测站；城市饮用水质达标率达99%左右。2005年投资近2亿元建成日处理污水5万吨的污水处理厂和排污能力为20万吨的截污管道工程。自1995年开始在全市大力开展旅游市场综合治理工作，主要措施是：在乐山客运中心站、峨眉山火车站、乐山港、乐山大佛景区、峨眉山景区等游客主要集散地设立了旅游咨询服务中心，并配备有专职人员；设置面向公众的旅游投诉电话，实行24小时值班；市区通往景区、码头、火车站的干道设置了规范、醒目的公共信息图形符号等；为方便旅游者购物，在市内游客相对集中的主要街区设置步行商业街和定点购物商店。

宜宾市自2000年以来先后投资10多亿元进行了大规模的城市基础设施建设，每年坚持改造2—3条旧街道；对中心城区主要街道和滨江路进行全面改造，新建和扩建风格各异的广场4个；实施绿化、亮化工程，城区绿化面积扩大数倍。投入上亿元实施城市主要干道管网下地和地面人行道改造、“拆墙透绿”等净化工程，改善城市旅游环境。

南充市重视南充和阆中两个旅游中心城市的环境整治工作。截至2005年，南充市已完成的项目有：城东、城南、城北三个进出口景观和市内各景区之间的快速通道；改造和新建30多条城区主街道，全面实施绿化、亮化、美化、净化工程；对市区20余条主要街道和五星花园、人民花园、北湖公园，滨江路等市内景区实施夜景工程；完成南门坝生态公园建设；将15公里长的滨江大道建设成集防洪、生态、休闲于一体的城市景观长廊；新建和改建市区旅游厕所53座，景区内旅游厕所60多座；规划、开通了城市旅游专线。另外在全市设置旅游服务咨询中心10个，城市标识、标牌1000多块，完善公共信息图形符号设施等。

攀枝花市于2005年开展“迎冬旅、创国优”活动。全市投入20余亿元对城市基础设施和旅游功能进行完善，对老城区进行改造和整治。全市环境整治重点抓三个方面的工作。一是全方位推进城市“四化”工程，即以美化、亮化、绿化、净化工程为核心，强化城市文化景观建设，改善城市景观面貌。在全市主要路口和重要路段分别设置“攀枝花印象”“火红的攀枝花”等大型雕塑和“钢城畅想”“阳光生活”“民众文化长廊”等艺术墙；对影响城市风貌的户外广告、违章建筑、摊贩等进行全面清理整治；在城市广场、主要街道两旁种植芒果树、攀枝花树等树木，突出南亚热带风情；对市内20余处标志性建筑实施亮化。二是治理污染。市、县（区）政府依法对全市180家污染企业实施限期治理，停产整顿或关闭，全市累计投入7亿余元解决污染问题，使攀枝花市的环境质量有了根本改观。三是加快城市功能设施建设，对大梯道景观工程、市中心广场、攀枝花公园、“金色的攀枝花”展览馆等进行改、扩建；按照二、三星级标准新建旅游厕所14座，改造15座；设立旅游咨询服务中心8个、外币兑换点2个、医疗救护站12个、定点救护医院3家等。另设置了旅游查询系统触摸屏电脑12台、旅游地图广告牌30个，增设和更新公用电话亭900余个等，以为旅游者提供全方位服务。

西昌市为改变城市环境面貌，于20世纪90年代着手对老街道进行整治，实施绿化、亮化工程，重点抓两项大的工程。一是邛海西南岸19.8公里截污干管及湖堤配套工程，总投资9400万元；二是全市按星级标准建设旅游公厕93座，总占地面积7400余平方米，总投资500万元；另在邛海、泸山景区各景点修建二星级以上厕所28座，总建筑面积1600余平方米，总投资300万元。

二、景区环境

景区环境整治是旅游中心城市环境整治的重要组成部分，成都、乐山等旅游中心城市根据市区旅游景点游客量大，环境保护难度大等特点，十分重视景区环境建设，在改善景区硬环境、完善管理制度、加强旅游法制建设等三方面做了大量工作，取得初步成果。

（一）改善景区硬环境

主要工作是尽量拓宽景区范围，新增游览项目，同时修建高标准游览道，用以缓解景区拥堵状况。成都市的杜甫草堂、武侯祠，乐山市的乐山大佛等景区都在景区硬环境建设方面有很大投入，环境面貌大为改观。如成都杜甫草堂景区，新建了大雅堂、浣花公园、诗歌大道等，使游客容量成倍增长。武侯祠景区与南郊公园合并后，景区容量亦扩大一倍多。各景区按星级标准新建和改建景区厕所，兴建垃圾处理场所和排污设施，治理“脏、乱、差”；各景区还按要求设置消防、卫生、通讯、交通等服务设施及各类公共服务标志，使游客在景区内游览不仅感到方便，而且有安全感。

（二）建立健全管理制度

主要有旅游规范管理制度、卫生管理制度、导游（讲解员）管理制度、旅游购物点管理制度等。乐山市旅游局和市环保局还组织旅游景区（点）按照ISO14000系列标准开展环境质量体系的认证工作，并与有关咨询认证公司签订合同书，使景区环境质量整治得到有力保证。成都市旅游局配合环保部门对景区环境、特别是厕所进行了定期检查，评定星级，适时予以公布。宜宾市旅游局为加强对景区环境的管理，建立旅游规范管理制度、旅游建设项目管理制度、一日游管理制度，以及景区卫生、物价、安全、消防、摊点、停车场等方面的管理制度，并根据这些制度对景区环境、卫生、交通等进行检查，大力整治，使景区环境面貌有很大改观。

（三）建立健全灵活高效的旅游市场联合执法体系

成都、乐山、自贡、宜宾、西昌、攀枝花市等各旅游中心城市的旅游管理部门均采用与工商、物价、公安、卫生等部门联合执法的办法，经常性的旅游景区执法检查，并形成制度。主要目的是要求景区管理和服务人员做到持证上岗、规范化管理、标准化服务；景区商店、摊点进入指定场地、合法经营，杜绝围追兜售、强买强卖行为；导游人员讲解语言文明、规范，杜绝“黑社”“黑导”等现象；景区内的厕所及其他卫生设施完好，无污染等。

第二节 创建中国优秀旅游城市

1995年，国家旅游局在全国开展创建中国优秀旅游城市活动（本节简称“创优”），是发挥城市在旅游发展的带动作用，推进城市基础设施建设和服务设施建设、加强城市旅游功能的重要载体。

1995年3月，经国务院批准，国家旅游局下发了《关于开展创建中国优秀旅游城市活动的通知》，在全国组织开展创建中国优秀旅游城市活动。同年8月，下发《关于制定与报送创建中国优秀旅游城市实施议案的通知》。

1999年，国家旅游局制定《中国优秀旅游城市检查标准》（下简称《标准》）。该《标准》按照优秀旅游城市必须具备的素质和中国旅游业发展现状与国际接轨的现实要求，制定创建活动及检查验收标准，主要内容包括城市旅游经济发展、旅游产业定位、旅游发展的主导机制、旅游业的管理体系、旅游行业的精神文明建设、城市的生态自然环境、城市的现代旅游功能、旅游教育与培训、旅游交通、游览区（点）与市场促销、旅游住宿设施、旅行社、旅游餐饮、旅游购物服务、旅游文化娱乐、旅游厕所、城市及周边短线旅游的“一日游”管理、旅游安全与保险等18个大项，下分152项子项，用评分的形式进行量化，总分为1000分。检查验收得分标准是直辖市达到850分以上，副省级城市达到800分以上，地级市达到750分以上，县级市达到700分以上。

该《标准》制定了创建工作程序。由城市政府组织领导开展创建活动，并向国家旅游局申报；申报城市按照自查；省级旅游部门组织初审，初审合格向国家旅游局推荐；国家旅游局组织检查验收。

一、创建活动

根据国家旅游局部署，1995年省旅游局在全省范围开展创建中国优秀旅游城市活动，在此基础上，1996年推荐成都市、重庆市、乐山市、西昌市、都江堰市5个城市申报。1997年重庆直辖市成立，离开四川省区划，省旅游局推荐峨眉山市申报，共有5个城市首批申报中国优秀旅游城市。

1998年，乐山市、西昌市通过自查未达到标准，申请延缓省级初审及国家旅游局的检查验收。

2000年乐山市、崇州市申报检查验收。2003年自贡市、绵阳市、广安市申报检查验收。2004年阆中市、攀枝花市申报检查验收。2005年泸州市、雅安市、宜宾市、江油市申报检查验收。

此外，截至2005年，还有德阳市、南充市、广元市、遂宁市、西昌市、华蓥山市、邛崃市等城市开展了创建中国优秀旅游城市。

各申报城市创建活动的主要有以下四项内容。

第一，成立领导机构。参加“创优”的城市均成立以市委、市政府主要领导为首的“创优”领导小组或“创优”总指挥部，市委、市政府直接领导，下属各级党委政府、市级相关部门参加，安排部署“创优“活动，旅游局为协调部门，负责组织、协调和督促“创优”工作逐一落实。

第二，对照《标准》，狠抓落实。各“创优”城市严格按照《中国优秀旅游城市检查标准》，把各项工作任务分解到各区（市、县）和各有关部门，层层落实，狠抓重点，突出难点，全面推进，逐项达标。同时制定了严格的考核奖惩措施，把“创优”工作纳入目标管理。

第三，广泛发动群众，全民参与“创优”工作。《中国优秀旅游城市检查标准》中对城市窗口行业的服务和社会文明提出了明确要求，因此，成都、乐山、绵阳、宜宾、广安、自贡等参与“创优”的城市都加大了宣传力度，包括在公共媒体上宣传，在城市公共场地设立“创优”广告，制作出版“创优”宣传品等，通过广泛的宣传动员，在全社会形成良好的舆论氛围。

第四，规范旅游市场，提高服务质量。各创优城市根据《中国优秀旅游城市检查标准》和国家旅游局有关政策法规，出台一系列规范旅游市场的地方性法规，如成都市出台《成都市旅游投诉办法》《关于禁止宾馆、饭店在客房经营中从事不正当竞争的通知》《关于加强风景旅游区治安管理的通知》等。各创优城市对旅游市场秩序进行专项治理，建立联合办公、联合执法制度，对旅游市场实施综合治理，优化旅游环境。各创优城市抓好教育培训，开展行业精神文明建设。成都市在各类旅游经营单位确定22个精神文明示范点，通过以点带面的方式提高整个行业的服务质量。

二、创建成果

全省开展创建中国优秀旅游城市活动取得的显著成果。

四川旅游产业地位得到明显提升。“创优”城市把旅游业纳入国民经济和社会发展计划，作为支柱产业大力支持发展，制定旅游发展规划，确定旅游发展目标。

基础设施建设和服务设施建设进一步完善。“创优”城市都加快基础设施建设和服务设施建设步伐，城市的现代旅游服务功能提升。

城市环境质量明显改观。“创优”城市都加大环境整治力度，城市环境整治的成果不仅是造就了一批中国优秀旅游城市，而且还使有的城市步入了国家或省级的绿化城市、卫生城市和文明城市行列。

旅游市场更加规范，旅游服务质量显著提高。“创优”城市都加大旅游法制建设和市场整治力度，在“创优”活动中，各城市旅游行政管理部门加强旅游市场治理，规范服务行为，加强旅游培训，使旅游从业人员的整体素质和服务水平明显提高。成都、乐山、宜宾等城市还通过在旅游行业开展“三爱一德”“三优一学”教育和技能比武、岗位练兵、争创“十佳导游”“服务明星”“十佳星级饭店服务”“十佳文明饭店”“十佳文明旅行社”，以及争创“文明景区”“文明单位”“青年文明号”“讲文明树新风示范窗口”等之类的活动，对全行业从业人员进行提高技能、增强服务意识、培养旅游道德规范的教育，从而为提高全行业服务质量打下坚实的基础。

城市形象和城市风貌改观，社会文明程度明显提高。“创优”城市把“创优”作为一项社会系统工程，通过各种手段加大社会宣传力度，在全社会形成了良好的舆论氛围，增强了社会公众的文明旅游、文明待客，共同维护城市良好形象的意。

四川省在“创优”活动中强调创新精神，实现了“三个创建”。一是形象创建。即通过绿化、亮化、美化等措施，彻底改变城市的总体形象；二是功能创建。即通过对城市交通、信息、公共服务设施的彻底改造，提升城市的总体服务功能；三是“机制创建”。即通过确立旅游业在国民经济中的产业地位，建立完善的旅游产业发展机制、旅游人才培训机制、旅游市场综合治理机制等措施，使四川各创优城市的旅游发展机制更加完善。“三个创建”是四川“创优”活动取得的成功经验。

1995—2005年，四川一批城市进入中国优秀旅游城市行列。

1998年，国家旅游局进行首批中国优秀旅游城市的检查验收，四川有成都市、峨眉山市、都江堰市3座城市参加。8月，3座城市自查合格并上报省旅游局。9月，省旅游局组成的初审检查团对3座“创优”城市进行初审，上报国家旅游局。11月，国家旅游局派出验收团进行验收。1998年12月，国家旅游局评选出首批中国优秀旅游城市共54个座，四川申报的3座城市均被评为中国优秀旅游城市。其中，成都市排全国副省级城市第7名；峨眉山市和都江堰市以优异成绩分获全国县级优秀旅游城市中的第1名和第2名。

2000年，国家旅游局进行第二批中国优秀旅游城市的检查验收，四川有乐山市、崇州市两座城市参加，顺利通过国家旅游局验收，均被评为中国优秀旅游城市。其中，乐山市在地级市中的评分排列第2名。同时，成都市、峨眉山市、都江堰市三个首批中国优秀旅游城市顺利通过国家旅游局复核。

2002年，国家旅游局组织对中国优秀旅游城市进行复核，按照《标准》逐项复核。四川已取得中国优秀旅游城市称号的5座城市成都市、峨眉山市、都江堰市、乐山市、崇州市均通过复核。

2003年，自贡市、绵阳市、广安市在自查基础上，经省旅游局初审，国家旅游局检查验收，被授予中国优秀旅游城市称号。

2004年，省旅游局组织“创优”指导组深入阆中市、宜宾市、泸州市、江油市、德阳市、广汉市、西昌市、雅安市等申报城市进行“创优”工作指导，宣传“创优”标准，提出建议和整改意见。9月，完成了对江油市“创优”工作的省级初审。10月，完成了对宜宾市“创优”工作的省级初审。9月10日，阆中市的“创优”工作通过了国家旅游局验收验收，被授予优秀旅游城市称号。

2005年，全省创建中国优秀旅游城市的工作继续深入开展，共有攀枝花市、雅安市、泸州市、宜宾市和江油市等5座城市通过了国家旅游局验收组的验收，被授予中国优秀旅游城市称号。

截至2005年，全省有14个城市获得中国优秀旅游城市称号，其中副省级城市1个，地级市8个，占全省18个地级以上城市的50%。县级市5个，占全省11个县级市中的近50%。

四川获得中国优秀旅游城市称号的城市见表2－1。

四川省中国优秀旅游城市一览表

（以批准的时间先后为序）

表2－1

城市名称	称　　号	评定时间
成都市	中国优秀旅游城市	1998年
峨眉山市	中国优秀旅游城市	1998年
都江堰市	中国优秀旅游城市	1998年
乐山市	中国优秀旅游城市	2000年
崇州市	中国优秀旅游城市	2000年
自贡市	中国优秀旅游城市	2003年
绵阳市	中国优秀旅游城市	2003年
广安市	中国优秀旅游城市	2003年
阆中市	中国优秀旅游城市	2004年
攀枝花市	中国优秀旅游城市	2005年
泸州市	中国优秀旅游城市	2005年
雅安市	中国优秀旅游城市	2005年
宜宾市	中国优秀旅游城市	2005年
江油市	中国优秀旅游城市	2005年

资料来源：《中国旅游年鉴》

第三章　旅游服务设施建设

旅游服务设施包括宾馆、饭店、餐饮设施、娱乐设施、游客接待中心、会展场馆等，其主体是宾馆、饭店和餐饮设施。

第一节　旅游宾馆（饭店）

一、旅游涉外饭店发展规模

20 世纪 80 年代，全省的旅游饭店基本上处于卖方市场，旅游团队预订床位十分紧张。1986 年，全省共有旅游涉外饭店 35 家，1990 年有 83 家。其中，多数饭店是由以前的招待所或社会旅馆改建而成，如锦江宾馆，原为省政府招待所，1979 年移交省旅游局管理，成为旅游涉外饭店；西藏饭店、原西藏自治区驻成都办事处招待所，改建为旅游涉外饭店。重庆市人民宾馆，由人民大礼堂附属招待所改建而成；重庆宾馆，原是抗日战争时期接待援华美军的招待所，1954 年更名为重庆宾馆，1985 年与外商合资改造成旅游宾馆；重庆饭店也是 1985 年与港商合资改建而成的旅游宾馆。此外，还有乐山市的嘉州宾馆、红珠山宾馆、眉山宾馆等，自贡市檀木林宾馆、沙湾饭店等，绵阳市绵州宾馆、临园饭店、平武宾馆等，广元市广元宾馆、利州宾馆等，宜宾市的酒乡宾馆等，泸州市的南苑宾馆等，内江市的内江宾馆，钟楼宾馆，安岳普州宾馆等，雅安市雅州宾馆、雅安宾馆等，遂宁市的遂州宾馆等，南充市的果州宾馆等，攀枝花市的攀枝花宾馆等，凉山彝族自治州的邛海宾馆等，都属于此类情况。

1990 年以前，新建的旅游涉外饭店较少，主要有：岷山饭店、成都饭店、珠峰宾馆等，重庆市的扬子江假日饭店、沙坪大酒店、大足北山宾馆等，乐山的就日峰宾馆、八仙洞宾馆、雄秀宾馆等，万县地区的太白宾馆、巫峡宾馆、白帝宾馆等，阿坝藏族羌族自治州的九寨沟宾馆、黄龙瑟尔嵯宾馆等，绵阳的岭南饭店、南充的白鹭宾馆等。

此外，当时的涪陵地区、达州地区、甘孜藏族自治州等尚无现代意义上的旅游饭店。

20 世纪 90 年代初，国家旅游局提出旅游接待设施建设投资实行“国家、集体、个人一齐上”的方针，鼓励社会资金参与宾馆、饭店及其他旅游接待设施建设，全社会兴起一轮饭店建设高潮。这一时期的旅游饭店建设呈现两大特点：一是投资主体多元化，社会资金、特别是民营资本投入饭店业；二是新建的宾馆、饭店大都集中在旅游中心城市和重点旅游景区。

1991—2000 年 10 年期间，全省旅游涉外饭店建设总的趋势是：规模不断扩大、高星级饭店迅猛发展。1996 年年底，全省旅游涉外饭店发展到 154 家，行政区划调整后，1997 年全省有旅游涉外饭店165家，到2000年达到447家。

2001年以后，国家旅游局取消了对旅游涉外饭店的审批，所有宾馆饭店都可以接待入境旅游客人。旅游行业管理部门只对星级饭店实施管理，并纳入统计范围。

（旅游涉外饭店的规模、经济类型及经济指标详见本书第五篇第四章）

二、创建星级宾馆

1988年，国家旅游局发布《全国旅游涉外饭店星级的评定标准与规定》，作为行业标准，1989年全国进行旅游涉外饭店的星级评定。1993年，国家质量技术监督局颁布《旅游涉外饭店星级的划分及评定》标准，星级饭店的划分及评定上升为国家标准。

根据国家旅游局的统一要求，四川省旅游局于20世纪80年代中期开始着手星级饭店评定工作。为此，省旅游局成立四川省星级饭店评定委员会，组建了“三结合”的星级饭店评审员队伍，即星评员由旅游企业领导、旅游行业专家学者及旅游行政管理人员三部分人员组成，形成专业互补。四川独创的经验得到国家旅游局认可并在各地推广采用。至1991年年底，共评定星级饭店29家，其中三星级6家，二星级14家，一星级9家。1991年以后，全省旅游饭店创“星”和星级饭店评定工作进入常态化，省星级饭店评审委员会根据标准，组织星评员对申报饭店进行星级评定，每1年对已取得星级饭店资格的各宾馆、饭店进行复核，复核中发现有星级饭店设施达不到标准、管理和服务水平下降的，根据标准给予批评、警告、限期整改、降星，直到取消星级的处罚。

1992年，四川首次评定四星级饭店4家，1995年，锦江宾馆升为五星级，实现了全省星级饭店五星级零的突破，也是中国西南地区的第一家五星级饭店。2001—2005年全省旅游宾馆建设的最大特点是：上星级、上档次。这期间评定的五星级酒店有8家，占2005年底五星级酒店总数的80%；评定的四星级酒店有46家，占2005年底四星级酒店总数的74%以上。

至2005年年底，全省星级饭店总数达447家。其中，五星级饭店11家，四星级饭店49家，三星级饭店153家，二星级饭店213家，一星级饭店21家。

星级饭店的投资主体多元化，据统计，截至2005年年底前核准的12家五星级酒店中，除3家国有经济酒店外，其余均为私营企业、中外合资、外商独资、港澳台企业投资和股份制酒店。较为典型的例子有：乐山市在2005年底之前有19家二星级宾馆，除3家系国营企业投资兴建的外，其余均为民营企业。

全省星级饭店名录见表2－2，表2－3，表2－4，表2－5，表2－6。

四川省五星级饭店一览表

（截至2005年年底）

表2－2

序号	饭　店　名　称	地　址	评定时间（年月）
1	锦江宾馆	成都市人民南路二段80号	1995.12
2	总府皇冠假日酒店	成都总府路31号	1999.08
3	九寨沟喜来登国际大酒店	阿坝州九寨沟县风景区	2001.09
4	加州花园酒店贵宾楼	成都市沙湾路258号	2003.10
5	天府丽都喜来登饭店	成都市人民中路一段15号	2004.03

续表 2－2

序号	饭　店　名　称	地　　址	评定时间（年月）
6	九寨天堂洲际大饭店	九寨沟县漳扎镇甘海子	2004.09
7	成都索菲特万达大酒店	成都市滨江中路 15 号	2004.10
8	成都家园国际酒店	成都市机场路 181 号美好花园	2004.11
9	峨眉山红珠山宾馆	峨眉山报国寺	2004.12
10	望江宾馆	成都市下沙河铺 42 号	2005.12

四川省四星级饭店一览表

（截至 2005 年年底）

表 2－3

序号	饭　店　名　称	地　　址	评定时间（年月）
1	成都岷山饭店	成都人民南路二段 63 号	1992.01
2	四川宾馆	成都总府路 31 号	1999.08
3	绵州酒店	绵阳市临园路东段 62 号	2000.10
4	金叶宾馆	成都市都江堰城北观景路	2001.04
5	西昌凯丽莱酒店	西昌市胜利南路 88 号	2002.03
6	内江长江长大酒店	内江市西林大道 338 号	2002.05
7	绵阳王子大酒店	绵阳市临园路西段 25 号	2002.05
8	富乐山九洲国际酒店别墅区	绵阳市芙蓉路一段 1 号	2002.05
9	绵阳长虹国际酒店	绵阳市高新区西街北段 89 号	2002.05
10	自贡汇东大酒店	自贡市汇东路东段 16 号	2002.05
11	峨眉山华生酒店	峨眉山市佛光南路	2002.08
12	西藏饭店	成都市人民北路一段 10 号	2002.08
13	宜宾华荣酒店	宜宾市长江大道东段 68 号	2002.09
14	广安岷山世纪大饭店	广安市金广大道 88 号	2002.12
15	四姑娘山金昆宾馆	阿坝州小金县日隆镇	2002.12
16	都江堰鹤翔山庄	都江堰青城山	2002.12
17	峨眉山大酒店	乐山市峨眉山市报国寺	2003.01
18	成都天仁大酒店	成都市三洞桥街 18 号	2003 一季度
19	成都天府阳光酒店	成都市太升北路 2 号	2003 一季度
20	自贡雄飞假日酒店	自贡市自流井区解放路 193 号	2003.06
21	四川绿洲大酒店	成都市忠烈祠街 99 号	2003.08
22	四川新华国际酒店	成都市古中寺街 8 号	2003.08
23	遂宁天友国际酒店	遂宁市开发区明月路 100 号	2003.08
24	峨眉山饭店	峨眉山报国寺	2003.08

续表 2－3

序号	饭　　店　　名　　称	地　　　址	评定时间（年月）
25	遂宁明星康年酒店	遂宁市开发区明日路 88 号	2003. 09
26	四川国堰宾馆	都江堰观景路中段	2003. 10
27	新四姑娘山庄	阿坝州小金县日隆镇双桥沟口	2003. 11
28	乐山金海棠酒店	乐山市中区海棠路	2003. 11
29	宜宾酒都饭店	宜宾市专署街 50 号	2003. 11
30	成都博瑞花园酒店	成都龙泉驿区龙都北路	2003. 12
31	成都天伦国际大酒店	成都龙泉驿区平安镇阳光城	2003. 12
32	泸州南苑宾馆	泸州市江阳区大山坪	2004. 01
33	攀枝花川惠大酒店	攀枝花市炳草岗人民街 118 号	2004. 01
34	绵阳市绵州温泉酒店	绵阳市安县罗浮山	2004. 01
35	成都罗曼大酒店	成都人民中路二段 22 号	2004. 04
36	郫县镜湖园宾馆	郫县皮筒镇望丛中路 63 号	2004. 04
37	九寨沟星宇大酒店	阿坝州九寨沟漳扎镇	2004. 08
38	成都京川宾馆	成都一环路西一段 144 号	2004. 11
39	锦江蜀亨大酒店	资阳市资阳大道西段	2004. 12
40	南充北湖宾馆	南充市文化路 301 号	2004. 12
41	德阳宏达金桥大酒店	什邡市亭江东路	2004. 12
42	广安东阳国际酒店	广安市建安中路 136 号	2005. 08
43	泸州伊顿饭店	泸州市	2005. 08
44	四川梦温泉酒店	雅安周公山温泉开发区	2005. 08
45	成都金玉阳光大酒店	成都市双林路 88 号	2005
46	攀枝花宾馆	攀枝花市东区人民街 32 号	2005. 10
47	九寨沟格桑宾馆	九寨沟县漳扎镇	2005
48	雅安倍特星月宾馆	雅安市雨城区张家山路 10 号	2005

四川省三星级饭店一览表

（截至 2005 年年底）

表 2－4

地区	序号	饭　　店　　名　　称	地　　　址	评定时间（年月）
成都（59 家）	1	全兴酒店	成都市人民中路二段 68 号	1996. 02
	2	向阳大厦	成都市二环路南二段 23 号	1998. 06
	3	心族宾馆	成都市人民南路四段 34 号	1998. 06
	4	龙府饭店	成都市龙泉驿区茶店镇三元村	1998

续表 2－4

地区	序号	饭　店　名　称	地　　址	评定时间（年月）
成都（59 家）	5	民族饭店	成都市抚琴东路 78 号	1998
	6	成都大酒店	人民北路二段 29 号	1992. 11
	7	金河大酒店	成都市金河街 18 号	1993. 08
	8	锦鑫酒店	成都市机场路 18 号	1996. 03
	9	明珠国际酒店	成都市解放路二段 329 号	1995
	10	成都饭店	成都蜀都大道东段	1998. 02
	11	拉萨大酒店	一环路南四段肖家河北街 88 号	1997. 09
	12	喀秋莎大饭店	成都市解放路二段 237 号	1997
	13	紫薇酒店	成都市总府路 8 号	2000. 04
	14	朝阳湖酒店	浦江县朝阳镇	2000. 01
	15	民航大厦	成都市北新街 31 号	2001. 02
	16	灵岩山庄	都江堰市灵岩村月亮湾	2001. 06
	17	云龙酒店	成都市罗锅巷 122 号	2000. 03
	18	九寨沟饭店	成都市二环路三段 30 号	2002. 03
	19	新良大酒店	成都市上东大街 53 号	2001
	20	九龙宾馆	成都市八宝街 90 号	2001
	21	新蜀联大酒店	成都市一环路北二段	2001. 09
	22	翠月湖宾馆	都江堰市翠月湖	2001. 12
	23	喜马拉雅酒店	成都市二环路北一段 8 号明珠广场	2002
	24	航天宾馆	成都龙泉驿区航天北路	—
	25	泸天化大厦酒店	成都市同仁路 220 号	2002. 04
	26	民航巨龙酒店	成都市双流机场	2002
	27	吐哈宾馆	成都市星辉东路 10 号	2002. 09
	28	菱彩酒店	成都市二环路南三段 27 号	2002. 01
	29	博能怡湖宾馆	青白江区大弯镇	2002. 12
	30	成飞宾馆	成都市青羊区黄田坝	2002
	31	五粮液大酒店	成都新华大道双林路 100 号	2002. 12
	32	太阳城园林宾馆	成都双流华阳华新下街 68 号	2002
	33	华西天使宾馆	成都市电信南街 10 号	2003
	34	四川花园宾馆	成都市走马街 47 号	2002. 12
	35	四川福德酒店	成都市新华大道玉沙路 155 号	2003. 03
	36	康定酒店	成都市武侯祠横街 2 号	2003. 02
	37	国际粮农大厦	成都一环路西三段文华路 23 号	2003. 02
	38	蜀运宾馆	成都市太升南路 155 号	2003. 05

续表2－4

地区	序号	饭　店　名　称	地　　址	评定时间（年月）
成都（59家）	39	人口宾馆	成都市东城根下街24号	2003.07
	40	新时代马瑞卡酒店	成都市文武路42号新时代广场	—
	41	白芙蓉宾馆	成都营门口路107号	2003.06
	42	毓秀苑宾馆	成都一环路西一段大石东路	2003
	43	邛崃市宾馆	邛崃市文庙街51号	2003.12
	44	蜀都大厦宾馆	成都市署袜北三街20号	2003.09
	45	成都天辰楼宾馆	成都市青华路39号	2003.12
	46	汉都大酒店	成都市火车北站站西路1号	2004.02
	47	新都流花宾馆	成都市新都区宝光大街169号	2003.01
	48	二王庙宾馆	都江堰二王庙观景路	2002.12
	49	菱彩武侯花园酒店	成都外南红牌楼盛世路	2004.07
	50	蜀汉酒店	武候祠大街258号	—
	51	蜀兰大酒店	成都市一环路西一段169号	2004.07
	52	滨江饭店	成都滨江中路16号	2004.05
	53	峨眉山饭店	成都洗面桥街10号	2005.01
	54	成都小天鹅宾馆	成都市二环路西一段43号	2004.04
	55	川音爱乐酒店	成都一环路南一段47号	2004.09
	56	八宝大酒店	成都市八宝街28号	2005.07
	57	成都恒德酒店	成都市恒德路8号	2005.05
	58	金堂金裕大酒店	金堂十里大道（成都野生世界对面）	2005.11
	59	崇州大酒店	崇州市蜀洲北路	2005.11
绵阳市（10家）	1	桃源大酒店	临园路中段76号	1999.03
	2	临园宾馆	临园路东段68号	2000.12
	3	九龙宾馆	科学城一区	2001.06
	4	江油国际大酒店	江油市花园路北段1号	2002.12
	5	明华饭店	江油市太白路2号	2003.01
	6	太白大酒店	江油市太白中路49号	2003.04
	7	七曲山大酒店	梓潼县七曲山大庙风景区	2004.06
	8	绵州开元酒店	剑南路东段209号	2004.10
	9	江油宾馆	江油市东大街169号	2005.11
	10	绵阳启明星温泉酒店	安县罗浮山风景区	2005.11
阿坝藏族羌族自治州（13家）	1	九寨沟宾馆	阿坝州九寨沟县漳扎镇	2000.12
	2	九寨山庄	阿坝州九寨沟县漳扎镇	2000.12
	3	九龙宾馆	阿坝州九寨沟县漳扎镇	1998.03

续表2-4

地区	序号	饭　店　名　称	地　址	评定时间（年月）
阿坝藏族羌族自治州（13家）	4	棠中大酒店	阿坝州九寨沟县漳扎镇	2000.12
	5	九鑫山庄	阿坝州九寨沟县漳扎镇	2001.09
	6	华缘山庄	阿坝州九寨沟县漳扎镇龙康坝	2001.12
	7	蜀电宾馆	阿坝州九寨沟县漳扎镇	2001.12
	8	麟翔源宾馆	阿坝州九寨沟县漳扎镇	2001.12
	9	川主国际饭店	阿坝州松潘县川主寺镇	2002.12
	10	古尔沟温泉山庄	阿坝州理县古尔沟镇	2003.09
	11	潘达尔森林大酒店	阿坝州汶川县三江景区	2002.12
	12	九寨沟红宝石大酒店	阿坝州九寨沟县漳扎镇	2004.10
	13	岷源山庄	阿坝州松潘县川主寺镇	2005.11
自贡市（2家）	1	沙湾饭店	自贡自井区滨江路3号	1997.03
	2	荣县翠湖大酒店	荣县双溪水库	2004.10
宜宾市（5家）	1	远能大饭店	宜宾市南岸长江大道中段17号	2004.12
	2	长宁蜀南宾馆	长宁县万岭镇小桥	2002
	3	翡翠度假村	长宁县万岭镇	2004.10
	4	符江宾馆	高县庆符镇河滨路	2002.02
	5	僰都大酒店	珙县巡场镇新桥街56号	2003.05
德阳市（3家）	1	德阳大酒店	德阳市长江西路一段320号	1997.12
	2	绵竹市剑南春大酒店	绵竹市大东街23号	1995.12
	3	广汉三星堆国际大酒店	广汉市成都路1号	2002.12
雅安市（8家）	1	雨都饭店	雅安市挺进路20号	2000.05
	2	雨城大酒店	雅安市沙湾路5号	2005.04
	3	天府温泉宾馆	雅安市孔坪乡	2004.10
	4	茗都花园酒店	雅安市名山县城新区	2005.04
	5	石棉大酒店	雅安市石棉县电力路29号	2004.09
	6	荥经饭店	雅安市荥经县繁荣下街45号	2005.04
	7	西康大酒店	雅安市临江路8号	2005.08
	8	二郎山宾馆	雅安市天全县安居南路1号	2005.08
广安市（3家）	1	天府饭店	广安市劳动街1号	2002.12
	2	宏云大酒店	华蓥市红岩大街	2003.12
	3	喜来大酒店	邻水县古邻大道东1号	2005.04
巴中市（2家）	1	江北宾馆	巴中市江北大道中段	2000.04
	2	恒丰酒店	巴中市江北大道中段	2000.11

续表 2－4

地区	序号	饭　店　名　称	地　　址	评定时间（年月）
攀枝花市（1家）	1	南山宾馆	攀钢南山村	1995.01
甘孜藏族自治州（3家）	1	格萨尔酒店	康定县西大街	2004.04
	2	贡嘎宾馆	甘孜州泸定县磨西镇	2003.06
	3	金山饭店	甘孜州泸定县磨西镇	2002.04
凉山彝族自治州（3家）	1	电信大酒店	西昌市长安西路长板桥头	2002.09
	2	教建酒店	西昌市城南大道人和路口西侧	2002.06
	3	金桥酒店	西昌市胜利路	2003.10
内江市（3家）	1	隆昌东方宾馆	内江市隆昌隆泸大道	1997.11
	2	威远大酒店	内江市威远县公园路 95 号	2002.01
	3	内江安泰山庄	内江市中区黄河湖开发区	2003.09
达州市（1家）	1	华夏大酒店	达州市通州区大北街 184 号	2002.11
眉山市（3家）	1	眉山宾馆	眉山市东坡区下西街 45 号	2003.09
	2	仁寿华生宾馆	眉山仁寿县江家坝群英街 20 号	2004.02
	3	银鹏酒店	眉山市东坡区三苏大道	2000.04
南充市（10家）	1	南充万泰大酒店	南充市铁欣路	1998.06
	2	明宇大酒店	南充北湖路 9 号	2001.06
	3	天龙大酒店	南充市果州大道金鱼岭路 292 号	2003.12
	4	东华大厦	南充市御林路 189 号	2004.05
	5	金龙大酒店	阆中市商城路 8 号	2000.12
	6	桃园国际大酒店	阆中市保宁醋街 36 号	2001.09
	7	安阁瑞酒店	阆中市张飞大道 94 号	2004.06
	8	金都大酒店	南部县新华路 186 号	2003.11
	9	陵江宾馆	南部县西街 48 号	2005.04
	10	蓬安相如宾馆	蓬安县相如大道 84 号	2004.05
广元市（2家）	1	广元宾馆	广元市烟波街 1 号	2002.07
	2	旺苍宾馆	旺苍县新华街 33 号	2005.04
乐山市（8家）	1	峨眉山凤凰湖宾馆	峨眉山市报国寺附近	2000.10
	2	峨眉山金顶大酒店	峨眉山金顶	2002.01
	3	峨眉山雄秀宾馆	峨眉山报国寺附近	2002.07
	4	峨眉山金叶宾馆	峨眉山报国寺附近	2003.06
	5	乐山嘉州宾馆	乐山市中区白塔街	1991.12

续表 2－4

地区	序号	饭　店　名　称	地　址	评定时间（年月）
乐山市（8家）	6	乐山山湾宾馆	乐山市中区碧山路18号	1999.01
	7	峨眉山嘉泰美大酒店	峨眉山市名山路东段181号	2005.09
	8	夹江蜀蓝大酒店	夹江县	2005.06
资阳市（2家）	1	花岛度假酒店	简阳市三岔湖花岛	2004.04
	2	安岳宾馆	安岳县正北街117号	2005.06
泸州市（2家）	1	巨洋泸州大酒店	泸州市江阳区江阳北路69号	2005.08
	2	泸州老窖大酒店	泸州市桂花街46号	2005.07
遂宁市（2家）	1	遂宁信合大酒店	遂宁市嘉禾西路1号	2005.12
	2	沱牌大酒店	遂宁市射洪县太和大道252号	2003.01

四川省二星级饭店一览表

（截至2005年年底）

表 2－5

地区	序号	饭　店　名　称	地　址	评定时间（年月）
成都市（38家）	1	玉带山庄	都江堰市青城山镇	2001
	2	银杏宾馆	都江堰市建设路282号	2004.03
	3	心族中旅饭店	成都市建设路276号	1994
	4	红楼大酒店	邛崃市文星街335号	1996.10
	5	阳光酒店	成都市春熙路东段1号	1996.12
	6	通惠门宾馆	成都市十二桥街7号	2004.06
	7	电信宾馆	成都市清河路口	1994
	8	攀钢蓉城大厦	成都市一环路北三段167号	1999.12
	9	柳城宾馆	温江文化路47号	1995.04
	10	惠山宾馆	大邑县城东壕沟北段	1995.07
	11	月亮湾酒店	都江堰市	1996
	12	花园饭店	成都市东风路27号	1996.01
	13	铁路宾馆	成都市火车北站西北桥东街4号	2003.11
	14	八一宾馆	成都市人民中路二段53号	1997.09
	15	金牛山庄	成都市金牛大道金苏路1号	1997.09
	16	雷剑宾馆	成都市武候祠大街87号	1997.03
	17	川影宾馆	成都市青年路21号	2003.12
	18	蓉城饭店	成都市陕西街130号	1998.11
	19	机场宾馆	双流国际机场	—
	20	成铁青城山培训中心	都江堰	2000.12

续表2－5

地区	序号	饭　店　名　称	地　　址	评定时间（年月）
成都市（38家）	21	太极商务宾馆	成都建设路58号	2001.01
	22	华阳大酒店	双流县华阳镇丁字街1号	2000.05
	23	民航宾馆	双流国际机场	2000.12
	24	创耀保健度假村	崇州市街子镇	2000.09
	25	金领宾馆	成都玉沙路80号	2002.12
	26	成飞青城山庄	青城山镇城沙坪村	2003.08
	27	帝殿宾馆	成都市大庆路68路	1996
	28	金地饭店	成都市德盛路89号	1995.04
	29	蜀秀宾馆	浦江县朝阳镇	1998
	30	珠峰宾馆	成都市上西顺城街107号	1990
	31	社保宾馆	成都市西大街258号	1998.08
	32	四川地税瑞丰苑宾馆	成都市新南路3号	2001
	33	成都文新酒店	成都市一环路东五段58号	2002.05
	34	川视宝光宾馆	成都市新都宝光大街126号	2003
	35	成都华茂特酒店	成都市站北路68号	2003.05
	36	成都广元宾馆	成都市营门口金房苑西路2号	2003.12
	37	成都天湖宾馆	成都市五丁路17号	2004.06
	38	都江堰华西饭店	都江堰市江安路180号	2005.12
乐山市（17家）	1	峨眉电力宾馆	峨眉山市岷山路东段48号	2001.11
	2	秀湖山庄	峨眉山峨秀镇秀湖旁	2002.04
	3	乐山仙岛大酒店	乐山市中区乌尤坝	2003.08
	4	乐山阳光新华宾馆	乐山市中区柏杨西路	2003.07
	5	夹江宾馆	夹江县建设路	1995.01
	6	乐山颐园宾馆	乐山市中区茶坊小区	2004.08
	7	峨眉山秀园宾馆	峨眉山市岷山路中段84号	2004.03
	8	峨眉山嘉鑫大酒店	峨眉山市绥山镇兴隆1号	2004.05
	9	峨眉山万年宾馆	峨眉山万年镇	2003.05
	10	峨眉山峨眉酒店	峨眉山佛光南路298号	2003.05
	11	峨眉山天秀饭店	峨眉山雷洞坪停车场	2005.09
	12	峨眉山民生饭店	峨眉山峨山镇黄湾乡雷洞坪	2004.12
	13	乐山九鼎宾馆	乐山市中区篦子街钓鱼台1台	2005.11
	14	峨眉山雷洞坪山庄	峨眉山雷洞坪停车场	2005.05
	15	峨眉山天鹅大酒店	峨眉山黄湾乡保国村5组	2005.05
	16	峨眉山奇秀居饭店	峨眉山雷洞坪停车场	2005.12
	17	峨眉山洋洋宾馆	峨眉山市黄湾乡万年村一组	2005.12

续表 2－5

地区	序号	饭　店　名　称	地　　址	评定时间（年月）
泸州市（9家）	1	天池山庄	泸州方山景区	2001.09
	2	汇丰饭店	泸州市工商局大楼	2002.08
	3	泸天化宾馆	泸州纳溪友谊路 200 号	2002.09
	4	金叶宾馆	泸州叙永环城大道中段	2005.06
	5	回归宾馆	泸州合江县少岷路中段	2004.04
	6	绿洲宾馆	泸州合江桂圆林 46 号	2003.01
	7	龙马宾馆	龙马潭区迎宾大道一段 1 号	2004.06
	8	龙城大酒店	泸县县城商业一街	2005.04
	9	金虹宾馆	泸州合江九支	2005.05
资阳市（5家）	1	奥林宾馆	简阳市建设中路 35 号	2002.12
	2	晨风大酒店	资阳市车城小区	2002.12
	3	银都大酒店	资阳市正东街 18 号	2003.07
	4	阳光大酒店	资阳市雁城路北段	2004.06
	5	金龙山庄	简阳市龙泉湖 2 号半岛	2004.11
广安市（7家）	1	紫金山大酒店	广安市城北建华路 1 号	2002.12
	2	星星宾馆	华蓥市渠江路 28 号	2002.12
	3	金安宾馆	广安市金安大道 200 号	2004.04
	4	北辰宾馆	广安区洪州大道东段 16 号	2003.08
	5	邻水梓园宾馆	广安市邻水县古邻大道 47 号	2005.05
	6	嘉都大酒店	广安市城南建安南路 36 号	2005.08
	7	广安金梅大酒店	广安市城南广宁路 509 号	2005.10
阿坝藏族羌族自治州（9家）	1	九安宾馆	阿坝州九寨沟县漳扎镇	2000.12
	2	四姑娘山宾馆	阿坝州小金县日隆镇	2002.12
	3	金珠大酒店	阿坝州小金县日隆镇	2002.12
	4	茂县宾馆	阿坝州茂县	1997.12
	5	中心大酒店	阿坝州茂县凤仪镇	2002.12
	6	红原宾馆	阿坝州红原县县城	2002.08
	7	四通源宾馆	阿坝州卧龙特区	2003.12
	8	马尔康饭店	阿坝州马尔康县金珠街 46 号	2005.01
	9	卧龙熊猫山庄	阿坝州卧龙特区	2005.01
绵阳市（20家）	1	金龙宾馆	绵阳市临园路西段 28 号	1994.01
	2	新世界宾馆	绵阳市临园路西段 30 号	1995.12
	3	金鑫大酒店	绵阳市临园路西段 23 号	1998.12
	4	华丰宾馆	绵阳市跃进路 36 号	2000.02
	5	新华饭店	绵阳市警钟街 7 号	2000.12
	6	银河大酒店	绵阳市临园路西段 33 号	2000.12

续表 2－5

地区	序号	饭　店　名　称	地　　址	评定时间（年月）
绵阳市（20家）	7	子云大酒店	绵阳市临园路西段26号	2001.05
	8	平武宾馆	平武县龙安镇政府街19号	2000.07
	9	富华大酒店	平武县小春坝开发区	2001.05
	10	猿王洞宾馆	北川县桂溪乡	2000.12
	11	富源大酒店	三台县团结水库	1999.09
	12	梓州宾馆	三台县解放上街57号	2000.06
	13	三台大酒店	三台县北坝镇文化路9号	2000.06
	14	信合大酒店	梓潼县文昌路南段	2000.12
	15	启明星西蜀宾馆	梓潼县崇文街东段30号	2003.07
	16	嫘祖宾馆	盐亭县新东街87号	2003.01
	17	东津酒店	绵阳市东津路45号	2004.06
	18	中洋仙泉酒店	绵阳市安县罗浮山风景区	2005.10
	19	剑南宾馆	绵阳市剑南路西段34号	2005.09
	20	金叶迎宾馆	三台县上东街	2005.12
自贡市（5家）	1	大西洋檀木林宾馆	自贡市自井区塘坎上路2号	1989.11
	2	邮电宾馆	自贡市自井区檀木林街77号	2003.03
	3	荣县高峰宾馆	荣县旭阳镇桂林街32号	2003.12
	4	春熙宾馆	自井区五星街81号	2003.10
	5	丹桂宾馆	汇东新区丹桂街142号	2005.06
德阳市（5家）	1	德阳东电宾馆	德阳市黄河西路189号	1997.06
	2	德阳市华西宾馆	德阳岷山路76号	2003.01
	3	中江美迪花园饭店	中江县小东街181号	1994.12
	4	中江新伍城大酒店	中江伍城东路15号	1998.09
	5	三星堆宾馆	广汉市中山大道南一段7号	2005.12
宜宾市（15家）	1	宜宾大酒店	宜宾市仁和街1号	2001.10
	2	金沙江宾馆	宜宾南岸蜀南大道西段	2002.11
	3	西苑宾馆	宜宾市复兴街13号	1994.08
	4	金苑宾馆	宜宾市慈善路128号	2004.09
	5	江南宾馆	宜宾市蜀南大道中段	2003.11
	6	哪吒宾馆	宜宾市翠屏路227号	2004.09
	7	天福宾馆	宜宾县锦丝路	2003.11
	8	竹海宾馆	长宁县万岭镇小桥	1997
	9	长宁观仙楼宾馆	长宁县万岭镇	2004.01
	10	君子宾馆	长宁县建设路83号	2002
	11	桔湘宾馆	长宁县竹海路2段	2003.11
	12	竹海大酒店	长宁县竹海路234号	2004.01

续表 2－5

地区	序号	饭　店　名　称	地　址	评定时间（年月）
宜宾市（15 家）	13	银峰宾馆	兴文县中城镇中山路	2002. 09
	14	兴文大酒店	兴文县中城镇建国大道	2003. 12
	15	宜宾建中宾馆	宜宾 273 信箱	2005. 08
雅安市（11 家）	1	雅安宾馆	雅安市东大街 121 号	1995. 12
	2	雅州宾馆	雅安市文化路 9 号	2001. 05
	3	美客美家宾馆	雅安市挺进路 266 号	2003. 08
	4	雅雨苑宾馆	雅安市多营镇	2002. 09
	5	龙井泉水山庄	雅安市蒙顶山	2003. 07
	6	石棉宾馆	雅安市石棉县人民路 81 号	2002. 10
	7	汉源庄园大酒店	雅安市汉源县富林镇新区	2001. 01
	8	汉源宾馆	雅安市汉源县富林镇解放街	2002. 10
	9	荥经古城大酒店	雅安市荥经县荥兴路西一段	2003. 12
	10	蒙顶山大酒店	雅安市名山县陵园路 382 号	2001. 05
	11	四川梦温泉酒店	雅安周公山温泉开发区	2005. 08
巴中市（6 家）	1	东华宾馆	巴中市东城街 123 号	2000. 10
	2	金穗宾馆	巴中平昌江口镇建设路 39 号	2000. 12
	3	南江县金惠宾馆	南江县南江镇光雾山大道 26 号	2003. 10
	4	巴中市明珠饭店	巴中市江北大道中段	2003. 09
	5	巴中金山宾馆	巴中市江北白云台	2005. 02
	6	巴中高望都宾馆	巴中市江北大道中段	2005. 12
甘孜藏族自治州（4 家）	1	海螺沟磨西饭店	甘孜州海螺沟景区	2001. 12
	2	道孚香巴拉宾馆	甘孜州道孚县	2003. 09
	3	炉霍县康北宾馆	炉霍县新都镇商业街	2005. 10
	4	炉霍县卡萨大酒店	炉霍县团结路	2005. 10
凉山彝族自治州（5 家）	1	泉茗酒店	凉山西昌市胜利东路 13 号	2001. 12
	2	冕宁宾馆	凉山冕宁县人民路 26 号	2004. 06
	3	德昌宾馆	德昌县东风路 32 号	2004. 07
	4	雷波溪洛渡大酒店	雷波县城	2004. 12
	5	冕宁邮电宾馆	冕宁县北街 106 号	2005. 10
遂宁市（7 家）	1	遂州宾馆	遂宁市遂州南路 43 号	1993. 01
	2	遂宁市新华大酒店	遂宁市遂州南路 259 号	2002. 06
	3	遂宁市宏源大酒店	射洪县太和大道中段 48 号	2002. 06
	4	遂宁市邮政宾馆	遂宁市遂州北路 1 号	2002. 06
	5	射洪县泰和大酒店	射洪县太和大道中段二号	2002. 10
	6	椰岛大酒店	大英天保街	2004. 12
	7	遂宁大英雅乐轩大酒店	—	—

续表 2－5

地区	序号	饭　店　名　称	地　址	评定时间（年月）
眉山市（7家）	1	彭山东方大酒店	眉山市彭山凤鸣中路 232 号	2000. 08
	2	洪雅万宏大酒店	眉山洪雅县滨河路东段 32 号	2000. 11
	3	彭山兴铁宾馆	眉山市彭山县彭祖大道北段 1 号	2000. 08
	4	润丰酒店	眉山东坡区凤翔路北段 55 号	2001. 10
	5	仁寿华凌大酒店	仁寿奎星街 118 号	2001. 11
	6	眉山金恒大酒店	眉山市下西街 58 号	2002. 06
	7	彭山仙女湖山庄	彭山县江口镇	2005. 04
内江市（3家）	1	内江宾馆（新楼）	内江市市中区玉带街 80—84 号	1994. 12
	2	隆昌金鹅宾馆	内江市隆昌县顺河街 11 号	1999. 06
	3	隆昌金谷大酒店	内江市隆昌县隆泸大道 10 号	2000. 10
攀枝花市（4家）	1	攀枝花东区阳光酒店	东区大河北路东方红二村	2003. 03
	2	米易科技宾馆	米易县城中街 81 号	2005. 02
	3	太阳风酒店	攀枝花市火车站对面	2005. 11
	4	交通宾馆	攀枝花市炳草岗新华街	2005. 11
达州市（3家）	1	达州富苑大酒店	达州市宣汉县熊家湾	2003. 05
	2	悦华大酒店	达州市通川中路 15 号	2006. 10
	3	德隆宾馆	渠县渠江镇工农街 2 号	2005. 11
南充市（6家）	1	蓬安宾馆	南充市蓬安县周口镇政府后街 4 号	2000. 09
	2	邮政宾馆	南充市阆中市育城路西段	2001. 08
	3	南充华龙大酒店	南充市铁昌路 22 号	2002. 07
	4	阆中金茂电信宾馆	阆中市新村路 21 号	2004. 04
	5	阆中鑫苑宾馆	阆中市张飞大道 44 号	2004. 12
	6	南充镇泰大酒店	南充市顺庆区	2006. 10
广元市（6家）	1	广元利州宾馆	广元市政府街 109 号	1995. 09
	2	广元剑阁宾馆	广元剑阁县普安镇小东街 9 号	2003. 02
	3	苍溪梨都宾馆	苍溪县陵江镇刘家巷 22 号	2003. 09
	4	广元市劳动大厦	广元市利州东路 667 号	2004. 03
	5	广元中源宾馆	广元市转盘路	2004. 08
	6	青川宾馆	青川县乔庄镇政府街 8 号	2004. 08

四川省一星级饭店一览表

（截至2005年年底）

表2－6

序号	饭　店　名　称	地　　址	评定时间（年月）
1	成都光明宾馆	成都市东郊麻石桥	1989.09
2	成都交通饭店	成都临江路77号	1991.09
3	安州宾馆	绵阳安县安昌镇大西街79号	2000.02
4	福鑫大酒店	三台县鲁班湖	2000.06
5	团山宾馆	江油市武都镇中武路	2000.12
6	马记大酒店	江油市北大街西段昌明路	2000.12
7	万源大酒店	江油市人民中路50号	2000.12
8	盘江宾馆	江油市含增镇	1993.11
9	内江宾馆（1号楼）	内江市玉溪路1号	1989.09
10	内江钟楼饭店	内江市中央路105号	1989.09
11	达县宾馆	达州市文化街79号	2001.12
12	荣县荣州宾馆	自贡市荣县桂林街125号	1997.03
13	自贡中信大饭店	自贡市解放路126号	1999.10
14	富顺大酒店	自贡市富顺县解放街313号	2002.01
15	自贡富顺吉安大酒店	自贡富顺县西大街二段22号	2002.10
16	自贡东方锦苑宾馆	自贡五星街黄楠坪路103号	2003.02
17	富顺鸽王大酒店	富顺县富世镇金山社区	2005.01
18	颐园宾馆	乐山柏杨路茶坊小区	—
19	新华宾馆	乐山市中区柏栖西路一号	2001.04
20	米易宾馆	攀枝花市米易县	2001.03
21	青龙康乐园宾馆	攀枝花市鱼塘乡青龙山	2000.12
22	凉山州精诚大大酒店	冕宁县城厢镇人民路24号	2002.07
23	广安金安宾馆	广安市城南金安大道200号	2003
24	康定塔公宾馆	甘孜藏族自治州康定塔公	2003.08
25	青神中岩大酒店	眉山青神县南街50号	2004.10
26	高城宾馆	甘孜藏族自治州理塘县	2005.08
27	理塘高原明珠酒店	甘孜藏族自治州理塘县	2005.08

说明：表2－2至表2－6四川星级饭店名录中各星级饭店的数量与《中国旅游统计年鉴》的四川相应星级饭店的数量不同，以《中国旅游统计年鉴》为准，见本书第五篇第四章第一节

资料来源：省旅游局档案资料

三、创建绿色饭店

创建绿色饭店（以下简称“创绿”）是根据科学发展观的要求，以可持续发展的理念，将环境保护融入饭店建设和管理之中，促进企业合理利用资源、降低环境污染、提供绿色产品、倡导绿色

消费、赢得消费者信任和市场竞争优势的重大举措。为此，四川省旅游局和四川省旅游协会于2002年5月正式推出了在全省创建绿色饭店的实施方案。该方案提出《四川省绿色饭店基本条件》及报名、申报评审、评定办法，并确定绿色饭店的评定由省旅游协会负责组织实施，接受省旅游局、省环保局、省质量技术监督局的监督指导。2002年6月，省旅游协会组建了“绿色饭店评审委员会”和评审工作班子，编制“创绿”评审工作细则和具体的评查标准。10月15日，省旅游局和省旅游协会在成都召开“创绿”会议，参加会议的有各市、州旅游局有关负责人和报名申报“创绿”的43家饭店的负责人。会上，省旅游协会对“创绿”的基本条件、评定办法、自查及申报程序等作了详细说明。此后，陆续有饭店报名参加“创绿”，累计达52家。

《四川省绿色饭店基本条件》的主要内容是绿色管理、能耗管理、水资源管理、环境保护、绿色客房、绿色餐饮、社会效益和经济效益、服务质量和安全责任等八个部分。根据这些条件，“创绿”单位必须制订“创绿”计划，对能源消耗设备进行改造，以节约水、电、气等资源，减少排污；增添治污设施，净化环境；植树种花，美化环境；降低客房和餐饮部低质易耗品消耗、节约开支等环保措施，从而达到在保证服务水准的前提下，降低消耗、提高环境效益的目的。2002年年底，有15家“创绿”单位自查合格，申请评审，经四川省绿色饭店评审委员会评审通过，决定授予锦江宾馆等14家饭店为四川首批绿色饭店，并于2003年4月16日在四川省旅游协会第五届第一次全体理事会上正式给首批14个绿色饭店颁证、授牌。分别是四川锦江宾馆、绵阳市桃源大酒店、成都总府皇冠假日酒店、成都天友国际酒店、天府丽都喜来登饭店、成都博瑞花园酒店、四川岷山饭店、攀枝花宾馆、四川宾馆、成都电信宾馆、绵阳市绵州酒店、成都太极商务宾馆、四川新华国际酒店、四川蜀兰大酒店。

四、创建主题酒店

主题酒店是旅游饭店在装修设计时以某种文化品牌为主题进行包装，突出酒店的文化特色。主题酒店的个性在于某一主题下营造相应的文化背景，给客人留下深刻的印象和与众不同的经历。四川首家主题酒店是创立于2003年的青城山鹤翔山庄。该酒店位于青城山麓，原为都江堰市委招待所，后由四川省农业银行收购。在装修设计中，酒店决定以青城山道教文化为主题进行全面改造，以道教“清静无为”的思想为主导，在客房装饰、园林布景、餐饮设计等方面突出道教的养生理念，并配以道教的武术、气功等实验、健身场地，使酒店具有浓郁的道家文化氛围。山庄共有100间客房，更新改造花费600余万元，整体面貌焕然一新，深受游客好评。鹤翔山庄因此特色而获得国家旅游局星评委的好评，被评为四星级旅游饭店，获得“特色四星”知名品牌。之后，位于成都市一环路西一段、与成都武侯祠相距不远的京川宾馆，以三国文化为主题对宾馆装修改造，将其打造成一座具有三国蜀汉文化特色的主题酒店，并于2004年11月被评为四星级旅游饭店。

对主题酒店进行资格认证的机构有：中国旅游文化资源开发促进会、国际主题酒店研究会、品牌中国产业联盟等。经这些机构认证的四川其他主题酒店还有以下9家。

成都西藏饭店，被认证为藏文化主题酒店；九寨沟喜来登国际大酒店，被认证为藏羌主题文化酒店；成都天辰楼宾馆，位于成都杜甫草堂附近，被认证为杜甫主题文化酒店；四川爱乐酒店，即四川音乐学院所建川音大厦，被认定为音乐主题文化酒店；成都合江亭翰文酒店，被认证为亭文化主题酒店；温江鱼凫国都温泉大酒店，被认证为温泉文化主题酒店；成都芙蓉丽庭酒店，被认证为芙蓉花主题文化酒店；南充团结商务大酒店，被认证为丝绸文化主题酒店；雅安西康大酒店被认证为首家中国茶文化主题酒店。

第二节　旅游餐饮娱乐设施

一、餐饮设施

旅游餐饮是旅游六要素中的重要组成部分。四川的餐饮资源丰富，川菜、川酒、川茶享誉海内外。旅游业的兴起为川菜、川酒、川茶开辟了一个庞大的内需市场，旅游餐馆、酒肆、茶楼在各旅游中心城市、重要游客集散地、重要景区及旅途中的重要集镇迅猛发展起来。为加强对餐饮业的管理，2003年以前，省旅游局根据国家旅游局有关文件规定对所有从事旅游接待的餐馆、酒楼等实施定点管理，只有纳入定点的餐馆、酒楼、茶楼，才能接待旅游团队。后随着旅游业的不断发展，餐馆、酒楼定点管理已不适应旅游业发展形势需要，取消了定点管理办法。据1986年的统计资料，当年全省国际旅游业共创汇6600多万元外汇人民币，其中，餐饮服务业创汇440多万元，占全部旅游创汇的6.7%。国内旅游收入中，餐饮部分所占比重更大。

20世纪90年代以后，全省旅游餐饮业投资扩张较快，集中分布在三大区域。

（一）旅游中心城市的餐饮业

除传统名餐馆，如成都的耀华餐厅、荣乐园、芙蓉餐厅、竞成园等迅速扩张外，出现了一批新的餐饮品牌，如成都的皇城老妈火锅、巴国布衣等，一批餐饮特色街区，如成都的羊西线、科华北路等餐饮一条街。一批靠江河的城市，如乐山、宜宾、泸州、南充等的江边兴起了船上餐厅，成为江边的一道风景线。泸州市的餐饮企业有19家被泸州市旅游协会、泸州市烹饪协会评为“旅游团队推荐单位”。

（二）旅游途中兴起一批特色餐饮集镇

如成都至九寨、黄龙途中的汶川镇、茂县城关、川主寺镇，都是因为给过路旅游客人提供餐饮服务而发展起来的新兴集镇，以藏羌餐饮为特色。还有九寨沟景区的章扎镇、小平故里景区的牌坊村、青城山景区的青城山镇等也都是为景区游客服务而发展起来的集镇，以餐饮、娱乐、住宿为主体，不仅壮大当地旅游经济，还解决大量农民就业问题。

（三）城市周边和重点景区附近兴起的“农家乐”集群

一个城市近郊的“农家乐”少则数百家、多则数千家，其主要功能仍是为游客提供餐饮娱乐服务，以农家菜为特色。“农家乐”的投资主体基本上是民间资金。成都市锦江区的“三圣花乡”，则是在政府资助下由当地农民投资建成，已成为成都实施“城乡统筹”发展的典范工程。城市周边和景区附近的许多“农家乐”还和度假村融为一体，为此，成都、攀枝花、雅安等市旅游管理部门制定“农家乐”星级或等级标准，评定后向社会公布，促进了“农家乐”的升级改造，完善配套设施，一批农家乐向乡村酒店方向发展。据攀枝花市统计，截至2005年年底，全市共评定了特级“农家乐”7家，一级“农家乐”13家，二级“农家乐”18家，三级“农家乐”8家。具有代表性的“农家乐”有青龙山庄、紫荆花度假村、白娜姑民族风情度假村、康正农家乐、金叶度假村、陈家大院、欣源农庄等。

二、娱乐设施

娱乐也是旅游六大要素之一。20世纪80年代，四川的旅游娱乐设施以传统的川剧、曲艺、杂技等项目为主体。90年代以后，传统娱乐设施逐步被现代娱乐设施所取代。主要分为两大类。

（一）宾馆、饭店以及重点旅游景区兴建的娱乐设施

1. 歌舞表演类。档次比较高的有锦江宾馆艺术团的演出活动，以民间歌舞为主；岷山饭店的大歌厅，以表演开心逗笑节目为特色；西藏饭店的红宫歌舞厅，藏式风格装修，以表演藏族歌舞为特色；九寨沟宾馆的演出队伍是一支专业和业余结合的团队，演出场地设施和歌舞节目突出了藏羌文化特色；成都西郊的世界乐园，占地500亩，投资23亿元建成，不仅荟萃10处世界著名景观，其文化娱乐活动还汇聚世界各地具有代表性的民族风情，曾经红火了10余年，进入21世纪后开始萧条。

2. 文化娱乐类。主要有夜总会、舞厅、卡拉OK厅、棋牌室等娱乐设施，各宾馆、饭店基本上都配备有此类设施，属游客参与型。

3. 体育健身类。主要有游泳馆、保龄球馆、健身房，网球场等，四星级以上旅游饭店都配备有此类设施，供游客锻炼身体、健身用。

（二）其他行业兴建的娱乐设施

这些设施遍布各旅游中心城市城区大街小巷，品种齐全，规模宏大，形成一大产业。有的娱乐设施与餐饮融为一体，对游客更具吸引力，比较有代表性的大型娱乐场所有：

成都市的“声雅廊夜总会”（纯欧洲式设计风格）、“大都夜总会”（以演出队伍和酒文化相结合为特色）、“鑫磊俱乐部”（营业面积3000平方米、大型综合性娱乐场所）、“王府歌宴”（高档餐饮与歌舞表演相结合）、“空瓶子啤酒馆”（占地1100多平米，是一所集娱乐、休闲、健身为一体的开放式会所酒吧）、“半打啤酒馆”“美高美国际娱乐会所”（营业面积近7000平方米，装饰集欧陆风格与现代艺术为一体）、“天涯歌舞厅”（营业面积1500多平方米，拥有一个由省、市歌舞团、峨影乐团的精英组成的室内乐团、装饰豪华富丽，格调高雅）。

乐山市的大型文化娱乐设施大都沿江并依托旅游景区兴建而成，如“乐山红船渔楼”“嘉定坊”“青衣里”“望月堂”“九龙滩”等，除设有娱乐设施外，还有餐饮、茶舍、旅游商场等服务内容，有的还具有园林、景观功能。

宜宾市旅游局、文化局十分重视旅游餐饮娱乐设施建设，共同行文将“江之头河鲜馆”“华荣酒店”认定为旅游定点歌舞餐厅，以引导、规范旅游餐饮娱乐设施的建设和发展；市建设局同旅游局一道行文将市区滨江路、东街、人民路、北通道、民主路、冠英街等九条旅游餐饮、娱乐、购物相对集中的街区确定为具有旅游价值的街区。

德阳市的旅游娱乐设施建设与文化、体育项目建设紧密结合，基本上能满足各种层次旅游消费者的需求。除市区内的各项娱乐设施外，比较大型的娱乐场地有“四川文化娱乐城”，内设有水上乐园、观览车、死海漂浮、河谷高尔夫、机械狂牛、欢乐剧场等数十个参与性娱乐项目。另有2003年4月建成的“西部惊奇欢乐谷”，位于什邡市蓥华山景区，除独特的自然景观外，以其惊、险、奇、绝的娱乐节目吸引来自省内外的大量游客。

南充市除星级饭店内的娱乐设施外，市内较有名的大型娱乐设施有：九天歌城、焦点俱乐部、好莱坞歌城、天马歌城、声浪歌城、高美高歌城、罗马假日、顶级酒吧、名典茶坊等十多处。

攀枝花市建成的大型旅游娱乐设施有：“鑫岛娱乐”，内有水上电影、迷宫、划船、造波池、高滑池等游乐设施及配套设施。“攀枝花长江国际漂流培训基地”，内有文化公园、漂流博物馆、“漂流者之林”、健身设施等，其主体项目“万里长江第一漂”——金沙江漂流，惊险刺激，对国内外游客

有较大吸引力。“宇森酒保”，内设酒道馆、茶道馆、石道馆，是一处集鲜果采摘、自酿果酒、奇石观赏、民族风情表演于一体的农业生态游乐园。

第三节　游客接待（服务）中心与会展场馆

一、游客接待（服务）中心

游客接待（服务）中心，主要是通过多种渠道为游客提供吃、住、行、游、购、娱等各方面的旅游咨询服务和其他相应的配套信息咨询服务。1997—1998 年，世界旅游组织的旅游规划专家在着手制定《四川省旅游发展总体规划》时，明确提出要在旅游中心城市和重点旅游景区建立游客接待（服务）中心的问题。此后，部分旅游中心城市和重点旅游景区开始把建设游客接待（服务）中心提上议事日程。1998 年，省旅游局成立四川省旅游信息中心和四川旅游咨询服务中心，并与全省各旅游单位联网，互通信息，为游客提供全方位服务。成都市建立成都散客旅游服务中心。服务中心可以通过高速互联网系统、多媒体演示系统、旅游信息自动发布系统等高科技手段为游客提供服务。同时，乐山、绵阳、广安、攀枝花等旅游中心城市的旅游管理部门还在本市的游客集散地（航空港、车站、码头、重点景区）设立旅游咨询服务中心，仅广安市区就兴建旅游咨询服务中心（游客中心）17 个，为游客提供询问、酒店代订、旅行社预约、代办旅游交通、票务以及投诉等多种服务。

成都主要旅游网站及信息服务网站一览表

表 2－7

名　　称	网　　址	承建单位
四川旅游信息网	http：//www. scta. gov. cn	四川省旅游局
四川成都旅游网站	http：//www. travelwz. com	四川省中国青年旅行社
天府热线	http：//www. tyfui. com	中国电信天府热线
西部假期	http：//www. west－holiday. com	四川西部假期旅行社有限公司
梦之旅—四川游	http：//www. dreams－travel. com	成都神州国旅
西部之旅	http：//www. westtour. net	四川省中国旅行社
成都奥妙之旅	http：//www. aaa－nnn. com	成都奥妙之旅经济文化发展有限公司
天府旅游	http：//www. th77. com	四川省中青旅外商分社
成都旅游网	http：//www. 77sc. com	成都蓝湖国际旅行社
四川旅游网	http：//www. 517sc. com	成都倚天科技

全省各主要旅游景区都建立游客接待中心。重点项目有以下 7 个。

峨眉山游人中心 2000 年建成，建筑面积 1600 平方米，投资 600 万元；2001 年，改建峨眉山博物馆，建筑面积达 6700 平方米，投资 1500 万元，博物馆建成后重新进行了布展陈列，内容更丰富全面；2002—2003 年又投资 1200 多万元新建了占地 300 亩的珍稀植物园和集休闲、集会、文艺表演、观水赏景于一体的迎宾广场，使游客接待中心的功能更加完善。

九寨沟游客接待中心2001年投资近亿元建成，占地6000平方米，包括游客服务中心和九寨沟博物馆等部分，主要功能是：除对游客提供服务外，还对游客行为进行引导、启发，介绍九寨沟的知识等，因被称为九寨沟的“浓缩版”。

黄龙景区游客接待中心2003年建成，包括旅游服务、黄龙景区博览（详细介绍黄龙景区的历史与现状，普及钙华景观方面的知识）、餐饮娱乐等各类服务设施。

阆中古城游客接待中心位于阆中市滨江路中华阆天城一楼，2005年建成。内设有综合办公室、导服中心、票务中心等服务机构，配有50余名导游讲解人员和20多名票务人员，每天能接待游客5000人次以上。中心配有大型停车场，可同时接纳200辆大客车和200辆小车停放。

攀枝花格萨拉游客接待中心位于格萨拉景区正门，占地面积80亩。包括咨询服务、客房、餐厅、专业演艺大厅、会展和康体娱设施等。2004年，中心二期工程开工，计划将该中心将成为昆明—攀枝花—泸沽湖旅游线路上重要的游客中转站和集散地之一。

蜀南竹海西大门游人中心于2003年建成，占地7500平方米，是一座具有川南民居风格的综合楼，集旅游咨询服务、住宿、购物于一体。

蜀南竹海东大门游人中心占地2600平方米，能提供旅游咨询服务、住宿、购物等服务项目。2003年10月竣工，共投入资金1300余万元。

二、会展场馆

会展（会议和展览）旅游是现代旅游的一个高端旅游项目，品质和消费价值较高，常与商务旅游结合，旅游发达国家和地区、大城市和中心城市十分重视会展旅游。

四川的会展旅游在20世纪90年代中期处于初创阶段，主要是利用原有展览场地和高星级宾馆的会议中心这类场馆资源。从20世纪90年代后期开始，成都等重点旅游城市开始重视现代意义上的会展场馆建设。成都市的加州会展中心是全省建成的第一座大型会展场馆，展场面积达1万余平方米，并建有加州花园酒店等五星级的住宿设施和商场、茶楼、演出场地、娱乐设施等配套项目，承接国内外高端会议、论坛和大型展览。21世纪初，该投资集团又在成都南郊的天府大道旁兴建了一座规模更大的新世纪会展中心，单馆面积1万平方米，展场总面积10万平方米。于2005年开馆，已承接国际、国内和省内的一些大型展览项目。

除成都的会展场馆项目外，其他城市和景区兴建的会展场馆项目有以下3个。

攀枝花会展中心于2005年建成投入使用。建筑总面积23800平方米，拥有大会堂、报告厅、国际会议厅等不同功能和不同风格的大小会议室21个，可同时容纳2300余人进行政务、商务活动。建筑设计新颖、装饰华丽，配备有计算机签到、表决、计算系统和同声翻译等先进设备和完善的服务设施。会展中心与攀枝花宾馆配套，能提供住宿、餐饮、旅游、交通等一条龙服务。

南充市会展中心位于嘉陵区光彩大市场，2005年建成投入使用，总建筑面积达3万平方米。

广安市会展中心位于广安市城南开发区金安大道最高处，2000年建成，占地面积3万多平方米，建筑总面积16030平方米，为四层框架结构，是广安市区一座标志性的大型建筑。会展中心建成后，多次接待过大型会议。2004年邓小平百年诞辰之际，中央电视台“心连心”艺术团大型文艺节目在此上演。

第三篇 旅游客源市场开发

旅游客源市场，指旅游者初始出发进行旅游活动的地域范围。旅游客源市场分为境外客源市场和国内客源市场两大块，以及若干市场细分。

旅游客源市场开发，指对旅游客源市场进行分析研究，加深对客源市场的认识与了解，有的放矢地开展客源招徕及宣传促销活动，进一步开拓客源市场，从而推动旅游业发展。

第一章　境外旅游客源市场

境外旅游客源市场，亦称海外旅游客源市场，指入境旅游客源所在的国家和地区，即到四川旅游的入境旅游者所在的国家，以及中国的台港澳地区。

第一节　市场分类

一、客源量

根据境外客源市场的旅游者数量，四川境外旅游客源市场分为三级市场。

一级市场是主体市场，以台港澳地区、日本、美国、新加坡、韩国、马来西亚、泰国为主，是四川最大的海外客源市场，客源数量众多，以单体客源市场比较，台湾市场、日本市场、美国市场一直居于前3位。一级市场是旅游客源市场开发的重点。

二级市场是重要市场，以德国、英国、法国等国家为主，是四川传统的稳定的客源市场。1988—2005年的18年间，德国、英国和法国一直居于四川省前10位旅游客源国家之中。二级市场的入境旅游者消费水平高，能带来较好的经济效益，对旅游服务质量的要求较高，是积极发展的旅游客源市场。

三级市场是新兴市场和潜在市场，以加拿大、澳大利亚、俄罗斯等国家为主，市场发展快，发展前景好，是大力开拓的旅游客源市场。

二、大洲区位

根据客源市场的大洲区位，四川旅游客源市场分为亚洲、欧洲、美洲、大洋洲四个大块，以亚洲、欧洲、美洲为主，三大洲合占境外市场份额的90%以上。

亚洲市场 1986—2005年20年间，亚洲市场有13年占大洲区位市场之首位，1994—2005年，亚洲市场客源量超过其他大洲市场之和。亚洲市场所占的份额大，增速快，其中中国台湾市场，日本、泰国、新加坡、韩国、马来西亚等是主要客源市场。

欧洲市场 1986—1992年7年间，欧洲市场居首位，1993—2000年稳居第二位，到川旅游人数总体呈平稳增长态势，其中法国、德国、英国等是四川的主要海外客源国家。

美洲市场在大洲市场中居第三位，其中1986—1988年3年超过亚洲市场，2001—2004年4年超过欧洲市场，其中美国一直是四川的主要海外客源国家，加拿大一直是重要的客源市场国。

大洋洲市场到川旅游人数相对较少。

1986—2005 年四川省入境旅游分大洲统计见表 3－1。

1986—2005 年四川省入境旅游分大洲统计表

表 3－1 单位：人次

年 份	亚 洲	欧 洲	美 洲	大洋洲	其 他
1986	26256	36171	27190	4899	11233
1987	31342	47361	31436	4731	14014
1988	24240	42549	26406	4340	11191
1989	14822	22272	11399	2494	1921
1990	22397	25277	11133	2346	1734
1991	31809	32463	15997	2196	8975
1992	42068	43152	24532	2733	12186
1993	55660	45573	23273	5352	4004
1994	117850	64716	41834	6841	2235
1995	131407	59340	42505	6069	3910
1996	65813	28133	17638	3462	2894
1997	92660	29529	18982	3908	2576
1998	82553	34047	24148	4140	2905
1999	113654	31808	24994	4984	4129
2000	113497	38160	35553	4723	7778
2001	177161	42856	44686	6832	9411
2002	287966	53541	56164	7506	6324
2003	166877	33207	34622	5857	3470
2004	385989	67179	68075	10061	12107
2005	474987	94965	84911	13069	14721

说明：1995 年以后数据不包括重庆市

资料来源：《四川旅游统计便览》

三、台港澳客源市场与外国客源市场

在境外旅游客源市场中，中国台港澳客源市场和外国客源市场比较，1986—2005 年台港澳与外国到川旅游统计见表 3－2。

1986—2005 年台港澳与外国到川旅游人数比较表

表 3－2　　单位：人次

年　份	外　国	中国台、港、澳地区
1986	105749	33670
1987	128884	45959
1988	108726	58879
1989	52908	47374
1990	62887	129326
1991	91440	173391
1992	124671	251126
1993	133862	201110
1994	237232	129435
1995	102403	56510
1996	117940	60230
1997	148088	119293
1998	147793	141301
1999	179569	186881
2000	199711	262441
2001	280946	293810
2002	411501	255723
2003	244033	206910
2004	546817	419383
2005	682663	380096

资料来源：《四川旅游统计便览》

1986—2005 年，两个客源市场总体呈交叉上升态势，其中有 13 年外国客源市场超过台港澳客源市场，有 7 年台港澳客源市场居上，超过外国客源市场。

第二节　台港澳客源市场

台港澳市场一直是来川入境旅游市场的重要市场，在四川入境旅游市场占有重要地位。中国台港澳地区毗邻中国大陆，同胞亲情，使台港澳市场既有现实的优势，又具有良好的发展前景，是四川入境旅游的主要的基础客源市场。

1986—2005 年，台港澳同胞到川旅游人次有 7 年超过外国人到川旅游人次。台港澳客源市场在全省入境客源市场的比重，有 3 年在 60% 以上，其中比重最大的为 1990 年的 66.68%。1986—2005 年台港澳到川旅游人数统计见表 3－3。

1986—2005 年台港澳同胞到四川旅游人数统计表

表 3－3　　　　单位：人次

年　份	台港澳同胞到川旅游数量		占全省入境市场的比重%	其中台胞人数
	人　数	增长（%）		
1986	33670	46.3	23.62	未开放台胞来大陆
1987	45959	36.5	25.46	未开放台胞来大陆
1988	58879	28.1	34.47	21882
1989	47374	－19.5	46.74	31041
1990	129326	173.0	66.68	104332
1991	173391	34.1	64.63	130032
1992	251126	44.8	65.71	178116
1993	201110	－19.9	59.54	128028
1994	129435	－35.6	35.17	68664
1995	56510	—	35.40	30715
1996	60230	6.6	33.57	33940
1997	119293	98.1	43.97	87405
1998	141301	18.4	48.63	103158
1999	186881	32.3	50.04	141400
2000	262441	40.4	56.79	219115
2001	293810	12.0	51.12	204827
2002	255723	－13.0	38.33	193614
2003	206910	－19.1	45.88	130503
2004	419383	102.7	43.41	254110
2005	380096	－9.4	35.77	240221

说明：1995 年以后的数据不包括重庆市，因而与上年无可比性

资料来源：《中国旅游统计年鉴》

台湾市场是四川最重要的海外客源市场。1988 年，台湾当局开放台胞到大陆探亲、旅游，当年到四川旅游的台胞达 2 万多人次，超过日本市场；1990 年猛增，连续 4 年超过 10 万人次。由于“千岛湖事件”影响，1994 年以后有所下降。1998 年恢复至 10 余万人次，2000 年超过 20 万人次，2005 年超过 24 万人次。

1988—2005 年，台胞到川旅游有 12 年超过 10 万人次，其中有 4 年超过 20 万人次。

1988—2005 年，台湾客源市场与外国客源市场相比，1990 年、1991 年、1992 年、2000 年台胞到川旅游人数超过到川旅游外国人数的总和。台湾市场与四川最大客源国家日本相比，仅 1995 年台胞到川旅游人数略少于日本市场，其余年份均超过日本来川旅游人数。从单个海外客源市场比较，台胞市场是四川入境旅游第一客源市场。

第三节　外国客源市场

一、市场概况

1986—2005 年，四川省外国旅游客源市场快速发展，形成以日本、韩国和东南亚市场为主体，北美市场、欧洲市场为两翼的市场结构体系。

外国旅游客源市场，1986—2005 年，年平均增长 28%，其中，增幅最大的是 2004 年，与 2003 年相比增长 124.1%。2000 年以后，外国旅游客源处于增长高峰期，除 2003 年之外，每年增长 10 多万人次（其中 2004 年比上年增长 30 余万人次）。

1986—2005 年，外国客源市场在全省入境客源市场的比重，有 13 年超过 50%，其中有 2 年超过 70%，比重最大的为 1986 年的 74.18%；有 6 年的比重在 60%—70% 之间；有 5 年的比重在 50%—60% 之间。

全省接待外国人情况统计见表 3－4。

1986—2005 年四川省接待外国人统计表

表 3－4　　　单位：人次

年份	外国人		
	接待人数（人）	增长（%）	占全省入境市场比重（%）
1986	105749	74.2	74.18
1987	128884	21.9	71.41
1988	108726	-15.6	63.65
1989	52908	-51.3	52.20
1990	62887	18.9	32.43
1991	91440	45.4	34.01
1993	133862	7.4	39.63
1994	237232	77.2	64.46
1995	102403	—	64.14
1996	117940	15.2	65.74
1997	148088	25.6	54.58
1998	147793	-0.2	50.86

续表 3－4

年份	外国人		
	接待人数（人）	增长（%）	占全省入境市场比重（%）
1999	179569	21.5	48.09
2000	199711	11.2	43.21
2001	280946	40.7	48.88
2002	411501	46.5	61.67
2003	244033	－40.7	54.12
2004	546817	124.1	56.59
2005	682653	24.8	64.24

说明：1995 年以后的数据不包括重庆市，因而 1995 年与上年无可比性
资料来源：《中国旅游统计年鉴》

二、市场结构

（一）1986—2005 年前 10 位客源国家

外国客源市场涉及 100 余个国家。比较稳定的客源国主要有日本、美国、泰国、新加坡、韩国、马来西亚、法国、德国、英国、意大利、荷兰、加拿大、澳大利亚、瑞典、瑞士、西班牙等 20 余个国家。1986—2005 年，日本有 17 年在外国客源市场中居第 1 位，有 3 年居第 2 位；美国有 3 年居第 1 位，有 11 年居第 2 位。到川旅游主要海外客源国家情况见表 3－5。

1986—2005 年四川入境旅游前 10 位客源国家统计表

表 3－5 单位：人次

位次		1	2	3	4	5	6	7	8	9	10
1986年	国别	美国	日本	德国	法国	英国	澳大利亚	瑞士	意大利	加拿大	瑞典
	人数	24135	21390	10438	7885	5543	4126	2684	2550	2455	2324
1987年	国别	美国	日本	德国	法国	英国	加拿大	澳大利亚	意大利	瑞士	新加坡
	人数	27073	25917	14021	12274	6629	4266	3868	3718	3707	3206
1988年	国别	美国	日本	法国	德国	英国	加拿大	澳大利亚	瑞典	意大利	新加坡
	人数	22508	18744	11799	10949	6665	3749	3433	2949	2882	2848
1989年	国别	日本	美国	法国	德国	英国	澳大利亚	瑞典	瑞士	加拿大	荷兰
	人数	10524	9692	7006	4116	3363	1893	1555	1507	1473	1215
1990年	国别	日本	美国	法国	德国	英国	意大利	新加坡	加拿大	澳大利亚	泰国
	人数	14747	8930	5713	5578	3764	3219	2380	1762	1713	1590
1991年	国别	日本	美国	德国	法国	英国	意大利	新加坡	荷兰	加拿大	澳大利亚
	人数	22998	13591	6924	5862	5321	4478	1697	2684	2406	2196

续表3－5

位次		1	2	3	4	5	6	7	8	9	10
1992年	国别	日本	美国	德国	法国	新加坡	英国	意大利	马来西亚	加拿大	澳大利亚
	人数	26171	21049	14288	9984	6881	6673	4862	3894	3483	2733
1993年	国别	日本	美国	法国	德国	新加坡	英国	马来西亚	加拿大	意大利	泰国
	人数	26228	18323	14236	12039	9928	6187	4754	3789	3468	3161
1994年	国别	日本	美国	新加坡	德国	法国	马来西亚	英国	加拿大	泰国	意大利
	人数	61919	33505	24175	17992	17168	10768	9632	5985	5633	5075
1995年	国别	日本	美国	新加坡	德国	法国	马来西亚	英国	泰国	韩国	印尼
	人数	72171	36133	21546	17188	13316	13012	8910	6486	5717	5290
1996年	国别	日本	美国	新加坡	马来西亚	德国	法国	泰国	英国	韩国	澳大利亚
	人数	87433	51946	28829	23404	18998	14964	13217	9485	8000	5584
1997年	国别	日本	新加坡	泰国	美国	马来西亚	德国	法国	英国	韩国	加拿大
	人数	32338	19511	17175	14808	7335	7148	5684	4963	4032	2800
1998年	国别	日本	新加坡	美国	泰国	德国	法国	英国	荷兰	马来西亚	韩国
	人数	29548	23981	20392	12352	6428	6158	6167	4373	3824	3069
1999年	国别	日本	新加坡	美国	泰国	马来西亚	德国	英国	法国	韩国	荷兰
	人数	37413	32355	20408	21523	9793	6541	5654	5454	4021	3916
2000年	国别	日本	美国	泰国	新加坡	马来西亚	德国	英国	法国	韩国	荷兰
	人数	47449	30433	21632	16179	12657	8510	7078	6568	5281	4982
2001年	国别	日本	美国	泰国	新加坡	韩国	马来西亚	英国	德国	法国	加拿大
	人数	91270	36837	30385	16846	15179	9070	8764	8000	7372	6164
2002年	国别	日本	泰国	美国	新加坡	韩国	马来西亚	德国	英国	加拿大	法国
	人数	152794	51964	45411	23839	23685	17390	11824	10548	8738	8488
2003年	国别	日本	美国	新加坡	泰国	韩国	马来西亚	德国	英国	加拿大	法国
	人数	64678	26719	24873	30473	19946	12708	7718	6940	5910	5065
2004年	国别	日本	新加坡	美国	泰国	马来西亚	韩国	英国	法国	德国	加拿大
	人数	149557	63857	56831	54832	48303	37961	16320	13376	11931	8056
2005年	国别	日本	新加坡	美国	马来西亚	韩国	泰国	德国	英国	法国	加拿大
	人数	154515	73926	69897	68000	62980	58012	19497	18673	17733	11200

说明：1996年以前的数据含重庆市
资料来源：《四川旅游统计便览》

（二）主要客源国家

外国客源市场重点客源国分布在亚洲、美洲、欧洲、大洋洲等，亚洲的国家到川旅游人数居主导地位。

1. 亚洲主要客源国家

（1）日本

日本是四川入境旅游的最大客源国家，1986—2005 年，日本有 17 年居外国客源市场第 1 位，有 3 年居第 2 位，总体上呈现平稳增长的态势。

日本是四川外国客源市场的主要基础市场。重点是关东平原、大阪、神户、濑户内海沿岸等旅游客源相对集中地区，主要是中老年者及商务工作者。进入 21 世纪后，成都—大阪等国际航班的开通，四川的可进入性条件的改善；签证手续简便宽松，两地之间的旅行社、旅行商建立了良好的合作关系；特别是四川的世界遗产之旅、包机旅游等对日本游客产生了相当吸引力。仅 2002 年，日本到川包机旅游人数达 4000 人次，日本的传统基础市场地位不断得到巩固，日本到川旅游人数持续增长。2003 年受非典的影响，到川旅游人数下降，2005 年到川旅游人数又强劲恢复。高出排名第二的新加坡 109.01%。

（2）新加坡

1986—2005 年，新加坡有 18 年居于前 10 位旅游客源国家之中，其中，有 5 年第 2 位，有 4 年居第 3 位，有 3 年居第 4 位，是次于日本和美国的四川第三大客源市场国家。新加坡距四川空间距离较近，与中国有较深的文化渊源关系，加之有较多的华侨华人，历史认同感强。在 1990 年以前，到川旅游人数不多。1990 年以后，新加坡到川旅游人数迅猛增加，进入到规模增长时期，成为四川最重要的入境旅游基础市场。1990—2005 年的 11 年期间，新加坡到川旅游人数连续稳居前 10 位，1992—2005 年期间，到川旅游的人数一直居前 5 位。

（3）韩国

韩国在 1990 年以前到川旅游的人数少。1991 年，韩国与中国建立外交关系以来，到川旅游人数一直保持高速增长。1995 年以前，韩国到川旅游人数未进入客源国家前 10 位，1995—2005 年，均位列四川旅游客源国家前 10 位之中。1995—2000 年，位次在第 9—10 位；2001—2005 年，位次在第 5—6位。2005 年，韩国到川旅游人数较 1991 年增长了 88.95 倍。是四川省入境旅游市场重要的基础市场之一。韩国到川旅游人数的增长率超过日本，有较大发展潜力。

（4）泰国

1986—2005 年，泰国有 14 年居于前 10 位旅游客源国家之中，其中，有 1 年居第 2 位，有 3 年居第 3 位，有 4 年居第 4 位，是四川重要的旅游客源国家。泰国距四川空间距离较近，交通便利。四川丰富的旅游资源、深厚的历史文化对泰国游客有较强吸引力。泰国到川旅游人数逐年平稳增长。是四川省重要的基础旅游客源市场之一。

（5）马来西亚

1990 年以前，马来西亚到川旅游人数少，1990 年以后，出现了 4 次跳跃式增长。第一次是 1992 年，到川旅游人数比上年增长 136.86%；第二次是 1994 年，到川旅游人数比上年增长 126.5%；第三次是 1999 年，比上年增长 156.09%；第四次是 2004 年，比上年增长 280.1%。其余年份马来西亚到川旅游人数数量较为平稳。1986—2005 年期间，马来西亚有 14 年到川旅游人数居前 10 位，其中居第 4 位的有 2 年，居第 5 位的有 4 年，居第 6 位的有 5 年，是四川基础旅游客源市场。

亚洲到川旅游主要客源国家情况统计见表 3－6。

1986—2005 年亚洲到川旅游主要客源国家情况统计表

表 3－6 单位：人次

年份	日本		新加坡		韩国		泰国		马来西亚	
	人数	比上年增长%	人数	比上年增长%	人数	比上年增长%	人数	比上年增长%	人数	比上年增长%
1986	202	201.99	1527	-51.4	—	—	512	-62.9	—	—
1987	25917	21.6	3206	109.9	—	—	983	912	—	—
1988	18744	-27.8	2848	-11.2	—	—	1501	52.7	—	—
1989	10524	-43.9	1188	-58.3	—	—	614	-59.1	—	—
1990	14747	40	2380	100.3	—	—	1590	159	—	—
1991	22998	56.5	3697	55.3	708	—	1793	12.8	1644	—
1992	26171	13.9	6881	86.1	1000	41.2	2541	41.7	3894	136.9
1993	26228	0	9928	44.3	1402	4	3163	24.5	4754	22.1
1994	61919	136.3	24175	143.5	2870	104.7	5633	78.1	10768	126.5
1995	72171	16.6	21546	-10.9	5717	99.2	6486	15.1	13012	20.8
1996	29660	-58.9	13902	—	3955	—	6300	-2.9	6077	-53.3
1997	32338	8.8	19501	40.3	4027	1.82	1775	-71.8	7335	20.7
1998	29548	-8.7	23981	23	3069	23.8	12352	598.9	3824	-47.9
1999	37413	26.8	23355	2.6	4021	31	21523	74.3	9793	156.1
2000	47449	26.7	16179	-50	5281	31.3	21632	0.5	12657	29.3
2001	91270	92.6	16846	4.1	15179	187.4	30385	40.5	9070	-28.3
2002	152794	67.4	23839	41.5	23685	56	51964	140.2	17390	91.7
2003	64678	-57.7	24873	4.3	19946	-15.8	30437	-40.4	12708	-26.9
2004	149557	131.2	63857	156.7	37961	90.3	54832	80.1	48303	280.1
2005	154515	3.3	73926	15.8	62980	65.9	58012	5.8	68000	40.8

资料来源：《四川旅游统计便览》

2. 欧洲主要客源国家

（1）英国

英国是四川重要的旅游客源国家之一，1988—2005 年，英国一直居于前 10 位旅游客源国家之中，其中连续 6 年居第 5 位。由于中英两国外交关系稳定，双边合作良好，英国到川旅游起步较早。2005 年，英国到川旅游人数占欧洲份额的 19.66%。

（2）法国

法国是四川重要的旅游客源国家之一，1988—2005 年，法国一直居于前 10 位旅游客源国家之中，其中，有 4 年居第 3 位，有 4 年居第 4 位。1991 年以后，到川旅游人数呈稳定增长态势。2005 年，法国到川旅游人数占欧洲份额的 18.67%。

（3）德国

德国一直是欧洲客源市场到川旅游人数较多的国家，在欧洲市场各个旅游客源国中占有重要地位。1988—2005年，德国一直居于前10位旅游客源国家之中，其中，有4年居第3位，有6年居第4位。德国到川旅游人数保持相对稳定，平均增幅不如亚洲国家大。2005年德国在成都建立总领事馆，德国到川旅游人数迅猛增长。2004年、2005年分别比上年增长54.59%和63.41%。2005年，德国到川旅游人数占欧洲份额的20.53%。

（4）俄罗斯

俄罗斯是新兴的旅游客源国家，1986年以来，到川旅游人数一直较少，2002年以前到川旅游人数均不足1000人，俄罗斯旅游市场具有开发潜力。

（5）瑞典

瑞典来川旅游人数大多数年份在1000—3000人次之间，增幅较小，所占市场份额不大。

（6）瑞士

瑞士来川旅游人数稳定在1000—4000人次之间。1993—2000年，来川旅游人数以下降为主，降幅在10%—30%。2000年以后，到川旅游人数呈增长势头，除2003年外，增长幅度较大，增幅一般保持在30%至80%。

1986—2005年欧洲来川旅游主要客源国情况统计见表3－7。

1986—2005年欧洲到川旅游主要客源国家情况统计表

表3－7　　单位：人次

年份	英国		法国		德国		俄罗斯		瑞典		瑞士	
	人数（人）	增长（%）	人数（人）	增长（%）	人数（人）	增长（%）	人数（人）	增长（%）	人数（人）	增长（%）	人数（人）	增长（%）
1986	5543	103.41	7885	61.91	10438	81.31	375	37400.00	2324	253.73	2684	40.30
1987	6629	19.59	12274	55.66	14021	34.33	56	－85.07	2765	18.98	3707	38.11
1988	6665	0.54	11799	－3.87	10949	－21.91	189	237.5	2949	6.65	2772	－25.22
1989	3363	－49.54	7006	－40.62	4116	－62.41	238	25.93	1555	－47.27	1507	－45.63
1990	3764	11.92	5578	－20.38	5713	38.80	308	29.41	1100	－29.26	1536	1.92
1991	5321	41.37	6862	23.02	8924	56.21	—	—	1241	12.82	2003	30.40
1992	6673	25.41	9984	45.50	14288	60.12	—	—	1297	4.51	2314	15.53
1993	6187	－7.28	12039	20.58	14236	－0.36	656	—	1284	－1.00	1708	－26.19
1994	9632	55.68	17168	42.60	17992	26.38	483	－26.37	1898	47.82	2391	39.99
1995	8910	－7.50	13316	－22.44	17188	－4.47	828	71.43	1474	－22.34	1965	－17.82
1996	4369	－50.97	4946	－62.86	6633	—	574	—	1260	—	1162	—
1997	4958	13.48	5684	14.92	7168	8.07	816	42.16	988	－21.59	1086	－6.54
1998	6167	24.38	6185	8.81	6428	－10.32	1081	32.60	990	0.20	1342	23.57
1999	5654	－8.32	5454	－11.82	6541	1.76	550	－49.12	1092	10.30	1149	－14.38
2000	7078	25.19	6568	20.43	8510	30.10	721	31.09	1055	－3.39	1009	－12.18

续表 3－7

年份	英国		法国		德国		俄罗斯		瑞典		瑞士	
	人数(人)	增长(%)	人数(人)	增长(%)	人数(人)	增长(%)	人数(人)	增长(%)	人数(人)	增长(%)	人数(人)	增长(%)
2001	8764	23.82	7372	12.24	8000	－5.99	925	28.29	1775	68.25	1393	38.06
2002	10548	20.36	8488	15.14	11824	47.8	974	5.30	2249	26.70	2214	58.94
2003	6940	－34.21	5065	－40.33	7718	－34.73	1342	37.78	1050	－53.31	1539	－30.49
2004	16320	135.16	13376	164.09	11931	54.59	2483	85.02	1764	68.00	2089	35.74
2005	18673	14.12	17733	32.57	19497	63.41	2894	16.55	1908	8.16	3716	77.88

资料来源：《四川旅游统计便览》

3. 美洲主要客源国家

（1）美国

美国一直是四川第二大旅游客源国家，仅次于日本，是四川最重要的远程基础客源市场，1986—2005年，美国有3年在外国客源市场中居第1位，有11年居第2位，有5年居第3位，有1年居第4位。1986—1988年连续3年居各客源国家之首。1989—2005年，除少数年份外，基本处于平稳增长态势。美国游客到川旅游消费水平高，消费力强，对四川旅游创汇有积极意义。

（2）加拿大

加拿大是四川远程客源市场中的一个比较重要的国家，1988—2005年，加拿大有13年居于前10位旅游客源国家之中，除少数年份略有下降外，其余年份均呈增长态势。

1986—2005年美国、加拿大来川旅游情况统计见表3－8。

1986—2005年美国、加拿大到川旅游情况统计表

表3－8　　单位：人次

年份	美国		加拿大	
	人数（人）	增长（%）	人数（人）	增长（%）
1986	24135	86.95	2455	28.13
1987	27073	12.17	4266	73.77
1988	22508	16.86	3749	－12.12
1989	9692	－56.94	1473	－60.71
1990	8930	－7.86	1762	19.62
1991	13591	52.19	2406	36.55
1992	21049	54.87	3483	44.76
1993	18323	－12.95	3789	8.79
1994	33505	82.86	5983	57.90
1995	36133	7.84	4781	－20.09
1996	14123	－60.91	2178	－54.44
1997	14801	4.80	2792	28.19

续表3－8

年　份	美　国		加拿大	
	人　数（人）	增长（%）	人　数（人）	增长（%）
1998	20392	37.77	2972	6.45
1999	20408	0.08	3256	9.56
2000	30433	49.12	4318	32.62
2001	36837	21.04	6164	42.75
2002	45411	49.22	8738	41.76
2003	26719	-41.16	5910	-32.36
2004	56831	112.70	8056	36.31
2005	69897	22.99	11200	39.03

资料来源：《四川旅游统计便览》

4．大洋洲客源国家

大洋洲市场最重要的旅游客源国是澳大利亚，澳大利亚到川旅游人数不多，增长幅度小。1990年以后缓慢增长，2000年以后平稳增长。1988—2005年，澳大利亚有7年居于前10位旅游客源国家之中。1986—2005年澳大利亚到川旅游接待人数统计见表3－9。

1986—2005年澳大利亚到川旅游接待人数统计表

表3－9　　单位：人次

年　份	澳大利亚	
	人　数（人）	增　长（%）
1986	4126	45.74
1987	3868	-6.25
1988	3433	-11.25
1989	1893	-44.86
1990	1713	-9.51
1991	2196	28.20
1992	2733	24.45
1993	3034	11.01
1994	4115	35.63
1995	3624	-11.93
1996	2378	—
1997	2674	12.45
1998	2916	9.05
1999	3852	32.10
2000	3836	-0.42

续表 3-9

年份	澳大利亚	
	人数（人）	增长（%）
2001	5800	51.20
2002	5818	0.31
2003	4697	-19.27
2004	7788	65.81
2005	10203	31.01

资料来源：《四川旅游统计便览》

第四节　境外客源市场开发

旅游客源市场开发包括旅游形象宣传、旅游市场推广和开展重大旅游促销活动等。采取的措施主要有邀请记者、旅行商来川考察；散发旅游宣传资料；进行旅游宣传报道；外出参加旅游交易会、旅游展销会；开展重大旅游促销活动等。

1986—2005年，四川省的旅游市场开发，在旅游整体形象宣传、旅游市场推广、旅游促销活动等方面做了大量工作，在不同阶段采取各有特色的促销手段，收到较好的宣传效果。四川省旅游整体形象得到提升，旅游知名度上升；形成一批在境外具有很大影响力的旅游景区（景点），旅游知名品牌逐步形成；形成了一批入境旅游热线；旅游信息流、物质流加快，旅游接待能力不断增强，缩短四川省旅游知名品牌的形成时间；入境旅游人数、入境旅游收入等快速增长。

一、形象宣传

四川旅游形象突出大熊猫主题。大熊猫作为国宝在国内外知名度高，四川是大熊猫的主要栖息地，因此四川旅游的形象图案是大熊猫。旅游形象促销主题1986—1999年是“熊猫的故乡——四川”，2000—2005年是“天下四川，熊猫故乡”。

在这个主题下，突出九寨沟、黄龙、峨眉山、乐山大佛、都江堰、青城山等世界遗产品牌，展示四川作为中国重要的生态自然和历史文化旅游目的地形象，在境外客源市场和国内客源市场开展促销。

四川省采取多种手段，如参加国际旅游展览、组织和参加赴境外旅游市场推销、邀请海外记者、媒体、旅行社、旅行商等到川采访、考察等，积极拓展旅游市场，加强旅游整体形象宣传，建立旅游宣传促销体系，开展了一系列主题促销活动。

（一）宣传促销主题

四川省旅游宣传促销可划分为三个阶段。第一阶段是1986—1995年，这一阶段，实行“全面吸引，重点促销”的宣传促销方针，有针对性地对重点区域进行重点促销。扩大市场覆盖面，调整客源结构，增大旅游客源总量，重点宣传“熊猫的故乡——四川”的整体形象，推出长江三峡、成都—乐山大佛—峨眉山、成都—九寨沟、黄龙等重点旅游线路，推介成都、重庆、乐山等重点旅游城市以及都江堰、青城山、大足石刻、巫山小三峡、峨眉山、海螺沟等旅游景区。

第二阶段是1996—2000年，初步形成多层次促销体系。实施联合促销、整体促销策略，推出旅游宣传促销整体方案，大力发展区域性旅游，四川省旅游整体形象基本形成。

第三阶段是2001—2005年，建立政府主导、企业主体、市场化运作的宣传促销模式，全面提升四川旅游整体形象。2002年，深度开发主体市场（中国台港澳市场和日本、美国、韩国等市场），稳定发展传统市场（东南亚市场，欧洲英、法、德市场），逐步开拓新兴市场（大洋洲市场）。

四川省1986—2005年旅游宣传促销主题、促销重点统计见表3－10。

1986—2005年四川省境外旅游市场促销主题及促销重点统计表

表3－10

年份	宣传促销主题	促　销　重　点
1986	川西北旅游线	香港地区，美国、日本、德国、法国
1987	峨眉山—乐山旅游线、川西北旅游线	英国、美国、加拿大等
1988	宣传贡嘎山、海螺沟景区	美国、日本、新加坡、加拿大
1989	重塑四川旅游整体形象	台湾地区，东南亚
1990	熊猫的故乡—四川	日本、东南亚地区，台湾地区
1991	全面吸引，重点促销	中国港澳台地区，日本、欧美、东南亚、韩国
1992	友好观光年	日本、美国、新加坡、香港等
1993	山水风光游	日本、东南亚、港澳台地区、欧美、韩国、印尼、马来西亚和独联体
1994	文物古迹游	日本、东南亚、港澳台地区、欧美、南朝鲜、印尼和马来西亚
1995	民俗风情游	美国、韩国、英国等
1996	度假休闲游	新加坡、马来西亚、泰国等
1997	中国旅游年	日本、东南亚地区和韩国
1998	华夏城乡游	美国、日本、台湾地区、韩国、东南亚、俄罗斯、印度、中亚诸国、东欧
1999	生态环境游	日本、东南亚、欧美
2000	神州世纪游	日本、美国、韩国、新加坡、香港、澳门地区、台湾地区
2001	体育健身游	日本、韩国、新加坡、马来西亚、美国、加拿大、法国、德国、英国
2002	民间艺术游	香港、澳门、台湾地区、日本、韩国，东南亚，欧美、澳大利亚
2003	烹饪王国游	日本、美国、德国、英国、法国、加拿大、澳大利亚
2004	百姓生活游主题年	美国、日本、韩国、新加坡等
2005	红色旅游年	香港、澳门地区、台湾地区、日本、韩国、美国等

资料来源：《中国旅游年鉴》、省旅游局档案资料

（二）促销措施

1. 邀请考察

邀请考察是四川针对海外旅游市场特点采取的主要促销手段，其措施包括邀请记者、旅行商、

旅游批发商、专家、学者等到川考察，开展文字、声像宣传，进行旅游景区、旅游线路推销。据不完全统计，1986—2005 年，邀请海外记者、旅行商、旅游批发商、专家、学者等到川考察、采访共计 237 批次，11553 人次。被邀记者、旅行商等在海外宣传四川旅游整体形象；开办旅游专版、专栏、专题、专库；编辑出版介绍四川旅游的期刊、杂志；发表介绍四川旅游情况的稿件、图片；制作旅游专题片、旅游风光系列片、旅游电视片等。对四川旅游资源开发、旅游市场拓展、旅游产品推销等进行广泛宣传。1986—2005 年，四川省旅游行业邀请海外人士考察情况统计见表 3－11。

1986—2005 年四川省旅游行业邀请海外人士考察情况统计表

表 3－11

年　份	邀请考察（批次）	邀请考察（人次）	年　份	邀请考察（批次）	邀请考察（人次）
1986	6	9	1997	5	46
1987	8	15	1998	4	39
1988	9	17	1999	2	28
1989	6	14	2000	5	65
1990	6	16	2001	6	258
1991	32	100	2002	15	4388
1992	8	32	2003	25	563
1993	12	35	2004	16	1233
1994	9	53	2005	52	2108
1995	6	218	总　计	237	11553
1996	5	2316			

资料来源：《中国旅游年鉴》、省旅游局档案资料

2. 印发旅游宣传资料

印发旅游宣传资料主要包括文字资料、声像资料、旅游纪念品等。四川省旅游宣传资料在资料品种、资料范围、印刷数量、印刷质量、宣传效果逐年有较大提高。据不完全统计，1986—2005 年，省旅游局印刷了 300 余种 450 万册（份）旅游文字宣传资料，制作了 120 余类声像宣传资料。

1986—2005 年，全省印发、录制的旅游宣传品情况统计见表 3－12。

1986—2005 年四川省旅游宣传品情况统计表

表 3－12　　单位：万册

年　份	印　发　品　种	数　量
1986	《中国旅游大全》四川分册、《中国西南行》等	10
1987	《四川旅游宣传画册》《四川旅游》等	3
1988	《四川旅游》《四川旅游资源概览》《海螺购冰川森林公园》等	2
1989	《四川旅游简介》《四川旅游风光》、旅游电视片《川南行》《熊猫》等	8

续表 3－12

年份	印发品种	数量
1990	《成都旅游指南》《四川风光》《蜀都揽胜》《成都旅游》《皇汉绣庄》《临邛古镇》《长江三峡》《保健旅游》《川南行》《四川走向世界》等	22
1991	《成都游》《长江三峡》《天台山》《西岭雪山》等	30
1992	《92 中国友好观光年（四川）简报》《92 中国友好观光年·成都专辑》《走向世界》《成都旅游》《蜀汉故地夕阳红》等	6
1993	《旅游宣传画册》《旅游宣传折页》《旅游宣传录像片》等	30
1994	《94 中国文物古迹游专辑（四川）》《长江三峡》《巴山揽胜》《光雾山风光》等	8
1995	《阿坝风情录》《九寨、黄龙人文山川旅游圈》《红原画册》《红原导游》《熊猫故乡行》等	3
1996	《四川省旅游宣传资料》《熊猫的故乡——中国四川之旅》《三国蜀汉遗踪》《九寨—黄龙》《都江堰—乐山》《长江三峡》等	28
1997	《成都旅游指南》《97 成都之窗》《天府风光》《熊猫的故乡》等	35
1998	《红色南江今更红》《断渠景点名录集》《光雾山》《九寨沟》等	25
1999	《广汉三星堆》《香港—四川熊猫之旅》《都江堰》等	30
2000	《四川旅游地图》《成都》《峨嵋山》《都江堰》《九寨沟》《黄龙》《峨嵋山—乐山大佛》《大熊猫》等	26
2001	《四川旅游宣传画册》《四川旅游地图》等	40
2002	《中国四川》《九寨—黄龙》《四姑娘山》《卧龙》《四川——世界遗产》等	43
2003	《旅游宣传纪念册》《中国四川画册》《四川旅游地图册》《三国旅游指南》《国家地理四川专刊》《天下四川》等	50
2004	《大熊猫》《峨眉山》《瓦屋山》《泸州旅游招商指南》《二郎山下的璀璨明珠》《二郎山下茶马古道，川藏线上绿色走廊》《圣地阿坝》等	55
2005	《大渡河峡谷》《四川旅游宣传册》《茶马古道——从草鞋坪到飞越岭》《竹乡神韵》《红色群山》《走遍中国——攀枝花》《四川旅游》《冬游四川》《四川红色旅游》《川西北风光》《天下四川》等	80

资料来源：《中国旅游年鉴》、省旅游局档案资料

3．旅游通讯和宣传报道

从 1989 年开始，全省组建旅游宣传队伍，在媒体开辟旅游宣传专题、专栏、专版，宣传四川省旅游发展情况，提升四川旅游整体形象。1989—1994 年，旅游通信和宣传报道重点是对四川旅游资源、旅游环境、旅游安全、旅游市场形势等进行宣传。1994—2000 年，全省已逐步建立起了旅游宣传促销体系，开始加大宣传经费投入，重点宣传报道四川旅游环境安全和 4 大旅游环线、6 个优先发展地区。2000—2005 年，重点宣传报道四川 4 大世界遗产、3 大国际品牌、5 大精品旅游区和旅游精品线路等，建立旅游目的地营销系统，取得了良好的效果。全省部分年份旅游通信和宣传报道情况统计见表 3－13。

1986—2005 年部分年份四川省旅游通信和宣传报道情况统计表

表 3－13

年份	旅游宣传报道简况
1988	旅游形势、旅游环境宣传报道，稿件数量 173 篇（幅）
1989	向海外发出“四川局势稳定，旅游尽可放心”的宣传报道；向美国驻中国香港、中国澳门记者到川采访团等介绍四川稳定的社会形势。稿件数量 249 篇（幅）
1990	旅游通讯报道稿件数量、质量有明显提高，并呈现出多样化的特点。成都市旅游局有旅游通讯员 30 人。稿件数量 274 篇（幅）
1991	旅游宣传、通讯报道稿件共计 587 篇。成都市旅游局当年已有兼职通讯员、信息员、摄影员 100 人。稿件数量 481 篇（幅）
1992	编发《市场信息与调研》38 期，50 万字；编发《92 中国友好观光年（四川）简报》17 期，30 万字。稿件数量 1108 篇（幅）。成都市旅游局旅游宣传报道稿件 580 篇（幅）
1993	稿件数量 800 片（幅）。4 月 8—12 日，在雅安市召开 1993 年四川省旅游宣传工作会，全省 96 位旅游通讯员、信息员参加会议
1994	四川省与中新社等 30 家新闻单位合作，开辟旅游专栏、专版。编印《市场信息和调研》刊物 36 期 50 万字。稿件数量 2600 篇（幅）
1995	四川省在 13 家报刊上开辟旅游专栏或专版，逐步建立旅游宣传促销体系，并邀请一批海外记者撰文宣传四川旅游。稿件数量 980 篇（幅）
1996	在海外报刊、杂志上开辟旅游专栏或专版，宣传四川旅游。稿件数量 1552 篇（幅）
1997	四川省通过《旅游报》、四川电视台、《蜀报》等新闻媒体连续报道，宣传四川省旅游环境安全
1998	四川省通过多家媒体宣传四川安全的旅游形势和旅游环境
1999	以四条环线、四个优先开发区及列入世界级景点的宣传为龙头，组合包装，打造精品
2000	四川省加大旅游宣传促销经费，每年 600 万元
2001	在香港《凤凰卫视周刊》每期刊载四川景区、精品线路
2002	四川省出台系列措施，鼓励企事业单位加强旅游宣传报道工作。四川省旅游局与香港联合开办《聚焦四川旅游》栏目；与海外 12 家媒体合作，重点围绕 4 大世界遗产、3 大国际品牌和旅游精品线路进行宣传
2003	6 月份，四川省旅游局组织了全省旅游企事业单位开展了一系列宣传促销活动。7 月份以后全省国内旅游迅速复苏，9 月份大部分景区已恢复和超过 2002 年的同期水平
2004	拍摄旅游重大活动新闻专题片，川内各地在香港《大公报》《文汇报》等媒体上作整体旅游形象宣传。在台湾《旅报》上做旅游专题采访、专题报道
2005	在北美新浪网建立四川旅游专题网站，宣传四川旅游形象。建立四川旅游目的地营销系统，共收录文字 300 万字，图片 12500 张，视频 60 部

资料来源：《中国旅游年鉴》、省旅游局档案资料

二、市场推广

旅游市场推广是四川省旅游宣传促销的重要措施之一，全省每年开展海外旅游市场的拓展和推广，其形式主要包括组织省内旅游业界人士参加在世界各地举办的旅游展销会、旅游博览会、旅游推销会、旅游交易会、旅游产品展览；组织省内旅游企业外出举办专题旅游促销会，如召开旅游产

品说明会、直航旅游包机推介会、旅游景区摄影展、书画展等，推出新兴旅游产品；川内各地政府部门、旅游企业外出促销旅游产品等。

旅游市场推广的范围包括旅游景区景点、旅游线路推广，特别是对四川的世界遗产、旅游精品线路等的推广；宾馆、饭店、旅行社等旅游组合产品推介；各类旅游纪念品、名小吃、旅游工艺品、旅游文化产品等专题促销；旅游航空公司、旅游汽车公司促销、民族风情类旅游产品推介；各类旅游商品展销、旅游咨询；国际旅游客源市场联合开发等。

通过多年的旅游市场推广，让更多的旅游者认识四川、了解四川，扩大了四川省与世界各国旅游业界的交流与合作，吸引大批国际客源组团入川。据不完全统计，1986—2005 年间，四川省旅游业界赴国外进行旅游市场推广共计 237 批次，发放旅游宣传资料近 1123 万份。旅游市场推广遍布全球六大洲的 100 多个国家和地区，收到了良好的市场推广效果。四川省 1986—2005 年旅游市场推广情况统计见表 3－14。

1986—2005 年四川省旅游市场推广情况统计表

表 3－14

年　份	市场拓展（批次）	发放资料（万份）	市场拓展目的地
1986	3	20	日本、德国、澳大利亚
1987	4	25	美国、德国、澳大利亚、中国香港
1988	7	30	美国、日本、新加坡、加拿大
1989	6	3	新加坡、德国、法国、英国、泰国
1990	8	5	新加坡、泰国、马来西亚、加拿大、中国香港
1991	9	30	日本、美国、澳大利亚、马来西亚、南朝鲜
1992	16	15	日本、美国、法国
1993	7	40	日本、东南亚、韩国、印尼、马来西亚
1994	8	35	日本、东南亚、中国香港、中国澳门、中国台湾、韩国、马来西亚
1995	8	30	日本、东南亚、中国香港、欧洲、美洲
1996	9	30	法国、德国、韩国、中国香港
1997	12	32	意大利、德国、俄罗斯、日本、中国香港、韩国
1998	7	25	美国、日本、中国台湾、俄罗斯、印度
1999	12	35	日本、泰国、马来西亚、新加坡
2000	21	100	日本、中国香港、中国澳门、中国台湾、东南亚、美国
2001	19	120	日本、韩国、泰国、新加坡、中国香港、中国澳门、中国台湾
2002	16	135	日本、泰国、新加坡、马来西亚、中国香港、中国澳门、中国台湾
2003	15	50	日本、中国香港、新加坡、马来西亚、德国、泰国
2004	22	63	日本、韩国、东南亚、中国香港、中国澳门、中国台湾
2005	28	300	美国、日本、韩国、新加坡、马来西亚、泰国、菲律宾、中国香港、中国澳门、中国台湾

资料来源：《中国旅游年鉴》、省旅游局档案资料

三、重大促销活动

举办形式多样的重大旅游促销活动，在对旅游市场调研的基础上，分析国际、国内客源状态，应对国际、国内旅游客源市场变化趋势，确定促销主题、突出促销重点、创新旅游促销手段和模式，促销四川旅游特色品牌。通过开展大型旅游促销活动，推介四川旅游产品，吸引更多的客源到川旅游。

按照国家旅游局的总体部署，结合四川省的实际，全省常年定期开展“9·27”世界旅游日纪念活动、旅游主题年系列活动。还开展了国际美食节、国际电影节、国际漂流节、国际冰雪节、国际桃花会、国际大佛节、国际龙舟会、三峡国际旅游节等大型旅游促销活动。1992 年举办的中国（四川）美食节，吸引了包括中国香港、中国澳门、中国台湾地区，日本、美国等国家旅游者在内的 150 万人次参加。2001 年，四川省举办首届国际南国冰雪节，旅游营销主题是冰雪旅游、动感时尚。全省共设 7 个会场，每个会场均有各自的旅游主题，有国内外游客 20 万人次参加。四川省 1986—2005 年重大旅游促销活动统计见表 3－15。

1986—2005 年四川省重大旅游促销活动统计表

表 3－15　　　　单位：万人次

年份	重大促销活动	活动时间	活动情况	参加人数
1986	乐山龙舟会	端午节	由国旅成都分社、四川中青旅和乐山支社主办，举办旅游线路洽谈会	3
1987	泸州名酒节	9 月 1—5 日	举办酒类经营、经济技术、贸易洽谈会等	8
1988	世界旅游日纪念活动	9 月 27 日	开展旅游展览、咨询、宣传	10
1989	世界旅游日纪念活动	9 月 27 日	举办图片展览、旅游摄影展、旅游咨询活动；在《四川工人日报》等 5 家报社推出专版	15
1990	世界旅游日纪念活动	9 月 27 日	开展旅游宣传、促销活动，放映旅游风光片、旅游专题片等	18
1991	大千文化经贸节	9 月 20—24 日	有来自美国、日本等 17 个国家和地区的代表参加	6
1992	中国（四川）美食节	4 月 26—5 月 20 日	有来自日本、美国等 15 个国家和地区的 600 名代表参会	150
1993	世界旅游日纪念活动	9 月 27 日	散发各种旅游宣传资料 20 万份，赠送旅游纪念品 5000 件，播放录像片 100 部	30
	首届三峡国际旅游节	6 月 25 日	举办了三峡库区首届旅游商品交易会，成交总额 15.6 亿元	15
	成都国际熊猫节	9 月 24—28 日	以“人—动物—自然”为主题，有来自美国、日本等 12 个国家的 21401 人参会	18
1994	乐山国际旅游大佛节	5 月 18—25 日	接待来自 14 个国家和地区的海外客人 1200 人。合同利用外资 7000 万美元	12
	第三届都江堰市放水节	4 月 4—5 日	都江堰建堰 2250 周年纪念	20
	泸州第八届国际名酒节	9 月 8—11 日	发放资料 20 余万份，节庆期间还举办了经济技术、贸易洽谈、商品交易会等	30
1995	第二届三峡国际旅游节	5 月	节庆期间组织了长江三峡考察活动，重庆长安公司的“威风锣鼓”为中外客人留下了深刻的印象	20

续表 3－15

年份	重大促销活动	活动时间	活　动　情　况	参加人数
1996	康定跑马山转山会	农历 4 月初八	人们燃香祈祷、转山祭神、野餐、演藏戏、跳锅庄舞、弦子舞、跑马、射箭比赛	8
1997	中国四川成都国际熊猫节	9 月 24—28 日	以“生命—环境—发展”为主题，以大熊猫、蜀文化和四季风光为特色的文化旅游，形成旅游拳头产品	20
1998	世界旅游日纪念活动	9 月 27 日	四川省旅游局与四川电视台合作，在成都等 7 市地举办纪念活动，推出四川旅游业 20 年成就展	40
1999	世界旅游日纪念活动	9 月 27 日	推出四川收藏家藏品精品展、成都名小吃大联展、四川旅游项目招商说明会、九寨沟首届生态旅游节等	35
	泸州第九届国际名酒节	9 月 9—11 日	散发资料 20 余万份，旅游商品成交额 100 万元	30
2000	首届国际高尔夫之旅	4 月 25—27 日	有来自日本等 7 个国家的 30 名选手参赛，推出“高尔夫之旅”精品旅游线路	5
	康定跑马山国际转山会	农历 4 月初 8	以独特的民族活动吸引了大量海内外游客	10
2001	首届国际南国冰雪节	1 月 16—3 月上旬	旅游营销主题是冰雪旅游、动感时尚。共设 7 个会场，拥有各自的冬季旅游主题活动	20
	攀枝花国际长江漂流节	5 月 1—8 日	共有 37 只漂流队参加比赛，队员 222 人，协漂队员 1300 人	20
2002	第二届南国冰雪节	1 月 20 日	有来自泰国、马来西亚等国家以及中国香港、中国香港、中国澳门、中国台湾等地区的 1000 名国际旅游者参会。川内 7 个旅游景区整体包装，打造四川冬季旅游品牌	32
	第二届攀枝花国际长江漂流节	5 月 1—10 日	以“生态、环保、民族、亲和”为主题，漂流大赛共吸引了 57 支队伍参加	10
	国际熊猫节	9 月 3—8 日	有来自美国、日本、越南等国的 14 家新闻媒体、旅行商 122 人参加	20
2003	第四届中国西部国际博览会	9 月 25 日	散发各种旅游宣传资料 30 万份，推出旅游招商项目 100 个，达成意向性合同金额 10 亿元	20
2004	中国四川第四届南国冰雪节	1 月 5—3 月 5 日	以“冬天的童话·相邀大九寨晶莹世界、共享阿坝冰雪风情”为主题，推出特色冬游产品	22
	中国西部国际旅游发展论坛	9 月 10 日	有来自日本、新加坡等 13 个国家的旅行商、旅游专家 20 人参会	10
2005	红色旅游北京宣传活动月	3 月 15—4 月 15 日	发放各类旅游宣传品 200 万份。有来自世界 22 个国家和地区的 2.3 万名海外游客参观	30
	四川凉山国际火把节	7 月 28—8 月 2 日	推出了 4 条凉山火把节之旅专题旅游线路	35
	第四届攀枝花国际长江漂流节	12 月 16—18 日	以“生态环保、民族亲善”为主题，有来自德国、俄罗斯、捷克等 23 个国家的 54 支队伍参赛，参赛运动员 300 人	12
	中国四川国际旅游节	8 月 29—31 日	以探索生态旅游开发模式，全面启动西环线建设，实现四川区域旅游经济协调发展为主题	15

资料来源：《中国旅游年鉴》、省旅游局档案资料

第二章　国内客源市场

国内旅游一直是大力发展的旅游市场，四川十分丰富的旅游资源和众多的人口，既是发展国内旅游的重要的目的地，又是重要的客源市场。

第一节　市场规模

四川省国内旅游市场起始于20世纪80年代，具有发展速度快、市场规模大的特点。1986—1990年，四川省发展国内旅游以传统的成都、重庆、乐山等旅游城市和长江三峡、大宁河小三峡、峨眉山、都江堰、青城山、九寨沟、黄龙等旅游景区为依托，快速发展起来。国内旅游年总规模在2000万人次以上。

1991—1999年，随着国内旅游接待量的快速增长，在对传统景区进行深度开发，增加旅游项目，提升景区档次和接待水平的同时，开发一批新的旅游景区（景点）。包括城市近郊旅游、农家乐旅游、工农业旅游等。加之旅游综合接待能力增强，国内旅游接待人数增长较快。国内旅游年总规模达到3000万至5000万人次。

2000年以后，全省旅游基础设施、旅游接待设施迅速发展，国内旅游呈规模增长。从出游方式上看，出现自驾车旅游、休闲旅游、农业旅游、家庭旅游等；从出游时间上看，周末旅游、黄金周旅游强劲增长。2005年，国内旅游的总规模达到1.3亿人次。

四川省1986—2005年国内旅游接待情况统计见表3－16。

1986—2005年四川省国内旅游接待情况统计表

表3－16

年　份	国内旅游接待人数（万人次）	年　份	国内旅游接待人数（万人次）
1986	2500	1993	3600
1987	2700	1994	4300
1988	2700	1995	3487
1989	2114	1996	3838
1990	2330	1997	3955
1991	2710	1998	4418
1992	3200	1999	5020

续表 3－16

年　份	国内旅游接待人数（万人次）	年　份	国内旅游接待人数（万人次）
2000	5401	2003	8403
2001	6335	2004	11426
2002	7218	2005	13164

资料来源：《四川旅游统计便览》

第二节　市场分布

一、区域分布

四川省国内旅游是在本地游的基础上发展起来的。1986—1995 年，四川省国内旅游客源市场的分布集中，其中省内游占相当大的比重（重点是本地游），省外游客到川旅游人数所占比重小。1994 年，省政府出台《关于积极发展我省国内旅游业的意见》，促进了国内旅游的发展。

1995 年，四川省对国内旅游市场首次进行了抽样调查统计分析。统计结果表明四川省国内游客主要是以省内游客为主，省内游客占 80. 36%（其中，本地游占 34. 65%，本省游占 45. 71%），省外客源占 19. 64%。主要是四川省周边省市、长江三角洲、珠江三角洲和环渤海经济地带客源，省外大型区域性市场还未形成。

1996 年以后，四川省针对周边省区及长江三角洲、珠江三角洲、环渤海地带进行重点促销，吸引了省外游客到川旅游，省外客源到川旅游比重不断上升。到 1999 年，四川省国内旅游省内客源比重下降为 45. 50%，省外客源上升至 54. 50%。2000—2005 年，四川省国内旅游省内客源和省外客源基本上是平分的局面。1999—2005 年四川省国内旅游省内外客源份额统计见表 3－17。

2001—2005 年四川省国内旅游客源份额统计表

表 3－17

年　　份	省内游客份额%	省外游客份额%
1999	45. 50	54. 50
2000	50. 00	50. 00
2001	47. 08	52. 92
2002	45. 75	54. 25
2003	52. 66	47. 34
2004	53. 30	46. 70
2005	53. 69	46. 31

资料来源：《四川省国内旅游抽样调查资料》

就省内主要市（州）的省外客源分布看，成都市的主要客源区域分布主要以广东、重庆、北京、云南、上海等客源为主；绵阳市主要客源区域分布主要以北京、广东、山西、重庆、山东等客源为主；乐山市主要客源区域分布主要以广东、重庆、山东、北京、云南、湖北、江苏等客源为主；阿坝州主要客源区域分布主要以广东、北京、上海、山东、重庆、陕西等客源为主。四川省 2001—2005 年主要国内客源统计见表3－18。

2001—2005 年四川省国内旅游客源分布情况表

表 3－18　　　　单位：万人次

年　份	内　容	主　要　客　源　分　布									
2001	省　　区	四川	重庆	广东	北京	陕西	云南	上海	江苏	山东	浙江
	接待人数	2982	425	361	284	210	206	176	151	145	122
	市场份额%	47.10	6.70	5.70	4.50	3.30	3.20	2.80	2.40	2.30	1.90
2002	省　　区	四川	重庆	广东	北京	云南	陕西	上海	江苏	浙江	河北
	接待人数	3302	484	404	306	249	226	199	189	163	158
	市场份额%	45.75	6.71	5.60	4.24	3.45	3.13	2.76	2.62	2.26	2.19
2003	省　　区	四川	重庆	广东	北京	云南	陕西	上海	浙江	河北	山东
	接待人数	4425	553	413	306	271	252	183	163	153	151
	市场份额%	52.65	6.58	4.91	3.64	3.22	3.00	2.18	1.94	1.82	1.80
2004	省　　区	四川	重庆	广东	北京	云南	陕西	上海	江苏	浙江	山东
	接待人数	6090	810	473	457	363	282	253	242	206	178
	市场份额%	53.23	7.08	4.14	4.00	3.18	2.47	2.21	2.12	1.80	1.56
2005	省　　区	四川	重庆	广东	北京	云南	陕西	上海	浙江	江苏	湖南
	接待人数	7068	932	642	435	389	349	300	253	237	218
	市场份额%	53.55	7.06	4.87	3.30	2.95	2.64	2.27	1.92	1.79	1.65

资料来源：《中国旅游年鉴》《四川旅游统计便览》

二、客源结构

1994 年以前，四川省对国内旅游的研究主要是研究到川旅游的人数、国内旅游收入；省内各市（州）、各重点景区、重点旅游饭店接待国内游客人数、旅游收入的差异等。对国内旅游客源结构研究较少，未对国内旅游进行全面系统研究。

1995 年 7 月，四川省旅游局抽选省内 50 个旅游景点，进行首次全省国内旅游客源结构抽样调查。从性别构成上看，以男性为主，占 60.66%；从年龄结构上看，以中青年为主，16—45 岁占 71.67%；从职业构成上看，以行政人员和专业技术人员为主，占 32.97%；从旅游目的上看，以观光型旅游者为主，占 49.36%；从人均花费构成上看，以餐饮费支出为主，占 25.5%。

从 1999 年开始，四川省每年对国内旅游进行抽样调查，对国内旅游客源结构进行研究。以 1999 年、2001 年、2003 年、2005 年为例，四川省国内旅游客源结构抽样调查统计情况见表 3－19。

1999—2005 年四川省国内旅游客源结构抽样调查统计表

表 3－19

调查项目 \ 年份		1999 年（%）	2001 年（%）	2003 年（%）	2005 年（%）
性别构成	男 性	64.90	56.20	56.20	48.90
	女 性	35.10	43.80	43.80	51.10
年龄构成	14 岁以下	0.70	1.20	2.00	9.50
	15—24 岁	13.80	18.00	16.00	11.70
	25—44 岁	57.50	52.20	56.00	40.30
	45—64 岁	24.70	23.80	23.00	31.00
	65 岁以上	3.30	4.80	3.00	7.50
职业构成	公务员	15.30	16.10	15.00	4.10
	管理人员	27.80	23.60	24.53	5.10
	科技人员	10.40	9.90	10.91	20.00
	服务销售人员	11.10	14.20	15.46	6.80
	工 人	9.70	9.60	8.93	11.30
	军 人	2.60	4.30	3.83	0
	农 民	3.40	6.20	4.98	1.20
	学 生	3.70	3.90	4.74	14.10
	其 他	16.00	12.20	11.72	46.60
旅游目的	休闲观光度假	50.70	45.40	46.41	47.02
	探亲访友	10.70	16.80	15.24	13.85
	商 务	18.70	15.30	16.19	16.35
	会 议	7.60	8.40	8.17	8.13
	健康、疗养	1.60	3.20	3.53	3.46
	宗教崇拜	2.30	2.60	2.47	2.82
	文体、科技	2.70	3.50	3.26	3.18
人均花费构成	长途交通	13.20	19.00	19.00	19.00
	邮电通信	1.60	2.00	1.90	2.10
	住 宿	24.70	26.00	24.30	21.40
	餐 饮	18.90	17.00	16.90	14.90
	购 物	14.70	14.00	14.90	19.50
	景区游览	9.50	9.00	9.10	10.00
	娱 乐	8.50	6.00	6.20	5.80
	市内交通	2.30	3.00	2.60	2.40

资料来源：《四川省国内旅游抽样调查资料》《四川旅游统计便览》

第三节 市场开发

1986—2005年，四川省开发国内旅游市场呈现以下特点。

注重宏观指导。各级政府制定了鼓励发展国内旅游的系列政策措施，引导全省旅游市场健康、快速发展。

注重促销经费的投入。政府和旅游部门、旅游企业逐年加大旅游宣传促销经费的投入。政府对旅游促销经费的投入，由20世纪80年代末期的不足50万元，逐年递增，至2005年增加到上千万元。

注重四川的整体旅游形象宣传。让更多人认识四川、了解四川，吸引客源到川旅游。

注重旅游市场拓展。参加国内旅游交易会、参加国内其他地区举办的旅游展销会、旅游交易会等。组织旅游行业走出四川，到相邻省市区，到长江三角洲、珠江三角洲、沿渤海经济圈等地进行旅游促销，拓展旅游市场。

注重旅游节庆活动。省内各地每年举办系列旅游庆典活动、民风民俗纪念活动、重大节庆活动等数百项，以宣传本地旅游形象、各种具有旅游核心吸引力的旅游资源及民俗风情等。

一、形象宣传

宣传四川旅游的整体形象，突出大熊猫，突出旅游品牌产品，本篇第一章第四节在境外客源市场开发中记叙。国内客源市场开发也是同一形象宣传。

四川省国内旅游形象宣传包括文字宣传和声像宣传。四川省采取了各种措施进行国内旅游形象宣传。邀请国内知名媒体记者、旅游经销商等到川考察、采访、宣传、报道；组建川内旅游通讯队伍，对四川省旅游情况进行宣传报道；在《中国旅游报》《四川日报》《四川经济日报》《四川工人日报》《华西都市报》等报刊开辟专栏、专版、专刊，进行旅游宣传系列报道，制作旅游宣传画册、折页、旅游地图、导游图、旅游纪念品、纪念邮册、旅游广告、旅游幻灯片、旅游电子信息光盘、旅游录像片、旅游专题片、旅游风光片、旅游电视系列片；与广播电台、电视台合作，采用专版、专栏及系列报道等形式，进行旅游专题宣传报道。

通过这些宣传，增进了人们对四川旅游的了解，促进了四川省旅游景区景点、旅游线路、旅游基础设施、接待设施等的完善，提升了四川省旅游整体形象，到川旅游人数迅速增长。1986—2005年四川省国内旅游形象宣传情况统计见表3－20。

1986—2005年四川省国内旅游形象宣传情况统计表

表3－20

年　份	宣　传　情　况
1986	制作旅游宣传品10万份（册），旅游录像片《自贡灯会》等
1987	制作旅游宣传资料、旅游专题片《山水话南充》《古城阆中天下稀》《华蓥风光》等12万份册
1988	制作《南充地区风光旅游图》《古城阆中天下稀》《农民艺术家王文绅》等
1989	四川省旅游宣传的重点是恢复旅游形象、招徕、吸引游客。制作旅游宣传品20万册份。出版《旅游与贸易》四川专辑、《九寨沟旅游指南》《大足旅游便览》等

续表 3－20

年份	宣传情况
1990	制作《长江三峡》《旅游画册》《导游图》等旅游宣传品 20 万册
1991	四川省旅游系统发表稿件 700 篇（幅）。制作《大足石刻》《望丛歌会》等旅游宣传品
1992	四川省旅游系统发表稿件 2000 篇（幅），制作《旅游观光》等旅游宣传资料，在成都市广播电台推出《川西导游》专题节目
1993	接待《中国旅游报》等 50 多家媒体的记者采访四川，发表稿件 120 篇（幅）。拍摄电视记录片《蜀汉故里夕阳红》等
1994	建立《中国旅游报》四川记者站，在《四川日报》《四川经济日报》等媒体开辟旅游专版、专栏。发表旅游宣传稿件 3000 篇（幅），制作《川西风光》宣传品等
1995	编辑出版《二十一世纪的黄金产业——泸州旅游产业发展战略论文集》，拍摄专题片《江阳第一山》等
1996	编辑出版《诺水奇》《浪子吟》，制作《绵州旅游》广播专题节目，摄制旅游电视片《江油风光》《七曲山大庙》
1997	四川省邀请国内新闻记者考察旅游景区，制作《旅游宣传画册》《泸州旅游》《旅游交通图》《诺水风光》《临江丽峡》。四川 20 个景区在中央电视台、四川电视台播出四川旅游专题促销片。拍摄旅游风光片《天府揽胜下泸州》等
1998	制作《九寨沟》《冰川奇观海螺沟》《康巴风情》《峨眉山》《蜀南竹海》《珙县悬棺》《旅游承诺在行动》等 26 种旅游宣传品。四川省内记者团采访旅游景区，编印《江油旅游交通图》《光雾山风光》。凉山州与中央电视台等七家新闻媒体合作开办旅游专版、专栏、专题节目
1999	制作旅游宣传资料 50 万册份，四川省旅游局与四川电视台合办《四季风》旅游电视专题节目。拍摄《光雾山风光》等
2000	编印《攀枝花旅游指南》，7 月 13 日—20 日，四川川南旅游考察采风团对川南五地市进行考察采访。拍摄《中国科技城——绵阳风韵》《二滩高坝平湖观光》《万里长江第一漂——金沙江漂流》4 部电视专题片
2001	制作《四川旅游》《旅游挂历》等 20 余种
2002	制作《广元旅游》《绵阳旅游风光》等。9 月 23 日，《绵阳旅游休闲》杂志对外公开发行，接待 10 余家新闻媒体前来采访。邀请 20 家新闻媒体聚焦"二郎山·喇叭河景区"进行宣传报道
2003	制作《邓小平故居》《古镇风光》《华蓥山》《古镇之旅图册》《游遍甘孜》等 9 类旅游宣传资料
2004	在《中国旅游报》等报刊上推出四川旅游专刊，制作发行《天府之国——中国四川》《醉游泸州》《遂宁国宝传奇》等 26 种旅游宣传资料。3 月 22 日—24 日，50 家新闻媒体、旅行社考察光雾山、红军城等景区
2005	配合四川省国内旅游宣传促销，重点推出 6 个红色旅游片区、8 条精品红色旅游线和 36 个红色旅游经典景区。制作《四川旅游》《金色攀枝花》《凉山旅游交通图》等。设计制作了 16 种特色旅游宣传纪念品。四川旅游目的地营销管理系统于 9 月 1 日完成一期工程，共收录文字 300 多万字、图片 12500 余张、视频 60 余部

资料来源：《中国旅游年鉴》、省旅游局档案资料

二、市场拓展

市场拓展主要包括参加国内旅游展销会、旅游推介会、旅游研讨会等形式，展示四川省丰富的旅游资源、旅游线路组合、旅游接待水平等，加强旅游业务洽谈，宣传四川省旅游整体形象。1986 年以来，全省旅游部门和旅游，广泛进行旅游市场拓展，以达到广泛招徕的效果。1986—2005 年四川省市场拓展简况统计见表 3－21。

1986—2005 年四川省国内旅游市场拓展简况统计表

表 3－21

年　份	市　场　拓　展　简　况
1986	国旅成都分社、重庆分社参加在北京举办的旅游展销洽谈会
1987	四川省、云南省、贵州省联合举办旅游线路推介会
1988	参加四川省、云南省、贵州省、重庆市四省区旅游展销会，发放资料 20 万份册
1989	举办四川省旅游资源推介会，发放资料 1 万份
1990	参加国家旅游局在上海举办的“’90中国旅游交易会”，参加了在广州举办的“中国旅游购物节”
1991	参加了 4 月在昆明举办的中国南方 9 省区民俗旅游展销会，积极利用经贸“搭台”的良机，组织四川省旅游环境、旅游资源的宣传。参加了 11 月 8—11 日在湖南张家界举办的奇山异水首游式，宣传四川省重要旅游景区，吸引游客到川旅游
1992	参加 6 月 10—13 日在北京举办的中国旅游交易会，展出长江三峡、小三峡、大足石刻、陪都遗迹、丰都鬼城庙会、杜甫草堂、武侯祠、都江堰、青城山、成都花会等景区
1993	参加中国国内旅游交易会
1994	参加 12 月 8—12 日在昆明举办的“’94中国国内旅游交易会”，四川代表团 300 人参会，设展台 35 个，四川代表团获最佳组织奖
1995	参加了“西南五省七方经济协调会第十一次会议”，推出民族风情旅游路线。参加了“第六届六省市古三国旅游协作区年会”，推出长江三峡水上旅游线路
1996	参加了 12 月 17—22 日在上海举办的“’96中国国内旅游交易会”，接待来宾 3.5 万人次，发放资料 10 万份
1997	参加在大连举办的中国国内旅游交易会，接待观众 2.8 万人次，发放旅游宣传资料 19 万份，组团 18 万人次，签订合同 880 份
1998	参加三国旅游与协作区年会，推出九寨沟等旅游景区，形成九寨—黄龙旅游热线。参加了 12 月 8 日在泉州举办的中国国内旅游交易会，四川代表团共有 1150 人参会，设展台 30 个，推出九寨沟、黄龙、蜀南竹海、广汉三星堆等旅游精品
1999	参加了 5 月 12 日在昆明举办的中国国内旅游交易会，推出九寨黄龙、乐山大佛—峨眉山、蜀南竹海、三星堆等旅游景区。接待观众 27 万人次，发放旅游宣传资料 30 万份
2000	3 月，在广州深圳举办四川旅游产品推介会，向 200 家广东新闻媒体、旅行社介绍四川旅游情况。4 月 5—9 日，参加了在西安举办中国东西部合作与投资贸易洽谈会，接待来访参观 5 万人次。6 月 12—17 日，组织旅游企业到广东、江苏、浙江等地举办四川旅游精品推介会。9 月 5—9 日，参加了在重庆举办的重庆第二届旅游交易会，接待来访 2.5 万人次，散发资料 2.4 万份。参加了 7 月在乌鲁木齐举办的国内旅游交易会，散发宣传资料 5 万份
2001	3—4 月，四川省旅游局组织到北京、上海等 12 地市促销。6 月 21—24 日，在成都市举办中国国内旅游交易会，共计有旅行社 1729 家、宾馆饭店 494 家、景区 232 家、旅游商品企业 81 家、旅游部门 635 家参会，参会代表 1 万人。接待来访 13 万人次
2002	4 月，全省共计 500 人参加了在南京举办的中国国内旅游交易会，共接待 36.74 万人次，散发宣传品 28.75 万份，签订组团人数 3200 人次。9 月 4—8 日，参加了第三届中国重庆旅交会，四川省四大世界遗产六大景区全部参展。巴中市在广州等 6 地市举办“四川巴中投资环境说明会”。共计发放旅游宣传资料 25 万份
2003	7 月 13—14 日，四川旅游团赴重庆促销，旅游促销团由来自省内 14 个市（州）的 400 名代表组成
2004	12 月 4—8 日，广安市在深圳举行“小平故里・魅力广安”旅游宣传周活动，并召开“小平故里・魅力广安”旅游暨招商推介会

续表 3－21

年 份	市 场 拓 展 简 况
2005	1月7日、7月20日和7月21日，“小平故里行·华蓥山上游”旅游推介会分别在重庆、上海、西安举行。上海市有58家旅行商和10余家新闻媒体参会。西安市56家旅行商和7家新闻媒体参会。4月15—16日，参加了在桂林举办的中国国内旅游交易会，四川省共计400人参会，会议期间散发15万份宣传资料，接待来访5万人次。7月18—22日、9月9—15日，巴中市分别在陕西汉中、重庆举办巴中旅游宣传活动周。发放旅游宣传资料5万份

资料来源：《中国旅游年鉴》、省旅游局档案资料

三、重大促销活动

重大促销活动是开发国内旅游市场采取的重要措施。主要形式包括举办省内大型旅游促销活动，举办具有地方特色的旅游节庆活动，开展旅游文化艺术活动，举办大型专题旅游研讨会，组织省内企业参加中国国内旅游交易会，参加全国其他省级行政单位举办的国内旅游展览会、旅游商品博览会、旅游推介会等。

省内举办的重大旅游节庆活动主要有成都花会、龙泉桃花会、江油武术节、南充丝绸节、绵竹年画节、峨眉山朝山会、洪雅瓦屋山旅游文化节、白马藏族风情节、红原牦牛文化节、四川省少数民族艺术节、绵阳市山歌节、丰都鬼城庙会、彭州牡丹节、温江风筝节、彭山寿星节、阆中名醋节、雅安天全红叶节等。

重大旅游促销活动包括四川省十大古镇之旅旅游线路推介会、绵阳电子灯会、观光四川·必游绵阳旅游推介会、四川省旅游发展论坛、四川旅游商品博览会、爱我家乡——四川人游四川活动、中国南方9省区民俗旅游展销会、中国古三国遗踪旅游片区旅游推介会、四川旅游商品展销会、四川环线国内旅游展销会、周末环线国内旅游展销会、川西旅游论坛等。20世纪80年代以来，四川省每年举办多次重大旅游节庆活动和重大旅游促销活动，宣传四川省旅游形象，推介四川省国内旅游线路、促销四川省旅游产品，起到了积极作用，使四川省国内旅游迅速兴起，并在四川省三大旅游市场中占有相当大的比重。1987—2005年四川省重大旅游促销活动统计见表3－22。

1987—2005年四川省重大旅游促销活动统计表

表 3－22

年份	重大促销活动	举办时间	举办地点	活 动 简 况
1987	四川民族风情旅游线路推销会	7月	成都市	联合云南省推出攀枝花—丽江—大理—楚雄—昆明旅游线路
1988	自贡恐龙灯会	6—7月	北京市 珠海市	接待游客250万人次，每天门票收入14万元
1989	全国旅游宣传活动	4月1—7日	成都市	接待观众40万人次，开展旅游宣传、咨询、促销活动
1990	四川南充第一届丝绸节	8月25—30日	南充市	节庆期间，签定意向经贸协议2亿元
1991	望丛歌会	5月15日	成都市	地点设在望丛祠，以唱山歌为主，乡土气息浓厚
	首届都江堰放水节	清明节	都江堰市	举办清明艺术节、李冰灯会、物资交流会和仿古祭祀表演等

续表 3－22

年份	重大促销活动	举办时间	举办地点	活 动 简 况
1992	大足龙水大年闹龙会	4 月	大足县	散发旅游宣传资料 3 万份
	南充丝绸节	农历 7 月 25—29 日	南充市	丝绸展销、各种名特优商品、小吃展销
1993	四川旅游商品展销会	9 月 12—16 日	成都市	展出旅游商品 20 类，500 余个品种，订货、零售 2500 万元
1994	四川环线国内旅游展销会	8 月 10—12 日	成都市	接待人数 2.8 万人次，发放宣传资料 20 万份
	周末国内旅游宣传促销会	9 月	重庆市	展销期间 30 万人参会，散发旅游资料 409 种，50.49 万份
1995	三国旅游线路研讨会	3 月 15—16 日	绵阳市	四川推出条件成熟的 5 条三国旅游线路
1996	凉山彝族火把节	农历 6 月 24 日	凉山州	举行物资交流，民族服饰展示，歌舞表演，赛马，斗牛等
1997	成都花会	2 月 25 日	成都市	花会期间，展出名小吃等 2000 余种
1998	跑马山转山会	农历 4 月初八	康定	上跑马山拜佛，转山祭神，办沐佛会，载歌载舞，以求来年
1999	首届成都市商品交易博览会	9 月 28 日	成都市	设有 1100 个展位，1000 家川内外企业参展
2000	自贡灯会	春节	自贡市	观看造型各异的彩灯，进行经济贸易活动等
2001	凉山彝族火把节	7 月	西昌市	开展火把巡游、斗牛、摔跤、赛马等民族活动
2002	绵阳旅游推介会	5 月 24 日	绵阳市	中央电视台等全国 40 家媒体记者参会
	四川省“十大古镇之旅”推介会	9 月 15—16 日	成都市	接待来访咨询 5 万人次
2003	四川人游四川活动	6 月 6 日	成都市	迎接旅游复苏和高潮的到来，树立四川旅游形象，鼓励热爱家乡
	第一届魅力四川有奖游活动	9 月 2—11 月 2 日	互联网	37 个国家和地区及全国 32 省市区的网民参与，活动现场抽奖产生 1732 名获奖者。评出一等奖 32 名
	旅游商品博览会	9 月 28—10 月 6 日	都江堰市	蜀锦、蜀绣等 200 多件作品参加比赛
	首届四川旅游发展论坛	11 月 7 日	成都市	来自省内 250 余名专家、学者参加
2004	光雾山—诺水河宣传活动周	4 月	南充市 达州市	共发放旅游宣传资料 5 万余份
	“相约四川，感受魅力”活动	8 月 17—11 月 25 日	成都市	人民网等 58 家网站加盟，网页点击率超过 400 万次，所留 IP 地址 50 万个，提交答卷 3 万余份
	四川省第二届旅游发展大会	9 月 8—10 日	九寨沟	参会代表 500 人，主流媒体 60 家，充分宣传四川旅游整体形象
2005	红色旅游北京宣传活动月	3 月 15—4 月 15 日	北京市	活动共接待国内游客 27.5 万人次，派发各类旅游宣传品 200 余万份
	魅力四川有奖游活动	7 月 5 日—10 月 5 日	互联网	联合国内 82 家知名网站、30 余家新闻媒体、100 家新闻单位，开展“网上旅游企业展播活动”，点击率 450 万次，网民访问 IP 量就达 45 万个，网上收到网民答卷近 3 万份
	首届四川冬季旅游发展大会	12 月 15—17 日	攀枝花市	大会突出旅游资源开发，打造攀西“阳光休闲，运动健康”旅游品牌

资料来源：《中国旅游年鉴》、省旅游局档案资料

第三章 出境游市场

出境游的全称是中国公民自费出境旅游，境外是旅游目的地，中国大陆是其客源市场。随着中国经济发展和改革开放的深入，人民生活水平提高，收入增加，出境游发展较快。出境游市场与入境游市场、国内游市场一起成为旅游业的三大市场。

第一节 发展历程

20 世纪 90 年代，根据中国当时的国情，国家制定了“大力发展入境旅游、积极发展国内旅游、适度发展出境旅游”的旅游产业发展政策，实行有组织、有计划、有控制地发展出境旅游。随着中国经济发展和改革开放的深入，国家对中国公民自费出境旅游逐步放开，旅游目的地国家和地区增多，四川省出境旅游经历了一个从少量出境探亲到自费旅游逐步市场化的发展历程。

1990 年 10 月，国家旅游局发布《关于组织我国公民赴东南亚三国旅游的暂行管理办法》，规定组织中国公民赴泰国、新加坡、马来西亚三国旅游的暂行管理措施。由于当时国家批准的出境游旅游目的地很少，并处于适度发展阶段，加之居民收入较低、假期较短、出游意愿不强等因素，四川省出境旅游人数少，与全国发达城市和东部地区相比，起步更晚，规模更小。旅行社组团人数较少，四川省经批准只能代理出境旅游业务，而且获准代理业务的旅行社仅有四川海外旅游公司和成都市海外旅游公司两家。

1990 年，四川省出境探亲旅游人数仅数百人，1991 年，自费出境旅游人数有 6241 人次。1992 年超过 1 万人次（11146 人次）。1994 年，自费出境旅游人数为 10154 人次，经四川海外旅游公司和成都市海外旅游公司组团出境人数为 9005 人次。1995 年，四川省自费出境旅游人数 13200 人次。

1997 年 7 月，国务院批复国家旅游局、公安部《中国公民自费出国旅游管理暂行办法》，国家旅游局批准四川海外旅游公司和成都市海外旅游公司可以正式经营出境旅游业务，四川省出境旅游规模扩大，出境旅游人数不断增长。1999 年，四川省出境旅游人数 4. 3 万人次，其中，港澳游 1. 6 万人次，占 37. 21%。2000 年，四川省出境旅游人数 8. 23 万人次，比上年同比增长 91. 40%。2001 年，四川省出境旅游人数为 9. 26 万人次，比上年同比增长 12. 52%。

2002 年，国务院发布《中国公民出国旅游管理办法》，调整了出境游经营体系，将以前的 67 家组团社扩大到 528 家，原 380 多家代办点取消，四川省有 13 家国际旅行社经批准可以经营出境游组团业务，提升了全省出境组团能力。2003 年，开放了“港澳自由行”，出境旅游者携带金额由原来

2000美元和6000元人民币提高到5000美元和20000元人民币，由所需外汇旅游者自行到银行购买等，出境旅游更为方便。

2002年，当年出境旅游总人数为14.09万人次，比上年增长52.16%。2003年，受非典的影响，出境旅游比上年下降54.36%，出境旅游人数为64321人次。2004年为102265人次，比上年增长58.99%。2005年，出境旅游人数为121000人次，比上年增长18.32%。

2000年以后，四川省出境旅游快速发展，旅行社组团人数增长快。就出国游来看，2002年，全省旅行社组团人数为5.79万人次，2003年下降为3.91万人次，2004年5.45万人次，2005年5.99万人次。四川省1999—2005年出境游人数统计见表3－23。

1999—2005年全省出境游人数统计表

表3－23　　单位：万人次

年　份	1999	2000	2001	2002	2003	2004	2005
人　数	4.30	8.23	9.26	14.09	6.43	10.23	12.10

资料来源：《中国旅游年鉴》《四川旅游统计便览》

第二节　出境游目的地

一、概况

20世纪80年代，四川省仅有中国香港、中国澳门、泰国3个出境旅游目的地。1990年，增加了新加坡、马来西亚为出境旅游目的地。1992年增加菲律宾。一直到1997年，四川省有出境旅游目的地6个。1997年以后，出境游目的地迅速增加。1998年增加韩国，2000年增加越南、柬埔寨等4国，2002年增加尼泊尔、印度尼西亚、马耳他、土耳其、埃及5国；2003年增加德国、印度等9国；2004年增加希腊、法国、荷兰等35国；2005年增加瑞士、冰岛等12国，四川省出境旅游目的地达到72个国家和地区。

四川省出境旅游具有集中性强的特点，出境旅游目的地在亚洲，欧洲、美洲，大洋洲。在亚洲市场中，出境旅游主要集中在中国香港、中国澳门、泰国、新加坡、马来西亚5个旅游目的地。此外，还有菲律宾、韩国、日本、印度尼西亚、马尔代夫等旅游目的地。除亚洲以外，四川出游人数相对较多的目的地是澳大利亚、新西兰、德国、马耳他等。

二、主要旅游目的地

（一）中国香港地区和中国澳门地区

港澳游是四川省出境旅游的首选旅游目的地，香港、澳门回归后，四川省出境港澳旅游的游客增长幅度加大。20世纪90年代中后期突破万人大关，到2002年达到4.7万人次，2005年达到6.11万人次。四川省2002—2005年港澳游人数统计见表3－24。

2002—2005 年四川省港澳游人数统计表

表 3－24　　单位：人次

年份 地区	2002	2003	2004	2005
香　港	22922	13938	27124	32689
澳　门	22028	12064	20615	28434

资料来源：《中国旅游年鉴》《四川旅游统计便览》

（二）外国

泰国

泰国是四川省出国旅游的首选旅游目的地，四川省以泰国为主要旅游目的地的游客较多，1994 年就达到 10568 人次，以后保持平稳增长态势，到 2002 年超过 3 万人次。2003—2005 年有所减少。四川省 2002—2005 年到泰国旅游人数统计见表 3－25。

2002—2005 年四川到泰国旅游人数统计表

表 3－25　　单位：人次

年份 地区	2002	2003	2004	2005
泰　国	33000	20600	22100	20100

资料来源：《中国旅游年鉴》《四川旅游统计便览》

新加坡

新加坡仅次于泰国，居四川省出国游旅游目的地中的第二位，并且增长较快。1994 年，以新加坡为旅游目的地的四川游客为 1238 人次，2002 年增长到 15470 人次。四川省 2002—2005 年新加坡旅游人数统计见表 3－26。

2002—2005 年四川到新加坡旅游人数统计表

表 3－26　　单位：人次

年份 地区	2002	2003	2004	2005
新加坡	15470	11356	13112	13481

资料来源：《中国旅游年鉴》《四川旅游统计便览》

马来西亚

马来西亚是四川省第 5 大出境旅游目的地，仅次于中国香港、中国澳门、泰国和新加坡，四川省以马来西亚为旅游目的地的游客较多，进入 2000 年以后，多数年份出境人数保持在 10000 人次以上，但与泰国、新加坡相比，四川省出境旅游以此为旅游目的地的游客数量偏少。四川省 2002—2005 年到马来西亚旅游人数统计见表 3－27。

2002—2005 年四川到马来西亚旅游人数统计表

表 3-27　　　　单位：人次

地区＼年份	2002	2003	2004	2005
马来西亚	13577	9620	8753	10693

资料来源：《中国旅游年鉴》《四川旅游统计便览》

此外，2005 年，在开放的 72 个出境旅游目的地中，四川省出境旅游目的地以澳大利亚、韩国旅游人数相对较多，其他旅游目的地旅游人数较少。四川省 2002—2005 年其他出境旅游目的地出境旅游人数统计见表 3-28。

2002—2005 年四川到部分国家旅游人数统计表

表 3-28

项　目	2002 年	2003 年		2004 年		2005 年	
	人次	人次	同比%	人次	同比%	人次	同比%
菲律宾	369	1575	326.8	356	-77.4	809	127.2
澳大利亚	89	524	488.8	2261	331.5	1855	18.5
新西兰	77	236	206.5	53	-77.5	740	1296.2
韩　国	3727	1860	-50.1	3486	87.4	2538	-27.2
日　本	61	1130	1752.5	520	-54.0	559	7.5
印　尼	—	—	—	226	—	—	—
马耳他	—	—	—	330	—	—	—
德　国	—	—	—	1730	—	4166	140.8
马尔代夫	—	—	—	306	—	—	—

资料来源：《中国旅游年鉴》《四川旅游统计便览》

第四章　区域合作

旅游区域合作和交流促进了旅游客源市场开发。区域合作包括境内外旅游区域合作、国内省区之间、省内各地之间的旅游交流与合作。四川省在合作过程中积累经验，积极引导外资、民资和社会各种投资主体投入旅游市场，为增进境内外的交流与合作、打破行政地域界限，建立跨区域旅游经济联合体，实现旅游线路、旅游市场的联合开发打下了基础。

推动境内外旅游区域合作的主要内容是增进国际交流与合作，按照“区域联合、资源整合、优势互补、共同发展”的原则，形成旅游合作发展机制，构建特色互补、协调发展的旅游大格局。采取联合促销跨区域旅游产品，联合开发国际国内旅游客源市场，以提高四川旅游整体实力和综合竞争力，打造旅游品牌，树立旅游形象。

第一节　境外合作

一、合作形式与范围

四川省境外旅游区域合作的形式，一是与海外旅游管理机构合作，如与新加坡、马来西亚、泰国、意大利、瑞典等国家政府、旅游主管部门合作，联合开发旅游市场。二是与海外媒体合作，联合制作期刊、书刊，开辟旅游专栏、专版、专刊，进行四川省旅游整体形象宣传。三是与海外旅游企业合作，联合进行旅游市场宣传、旅游线路、旅游市场联合推销等。如与香港包机公司合作，打通川内重要景区之间的直升飞机航线；与国外旅行社合作，联合旅游线路促销。四是与海外旅行商、旅游代理机构、社会团体合作，联合促销。如与日本农协观光组织合作，发展旅游包机业务，1986年，日本包机到川旅游2000人，2002年，日本包机到川旅游4000人。五是与海外区域之间、城市之间合作，优化旅游环境，寻求旅游市场代理。

国际旅游合作的范围包括旅游形象宣传，互送客源，互为旅游目的地，旅游线路、旅游产品联合开发，联合举办旅游产品推介会等。

二、合作成果

1989年，西南五省七方联合邀请东南亚旅行商考察长江三峡旅游线路。省旅游局与香港新闻通讯社合作编辑出版旅游宣传资料，与香港《中国旅游画报》合作办专栏、专版、专刊。1990年，省旅游局与日本《世界画报》合作出版介绍成都、乐山、峨眉山等旅游景点与川菜、蜀锦、蜀绣旅游工艺品为内容的《四川之旅》专栏五期。

1991年，省旅游局与环宇包机公司、港龙、港中旅合资，打通成都—九寨、成都—宜宾竹海、成都—海螺沟等直升飞机航线。1992年3—4月，省旅游局在香港举办香港四川节。内容涉及四川手工艺品等7大类经贸产品、文艺表演、书法、《四川风情》摄影展等。合作方式为名小吃收入四六分成，四川占四；经贸展品收入五五分成；展台免费。

1993年，省旅游局与法国、德国、英国等国家合作，寻求旅游合作代理商，取得明显成效。1994—1995年，省旅游局与泰国、日本、新加坡等国旅行商合作，开展旅游线路、旅游商品联合促销。1996年，省旅游局与新加坡、马来西亚、泰国旅游管理部门、旅行商合作，举办四川特色旅游产品联合展销活动。1997年，与马来西亚、韩国、日本、意大利、德国、俄罗斯、英国等国家旅游管理机构、旅行商合作，进行旅游形象宣传，联合开发旅游市场。1998年，与亚洲、欧洲、美洲旅行商合作，进行金融危机、特大洪涝灾害后的旅游形象宣传，联合开发旅游市场。

1999年，省旅游局与香港旅游协会签署旅游合作协议并正式启动“熊猫之旅”。与香港、云南合作，推出香港—昆明—成都—香港生态旅游环线。6月，邀请泰国驻昆明领事馆总领事嘎蒙·阿拉章等一行到四川，与省旅游局协商，双方认为四川—泰国共促旅游业发展有良好的基础和发展前景，双方就确定精品线路，提高旅游业档次；签署合作协议，密切交往交流；互设办事机构，增加旅游窗口；共辟特色项目，共创市场前景等方面达成共识。11月29日—12月4日，新（新加坡）川（四川）贸易与投资委员会第四次会议在新加坡举行，中新双方就联合开发澳大利亚、新西兰旅游客源市场；联合举行旅游促销活动；协助新加坡假日旅游私人有限公司开展四川、新加坡、澳大利亚旅游包机业务等方面达成共识。

2000年，省旅游局在香港《文汇报》推出《四川旅游精品》彩色专版。第一批推出的有自贡恐龙、蜀南竹海、三星堆、剑门索道、九寨沟、黄龙、康定、海螺沟等重点景区及旅游项目。形式上采取以本地大环境为背景，以主要景点烘托旅游线路，以旅游线路带动旅游景点的办法，介绍本地的旅游态势。2001年2月，省旅游局联合美国侨报推出两批四川旅游招商引资项目，美国华尔街日报等100余家媒体对相关内容进行报道。2002年，省旅游局与新加坡国家旅游局达成赴澳大利亚、新西兰共同促销，推广澳大利亚—新加坡—四川线路的合作意向。

2003年2月19日，省旅游局赴昆明参加中泰联合推出吸引德国旅泰游客延伸川滇旅游研讨会。6月16日，省旅游局与泰国国家旅游局在昆明市共商向世界各地推出精品线路合作事宜，达成《关于联合推广“中泰连线—精美组合”旅游产品行动计划》，并签署相关协议，双方共同推出成都—三星堆博物馆—成都大熊猫繁育研究中心—乐山—峨眉山—曼谷—素可泰—清迈—清莱8日游旅游线路，成都—三星堆博物馆—成都大熊猫繁育研究中心—都江堰、青城山—曼谷—普提—哥比—苏梅7日游旅游线路。11月15—20日，省旅游局与香港联合举办“四川—香港合作周”活动，与中国香港、新加坡旅游部门和旅行商达成互送客源的合作协议，同时四川与香港旅游发展局成都办事处合作，深度开发中国港澳台旅游市场。

2004年，省旅游局与新加坡旅游局、中国香港旅游发展局、泰国国家旅游局合作，加强川港、川泰（泰国）、川新（新加坡）旅游合作，分别向澳大利亚、新加坡、德国推出四川精品旅游线路，签订互送客源协议，吸引境外客源市场。6月16—17日，举办“四川—澳门合作发展周”活动，6月28日至7月2日，省旅游局和四川省商务厅联合香港裕华国货公司在香港举办“百媚千娇——四川商品展销月”活动。

2005年，阿坝藏族羌族自治州与美国可可假期、澳大利亚中国假期、日本JTB、香港港中旅、泰国旅游协会，日本京畿旅行社、俄罗斯、哈萨克斯坦等国家和地区的旅行商签订旅游市场代理合作意向书，广泛拓展国际旅游客源市场。攀枝花市与瑞典希尔特市首先开展旅游团队方面的合作，由四川省中国国际旅行社和四川新东方国际旅行社组织中国游客前往北欧观光游览，瑞典希尔特市全力配合；攀枝花市向瑞典希尔特市提供吸引北欧游客的旅游线路。同年，绵阳市与世界自然基金会（WWF）等机构开展合作。11月28日，广安市与澳门国际葡语市场企业家商会正式签署《广安与澳门关于加强旅游合作与交流协议》。在第二届泛珠区域经贸合作洽淡会上，四川省与境外多家航空公司和旅行商签署旅游包机协议（100架次），与德国途易、德国伊卡鲁斯、法国雅高等国际知名旅游集团签署合作备忘录。

第二节　国内合作

国内旅游合作包括省内旅游区域合作和省际旅游区域合作，其目的是在合作区域内，围绕着旅游者的空间流动，合作各方采取多种措施促进资本、劳动力、物资和信息等生产要素的空间流动和优化配置，加强旅游资源整合，消除地区之间的壁垒，打破省际、省内行政区划界限，形成区域内无障碍旅游。形成对大旅游区实行统一规划、统一开发、统筹建设、统一宣传、统一促销的格局。最终实现经济效益、社会效益和环境效益的最优化。

一、合作领域

从20世纪80年代中后期开始，四川省就开始进行国内旅游合作，其合作领域主要包括：

（一）西南五省区七方旅游合作

1987年，云南、贵州、四川、广西、西藏和重庆成立“西南五省区六方旅游协作区”，成都市被批准为计划单列市后又加入进来，成为西南五省区七方旅游协作区，从此开始了大西南旅游经济圈合作，合作领域主要是旅游景区联合开发、对外统一旅游市场拓展、宣传等。1996年，重庆市为直辖市以后，“西南五省区七方旅游合作”更名为“西南六省区市七方旅游合作”。2000年以后，合作领域进一步扩展，包括：共同旅游促销、建立健全旅游产业信息网络、积极推进旅游教育方面的合作、加强旅游规划的合作、大力促进旅游商品的开发等。

（二）古三国旅游线路合作开发

20世纪80年代中后期，四川省、湖北省、陕西省开始了古三国旅游线联合开发，当时主要是联合宣传开发两条重要旅游线路。一是成都市—剑门蜀道—汉中；二是长江三峡旅游线路（包括张飞庙、赤壁、荆州等）。2000年以后，古三国旅游线开发得到深入挖掘，由四川、陕西、甘肃和重庆三省一市共同推出了三国文化溯源之旅、三国蜀汉朝觐之旅、三国蜀汉开业之旅、三国蜀汉忠义之旅、三国蜀汉兴衰之旅、蜀道三国游（四川）6大主题，共10余条三国文化旅游精品线路。

（三）香格里拉生态旅游区开发

2001年在四川省召开的西南六省区市七方经济协调会第十七次会议上，确定了2002年在西藏举办首届川滇藏“中国香格里拉生态旅游区”座谈会，三省区政府联合开发香格里亚生态旅游区。第二届川、滇、藏中国香格里拉生态旅游区”协调会于2003年10月28日在昆明召开。与会三方就项目的实施范围、总体规划以及联合进行基础设施、环境生态建设等事宜进行了协商讨论。第三届川、滇、藏“中国香格里拉生态旅游区协调会”于2004年10月12日在成都召开，会议提出三省区重点实施对旅游区范围进行总体规划等问题，并对“香格里拉”区域内的旅游区功能、基础资源、生态环境、产业选择等问题进行科学论证。选择重点地区先期发展特色旅游，联合推荐促销精品旅游线路，带动当地经济结构的调整。2005年9月27日，第四届川滇藏“中国香格里拉生态旅游区”协调会在拉萨召开，会议强调三省区要进一步加强协作，相互交流，不断加大开发建设力度；积极配合国家有关部门做好综合开发总体规划；联合加快基础设施建设；加大宣传力度，吸引更多游客到“中国香格里拉生态旅游区”旅游观光。

（四）川黔渝金三角生态旅游区开发

在1999年，重庆市的江津市提出构建“川黔渝金三角生态旅游区”的提案并得到重庆市的高度重视和大力支持。2002年，国家计委、国家旅游局和国务院西部开发办公室在云南迪庆召开四川、重庆、云南、贵州和西藏等地的西部旅游工作会议时，明确把“川黔渝生态旅游金三角”的发展列为2003—2007年国家的重点投资开发项目，同时被列入《西部旅游投资规划》重点项目。从此四川省、贵州省、重庆市开始联合开发川黔渝“金三角”生态旅游区。2004年3月3日，召开了渝川黔3省市旅游局长联席会，三省市启动四面山—佛宝—赤水“金三角”旅游线工程，组建“金三角”旅游规划开发组织机构，建立无障碍旅游区；打破景区之间的交通瓶颈，打造一条世界级的黄金旅游线。2005年，川、黔、渝三地旅游部门计划共同投资10亿元，打造一个核心区面积达3000平方公里的旅游“金三角”地带。三省市将对该区域进行统一规划，统一宣传推广方案，推行统一的“旅游政策”方案等，这三项工作分别由四川省、重庆市、贵州省旅游局完成，于6月27日在三省市旅游局长联席会上审议通过。

二、合作成果

1990年，省旅游局与成都市旅游局合编中、英文版《成都旅游指南》；与中国国际航空公司合作出版《长江三峡》《长江小三峡》《三国旅游线路》的航机杂志专辑。

1991年，组织参加“’91中国南方9省区民俗旅游展销会”“中国古三国遗踪旅游片区年会”。11月25—28日，川西北六县旅游片区会议在北川县召开，会议就共同拓展旅游市场提出了意见。

1992年11月10日，在绵阳举办五省一市十二方古三国旅游协作区年会。川、陕、甘、鄂、豫五省十二方旅游界和部分三国文化专家、学者100余人参会。同年还参加了湖北“’92五省七方区域联系会”、洛阳三国旅游协作区年会、重庆五省七方协作区会议。

1993年，按照“以亚洲为核心，以欧美为两翼”的国际旅游客源市场开拓策略，五省区七方利用出海、出境的口岸优势，重点开拓东南亚市场。拓宽联合开发大西南旅游网络和川、鄂、陕、甘、豫等省的古三国旅游协作区的联合推销渠道。联合推销旅游产品和线路，重点推出广州—桂林—昆明—成都—香港，香港—重庆—武汉—香港等10余条旅游线路。省旅游局制作完成中英文五省区七方旅游画册。不定期到东南亚、日本进行旅游促销；建立内部资料信息交流制度，各方及时进行信息交流。10月12日，参加在河南郑州召开的“中国三国旅游协作区”年会。

1994年，五省一市十九方“古三国旅游协作区”和“五省区七方旅游协作区”年会，确定联合编制旅游线路。同年，四川省与《人民日报》海外版、《中国旅游报》等30多家媒体长期合作，参与五省一市十九方“三国旅游协作区”和“五省区七方旅游协作区”联合宣传促销活动。4月7日，四川省旅游局和成都市旅游局在蓉召开成都周边度假旅游工作座谈会，联合推出成都周边度假旅游精选线路。巴中地区旅游局与西华旅游出租汽车公司联营成立“巴中地区旅行社”。通江县先后在达州、成都、重庆、汉中等市宣传诺水河风光；南江县旅游局拍摄《光雾山风光》片。

1995 年，在西南五省区七方经济协调会第 11 次会议上，四川推出 5 条民族风情旅游线；在第六届六省市古三国旅游协作区年会上，四川推出长江三峡水上三国旅游线路。1996 年，阿坝藏族羌族自治州与甘肃甘南州联手开拓北方旅游线路。1997 年，省旅游局与《四川日报》等多家媒体合作，进行四川旅游形象的宣传。1998 年，四川省与陕西、甘肃、河南、湖北、重庆等地旅游部门联合促销“古三国文化寻踪之旅”；四川省与云南、贵州、重庆、广西联合开发促销“南方丝绸之路”专题旅游；与湖北、湖南、重庆联合促销“峨眉、九寨、黄龙、长江三峡、武陵源”奇山异水游；与甘肃联合促销“九寨、黄龙、丝绸之路”旅游线。

1999 年 4 月 6—10 日，在西安举办的中国东西部合作与投资贸易洽谈会会议期间，四川省旅游局与陕西省旅游局达成合作协议。双方议定两省共同拓展“古三国游”产品，共同编印古三国导游图，完善和树立古三国旅游线路形象，形成三国旅游热线；共同组成联合考察组，沿红军长征足迹实地考察，规划线路，形成“重走长征路”川陕苏区红色旅游线。同年陕甘川宁毗邻地区经济联合会旅游分会成立，该分会由四省十六方成员单位旅游管理部门及骨干旅游企事业单位组成。

1999 年，沿黄旅游协作带第六次年会在银川召开，宁夏、河南、山西、陕西、山东、甘肃、青海、内蒙古、四川等十省区参加会议。十省区合作开发黄河资源。方案包括制作幻灯片、宣传画册，整体推出“黄河游”；联合宣传报道，注重整体效应，形成“大黄河”品牌，推出精品线；在客源市场上以国内客源市场为主，抓住周边省区，不断开拓远程省份和海外市场，开通旅游专列；建立一个十省区旅游信息网；每两年举办一次旅游交易会。

1999 年 9 月，绵阳市召开陕甘川宁四省十六方经联会旅游分会成立大会。南江县旅游局与汉中市汉台区旅游局签署联合开发川陕旅游线路的协议。

2000 年，省旅游局与陕西省旅游部门联合推出“剑门蜀道三国寻踪之旅”；与甘肃旅游部门联合推出九寨、黄龙—若尔盖大草原—甘肃夏河拉卜楞寺旅游线；与云南旅游部门联合推出泸沽湖摩梭民情、迪庆香格里拉—稻城人类最后的秘境旅游线；与贵州、重庆旅游部门联合推出合江佛宝—江津四面山—赤水黄金三角旅游线；与重庆旅游部门联合推出自贡恐龙—安岳石刻—大足石刻—长江三峡旅游线。

2000 年，省旅游局联合成都市、乐山市和阿坝州旅游局，针对成都、重庆客源市场，推出四季风光系列：第一季度以冰雪之旅为主题，推出峨眉山等 10 余个旅游景区；第二季度以花之旅为主题，推出龙泉山等 6 个景区；第三季度以避暑之旅为主题，推出青城后山等 15 个景区；第四季度以红叶之旅为主题，推出九寨沟等 14 个旅游景区。

2001 年，川滇 10 地、市、州旅游经济协作会议于 4 月 4—6 日在攀枝花市召开，与会各方在线路推介等方面达成共识，签订合作协议。

2001 年，绵阳市国际旅行社同绵阳南郊机场合作，开展旅游包机业务，航线为绵阳—北京，旅游包机共接待北京市游客近 2 万人，实现销售收入 4000 余万元。

2002 年 5 月，甘孜州联合云南迪庆州、西藏昌都地区进行了茶马古道综合科学考察活动，联手打造茶马古道旅游文化品牌，联合推出川滇藏茶马古道黄金旅游线路。川陕毗邻片区旅游协作框架会议在四川巴中市举行，汉中、巴中、南充、广元等签订协作框架协议。7月3日—4日，达州市旅游局参加中国中西部经济技术协作区第17届协调委员会旅游交通联席会议。达州市旅游局与协作区各成员方签订《中国中西部协作区联合发展旅游协议》。

2002年，省旅游局推动省外实力强的旅行社到四川与省内旅行社合作。广州“广之旅”入川与峨眉山景区合作成立四川峨眉广之旅国际旅行社，山东鲁能集团、香港中旅、汉龙集团、康辉总社来川改组虹桥国旅、成都市中旅、四川省青旅和成都康辉旅行社。

2003年，九寨沟网络旅游有限责任公司与数十家单位合作，推出“四川旅游目的地营销系统”。主要内容是，与都江堰景区管理局、青城山景区管理局、三星堆景区管理局签订了网络售票和整合营销合作协议；与平安保险公司、子阳保险代理公司、联通公司签定了保险代理销售协议和客户资源、营销渠道共享合作协议；与农行、建行签订了网络支付合作协议；与携程、行知网等网络运营商签定了旅游产品合作协议。通过网络平台，旅游产品提供商、宣传渠道及产品经销商进一步整合，产品设计、宣传、销售一体化运作，形成旅游产品批发、代理体系。

2004年，李白故居管理处与成都杜甫草堂博物馆签订《合作协议》，发展双方旅游经济、开拓旅游市场方面加强合作与交流，共同开发省内人文旅游市场。同年4月，在泸州佛宝召开联合打造川、滇、黔“金三角”生态旅游区合作会议，与重庆、贵州等省区共同审定《川、黔、渝“金三角”旅游联合促销方案》。7月3—5日，陕西汉中、安康，四川广元、巴中、达州五市政府及旅游局在达州达成建立定期联系制度，共创特色旅游精品，形成区域联合促销，共建无障碍旅游区等5项合作意向。7月13日，川内14个市（州）联合在重庆市参加世界旅游组织年会和“中国七省之夜”宣传活动。10月，四川、云南、西藏三省区政府在成都召开了第三届川滇藏香格里拉生态旅游区协调会，发表《川滇藏香格里拉旅游合作宣言》，与重庆、西藏合作，共同推出“世界遗产之旅”，吸引欧美远程客源市场；与泛珠区域（9+2）省区加强合作，成都、雅安、乐山等地参加广州“泛珠江三角”城市旅游高峰论坛。广安市与重庆、贵阳、遵义、阆中等近10余个城市签订加强旅游合作的协议，在宣传促销、互为旅游目的地等方面进行交流合作。九寨沟与新疆阿尔泰地区开展旅游区域合作。黄龙管理局组织四川世界遗产地到甘肃兰州、陕西西安等地进行宣传促销。

2004年，为推动与重庆、贵州、云南、西藏、陕西等周边省市区和华北、华东、华南等重要客源地的旅游合作，省旅游局在北京举办“四川合作周”旅游招商活动。推出经贸合作项目480个，其中，资源开发项目46个，五大景区旅游开发项目67个，旅游文化项目53个，基础设施建设项目75个，支柱产业项目75个，扩大市场准入项目34个，劳务合作项目40个，园区经济项目17个。不含国企改造、劳务合作、园区经济等不便计算投资的项目，总投资136.4亿美元（折合人民币1132亿元）。签约合作项目60个，吸引投资335.6亿元。

2004年9月8—10日，在第二届旅游发展大会期间，举办了四川旅游招商引资及区域合作签约仪式，四川省与北京、上海、广东、浙江等7省市签订旅游合作协议，签订旅游招商项目11个，协议资金34.38亿元。

2005年4月28日，邓小平故里、华蓥山石林、中国死海三大景区在遂宁大英县联合召开新闻发布会，宣布成立“川东精品旅游联合体”，共同打造川东精品旅游线路。7月1日，“川东精品旅游联合体”首次发布“红色之旅联合套票”。8月15日，重庆、广安、遵义、贵阳市旅游局在贵阳签订《关于加强红色旅游合作的协议》，联合打造“重庆—广安—遵义—贵阳”红色旅游精品线路。

当年，全省26个红色旅游区共计接待游客118.67万人次，门票收入4092万元。

7月28日，为推进川陕、川滇藏大香格里拉、川黔渝“金三角”和泛珠等区域旅游合作。组织召开川黔渝“金三角”区域旅游合作第四次联席会议。广安市与澳门特别行政区、海南省签署旅游市场开发等合作协议；四川绵阳假日国际旅行社、绵阳民航管理局、绵阳机场集团公司建立合作关系，把航空和旅游捆绑在一起，共同宣传促销，先后开通北京、上海、杭州、沈阳、大连、山西等航线。四川绵阳假日国际旅行社建立以北京为中心的大华北销售处，以上海为中心的华东销售处。“十五”期间，四川绵阳假日国际旅行社先后与北京中旅总社等17家百强旅行社签订旅游包机协议，实现旅游包机17万人次。

8月25—26日，“四川省三国文化旅游研讨会”在绵阳召开。就三国文化旅游的可能及开发经营模式；探索客源共享，加强区域协作的有效途径；建立共同营销三国文化旅游产品及线路的合作模式和机制等进行了探讨。就加强区域协作，联合打造、包装和推销三国文化旅游线，以形成四川旅游拳头产品达成共识，并签订促进整体发展、互惠互利的协作协议。

9月3日，首届川东北旅游环线协作会在古城阆中召开。11月23日，在中国青少年红色旅游论坛期间，来自北京等全国红色旅游经典景区所在的10个城市在广安共同签订了青少年红色旅游合作协议。同年11月，达州市旅游局举办渝达旅游合作座谈会，达州市与重庆市签署《渝达区域旅游合作框架协议》。

第四篇　旅游人力资源开发

旅游人力资源由旅游管理部门、旅游企业（包括旅行社、旅游饭店、旅游景区、旅游交通、旅游商品等）、旅游教育（科研）等事业单位的人力资源构成。

旅游行业人力资源开发，指采取教育、培训、调配、使用和管理等方式，提高旅游从业人员的素质和潜能，促进旅游产业品质的提高及旅游业全面发展。

第一章　旅游行业就业规模

第一节　旅游从业人员及结构

一、全省旅游业直接从业人员

旅游业是新兴产业，从业人员增长很快。1986 年，四川旅游业直接从业人员 3800 余人，1989 年超过 7 万人（72714 人），1990 年、1991 年接近 10 万人（1990 年统计有 99204 人，1991 年统计有 96144 人），1999 年统计有 12 万余人（120307 人）。

据统计，全省旅游业直接从业人员 2000 年有 32 万余人，2005 年达到 36 万人。2000—2005 年全省全省旅游业直接从业人员情况见表 4－1。

2000—2005 年全省旅游业直接从业人员统计表

表 4－1

年　份	全省旅游行业直接从业人员（人）	比上年增长（%）
2000	320100	166.07
2001	296103	-7.50
2002	286962	-3.09
2003	341098	18.87
2004	352052	3.21
2005	360000	2.26

资料来源：《中国旅游年鉴》，四川旅游发展大会公开材料

旅游业的发展，能提供大量就业岗位和就业机会，对相关行业和全社会就业有明显的带动作用。据世界旅游组织测算，旅游业直接就业 1 个岗位，能带动 5—6 个间接就业岗位。

2002 年，由四川省旅游局、四川省旅游协会组织实施的四川省重点软科学研究项目《四川省旅游人力资源开发对策研究》抽样调查表明，2002 年 6 月，抽样调查旅游业小范围直接从业人员 12 万余人，据此测算间接从业人员有近 70 万人。

2004 年，全省旅游业直接从业人员近 35 万人，间接从业人员 150 万多人。2005 年，全省旅游业直接从业人员 36 万多人，间接从业人员 180 万多人。

二、全省旅游人力资源结构

2002年，四川省旅游局、四川省旅游协会组织实施的四川省重点软科学研究项目《四川省旅游人力资源开发对策研究》，对旅游人力资源的基本情况及结构进行抽样调查，抽取样本为81251名直接从业人员。

（一）职业结构

在职业结构构成中，旅游饭店是旅游行业中就业最密集的单位，占样本的46.65%。由于导游人员中兼职导游比例的逐步增加，导游公司储存一批专职和兼职导游，故旅行社直接从业人员在旅游行业中比例不大，抽样调查比例为12.44%，四川旅游人力资源职业结构抽样调查情况见表4－2。

2002年四川旅游人力资源职业结构抽样调查表

表4－2 单位：人·%

项　目	总　计	旅行社	旅游饭店	旅游景区	旅游车船公司	旅游定点单位	旅游院校教师	旅游行政部门
人　数	81251	10109	37905	7322	8259	15281	1139	1236
比　重	100	12.44	46.65	9.01	10.16	18.81	1.40	1.52

说明：本表为抽样调查数据

资料来源：省旅游局《四川省旅游人力资源开发对策研究》

（二）年龄结构

旅游业是青春型行业，人员流动较大，抽样调查反映出35岁以下的人员占总样本的78%（其中25岁以下人员占总样本的46%）。旅游饭店35岁以下的人员占83.7%，旅行社35岁以下的人员占84.2%。四川旅游人力资源年龄结构抽样调查情况见表4－3。

2002年四川旅游人力资源年龄结构抽样调查表

表4－3 单位：人

项　目	总　计	25岁以下	26—35岁	36—45岁	46岁以上
旅行社	10109	4583	3926	1297	303
旅游饭店	37905	21139	10599	4692	1475
旅游景区	7322	2368	2478	1698	778
旅游车船公司	8259	1300	3060	2970	929
旅游定点单位	15281	7573	5297	1807	604
旅游院校教师	1139	237	254	381	267
旅游行政部门	1236	162	440	429	205
小　计	81251	37362	26054	13274	4561

资料来源：省旅游局《四川省旅游人力资源开发对策研究》

（三）学历结构

除旅游院校教师和旅游行政部门外，旅游企业中旅行社的学历层次最高。旅行社大专以上学历人员比例占62.3%（其中大学及以上学历占15.8%）。中专学历占10.9%，高中学历占25.4%，初中及以下学历仅占1.3%。旅游饭店大专以上学历人员比例占18.8%，中专学历占23.9%，高中学历占36.9%，初中及以下学历占20.4%。四川旅游人力资源学历结构抽样调查情况见表4－4。

2002年四川旅游人力资源学历结构抽样调查表

表4－4　　单位：人

项　目	总　计	初中及以下学历	高　中	中　专	大　专	大学及以上学历
旅行社	10109	133	2572	1103	4705	1596
旅游饭店	37905	7732	14002	9054	5682	1435
旅游景区	7322	2340	2424	1039	1235	284
旅游车船公司	8259	2368	3604	1545	686	56
旅游定点单位	15281	3469	6411	2748	2261	392
旅游院校教师	1139	—	—	—	334	805
旅游行政部门	1236	83	156	169	572	256
小　计	81251	16125	29169	15658	15475	4824

资料来源：省旅游局《四川省旅游人力资源开发对策研究》

三、全省国际旅游从业人员

在旅游业统计中，入境旅游业被称为国际旅游。中国旅游业从国际旅游（入境旅游）起步，并且国际旅游一直作为旅游业的重点。国家旅游局制定的旅游统计体系中，国际旅游（入境旅游）一直有比较完整而健全的统计资料，其中包括国际旅游就业规模统计。

国际旅游就业规模，包括旅游涉外饭店（含星级饭店）、国际旅行社（1997年以前的一类旅行社、二类旅行社）、旅游涉外定点的车船公司、旅游管理机构，以及其他从事国际旅游的就业人员。1990—2005年全省国际旅游就业人员情况见表4－5。

1990—2005年四川省国际旅游就业人员情况

表4－5

年　份	合　计	其　中				
		涉外饭店	国际旅行社	旅游车船公司	旅游管理机构	其　他
1990	20608	17515	—	406	1070	1617
1991	27967	17109	—	1501	852	8505
1992	28038	23350	1892	1019	783	1039
1993	30238	23736	2468	752	1126	2156
1994	36344	25605	1389	3920	1152	4278
1995	41992	29898	1722	4564	948	4860

续表4－5

年　份	合　计	其　　　中				
		涉外饭店	国际旅行社	旅游车船公司	旅游管理机构	其　他
1996	38688	33862	1177	268	978	2403
1997	39265	35877	745	166	829	1648
1998	95624	39797	627	139	1312	53749
1999	41094	34110	737	789	967	4491
2000	56000	42601	2594	264	1109	9432
2001	61819	33033	3718	1092	1183	22793
2002	65272	39597	3425	428	1236	20586
2003	109977	48800	3831	252	1262	55832
2004	123148	54599	3482	—	1256	63811
2005	141245	58538	3094	—	1365	78248

说明：1995年、1996年的数据，含重庆市
资料来源：《中国旅游统计年鉴》

第二节　旅行社从业人员

一、全省旅行社从业人员

旅行社不是密集型就业行业，与旅游饭店相比，旅行社就业规模不大。1990年，针对旅行社发展一度过多过快、造成旅游市场混乱的状况，旅游管理部门进行旅行社清理整顿，吊销了一批旅行社经营许可证。

1986年，全省旅行社就业人员3989人，1987年有4545人，1988年有4627人，1989年4863人，1990年4345人，1991年4764人。

1992—1996年全省旅行社从业人员统计见表4－6。

1992—1996年全省旅行社从业人数统计表

表4－6

年份	旅行社总数（家）	从业人员（人）	其中一类社		其中二类社		其中三类社	
			总数（家）	从业人员（人）	总数（家）	从业人员（人）	总数（家）	从业人员（人）
1992	138	5452	4	502	24	1390	110	3560
1993	138	6238	4	643	23	1825	111	3770
1994	338	4332	4	634	21	755	313	2943
1995	153	5497	8	790	24	932	121	3775
1996	260	3765	6	669	17	508	237	2588

说明：1995年、1996年的数据，含重庆市
资料来源：《中国旅游统计年鉴》

行政区划调整后，1997 年全省旅行社从业人员 2019 人，其中，国际旅行社 745 人，国内旅行社 1274 人。2005 年全省旅行社从业人员 8939 人。1997—2005 年四川省旅行社从业人员统计情况见表4－7。

1997—2005 年全省旅行社从业人数统计表

表4－7

年份	旅行社总数（家）	从业人员（人）	其中国际旅行社		其中国内旅行社	
			总数（家）	从业人员（人）	总数（家）	从业人员（人）
1997	160	2019	17	745	143	1274
1998	273	2312	35	627	238	1685
1999	329	2549	38	737	291	1812
2000	384	7335	41	2594	343	4741
2001	417	9481	46	3718	371	5763
2002	469	9036	49	3425	420	5611
2003	498	9765	50	3831	448	5934
2004	564	10126	50	3482	514	6644
2005	550	8939	54	3094	496	5845

资料来源：《中国旅游统计年鉴》

二、成都市旅行社从业人员

成都市旅行社发展较早，规模较大，从业人员数量较多。其中一类社数量较少，但从业人员较多。1992—1996 年，成都市旅行社从业人员约占全省旅行社从业人员的 20%—40%，相对稳定。1992—1996 年成都市旅行社从业人员统计情况见表 4－8。

1992—1996 年成都市旅行社从业人数统计表

表4－8

年份	旅行社总数（家）	从业人员（人）	其中一类社		其中二类社		其中三类社	
			总数（家）	从业人员（人）	总数（家）	从业人员（人）	总数（家）	从业人员（人）
1992	30	1267	3	255	10	280	17	732
1993	31	1333	3	409	7	275	21	649
1994	89	1927	3	403	8	328	78	1196
1995	68	1445	4	481	7	339	57	625
1996	68	1479	3	431	8	283	57	765

资料来源：《中国旅游统计年鉴》

1997 年行政区划调整，同年旅行社进行类别转变，原一类社、二类社转为国际旅行社，原三类旅行社转为国内旅行社。成都市旅行社得到较快发展，从业人员增长较快，1997—2005 年，成都市旅行社从业人员占全省旅行社从业人员的比例超过50%。1997—2005年成都市旅行社从业人员统计情况见表4-9。

1997—2005年成都市旅行社从业人数统计表

表4-9

年份	旅行社总数（家）	从业人员（人）	其中国际旅行社		其中国内旅行社	
			总数（家）	从业人员（人）	总数（家）	从业人员（人）
1997	58	1162	10	629	48	533
1998	109	1291	16	529	93	762
1999	119	1586	17	630	102	956
2000	170	4529	27	2265	143	2264
2001	167	5431	31	3151	136	2280
2002	200	5766	35	3101	165	2665
2003	184	6012	34	3322	150	2690
2004	214	5346	34	3096	180	2250
2005	215	4623	35	2515	180	2108

资料来源：《中国旅游统计年鉴》

三、重庆市旅行社从业人员

在行政区划调整前，1992年，重庆市旅行社规模超过成都市，1993—1996年重庆市旅行社规模在川内仅次于成都市。1992—1996年重庆市旅行社从业人员统计情况见表4-10。

1992—1996年重庆市旅行社从业人数统计表

表4-10

年份	旅行社数（家）	从业人员（人）	其中一类社		其中二类社		其中三类社	
			规模(家)	职工数(人)	规模(家)	职工数(人)	规模(家)	职工数(人)
1992	18	1954	1	247	5	943	12	764
1993	19	1217	1	87	5	443	13	687
1994	94	734	2	231	4	134	88	369
1995	52	232	2	247	3	427	47	1638
1996	41	1246	1	238	3	37	68	971

资料来源：《中国旅游统计年鉴》

此外，其他市（州）旅行社从业人员规模较小，其中以乐山市、达州市、绵阳市、阿坝藏族自治州、自贡市等市（州）为主。

第三节 旅游饭店从业人员

一、全省旅游涉外饭店从业人员

旅游饭店是劳动力密集型企业，在旅游业中就业比例最高。1986 年，四川旅游饭店有从业人员 8463 人，1987 年超过 1 万人，1992 年超过 2 万人，1996 年超过 3 万人，2005 年接近 6 万人。1986—2005 年四川省涉外旅游饭店就业情况见表 4－11。

1986—2005 年全省旅游涉外饭店就业情况统计表

表 4－11

年 份	旅游涉外饭店		其中内资饭店		其中外资饭店	
	单位数（家）	从业人员（人）	单位数（家）	从业人员（人）	单位数（家）	从业人员（人）
1986	35	8463	—	—	—	—
1987	43	10839	—	—	—	—
1988	63	13487	—	—	—	—
1989	80	16763	—	—	—	—
1990	83	17515	—	—	—	—
1991	90	17109	—	—	—	—
1992	102	23350	96	19890	6	3460
1993	104	23736	94	19249	10	4487
1994	111	25605	102	21302	9	4303
1995	148	29898	138	23893	10	6005
1996	154	33862	148	30602	6	3260
1997	165	35877	158	32997	7	2880
1998	212	39797	202	35932	10	3865
1999	227	34110	215	30351	12	3759
2000	408	42601	392	38224	16	4377
2001	204	33033	195	30541	9	2492
2002	294	39597	283	36838	11	2759
2003	346	48800	332	45473	14	3327
2004	429	54599	425	53047	4	1552
2005	447	58538	439	55949	8	2589

说明：1. 1995 年、1996 年的数据，含重庆市

2. 2001 年以后，旅游饭店的统计范围变化，从以前统计所有旅游涉外饭店缩小到只统计星级饭店

资料来源：《中国旅游统计年鉴》《中国旅游年鉴》

二、成都市旅游饭店从业人员

成都市旅游涉外饭店在全省发展最早，分布比较集中，旅游涉外饭店从业人员占全省旅游涉外饭店从业人员的比重逐渐提高，由1992年的22.96%提高到1995年的43.70%，2000年达到45.11%。饭店数量增长快，外资饭店增幅较大。1992—2005年成都市旅游饭店就业情况统计见表4－12。

1992—2005年成都市旅游涉外饭店就业情况统计表

表4－12

年　份	涉外饭店		其中内资饭店		其中外资饭店	
	单位数（家）	从业人员（人）	单位数（家）	从业人员（人）	单位数（家）	从业人员（人）
1992	13	5350	13	5350	0	0
1993	22	9883	20	9395	2	488
1994	27	10655	26	10200	1	455
1995	45	13064	43	10922	2	2142
1996	51	15749	49	14657	2	1092
1997	66	19334	62	16872	4	2462
1998	78	21775	70	18197	8	3578
1999	80	18258	70	15082	10	3176
2000	95	19218	84	15698	11	3520
2001	76	15760	70	13873	6	1887
2002	107	17576	99	15377	8	2199
2003	122	20745	112	17922	10	2823
2004	130	23673	126	22121	4	1552
2005	134	24639	126	22050	8	2589

说明：2001年以后，旅游饭店的统计范围变化，从以前统计所有旅游涉外饭店缩小到只统计星级饭店

资料来源：《中国旅游统计年鉴》《中国旅游年鉴》

三、重庆市旅游饭店从业人员

重庆市旅游饭店的发展始于20世纪80年代初，由于地处“长江三峡过境地”的独特区位，受长江三峡的影响，重庆市涉外饭店规模呈现出平稳增长的态势。1992—1996年重庆市旅游涉外饭店就业情况统计见表4－13。

1992—1996年重庆市旅游涉外饭店就业情况统计表

表4－13

年　份	涉外饭店		其中内资饭店		其中外资饭店	
	单位数（家）	从业人员（人）	单位数（家）	从业人员（人）	单位数（家）	从业人员（人）
1992	13	4969	7	1554	6	3415
1993	13	5099	6	1243	7	3856

续表 4－13

年份	涉外饭店		其中内资饭店		其中外资饭店	
	单位数（家）	从业人员（人）	单位数（家）	从业人员（人）	单位数（家）	从业人员（人）
1994	19	5838	13	2178	6	3660
1995	24	6457	17	2845	7	3612
1996	24	7044	21	5231	3	1813

资料来源：《中国旅游统计年鉴》《中国旅游年鉴》

四、省内部分市（州）旅游饭店从业人员

2005 年四川省内部分市（州）饭店从业人员统计见表 4－14。

2005 年四川省内部分市（州）饭店从业人员统计表

表 4－14　　单位：人

市（州）	饭店从业人员	市（州）	饭店从业人员
成都市	24639	泸州市	5100
德阳市	2026	绵阳市	6209
乐山市	2300	南充市	5000
广安市	4500	达州市	2580
资阳市	1015	凉山州	1633

资料来源：省旅游局档案资料

第四节　旅游景区从业人员

2000 年以前，四川省旅游景区从业人员未做系统统计，2000 年以后，四川省旅游景区人力资源状况被列入旅游统计范畴。

2000—2005 年，从总体上看，四川省旅游景区从业人员已具有一定规模，特别是作为世界遗产的九寨沟风景名胜区、黄龙风景名胜区、峨眉山—乐山大佛风景名胜区和青城山—都江堰风景名胜区从业人员数量较多，管理水平较高。2000—2005 年四川省旅游景区从业人员及四川省重点旅游景区从业人员统计见表 4－15 及表 4－16。

2000—2005 年四川省旅游景区从业人员统计表

表 4－15

年份	景区规模（家）	从业人员（人）
2000	193	6795
2001	256	19588

续表 4－15

年　　份	景区规模（家）	从业人员（人）
2002	257	15935
2003	312	20753
2004	331	50962
2005	381	64016

资料来源：《四川旅游统计便览》

1986—2005 年部分年份四川省重点旅游景区从业人员统计表

表 4－16　　单位：人

年　份	九寨沟	黄　龙	峨眉山—乐山大佛	青城山—都江堰
1986	220	21	271	—
1990	306	38	364	—
1995	451	68	502	—
2000	365	108	676	1254
2005	742	346	967	1294

资料来源：省旅游局档案资料

第五节　其他旅游企业从业人员

一、旅游交通业

旅游交通包括铁路运输、水路运输、航空运输、公路运输。全省交通运输业中涉及旅游的交通企业甚多，由于统计的边界不明确，旅游部门没有进行全面统计。

1986—2005 年列入旅游部门统计范围的旅游交通企业规模及从业人数见表 4－17。

1986—2005 年全省旅游交通企业规模及从业人数统计表

表 4－17

年　份	企业规模（家）	从业人员（人）	年　份	企业规模（家）	从业人员（人）
1986	82	3989	1992	138	5452
1987	97	4545	1993	138	6238
1988	98	4627	1994	338	4332
1989	103	4863	1995	153	5497
1990	89	4345	1996	260	3765
1991	89	4767	1997	160	2019

续表 4－17

年　份	企业规模（家）	从业人员（人）	年　份	企业规模（家）	从业人员（人）
1998	122	1136	2002	469	9036
1999	329	2549	2003	498	9765
2000	384	7335	2004	564	10126
2001	417	9481	2005	550	8939

资料来源：《中国旅游统计年鉴》

二、旅游商品生产与销售业

旅游商品生产与销售业企业规模及从业人员，由于统计的边界不明确，旅游部门没有进行全面统计。

1996 年以前，全省旅游商品生产与销售业主要以成都市、重庆市为主。

1992 年，成都市有成都竹编工艺厂等 5 个旅游商品定点生产企业。到 2005 年，全市有旅游商品生产从业人员 4800 余人。

凉山州 2000 年有从业人员 3200 人。到 2005 年，全州有旅游商品生产与销售从业人员 3979 人。分别是从事彝族漆器生产加工的从业人员 120 人；从事苦荞产品加工生产的从业人员 900 人；从事农副土特产品加工的从业人员 2000 人；从事彝族特色旅游商品研发从业人员 56 人；从事彝族服饰及手工饰品加工的从业人员 500 人；从事彝族特色产品包装设计生产企业从业人员 30 人；从事金沙砚、木雕、石刻、土陶研发、设计、生产加工从业人员 100 人；从事西昌卫星系列纪念品的从业人员 43 人；从事经营民族特色旅游产品的从业人员 130 人；小型旅游购物点，包括旅游商品专柜 30 个，从业人员 100 人。

2005 年，巴中市旅游商品生产与销售从业人员 768 人，内江市旅游商品生产销售从业人员 500 人。2005 年部分市（州）旅游商品生产与销售企业就业从业人员统计见表 4－18。

2005 年部分市（州）旅游商品从业人员统计表

表 4－18

市（州）	从业人员（人）	市（州）	从业人员（人）
成都市	4800	攀枝花市	1050
泸州市	2000	内江市	500
南充市	756	广安市	480
巴中市	768	资阳市	1000
阿坝州	2000	凉山州	3979

资料来源：四川省旅游局档案资料

第二章 旅游人才队伍建设

旅游人才队伍建设是旅游人力资源开发的重要内容，旅游人才包括行政管理人才、企业管理人才以及专门人才。

第一节 旅游管理人才

旅游管理人才主要包括旅游行政管理人才和旅游企业管理人才两个部分。旅游事业单位管理人才、旅游教育单位管理人才未予统计。

一、旅游行政管理人才

20 世纪 80 年代中期，省内各市（州）设立旅游行政管理部门的较少，四川省旅游行政管理人才匮乏。到 20 世纪 80 年代末期，各地旅游行政管理部门纷纷建立，旅游行政管理人才逐渐增多。进入到 20 世纪 90 年代以后，省内各市（州）都建立了旅游行政管理部门。至此，四川省建立了由省级、市（州）级、县级三级旅游行政管理机构，旅游行政管理人才增长。

1986 年，四川省旅游系统有旅游行政管理人才 294 人，到 1989 年，四川省旅游系统旅游行政管理人才增至 802 人。其中，县处级以上行政管理人才 89 人，区科级管理人才 150 人。

2005 年，四川省 21 个市（州）均设立了旅游局，所辖县级行政单位均设立了旅游行政机构。全省旅游行政管理人才为 1365 人，其中大专以上学历占 85%（旅游专业不足 10%）。1986—2005 年全省旅游行政管理人才统计见表 4－19。

1986—2005 年全省旅游行政管理人才统计表

表 4－19　　单位：人

年　份	旅游行政管理人才	年　份	旅游行政管理人才
1986	294	1992	783
1987	591	1993	1126
1988	783	1994	1152
1989	802	1995	948
1990	1070	1996	978
1991	852	1997	829

续表 4－19

年　份	旅游行政管理人才	年　份	旅游行政管理人才
1998	1312	2002	1236
1999	967	2003	1262
2000	1109	2004	1256
2001	1183	2005	1365

资料来源：《中国旅游统计年鉴》、省旅游局档案资料

二、旅游企业管理人才

旅游企业管理人才包括旅行社、旅游饭店、旅游景区、旅游交通、旅游购物、旅游娱乐等部门的总经理、部门经理等管理人员。

四川省旅游企业管理人才有三次大的发展。第一次是 1989—1991 年，随着旅游行业接待规模的增长，旅游饭店、旅行社、旅游景区增加，急需大批旅游企业管理人才。1990 年，国家旅游局出台文件，要求旅游企业对各类管理人才、员工进行全员培训，提高管理水平，使一批优秀的管理干部成长起来。1986 年，全省有旅游企业管理人员 900 余人，1991 年旅游企业管理人才近 5000 人。

第二次是 1994—1995 年，由于旅游行业规模扩大，旅游企业管理人才数量增长，管理水平得到提高。1995 年，全省旅游企业管理人才 1 万余人。

第三次是 1998—2005 年，星级饭店、旅行社、新景区快速增长。加之四川省旅游局在全省范围内实施了优秀企业家培养工程、旅游紧缺人才培养工程、旅游人才引进、旅游人才持证上岗工程、建立旅游人才库等，通过多种途径，着力培养高素质、职业化、国际化的优秀旅游人才，培养出了大批高素质的旅游管理人才。

（一）旅行社管理人员

1986—1996 年，由于四川省旅行社规模较小，管理人员不多，未作全面统计。1997 年，四川省旅游局按照国家旅游局的要求，成立旅行社经理资格认证领导小组，制定了《关于 1997 年全省旅行社经理资格认证考试工作实施计划》。当年，全省有 486 名旅行社经理参加旅行社经理资格认证考试，合格 427 人，另有 58 人具备免考资格，全省共计有旅行社经理资格人数 485 人。

2000 年，全省旅行社总经理培训考试获证 176 人，部门经理 373 人。2001 年，全省报名参加全省旅行社经理资格认证考试 847 人，通过考试，合格 639 人，合格率 75.44%。1997—2001 年，全省有 2050 人通过旅行社经理资格考试，获得旅行社经理资格证书，其中，国际旅行社 871 人（总经理资格证书 221 人，部门经理资格证书 650 人）；国内旅行社 1179 人（总经理资格证书 581 人，部门经理资格证书 598 人）。

2002 年，全省有 866 人参加旅行社经理资格考试培训考试，其中 304 人合格，取得旅行社经理资格证书，合格率为 35.10%。其中三州地区有 66 人取得旅行社经理资格证书。

2004 年，全省有 537 人报名参加旅行社经理资格认证考试，合格人数 396 人，合格率为 73.74%。截至 2004 年 12 月，全省取得旅行社经理岗位证书的有 3422 人，其中部门经理 1961 人，总经理 1461 人；全省有出境游领队资格的 1567 人。

从2005年开始，按照国家旅游局文件精神，取消旅行社经理资格认证考试。1997—2004年四川省旅行社经理资格考试统计见表4－20。

1997—2004年全省旅行社经理资格考试合格人数统计表

表4－20　　单位：人

项　　目	国际旅行社总经理	国际旅行社部门经理	国内旅行社总经理	国内旅行社部门经理
1997	75	113	127	112
1998	14	46	39	28
1999	21	114	70	103
2000	44	191	132	182
2001	67	186	213	173
2002	73	86	78	67
2003	87	164	215	206
2004	58	91	148	99

资料来源：省旅游局档案资料

（二）旅游饭店管理人才

截至2005年12月，四川省已取得旅游饭店经理岗位证书的有2679人，其中，总经理900人，部门经理1779人。

（三）旅游景区管理人才

1990年起，旅游部门对景区管理人才进行不完全统计，当年，攀枝花市有景区管理人员15人，绵阳市富乐山景区有管理人员23人。1991年，泸州市有旅游景区管理人员120人。20世纪90年代中期，旅游景区管理人员进一步增长。全省旅游景区管理人员据不完全统计有1000余人。

1995年，绵阳市富乐山景区管理人员38人。1996年，泸州市有旅游景区管理人员240人，攀枝花市景区管理人员28人。

2000年，成都市有旅游景区36家，景区旅游管理人员155人；泸州市有旅游景区管理人员450人，攀枝花市有景区管理人员37人，巴中市有旅游景区管理人员44人。

1986—2005年期间，省内主要旅游景区峨眉山、乐山大佛、九寨沟、黄龙、都江堰、青城山等注重旅游人力资源开发，景区管理水平不断提高。

1. 峨眉山、乐山大佛景区

1986年，峨眉山管理局为乐山市政府设置在峨眉山风景区的职能部门，下设有办公室、财务科、环保规划科、基建科、宗教科、峨眉山公安分局，组建有峨眉山旅游服务公司、峨眉山旅游汽车服务公司、峨眉山花木公司、峨眉山建筑公司。管理局有管理人员31人。乐山大佛乌尤文物保护管理局相当于县级事业单位，是市文化局管理的二级局，管理局有管理人员22人。1992年以前，峨眉山管理局管理人员不足100人。1995年，峨眉山管委会有管理人员119人。2005年，峨眉山、乐山大佛管理人员规模为294人。1986—2005年峨眉山、乐山大佛管理人员规模统计见表4－21。

峨眉山、乐山大佛管理局管理人员统计表

（1986—2005 部分年度）

表 4－21　　单位：人

年　份	峨眉山景区	乐山大佛景区	合　计
1986	31	22	53
1990	47	38	85
1995	119	50	169
2000	175	81	256
2005	203	91	294

资料来源：省旅游局档案资料

2. 九寨沟景区

1984 年，九寨沟风景名胜区管理局成立，统一管理景区旅游经营活动，有管理人员 12 人，之后相继成立九寨沟旅游公司和九寨沟联合经营有限责任公司。1992 年，管理人员有 20 人左右。1993—1998 年，管理局管理人员有 100 人以上，1998—2005 年，管理局有管理人员 200 人左右。1986—2005 年部分年份九寨沟管理局管理人员规模统计见表 4－22。

九寨沟管理局管理人员统计表

（1986—2005 部分年份）

表 4－22　　单位：人

年　　份	景区管理人员人数	备　　注
1986	16	含专业技术人员、行政管理人员
1990	25	
1995	104	
2000	134	
2005	195	

资料来源：省旅游局档案资料

3. 黄龙景区

黄龙景区于 1983 年成立景区管理所，1986 年管理所有管理人员 6 人。1986—2000 年，管理人员最多时不足 40 人。2001 年 8 月，阿坝州下发《关于黄龙国家级自然保护区、黄龙国家级风景名胜区管理局机构编制方案的批复》，黄龙管理局管理人员增多，当年管理局有管理人员 68 人，2005 年为 113 人。1986—2005 年黄龙景区管理人员规模统计见表 4－23。

黄龙景区管理人员规模统计表

（1986—2005 年部分年份）

表 4－23　　单位：人

年　份	景区管理人员人数	备　　注
1986	20	于 1983 年成立管理所，行政管理人员 1 人
1990	36	行政管理人员 2 人

续表 4－23

年　份	景区管理人员人数	备　　注
1995	64	行政管理人员 4 人
2000	103	于 1998 年成立管理局，行政管理人员 5 人
2005	346	行政管理人员 39 人

资料来源：省旅游局档案资料

4. 青城山、都江堰景区

青城山、都江堰景区开发较早，景区交通便利，景区管理起步较早，管理人才较多。青城山、都江堰管理局管理人员规模统计见表 4－24。

青城山、都江堰管理局管理人员统计表

（2000—2005 年部分年份）

表 4－24　　单位：人

年　份	古堰管理局	青城山管理局	总　　计
2000	492	431	923
2003	498	436	934
2005	502	459	961

资料来源：省旅游局档案资料

第二节　旅游专门人才

旅游专门人才范围较广，本书将导游人员、景区讲解员、旅游规划人员、星级饭店评审员、A 级景区评审员等作为旅游专门人才统计，其中导游人员、景区讲解员分别见本章第三节和第四节。此外，旅游从业人员中具有初级以上专业技术职称任职资格的在职在岗人员，如旅游企业的经济师、财务会计师，旅游饭店的等级厨师、技师、园艺师等，没有单独进行统计。

一、旅游规划机构及旅游规划人才

1997 年以前，四川省没有旅游规划机构，旅游规划工作由旅游管理部门承担，邀请省内大专院校和科研单位协助，对全省旅游中长期发展及省内局部地区进行旅游规划。

1998 年成立四川省旅游规划设计所，为省旅游局直属事业单位，当年有专业旅游规划人员 8 人。

1997—1999 年，四川省聘请世界旅游组织旅游专家，对四川全省发展进行总体规划，部分省内旅游规划人员参与，推动了四川省旅游规划人才队伍的建设。

2000 年以前，四川省旅游规划机构较少。2000 年 11 月，国家旅游局颁布了《旅游规划设计单位资质认定暂行办法》，省内旅游规划机构逐步得到发展。

2002 年 12 月，四川省旅游规划设计研究所更名为四川省旅游规划设计研究院，国家旅游局核准该研究院具有旅游规划设计甲级资质。

到2005年，全省有旅游规划资质单位7个，其中，甲级资质单位2个，分别是四川省旅游规划设计研究院、成都来也旅游策划管理有限责任公司。乙级资质单位2个，丙级资质单位3个。此外，四川大学旅游学院、西南交通大学旅游学院、四川师范大学旅游学院、成都理工大学旅游学院、西华师范大学旅游学院、乐山师范学院旅游学院等也在从事旅游规划工作。至2005年年底，四川省有旅游规划专业人才350人。2005年四川省主要旅游规划机构及规划人员统计见表4－25。

2005年四川省内主要旅游规划机构及规划人员统计表

表4－25　　单位：人

序　号	规　划　机　构　名　称	成立时间	规划人数
1	四川旅游规划设计研究院	1998年	18
2	成都来也旅游策划管理有限责任公司	2002年3月	18
3	四川省蓝地规划设计研究院有限公司	2004年3月	36
4	成都聚合旅游策划咨询有限公司	—	32
5	成都远见旅游设计有限公司	1999年	12
6	成都爱地旅游策划有限责任公司	2005年	24
7	成都意道旅游策划公司	2002年	16
8	成都冶道慧峰旅游规划设计咨询有限公司	—	22

资料来源：省旅游局档案资料

旅游规划机构除自有规划人员外，还聘请有关专业人员临时兼职从事旅游规划工作。

此外，成都市规划设计院部份规划人员也参与部分旅游规划工作。

二、星级饭店评审员

四川省从1988年开始，在全省范围内开展星评工作。初期星级饭店评审员人数较少，由旅游管理部门选派人员参加国家旅游局组织的星级饭店评审员培训班并通过考评获得星级饭店评审员资格。1990年，全省星级饭店评审员仅20余人，分别在省旅游局以及成都市、重庆市、乐山市旅游局。到20世纪90年代末期，由于全省星级饭店申报规模迅速扩大，星级饭店评审员队伍需要扩大。

1998年，省旅游局获得国家旅游局批准，四川可以举办星级饭店评审员培训并对合格者颁发评审员资格证。1999年，四川省星级饭店评定委员会成立，星级饭店评审员队伍扩大，星级饭店评审员由旅游管理部门、旅游饭店、旅游院校三方面的专业人员组成，其职责是参加星级饭店的评审及每年的星级饭店的复核工作。1999年，省旅游局举办3次星级饭店评审员培训考核。2000年，全省星级饭店评审员人才队伍发展到400余人。

2003年11月至2004年3月，四川省星评委组织了4期星级饭店星级标准培训班，全省622人参加培训、考试，其中604人考试合格，取得星级评定检查资格。

2004年，绵阳市旅游饭店星级评定委员会成立，同时出台《绵阳市星级饭店评定操作流程》，举办该市评审员培训班，其中53人考试合格。2004年3月，攀枝花市星级饭店评定委员会成立。阿坝州有省级星评员6人，市（州）级饭店星级评员41人。达州市有2名省级星评员。

2005 年，全省取得星级饭店评审员资格的共 604 人，其中有国家级星级饭店评审员 4 人，省级星评员 120 人（其中，行业管理人员 73 人，饭店管理人员 28 人，院校专业人员 19 人），其余为市（州）评审员。部分市州星评员统计见表 4 - 26。

2005 年部分市州星评员统计表

表 4 - 26　　单位：人

市（州）	星评员人数	市（州）	星评员人数
成都市	200	达州市	9
泸州市	10	凉山州	9
自贡市	38	绵阳市	20
乐山市	56	遂宁市	22
广安市	12	阿坝州	49
南充市	15	宜宾市	13

资料来源：省旅游局档案资料

三、A 级景区评审员

1999 年，国家技术质量监督局颁布《旅游区（点）质量等级的划分与评定》国家标准，根据这个标准，四川省旅游局组织 A 级景区评审员队伍，由省内旅游行政管理部门、旅游院校和旅游景区三方面专业人员组成，对全省旅游景区进行等级评定。省内各市（州）旅游局相继成立了 A 级旅游景区评审队伍，负责对辖区内旅游景区景点进行质量等级评定。AAA 级及 AAA 级以上的旅游区（点）由各市（州）旅游局初评、省旅游局推荐，报国家旅游局评定。AA 级及 AA 级以下的旅游区（点）由各市（州）旅游局初评，报省旅游局评定。

2000—2005 年，省旅游局每年举办景区等级评审员培训班，培训合格取得景区等级评审员资格，参与景区等级评定工作和每两年一次的景区质量等级的复核工作。

2005 年 12 月，四川省旅游局成立四川省旅游景区质量等级评定委员会，指导全省开展国家 A 级旅游景区等级评定工作，省内各市州旅游局成立了市（州）旅游景区质量等级评定委员会，按照《旅游景区质量等级评定管理办法》的要求，具体负责本辖区内旅游景区质量等级评定工作的组织和管理。

到 2005 年年底，全省有省级景区等级评审员近 120 余人，其中，省旅游局及市（州）旅游管理部门 40 余人，旅游院校 30 余人，旅游景区 30 余人。市（州）还有一批景区等级评审员。

第三节　导游人员

导游人员是旅游行业特有的专门人员，根据国务院公布的《旅行社管理条例》和《导游人员管理条例》，导游人员必须经过资格考试，合格证才能持证上岗。

初期的导游人员基本上是旅行社固定的从业人员，随着面向全社会认定导游人员资格工作的开展，取得导游资格的人数迅速增长，兼职的导游人员比重增加。

1986年，四川省导游人数较少，主要以中国国际旅行社成都分社、中国国际旅行社重庆分社、成都市海外旅游公司、成都市国际旅游公司、都江堰中国旅行社、重庆市旅游公司，以及中国国际旅行社大足支社、乐山支社、万县支社等旅行社导游为主体。到20世纪80年代末期，随着旅游市场的不断扩大，出现了一批新的旅行社，导游规模扩大。1990年四川省部分旅行社导游人数统计见表4-27。

1990年四川省部分旅行社导游人数统计表

表4-27　　单位：人

四川省重点旅行社	导游人数	四川省重点旅行社	导游人数
中国国际旅行社重庆分社	110	中国国际旅行社万县支社	27
重庆市海外旅游公司	98	成都招商国际旅游公司	24
中国国际旅行社成都分社	90	重庆长江旅游公司	24
四川省中国旅行社	45	重庆天鹅旅游公司	23
阿坝岷江旅行社	34	中国国际旅行社大足支社	22
成都市海外旅游公司	30	重庆市中国青年旅行社	18

资料来源：省旅游局档案资料

1991—1997年，四川省导游人员队伍持续发展。1991年，四川省有导游人员1102人，到1997年导游人员为3446人，年均增长35.45%。1998年以后，四川省导游人员呈快速增长态势。

2000年，全省持有导游资格证的人数7362人，2005年年底达到22494人。其中，外语类导游2388人，占总数的10.62%（英语类导游2014人，占导游总数的8.95%；小语种导游374人，占总数的1.66%。）。

截至2005年年底，全省实际办理导游证的执业导游有16808人，为资格人数的74.72%。1989—2005年全省取得导游资格的人数统计见表4-28。

1989—2005年全省取得导游资格人员统计表

表4-28　　单位：人

年　份	导游人数	年　份	导游人数
1989	902	1998	4118
1990	1182	1999	5075
1991	1102	2000	7362
1992	1423	2001	10580
1993	1782	2002	15283
1994	2194	2003	18014
1995	2491	2004	20320
1996	2848	2005	22494
1997	3446	—	—

资料来源：省旅游局档案资料

第四节　景区讲解员

一、概况

景区讲解员是四川旅游业的一类专门人员。2001 年 3 月，四川省政府以政府令公布《四川省旅游景区景点讲解人员管理办法》。

2001 年以前，不少旅游景区自备有讲解人员，其中多数为兼职，由景区内具有导游资格的人员和管理人员临时兼任。省政府公布《四川省旅游景区景点讲解人员管理办法》后，景区讲解员的身份和工作职责明确，有了很大发展。四川景区讲解员主要集中在成都市、乐山市，以及主要的景区，川东地区景区讲解员数量较少。2002 年以后，全省每年新增旅游景区讲解员数百人，全省旅游景区景点讲解员队伍不断扩大。四川省旅游局和四川省旅游协会举办四川省旅游景区讲解员大赛，使各个景区讲解员相互交流，综合能力得到提升，讲解员在服务质量上有了保证。

2002—2005 年，全省新增景区讲解员分别为：507 人、302 人、285 人、409 人。乐山市旅游局共计举办了 10 期景区讲解员培训班，培训 233 名讲解员。其中，乐山大佛景区 31 名，峨眉山景区 123 名，东方佛都景区 33 名，乌木珍品文化博物苑 46 名。南充市共举办 6 期景区解说员培训班，培训旅游景区讲解员 300 人次。2005 年四川省部分市（州）旅游景区讲解员人数统计见表 4－29。

2005 年四川省部分市（州）旅游景区讲解员人数统计表

表 4－29　　　　单位：人

项　目	乐山市	泸州市	广安市	南充市	攀枝花市	绵阳市	内江市	达州市
讲解员	262	48	42	200	166	86	10	10

资料来源：省旅游局档案资料

二、重点景区

（一）峨眉山—乐山大佛景区

2000 年 1 月，成立峨眉山讲解员服务中心，当年有讲解员 154 人，其中多数为没有取得全国导游资格证的讲解员，最高学历为大专，中专及高中学历 43 人，初中及以下学历的讲解员 111 人，占全部讲解员的 72.08%，年末淘汰 53 人。2001 年年底，新招 15 人，淘汰 24 人，其中取得全国导游资格证书的讲解员 2 人，大专及以上学历 8 人，至此，学历在初中级以下的讲解员全部被淘汰。

2002 年，有讲解员 92 人，其中，取得全国导游资格证书的讲解员 6 人，大专及以上学历 9 人。2003 年，新招 10 人，年末淘汰 13 人，其中，取得全国导游资格证书的讲解员 18 人，大专及以上学历 13 人。此前均未对讲解员进行普通话等级检测。

2004 年，招聘讲解员 20 人，年末淘汰 8 人，其中，取得全国导游资格证书的讲解员 30 人，大专及以上学历 16 人。当年，对讲解员进行普通话检测，在 109 名讲解员中，普通话水平二级甲等 8 人，二级乙等 107 人。2005 年招聘讲解员 15 人。至此，讲解员人数 116 人，其中，取得全国导游资格证书的讲解员 52 人，大专及以上学历 21 人。峨眉山—乐山大佛景区 2000—2005 年讲解员人数统计见表 4－30。

2000—2005 年峨眉山—乐山大佛景区讲解员人数统计表

表 4－30　　单位：人

项目＼年份	2000	2001	2002	2003	2004	2005
讲解员人数	154	116	92	102	109	116

资料来源：省旅游局档案资料

（二）九寨沟景区

九寨沟景区讲解员始于 20 世纪 90 年代初期，1992 年 12 月，成立九寨沟绿色旅游观光有限责任公司，开始从事景点讲解服务。1999 年 3 月，成立九寨沟旅游股份有限公司，并成立导游部，从事景区讲解服务工作，导游部规模在四川省各景区中规模较大。1999—2005 年九寨沟景区讲解员统计见表 4－31。

1999—2005 年九寨沟景区讲解员人数统计表

表 4－31　　单位：人

项目＼年份	1999	2000	2001	2002	2003	2004	2005
讲解员人数	132	187	211	254	282	292	274

资料来源：省旅游局档案资料

（三）黄龙景区

黄龙景区从 1990 年起，黄龙景区管理所办公室设接待人员 5 人，主要承担行政接待讲解。从 1998 年开始，在景区每个景点有固定讲解员，既是讲解员，又是管理人员，同时，还是景区清洁工，共计 12 人。2001 年，黄龙景区管理局设接待处，有讲解员 7 人。至 2005 年，接待处有讲解员 16 人。

（四）青城山、都江堰景区

青城山、都江堰景区讲解员队伍建设始于 20 世纪 90 年代初期，当时主要是以行政接待为主，到 20 世纪 90 年代中后期，开始在各主要景点配备了讲解员。2000 年 11 月被评为世界文化遗产后，讲解员规模扩大，讲解水平得到提高。青城山—都江堰管理局管理讲解人员规模统计见表 4－32。

青城山—都江堰管理局管理讲解人员统计表

（2000—2005 年部分年份）

表 4－32　　单位：人

年　份	古堰管理局	青城山管理局	总　　计
2000	85	30	115
2003	94	28	122
2005	102	35	137

资料来源：省旅游局档案资料

第三章　岗位职业培训

岗位培训是开发旅游人才资源最主要的途径。岗位职业培训是对企业新招进人员先行培训，持证上岗；对原有人员的以提高职业道德、职业技能为目标的岗位职业培训。基本形式是不脱产的岗位轮训和短暂脱产的培训。

第一节　培训机构

四川省旅游教育培训起步于20世纪80年代，培训任务主要由四川省旅游学校承担。1987—1989年，四川省旅游局、成都市、重庆市、乐山市等市旅游局先后建立了旅游培训机构，一大批旅游企业建立了培训部，全省旅游培训规模逐渐扩大。

1990年起，相继成立了四川省旅游业岗位培训中心、四川省旅游协会岗位培训中心、成都市旅游岗位培训中心、中国旅游学院四川函授中心、重庆市旅游教育培训中心、阿坝州旅游局汶川培训中心、绵阳市旅游培训中心、攀枝花市旅游培训中心、自贡市旅游培训基地等10余家旅游培训机构。2001—2005年，相继成立了攀枝花市旅游教育培训基地、广安市旅游培训中心、凉山州旅游人才培训中心、西昌维克旅游职业技术培训学校、泸州市旅游教育培训中心等旅游培训机构。

全省各市（州）具有旅游培训职能的还有攀枝花学院、乐山市旅游培训中心、资阳市旅游培训中心、宜宾市旅游培训中心、达州市职业高级中学、达州市技工学校等。

2005年年底，全省有旅游培训机构39家，同时，部分旅游院校开展短期的岗位培训工作。2005年全省旅游培训机构统计见表4－33。

2005年全省旅游培训机构名录

表4－33

序　号	机　构　名　称	地　　址
1	四川大学高等职业技术培训中心	成都市科华北路磨子街7号
2	成都天辰楼培训中心	四川省成都市青羊区青华路39号
3	成都华夏职业技术培训中心	成都市西安路枣子巷26号
4	阿坝州旅游培训中心	阿坝州汶川县威州镇较场街
5	成都市创新就业培训中心	青羊区柿子巷1号
6	成都新东方烹饪学校	成都市金牛区土桥工业开发区金科大道

续表 4－33

序号	机构名称	地址
7	成都职业技能实验培训学校	成都市金牛区席草田街 4 号
8	成都市经济贸易职业技能培训学校	成都市大石西路 153 号
9	成都交大职业技能培训中心	西南交大成教院犀浦校区
10	成都四川烹专谭鱼头烹饪学校	武侯区金花镇七村六组
11	成都市海纳人力职业培训中心	锦里东路 5 号国嘉华庭 1 单元 21 楼
12	成都川都军地技术培训学校	天回镇土门新村东大街 33 号
13	成都旅游培训中心	成都市大石西路 56 号
14	成都众辰职业教育学校	锦江区三圣乡华新村一组金狮园休闲山庄
15	成都科力特企业培训教育中心	鼓楼南街 117 号世贸中心 A 楼 1205
16	成都华夏职业技术教育培训中心	西安路枣子巷 26 号
17	成都铁路客运培训中心	成都铁路局客运段
18	成都金领职业培训中心	羊西线抚琴西路 108 号
19	成都市锦程职业培训中心	成都市三洞桥路 6 号
20	成都天辰楼培训中心	草堂寺西侧青华路 39 号
21	成都市青叶儿酒店职业技能培训中心	武侯区星光路 7 号丰华苑 8279
22	都江堰市厨师培训中心	劳动局培训中心
23	成都市金牛区职业技术培训学校	成都市化成小区蜀营街 20 号
24	成都市金牛区金瑞通职业技能培训学校	外西金泉路 129 号
25	辉煌电脑职业技能培训中心	金堂赵镇桔园路 200 号
26	成都市锦江区博学职业培训学校	锦江区大观堰 3 号
27	崇州市前程职业技能培训学校	崇州市崇阳镇正东街 75 号
28	成都经济技术开发区职业学校	龙泉驿区龙泉街办永安北路 1 号
29	邛崃市临邛职业培训学校	邛崃市临邛镇文昌街 500 号
30	邛崃市平乐镇禹王社区职业技能培训学校	邛崃市平乐镇禹王社区
31	大邑县城乡职业技能培训中心	大邑县晋原镇子龙街 343 号
32	大邑县益民厨师培训中心	大邑县晋原镇城西街 71 号
33	崇州现代烹饪学校	崇州市江源路石羊巷 2 号
34	兴文县职教中心	兴文县中城镇温水溪村
35	广安市旅游培训中心	广安市广安大街 19 号
36	绵阳市旅游培训中心	绵阳市通安巷 23 号
37	泸州市旅游培训中心	泸州市龙马潭区罗汉镇
38	德阳市旅游培训中心	德阳市西外街 31 号
39	广元市凯悦旅游职业培训学校	广元市利州西路一段 32 号

资料来源：省旅游局档案资料

据不完全统计，全省培训机构有培训教师2131人，其中，专职教师1631人，外聘教师500人。专职教师中教授11人，副教授345人，讲师638人，助理讲师409人，教员228人。

第二节　培训成果

1986—2005年，全省旅游岗位培训活动及取得的成果主要有：对一线员工的全员培训，对业务骨干及中高级管理人员的培训。

一、发展历程

1986—2005年期间，四川省旅游岗位职业培训可分为三个阶段。第一个阶段是1990年以前的初始阶段，在这一阶段四川省旅游人力资源开发开始起步，川内旅游从业人员主要分布在成都市、重庆市、万县及乐山市等地，经过专业培训的旅游人才资源薄弱。旅游人力资源开发主要是开展岗位培训，以四川省旅游学校开展的旅游行业培训和省内各旅游企事业单位自行组织实施的旅游从业人员培训为主体，培训规模较小。

第二个阶段是1991—2000年的发展阶段。这一阶段，全省旅游行业规模有了进一步发展，行业内部各个要素同步发展，旅游培训体系逐步建立和完善，培训规模进一步增长。10年间全省旅行社经理培训考试获证1313人，导游人员考试获证6105人，旅游饭店经理培训考试获证1955人，服务人员培训考试获证7467人。

第三阶段是2000年以后的快速发展阶段。在这一阶段，随着旅游业支柱产业地位的确立，旅游行业规模迅速扩大，对旅游从业人员的培训力度进一步加大，宾馆饭店、旅行社、旅游交通、旅游景区、旅游院校等行业的从业人员规模迅速扩展，全省旅游岗位培训系统化、规模化、常态化。

二、一线员工的全员培训

此项岗位职业培训由旅游管理部门监督，旅游企业组织实施。

1986年，四川省旅游学校培训饭店服务、导游、烹饪等从业人员515人。1987年，四川省旅游系统职工1961人参加“服务工作全面质量管理”电视讲座培训。

1990年，国家旅游局颁布了《关于旅游企业岗位培训的试行规定》，要求各旅游企业管理人员和服务人员进行分级分批的岗位培训。根据这个规定，省旅游局要求旅游企业做好全员岗位培训工作，新员工必须经过培训持证上岗，原有员工分期分批进行培训。

1991年，全省完成旅游从业人员岗位培训13412人次，其中：四川省旅游岗位培训中心培训企业骨干420人，成都市旅游局完成培训11580人次（其中，旅游饭店培训7661人次，旅行社1955人次，旅游汽车行业285人次，旅游服务公司734人次，旅游行政部门211人次），泸州市培训35人次，内江市培训287人次。旅游企业的培训情况有：凉山宾馆培训从业人员124人次；国旅成都分社培训从业人员214人次；岷山饭店培训从业人员121人次；锦江宾馆培训从业人员611人次；四川旅游汽车公司培训从业人员20人次。

1992年，四川省旅游从业人员的培训实行全省统筹，旅游企业一线员工由当地旅游行政管理部门和旅游企事业单位自行培训。成都市强化旅游企业一线员工的培训工作，举办了多期饭店、旅行社员工培训班。重庆市开展了“我为观光年做贡献”的培训活动；举办全市旅游服务企业职工服务技能大赛。大足宾馆和北山宾馆举办了“岗位成才大比武”和“流动红旗”竞赛，建设宾馆举办了“服务技能技巧表演赛”和“旅游服务知识电视竞赛”，扬子江假日饭店举办了“百日微笑服务竞赛”活动。

1994年，省旅游局安排全省岗位培训工作时，强调旅游企业要认真做好本企业员工的在职岗位培训工作。

1997年以后，全省加强旅游岗位培训工作。2002年，全省累计岗位培训22万人次，2004年累计岗位培训30万人次，2005年累计35万人次。其中大多数是旅游企业对一线员工的培训。如2005年，省旅游局在雅安市、攀枝花市、绵阳市、巴中市举办旅游培训班13期，对1700多名旅游行政管理人员、旅游企业的管理人员及业务骨干进行了培训，这4个市依靠受训骨干对当地共9万余名旅游从业人员进行了后续培训。

三、旅游业务骨干及中高级管理人员岗位培训

1986—1989年，四川省举办全省旅游饭店经理培训班、旅行社经理培训班6期，共计培训260人。重庆市对全市15家旅行社和旅游涉外定点饭店的2743名员工进行了整训和考核，考核平均分为92.74分；对全市106名厨师进行了为期2个月的培训和考试，评出初级、中级烹饪师。

1988年7月，省旅游局与国家旅游局联合在香港美丽华饭店举办饭店服务员培训班，锦江宾馆、岷山饭店、京蓉宾馆3家饭店的服务员30人参加培训。

1989年，国家旅游局下发《关于旅游行业开展大中型企业领导干部岗位职务培训工作的意见》等文件。当年，四川省旅游企业有10名中高级管理人员参加了国家旅游局举办的培训班，并取得岗位合格证书。成都市旅游行业有3285人旅游从业人员参加了培训。重庆市举办厨师等级考试培训班，全市有207名厨师参加培训，通过统一考试，获得厨师技术等级证书的占70%。

1992年，省旅游局下发《关于加强旅游行业教育培训管理的意见”》，提出统筹管理全省旅游人才的教育、培训工作。省旅游局负责组织培训对象是：一、二星级饭店的正、副总经理，三星级饭店部门正、副经理，一、二类旅行社部门正、副经理，省旅游汽车公司、省旅游服务公司部门正、副经理。同年，省旅游局举办星级饭店部门经理岗位培训班和饭店前厅部经理岗位培训班；开办旅游行业厨师等考试培训班；对全省旅游饭店财务管理人员进行了专业培训。省旅游局与省委宣传部在深圳联合举办旅行社经理培训班，全省有20人参加了培训。成都市旅游局举办直属企业总经理研讨班，并与团市委联合举办了一星级饭店和旅游定点餐饮单位青工技能大赛，评出大堂询问、客房铺床、中餐摆台3类工种的9名优秀选手。重庆市开展了全市旅游系统餐厅招待师、客房服务师的技术等级教育培训和考试工作，全市有400人参加。

1993年，省旅游局组织15人参加国家旅游局举办的饭店旅行社高级经理人员培训班，获得岗位培训证书；举办了3期星级饭店经理培训班，共计有220人获得岗位培训证书；举办了一期厨师培训班，有53人获得厨师等级证书。省旅游局与成都大学联合举办旅游培训班，培训旅游企业员工40人。中国旅游学院四川函授中心开始从旅行社、宾馆等在职职工中招收培训学员，当年招收80人。

1994年，四川省培训旅游企业在岗人员2200人，其中，四川省旅游局直接培训旅行社总经理、星级饭店管理骨干、旅游企业会计等400余人，四川省旅游学校培训各类在岗人员1468人（其中，总经理培训班45人；部门经理培训班145人；服务人员培训班827人等），四川省旅游协会举办了

5 期培训班，为 16 家饭店培训服务人员 284 人。

1995 年，四川省培训各类旅游从业人员 3500 人次。其中，培训饭店、旅行社中高级管理干部 350 人次。10 月，由省劳动厅、省旅游局、省工人技术等级考评委员会联合在锦江宾馆、岷山饭店、西藏饭店、四川花园餐饮娱乐有限公司开始工人技术等级考评试点工作，有 365 人参加考评，评出高级工 140 人（高级客房服务员 48 人，高级餐厅服务员 14 人，高级烹调师 78 人），中级工 204 人（中级客房服务员 94 人，中级餐厅服务员 52 人，中级烹调师 58 人）。

1996 年，四川省选派旅游饭店、旅行社高级管理人员参加国家旅游局的培训，选派了旅游饭店管理人员 3 人赴瑞士留学。省旅游岗位培训中心培训各类旅游企业中级管理人员 427 人，重庆市旅游培训中心培训各类旅游企业管理人员 140 人。四川省旅游技能鉴定所举办了一期中式烹调师培训鉴定班，30 人获得等级证书。

1997 年，四川省选派了 33 名星级饭店管理人员、县旅游局局长参加国家旅游局举办的旅游管理人员培训班，选派了 6 名星级饭店高级管理人员出国培训。省旅游岗位培训中心举办了 6 期星级饭店总经理、部门经理培训班，参培人数 270 人。9 月 2—21 日，省旅游局举办全省旅行社经理资格认证考试培训班，培训旅行社经理 510 人。

1998 年，全省培训饭店中级管理人员 423 人次；举办四川省旅游可持续发展规划及管理、市场营销培训班，培训中级管理人员 100 余人；出境游领队培训 150 人次；旅行社经理培训 250 人次；四川省旅游岗位培训中心共计培训旅游从业人员 1213 人次；至年底，成都市旅游岗位培训中心累计完成各级各类旅游从业人员培训 2598 人。

1999 年，省旅游局举办四川省旅游可持续发展规划及管理、市场营销培训班，全年全省完成中级管理人员培训 4200 人次。省旅游岗位培训中心共计培训旅游从业人员 1326 人次。为实施《四川省旅游发展总体规划》，四川省派出旅游行业代表 80 人到西班牙进行培训。当年，国家旅游局首次进行了旅行社经理资格证书考试培训，四川省从此开始了一年一度的经理资格考试培训。1996 年 6 月至 1999 年，国家旅游局举办“老、少、边、穷”地区旅游局局长培训班共 7 期，四川省共有 15 名旅游局局长参加培训。1999—2005 年，省旅游局每年免费选送民族地区旅游局局长、饭店经理、旅行社经理等人员到北京第二外国语学院、上海旅游专科学校、南京金陵饭店、杭州大学等单位参加培训，共培训人员 135 人；省旅游局免费为三州旅游景区、饭店送教培训 1270 人次。

2000 年，国家旅游局在成都举办第 14 期全国旅游局长研讨班，省旅游局组织全省 50 名旅游局局长及旅游景区、旅游企业负责人参加学习、研讨。全省组织培训旅游企业管理人员和业务骨干 11403 人次，其中，旅行社培训 9381 人次，饭店岗位培训 1580 人次，饭店职业英语培训 442 人次。省旅游局委托四川省旅游岗位培训中心举办旅游饭店管理人员培训班 5 期，培训人数 381 人；委托四川省旅游业国家技能鉴定所举办旅游饭店服务人员技术等级考证培训 2 期，培训人数 442 人。

2001 年，省旅游局下发《关于在旅游行业中开展以职业道德教育为主题的培训活动的通知》，发行《旅游职业道德与职业规范读本》，下发《关于进一步加强民族地区旅游从业人员教育培训工作的通知》。四川省选派了 5 名市州县旅游局局长参加国家旅游局举办的老、少、边、穷地区旅游局局长培训班，选派了 8 名重点旅游县县长赴法国参加旅游资源开发短期培训。省旅游岗位培训中心举办了 5 期旅游饭店管理人员培训班，培训饭店经理人员 454 人。省旅游局与省旅游学校共同开展了向凉山州送教上门活动，为当地培训旅游饭店管理人员 100 余人。四川省旅游学校举办旅游饭店服务人员技术等级考试培训班2期，培训682人次。

2001年，四川省旅游局下发《关于进一步加强三州民族地区旅游从业人员教育培训工作的意见》，提出四川省三州民族地区旅游从业人员教育培训工作的目标和任务是：健全教育培训体系；构建教育培训运行机制；抓好培训基地建设；建立教育培训制度；完善教育培训评估体系。具体要求是：三州地区旅游行业从业人员政策理论培训、职业道德培训、资格认证培训、岗位技能培训、旅游师资培训统筹安排，整体推进。

2002年5月，人事部在浙江临安市浙江林学院举办四川、浙江两省“旅游资源开发与管理东西部公务员对口培训班”。当年，全省组织岗前培训和在岗培训50余次，培训旅游从业人员1.1万人次。同年，四川省旅游局举办民族地区旅游管理人员培训班。

2003年，四川省下发实施了《四川省旅游人才开发实施意见》，作为四川省旅游人才开发的指导性文件。11月4—7日，四川省委组织部和四川省旅游局共同举办一期全省旅游经济发展高级研讨班。全省21个市（州）分管旅游的市委副书记、副市长、旅游局局长以及15个重点旅游景区负责人60人参加研讨班培训。国家旅游局派四位专家“送教上门”，为研讨班授课。四川省岗位培训中心举办饭店经理培训班、旅行社经理培训班等，全年共计培训饭店经理、旅行社经理963人次。

2004年，四川省旅游局邀请全国知名旅游专家到川举办专题讲座和研讨班，参培人数120人。6月22日，国家旅游局和西班牙国际合作署在成都举办乡村旅游培训班。全省采取各种形式培训旅游在岗人员30万人次。四川省旅游学校举办了5期饭店经理岗位资格培训班，参培人数512人，四川省旅游局为雅安、资阳及四川省旅游学校学生开展职业技能鉴定，共726人参加培训，686人获得中、初级资格证书。

2005年，全省累计培训各类旅游从业人员35万人次，其中专业培训机构培训25584人次。四川省旅游局举办四川省旅游投资与促进高级培训班，完成了旅游投资开发与环境保护赴美培训项目、旅游会展人员赴港培训项目、中瑞合作四川子项目的培训工作。组织旅游送教培训活动，在雅安市、攀枝花市、绵阳市、巴中市等地举办旅游培训班13期，对1700多名旅游管理人员、旅游饭店、旅游景区、旅行社及导游讲解师资进行集中培训，4市依靠受训骨干对当地9万余名人员进行了后续培训。

此外，四川省旅游局与四川省外国专家局联合举办境外旅游人才培训班，分别将省内各市（州）旅游局长、景区管理人员、旅行社、饭店总经理等人员送往西班牙、法国、奥地利、澳大利亚、新西兰等国进行培训，共培训180人；同时联合聘请国外专家到川培训旅游人才，聘请了西班牙、德国、澳大利亚、奥地利、意大利等国家的旅游专家对四川省的旅游饭店管理艺术、旅游规划、旅游市场营销、旅游心理学、信息化应用管理、乡村旅游等专业人员进行培训，培训570人。四川省旅游行业省级培训成果、旅游饭店省级培训成果及至2005年部分市州培训成果分别统计见表4－34、表4－35、表4－36。

四川省旅游行业省级培训成果统计表

（1986—2005年部分年份）

表4－34　　单位：人

项目＼年份	1987	1991	1995	1999	2003	2005
培训人数	1800	13008	2560	2698	23000	25584

资料来源：《中国旅游年鉴》、省旅游局档案资料

1988—2005 年旅游饭店省级培训成果统计表

表 4－35　　单位：人次

年　份	培训人数	年　份	培训人数
1988	102	1997	376
1989	60	1998	523
1990	32	1999	983
1991	8853	2000	2385
1992	110	2001	3366
1993	528	2002	200
1994	2117	2003	67
1995	319	2004	1238
1996	58	2005	2842

资料来源：《中国旅游年鉴》、省旅游局档案资料

1986—2005 年部分市（州）培训成果统计表

表 4－36　　单位：期、人次

市（州）	培 训 期 数	培 训 人 数
成都市	129	186586
阿坝州	80	100000
眉山市	25	12000
遂宁市	32	9524
凉山州	63	71457
广安市	56	4844
达州市	12	810

资料来源：省旅游局档案资料

第三节　导游培训

四川省导游人员培训包括一年一次的全省导游资格考试考前培训、导游年审培训，还包括持证导游常规培训、各旅行社对导游的业务培训、专题培训等多种形式。1986—2005 年，四川省各地已通过多种形式培训导游人员 35 万人次。

一、导游资格考试前培训

1989 年以前，四川省对导游人员采取以培代考的形式，1987 年，国家旅游局出台了导游人员培训考试暂行规定。从 1988 年开始，四川省旅游局组织了一年一度的导游人员资格考试。1989—2005

年，全省累计有12万人次参加考试，共计22515人通过考试，考试合格率为18.76%。

1999年，国家旅游局对导游资格考试、旅行社经理资格考试进行改革，下放考试权限，由国家旅游局统一命题考试改为各省市自行命题考试、自行阅卷、自行确定合格分数线、合格率，上报国家旅游局备案后，由国家局统一发放导游资格证。但资格证编号由各省自行编排。

1999年以后，省旅游局每年组织编写《四川导游资格考试大纲》《四川导游资格考试复习教材》《四川旅行社经理考试复习大纲》等书籍，每年出版发行1.5万册。1999—2004年，四川省旅游局每年修改出版《四川导游词精选》一书，累计出版10万册。2000年起，省旅游局开始自行命题，建立起一系列导游资格考试的规章制度。

2001年，省旅游局出台了全国导游资格考试笔试、现场考试（口试）工作手册、现场考试评分标准、巡考制度、阅卷保密制度、印刷试卷保密制度；同时建立了导游考试题库和导游人员、旅行社经理人员信息库；建立了网上查分、电话查分等，同时委托有关单位开发出旅游从业人员、导游资格考试软件管理系统；使导游资格证考试、旅行社经理考试进一步制度化、规范化。

2005年，按照国家旅游局导游人员资格考试的有关规定要求，为提升导游人员队伍的整体素质服务水平，进一步规范和完善导游人员资格考试程序。省旅游局在成都、绵阳、乐山、内江、南充设立5个考区，由省旅游局统一组织口试。12月10—11日，组织了内江、绵阳考区口试，12月16—18日，组织了乐山、南充考区口试，12月26—29日、次年1月4—7日，组织了成都考区口试。1988—2005年四川省导游资格考试合格人数统计见表4－37。

1988—2005年四川省导游资格考试情况统计表

表4－37

年份	合格人数（人）	合格率（%）	年份	合格人数（人）	合格率（%）
1988	396	88.00	1997	598	41.29
1989	714	74.92	1998	672	39.50
1990	194	64.80	1999	957	31.70
1991	215	63.20	2000	2287	26.70
1992	321	61.53	2001	4458	33.30
1993	555	52.86	2002	3463	25.10
1994	412	49.00	2003	2731	21.65
1995	297	43.00	2004	2306	16.89
1996	357	32.89	2005	2174	12.59

资料来源：《中国旅游年鉴》、省旅游局档案资料

二、导游等级考试

1994年，四川省开始了导游资格等级评定试点工作。1995年，省内5家旅行社参加试点申报的228名导游，其中有184人取的等级证书。1996年，四川省有746人获得导游等级证书，其中，初级导游622人，中级导游108人，高级导游16人。1998年，国家旅游局首次进行了导游资格等级考

试，省旅游局开始进行导游等级证的培训考试工作。1995—2005 年四川省部分年度导游等级考试情况统计见表 4－38。

1995—2005 年部分年份四川省导游等级考试情况统计表

表 4－38 单位：人

项目＼年份	1995	1998	2002	2005
初级导游	86	262	545	16117
中级导游	68	58	141	647
高级导游	30	18	35	43
特级导游	0	1	1	1
总　计	184	339	722	16808

资料来源：省旅游局档案资料

三、小语种导游人员资格考试

2003 年 3 月，全省举行首次小语种导游人员资格考试，设日、泰、韩、德、法 5 个语种，考试合格 29 人。2004 年全省小语种导游考试合格 32 人，2005 年合格 43 人。2003—2005 年全省小语种导游考试统计见表 4－39。

2003—2005 年四川省小语种导游考试统计表

表 4－39 单位：人

年　份	总　计	日　语	泰　语	德　语	法　语	韩国语
2003	29	26	0	1	1	1
2004	32	19	0	1	3	9
2005	43	32	1	2	3	5

资料来源：省旅游局档案资料

四、持证导游培训

持证导游常规培训主要以各旅行社自行组织为主，旅游行政主管部门不定期举办持证导游常规培训。常规培训内容包括国家政策、旅游法规、旅游职业道德、敬业精神、导游服务等。

1991 年，省旅游局委托省旅游协会、成都市旅游协会、重庆市旅游协会承办全省导游大赛，全省共计 1312 名导游参加，其中有 94 名导游参加决赛，评出全省最佳导游 16 人，优秀导游 23 人。重庆市组织还未取得导游资格证的旅行社导游参加了为期 2 个月的培训，经过国家旅游局的考试，合格率为 75%；同时重庆市还举办以取得导游资格证的 260 名导游参加培训考试，其中 90 分以上的导游占 87%；12 月，重庆市举办了全市首届导游大赛，参赛选手 52 人，最后评出十佳导游和 6 名优秀导游。12 月，阿坝州岷江旅行社举办导游人员培训班，对导游进行旅行社法律法规、职业道德和业务知识方面的培训，全社在册导游参加培训。

1992 年，成都市举办了一期 70 人参配的临时导游培训班。重庆市组织了川东片区第二届导游业务研讨会，开展导游服务技巧的专题讲座。1995 年，四川省组织了由省内 56 家旅行社的 98 名导游参加的国内旅游导游大赛，评选出 8 名选手参加国内旅游导游大赛，其中 1 人获得全国“十佳导游”称号，其余 7 人获得全国“优秀导游员”称号。阿坝州旅游局在成都举办两期导游人员培训班，全州旅行社共 168 人参加培训。

1996 年，成都市临时导游培训 310 人。四川省参加由中国国内旅游协会、中国风景名胜区专业委员会在广东肇庆市举办的“’96星湖杯风景名胜区、旅游景点导游（讲解员）大赛”，其中，4 人获得“十佳景点导游员”称号，3 人获得决赛纪念奖，6 人获得特别奖。1997 年，成都市临时导游培训 320 人。

2000 年，省旅游局开展了送教上门活动，为乐山市、甘孜州培训了大批导游人员。10 月，绵阳市举办导游短训班，参训人员 300 余人；3 月、11 月、12 月，南充市旅游局举办 3 期导游培训班，共有 135 人参加培训。

2003 年 6 月，南充市举办导游人员地接待业务培训班，共有 86 人参加培训。

2004 年，阿坝州在阿坝州旅游培训中心对全州优秀导游 50 人进行培训，同年对全州导游人员进行了全员培训。

2005 年，四川省旅游局在绵阳举办支教培训班，其中培训旅行社导游 29 人，重点培训导游讲解接待规范与礼仪，现场导游讲解的方法与技巧，导游员讲解员的服务艺术和服务质量等。

资阳市 2001—2005 年，每年导游员常规培训 50 人次；攀枝花市从 2003—2005 年，共举办各类导游人员培训班 21 期，培训导游人员 1452 人次；乐山市 2001—2005 年，每年导游员常规培训 1500 人次。

至 2005 年年底，经过培训考试，四川省有出境领队 1567 人。

此外，1998—2005 年，四川省旅游局培训景区讲解员 4500 人，发放景区讲解员证书 4000 份。

第四章　旅游教育

旅游教育指学校教育，包括高等教育和中等教育两个层次，即国民教育体系的旅游高等学历教育和职业教育、旅游中等学历教育和职业教育。

第一节　发展规模

1979 年 3 月，四川省创办第一所旅游中等专业学校，四川省旅游学校，四川省旅游教育开始起步。1986—2005 年四川省旅游教育的发展，由初创时期单一的中等职业学历教育发展到涵盖旅游高等学历教育和职业教育、中等学历教育和职业教育等多渠道、多形式的办学体制和初级、中级、高级相结合的旅游教育体系。1986—2005 年四川省旅游院校规模及在校生人数统计见表 4－40。

1986—2005 年四川省旅游院校规模及在校生人数

表 4－40

年　份	旅游院校数（所）				旅游院校学生数（人）			
	总数	高等院校	中等专业学校	职业中学	总数	高等院校	中等专业学校	职业中学
1986	1	—	1	—	225	—	225	—
1987	1	—	1	—	225	—	225	—
1988	2	—	1	1	425	—	225	200
1989	2	—	1	1	421	—	196	225
1990	2	—	1	1	594	—	83	511
1991	6	1	1	4	1222	—	83	1139
1992	6	1	1	4	1222	0	83	1139
1993	6	3	1	2	1254	102	356	796
1994	6	2	1	3	1679	120	500	1059
1995	63	8	1	54	7152	941	640	5571
1996	70	15	1	54	10322	2298	640	7384
1997	29	10	9	10	6721	1217	1076	4428
1998	42	14	28		7690	2249	5441	

续表 4-40

年份	旅游院校数（所）				旅游院校学生数（人）			
	总数	高等院校	中等专业学校	职业中学	总数	高等院校	中等专业学校	职业中学
1999	23	8	15		4875	1638	3237	
2000	34	9	25		4509	2102	2407	
2001	35	10	25		10482	5363	5119	
2002	35	10	25		27713	18076	9637	
2003	35	10	25		27826	18150	9676	
2004	36	11	25		29964	19182	10782	
2005	91	41	50		50431	22722	27709	

说明：从1998年开始，旅游职业中学归入旅游中等专业学校中，不再单列
资料来源：《中国旅游年鉴》《中国旅游统计年鉴》

第二节　旅游中等职业技术教育

旅游中等职业技术教育涵盖旅游中等专业学校的学历教育和职业教育，以及旅游职业中学教育。1986年，四川省旅游中等职业学校仅有1所，2005年达到50所。招生规模从1986年的75人扩大到2005年的2万余人。

一、规模

1986—2005年，四川省中等旅游职业技术教育的发展历程分为两个阶段。1994年前的为起步阶段，这一阶段四川省中等职业技术教育规模较小，中等专业学校和职业中学不足10所，在校学生不足2000人。旅游职业学校教育办学投入不足，专业面较为狭窄。

第二阶段是1995—2005年的快速发展阶段，这一阶段全省旅游中等职业技术教育办学规模扩大，在校生人数增加。1995年，职业中学学校规模迅速增加，在校生人数6000余人。2005年，学校规模50所，在校生人数2.7万余人。四川省中等职业技术教育已经形成比较完善的教育体系，学校与旅游企业的合作有了新的发展，一大批校外学生实习基地纷纷建立。在学校教育过程中注重校企结合和学生实践能力的培养。重视学校教育与社会需求的衔接，出现了针对性很强的订单式培养等旅游中等人才开发模式。

二、主要旅游中等职业学校

1．四川省旅游学校

四川省旅游学校是1979年3月经四川省人民政府批准建立的一所中等专业旅游学校，1989年夏，学校由郫县唐昌镇迁至成都市火车南站附近。初期开设饭店服务专业，学制为两年。四川省旅游学校是中国最早建立的旅游中等专业学校。1991年5月，省旅游局批准学校为四川省旅游业岗位

培训中心；1994 年 9 月，省劳动厅核准学校为国家旅游业职业技能鉴定所。

1996 年以后，学校在专业设置方面相继设立了一批社会适应性强、与市场接轨的新兴专业。开设了饭店服务与管理、旅游服务与管理、旅游管理、市场营销、旅游表演艺术、商务英语、电子商务等专业，其中饭店服务与管理专业被教育部评为中等职业学校专业示范点。推进中专、联办大专学历教育，开展从服务员到总经理各种层次的岗位培训、导游资格考前培训、厨师等级培训及考评等。2000 年，国家旅游局批准学校为面向全国的星级饭店部门经理定点培训基地。

2001 年，四川省旅游学校接受意大利政府援助的中意合作职业培训项目软贷款 200 万美元，用于学校改善办学条件投入。2003 年 4 月，全国展望计划办公室选定学校为“西部青年创新人才培训基地”。自 1979 年以来，学校先后为四川省及北京、海南等十余个省、市、自治区培养了 12000 多名各类旅游中、初级专业人才和管理人才。学校发展到 2005 年，拥有职工 120 人，其中，专任教师 89 人，占教师总数的 67%，“双师型”教师 56 人，占教师总数的 46.67%。

学校提出“按市场规律办学、按教育规律育人”的办学指导思想；“宽进、全育、畅出”的办学模式；“人尽其才、因材施教、和谐为本”的办学理念。学校坚持以就业为导向，对接市场，开门办学，积极推行“产—销衔接”，打通“订单式”人才培养渠道，积极构建学生校外实习基地，先后与全国 120 家旅游企业开展深度合作。

四川省旅游学校积极探索，与多家高等院校合作办学，拓展学历教育层次，开展中专、大专、成人大专、五年制高职等学历教育。1986—2005 年，中专学历教育招收学生共计 7902 人；与四川省干部函授学院联办大专学历教育招收生共计 929 人；与四川省烹饪专科学校联办高职招生共计 441 人；共计学历教育人数 9272 人。1986—2005 年四川省旅游学校学历教育、旅游培训成果统计见表4－41。

1986—2005 年四川省旅游学校学历教育、旅游培训成果统计表

表 4－41　　单位：人

年　份	招生人数	培训人数	年　份	招生人数	培训人数
1986	75	515	1997	414	1209
1987	75	358	1998	461	1213
1988	75	317	1999	557	1326
1989	46	153	2000	749	1441
1990	83	174	2001	696	1654
1991	83	213	2002	702	1676
1992	83	282	2003	435	963
1993	356	243	2004	637	2066
1994	500	205	2005	595	786
1995	640	148	总　计	7902	15958
1996	640	1016			

资料来源：省旅游局档案资料

2. 成都市职业技术学院（成都市旅游职业学校）

1988年，成都市文化宫中学更名为成都市旅游职业学校，学校的发展方向也随之发生了重大变化，之后该校成为培养中、初级旅游人才的职业高级中学校。1993年，学校办学层次发生重大变化，开始进行中等职业教育与高等职业教育相衔接的研究，联办旅游高职教育。1996年，旅游职业学校与百花潭中学合并，校区规模扩大并搬迁至成都大石西路，按国家重点职高标准组建成都市旅游职业学校。2003年，该校与新华职业学校合并为成都市职业技术学院，在成都市高新区新增校区。学院以旅游教育为基础，还设有相关专业。

3. 攀枝花市经贸旅游学校

2001年1月，由原攀枝花市经济学校和攀枝花市第一职业中学合并成立攀枝花市经贸旅游学校。直属市教育局管理的中等职业学校。以中等旅游职业技术人才教育和培训为重点。学校开设有旅游服务与管理、饭店服务与管理、烹饪等专业。相继建立职业技能鉴定站、职业技能培训中心、市职教中心、市旅游培训中心基地。为市内外宾馆、酒店、餐厅、渡假村、旅行社、旅游景点、展览馆、航空、铁路运输等行业培育了大批专业人才。学校发展到2005年，有专任教师150人，其中，中高级职称教师95人，占专任教师的63.33%。“双师”型教师44人，占专任教师的29.33%。在校学生2400余人。

4. 德阳市旅游职业教育学校

德阳市旅游职业学校成立于1993年，是经四川省教育厅，德阳市教育局批准建立的德阳市重点职业学校，也是德阳市旅游局指定的旅游培训中心，全面负责德阳市旅游行业的培训任务，并同时开展多种形式的短期培训。发展到2005年，学校有教职工68人，其中，专任教师55人，高级职称7人，占专任教师总数的12.73%。在校生总人数为1311人。

5. 绵阳市旅游学校

绵阳市旅游学校是在绵阳市成人中等专业学校的基础上，经四川省教育厅批准成立的“绵阳旅游人才培训基地”。到2005年，有教职工95人，其中“双师型”教师达80%以上。开设有旅游服务与管理、酒店服务与管理、导游、民航服务等十余个专业，建校以来，绵阳市委、市政府高度重视旅游人才建设，把旅游人才的培养列入《关于加快旅游产业发展的决定》《绵阳创建中国优秀旅游城市方案》之中予以支持，绵阳市旅游学校为社会培养了各类大中专专业人才33700人。

6. 泸州市旅游学校

泸州市旅游学校其前身是树风职高，2004年经泸州市教育局《关于同意泸州树风职业高级中学校更名为泸州旅游学校的通知》批准成立。该校旅游专业创办于1986年，办学规模由最初的每年58人发展为现在的每年322人，累积毕业生近1800余人。是培育泸州市旅游人才的重要场所。2005年，泸州市旅游学校有专业教师26人，其中，高级教师4人，中级教师8人，“双师型”教师8人。

7. 乐山市旅游学校

乐山市旅游学校是四川省教厅于1993年批准建立的旅游中专学校，国家职业技能鉴定站。自建校以来坚持“专家治校，名师教学”的办学理念，学校有专职教师61人。学校注重学生专业技能训练，不断拓宽办学层次，从2003年开始，学校开展了“2+2”大中专一体式教育，收到明显成效。2005年，在校生人数4000人，教师职称结构高讲占28%，讲师占60%，“双师型”教师占30%。

8. 成都旅游职业技术学校

成都旅游职业技术学校位于郫县团结镇，是经成都市教育局批准设立的普通中等学校。学校是成都国际旅行社（集团）有限公司的下属机构，学校作为国旅集团旅游人才储备基地，同时为全国旅游市场提供职业化、应用型的旅游人才。学校开设有旅游服务与管理、饭店服务与管理、航空服务、舞蹈表演、商业英语等 8 个专业。学校发展到 2005 年，可容纳学生 2000 人，有专任教师 20 余人。

9. 乐山市育才旅游学校

乐山市育才旅游学校是乐山市教育局批准成立的以旅游教育为主的中专学历职业学校。现有专兼职教师 60 余人，其中高级教师（教授级）8 人，中级教师 16 人，专业课教师达 60%。学校开设有旅游类专业（导游、旅游经济管理、航空服务、旅游电子商务、饭店服务与管理、中华茶艺、国际调酒等）；计算机类专业（广告策划与设计、电子商务等）；机电一体化类专业（机械制造与控制车床、机电技术应用、电子技术应用、数控技术应用等），是乐山市劳务开发培训基地，已为全国培养各类专业人才 4000 多人。多次获得省教育厅、市教育局“社会力量办学先进单位”“职业教育先进单位”“艺术教育先进单位”称号。

10. 峨眉山市旅游学校

峨眉山市旅游学校是乐山市教育局批准成立的以旅游专业为主的综合性学历教育学校。学校有一批长期从事旅游教育的师资队伍。学校开设有旅游与酒店管理、市场营销、旅游管理（导旅讲解方向）、旅游管理（高尔夫管理方向）、旅游管理（酒店管理方向）等十余个专业。

11. 成都华夏旅游商务学校

学校创办于 1993 年，是一所专业比较齐全的综合性中等专业学校和国家职业技能鉴定所，是四川省按教育部标准评估首批合格的中等专业学校，被中国职工教育和职业培训协会评为全国职业培训机构先进单位，同类中职学校中被中国教育联合会评选为中国 50 强，已为社会培养 13000 多名各类人才。学校开办有旅游、导游、民航空港服务、酒店管理等 20 余个专业，各类在校生 6200 余人。

12. 自贡市旅游职业高级中学

1987 年创办旅游业，1992 年更名为自贡市旅游职业中学，1996 年被评为省级重点职业中学。1999 年，由自贡市旅游职业中学、自贡市艺术职业中学合并成立自贡市旅游职业高级中学。2000 年自贡市旅游职业高级中学成为首批国家级重点中等职业学校。2005 年 7 月，四川省绵阳树人教育投资有限公司接管，成为自贡市首家国有民办办学管理体制学校。1989 年学校有初高中学生 946 人。在岗教职工 123 人。到 2005 年，学校有在校生 1462 人，教职工 258 人。

三、办有旅游专业的其他中等职业学校

从 20 世纪 90 年代中期以后，省内办有旅游专业的中等职业学校迅速增加。1999 年，成都市已有开办旅游专业的中等职业学校 14 所，在校学生有 2228 人。

1. 乐山市第一职业高级中学

乐山市第一职业高级中学是首批国家级重点职业学校、四川省首批示范中等职业学校，四川省校风示范学校、四川省职业教育先进单位。学校地处乐山中心城区，占地 4.3 万平方米，现有教职工 196 人（其中中高级教师 98 人），71 个教学班，3600 多名在校生。培养具备航空服务、公关礼仪等知识与技能的实用型专门人才；培养具备星级酒店服务技能、初中级管理知识和熟练掌握英语口语的酒店服务与管理实用型专门人才；培养具备房地产经营与管理基本知识能力，能从事现代房地产销售、物业管理活动的实用型专门人才。

2. 绵阳财经学校

绵阳财经学校旅游服务与管理专业其前身系绵阳商贸学校餐旅艺教学部，创建于1993年8月，开设酒店服务与管理与烹饪专业。2000年（原商贸学校与财贸学校合并为财经学校后）增设旅游（导游）服务与管理专业。截至2005年，学校已经向全国各地输送了1200多名应用型毕业生（其中，酒店服务与管理600余名，烹饪300余名，旅游服务与管理200余名）。

3. 阿坝州中等职业技术学校

由原阿坝州四所中专校合并而成的一所多层次、综合型的现代中等职业技术学校，2003年11月经四川省教育厅批准。该校经过资源整合，师资力量雄厚，现有教师160人，其中，高级讲师29人，讲师61人。在专业设置上，开设了39个专业。学校旅游专业部为学校骨干专业部，开设了饭店服务与管理、导游、藏羌艺术、唐卡绘画、民族根艺5个专业。到2005年，学校旅游专业有在校学生220人。

4. 宜宾市商职校

宜宾市内规模最大的国家级重点中等职校，开办有旅游专业，到2005年，全校有教师335人，在校生7000人，学校常年短期培训人数6000人。

四、专业设置

20世纪80年代中后期，四川省仅有几所旅游中等专业学校和旅游职业中学，开办的专业较少，主要开办了饭店服务与管理、宾馆服务与管理、导游、烹饪等专业。其中，导游专业仅四川省旅游学校一家开办。

进入20世纪90年代以后，四川省旅游中等职业教育得到发展，旅游职业中学成倍增加，专业设置面更加广泛。除原有专业得到巩固外，还开设有市场营销、航空服务、旅游英语、外事旅游服务、旅游经济管理、旅游公关、餐饮服务、旅游管理、旅游服务、旅游公关文秘、涉外酒店管理、旅游文艺、旅游管理与计算机等10多个相关专业。1992年，四川省旅游学校增设川菜培训中心。1999年，成都市旅游中等职业学校及开办旅游专业的职业中学共计开办20个专业。各专业在校生情况统计见表4－42。

1999年成都市旅游中等职业教育在校生分专业统计表

表4－42　　　　单位：人

专　　业	在校生人数	专　　业	在校生人数
旅游服务专业	623	导游专业	610
外事旅游服务专业	260	民航旅游服务专业	409
旅游服务管理专业	352	旅游公关文秘专业	100
商贸旅游专业	29	饭店管理专业	111
旅游管理专业	132	涉外酒店管理专业	136
旅游英语专业	93	导游服务	105
旅游管理与计算机专业	254	导游旅游服务管理专业	30
涉外服务专业	100	旅游专业	30
旅游文艺专业	62	餐饮旅游服务专业	86
旅游经济管理专业	135	餐饮服务与管理专业	70

资料来源：省旅游局档案资料

进入2000年以后，随着四川省旅游业的高速发展，旅游企业对旅游人才的需求量大大增加，四川省旅游中等职业学校毕业生供不应求。与社会需求相适应的各种相关专业相继出现。更加重视旅游中等职业教育的国际合作和区际合作，签订了系列合作协议并取得一定成效。加之国家招生体制改革，旅游专业设置与市场对接，专业设置呈现出更加多样化的局面。

第三节 旅游高等教育

旅游高等教育是培养旅游业中高层次人才的重要途径。20世纪80年代中期，四川高等院校开始设置与旅游相关的专业，如四川大学历史系下设旅游文化与管理专业，招收专科生。随着四川旅游业快速发展，四川省旅游高等教育在此基础上逐步发展壮大。

一、规模

1991年，四川师范大学开始设立与旅游相关的专业，招收专科生。1992年，四川大学历史系旅游文化与管理专业开始招收本科生。1994年，西南农业大学在成都设立教学站，招收饭店管理专业、餐饮类专业学生。1994年以前，省内开设有旅游专业的高等院校只有3所，在校生100多人。

1995年省内旅游高等院校有8所，在校生近1000人。1996年省内旅游高等院校达到15所，在校生近3000人。

2000—2005年，四川旅游高等教育发展很快。随着招生体制的改革和高校扩招，随着旅游行业对旅游人才的需求规模扩大，四川省旅游院校办学规模扩大，在校生人数大量增加，办学层次和专业得到拓展。

到2005年，四川省开办有旅游专业的旅游院校规模达到40余所，学校位置覆盖省内14个市（州），在校生2.27万人。从全国旅游院校的规模来看，四川位居全国第4位，仅次于湖南省、北京市、山东省。

二、分类

四川高等院校旅游院校有3种主要形式。一是专业旅游院校；二是开办有旅游系或旅游专业的高等院校；三是省内一些中等职业学校与旅游院校联合办学，开办大专班，招收旅游教育五年制高职生、大专生和成人大专生。

2000—2002年，四川省旅游局、四川省教委连续3年联合邀请北京第二外国语学院在四川省自主招生，在四川省旅游学校设立笔试和面试考场，选送四川省应届高中、中专毕业生到京第二外国语学院本科学习。

2002—2004年，四川省旅游局、中国旅游管理学院落实“21世纪支援西部开发旅游人才助学工程惠及四川”的援助项目。中国旅游管理学院连续3年在四川省招收应届高中毕业贫困生到该院校免费学习，接受“旅游饭店管理”大专学历教育。全省3年共选送了100余人到该院校学习。

（一）高等旅游院校

在四川省旅游高等教育发展层次上，专业旅游院校是四川省发展较早、师资力量较强、发展水平较高的层次。主要培养旅游专业研究生、本科生等理论性较强的高端人才和技能型实用人才。

1. 四川大学旅游学院

四川大学旅游学院是在四川大学旅游系的基础上发展起来的，其前身是四川大学历史系。20 世纪 80 年代中期，历史系开始设置与旅游相关的专业。1996 年，经国家教委批准，在历史系招生专业中，增设旅游管理本科专业。1997 年，旅游管理专业正式独立为旅游系建制。1998 年，批准设立旅游管理硕士学位点，招收旅游管理、区域旅游经济开发、旅游文化及旅游资源规划与开发等研究方向的研究生。2000 年 7 月 12 日四川大学旅游系升格为四川大学旅游学院。

2005 年，四川大学旅游学院有教职工 62 人，其中教授 20 人，副教授 21 人，博士生导师 18 人。学院设有四个系及一个研究所：饭店管理系、旅行企业管理系、旅游规划及景区管理系、旅游文化系及旅游规划与开发研究所。旅游管理硕士学位授予点是四川省最早设立的旅游类学科硕士点，学院有旅游资源规划与开发、旅游企业管理、饭店管理、旅游文化 4 个研究生培养方向。

2. 四川师范大学旅游学院

四川师范大学旅游学院起步于 1991 年设置的旅游经济管理专业，1995 年成立旅游系，并开始招收旅游管理专业学生。2000 年升格为旅游学院，开设有旅游管理、旅游教育和旅游英语三个本科专业。2002 年，旅游管理专业成为硕士学位授权点，并于 2003 年开始招生。学院发展到 2005 年，有教职工 54 人，其中教授 11 人，副教授 16 人。博士 9 人，博士后 4 人。学院招收旅游文化方向的硕士研究生。

3. 乐山师范学院旅游学院

乐山师范学院旅游学院是乐山师范学院于 2003 年 9 月成立的第一个教学型学院。至 2005 年，旅游学院有教职工 60 人，其中，专任教师 45 人。专任教师中教授 8 人、副教授 14 人。旅游学院设有四川省教育厅第一个人文社会科学重点研究基地——四川高校旅游发展研究中心、乐山师范学院世界遗产研究所、乐山师范学院管理咨询研究所、乐山师范学院环境研究所等研究机构。

4. 西南交通大学旅游学院

学院成立于 2001 年 7 月，发展到 2005 年，学院有旅游管理和园林植物观赏与园艺两个硕士点，设有旅游管理、森林资源保护与游憩（景区规划与管理）两个本科专业。学院有专职教师 30 余人，其中，教授、副教授 12 人，具有硕士及以上学位的教师 20 余人。在校生 800 人。

5. 四川烹饪高等专科学校

四川烹饪高等专科学校创办于 1985 年，为商业部部属高等专科学校。1998 年，因国家高校体制改革由国内贸易部划转四川省主管。是全国起步较早的以专门培养烹饪、旅游、酒店管理、酒店装潢艺术等高级专门人才的旅游高等院校。2005 年，学校有教职工 392 人，其中，教授 21 人；副教授 58 人；博士及博士后 6 人；国家级职业技能评委 15 人；国家级大师、名师 32 人。学校设有 5 个系和 4 个教学部，开设有烹饪工艺、生鲜食品加工与管理等 20 余个专业。当年，有在校生 4125 人。其中烹饪工艺、西餐工艺 2 个专业为教育部高职高专教学改革试点专业。学校建有旅游资源保护与开发研究所，全国烹饪技能鉴定机构——四川省烹饪高级技能鉴定所，四川省教育厅人文社会科学重点研究基地——川菜发展研究中心。

6. 西南民族大学旅游与历史文化学院

学院成立于 2003 年，学院成立之初有教职工 10 余人。2005 年，学院设有旅游管理等 3 个本科专业和旅游管理专科专业。旅游管理专业是国家民族事务委员会直属院校优秀专业和学校本科示范建设专业，是四川省民族地区本科旅游人才培养基地。学院有在校生 600 人，教师 30 人，其中，教授5人，副教授9人，博士8人。

7. 西南农业大学成都教学中心

西南农业大学成都教学中心是西南农业大学于1994年在成都开办的旅游专业教学基地。1998年由原“西南农业大学成都函授站培训部”更名成立。发展到2005年，教学中心开设有旅游管理、涉外旅游管理、涉外饭店管理、森林生态旅游、旅游经济管理、风景名胜区管理等本、专科共6个专业，在校生400人。

8. 成都理工大学中澳旅游与酒店管理学院

成都理工大学中澳旅游与酒店管理学院成立于2002年，2003年开始招生，是成都理工大学与澳大利亚旅游与酒店管理学院联合办学项目。学院开设有国际旅游管理专业、国际酒店管理专业。学院按澳大利亚教学模式运行，IELTS教学，澳方教师承担2/3以上的课程，实行中澳联读，学分互认，实现全球就业，直接与国际接轨。学院教师构成以外教、成都理工大学教师为主体。2003年，有专任教师20余人，发展到2005年有专任教师50余人。

9. 成都信息工程学院银杏酒店管理学院

成都信息工程学院银杏酒店管理学院成立于2002年，到2005年，学院开设有酒店管理、餐饮管理、旅行社管理3个专业，涉及酒店管理、餐饮管理、导游、会展策划与管理4个专业发展方向。在校生1600人。学院有教师50人，其中，高级职称21人，博硕士学历以上26人。

10. 四川餐饮管理专修学院

四川餐饮管理专修学院成立于1998年，总投资170万元。主要从事餐饮业中基层管理人员、员工的技能培训。学院与成都皇城老妈签订了毕业生就业长期合作协议。

（二）开办有旅游专业的高等院校

开办有旅游专业的高等院校包括建立了旅游系和设置旅游专业两种形式。四川省开办有旅游专业的部分高等院校情况见表4－43。

2005年四川省开办有旅游专业的部分高等院校情况统计表

表4－43

所属院校	创办专业	创办时间	简　　况
成都大学	旅游专业	1993年	设旅游管理、酒店管理专业，是成都市旅游人才培训中心
绵阳师范高等专科学校	旅游管理系	1994年	在政史系烹饪工艺专业的基础上，创建旅游管理系
四川农业大学	旅游专业	1995年	旅游专业下设旅游管理、森林资源保护与游憩、旅游3个专业方向。有专任教师20余人
四川省教育学院	史地与旅游系	1996年	下设旅游英语和旅游管理专业
西南财经大学工商管理学院	旅游管理专业	1996年	发展到2005年，学院有旅游管理本科、硕士、博士专业；并设有研究所
四川省天一学院	旅游系	2000年	至2005年，旅游系有专任教师20人
绵阳职业技术学院	管理工程系	2001年	下设旅游管理、饭店管理、导游、景区开发与管理等专业，发展到2005年，管理工程系有专职教师41人，副教授9人
成都信息工程学院	管理系	2001年9月	2005年有教职工26人

续表 4－43

所属院校	创办专业	创办时间	简　　况
绵阳师范学院	旅游管理系	2003 年 12 月	旅游管理、旅游文化、酒店管理、旅行社经营与管理专科专业。另有企业服务研究中心、旅游发展与规划研究中心。到 2005 年年底，旅游管理系有教授 2 人、副教授 12 人、讲师 20 人
四川工商职业技术学院	管理工程系	2005 年	管理工程系以旅游管理专业为主干专业，有副教授 30 人，讲师 28 人

资料来源：四川省旅游局档案资料

此外，从 20 世纪 90 年代末期开始，四川省部分旅游中等专业学校、职业高级中学与旅游高等院校合作办学，拓宽办学层次、拓展专业领域、提高学历教育层次，开始招收成人大专生、大专生、五年制高职生。

三、专业设置

20 世纪 80 年代中期以后，四川省旅游高等院校开始设置烹饪、旅游文化与管理专业。进入 20 世纪 90 年代以后，旅游高等院校专业得到快速发展，出现了旅游管理、旅行社管理、景区管理、园林植物观赏与园艺、森林生态旅游、涉外旅游管理、旅游教育、旅游英语、导游、餐饮管理、宾馆管理、烹饪工艺、食品工艺、面点工艺、西点工艺、装潢与环境艺术设计、厨政管理、生鲜食品加工与管理等 20 余个旅游相关专业。

20 世纪 90 年代末期，在原有旅游相关专业得到发展的基础上，相继出现了区域旅游经济开发、旅游资源规划与开发、烹饪与营养、快餐、旅游形象设计、商务英语等 40 余个专业。

2005 年，四川省旅游院校学生中就读饭店服务与管理、旅行社服务与管理的人数较多，其次是旅游管理和烹饪专业，就读旅游外语的人数偏少。

四、学历层次

在四川省旅游高等教育初始发展阶段，从学历层次上讲，最初是出现与旅游相关的专科层次，20 世纪 90 年代初，逐步出现旅游高等教育的本科层次，90 年代后期，特别是 1998 年以后，本科、专科办学规模不断得到扩大，并开始出现研究生层次。

进入 2000 年以后，随着旅游教育事业规模发展的不断扩大，面临旅游市场对旅游人才需求的多样化，旅游教育体系和结构也在不断发展变化，形成了涵盖研究生、本科生（成人教育本科）、专科生（含五年制高职、成人大专）等的旅游高等教育体系。四川省旅游专业学生学历层次形成了以专科生为主，专科生、本科生、研究生金字塔形的结构关系。四川旅游高等教育学历层次与旅游市场逐步对接，与旅游人才的需求逐步适应。

第四节　旅游科研

一、发展概况

四川省旅游科研的主体有五个方面。一是省委研究室、省政府研究室、省人大城乡环境资源委员会、省政协文史委员会等研究单位组织的旅游专题研究；二是旅游管理部门、行业协会根据旅游业发展需要和政府的要求，进行的专题研究；三是旅游大专院校和中等职业学校在进行旅游教学的同时开展的旅游科研项目，一批旅游院校建立起旅游科研机构；四是旅游规划机构在编制旅游规划的过程中进行的科研项目；五是专门的旅游科研机构。这几个方面的科研项目和科研力量经常性的相互配合，相互整合。

1987 年 5 月，乐山师范专科学校地理系与中国科学院成都山地环境研究所两家单位正式联合成立“旅游地理研究室”，1992 年旅游地理研究室扩建为四川旅游研究所，这是四川乃至全国最早的旅游科学研究机构之一。2002 年经四川省教育厅批准，更名为乐山师范学院旅游发展研究中心，归口管理四川省教育系统旅游科学研究项目，受理各高校及个人的旅游类课题申报。在旅游资源规划与开发、世界遗产研究与旅游文化、环境生态保护三个方向形成了一定的研究特色。

20 世纪 90 年代，四川省旅游学校在全省旅游中职类学校中率先成立科研室，专门从事旅游科研工作，科研室聘请了校内外一批旅游业研究专家，在国家中等职业学校教材建设、旅游景区开发、旅游企业建设、旅游人才培养、民族地区旅游发展等方面取得了一批有影响的科研成果。

四川大学旅游学院、四川师范大学旅游学院、四川省烹饪专科学校、西南交通大学、西南民族大学、西南财经大学、西华大学等高等院校也相继成立了相关旅游研究机构，立项研究国家重大旅游科研课题、四川省重大旅游发展问题、旅游区域规划、旅游产品开发、特色川菜研究等。

四川省旅游规划设计院等旅游规划策划机构，在峨眉山旅游风景名胜区总体规划、长江三峡风景名胜区、九寨沟风景名胜区总体规划完成的基础上，开展了四川省旅游规划设计、科研工作，取得了一批在国际、国内有影响的科研成果。

二、科研成果

（一）省委、省人大、省政府、省政府有关部门的科研成果

1997 年，省委研究室牵头，组织省旅游局等部门，对行政区划调整后全省经济新的发展格局中，旅游业的地位和作用进行专题研究，研究报告提出，旅游业应作为四川经济和社会发展的支柱产业之一培育壮大。

省人大城乡环境资源委员会，多次组织旅游业专题调研活动，如：1996 年关于《四川省旅游管理条例》的立法调研，1996 年关于四川旅游业发展现状与存在问题的调研，2000 年关于旅游企业发展的调解，2001 年关于四川旅游资源的调研，2002 年关于修改《四川省旅游管理条例》及关于《四川省旅游服务质量管理条例》的立法调研，2003 年关于四川城乡建设与旅游发展的调研等等。

省政府研究室、省政府法制办 1996 年和 2000 年关于《四川旅游管理条例》的立法和修改调研，2002 年关于旅行社改革和发展的调研。

2002 年省政府研究室牵头，省政协文史委员会、省旅游局参加、组织专家学者联合进行关于加强四川旅游业发展的调研，历时 1 年，重点调研四川旅游发展战略目标、实施重点、拓展旅游市场、旅游体制，旅游产品上下游分流，景区管理体制等问题，形成《加快四川旅游产业发展行动方案》。调研成果为政府采用，省政府 2003 年 6 月发布《关于加快四川旅游产业发展的实施意见》（《实施意见》全文见附录），采用了行动方案的调研成果。

2004 年，省政府发布《四川省生态旅游发展报告》，省长张中伟主编并作序言。

2005 年，省旅游局、省文化厅编制《四川省文化旅游发展报告》。

（二）省旅游局、省旅游协会组织的科研成果

1999 年 9 月，省旅游协会联合四川省林学会、四川省生态学会、四川省植物学会等单位，在九寨沟举办“四川省生态旅游研讨会”，研讨会得到四川省旅游局、九寨沟管理局及各相关单位的大力支持，中国科学院成都分院地理研究所、生物研究所等单位 30 余人参会。产出了一批生态旅游方面的研究成果，出版生态旅游论文集一部。

2001 年，受省旅游局委托，省旅游协会就发展四川入境旅游业进行专题调研，形成《关于我省入境旅游业近期面临的形势及发展对策的报告》，由省旅游局、省旅游协会联合上报省委、省政府。省委领导对报告作了重要批示，指出“报告所提的 10 条建议应当研究落实措施”。

2002 年，省旅游局、省旅游协会联合开展四川省重点软科学研究项目《四川省旅游人力资源开发对策研究》。省旅游局和省旅游协会邀请国家旅游局、北京第二外国语学院、四川大学、四川师范大学、四川省旅游学校等单位的专家、学者，在对全省旅游行政管理部门、星级旅游饭店、旅行社、A 级旅游景区（点）、旅游车船公司等旅游单位从业人员以及旅游院校专任院校专任教师进行抽样调查，统计分析的基础上，借鉴世界旅游教育和国外旅游人力资源开发的一些成功经验，形成了 1 个课题主报告，7 个子课题报告，1 份《四川省旅游人力资源基本情况抽样调查统计汇总表册》。课题调研成果转化主要体现为 2 个文件，即由四川省人事厅和四川省旅游局共同制定的《四川省旅游人才开发实施意见》和《四川省旅游局关于进一步加快我省小语种导游人才培养的意见》。课题于 2003 年 6 月顺利完成并结题。

2005 年，省旅游协会公布的立项课题 15 项，研究项目立足四川省旅游发展的重大问题，涉及四川省旅游业发展、旅游区域开发、特色旅游产品开发、旅游市场研究、旅游管理体制改革、旅游文化开发、旅游企业经营管理、旅游人才培养、旅游形象策划等。课题研究全程规范管理，2005 年课题结题率在 80% 以上。

（三）旅游规划机构的科研成果

1998—1999 年，四川省旅游规划设计院科研人员参加中方专家组，参与《四川省旅游发展总体规划》的编制工作。

1998—2005 年，四川省旅游规划设计院组织或参与编制全省 21 个市（州）和 50 多个县市旅游发展总体规划，以及《四川省生态旅游发展报告》《四川省红色旅游发展总体规划》《四川省文化旅游发展报告》等专题规划和一批重点旅游区域的旅游发展规划（见第一篇第一章）。

成都来也旅游策划管理有限责任公司、成都市规划设计院、成都远见旅游设计有限公司等一批旅游规划、策划公司，在四川省旅游规划设计、旅游项目策划、旅游咨询、会展旅游等方面完成一批科研项目。

（四）旅游院校科研成果

四川省旅游学校于 2002 年立项研究教育部科研课题《关于我国职业教育教材建设的现状、问题与对策的研究》，首创“活基础、强岗位”中等职业学校教材编写模式，提出实践性操作课学时占全部课程学时的 2/3 左右。学校于 2003 年 6 月完成课题主题报告及附件，并通过教育部验收，顺利结题。

四川大学旅游学院重点在旅游经济管理、旅游文化研究、旅游规划等方面；四川师范大学旅游学院在四川省导游生存现状研究、旅游规划方面；西南民族大学旅游学院在四川省民族地区旅游发

展方面；乐山师范学院旅游学院在旅游可持续发展与环境问题、四川生态脆弱区与遗产地的发展和环境保护等方面；西华大学在嘉陵江干流综合开发与环境保护及旅游业开发等方面取得一批研究成果。

（五）乐山师范学院旅游发展研究中心旅游科研成果

1987—1992 年，乐山师范专科学校旅游研究所（乐山师范学院研究中心的前身）研究人员在国内外发表论文 150 余篇，其中科研项目《三峡工程对生态与环境影响及对策研究》（含旅游环境）获国家科技进步一等奖。科研项目《长江三峡生态与环境地图集》获中国科学院一等奖，科研项目《长江经济带可持续发展地图集》荣获国际（ICA）优秀地理奖。同期承担省、市、校重点旅游科研课题 7 项，获省市二、三等奖 8 项（含论文奖），其中《瓦屋山风景名胜区综合考察与研究》获 1992 年四川省政府社科科研二等奖。出版旅游论文专集 8 集，正式发表论文 40 余篇。被市、县地方政府利用开发的课题项目有洪雅瓦屋山、五通桫椤林景区、沐川黄丹森林公园等。举办川、滇、黔、藏、蓉、渝四省二方的旅游科学学术研讨会，并在《地理》杂志上出版了《乐山大佛景区研究》《省级森林公园沐川黄丹规划与开发研究》专集。

1992—2002 年，乐山师范学院旅游发展研究中心先后完成国家、省、市级立项课题 25 项，发表科研论文 300 余篇，代表性专著 10 余部，其中获得国家、省、市级奖 25 项。2002 年，旅游发展研究中心取得全省重点课题科研成果《乐山旅游史》简介（编号：SA02－071）。

2003 年开展旅游课题研究 34 项，结题 23 项，结题率为 80.77%。2004 与全省 48（所次）高校合作，旅游课题立项 57 项，其中，省教育厅立项经费 24.7 万元，带动科研经费投入 45.2 万元。

至 2005 年，出版和完成的旅游科研课题成果专著 3 部、规划项目 6 项，旅游论文集 3 集，论文 70 余篇，结题产出科研成果 32 项。其中具有代表性的科研成果有：《现代旅游景观学》《西藏茶雅县旅游规划》《犍为县同兴国家桫椤林公园规划》《走近茶马古道》《马边彝族自治县县域旅游可持续发展规划》《峨眉山——“中国第一山”国际旅游区研究专集》《旅游可持续发展与环境问题全国性学术论文集》等。2005 年，乐山师范学院旅游发展研究中心有专、兼职研究人员 45 人，其中，教授 15 人，博士生导师 3 人，研究生导师 7 人，副教授 17 人。

第五篇 旅 游 产 业

旅游产业指旅游产业量、产业规模及效益，主要表现在三个方面：一是旅游产业发展指标，指旅游产业发展主要经济数据，包括旅游业总体效益指标（旅游总收入），入境旅游业接待及外汇收入指标，国内旅游业接待及收入指标；二是旅游产业规模，指旅游企业，主要是各类旅行社，各类型旅游饭店的规模及效益；三是旅游产业各要素（旅游交通、旅游商品及购物、旅游餐饮、旅游娱乐等）的规模及效益。

第一章　旅游产业发展指标

旅游产业发展指标，指旅游部门每年及年内分时段定期向社会公布旅游业发展主要经济数据，主要有三大项：（1）入境旅游主要数据（入境旅游接待量，外汇收入等）；（2）国内旅游主要数据（国内旅游接待量，人民币收入等）；（3）旅游总收入（入境旅游外汇收入与国内旅游收入之和）。

1986—2005 年，四川旅游业发展指标统计因行政区划调整有所变化。1996 年四川省旅游局与重庆市旅游局商定并经国家旅游局同意，四川省及重庆市（包括所辖的万县市、涪陵市及黔江地区）旅游业发展指标以 1995 年为基数，四川省旅游局在业已公布 1995 年及 1996 年数据之后，又公布调整后的 1995 年及 1996 年的数据。

第一节　入境旅游业

入境旅游亦称国际旅游，在旅游产业中率先发展。入境旅游者，亦称海外旅游者，指来中国大陆探亲访友、观光、度假、参加会议或从事经济、文化、体育、宗教等活动的外国人、海外华侨、香港同胞、澳门同胞和台湾同胞，不包括来华访问的政府部长以上官员及随员、外国驻华使领馆人员、常驻中国 1 年以上的人员以及边境地区往来的边民。2000 年起，在旅游统计层面，将海外华侨列入外国人范围，不再单独统计。

一、入境旅游接待量

（一）接待人（次）数

四川入境旅游接待量，1990 年以前，其统计口径为四川公安出入境管理部门统计的入境人数，减去外事部门公务接待的入境人数后得出的数据。统计单位为人。

1986 年，全省接待入境旅游者 142557 人，其中，人数最多的为外国人（105749 人），占当年入境旅游者总数的 74.18%。1986—1989 年期间，每年到四川旅游的外国人在当年的入境旅游市场占有最大份额。因受 1989 年发生在北京的春夏之交政治风波影响，接待入境旅游者 101359 人，比上年下降 40.66%，其中，外国人 52908 人，比上年下降 51.33%，在入境旅游者中所占比例为 52.20%。

1988 年，台湾同胞获准到大陆探亲旅游，当年到四川旅游的台胞 21882 人，占入境旅游者总数的 12.81%。1989 年，台胞旅游者 31041 人，比上年增长 41.86%（同年外国人大幅下降）。1990 年，台湾同胞旅游者从上年的 3 万多人猛增到 10 万多人，是上年的 3.4 倍，占来四川入境旅游者总数的 53.80%，成为当年四川入境旅游的最大客源市场。1986—1990 年全省接待入境旅游者数量见表 5－1。

1986—1990年四川省接待入境旅游者人数

表5－1　　单位：人

年份	总计	其中			
		外国人	华侨	港澳同胞	台湾同胞
1986	142557	105749	3138	33670	—
1987	180487	128884	5644	45959	—
1988	170820	108726	3215	36997	21882
1989	101359	52908	1077	16333	31041
1990	193936	62887	1723	24994	104332

资料来源：《中国旅游统计年鉴》

1991年起，统计口径发生变化，以四川的旅游涉外宾馆接待入境旅游者的过夜人数进行统计，每接待1人为1人次。统计单位为人次。

台湾同胞1991—1992年期间继续增长，并继续保持在四川入境旅游客源市场占有的最大份额。1993年因浙江“千岛湖”事件影响，台湾同胞大幅下降，当年比上年下降28.12%，1994年继续比上年下降46.37%。同期外国人到四川旅游数量持续攀升，1993—1996年，外国人为当年四川入境旅游最大客源市场。1991—1996年全省接待入境旅游者数量详见表5－2。

1991—1996年全省接待入境旅游者数量

表5－2　　单位：人次

年份	总计	其中			
		外国人	华侨	港澳同胞	台湾同胞
1991	268274	91440	3443	43359	130032
1992	382198	124671	6401	73010	178116
1993	337801	133862	2829	73082	128028
1994	368027	237232	1360	60771	68664
1995	377990	245469	1745	50011	80765
1996	454748	305972	1929	61657	85190

说明：1995年、1996年的数据，含重庆市

资料来源：《中国旅游统计年鉴》

1995—2005年，尽管由于行政区划调整，四川旅游的统计的地域范围缩小，但入境旅游接待量仍大幅增长。以1995年为基数，当年接待入境旅游者15.9万人次（不含重庆市），1997年突破20万人次，1999年接近40万人次，2001年突破50万人次，2004年接近100万人次，2005年达到106万人次。

1995—2005年，除2000年台湾同胞为当年四川最大海外旅游客源市场外，其余年份，外国人

（2000 年以后含华侨）旅游者均为当年最大的海外客源市场。1995—2005 年全省接待入境旅游者接待情况见表 5－3。

1995—2005 年四川省接待入境旅游者数据

表 5－3　　单位：人次

年份	总计	其中			
		外国人	华侨	港澳同胞	台湾同胞
1995	159649	102403	736	25795	30715
1996	179416	117940	1246	26290	33940
1997	271329	148088	3948	31888	87405
1998	290575	147793	1481	38143	103158
1999	373432	179569	6982	45481	141400
2000	462152	199711（含华侨）		43326	219115
2001	574756	280946（含华侨）		88983	204827
2002	667224	411501（含华侨）		62109	193614
2003	450943	244033（含华侨）		76407	130503
2004	966200	546817（含华侨）		165273	254110
2005	1062759	682663（含华侨）		139875	240221

说明：1995 年、1996 年的数据，不含重庆市
资料来源：《中国旅游统计年鉴》

（二）入境旅游者人均停留时间

入境旅游者人均停留时间，是衡量入境旅游规模的一个重要依据。1994 年以前全国及各省市区入境旅游者的人均停留天数，采用国家旅游局和各省市区旅游局抽样调查的数据。1994 年起，受国家旅游局委托，国家统计局城市社会经济调查总队每年在全国范围内开展海外旅游者在华花费情况抽样调查，通过抽样调查取得的数据和资料，经过汇总、审核和整理并向社会公布。入境旅游者在四川的人均停留时间低于全国平均水平。1986—1996 年入境旅游者在四川人均停留情况见表 5－4。

1986—1996 年入境旅游者在四川人均停留时间

表 5－4

年份	全国（天/人）	四川（天/人）
1986	—	3.03
1987	—	2.80
1988	4.87	2.75

续表 5－4

年　份	全国（天/人）	四川（天/人）
1989	3. 86	3. 13
1990	5. 70	2. 54
1991	4. 46	2. 28
1992	5. 16	1. 92
1993	2. 28	1. 92
1994	7. 70	2. 11
1995	7. 60	2. 36
1996	6. 40	2. 10

说明：1995 年、1996 年的数据，含重庆市
资料来源：《海外旅游者抽样调查资料》《四川旅游统计便览》

入境旅游者在四川停留时间不长，反映出四川地处内陆，交通相对不便，部份主要景区（如九寨沟、黄龙）离中心城市远，可进入性较差，形成旅（程）长游（程）短情势。1997 年以前，入境旅游者到四川主要是游览长江三峡线，成都及周边都江堰、青城山，重庆及周边大足、石刻，其中有部份旅游者去乐山、峨眉山。

1997 年行政区划调整后，因长江三峡旅游区划离四川，入境旅游者在四川人均停留时间与全国人均停留时间的数据相差拉大。1997—2005 年入境旅游者在四川人均停留时间见表 5－5。

1997—2005 年入境旅游者在四川人均停留时间

表 5－5

年　份	全国（天/人）	四川（天/人）
1997	6. 4	3. 4
1998	6. 4	2. 4
1999	6. 6	3. 0
2000	6. 5	2. 0
2001	6. 1	2. 1
2002	6. 1	1. 8
2003	6. 1	1. 8
2004	5. 8	1. 8
2005	6. 0	1. 8

资料来源：《海外旅游者抽样调查资料》《四川旅游统计便览》

（三）入境旅游接待人天数

入境旅游接待人天数，为入境旅游的人（人次）与人均在四川停留天数的乘积。1990 年以前，其数据为每年接待人数与人均停留天数的乘积。1986—1990 年全省接待入境旅游者人天数见表 5－6。

1986—1990 年四川省接待入境旅游者人天数

表 5－6　　　　单位：人天

年份	总计	其中			
		外国人	华侨	港澳同胞	台湾同胞
1986	431987	316866	115121		
1987	504546	362955	141591		
1988	470384	316118	154266		
1989	317432	205468	111964		
1990	491873	218627	3501	269745	

资料来源：《中国旅游统计年鉴》

1991 年以后，由于统计口径由人数变为人天数，接待人天数为当年人次数与人均停留天数的乘积。1991—1996 年全省接待入境旅游者人天数见表 5－7。

1991—1996 年四川省接待入境旅游者人天数

表 5－7　　　　单位：人次天

年份	总计	其中			
		外国人	华侨	港澳同胞	台湾同胞
1991	611346	274394	9048	61300	266604
1992	734350	301445	13957	148829	270119
1993	649104	286818	5811	55281	201124
1994	777899	503527	2645	140871	130856
1995	893841	566269	3282	130503	193787
1996	955646	656474	3921	139964	155287

说明：1995 年、1996 年的数据，含重庆市
资料来源：《中国旅游统计年鉴》

1997 年行政区划调整，以 1995 年的数据为基数，1995—2005 年全省接待入境旅游者人天数见表 5－8。

1995—2005 年四川省接待入境旅游者人天数

表 5－8　　　　单位：人次天

年份	总计	其中			
		外国人	华侨	港澳同胞	台湾同胞
1995	357078	237333	1123	67705	50917
1996	382199	265066	2054	60143	54936
1997	559527	320188	5423	76094	157822

续表 5－8

年 份	总 计	其 中			
		外国人	华 侨	港澳同胞	台湾同胞
1998	516938	292294	2098	66126	156420
1999	623406	321228	11116	77346	213716
2000	759082	376984（含华侨）		67149	314949
2001	1037736	561634		155596	320506
2002	1224360	832335		112212	279813
2003	892854	555251		137748	199863
2004	1701383	1008841		298703	383839
2005	1878185	1204827		264346	409612

说明：1995 年、1996 年的数据，不含重庆市
资料来源：《中国旅游统计年鉴》

（四）省内的全国主要旅游城市（成都市、重庆市）入境旅游接待量

从 20 世纪 80 年代起，国家旅游局每年向海内外公布一批全国主要旅游城市的旅游发展指标。1996 年以前，四川省列入全国主要旅游城市的城市有 2 座：成都市、重庆市。1997 年以后，四川只有成都市列入全国主要旅游城市。

1. 成都市入境旅游接待量

成都市 1990 年接待入境旅游者 13 万多人，1991 年以人次为单位，接待 13.9 万人次，1998 年超过 20 万人次，2001 年超过 30 万人次，2005 年超过 50 万人次。1990—2005 年成都市接待入境旅游者情况见表 5－9。

1990—2005 年成都市接待入境旅游者人数（人次）

表 5－9　　单位：人（人次）

年 份	总 计	其 中			
		外国人	华 侨	港澳同胞	台湾同胞
1990	131349	44162	269	86918	
1991	139502	53323	2662	83517	
1992	192559	63940	6244	34442	87953
1993	172406	65811	2838	44099	59658
1994	130643	82510	514	25725	21894
1995	116360	77253	313	19975	18819
1996	122250	81824	710	19248	20468
1997	182113	100212	2666	24216	55019
1998	228786	96348	1039	22904	66581

续表 5－9

年 份	总 计	其 中			
		外国人	华 侨	港澳同胞	台湾同胞
1999	221174	104584	4736	30483	81327
2000	258924	127510（含华侨）		22592	108822
2001	345146	188375（含华侨）		51930	188491
2002	401165	258503（含华侨）		37978	104684
2003	226546	139419（含华侨）		36228	50899
2004	408814	262945（含华侨）		51866	94003
2005	500156	342326（含华侨）		64111	93719

资料来源：《中国旅游统计年鉴》

2. 重庆市入境旅游接待量

重庆市 1990 年接待入境旅游者 6 万余人，1991 年以人次为单位，接待 7.3 万人次，1996 年达到 15.6 万人次。1990—1996 年重庆市接待入境旅游者人数（人次）见表 5－10。

1990—1996 年重庆市接待入境旅游者人数（人次）

表 5－10　　单位：人（人次）

年 份	总 计	其 中			
		外国人	华 侨	港澳同胞	台湾同胞
1990	62577	18702	122	43753	
1991	73108	26814	156	46138	
1992	124560	46924	156	34422	62240
1993	117533	52104	384	16987	48058
1994	124906	84507	559	18701	42680
1995	124886	84860	305	15197	24524
1996	156183	108038	360	23703	24082

资料来源：《中国旅游统计年鉴》

（五）省内各地接待入境旅游者数据（1995—2005 年）

省内各地入境旅游者接待量，行政区划调整前，以成都市及重庆市为主，两座城市每年的接待量加起来占有当年全省接待量的 80% 左右，此外乐山市、万县地区（市）、涪陵地区（市）有一定接待量，其余地区接待量很少。行政区划调整后，成都市接待量占全省 50% 以上，此外，乐山市、阿坝州、绵阳市有一定接待量。阿坝州由于 1997 年通往九寨沟、黄龙的公路有了很大改善，加上 2003 年九寨沟黄龙机场开航，接待量大幅度增长，从 1997 年起阿坝州成为省内仅次于成都市的主要旅游目的地。1995—2005 年接待入境旅游者省内分地区数据详见表 5－11 及表 5－12。

1995—2000 年四川省内各地接待入境旅游者数据

表 5－11

单位：万人次

地　区	1995 年	1996 年	1997 年	1998 年	1999 年	2000 年
全　省	15.82	17.94	27.13	29.06	37.34	46.20
成都市	11.64	12.23	18.21	22.88	22.12	25.89
自贡市	0.25	0.23	0.18	0.13	0.16	0.27
攀枝花	0.11	0.08	0.07	0.07	0.06	0.07
泸州市	0.03	0.02	0.05	0.07	0.08	0.07
德阳市	0.31	0.21	0.26	0.28	0.20	0.45
绵阳市	0.12	0.19	0.22	0.77	1.73	3.95
广元市	0.03	0.04	0.03	0.05	0.05	0.03
内江市	0.04	0.06	0.07	0.05	0.05	0.06
乐山市	2.61	3.06	3.71	2.70	3.39	3.36
南充市	0.07	—	0.13	0.14	0.17	0.18
宜宾市	0.14	0.08	0.11	0.15	0.15	0.14
广安市	—	—	0.05	0.01	0.02	0.03
达州市	—	0.01	0.01	0.01	0.01	0.01
巴中市	—	—	—	0.01	0.01	0.01
雅安市	0.04	0.03	0.02	—	0.04	0.02
眉山市	—	—	0.02	0.02	0.16	0.16
资阳市	—	—	—	0.04	0.18	0.05
阿坝州	0.21	1.58	3.92	6.42	8.58	11.26
甘孜州	0.08	0.05	0.03	0.05	0.12	0.36
凉山州	0.14	0.05	0.02	0.06	0.05	0.05

资料来源：《四川旅游统计便览》

2001—2005 年四川省内各地接待入境旅游者数据

表 5－12

单位：万人次

地　区	2001 年	2002 年	2003 年	2004 年	2005 年
全　省	57.48	66.72	45.09	96.62	106.28
成都市	34.51	40.10	22.65	40.88	50.02
自贡市	0.10	0.24	6.16	0.20	0.15
攀枝花	0.09	0.07	0.07	0.06	0.07
泸州市	0.14	0.16	0.02	0.04	0.03
德阳市	0.27	0.40	0.63	0.26	0.30

续表 5－12

地　区	2001 年	2002 年	2003 年	2004 年	2005 年
绵阳市	4.15	4.15	4.66	4.47	6.09
广元市	0.03	0.01	0.02	0.03	0.03
遂宁市	0.05	0.01	0.02	0.02	0.29
内江市	0.03	0.05	0.02	0.02	0.04
乐山市	4.21	6.64	4.16	9.49	12.01
南充市	0.10	0.20	0.21	0.15	0.17
宜宾市	0.52	0.19	0.49	0.53	0.70
广安市	0.04	0.03	0.02	0.05	0.01
达州市	0.01	0.02	0.05	0.03	—
巴中市	—	—	0.01	0.07	0.01
雅安市	0.05	0.06	0.10	—	0.17
眉山市	0.18	0.05	0.13	0.09	0.05
资阳市	0.07	0.05	0.01	0.10	0.13
阿坝州	12.43	13.10	10.01	33.59	32.65
甘孜州	0.36	0.67	1.83	4.90	5.82
凉山州	0.06	0.01	0.01	0.03	0.03

资料来源：《四川旅游统计便览》

二、入境旅游外汇收入

入境旅游外汇收入，其统计口径是入境旅游者总的人天数与人均天的消费值的乘积（当年外汇收入＝入境旅游者人天数×人均天花费）。入境旅游者人均天花费，1994 年以前采用旅游管理部门抽样调查的数据，1994 年起采用国家统计局城市社会经济调查总队（受国家旅游局委托）每年关于海外旅游者在华花费情况抽样调查公布的数据。

旅游外汇收入统计单位，1990 年以前为外汇券人民币。1986—1990 年全省旅游外汇收入详见表 5－13。

（一）全省入境旅游外汇收入

1986—1990 年四川省入境旅游外汇收入

表 5－13　　单位：万元外汇券人民币

年　份	外汇收入	比上年增减（%）
1986	6612	90.3
1987	8473	28.1
1988	11136	31.4
1989	10245	－8.0
1990	17259	68.5

资料来源：《四川旅游统计便览》

1991 年以后，旅游外汇收入的统计单位由外汇券人民币改为美元。1991—1996 年全省旅游外汇收入详见表 5－14。

1991—1996 年全省入境旅游外汇收入

表 5－14　　单位：万美元

年　份	外汇收入	比上年增减（%）
1991	4647	—
1992	6890	48. 30
1993	8225	19. 40
1994	9996	21. 50
1995	12532	25. 37
1996	16225	29. 47

说明：1995 年、1996 年的数据，含重庆市
资料来源：《中国旅游统计年鉴》

1997 年行政区划调整，四川旅游外汇收入 1995 年的基数为 5064 万美元，1997 年达到 7895 万美元，1999 年逼近 1 亿美元，2002 年突破 2 亿美元，2005 年达到 3. 15 亿美元。1995—2005 年全省入境旅游外汇收入详见表 5－15。

1995—2005 年四川省入境旅游外汇收入

表 5－15　　单位：万美元

年　份	外汇收入（万美元）	比上年增减（%）
1995	5064	—
1996	7022	38. 7
1997	7895	12. 4
1998	8367	6. 0
1999	9722	16. 2
2000	12187	25. 4
2001	16579	36. 0
2002	20015	20. 7
2003	14959	－25. 3
2004	28885	93. 1
2005	31595	9. 38

说明：1995 年、1996 年的数据，不含重庆市
资料来源：《中国旅游统计年鉴》

（二）成都市旅游外汇收入

成都市1990年旅游外汇收入1660万美元，2005年旅游外汇收入1.7亿美元，1990—2005年成都市旅游外汇收入见表5－16。

1990—2005年成都市旅游外汇收入

表5－16　　　　单位：万美元

年　份	旅游外汇收入（万美元）	比上年增减（%）
1990	1660	—
1991	2165	30.42
1992	3085	42.49
1993	3103	0.58
1994	3878	24.98
1995	4337	11.84
1996	5443	25.50
1997	6206	14.02
1998	6634	6.96
1999	6805	2.58
2000	11641	71.07
2001	11641	—
2002	14403	23.73
2003	10079	－30.02
2004	14039	77.71
2005	17391	23.88

资料来源：《中国旅游统计年鉴》

（三）重庆市旅游外汇收入（1990—1996年）

重庆市1990年旅游外汇收入1520万美元，1996年旅游外汇收入5102万美元。1990—1996年重庆市旅游外汇收入见表5－17。

1990—1996年重庆市入境旅游外汇收入

表5－17　　　　单位：万美元

年　份	旅游外汇收入（万美元）	比上年增减（%）
1990	1520	—
1991	2218	45.92
1992	3294	48.51

续表 5－17

年 份	旅游外汇收入（万美元）	比上年增减（%）
1993	3561	8.11
1994	3278	-7.95
1995	4859	48.23
1996	5102	5.00

资料来源：中国旅游统计年鉴

（四）省内各地旅游外汇收入

省内各地旅游外汇收入在全省旅游外汇收入中的比例，与各地入境旅游接待量在全省总接待量的比例大体一致。行政区划调整前，以成都市及重庆市为主。1997 年行政区划调整后，成都市每年旅游外汇收入占全省 50% 以上，此外旅游外汇收入较多的为阿坝州、乐山市、绵阳市。四川省内各地 1995—2005 年旅游外汇收入详见表 5－18 及表 5－19。

1995—2000 年四川省内各地旅游外汇收入

表 5－18　　单位：万美元

地 区	1995 年	1996 年	1997 年	1998 年	1999 年	2000 年
全 省	5064.51	7022.12	7895.12	8367.24	9721.84	12187.00
成都市	4337.21	5443.00	6206.02	6634.30	6805.90	11641.00
自贡市	71.86	101.81	59.88	48.51	55.54	49.50
攀枝花	110.96	132.28	44.40	50.66	43.24	14.50
泸州市	8.49	7.82	12.08	12.76	12.87	14.10
德阳市	55.62	29.63	28.19	74.81	33.39	53.40
绵阳市	24.86	58.21	65.64	183.50	365.65	639.10
广元市	4.40	5.19	11.58	6.89	5.35	5.50
遂宁市	—	4.92	2.04	0.62	2.48	7.00
内江市	15.20	72.43	99.65	89.51	61.77	17.80
乐山市	279.05	488.67	467.06	395.22	671.61	707.60
南充市	10.20	—	28.31	25.04	26.06	29.80
宜宾市	23.48	18.41	18.37	26.93	24.72	15.80
广安市	—	—	11.12	1.56	7.14	7.10
达州市	—	1.99	0.03	3.95	0.48	1.50
巴中市	—	—	0.40	0.66	3.48	1.80
雅安市	4.13	7.25	4.14	—	5.59	2.70
眉山市	—	—	6.19	4.31	15.92	26.80

续表 5－18

地　区	1995 年	1996 年	1997 年	1998 年	1999 年	2000 年
资阳市	—	—	—	13.02	27.78	19.10
阿坝州	47.26	408.37	828.55	770.63	1527.07	2514.00
甘孜州	17.41	14.76	4.01	6.33	12.38	21.30
凉山州	54.39	13.25	3.90	13.34	11.83	15.30

资料来源：《四川旅游统计便览》

2001—2005 年四川省内各地旅游外汇收入

表 5－19　　单位：万美元

地　区	2001 年	2002 年	2003 年	2004 年	2005 年
全　省	16579.2	20015.1	14958.9	28885.3	31595.3
成都市	11640.9	14403.2	10079.0	14038.7	17390.6
自贡市	42.5	44.6	65.0	192.2	63.4
攀枝花	49.9	130.5	91.2	38.3	48.4
泸州市	27.2	28.1	4.4	10.2	7.2
德阳市	81.1	81.9	107.2	109.0	151.6
绵阳市	756.4	828.2	769.6	1193.9	854.7
广元市	5.5	3.0	3.2	6.4	7.7
遂宁市	7.0	13.2	10.0	5.4	73.7
内江市	9.7	10.7	4.8	3.3	13.6
乐山市	830.6	1217.6	699.1	1810.6	2109.1
南充市	25.7	59.0	57.7	74.9	67.7
宜宾市	98.6	30.1	108.3	100.9	190.6
广安市	13.5	7.0	8.8	17.5	2.2
达州市	2.3	6.4	7.1	4.1	0.5
巴中市	2.7	0.2	2.4	3.2	1.6
雅安市	9.2	11.1	14.8	1.1	31.4
眉山市	35.6	7.6	42.6	38.7	20.6
资阳市	13.2	14.6	5.0	40.9	67.5
阿坝州	2856.5	3121.6	2368.3	9640.0	8774.7
甘孜州	57.0	105.9	508.6	1532.2	1709.6
凉山州	14.4	3.7	2.0	0.5	9.0

资料来源：《四川旅游统计便览》

三、入境旅游者在四川人均天花费及构成

（一）入境旅游者在四川的人均天花费

入境旅游者的每人每天的消费值（以下简称人均天花费），是衡量旅游外汇收入的一个主要指标。入境旅游者人均天花费及构成，1994年以前采用旅游管理部门抽样调查的数据，1994年起采用国家统计局城市社会经济调查总队（受国家旅游局委托）每年关于海外旅游者在华花费情况抽样调查公布的数据。

入境旅游者在四川的人均天花费，基本上高于全国平均水平，表明四川入境旅游业的经济效益在全国处于中等以上。同时，主要反映出四川旅游存在的旅程长，游程短（旅长游短）问题。1986—1996年入境旅游者在四川的人均天花费（与全国平均数比较）情况详见表5－20。

1986—1996年入境旅游者在全国及在四川人均天花费

表5－20　　单位：美元

年　份	全　国	四　川	年　份	全　国	四　川
1986	—	45.55	1992	—	93.82
1987	—	46.39	1993	—	126.71
1988	—	60.02	1994	125.00	128.49
1989	—	81.83	1995	141.10	141.90
1990	—	72.72	1996	131.16	145.36
1991	—	76.01			

说明：1995年、1996年的数据，含重庆市

资料来源：《海外旅游者抽样调查资料》《四川旅游统计便览》

1997年行政区划调整后，入境旅游者在四川的人均天花费继续高于全国平均水平，1997—2005年入境旅游者在全国及在四川人均天花费详见表5－21。

1997—2005年入境旅游者在全国及在四川人均天花费

表5－21　　单位：美元

年　份	全　国	四　川	年　份	全　国	四　川
1997	135	137	2002	140	165
1998	134	163	2003	140	165
1999	135	159	2004	157	168
2000	137	153	2005	154	166
2001	139	163			

资料来源：《四川旅游统计便览》

（二）人均天花费构成

旅游外汇收入构成分为两大类。一类是商品性收入，包括向入境旅游者销售商品和提供饮食所

得的外汇收入；一类是劳务性收入，即为入境旅游者提供劳务性服务所得的外汇收入，包括长途交通费、市内交通费、住宿费、旅行社业务费、邮政电信费及文娱费。

旅游外汇收入构成表明，旅游业是包括行、住、食、游、购、娱诸要素的综合性产业，表明旅游业与交通、通信、食宿、餐饮、商品、文化娱乐等产业的关联。从构成可以看出，长途交通一直占有最大比例（在长途交通中，航空占最大比例），购物、住宿和游览也占有较大比例。1986—1996年入境旅游者在四川人均花费及构成详见表5－22。

1986—1996年入境旅游者在四川人均天花费及构成

表5－22

年份	人均天花费（美元）	长途交通（%）					游览（%）	住宿（%）	餐饮（%）	娱乐（%）	购物（%）	邮电通信（%）	市内交通（%）	其他（%）
		小计	航空	铁路	公路	内河								
1986	46	36.4	26.1	1.7	2.6	6.0	13.4	16.1	6.7	0.17	24.2	1.4	1.6	—
1987	46	36.6	30.0	1.3	1.6	3.7	15.3	19.5	4.5	0.01	20.4	2.1	1.6	—
1988	60	31.5	25.7	1.6	1.0	3.2	16.3	16.7	4.1	0.09	28.3	2.0	1.0	—
1989	82	33.6	20.9	1.2	0.6	10.9	17.4	14.4	6.7	0.01	25.1	2.4	0.4	—
1990	73	46.4	30.1	1.9	1.1	13.3	13.4	13.8	6.1	0.02	18.4	1.4	0.5	—
1991	76	40.8	24.7	1.2	1.1	13.8	17.3	19.9	8.9	1.0	8.4	2.8	0.9	—
1992	94	43.3	28.1	1.2	1.3	12.7	17.9	17.7	6.3	1.0	7.3	3.6	1.0	1.9
1993	127	36.8					17.1	16.3	7.6	1.0	8.7	5.3	4.7	2.5
1994	128.5	23.6	16.9	0.2	2.6	3.9	5.3	30.7	12.6	0.7	12.3	5.2	1.8	7.8
1995	141.9	23.0	19.3	0.6	0.8	2.2	3.6	32.7	15.4	2.0	9.5	4.8	2.4	6.6
1996	145.4	39.1	28.8	2.5	1.4	6.4	2.7	15.4	10.1	2.7	15.7	4.7	2.1	7.5

资料来源：《海外旅游者抽样调查资料》《四川旅游统计便览》

1997年行政区划调整后，入境旅游花费构成中，长途交通仍占有旅游收入中的最大比例（在长途交通中，航空占最大比例），1997—2005年入境旅游者在四川人均天花费及构成详见表5－23。

1997—2005年入境旅游者在四川的人均天花费及构成

表5－23

年份	人均天花费（美元）	长途交通（%）					游览（%）	住宿（%）	餐饮（%）	娱乐（%）	购物（%）	邮电通信（%）	市内交通（%）	其他（%）
		小计	航空	铁路	公路	内河								
1997	136.7	38.4	14.8	2.1	2.4	19.1	2.9	15.7	7.3	4.0	15.6	4.9	1.0	10.2
1998	162.6	32.8	29.1	0.9	1.7	1.1	2.8	19.1	9.8	4.8	14.9	5.7	2.3	7.8
1999	159.6	36.4					5.4	18.1	9.2	4.0	13.0	2.7	3.8	7.4
2000	153.1	38.4	26.9	2.0	2.8	6.7	4.9	11.9	8.4	5.9	20.8	2.7	3.4	3.6

续表 5－23

年 份	人均天花费（美元）	长途交通（%）					游览（%）	住宿（%）	餐饮（%）	娱乐（%）	购物（%）	邮电通信（%）	市内交通（%）	其他（%）
		小计	航空	铁路	公路	内河								
2001	163.1	36.6	31.6	0.8	3.9	0.3	4.8	12.0	8.7	8.2	16.9	4.0	3.6	5.2
2002	165.5	36.6	27.7	1.6	7.0	0.3	3.7	10.9	8.8	6.1	22.9	5.0	1.3	4.7
2003	165.5	36.6	27.7	1.6	7.0	0.3	3.7	10.9	8.8	6.1	22.9	5.0	1.3	4.7
2004	167.5	34.3	25.1	1.8	7.2	0.2	4.3	12.0	4.4	6.1	25.6	3.6	1.5	8.2
2005	165.5	31.9	24.7	3.0	2.0	2.2	4.8	11.8	9.7	6.5	23.2	4.9	1.2	6.0

说明：2003 年因“非典”疫情影响，未进行抽样调查，采用 2002 年数据

资料来源：《海外旅游者抽样调查资料》《四川旅游统计便览》

四、四川入境旅游在全国的排名

国家旅游局每年公布各省市区接待入境旅游者人次、接待人天数及外汇收入的排名。行政区划调整前，四川接待入境旅游者人次在全国排位在第 10 位左右，接待人天数在第 11—13 位左右，外汇收入排名在第 11—13 位左右。行政区划调整后，1997 年四川的这 3 个数据在全国排名大幅掉后，均在第 20 位之后，以后排名情况逐步上升。

（一）四川入境旅游接待人次在全国排名

1991 年，四川入境旅游接待人次在全国排名第 10 位。

1992 年，四川入境旅游接待人次在全国排名第 9 位。

1993 年，四川入境旅游接待人次在全国排名第 10 位。

1994 年，四川入境旅游接待人次在全国排名第 10 位。

1995 年，四川入境旅游接待人次在全国排名第 11 位。

1996 年，四川入境旅游接待人次在全国排名第 10 位。

行政区划调整后，由于重庆市划出，四川入境旅游接待人次在全国排名大幅掉后，1997 年排名第 22 位，以后排名逐步上升，2005 年在全国排名第 11 位。

1997 年，四川入境旅游接待人次在全国排名第 22 位。

1998 年，四川入境旅游接待人次在全国排名第 19 位。

1999 年，四川入境旅游接待人次在全国排名第 15 位。

2000 年，四川入境旅游接待人次在全国排名第 14 位。

2001 年，四川入境旅游接待人次在全国排名第 14 位。

2002 年，四川入境旅游接待人次在全国排名第 14 位。

2003 年，四川入境旅游接待人次在全国排名第 14 位。

2004 年，四川入境旅游接待人次在全国排名第 11 位。

2005 年，四川入境旅游接待人次在全国排名第 11 位。

（二）四川入境旅游接待人天数在全国的排名

从 1993 年起，国家旅游局在全国各省市区对入境旅游接待人天数进行排名。四川排名情况如下：

1993 年，四川入境旅游接待人天数在全国排名第 12 位。

1994 年，四川入境旅游接待人天数在全国排名第 12 位。

1995 年，四川入境旅游接待人天数在全国排名第 11 位。

1996 年，四川入境旅游接待人天数在全国排名第 12 位。

行政区划调整后，由于重庆市划出，四川入境旅游接待人天数在全国排名大幅掉后，1997 年排名第 21 位，以后排名逐步上升，2005 年在全国排名第 15 位。

1997 年，四川入境旅游接待人天数在全国排名第 21 位。

1998 年，四川入境旅游接待人天数在全国排名第 21 位。

1999 年，四川入境旅游接待人天数在全国排名第 19 位。

2000 年，四川入境旅游接待人天数在全国排名第 21 位。

2001 年，四川入境旅游接待人天数在全国排名第 17 位。

2002 年，四川入境旅游接待人天数在全国排名第 18 位。

2003 年，四川入境旅游接待人天数在全国排名第 14 位。

2004 年，四川入境旅游接待人天数在全国排名第 14 位。

2005 年，四川入境旅游接待人天数在全国排名第 15 位。

（三）四川入境旅游外汇收入在全国的排名

1991 年，四川入境旅游外汇收入在全国排第 13 位。

1992 年，四川入境旅游外汇收入在全国排第 11 位。

1993 年，四川入境旅游外汇收入在全国排第 11 位。

1994 年，四川入境旅游外汇收入在全国排第 13 位。

1995 年，四川入境旅游外汇收入在全国排第 12 位。

1996 年，四川入境旅游外汇收入在全国排第 11 位。

行政区划调整后，由于重庆市划出，四川入境旅游外汇收入在全国排名大幅掉后，1997 年排名第 21 位，以后排名逐步上升，2005 年在全国排名第 16 位。

1997 年，四川入境旅游外汇收入在全国排第 21 位。

1998 年，四川入境旅游外汇收入在全国排第 21 位。

1999 年，四川入境旅游外汇收入在全国排第 21 位。

2000 年，四川入境旅游外汇收入在全国排第 20 位。

2001 年，四川入境旅游外汇收入在全国排第 16 位。

2002 年，四川入境旅游外汇收入在全国排第 17 位。

2003 年，四川入境旅游外汇收入在全国排第 14 位。

2004 年，四川入境旅游外汇收入在全国排第 14 位。

2005 年，四川入境旅游外汇收入在全国排第 16 位。

第二节　国内旅游业

国内旅游者，指中国大陆居民中，离开惯常居住地到国内其他地方从事游览、度假、参观、访友等活动，旅行距离超过10公里且在外停留6小时以上的人员，不包括在外地连续停留半年以上的人员、外出以谋求职业并获取报酬的人员、到各地巡视工作的部级以上领导、常驻外地办事处工作人员。

国内旅游数据，主要有每年接待人次、每人次花费值及国内旅游收入总数，数据来自通过抽样调查进行的测算。1993年以前，抽样调查由各省市区旅游部门组织实施。1994年起，抽样调查由国家旅游局委托国家统计局城市社会经济调查总队在各省市区组织实施，每年编印《中国国内旅游抽样调查资料》公布。1999年，国家旅游局制定《地方接待国内旅游者抽样调查实施方案》，每年按此方案进行统计测算。

一、国内旅游接待量

（一）全省国内旅游接待量

行政区划调整前，1986年全省接待国内旅游者2500万人次，以后接待量逐年增加，1992年超过3000万人次，1994年超过4000万人次，1996年超过5000万人次。1986—1996年四川省国内旅游接待量详见表5－24。

1986—1996年四川省国内旅游接待量

表5－24　　单位：万人次

年　份	接待量（万人次）	比上年增减（%）
1986	2500	11.5
1987	2700	8.0
1988	2700	—
1989	2114	－21.4
1990	2330	10.2
1991	2710	16.3
1992	3200	18.1
1993	3600	12.5
1994	4300	19.4
1995	4760	10.7
1996	5236	10.0

说明：1995年、1996年的数据，含重庆市
资料来源：《中国国内旅游抽样调查资料》《四川旅游统计便览》

行政区划调整后，1995年，四川全省接待国内旅游者的基数为3487万人次，1999年突破5000万人次，2001年突破6000万人次，2004年突破1亿人次，2005年达到1.32亿人次。1995—2005年四川省国内旅游接待量见表5－25。

1995—2005 年四川省国内旅游接待量

表 5－25　　单位：万人次

年　份	接待量（万人次）	比上年增减（%）
1995	3487	—
1996	3838	10. 1
1997	3955	3. 1
1998	4418	11. 7
1999	5020	13. 7
2000	5401	7. 6
2001	6335	17. 3
2002	7218	13. 9
2003	8403	16. 4
2004	11426	35. 9
2005	13164	15. 2

说明：1995 年、1996 年的数据，不含重庆市
资料来源：《中国国内旅游抽样调查资料》《四川旅游统计便览》

（二）省内各地国内旅游接待量

省内各地国内旅游接待量在全省接待总量所占比例，与各地入境旅游接待量在全省总量中所占比例大体一致。行政区划调整前，主要地区是成都市、重庆市。行政区划调整后，成都市国内旅游接待量占全省 50% 左右，此外国内旅游接待较多的为乐山市、绵阳市、阿坝州。1995—2005 年四川省内各地国内旅游接待量详见表 5－26 及表 5－27。

1995—2000 年四川省内各地国内旅游接待量（一）

表 5－26　　单位：万人次

地　区	1995 年	1996 年	1997 年	1998 年	1999 年	2000 年
全　省	3487	3836	3955	4418	5020	5401
成都市	1540	1714	1833	2255	2485	2385
自贡市	30	26	21	105	142	183
攀枝花	6	34	52	54	82	101
泸州市	143	74	91	102	127	149
德阳市	103	175	264	286	203	337
绵阳市	292	195	278	312	373	398
广元市	21	45	73	87	94	95
遂宁市	64	242	219	174	198	121
内江市	80	124	73	84	87	104

续表 5－26

地　区	1995 年	1996 年	1997 年	1998 年	1999 年	2000 年
乐山市	587	590	261	257	305	465
南充市	180	161	146	84	101	108
宜宾市	87	209	44	112	133	153
广安市	48	—	130	50	56	80
达州市	26	9	95	104	113	112
巴中市	69	23	52	36	64	73
雅安市	27	21	17	11	42	80
眉山市	—	—	98	47	47	125
资阳市	—	—	—	52	75	83
阿坝州	39	44	43	71	131	181
甘孜州	10	1	2	7	4	13
凉山州	135	151	163	128	158	55

资料来源：《四川旅游统计便览》

2001—2005 年四川省内各地国内旅游者接待量（二）

表 5－27　　单位：万人次

地　区	2001 年	2002 年	2003 年	2004 年	2005 年
全　省	6335	7218	8404	11425.60	13163.99
成都市	2580	2809	2844	3215.34	3619.63
自贡市	251	281	346	395.65	481.56
攀枝花	121	131	142	204.70	300.17
泸州市	166	220	349	626.05	705.42
德阳市	350	475	486	517.30	610.92
绵阳市	423	467	554	705.00	755.90
广元市	103	129	144	187.81	262.61
遂宁市	132	158	213	363.40	449.30
内江市	112	127	246	358.92	406.23
乐山市	515	550	611	1077.95	1198.55
南充市	176	222	325	398.50	472.20
宜宾市	195	253	316	412.00	477.30
广安市	123	156	248	544.11	550.20
达州市	168	195	269	472.00	524.00
巴中市	90	113	154	187.90	197.92

续表 5－27

地　区	2001 年	2002 年	2003 年	2004 年	2005 年
雅安市	130	145	150	205.00	296.00
眉山市	163	211	335	431.05	453.78
资阳市	94	108	185	254.30	306.80
阿坝州	230	271	313	516.93	631.87
甘孜州	67	31	71	179.86	225.37
凉山州	146	169	103	171.83	238.26

资料来源：《四川旅游统计便览》

二、国内旅游收入

国内旅游收入，其统计口径是每年接待国内旅游者人次与国内旅游者每人次旅游消费数的乘积，数据通过抽样调查测算。

（一）全省国内旅游收入

国内旅游保持快速发展势头，1986 年国内旅游收入 10 亿元，以后一直到 1996 年期间，除 1989 年比上年有所下降外，其余年份，基本上每年的增幅在两位数。1986—1996 年四川省国内旅游收入详见表 5－28。

1986—1996 年四川省国内旅游收入统计表

表 5－28　　单位：亿元人民币

年　份	旅 游 收 入	比上年增减（%）
1986	10	42.9
1987	11	10.0
1988	12	9.1
1989	11	－8.3
1990	14	27.3
1991	16	14.3
1992	19	18.8
1993	25	31.6
1994	30	20.0
1995	108	—
1996	125	15.7

说明：1. 1995 年因抽样调查口径有变化，与上年的数据无可比性

2. 1995 年、1996 年的数据，含重庆市

资料来源：《四川旅游统计便览》

因行政区划调整，1995 年四川全省国内旅游收入的基数为 79 亿元（不含重庆市），1997 年突破 100 亿元，1999 年突破 200 亿元，2001 年突破 300 亿元，2004 年突破 500 亿元，2005 年达到 696 亿元。1995—2005 年全省国内旅游收入见表 5－29。

1995—2005 年四川省国内旅游收入统计表

表 5－29 单位：亿元人民币

年　　份	旅 游 收 入	比上年增减（%）
1995	79. 00	—
1996	99. 00	25. 3
1997	106. 00	7. 1
1998	119. 00	12. 3
1999	214. 00	—
2000	248. 00	16. 0
2001	300. 00	21. 0
2002	363. 60	21. 1
2003	408. 40	12. 3
2004	542. 30	32. 8
2005	695. 67	28. 3

说明：1. 1999 年起，国内旅游收入抽样调查统计口径有变化，与上年数据无可比性

2. 1995 年、1996 年的数据，不含重庆市

资料来源：《四川旅游统计便览》

（二）省内各地国内旅游收入

省内各地国内旅游收入，在行政区划调整前，成都市及重庆市位居前列。行政区划调整后，成都市国内旅游收入占全省 50% 左右，此外国内旅游收入较多的为乐山市、绵阳市、阿坝州。1995—2005 年期间四川省内各地国内旅游收入详见表 5－30 及表 5－31。

1995—2000 年四川省内各地国内旅游收入统计表（一）

表 5－30 单位：亿元人民币

地　区	1995 年	1996 年	1997 年	1998 年	1999 年	2000 年
全　省	79. 12	98. 76	106. 50	119. 29	213. 92	248. 10
成都市	34. 94	51. 95	55. 54	72. 40	124. 40	142. 23
自贡市	0. 68	0. 66	0. 57	2. 83	4. 20	8. 10
攀枝花	0. 13	0. 35	0. 98	1. 46	4. 37	1. 60
泸州市	3. 24	1. 91	2. 36	2. 65	4. 75	7. 90
德阳市	2. 34	2. 33	4. 76	3. 85	11. 90	12. 50

续表 5－30

地　区	1995 年	1996 年	1997 年	1998 年	1999 年	2000 年
绵阳市	6.62	2.73	6.39	4.86	15.59	22.20
广元市	0.48	0.55	1.14	1.37	3.62	3.40
遂宁市	1.45	6.80	5.87	2.92	3.94	3.20
内江市	1.81	1.95	1.14	0.91	1.86	1.50
乐山市	13.32	16.58	10.68	7.18	13.31	21.10
南充市	4.09	1.16	1.74	1.33	2.66	3.40
宜宾市	1.98	2.52	0.79	2.55	4.76	5.90
广安市	1.08	—	1.15	0.62	1.04	2.70
达州市	0.59	0.37	1.47	1.13	2.37	2.90
巴中市	1.56	0.12	0.23	0.45	1.26	2.70
雅安市	0.62	0.82	0.67	0.43	0.90	1.60
眉山市	—	—	2.78	1.34	1.47	4.20
资阳市	—	—	2.78	1.34	1.47	4.20
阿坝州	0.89	4.45	4.45	6.87	7.20	9.60
甘孜州	0.23	0.06	0.07	0.30	0.18	0.30
凉山州	3.07	3.45	3.72	3.46	4.77	3.60

资料来源：《四川旅游统计便览》

2001—2005 年四川省内各地国内旅游收入统计表（二）

表 5－31　　单位：亿元人民币

地　区	2001 年	2002 年	2003 年	2004 年	2005 年
全　省	300	364	408	542.26	695.67
成都市	142	174	174	216.78	272.46
自贡市	11	13	17	18.50	23.48
攀枝花	2	3	5	7.52	10.41
泸州市	9	11	12	16.11	20.24
德阳市	15	18	20	24.14	29.17
绵阳市	21	25	28	35.05	44.36
广元市	4	5	7	10.07	14.11
遂宁市	3	3	5	12.30	16.28
内江市	3	3	10	11.80	14.53
乐山市	26	31	35	45.14	59.14

续表 5－31

地　区	2001 年	2002 年	2003 年	2004 年	2005 年
南充市	6	7	11	13.10	18.53
宜宾市	9	11	15	20.45	25.20
广安市	3	5	10	17.08	21.09
达州市	4	5	6	9.30	13.90
巴中市	1	2	3	3.80	4.50
雅安市	3	6	5	6.90	12.28
眉山市	5	6	8	11.37	14.19
资阳市	6	8	10	11.58	14.65
阿坝州	10	13	19	31.39	40.69
甘孜州	4	2	5	11.65	14.31
凉山州	12	13	5	8.23	11.71

资料来源：《四川旅游统计便览》

三、国内旅游者在四川人次花费及构成

国内旅游收入构成同样表明旅游产业的综合性及与相关产业的密切关联性，其构成的部分与入境旅游业相同，但构成的比例有差别，国内旅游收入构成中住宿及餐饮分别占有较大比例，有些年份甚至超过长途交通比例，购物也占有一定比例。说明国内旅游者与入境旅游者不同的消费特点。

国内旅游者在四川省的人次花费及消费构成，1994 年起，每年采用由国家旅游局委托国家统计局城市社会经济调查总队对全国各地国内旅游情况进行抽样调查的数据。1994—2005 年国内旅游者在四川人次花费及收入构成见表 5－32。

1994—2005 年国内旅游者在四川人次花费及构成统计表

表 5－32

年　份	人次花费（元）	长途交通（%）	游览（%）	住宿（%）	餐饮（%）	娱乐（%）	购物（%）	邮电通信（%）	市内交通（%）	其他（%）
1994	424	31.6	5.8	15.2	18.6	3.0	16.6	1.0	3.2	5.0
1995	447	26.6	5.9	17.7	18.4	2.8	17.4	0.7	3.3	7.2
1996	473	32.8	4.9	16.0	18.4	1.8	16.5	0.7	3.0	5.9
1997	501	31.8	5.0	13.4	15.8	1.5	17.1	0.6	2.9	11.9
1998	429	30.4	5.4	15.8	16.8	1.8	16.4	0.5	3.0	9.9
1999	426	13.2	9.5	24.7	18.9	8.5	14.7	1.6	2.3	6.6
2000	459	18.2	9.6	27.8	16.3	6.3	16.8	1.5	2.2	1.3
2001	474	19.0	8.6	25.8	17.4	6.1	14.4	1.6	2.8	4.3

续表 5－32

年　份	人次花费（元）	长途交通（%）	游览（%）	住宿（%）	餐饮（%）	娱乐（%）	购物（%）	邮电通信（%）	市内交通（%）	其他（%）
2002	503	19.8	8.7	25.2	15.9	5.9	16.2	其他 8.3		
2003	486	18.9	9.2	24.3	16.9	6.2	14.8	9.7		
2004	475	19.7	9.0	23.0	16.2	6.4	17.2	8.5		
2005	528	19.0	10.0	21.4	14.9	5.8	19.5	9.4		

资料来源：《中国国内旅游抽样调查资料》《四川旅游统计便览》

第三节　旅游总收入

1991 年起将“旅游总收入”列入统计指标，其统计口径是将每年的入境旅游的外汇收入美元按当年汇率换算为人民币，再与国内旅游收入相加之和为当年的旅游总收入，统计单位为人民币。旅游总收入数据，直接表达旅游产业经济的总体规模。

一、全省旅游总收入

1991—1994 年四川省旅游总收入数据见表 5－33。

1991—1994 年四川省旅游总收入数据统计表

表 5－33　　单位：亿元人民币

年　份	数　　量	比上年增减（%）
1991	19.90	—
1992	24.70	24.12
1993	31.80	28.74
1994	38.30	20.44

资料来源：《四川旅游统计便览》

因行政区划调整，1995 年，四川全省旅游总收入的基数为 83 亿元，1996 年突破 100 亿元，1999 年突破 200 亿元，2001 年突破 300 亿元，2004 年突破 500 亿元，2005 年达到 721 亿元。

每年全省旅游总收入与当年全省 GDP 总量的关系，准确的概念是旅游总收入“相当于”全省 GDP 总量的百分比，即将每年全省旅游总收入数据与当年全省 GDP 总量进行百分比值测算并公布。由于旅游总收入数据基本上是抽样调查测算，旅游总收入中包含有相关产业的数据并且由相关产业进行统计，因此采用“每年全省旅游总收入相当于当年全省 GDP 总量的百分比”数据。

1995 年，旅游业总收入相当于全省 GDP 的 3.3%，以后逐年提高，1999 年，旅游业总收入相当于全省 GDP 的 6.1%，2001 年相当于 7.1%，2005 年相当于 9.8%。1995—2005 年全省旅游总收入及其相当于当年全省 GDP 总量的百分比详见表 5－34。

1995—2005 年四川省旅游总收入数据统计表

表 5－34　　单位：亿元人民币

年　份	数　量	比上年增减（%）	相当于当年全省 GDP
1995	83.00	—	3.3
1996	106.00	27.71	3.7
1997	113.00	6.60	3.5
1998	126.00	11.50	3.6
1999	222.00	76.19	6.1
2000	258.10	16.26	6.4
2001	314.00	21.65	7.1
2002	380.20	21.08	7.8
2003	420.80	10.68	7.7
2004	566.23	34.56	8.6
2005	721.26	27.38	9.8

说明：1995 年、1996 年的数据，不含重庆市
资料来源：《四川旅游统计便览》

二、省内各地旅游总收入

1997—2000 年四川省内各地旅游总收入数据，见表 5－35。

1997—2000 年四川省内各地旅游总收入数据统计表

表 5－35　　单位：亿元

地　区	1997 年	1998 年	1999 年	2000 年
全　省	112.6	125.9	222.1	258.1
成都市	60.2	77.9	127.8	134.1
自贡市	0.7	2.9	4.2	8.1
攀枝花	1.1	1.5	4.4	1.6
泸州市	2.4	2.7	4.8	7.9
德阳市	4.8	3.9	11.9	12.6
绵阳市	6.4	4.8	15.9	22.8
广元市	1.1	1.4	3.6	3.4
遂宁市	5.9	2.9	3.9	3.2
内江市	1.2	1.0	1.9	1.5
乐山市	11.1	7.5	13.9	21.8
南充市	1.8	1.4	2.7	3.4

续表 5－35

地　区	1997 年	1998 年	1999 年	2000 年
宜宾市	0.8	2.6	4.8	6.0
广安市	1.2	0.6	1.0	2.7
达州市	1.5	1.1	2.4	2.9
巴中市	0.2	0.5	1.3	2.7
雅安市	0.7	0.4	0.9	1.6
眉山市	2.8	1.3	1.5	4.2
资阳市	—	0.6	1.6	5.3
阿坝州	4.8	7.5	8.5	12.0
甘孜州	0.1	0.3	0.2	0.3
凉山州	3.7	3.5	4.8	3.6

资料来源：《四川旅游统计便览》

2001—2005 年四川省内各地旅游总收入数据详见表 5－36。

2001—2005 年四川省内各地旅游总收入数据统计表

表 5－36　　单位：亿元

地　区	2001 年	2002 年	2003 年	2004 年	2005 年
全　省	314.0	380.2	420.8	566.2	721.2
成都市	151.9	185.7	182.5	228.4	286.8
自贡市	11.4	12.8	16.8	18.7	23.5
攀枝花	2.4	3.2	4.7	7.6	10.5
泸州市	9.1	10.9	12.2	16.1	20.4
德阳市	15.4	17.7	19.8	24.2	29.3
绵阳市	21.5	25.6	28.3	36.0	45.1
广元市	4.0	5.4	6.8	10.1	14.1
遂宁市	3.3	3.5	5.0	12.3	16.3
内江市	2.5	3.1	9.9	11.8	14.5
乐山市	26.4	31.9	35.6	46.6	61.0
南充市	5.7	7.3	10.8	13.2	18.6
宜宾市	9.1	11.2	15.2	20.5	25.4
广安市	3.3	5.1	10.2	17.1	21.1
达州市	4.2	5.1	6.3	9.3	13.9
巴中市	1.2	1.9	2.6	3.8	4.1

续表 5－36

地区	2001 年	2002 年	2003 年	2004 年	2005 年
雅安市	3.2	5.6	5.1	6.9	12.3
眉山市	4.7	5.7	7.9	11.4	14.2
资阳市	6.2	7.5	10.1	11.6	14.8
阿坝州	12.7	15.9	21.0	39.4	47.8
甘孜州	3.7	2.3	4.9	12.9	15.7
凉山州	12.1	12.9	5.3	8.2	11.7

资料来源：《四川旅游统计便览》

第四节 黄金周旅游市场

2000 年“十一”起，国家实行黄金周休假制度。每年“五一”“十一”及春节 3 个黄金周对旅游业产生很大的推动和影响，从 2001 年春节起，国家旅游局及地方旅游局对黄金周旅游接待数据进行统计并公布。2001—2005 年四川省黄金周旅游情况详见表 5－37。

2001—2005 年四川省黄金周旅游情况

表 5－37

年份		接待量（万人次）	同比（%）	其中：过夜旅游者（万人次）	同比（%）	一日游游客（万人次）	同比（%）	旅游收入（亿元）	同比（%）
2001	春节	537.75	—	118.22	—	419.53	—	8.93	—
	五一	726.90	—	212.30	—	514.62	—	13.92	—
	十一	580.68	18.9	163.58	11.9	417.10	22.0	13.10	16.0
2002	春节	644.18	19.8	137.92	21.4	506.26	78.6	10.88	21.8
	五一	778.97	7.2	235.34	22.6	543.74	10.7	16.13	19.7
	十一	683.41	17.7	199.78	22.1	483.63	16.0	16.47	25.8
2003	春节	793.94	23.2	191.43	38.8	602.51	19.0	13.18	21.2
	五一	（注：受“非典”病疫情影响，未进行统计）							
	十一	863.34	26.3	278.60	39.5	584.49	20.9	21.93	33.1
2004	春节	965.81	21.6	267.48	39.7	698.33	15.9	20.57	56.1
	五一	1122.56	44.1	358.86	52.5	763.72	40.5	28.67	77.7
	十一	1103.84	27.9	347.09	24.6	756.74	29.4	29.51	34.6
2005	春节	1078.58	11.7	300.20	12.2	778.38	11.5	24.32	18.2
	五一	1307.56	16.5	428.84	19.5	878.72	15.1	34.38	19.9
	十一	1225.71	11.0	422.43	21.7	803.28	6.2	36.73	24.5

说明：2004 年“五一”栏的“同比”数据，是与 2002 年“五一”栏的比较数据
资料来源：《四川旅游统计便览》

第二章 旅游企业

旅游企业，是指列入旅游管理部门统计范围、从事旅游业务，为旅游者提供行（交通）、住（住宿）、食（餐饮）、游（游览）、购（购物）、娱（娱乐）等相关旅游服务的企业法人。旅游企业主要类别有旅行社、旅游饭店、旅游车船公司、旅游景区（点）（从2000年起，旅游部门将部分旅游景区列为旅游企业进行统计），以及从事旅游餐饮、旅游商品、旅游娱乐和其他旅游业务的企业。旅游企业的规模及经济指标，是旅游业产业发展的重要内容。

1986年，四川列入统计范围的旅游企业有96家，直接从业人员8756人，营业收入3782万元，利润总额1903万元。2005年，列入统计范围的旅游企业有1659家，直接从业人员145635人，固定资产328.5亿元，营业收入120亿元，利润总额4.33亿元。

第一节 旅游企业规模

一、全省旅游企业规模

1989年，四川列入统计的四川旅游企业有200家，从业人员16995人。这些企业拥有载客汽车734辆，座位6454座；游轮86艘，座位6246座。1996年，列入统计的旅游企业有451家，从业人员4万多人，拥有载客汽车934辆，座位15521座；游轮19艘，座位1000多座。1989—1996年四川省旅游企业规模见表5－38。

1989—1996年四川省旅游企业规模统计表

表5－38

年 份	企业（家）	从业人员（人）	载客汽车		游 轮	
			总计（辆）	总座位（座）	总计（艘）	总座位（座）
1989	200	16995	734	6454	86	6246
1990	189	39207	856	8025	95	6783
1991	211	39102	976	10756	117	7158
1992	277	38815	1493	18267	126	8169
1993	287	32882	1568	20950	265	7144
1994	506	38135	1217	23297	124	6246

续表 5－38

年 份	企业（家）	从业人员（人）	载客汽车		游 轮	
			总计（辆）	总座位（座）	总计（艘）	总座位（座）
1995	351	44819	959	15519	487	30695
1996	451	40298	934	15521	19	1124

说明：1995 年、1996 年的数据，含重庆市
资料来源：《中国旅游统计年鉴》

1997 年行政区划调整后，1997 年四川列入统计的四川旅游企业有 342 家，从业人员 39710 人。这些企业拥有载客汽车 568 辆，座位 7840 座；游轮 57 艘，座位 742 座。2005 年，列入统计的旅游企业有 1659 家，从业人员 145635 人。从 2000 年起，不再对旅游企业的载客汽车和游轮进行统计。1997—2005 年全省旅游企业规模见表 5－39。

1997—2005 年四川省旅游企业规模统计表

表 5－39

年 份	企业（家）	从业人员（人）	载客汽车		游 轮	
			总计（辆）	总座位（座）	总计（艘）	总座位（座）
1997	342	39710	568	7840	57	742
1998	540	95997	780	12912	91	920
1999	578	41906	659	27006	73	373
2000	1212	59632	未统计			
2001	1119	66399	未统计			
2002	1277	69647	未统计			
2003	1474	114649	未统计			
2004	1590	128536	未统计			
2005	1659	145635	未统计			

说明：2000 年以后，不再对旅游企业拥有的载客汽车和游轮进行统计
资料来源：《中国旅游统计年鉴》

二、成都市旅游企业规模

1992 年，成都市列入统计范围的旅游企业有 57 家，1994 年统计的旅游企业超过 100 家，1999 年超过 200 家，2000 年超过 300 家，2003 年超过 400 家，2005 年有 435 家。1992—2005 年成都市旅游企业规模详见表 5－40。

1992—2005 年成都市旅游企业规模统计表

表 5－40

年　份	企业（家）	从业人员（人）	载客汽车		游　　轮	
			总计（辆）	总座位（座）	总计（艘）	总座位（座）
1992	57	7169	489	7369	0	0
1993	74	12976	533	7393	2	150
1994	142	16159	540	10748	0	0
1995	122	15902	441	5712	0	0
1996	119	17228	238	3762	0	0
1997	124	20496	255	3608	0	0
1998	189	23175	285	4999	10	102
1999	201	20018	327	6800	0	0
2000	316	24338	未统计			
2001	314	28502	未统计			
2002	376	24477	未统计			
2003	401	44883	未统计			
2004	421	54326	未统计			
2005	435	53815	未统计			

说明：1. 1992 年以前，成都市旅游企业规模未作单独统计
　　2. 2000 年以后，不再对旅游企业拥有的载客汽车及游轮进行统计
资料来源：《中国旅游统计年鉴》

三、重庆市旅游企业规模

1992 年重庆市列入统计范围的旅游企业有 36 家，1996 年有 104 家。重庆市旅游企业规模见表 5－41。

1992—1996 年重庆市旅游企业规模统计表

表 5－41

年　份	企业（家）	从业人员（人）	载客汽车		游　　轮	
			总计（辆）	总座位（座）	总计（艘）	总座位（座）
1992	36	7160	201	3747	23	3569
1993	37	7453	204	3862	73	3058
1994	114	6706	144	3040	5	648
1995	90	9811	189	3039	5	748
1996	104	12379	357	6140	1	80

说明：1992 年以前，重庆市旅游企业规模未作单独统计
资料来源：《中国旅游统计年鉴》

第二节　旅游企业经济指标

一、全省旅游企业经济指标

1986年，四川列入统计范围的旅游企业96家，营业收入6308万元，利润总额1903万元。1996年，列入统计的旅游企业有451家，固定资产5亿多元，营业收入249844万元，利润总额6302万元。1986—1996年四川省旅游企业经济数据详见表5－42。

1986—1996年四川省旅游企业经济指标统计表

表5－42

年　份	企业（家）	固定资产（万元）	营业收入（万元）	利润总额（万元）	税金（万元）	利润率（%）	全员劳动率（万元/人）	人均利润（万元/人）
1986	96	—	6308	1903	—	—	—	—
1987	105	—	8577	2671	—	—	—	—
1988	187	—	13462	3487	—	21.40	—	—
1989	200	123837	13385	1938	—	14.20	—	—
1990	189	114935	12229	1728	—	—	—	—
1991	211	96144	21214	3261	—	17.00	—	—
1992	277	177190	104730	24458	3363	23.35	10.77	0.92
1993	287	274911	158282	25275	5906	15.97	4.81	0.77
1994	506	279178	159055	19428	7067	12.21	4.17	0.51
1995	351	456547	217390	10110	9981	4.65	4.85	0.23
1996	451	504299	249844	6302	9830	2.52	6.20	0.16

说明：1995年、1996年的数据，含重庆市

资料来源：《中国旅游统计年鉴》

行政区划调整后，1997年，四川旅游企业列入统计的有342家，固定资产844451万元，营业收入174363万元，亏损4875万元，上缴税金7983万元。2005年，列入统计的四川旅游企业有1659家，固定资产329亿元，营业收入120亿元以上，利润总额4.3亿多元，上交税金4.5亿多元。这9年期间有4年出现亏损，主要原因是1997年亚洲金融风暴的影响。1997—2005年四川省旅游企业经济指标见表5－43。

1997—2005 年四川省旅游企业综合经济指标统计表

表 5－43

年 份	企业（家）	固定资产（万元）	营业收入（万元）	利润总额（万元）	税金（万元）	利润率（%）	全员劳动率（万元/人）	人均利润（万元/人）
1997	342	844451	174363	－4875	7983	－2.80	4.39	－0.12
1998	540	731759	212830	－17973	9828	－8.44	2.22	－0.19
1999	578	611645	212705	－11473	8543	－5.38	5.51	－0.30
2000	1212	923792	399770	－1951	13745	－0.49	6.70	－0.03
2001	1119	1040322	393991	2998	14813	0.76	5.93	0.05
2002	1277	1162948	528523	70377	17103	13.32	7.59	1.01
2003	1474	1828497	632561	18274	24832	2.89	5.52	0.16
2004	1590	2663429	1036116	33326	38221	3.22	8.06	0.26
2005	1659	3285601	1204983	43295	45489	3.59	8.27	0.30

资料来源：《中国旅游统计年鉴》

二、成都市旅游企业经济指标

1992 年，成都市列入统计范围的旅游企业 57 家，固定资产 4.2 万元。营业收入 2.2 万元，利润总额 1690 万元，税金 621 万元。2005 年，旅游企业有 435 家，固定资产 151.6 亿元，营业收入 54 亿元，利润总额 1325 万元，税金 1.5 亿元。1992—2005 年成都市旅游企业经济指标详见表 5－44。

1992—2005 年成都市旅游企业综合经济指标统计表

表 5－44

年 份	企业（家）	固定资产（万元）	营业收入（万元）	利润总额（万元）	税金（万元）	利润率（%）	全员劳动率（万元/人）	人均利润（万元/人）
1992	57	42109	21517	1690	621	7.83	3.10	0.24
1993	74	69528	69187	13095	2322	18.93	5.43	1.03
1994	142	136481	72620	8339	3237	11.48	4.49	0.52
1995	122	172254	73502	6584	3378	8.96	4.62	0.41
1996	119	291382	103670	5310	4067	5.12	6.02	0.31
1997	124	688167	105591	3611	4435	3.42	5.15	0.18
1998	189	479423	120724	－7225	5257	－5.98	5.21	－0.31
1999	201	367659	135957	－4877	5112	－3.59	6.79	－0.24
2000	316	542864	222475	－549.94	6522	－0.25	9.14	－0.02
2001	314	562192	214283	—	6362	—	7.52	0.31
2002	376	574214	249551	—	6560	—	10.20	0.32

续表 5－44

年　份	企业（家）	固定资产（万元）	营业收入（万元）	利润总额（万元）	税金（万元）	利润率（%）	全员劳动率（万元/人）	人均利润（万元/人）
2003	401	854648	319853	－2533	9725	－0.79	7.13	－0.06
2004	421	1194594	476108	－5942	15765	－1.25	8.76	－0.11
2005	435	1516310	540897	1325	15021	0.25	10.05	0.02

说明：1992 年以前，成都市旅游企业规模未作单独统计
资料来源：《中国旅游统计年鉴》

三、重庆市旅游企业经济指标

1992 年，重庆市列入统计范围的旅游企业 33 家，固定资产 4.36 亿元，营业收入 3 亿多元，利润总额 3124 万元，税金 1151 万元。1996 年，旅游企业 104 家，固定资产 7.87 亿元，营业收入 8.5 亿元，利润总额 1778 万元，税金 2692 万元。1992—1996 年重庆市旅游企业经济指标见表 5－45。

1992—1996 年重庆市旅游企业综合经济指标统计表

表 5－45

年　份	企业（家）	固定资产（万元）	营业收入（万元）	利润总额（万元）	税金（万元）	利润率（%）	全员劳动率（万元/人）	人均利润（万元/人）
1992	33	43578	30881	3124	1151	11.35	3.88	0.44
1993	34	128125	44082	3663	1532	8.31	5.96	0.50
1994	114	46837	40704	7864	2049	19.32	6.07	1.17
1995	90	105270	74429	1631	3660	2.19	7.59	0.17
1996	104	78731	85103	1778	2692	2.09	9.59	0.20

说明：1992 年以前，重庆市旅游企业规模未作单独统计
资料来源：《中国旅游统计年鉴》

第三章　旅行社行业

旅行社，指从事招徕、组织、接待旅游者等活动，为旅游者提供相关旅游服务，开展国内旅游业务、入境旅游业务或者出境旅游业务的企业法人。

1997 年以前，旅行社分为三个类别，其中一类旅行社享有对境外的外联组团权，同时经营入境旅游接待业务；二类旅行社可经营入境旅游接待业务，但不享有对境外的外联组团权；三类旅行社经营国内旅游业务。1997 年，旅行社体制实行类别转变，重新审核旅行社资格，分为国际旅行社和国内旅行社两个类别。原一类旅行社、二类旅行社，符合国际旅行社设立条件的，经审核批准转为国际旅行社；原三类旅行社，符合国内旅行社设立条件的，经审核批准转为国内旅行社，部分国际旅行社经批准可以经营中国公民出境旅游业务。

第一节　旅行社行业体制

一、旅行社体制

旅行社 1997 年以前都是国有企业或集体所有制企业，对其他资本不开放。1985 年国务院公布的《旅行社管理条例》规定，成立经营国际旅游业务的一、二类旅行社，必须是全民所有制企业，即国有企业；成立经营国内旅游业务的三类旅行社，必须是全民所有制或集体所有制企业。四川 1995 年以前成立的旅行社，经营国际旅游业务的全部是全民所有制企业；国内旅行社大多数是全民所有制企业，有少量的集体所有制企业。据国家旅游局统计，1992 年全国旅行社，全民所有制占 88.85%，集体所有制占 11.09%，其他经济成分占 0.06%。四川省 1992 年共有旅行社 138 家，其中，全民所有制 130 家，占 94.2%，其余 8 家为集体所有制，占 5.8%。

20 世纪 90 年代中期，旅行社体制有所变化，主要表现在投资主体的逐渐多元化，通过旅行社内部转制、承包经营、挂靠经营等方式，逐步将旅行社的实际所有权和经营权转到个体经营者。各种投资主体，采用收购、兼并、控股等市场资本运营方式，避开政府审批环节逐步取得旅行社经营权。

1992 年，成都部分旅行社开始进行改革试点，成都海外旅游公司进行 3 项制度改革，划小内部核算单位。成都光大旅游公司、成都联运旅行社等调整内部结构，实行承包经营责任制。

1998 年 5 月，全国首家私人旅行社在广东韶关成立。该旅行社由业主以社会自然人公开竞标形式获得国内旅行社经营权。自此之后，包括四川在内的全国各地逐步有了个体经营的旅行社。

1999 年，成都联运旅行社、成都市中国青年旅行社等旅行社开始进行股份制改革，成都海外旅游公司、成都康辉国际旅行社、成都光大国际旅行社、成都和平国际旅行社等先后进行股份制改革。

同时，有的国际旅行社通过承包经营等方式，将实际所有权转让给个体经营者，也有个体经营的国内旅行社，经批准转为国际旅行社。旅行社出现多种经营体制：国有企业、股份制有限企业、股份合作企业、合伙经营企业、个体经营企业等。

1998年以前，国家禁止外资进入中国的旅行社业，当年，国务院同意对外资投入旅行社采取有限度的开放政策，先行试点，试办中外合资旅行社，1998年，国家旅游局与对外经济贸易部联合发布《中外合资旅行社试点暂行办法》，允许成立中外合资旅行社，由已有的中方旅行社和外方旅行社合资组成。为适应中国加入世界贸易组织的需要，2001年，放宽对外资投入旅行社的限制。至2005年，四川尚无中外合资旅行社。

二、旅行社体制改革

旅行社在旅游产业中发挥的龙头和纽带作用，旅行社将旅游业行、住、食、游、购、娱诸要素串接起来形成产业体系。在旅游业发展初期，旅行社的组团旅游是最主要的旅游形式，随着旅游市场的逐步发展和逐步成熟，自助游等旅游形式逐步发展起来并占有的比重逐步加大，但旅行社的组团旅游始终是主要旅游方式之一，并始终占有相当的比例。旅行社的发展及经营状况及服务质量，一直是政府及旅游管理部门关注的重点。

四川的旅行社规模小、经营分散、竞争实力较弱、效益和质量较差。21世纪初，一批旅行社通过改制，扩大了资本规模和实力。2002年，省旅游局决定，允许省内部分有实力的旅行社，在旅行社注册地以外的地方设立分社，为此制定了管理办法，包括旅行社异地设立分社的条件、申办程序。同时，允许省外实力强的旅行社到四川设立分社，广东省“广之旅”旅行社获准到四川经营。这两项措施，在全国属先例。

2002年，省政府办公厅出台《关于加快旅行社改革和发展的意见》，提出旅行社改革的基本思路是，全面改制，主动开放，整合资源，培育重点，扶持引导，鼓励旅行社向规模化、集团化、网络化方向发展。主要措施有以下4个方面。（1）坚持以产权制度改革为突破口，改革国有旅行社的产权制度，明确投资主体，改制与资产重组相结合，努力推进产权主体多元化，建立合理的产权结构。改制形式在有限责任公司、股份有限公司、股份合作制、合伙制等多种形式中选择，重点推行公司制形式。鼓励有条件的旅行社组建股份有限公司和建立母子公司体制的企业集团。（2）坚持政企分开，政府对旅行社主要做好改革与发展的总体规划，破除影响旅行社发展的体制性障碍，创造有序竞争的市场环境。各级政府行使国有资产所有者职能，应通过企业股东会和董事会依法参与决策。（3）坚持改制与转换经营机制紧密结合，在改制的基础上建立现代企业制度，健全法人治理结构，转换经营机制，加大劳动、人事、分配制度改革力度。（4）坚持改制与开放紧密结合，鼓励境外、省外有实力的旅行社到四川省合资经营旅行社，省外的允许控股及设立独资机构或分社，境外的经批准可以控股。鼓励省内外有实力的大企业采取多种方式进入旅行社业。

截至2005年，全省旅行社的产权制度改革基本形成多元化的产权主体，多数旅行社改制为有限责任公司或股份有限公司。旅行社更多以设立门市部的形式招徕游客，各类旅行社门市部遍布城市各处，在更方便旅游者报名参团旅游的同时，一些旅行社门市部违规经营，出现较多投诉。部分有实力的旅行社经批准后，在注册地以外设立的分社共有80余处。但在旅行社做大做强方面，未形成规模较大的旅行社集团。

第二节 旅行社行业规模

20世纪80年代以前，中国旅行社先后有三大系统。中国国际旅行社系统承担接待外国旅游者业务，中国旅行社系统承担接待华侨和港澳台同胞业务，中国青年旅行社系统承担青年组织系统的入境旅游接待业务。其中，中国国际旅行社系统规模最大，中国国际旅行社总社设在北京，在各省市区和特大城市的分支机构名称为分社（以城市名称命名，如四川省的分支机构叫中国国际旅行社成都分社），市地以下名称为支社。1978年，全省的旅行社只有中国国际旅行社成都分社和中国国际旅行社重庆分社，这两家二类旅行社同时以四川省中国旅行社和重庆市中国旅行社的名义从事入境旅游接待业务。随着旅游业发展，这种格局被打破，在这三大系统之外，各类旅行社逐步成立起来。

一、全省旅行社规模

（一）总体规模及类别

1986年，全省有各类旅行社82家，从业人员3989人，其中，一类旅行社阙如，二类旅行社9家，三类旅行社73家。到1996年，有各类旅行社260家，从业人员3765人，其中，一类旅行社6家，二类旅行社17家，三类旅行社237家。1986—1996年四川省旅行社总体规模及分类情况详见表5－46。

1986—1996年四川省旅行社总体规模及分类统计表

表5－46

年份	旅行社（家）	从业人员（人）	其中		
			一类社（家）	二类社（家）	三类社（家）
1986	82	3989	无	9	73
1987	97	4545	无	18	79
1988	98	4627	2	24	72
1989	103	4863	3	26	74
1990	89	4345	3	26	60
1991	89	4767	3	23	63
1992	138	5452	4	24	110
1993	138	6238	4	23	111
1994	338	4332	4	21	313
1995	153	5497	8	24	121
1996	260	3765	6	17	237

说明：1995年、1996年的数据，含重庆市
资料来源：《中国旅游统计年鉴》

1997年，旅行社实施类别转变，同年四川行政区划调整，当年全省有旅行社160家，其中，国际旅行社17家，国内旅行社143家，总计从业人员2019人。到2005年，全省有旅行社550家，其

中，国际旅行社54家，国内旅行社496家，总计从业人员8939人。1997—2005年四川省旅行社总体规模及类别见表5-47。

1997—2005年四川省旅行社总体规模及分类统计表

表5-47

年份	旅行社（家）	从业人员（人）	其中	
			国际旅行社（家）	国内旅行社（家）
1997	160	2019	17	143
1998	273	2312	35	238
1999	329	2549	38	291
2000	384	7335	41	343
2001	417	9481	46	371
2002	469	9036	49	420
2003	498	9765	50	448
2004	564	10126	50	514
2005	550	8939	54	496

资料来源：《中国旅游统计年鉴》

（二）拥有交通工具规模

旅行社的交通工具，主要指载送游客的汽车和游轮。1986—2005年四川省旅行社拥有的交通工具见表5-48。

1986—2005年四川省旅行社拥有的交通工具规模统计表

表5-48

年份	企业（家）	从业人员（人）	载客汽车		游轮	
			总计（辆）	总座位（座）	总计（艘）	总座位（座）
1986	82	3989	未统计	未统计	未统计	未统计
1987	97	4545	未统计	未统计	未统计	未统计
1988	98	4627	未统计	未统计	未统计	未统计
1989	103	4863	未统计	未统计	未统计	未统计
1990	89	4345	未统计	未统计	未统计	未统计
1991	89	4767	未统计	未统计	未统计	未统计
1992	138	5452	748	8740	69	6342
1993	138	6238	897	12406	104	6604
1994	338	4332	502	12415	35	9381

续表 5－48

年 份	企业（家）	从业人员（人）	载客汽车		游 轮	
			总计（辆）	总座位（座）	总计（艘）	总座位（座）
1995	153	5497	310	7016	350	7739
1996	260	3765	270	4662	18	1084
1997	160	2019	181	3129	6	500
1998	122	2312	262	5287	54	578
1999	329	2549	264	6078	42	253
2000	384	7335	未统计	未统计	未统计	未统计
2001	417	9481	未统计	未统计	未统计	未统计
2002	469	9036	未统计	未统计	未统计	未统计
2003	498	9765	未统计	未统计	未统计	未统计
2004	564	10126	未统计	未统计	未统计	未统计
2005	550	8939	未统计	未统计	未统计	未统计

资料来源：《中国旅游统计年鉴》

（三）组团、接待国内旅游者规模

国际旅行社既可经营入境旅游业务，又可经营国内旅游业务。国际旅行社的入境旅游的外联组团、接待情况见本章第四节。1989—2005 年四川省旅行社组团、接待国内旅游者情况见表 5－49。

1989—2005 年四川省旅行社组团、接待国内旅游者情况统计表

表 5－49

年 份	旅行社（家）	组 团		接 待	
		人数（人）	人天数（人/天）	人数（人）	人天数（人/天）
1989	103	—	—	45969	149400
1990	89	—	—	73827	242893
1991	89	4497	17312	50690	165250
1992	138	14072	54040	62199	200903
1993	138	14597	55762	78130	250016
1994	338	17887	69047	53361	179825
1995	153	29076	107584	142842	465666
1996	260	143622	542894	232636	765373
1997	160	179036	677645	340989	1123402
1998	273	192982	715428	486612	1533750
1999	329	675428	2627415	1267325	3497825

续表 5－49

年　份	旅行社（家）	组　团		接　待	
		人数（人）	人天数（人/天）	人数（人）	人天数（人/天）
2000	384	719960	2917219	1397031	3867529
2001	417	928697	3705287	2158208	6060614
2002	469	1255050	5180178	2602901	8240671
2003	498	1204386	5230463	2235393	7976356
2004	514	2085490	7402737	3794026	10247462
2005	550	2008825	7538949	3842457	11548692

说明：1. 1995 年、1996 年的数据，含重庆市
　　　2. 本表国内组团、接待情况，包括国际旅行社经营的国内旅游业务数据
资料来源：《中国旅游统计年鉴》

二、国际旅行社规模

1996 年以前，可以经营入境旅游业务的旅行社为一类旅行社和二类旅行社，一类旅行社享有外联组团权并接待入境旅游者，二类旅行社可接待入境旅游者。1997 年旅行社实行类别转换，原一类旅行社、二类旅行社经审批后更换名称为国际旅行社。

（一）数量及类别

1986 年，四川省一类旅行社缺无，有二类旅行社 9 家：中国国际旅行社成都分社、中国国际旅行社重庆分社、成都市国际旅游公司、四川省中国旅行社、四川省青年旅行社、都江堰中国旅行社、中国国际旅行社万县支社、中国国际旅行社乐山支社、中国国际旅行社大足支社。

1988 年，四川首次组建一类旅行社四川海外旅游公司、重庆海外旅游公司 2 家。1989 年，增加 1 家一类旅行社成都海外旅游公司。1996 年，全省有一类旅行社 6 家，从业人员 669 人；二类旅行社 17 家，从业人员 508 人。1990—1996 年四川省一类、二类旅行社规模见表 5－50。

1990—1996 年四川省一类、二类旅行社规模统计表

表 5－50

年　份	类　别	旅行社（家）	从业人员（人）	载客车辆		游　船	
				总计（辆）	总座位（座）	总计（艘）	总座位（座）
1990	一类社	3	—	51	584	0	0
	二类社	26	—	138	2076	6	596
1991	一类社	3	—	53	628	0	0
	二类社	23	—	126	1857	8	786
1992	一类社	4	502	53	628	0	0
	二类社	24	1390	141	2344	10	1600
1993	一类社	4	643	55	1096	0	0
	二类社	23	1825	116	2064	7	860

续表 5－50

年份	类别	旅行社（家）	从业人员（人）	载客车辆		游船	
				总计（辆）	总座位（座）	总计（艘）	总座位（座）
1994	一类社	4	634	53	1091	2	224
	二类社	21	755	65	1284	2	314
1995	一类社	8	790	67	1508	0	0
	二类社	24	932	30	621	3	464
1996	一类社	6	669	42	801	0	0
	二类社	17	508	29	545	0	0

说明：1995 年、1996 年的数据，含重庆市
资料来源：《中国旅游统计年鉴》

1997 年行政区划调整，同时旅行社实行类别转换，当年，全省有国际旅行社 17 家，从业人员 745 人。到 2005 年，有国际旅行社 54 家，从业人员 3094 人。1997—2005 年四川省国际旅行社人员及交通工具规模见表 5－51。

1997—2005 年四川省国际旅行社规模统计表

表 5－51

年份	国际旅行社（家）	从业人员（人）	载客车辆		游船	
			总计（辆）	总座位（座）	总计（艘）	总座位（座）
1997	17	745	37	764	0	0
1998	35	627	26	652	1	30
1999	38	737	83	1872	1	32
2000	41	2594	未统计	未统计	未统计	未统计
2001	46	3718	未统计	未统计	未统计	未统计
2002	49	3425	未统计	未统计	未统计	未统计
2003	50	3831	未统计	未统计	未统计	未统计
2004	50	3482	未统计	未统计	未统计	未统计
2005	54	3094	未统计	未统计	未统计	未统计

说明：2000 年以后，不再对旅游企业拥有的载客汽车进行统计
资料来源：《中国旅游统计年鉴》

（二）外联（组团）接待规模

1997—2005 年四川省国际旅行社外联、接待入境旅游者情况见表 5－52。

1997—2005 年四川省国际旅行社外联、接待入境旅游者情况统计表

表 5－52

年 份	国际旅行社（家）	外 联		接 待	
		人数（人）	人天数（人/天）	人数（人）	人天数（人/天）
1997	17	8850	47367	12567	61578
1998	35	16569	104981	23628	136930
1999	38	61431	351896	87603	457465
2000	41	126296	696879	180104	908963
2001	46	155842	792439	220889	1090834
2002	49	223879	1366502	310975	1884975
2003	50	113294	718229	165984	1032666
2004	50	259024	1657222	326745	1941299
2005	54	310695	1842278	408607	2398689

资料来源：《中国旅游统计年鉴》

三、国内旅行社规模

经营国内旅游业务的旅行社，1996 年以前称三类旅行社。1992 年，全省有三类旅行社 102 家，从业人员 3560 人。到 1996 年，全省有三类旅行社 237 家，从业人员 2588 人。1992—1996 年四川省三类旅行社规模见表 5－53。

1992—1996 年四川省第三类旅行社规模

表 5－53

年 份	旅行社（家）	从业人员（人）	载客车辆		游 船	
			数量（辆）	总座位（座）	数量（艘）	总座位（座）
1992	102	3560	554	5768	59	4742
1993	111	3770	726	9246	97	5744
1994	313	2943	384	10040	31	8843
1995	121	3775	213	4887	347	7275
1996	237	2588	199	3316	18	1084

说明：1996 年的数据，含重庆市

资料来源：《中国旅游统计年鉴》

1997 年行政区划调整后，同年旅行社类别转换，三类旅行社转为国内旅行社。1997 年，全省有国内旅行社 143 家，从业人员 1274 人。到 2005 年，有国内旅行社 496 家，从业人员 5845 人。1997—2005 年四川省国内旅行社规模见表 5－54。

1997—2005 年四川省国内旅行社规模统计表

表 5－54

年份	旅行社（家）	从业人员（人）	载客车辆		游船	
			数量（辆）	总座位（座）	数量（艘）	总座位（座）
1997	143	1274	144	2365	6	500
1998	238	1685	236	4653	53	548
1999	291	1812	181	4206	41	221
2000	343	4741	未统计	未统计	未统计	未统计
2001	371	5763	未统计	未统计	未统计	未统计
2002	420	5611	未统计	未统计	未统计	未统计
2003	448	5934	未统计	未统计	未统计	未统计
2004	514	6644	未统计	未统计	未统计	未统计
2005	496	5845	未统计	未统计	未统计	未统计

说明：2000 年以后，不再对旅游企业拥有的载客汽车及游轮进行统计

资料来源：《中国旅游统计年鉴》

第三节　旅行社行业经济效益

一、全省旅行社经济效益

全省旅行社综合指标，包括 1996 年以前的一类旅行社、二类旅行社、三类旅行社综合指标，1997 年以后的所有国际旅行社和国内旅行社的综合指标。1992 年，全省 138 家各类旅行社有固定资产 3.55 亿元，营业收入 1.61 亿元，利润总额 4389 万元，利润率 27.20%。1996 年，全省有各类旅行社 260 家，有固定资产 1.41 亿元，营业收入 6.34 亿元，利润总额 855.5 万元，利润率 1.35%。这 5 年期间，全省旅行社利润及利润率呈下降趋势，其中有 1 年出现亏损。1992—1996 年四川省旅行社综合经济指标见表 5－55。

1992—1996 年四川省旅行社综合经济指标统计表

表 5－55

年份	总座位(座)	数量（艘）	总座位(座)	数量（艘）	总座位(座)	数量（艘）	总座位(座)	数量（艘）
1992	138	35484	16136	4389	454.25	27.20	2.96	0.81
1993	138	115914	45579	10136	1711	22.24	7.31	1.62
1994	338	22153	11877	1172	717.92	9.87	2.74	0.27
1995	153	26769	12003	－1217	642.92	－10.15	2.18	－0.22
1996	260	14062	63421	855.54	664.59	1.35	16.8	0.23

说明：1995 年、1996 年的数据，含重庆市

资料来源：《中国旅游统计年鉴》

行政区划调整后，1997 年全省有各类旅行社 160 家，固定资产 8714 万元，营业收入 27019 万元，利润总额 332.72 万元，利润率 1.23%。到 2005 年，全省有各类旅行社 550 家，固定资产 118178 万元，营业收入 303974 万元，亏损 1642 万元，利润率负 0.54%。这 9 年期间全省旅行社效益继续下降，其中有 4 年出现亏损。1997—2005 年四川省旅行社经济指标见表 5－56。

1997—2005 年四川省旅行社经济指标统计表

表 5－56

年　份	旅行社（家）	固定资产（万元）	营业收入（万元）	利润总额（万元）	税金（万元）	利润率（%）	全员劳动率（万元/人）	人均利润（万元/人）
1997	160	8714	27019	332.72	285.11	1.23	13.38	0.16
1998	273	15625	35885	-956.4	393.85	-2.67	15.52	-0.41
1999	329	16101	60305	-744.5	500.12	-1.23	23.66	-0.29
2000	384	86097	126324	275.79	1266	0.22	17.22	0.04
2001	417	115161	145692	1930	2240	1.32	15.37	0.20
2002	469	121466	176530	-60.34	1405	-0.03	19.54	-0.01
2003	498	115389	170709	65.06	699.12	0.04	17.48	0.01
2004	514	150183	273511	66.93	1059	0.02	27.01	0.01
2005	550	118178	303974	-1642	1318	-0.54	34.01	-0.18

资料来源：《中国旅游统计年鉴》

二、国际旅行社经济效益

1992—1996 年四川省经营入境旅游业务的一类旅行社、二类旅行社经济指标见表 5－57。

1992—1996 年四川省一类、二类旅行社经济指标统计表

表 5－57

年　份	旅行社	固定资产（万元）	营业收入（万元）	利润总额（万元）	税金（万元）	利润率（%）	全员劳动率（万元/人）	人均利润（万元/人）
1992	一类社	1636	5407	459.89	118.70	8.51	10.77	0.92
	二类社	7488	8858	3350	302.68	37.82	6.37	2.41
1993	一类社	2686	11631	482.96	105.82	4.15	18.09	0.75
	二类社	11626	19730	6986	1033	35.41	10.81	3.83
1994	一类社	3089	2498	265.06	256.69	10.61	3.94	0.42
	二类社	2192	3671	142.31	114.95	3.88	4.86	0.19
1995	一类社	4182	1240	-976	105.49	-78.81	1.57	-1.24
	二类社	16036	4180	32.87	167.84	0.79	4.49	0.04
1996	一类社	3328	16787	110.8	115.6	0.66	25.09	0.17
	二类社	2273	10593	-938.8	83.48	-8.86	20.85	-1.85

说明：1996 年数据，含重庆市

资料来源：《中国旅游统计年鉴》

1997年旅行社类别转变，经营国际旅游业务的旅行社（原一类旅行社、二类旅行社）更名为国际旅行社。1997年，全省有国际旅行社17家，固定资产4629万元，营业收入13165万元，亏损179.29万元，利润率为负1.36%。2005年，全省有国际旅行社54家，固定资产78637万元，营业收入199553万元，亏损211.54万元，利润率为负0.11%。这9年期间有4年亏损。1997—2005年四川省国际旅行社经济指标见表5－58。

1997—2005年四川省国际旅行社经济指标统计表

表5－58

年份	旅行社（家）	固定资产（万元）	营业收入（万元）	利润总额（万元）	税金（万元）	利润率（%）	全员劳动率（万元/人）	人均利润（万元/人）
1997	17	4629	13165	－179.29	85.55	－1.36	17.67	－0.24
1998	35	3676	16447	－865.91	128.7	－5.26	26.23	－1.38
1999	38	11108	29942	－744	174	－3.24	40.63	－1.32
2000	41	28924	82107	497.85	457	0.61	31.65	0.19
2001	46	58415	97031	60.09	567	0.06	26.10	0.02
2002	49	63035	110613	534.46	682.7	0.48	32.30	0.16
2003	50	75415	105570	168.63	452.2	0.16	27.56	0.04
2004	50	93188	168695	161.38	493.9	0.10	48.45	0.05
2005	54	78637	199553	－211.54	797	－0.11	64.50	－0.07

资料来源：《中国旅游统计年鉴》

三、国内旅行社经济效益

1992年，全省110家三类旅行社拥有固定资产26359万元，营业收入1871万元，利润总额579.49万元，利润率30.97%。1996年，三类旅行社有237家，固定资产8461万元，营业收入3.6亿元，利润率4.67%。这5年期间利润呈下降趋势，其中有1年出现亏损。1992—1996年四川省三类旅行社综合经济指标见表5－59。

1992—1996年四川省三类旅行社经济指标统计表

表5－59

年份	旅行社（家）	固定资产（万元）	营业收入（万元）	利润总额（万元）	税金（万元）	利润率（%）	全员劳动率（万元/人）	人均利润（万元/人）
1992	110	26359	1871	579.49	32.87	30.97	0.53	0.16
1993	111	101602	14216	2667	571.58	18.76	3.77	0.71
1994	313	16872	5709	764.78	346.28	13.40	1.94	0.26
1995	121	6550	6583	－273.64	369.59	－4.16	1.74	－0.07
1996	237	8461	36041	1684	465.5	4.67	13.93	0.65

说明：1995年、1996年的数据，含重庆市

资料来源：《中国旅游统计年鉴》

1997 行政区划调整，同年旅行社类别转变，三类旅行社改称国内旅行社。1997 年，全省 143 家国内旅行社拥有固定资产 13836 万元，营业收入 512 万元，利润总额 199. 56 万元，利润率 3. 70%。2005 年，全省有国内旅行社 496 家，固定资产 39541 万元，营业收入 10. 44 亿元，亏损 1403 万元，利润率为负 1. 37%。这 9 年期间有 6 年出现亏损。1997—2005 年四川省国内旅行社综合经济指标详见表 5 - 60。

1997—2005 年四川省国内旅行社经济指标统计表

表 5 - 60

年　份	旅行社（家）	固定资产（万元）	营业收入（万元）	利润总额（万元）	税金（万元）	利润率（%）	全员劳动率（万元/人）	人均利润（万元/人）
1997	143	13836	512	199. 56	4085	3. 70	10. 87	0. 40
1998	238	11949	19437	-90. 50	265. 20	-0. 47	11. 54	-0. 05
1999	111	30362	225. 5	326. 33	95. 8	0. 74	16. 76	0. 12
2000	343	57173	44218	-221. 06	808. 98	-0. 50	9. 33	-0. 05
2001	371	56746	48661	1870	1673	3. 84	8. 44	0. 32
2002	420	58430	65917	-535. 13	722. 61	-0. 90	11. 75	-0. 11
2003	448	39974	65139	-103. 57	246. 94	-0. 16	10. 98	-0. 02
2004	514	56994	104816	-94. 45	565. 84	-0. 09	15. 78	-0. 01
2005	496	39541	104420	-1403	520. 86	-1. 37	17. 86	-0. 24

资料来源：《中国旅游统计年鉴》

第四节　成都市、重庆市旅行社规模及效益

一、成都市旅行社规模

（一）总体规模

成都市 1992 年有旅行社 30 家，从业人员 1267 人，到 2005 年，全市有旅行社 215 家，从业人员 4623 人。1992—2005 年成都市旅行社总体规模详见表 5 - 61。

1992—2005 年成都市旅行社总体规模统计表

表 5 - 61

年　份	旅行社（家）	从业人员（人）	载客汽车		游　　轮	
			总计（辆）	总座位（座）	总计（艘）	总座位（座）
1992	30	1267	151	2966	0	0
1993	31	1333	262	4785	2	150
1994	89	1927	278	6425	0	0

续表 5－61

年份	旅行社（家）	从业人员（人）	载客汽车		游轮	
			总计（辆）	总座位（座）	总计（艘）	总座位（座）
1995	68	1445	104	2203	0	0
1996	68	1479	80	1778	0	0
1997	58	1162	92	1263	0	0
1998	109	1291	111	1936	0	0
1999	119	1586	134	2876	0	0
2000	170	4529	未统计	未统计	未统计	未统计
2001	167	5431	未统计	未统计	未统计	未统计
2002	200	5776	未统计	未统计	未统计	未统计
2003	184	6012	未统计	未统计	未统计	未统计
2004	214	5346	未统计	未统计	未统计	未统计
2005	215	4623	未统计	未统计	未统计	未统计

说明：2000 年以后，不再对旅游企业拥有的交通工具进行统计
资料来源：《中国旅游统计年鉴》

（二）国际旅行社规模

1992 年，成都市有一类旅行社 3 家，从业人员 255 人，二类旅行社 10 家，从业人员 280 人。1996 年，成都市有一类旅行社 3 家，从业人员 431 人，二类旅行社 8 家，从业人员 283 人。1992—1996 年成都市一类旅行社、二类旅行社规模见表 5－62。

1992—1996 年成都市一类旅行社、二类旅行社规模统计表

表 5－62

年份	类别	旅行社（家）	从业人员（人）	载客车辆		游船	
				总计（辆）	总座位（座）	总计（艘）	总座位（座）
1992	一类社	3	255	30	565	0	0
	二类社	10	280	19	388	0	0
1993	一类社	3	409	44	923	0	0
	二类社	7	275	14	250	0	0
1994	一类社	3	403	40	817	0	0
	二类社	8	328	25	368	0	0
1995	一类社	4	481	39	873	0	0
	二类社	7	339	12	185	0	0
1996	一类社	3	431	21	404	0	0
	二类社	8	283	12	252	0	0

资料来源：《中国旅游统计年鉴》

1997 年旅行社类别转变后，成都市有国际旅行社 10 家，从业人员 629 人。2005 年，成都市有国际旅行社 35 家，从业人员 2515 人。1997—2005 年成都市国际旅行社规模见表 5－63。

1997—2005 年成都市国际旅行社规模统计表

表 5－63

年　份	国际旅行社（家）	从业人员（人）	载客车辆		游　船	
			总计（辆）	总座位（座）	总计（艘）	总座位（座）
1997	10	629	15	300	0	0
1998	16	529	21	525	0	0
1999	17	630	56	1280	0	0
2000	27	2265	未统计	未统计	未统计	未统计
2001	31	3151	未统计	未统计	未统计	未统计
2002	35	3101	未统计	未统计	未统计	未统计
2003	34	3322	未统计	未统计	未统计	未统计
2004	34	3096	未统计	未统计	未统计	未统计
2005	35	2515	未统计	未统计	未统计	未统计

说明：2000 年以后，不再对旅游企业拥有的载客汽车进行统计
资料来源：《中国旅游统计年鉴》

（三）国内旅行社规模

1992 年，成都市有三类旅行社 17 家，从业人员 732 人。1996 年，成都市有三类旅行社 57 家，从业人员 765 人。1992—1996 年成都市第三类旅行社规模见表 5－64。

1992—1996 年成都市第三类旅行社规模统计表

表 5－64

年　份	旅行社（家）	从业人员（人）	载客车辆		游　船	
			数量（辆）	总座位（座）	数量（艘）	总座位（座）
1992	17	732	102	2013	0	0
1993	21	649	204	3612	2	150
1994	78	1196	213	5240	0	0
1995	57	625	53	1145	0	0
1996	57	765	47	1122	0	0

资料来源：《中国旅游统计年鉴》

1997 年旅行社类别转换，成都市有国内旅行社 48 家，从业人员 533 人，2005 年，成都市有国内旅行社 180 家，从业人员 2108 人。1997—2005 年成都市国内旅行社规模见表 5－65。

1997—2005 年成都市国内旅行社规模统计表

表 5－65

年份	旅行社（家）	从业人员（人）	载客车辆		游船	
			数量（辆）	总座位（座）	数量（艘）	总座位（座）
1997	48	533	77	963	0	0
1998	93	762	90	1411	0	0
1999	102	956	78	1596	0	0
2000	143	2264	未统计	未统计	未统计	未统计
2001	136	2280	未统计	未统计	未统计	未统计
2002	165	2665	未统计	未统计	未统计	未统计
2003	150	2690	未统计	未统计	未统计	未统计
2004	180	2250	未统计	未统计	未统计	未统计
2005	180	2108	未统计	未统计	未统计	未统计

说明：2000 年以后，不再对旅游企业拥有的载客汽车进行统计

资料来源：《中国旅游统计年鉴》

二、成都市旅行社经济效益

（一）总体效益

成都市 1992 年共有 30 家旅行社，固定资产 2153 万元，营业收入 6264 万元，利润总额 503.39 万元，利润率 8.04%。2005 年，成都市有各类旅行社 215 家，固定资产 66746 万元，营业收入 236183 万元，亏损 1413 万元，利润率负 0.6%。1992—2005 年 12 年期间，成都市旅行社综合经济指标有 6 年出现亏损，这期间旅行社综合经济指标详见表 5－66。

1992—2005 年成都市旅行社经济指标统计表

表 5－66

年份	旅行社（家）	固定资产（万元）	营业收入（万元）	利润总额（万元）	税金（万元）	利润率（%）	全员劳动率（万元/人）	人均利润（万元/人）
1992	30	2153	6264	503.39	156.29	8.04	4.94	0.40
1993	31	7465	7485	919.17	185.27	12.28	5.62	0.69
1994	89	15181	6221	716.62	211.35	11.52	3.23	0.37
1995	68	9470	2032	34.50	194.56	1.70	1.41	0.02
1996	68	4519	24615	1257	282.93	5.11	16.64	0.85
1997	58	5874	21610	69.48	201.66	0.32	18.60	0.06
1998	109	5583	27279	-247.77	227.32	-0.91	21.13	-0.19
1999	119	13332	48180	-270.68	353.64	-0.56	30.38	-0.17

续表 5 - 66

年　份	旅行社（家）	固定资产（万元）	营业收入（万元）	利润总额（万元）	税金（万元）	利润率（%）	全员劳动率（万元/人）	人均利润（万元/人）
2000	170	63447	113834	622.91	916.73	0.55	25.13	0.34
2001	167	66482	118318	1042	1105.3	1.33	2179	0.18
2002	200	72018	140511	-55.28	1098	-0.03	24.34	0.18
2003	184	69731	126845	-433.47	546.81	-0.34	21.20	-0.07
2004	214	74571	211483	-14.27	793.83	-0.01	39.56	0.00
2005	215	66746	236183	-1413	853.00	-0.60	51.09	-0.31

资料来源：《中国旅游统计年鉴》

（二）国际旅行社效益

1992—1996 年期间，成都市经营国际旅游业务的一类、二类旅行社利润呈下降趋势，其中各有 2 年出现亏损，这期间一类、二类旅行社的综合经济指标详见表 5 - 67。

1992—1996 年成都市一类、二类旅行社综合经济指标统计表

表 5 - 67

年　份	旅行社	固定资产（万元）	营业收入（万元）	利润总额（万元）	税金（万元）	利润率（%）	全员劳动率（万元/人）	人均利润（万元/人）
1992	一类社	582	3742	176.79	49.56	4.73	14.67	0.69
	二类社	403	1554	166.58	51.53	10.72	5.55	0.59
1993	一类社	1364	4461	301.68	67.07	6.76	10.91	0.74
	二类社	485	1092	250.49	62.65	22.94	3.94	0.91
1994	一类社	1659	1013	121.40	71.05	11.99	2.51	0.30
	二类社	639	2228	81.41	44.30	3.65	6.79	0.25
1995	一类社	1777	394	-190.2	66.22	-48.31	0.82	-0.40
	二类社	6201	495	-14.25	40.10	-2.88	1.46	-0.04
1996	一类社	1609	9712	-70.00	85.00	-0.72	22.53	-0.16
	二类社	1158	5157	-79.00	36.33	-1.55	18.22	-0.28

资料来源：《中国旅游统计年鉴》

1997 年旅行社类别调整后，成都市有国际旅行社 10 家，固定资产 4006 万元，营业收入 1.19 亿元，亏损 148.17 万元，利润率为负 1.24%。2005 年，有国际旅行社 35 家，固定资产 5.26 亿元，营业收入 18.38 亿元，亏损 278.44 万元，利润率为负 0.15%。这 9 年期间有 5 年出现亏损。1997—2005 年成都市国际旅行社综合经济指标详见表 5 - 68。

1997—2005 年成都市国际旅行社综合经济指标统计表

表 5－68

年 份	旅行社（家）	固定资产（万元）	营业收入（万元）	利润总额（万元）	税金（万元）	利润率（%）	全员劳动率（万元/人）	人均利润（万元/人）
1997	10	4006	11920	－148. 17	73. 44	－1. 24	18. 95	－0. 12
1998	16	3036	13927	－101. 25	97. 84	－0. 73	26. 33	－0. 19
1999	17	10276	26146	－241. 85	137. 20	－0. 92	41. 50	－0. 38
2000	27	25519	79204	556. 15	424. 58	0. 70	34. 97	0. 25
2001	31	34653	90589	56. 47	525. 36	0. 07	28. 75	0. 34
2002	35	39861	104781	479. 85	649. 40	0. 51	33. 79	0. 40
2003	34	52233	96749	－62. 40	426. 03	－0. 06	29. 12	－0. 02
2004	34	54608	160199	278. 53	461. 06	0. 17	51. 74	0. 09
2005	35	52565	183846	－278. 44	588. 45	－0. 15	73. 10	－0. 11

资料来源：《中国旅游统计年鉴》

（三）国内旅行社效益

1992 年，成都市共有 17 家三类旅行社，拥有固定资产 1168 万元，营业收入 968 万元，利润总额 55. 2 万元，利润率 16. 53%。1996 年，有三类旅行社 57 家，固定资产 1752 万元，营业收入 9746 万元，利润总额 1407 万元，利润率 14. 43%。1992—1996 年成都市三类旅行社综合经济指标见表 5－69。

1992—1996 年成都市三类旅行社综合经济指标统计表

表 5－69

年 份	旅行社（家）	固定资产（万元）	营业收入（万元）	利润总额（万元）	税金（万元）	利润率（%）	全员劳动率（万元/人）	人均利润（万元/人）
1992	17	1168	968	160. 02	55. 20	16. 53	1. 32	0. 22
1993	21	5617	1932	367. 00	55. 55	19. 00	2. 98	0. 57
1994	78	12882	2981	513. 81	96. 00	17. 24	2. 69	0. 43
1995	57	1493	1143	238. 97	88. 24	20. 91	1. 83	0. 38
1996	57	1752	9746	1407	161. 60	14. 43	12. 74	1. 84

资料来源：《中国旅游统计年鉴》

1997 年旅行社类别转换，三类旅行社改为国内旅行社，当年，成都市 48 家国内旅行社固定资产 1868 万元，营业收入 9690 万元，利润总额 217. 65 万元，利润率 2. 25%。2005 年，有国内旅行社 180 家，固定资产 14181 万元，营业收入 52337 万元，亏损 1134 万元，利润率为负 2. 17%。这 9 年期间有 6 年出现亏损。1997—2005 年成都市国内旅行社综合经济指标详见表 5－70。

1997—2005年成都市国内旅行社经济指标统计表

表5－70

年　份	旅行社（家）	固定资产（万元）	营业收入（万元）	利润总额（万元）	税金（万元）	利润率（%）	全员劳动率（万元/人）	人均利润（万元/人）
1997	48	1868	9690	217.65	128.22	2.25	18.18	0.41
1998	93	2547	13353	－146.52	129.48	－1.10	17.52	－0.19
1999	102	3057	22034	－28.83	246.44	－0.13	23.56	－0.03
2000	143	37928	34631	66.76	492.15	0.19	15.30	0.03
2001	136	31829	27729	985.53	579.94	3.91	12.16	－0.04
2002	165	32157	35730	－487.35	448.71	－0.93	13.41	－0.08
2003	150	17498	30097	－371.07	120.78	－1.23	11.19	－0.14
2004	180	19964	51283	－292.80	332.77	－0.57	22.79	－0.13
2005	180	14181	52337	－1134	264.55	－2.17	24.83	－0.54

资料来源：《中国旅游统计年鉴》

三、重庆市旅行社规模

（一）总体规模

重庆市1992年有旅行社18家，从业人员1954人，到1996年，有旅行社72家，从业人员1246人。1992—1996年重庆市旅行社规模见表5－71。

1992—1996年重庆市旅行社总体规模统计表

表5－71

年　份	旅行社（家）	从业人员（人）	载客汽车		游　轮	
			总计（辆）	总座位（座）	总计（艘）	总座位（座）
1992	18	1954	95	1893	23	3596
1993	19	2142	108	1801	73	3058
1994	94	734	30	674	5	648
1995	52	2312	56	963	5	748
1996	72	1246	73	1324	7	584

资料来源：《中国旅游统计年鉴》

（二）国际旅行社规模

1992年，重庆市有一类旅行社1家，二类旅行社5家。1996年，有一类旅行社1家，二类旅行社3家。1992—1996年重庆市一类旅行社、二类旅行社规模见表5－72。

1992—1996 年重庆市一类旅行社、二类旅行社规模统计表

表 5－72

年 份	类 别	旅行社（家）	从业人员（人）	载客车辆		游 船	
				总计（辆）	总座位（座）	总计（艘）	总座位（座）
1992	一类社	1	247	5	63	0	0
	二类社	5	943	66	1190	10	1600
1993	一类社	1	87	11	173	0	0
	二类社	5	443	68	1020	7	860
1994	一类社	2	231	13	274	2	224
	二类社	4	134	8	197	2	314
1995	一类社	2	247	19	406	0	0
	二类社	3	427	8	197	5	748
1996	一类社	1	238	21	397	0	0
	二类社	3	37	0	0	0	0

资料来源：《中国旅游统计年鉴》

（三）国内旅行社规模

1992 年，重庆市有三类旅行社 12 家，从业人员 764 人。1996 年，重庆市有三类旅行社 68 家，从业人员 971 人。1992—1996 年重庆市三类旅行社规模见表 5－73。

1992—1996 年重庆市第三类旅行社规模统计表

表 5－73

年 份	旅行社（家）	从业人员（人）	载客车辆		游 船	
			数量（辆）	总座位（座）	数量（艘）	总座位（座）
1992	12	764	24	640	13	1996
1993	13	687	29	608	66	2198
1994	88	369	9	203	1	110
1995	47	1638	29	360	2	284
1996	68	971	52	927	7	584

资料来源：《中国旅游统计年鉴》

四、重庆市旅行社经济效益

（一）总体效益

1992 年，重庆市共有 18 家旅行社，固定资产 8295 万元，营业收入 9140 万元。1996 年，有各类旅行社 72 家，固定资产 6105 万元，营业收入 32557 万元，亏损 346.19 万元，利润率为负 1.06%。1992—1996 年重庆市各类旅行社综合经济指标见表 5－74。

1992—1996 年重庆市旅行社综合经济指标统计表

表 5－74

年　份	旅行社（家）	固定资产（万元）	营业收入（万元）	利润总额（万元）	税金（万元）	利润率 %	全员劳动率（万元/人）	人均利润（万元/人）
1992	18	8295	9140	3385	327.34	37.03	4.68	1.73
1993	47	90950	19013	3046	392.22	16.02	8.88	1.42
1994	94	2225	3183	－19.16	275.35	－0.60	4.34	－0.03
1995	52	12849	7190	－1111	252.23	－15.9	3.11	－0.46
1996	72	6105	32557	－346.19	238.54	－1.06	26.13	－0.28

资料来源：《中国旅游统计年鉴》

（二）国际旅行社经济效益

1992—1996 年期间，重庆市经营国际旅游业务的一类、二类旅行社利润呈下降趋势，其中，一类旅行社有 1 年出现亏损，二类旅行社有 2 年出现亏损，这期间重庆市一类、二类旅行社的综合经济指标详见表 5－75。

1992—1996 年重庆市一类、二类旅行社综合经济指标统计表

表 5－75

年　份	旅行社（家）	固定资产（万元）	营业收入（万元）	利润总额（万元）	税金（万元）	利润率（%）	全员劳动率（万元/人）	人均利润（万元/人）
1992	一类社	1054	1666	283.10	69.14	17.00	6.74	1.15
	二类社	6447	6597	2961	217.41	44.89	7.00	3.14
1993	一类社	1323	7171	181.28	38.75	2.53	30.64	0.77
	二类社	9470	8873	2584	285.85	29.13	7.27	2.12
1994	一类社	1430	1485	143.66	185.64	9.67	6.43	0.62
	二类社	264	852	－58.50	32.78	－6.86	6.36	－0.44
1995	一类社	2383	766	－701.5	35.02	－91.57	3.10	－2.84
	二类社	9224	3402	5.18	94.01	0.15	7.97	0.01
1996	一类社	1719	7075	180.84	30.62	2.56	29.73	0.76
	二类社	0	3793	－783.77	7.46	－20.66	12.54	－21.18

资料来源：《中国旅游统计年鉴》

（三）国内旅行社经济效益

1992 年，重庆市共有 12 家三类旅行社，拥有固定资产 794 万元，营业收入 877 万元，利润总额 140.56 万元，利润率 16.03%。1996 年，有三类旅行社 68 家，固定资产 4386 万元，营业收入 21689 万元，利润总额 256.74 万元，利润率 1.18%。1992—1996 年重庆市三类旅行社综合经济指标见表 5－76。

1992—1996 年重庆市三类旅行社综合经济指标统计表

表 5－76

年　份	旅行社（家）	固定资产（万元）	营业收入（万元）	利润总额（万元）	税金（万元）	利润率 %	全员劳动率（万元/人）	人均利润（万元/人）
1992	12	794	877	140.56	40.79	16.0	1.15	0.18
1993	13	80158	2969	279.96	67.62	9.4	4.32	0.41
1994	88	531	846	－104.32	56.93	－12.3	2.29	－0.28
1995	47	1242	3022	－414.97	123.20	－13.7	1.85	－0.25
1996	68	4386	21689	256.74	200.46	1.18	22.3	0.26

资料来源：《中国旅游统计年鉴》

第五节　四川旅行社在全国的排名

一、旅行社规模效益在全国的排名

1991 年度，全国一类旅行社 12 项经济指标综合排序前 30 名，重庆市海外旅游公司排第 18 位。

全国二类旅行社 12 项经济指标综合排序前 30 名，四川省中国旅行社排第 16 位。

全国一、二类旅行社全员人均利润前 30 名，四川省中国旅行社排第 15 位。

1992 年度，全国一、二类旅行社营业收入总额前 200 名，四川有 5 家上榜。重庆市海外旅游公司排第 23 位，列入“营业收入 5000 万元以上”类；四川海外旅游公司排 51 位，成都招商国际旅游公司排第 97 位，以上 2 家旅行社列入“营业收入 2000 万元以上”类；四川省中国旅行社排第 111 位，成都海外旅游公司排第 120 位，以上 2 家旅行社列入“营业收入 1000 万元以上”类。

全国一、二类旅行社利润总额前 200 名，四川有 5 家上榜。重庆市海外旅游公司排第 49 位，万县中国国际旅行社排第 75 位，四川海外旅游公司排第 96 位，以上 3 家旅行社列入“利润总额 100 万元以上”类；四川省中国旅行社排第 137 位，成都招商国际旅游公司排第 175 位，以上 2 家旅行社列入“利润总额 60 万元以上”类。

全国一、二类旅行社全员人均利润额前 200 名，四川有 3 家上榜。万县中国国际旅行社排第 27 位，列入“人均利润额 3 万元以上”类；成都中国青年旅行社排第 124 位，成都招商国际旅游公司排第 169 位，以上 2 家旅行社列入“人均利润额 1 万元以上”类。

全国一类旅行社外联人天数前 70 名，四川有 3 家上榜。重庆市海外旅游公司排第 34 位，列入“外联人天数 5 万以上”类；成都海外旅游公司排第 67 位，四川海外旅游公司排名第 69 位，以上 2 家旅行社列入“外联人天数 3 万以上”类。

全国二类旅行社接待人天数前 150 名，四川有 3 家上榜。万县中国国际旅行社排第 32 位，列入“接待人天数 5 万以上”类；四川涪陵国际旅行社排第 82 位，成都招商国际旅游公司第 99 位，以上 2 家旅行社列入“接待人天数 3 万以上”类。

1993 年度，全国各省市区三类社的旅游收入前 10 名排序，四川居第 3 位；旅游业务利润各省市区前 10 名排序，四川居第 3 位；上缴利税各省市区前 10 名排序，四川居第 2 位；接待人天数各省市区前10名排序，四川居第2位。

全国一、二类旅行社营业收入前200名，四川有7家，分别是重庆市海外旅游公司排第36位，四川海外旅游公司排第80位，成都海外旅游公司排第117位，四川省中国青年旅行社排第128位，成都中国青年旅行社排第184位，重庆天鹅旅游公司排第168位，四川省中国旅行社排第171位。

全国一、二类旅行社旅游业务收入前200名，四川有8家，分别是重庆海外旅游公司排第20位，四川海外旅游公司排第54位，成都海外旅游公司排第86位，四川省中国青年旅行社排第99位，成都中国青年旅行社排第125位，四川省中国旅行社排第130位，万县市中国国际旅行社排第167位，成都招商国际旅游公司排第176位。

全国一、二类旅行社利润总额前200名，四川有8家，分别是万县中国国际旅行社排第73位，重庆市海外旅游公司排第93位，四川省中国青年旅行社排第98位，成都中国青年旅行社排第120位，成都海外旅游公司排第125位，重庆天鹅旅游公司排第135位，四川海外旅游公司排第153位，四川省中国旅行社排第170位。

全国一、二类旅行社人均利润额前200名，四川有4家，分别是万县中国国际旅行社排第26位，成都中国青年旅行社排第46位，四川省中国旅行社排第59位，成都海外旅游公司排第176位。

全国一、二类旅行社上缴税利前200名，四川有5家，分别是重庆天鹅旅游公司排第75位，成都中国青年旅行社排第115位，重庆市海外旅游公司排第127位，四川海外旅游公司排第128位，成都海外旅游公司排第154位。

全国一类旅行社外联人天数前100名，四川有2家，分别是重庆市海外旅游公司排第49位，四川海外旅游公司排第72位。

全国一、二类旅行社接待人天数前200名，四川有3家，分别是四川涪陵国际旅行社排第36位，成都中国青年旅行社排128位，重庆长江旅游公司排第134位。

1994年度，全国一、二类旅行社人均利润额各省市区前10名排序，四川居第3位；二类社接待人天数前10名排序，四川居第10位；出国游组团人数前5名排序，四川居第4位。

全国一、二类旅行社营业收入前200名，四川有6家，分别是重庆市海外旅游公司排第51位，四川海外旅游公司排第108位，成都海外旅游公司排第128位，成都中国青年旅行社排第136位，四川省中国旅行社排第179位，重庆长江旅游公司排第195位。

全国一、二类旅行社旅游业务利润前200名，四川有5家，分别是成都中国青年旅行社排第39位，成都海外旅游公司排第81位，四川省中国青年旅行社排第124位，丰都国际旅行社排第135位，四川海外旅游公司排第155位。

全国一、二类旅行社利润总额前200名，四川有6家，分别是成都中国青年旅行社排第56位，重庆市海外旅游公司排第69位，成都海外旅游公司排第110位，四川省中国青年旅行社排第147位，丰都国际旅行社排第164位，四川海外旅游公司排第186位。

全国一、二类旅行社人均利润额前200名，四川有5家，分别是成都市中国旅行社排第2位，成都中国青年旅行社排第50位，四川省中国青年旅行社排第105位，丰都国际旅行社排第163位，成都海外旅游公司排第165位。

全国一、二类旅行社上缴税利前200名，四川有4家，分别是成都中国青年旅行社排第66位，四川海外旅游公司排第96位，重庆市海外旅游公司排第134位，成都海外旅游公司排第150位。

全国一类旅行社外联人天数前100名，四川有2家上榜。重庆市海外旅游公司排第52位，成都海外旅游公司排第79位。

全国一、二类旅行社接待人天数前200名，四川有5家，分别是丰都国际旅行社排第32位，重庆市海外旅游公司排第41位，成都中国青年旅行社排第162位，四川省中国青年旅行社排第176位，乐山中国国际旅行社排第190位。

1995年度，全国的三类旅行社主要经济指标各省市区前10名排序，四川的排名情况是，旅行社营业收入排第5位，旅游收入排第6位，上缴利税排第5位，组团人数排第4位，组团人天排第9位，接待人数排第3位，接待人天排第3位。1996年度，四川省的旅行社总体数量在全国居第4位，国内旅行社数量在全国居第3位。1997年度，全国旅行社类别转换后，四川省的国内旅行社数量在全国前10位排序中居第10位。

1998年度，全国各省市区国际旅行社主要经济指标前10位排名，四川省阙如。

国内旅行社主要经济指标前10位排名中四川的排名情况是，利润总额排第6位，上缴税利排第8位，旅游业务利润排第6位，组团人数排第1位，组团人天数排第5位，接待人数排第1位。

1999年度，全国旅行社主要经济指标各省市区前10位排序，在国际旅行社6项经济指标排序中，四川有1项指标进入全国前10位，即旅游外汇结汇排第7位。在国内旅行社5项经济指标排序中，四川有1项进入全国前10位，即实缴税金指标排第8位。

四川国内旅行社数量在全国居第10位。

2000年度，全国旅行社6项主要经济指标各省市区前10位排序，在国际旅行社排序中，四川有3项指标进入前10位，分别是旅游收入指标排第10位，入境外联人天数指标排第7位，入境接待人天数排第9位。在国内旅行社排序中，四川有2项进入前10位，分别是实缴税金指标排第6位，国内接待人天指标排第10位。

2001年度，全国旅行社主要经济指标综合排名，国际旅行社综合经济指标前10位排序中，四川省阙如。国内旅行社综合经济指标排名前10位排序中，四川省排第5位。2002年度，全国旅行社综合经济指标前10位排序，四川省居第10位。全国旅行社数量前10名排序，四川省居第10位。2003年度，全国旅行社数量前10名排序，四川省居第10位。全国旅行社综合经济指标前10位排序，四川省居第8位。2004年度，全国旅行社数量前10名排序，四川省居第10位。全国旅行社综合经济指标前10位排序，四川省居第8位。2005年度，全国旅行社综合经济指标前10位排序，四川省居第7位。

二、旅行社在全国旅行社“百强”评比中排名

1993年国家旅游局决定，在每年旅行社业务年检资料基础上，产生一、二类旅行社全国“百强”，产生办法主要考核业务收入和业务利润，同时考核旅行社遵守行业法规和政策，企业管理，服务质量，全年有无重大责任事故等。从1993年起，首度在一、二类旅行社中产生“百强”。在三类旅行社中产生全国30强或50强。1996年以后，每年在国际旅行社和国内旅行社中分别产生全国“百强”，简称旅行社“双百强”。

1993年度，1993年全国一、二类旅行社“百强”，四川有5家：重庆市海外旅游公司排第37位，四川省中国青年旅行社排第71位，成都海外旅游公司排第76位，成都中国青年旅行社排第90位，万县市中国国际旅行社排第99位。1993年，全国三类旅行社“30强”，四川成都光大旅游公司

排第9位。

1994年度，全国一二类旅行社“百强”，四川有3家，分别是重庆市海外旅游公司排第42位，成都中国青年旅行社排第78位，成都海外旅游公司排第96位。1994年，全国三类旅行社“50强”，四川有2家，分别是四川重庆铁路旅行社排第39位，成都天府旅行社排第45位。

1995年度，全国未进行一、二类旅行社“百强”排名。1995年，全国三类旅行社“50强”，四川有四川锦达旅行社1家上榜。1996年度，全国未进行一、二类旅行社及三类旅行社“百强”排名。1997年，全国国际旅行社“百强”和全国国内旅行社“百强”，四川省均阙如。

1998年度，全国国际旅行社“百强”，四川有2家上榜。成都海外旅游公司排第79位，成都中国青年旅行社排第93位。1998年，全国国内旅行社“百强”，四川省阙如。

1999年度，全国国际旅行社“百强”，四川海外旅游公司排第79位。全国国内旅行社“百强”，四川有2家上榜。成都旅游总社排第66位，成都西南铁路旅行总社排第81位。四川省旅行社拥有“双百强”数量在全国居第17位。

2000年度，全国国际旅行社“百强”，四川有3家，分别是成都中国青年旅行社排第63位，四川海外旅游公司排第92位，四川中国国际旅行社排第96位。全国国内旅行社“百强”，四川有4家，分别是成都联运旅行社排第29位，成都天马旅行社排第81位，绵阳市假日旅行社排第84位，绵阳市绵州旅行社排第85位。四川省旅行社拥有“双百强”数量在全国居第9位。

2001年度，全国国际旅行社“百强”，四川有3家，分别是成都中国青年旅行社排第64位，四川海外旅游公司排第75位，四川省中国国际旅行社排第76位。全国国内旅行社“百强”，四川有3家，分别是成都联运旅行社排第21位，成都市旅游总社排第26家，绵阳市假日旅行社排第96位。四川省旅行社拥有“双百强”数量在全国居第8位。

2002年度，全国国际旅行社“百强”，四川有2家上榜。成都海外旅游公司排第62位，四川海外旅游公司排第81位。全国国内旅行社“百强”，四川有4家，分别是成都联运旅行社有限责任公司排第22位，绵阳市假日旅行社排第40位，成都市旅游服务公司旅游总社排第56位，成都春秋旅行社排第94位。四川省旅行社拥有“双百强”数量在全国居第8位。

2003年度，因受“非典”疫情影响，旅行社业整体损失严重，国家旅游局暂停全国“双百强”旅行社的排序。

2004年度，全国国际旅行社“百强”，四川有4家，分别是四川省中国青年旅行社排第30位，成都海外旅游公司排第51位，成都光大国际旅行社排第80位，四川海外旅游公司排第91位。2004年，全国国内旅行社“百强”，四川有3家，分别是成都联运旅行社有限责任公司排第57位，成都熊猫旅游集团排第75位，绵阳市假日旅行社排第88位。四川省旅行社拥有“双百强”数量在全国居第7位。

2005年度，全国国际旅行社“百强”，四川有4家，分别是成都中国青年旅行社排第40位，四川省中国青年旅行社排第41位，成都海外旅游有限责任公司排第44位，成都熊猫旅游集团国际旅行社股份有限公司排第77位。2005年，全国国内旅行社“百强”，四川有2家上榜。四川幸运旅行社有限公司排第60位，成都春秋旅行社排第75位。四川省旅行社拥有“双百强”数量在全国居第9位。

第四章　旅游饭店业

旅游饭店，指经过旅游行政管理部门会商公安、外事部门批准的“旅游涉外饭店”，以及1989年以后，经旅游行政管理部门星级饭店评定机构授予相应星级的旅游涉外星级饭店（以下简称“星级饭店”）。旅游涉外饭店是总体概念，星级饭店是其中的一个部分。

1988年，国家旅游局发布《全国旅游涉外饭店星级的评定标准与规定》，作为行业标准，1989年，全国进行旅游涉外饭店的星级评定。1993年，国家质量技术监督局颁布《旅游涉外饭店星级的划分及评定》，星级饭店的划分及评定上升为国家标准，旅游管理部门依据此标准进行饭店的星级评定，同时继续对旅游涉外饭店进行审批。

到2000年，旅游管理部门停止旅游涉外饭店的审批，2001年起，旅游管理部门只对星级饭店进行行业管理和数据统计。

四川对旅游饭店业的行业管理和统计，是与全国各地同步进行的。

第一节　旅游涉外饭店规模

一、全省旅游涉外饭店总体规模

（一）规模、客房及床位

1986年，全省有旅游涉外饭店35家，从业人员8463人，客房9053间，床位22574张。1996年，全省有旅游涉外饭店154家，从业人员33862人，客房22719间，床位46811张。1986—1996年四川省旅游涉外饭店规模见表5-77。

1986—1996年四川省旅游涉外饭店规模统计表

表5-77

年　份	饭店（家）	从业人员（人）	客房（间）	床位（张）	客房出租率（%）
1986	35	8463	9053	22547	—
1987	43	10839	9873	26847	61.30
1988	63	13487	11765	29746	60.50
1989	80	16763	13949	33379	—
1990	83	17515	14639	34022	58.50

续表5－77

年　份	饭店（家）	从业人员（人）	客房（间）	床位（张）	客房出租率（%）
1991	90	17109	14747	34427	59.27
1992	102	23350	16705	38667	60.68
1993	104	23736	17568	44021	58.25
1994	111	25605	17185	37399	55.81
1995	148	29898	19080	40549	51.75
1996	154	33862	22719	46811	49.54

说明：1995年、1996年的数据，含重庆市
资料来源：《中国旅游统计年鉴》

1997年行政区划调整后，全省有旅游涉外饭店165家，从业人员35877人，客房22380间，床位46225张，客房出租率49.32%。2000年，全省有旅游涉外饭店408家，从业人员42601人，客房34183间，床位67743张，客房出租率51.89%。

2001年，旅游部门对旅游饭店的行业管理及统计范围变化，范围缩小，只限于星级饭店，当年有星级饭店204家，从业人员33033人，客房24335间，床位45215张，客房出租率53.54%。2005年，全省有星级饭店447家，从业人员58538人，客房53163间，床位97406张，客房出租率60.43%。1997—2005年四川省旅游涉外饭店规模见表5－78。

1997—2005年四川省旅游涉外饭店规模统计表

表5－78

年　份	饭店（家）	从业人员（人）	客房（间）	床位（张）	客房出租率（%）
1997	165	35877	22380	46225	49.32
1998	212	39797	27863	56588	47.85
1999	227	34110	25265	50491	48.51
2000	408	42601	34183	67743	51.89
2001	204	33033	24335	45215	53.54
2002	294	39597	30451	57484	55.80
2003	346	48800	39894	75263	53.43
2004	429	54599	51341	91690	59.37
2005	447	58538	53163	97406	60.43

资料来源：《中国旅游统计年鉴》

（二）经济类型

1990年起，国家旅游局对旅游涉外饭店的经济类型用7个类型进行统计。1990—1996年期间，在各种经济类型中，四川旅游涉外饭店的国有经济饭店（国营饭店）占最主要的地位（在1996年以

前占有90%左右的比重），其他经济类型的酒店比重很小，个体类型的旅游饭店零缺。1990—1993年四川省旅游饭店经济类型详见表5－79。

1990—1993年四川省旅游涉外饭店经济类型统计表

表5－79

年份	饭店（家）	按经济类型划分（家）						
		国营	合营	外方独资	中外合资	中外合作	集体	个体
1990	83	72	0	0	3	4	4	0
1991	90	78	0	0	6	1	5	0
1992	102	93	0	0	3	3	3	0
1993	104	90	0	0	7	3	4	0

主要资料来源：《中国旅游统计年鉴》

1994—1996年，统计口径有所变化，仍为7个经济类型详见表5－80。

1994—1996年四川省旅游涉外饭店经济类型统计表

表5－80

年份	饭店（家）	按经济类型划分（家）						
		国有经济	集体经济	联营经济	股份制经济	外商投资经济	港澳台投资经济	个体
1994	111	94	4	0	3	3	6	0
1995	148	127	0	3	8	5	5	0
1996	154	135	9	1	3	4	2	0

说明：1995年、1996年的数据，含重庆市
资料来源：《中国旅游统计年鉴》

1997年行政区划调整后，由于多种经济成分进入旅游饭店业，旅游饭店经济类型用10个类型进行统计。1997—2005年，全省旅游饭店的经济类型以国有经济为主，其所占比重逐步有所降低，仍占有60%以上的比重。其他经济类型的饭店所占比重逐步有所上升。1997—2000年四川省旅游涉外饭店经济类型见表5－81。

1997—2000年四川省旅游涉外饭店经济类型统计表

表5－81

年份	饭店（家）	按经济类型划分（家）									
		国有经济	集体经济	私营经济	联营经济	股份制经济	外商投资经济	港澳台投资经济	股份有限公司	有限责任公司	其他内资企业
1997	165	132	13	3	1	9	4	3	0	0	0
1998	212	141	29	8	3	21	5	5	0	0	0

续表 5－81

年　份	饭店（家）	按经济类型划分（家）									
		国有经济	集体经济	私营经济	联营经济	股份制经济	外商投资经济	港澳台投资经济	股份有限公司	有限责任公司	其他内资企业
1999	227	142	31	15	4	23	5	7	0	0	0
2000	408	240	47	32	4	9	6	10	19	29	12

主要资料来源：《中国旅游统计年鉴》

2001 年以后，统计口径有所变化，仍为 10 个经济类型详见表 5－82。

2001—2005 年四川省旅游涉外饭店经济类型统计表

表 5－82

年　份	饭店（家）	按经济类型划分（家）									
		国有企业	集体企业	私营企业	联营企业	外商投资企业	港澳台投资企业	股份合作制企业	股份有限公司	有限责任公司	其他内资企业
2001	204	118	22	10	2	4	5	4	12	17	10
2002	294	158	22	17	2	3	8	8	19	38	19
2003	346	167	27	22	3	4	10	9	22	55	27
2004	429	170	28	51	1	0	4	35	32	101	7
2005	447	148	30	65	2	2	6	33	34	122	5

资料来源：《中国旅游统计年鉴》

二、星级饭店

星级饭店全称为旅游涉外星级饭店，2001 年以前，是旅游涉外饭店的一个部分，2001 年以后，旅游部门的行业管理及行业统计范围有了变化，只统计星级饭店，星级饭店与旅游饭店数据完全相同。

1989 年，四川正式公布评定的星级饭店 6 家。其中，三星级有锦江宾馆、成都饭店、重庆饭店 3 家；二星级 2 家，分别是乐山嘉州宾馆、成都西藏饭店；一星级 1 家，成都光明宾馆。

1990 年，全省公布星级饭店 22 家。其中，三星级 6 家，分别是锦江宾馆、成都饭店、重庆饭店、四川宾馆、岷山饭店、重庆人民宾馆；二星级 9 家，分别是乐山嘉州宾馆、成都西藏饭店、珠峰宾馆、重庆建设宾馆、乐山八仙洞宾馆、红珠山宾馆、就日峰宾馆、雄秀宾馆、自贡檀木林宾馆；一星级 7 家，分别是成都光明宾馆、成都阿坝宾馆、重庆大足宾馆、内江宾馆、内江钟楼饭店、乐山眉山宾馆、自贡沙湾饭店。

1992 年，四川首次有四星级饭店 4 家，分别是锦江宾馆、岷山饭店、成都饭店、重庆扬子江假日饭店。

1995 年，锦江宾馆成为四川首家五星级饭店。

（一）数量及星级分布

星级饭店中，一星级、二星级饭店为低星级饭店，三星级饭店为中档星级饭店，四星级、五星级饭店为高星级饭店。1989—1991 年四川无高星级饭店，最高星级为三星级，1992 年出现首批四星级饭店 4 家，1995 年，四川有第一家五星级饭店。1996 年全省星级饭店有 94 家。1989—1996 年全省星级饭店规模及分布见表 5－83。

1989—1996 年四川省星级饭店数量及星级分布统计表

表 5－83　　单位：家

年　份	星级饭店	其　　中				
		五星级	四星级	三星级	二星级	一星级
1989	6	0	0	3	2	1
1990	22	0	0	6	9	7
1991	29	0	0	6	14	9
1992	33	0	4	7	13	9
1993	36	0	5	6	15	10
1994	41	0	5	11	15	10
1995	87	1	4	20	47	15
1996	94	1	4	22	49	18

说明：1995 年、1996 年的数据，含重庆市
资料来源：《中国旅游统计年鉴》

1997 年行政区划调整后，四川星级饭店发展很快，当年四川有星级饭店 97 家，其中，五星级饭店 2 家（锦江宾馆，皇冠假日饭店）；四星级饭店 2 家（岷山饭店、成都饭店），三星级饭店 22 家；其余为二星级和一星级饭店。到 2005 年，四川有星级饭店 447 家，其中，五星级饭店 11 家，四星级饭店 49 家，三星级饭店 153 家。1997—2005 年四川省星级饭店数量及星级分布详见表 5－84。

1997—2005 年四川省星级饭店规模及星级分布统计表

表 5－84　　单位：家

年　份	星级饭店	其　　中				
		五星级	四星级	三星级	二星级	一星级
1997	97	2	2	22	59	12
1998	117	1	1	34	70	15
1999	126	2	2	34	76	12
2000	179	2	3	51	102	21
2001	204	3	3	69	107	22
2002	294	3	19	97	145	30
2003	346	4	36	109	167	30
2004	421	10	43	134	201	33
2005	447	11	49	153	213	21

资料来源：《中国旅游统计年鉴》

（二）客房及床位

1989年，全省有星级饭店6家，客房2796间，床位5622张。1996年，全省有星级饭店94家，客房15335间，床位30872张，客房出租率51.33%。1989—1996年四川省星级饭店总体规模见表5-85。

1989—1996年四川省星级饭店基本数据统计表

表5-85

年　份	星级饭店（家）	从业人员（人）	房间数（间）	床位数（张）	客房出租率（%）
1989	6	—	2796	5622	—
1990	22	—	5528	11166	—
1991	29	—	6234	12834	—
1992	33	13519	6983	14376	68.08
1993	36	13749	7317	15594	62.69
1994	41	14870	8100	16516	58.41
1995	87	22526	13433	28055	53.56
1996	94	23710	15335	30872	51.33

说明：1995年、1996年的数据，含重庆市

资料来源：《中国旅游统计年鉴》

1997年行政区划调整，当年全省97家星级饭店有客房13939间，床位27691张，客房出租率51.30%。到2005年，全省447家星级饭店有客房53163间，床位97406张，客房出租率60.43%。1997—2005年四川省星级饭店总体规模见表5-86。

1997—2005年四川省星级饭店基本数据统计表

表5-86

年　份	星级饭店（家）	从业人员（人）	客房间数（间）	床位数（张）	客房出租率（%）
1997	97	22458	13939	27691	51.30
1998	117	26752	17655	35082	47.80
1999	126	23118	17120	33589	49.29
2000	179	29108	22238	43278	53.31
2001	204	33033	24335	45215	53.54
2002	294	39597	30451	57484	55.80
2003	346	48800	39894	75263	53.43
2004	429	54599	51341	91690	59.37
2005	447	58538	53163	97406	60.43

说明：由于2001年以后旅游部门只统计星级饭店，本表2001年以后的数据与旅游涉外饭店的相应数据相同

资料来源：《中国旅游统计年鉴》

（三）经济类型

1990—1996年期间，在各种经济类型中，四川星级饭店的国有经济饭店（国营饭店）占最主要的地位（在1996年以前占有90%以上的比重），其他经济类型的酒店比重很小，这期间个体类型的旅游饭店零缺。1990—1993年四川省星级饭店经济类型见表5－87。

1990—1993年四川省星级饭店经济类型统计表

表5－87　　单位：家

年份	星级饭店	按经济类型划分						
		国营	合营	外方独资	中外合资	中外合作	集体	个体
1990	22	20	0	0	1	1	0	0
1991	29	26	0	0	1	1	1	0
1992	33	27	0	0	3	2	1	0
1993	36	28	0	0	4	2	2	0

资料来源：《中国旅游统计年鉴》

1994—1996年，仍为7个经济类型，但口径有所变化详见表5－88。

1994—1996年四川省星级饭店经济类型统计表

表5－88　　单位：家

年份	星级饭店	按经济类型划分						
		国有经济	集体经济	联营经济	股份制经济	外商投资经济	港澳台投资经济	个体
1994	41	30	2	0	2	3	4	0
1995	87	73	4	0	2	3	5	0
1996	94	82	6	1	1	3	1	0

资料来源：《中国旅游统计年鉴》

1997年行政区划调整，由于多种经济成分进入旅游饭店业，星级饭店经济类型用10个类型进行统计。1997—2005年，全省星级饭店的经济类型中，国有经济所占比重逐步有所降低，仍占有最大比例。其他经济类型的饭店所占比重逐步有所上升。1997—2000年全省星级饭店经济类型见表5－89。

1997—2000年四川省星级饭店经济类型统计表

表5－89　　单位：家

年份	星级饭店	按经济类型划分									
		国有经济	集体经济	私营经济	联营经济	股份制经济	外商投资经济	港澳台投资	股份有限公司	有限责任公司	其他内资企业
1997	97	80	7	1	0	5	3	1	0	0	0
1998	117	81	15	2	3	11	3	2	0	0	0

续表 5－89

年　份	星级饭店	按经济类型划分									
		国有经济	集体经济	私营经济	联营经济	股份制经济	外商投资经济	港澳台投资	股份有限公司	有限责任公司	其他内资企业
1999	126	85	16	3	1	13	4	4	0	0	0
2000	179	105	24	10	3	5	4	4	9	12	3

资料来源：《中国旅游统计年鉴》

2001 年以后，星级饭店经济类型仍为 10 个类型，但统计口径有所变化详见表 5－90。

2001—2005 年四川省星级饭店经济类型统计表

表 5－90　　单位：家

年　份	星级饭店	按经济类型划分									
		国有企业	集体企业	私营企业	联营企业	外商投资企业	港澳台投资企业	股份合作制企业	股份有限公司	有限责任公司	其他内资企业
2001	204	118	22	10	2	4	5	4	12	17	10
2002	294	158	22	17	2	3	8	8	19	38	19
2003	346	167	27	22	3	4	10	9	22	55	27
2004	429	170	28	51	1	0	4	35	32	101	7
2005	447	148	30	65	2	2	6	33	34	122	5

资料来源：《中国旅游统计年鉴》

三、国营（国有经济）旅游饭店

1992 年，全省有国有经济旅游饭店 93 家，客房 14902 间，床位 35121 张，客房出租率 61.25%。1996 年，全省有国有经济旅游饭店 135 家，客房 19838 间，床位 41102 张，客房出租率 49.22%。1992—1996 年四川省国有经济旅游饭店总体规模见表 5－91。

1992—1996 年四川省国有经济旅游饭店基本数据统计表

表 5－91

年　份	饭店（家）	从业人员（人）	客房（间）	床位（张）	客房出租率（%）
1992	93	19410	14902	35121	61.25
1993	90	18700	14894	38640	57.67
1994	94	18520	13774	30614	55.24
1995	127	22311	15736	33340	51.60
1996	135	28742	19838	41102	49.22

说明：1995 年、1996 年的数据，含重庆市
资料来源：《中国旅游统计年鉴》

1997 年行政区划调整，当年全省有国有经济旅游饭店 132 家，客房 17772 间，床位 37159 张，客房出租率 48.20%。1999 年，全省有国有经济旅游饭店 142 家，客房 16056 间，床位 32980 张，客房出租率 46.71%。2000 年以后，旅游部门不再对国有经济旅游饭店规模进行统计。1997—1999 年四川省国有经济旅游饭店规模见表 5-92。

1997—1999 年四川省国有经济旅游饭店基本数据统计表

表 5-92

年　份	国有饭店（家）	从业人员（人）	客房（间）	床位（张）	客房出租率（%）
1997	132	27871	17772	37159	48.20
1998	141	24410	18804	39024	46.55
1999	142	20529	16056	32980	46.71

说明：从 2000 年起，不再对国有经济旅游饭店的客房数进行统计
资料来源：《中国旅游统计年鉴》

四、外资旅游饭店

外资旅游饭店包括外商独资经营的旅游饭店、中外合资经营和中外合作经营的旅游饭店。

1992 年，全省有外资旅游饭店 6 家，从业人员 3415 人，客房 1433 间，床位 2854 张，客房出租率 56.39%。1996 年，全省外资旅游饭店 6 家，从业人员 3260 人，客房 1537 间，床位 2816 张，客房出租率 56.86%。1992—1996 年四川省外资旅游饭店规模见表 5-93。

1992—1996 年四川省外资旅游饭店规模统计表

表 5-93

年　份	饭店（家）	从业人员（人）	房间（间）	床位（张）	客房出租率（%）
1992	6	3415	1433	2854	56.39
1993	10	4487	2204	4160	65.02
1994	9	4303	1777	3308	56.96
1995	10	6005	2100	3916	57.02
1996	6	3260	1537	2816	56.86

说明：1995 年、1996 年的数据，含重庆市
资料来源：《中国旅游统计年鉴》

1997 年，全省有外资旅游饭店 7 家，从业人员 2880 人，客房 1359 间，床位 2271 张，客房出租率 53.59%。2005 年，全省有外资旅游饭店 8 家，从业人员 2589 人。1997—2005 年期间，全省外资旅游饭店最多的年份是 2000 年，当年有外资旅游饭店 16 家，从业人员 4377 人。1997—2005 年全省外资旅游饭店规模见表 5-94。

1997—2005 年四川省外资旅游饭店规模统计表

表 5 - 94

年　份	饭店（家）	从业人员	客房（间）	床位（张）	客房出租率（%）
1997	7	2880	1359	2271	53. 59
1998	10	3865	2097	3635	49. 86
1999	12	3759	2395	4116	52. 49
2000	16	4377	未统计	未统计	未统计
2001	9	2492	未统计	未统计	未统计
2002	11	2759	未统计	未统计	未统计
2003	14	3327	未统计	未统计	未统计
2004	4	1552	未统计	未统计	未统计
2005	8	2589	未统计	未统计	未统计

资料来源：《中国旅游统计年鉴》

第二节　旅游涉外饭店经济效益

一、全省旅游涉外饭店经济效益

全省旅游涉外饭店经济效益反映在两个方面。一是全省旅游涉外饭店经济指标。二是全省旅游涉外饭店营业收入构成。

（一）经济指标

1990 年，全省 83 家旅游涉外饭店拥有固定资产 7. 19 亿元，营业收入 3. 47 亿元，利润总额 1222 万元，利润率 3. 52%。1996 年，有旅游涉外饭店 154 家，固定资产 41 亿元，营业收入 17. 60 亿元，利润总额 5458 万元，利润率 3. 10%。1990—1996 年全省旅游涉外饭店经济指标详见表 5 - 95。

1990—1996 年四川省旅游饭店经济指标统计表

表 5 - 95

年　份	饭店（家）	固定资产（万元）	营业收入（万元）	利润总额（万元）	税金（万元）	利润率（%）	全员劳动率（万元/人）	人均利润（万元/人）
1990	83	71930	34681	1222	—	3. 52	—	—
1991	90	76597	44407	7101	—	27. 53	—	—
1992	102	129127	67284	16851	2383	25. 05	2. 89	0. 72
1993	104	118972	86999	13964	3440	16. 05	3. 67	0. 59

续表 5－95

年　份	饭店（家）	固定资产（万元）	营业收入（万元）	利润总额（万元）	税金（万元）	利润率（%）	全员劳动率（万元/人）	人均利润（万元/人）
1994	111	181027	115676	16245	5171	14.04	4.52	0.63
1995	148	316079	147602	6311	6717	4.28	4.94	0.21
1996	154	409976	175968	5458	8753	3.10	5.20	0.16

说明：1885 年、1996 年的数据，含重庆市
资料来源：《中国旅游统计年鉴》

1997 年行政区划调整，当年全省有旅游涉外饭店 165 家，固定资产 81.20 亿元，营业收入 13.55 亿元，全行业亏损 2736 万元，利润率为负 0.02%。2001 年起，对旅游饭店行业管理和统计的范围缩小，只限于星级饭店。2005 年，全省有旅游饭店（星级饭店）447 家，固定资产 160.37 亿元，营业收入 42.53 亿元，亏损 1.33 亿元，利润率为负 3.13%。这 9 年期间每年旅游饭店都出现亏损。1997—2005 年全省旅游饭店综合经济指标见表 5－96。

1997—2005 年四川省旅游饭店经济效益统计表

表 5－96

年　份	饭店（家）	固定资产（万元）	营业收入（万元）	利润总额（万元）	税金（万元）	利润率（%）	全员劳动率（万元/人）	人均利润（万元/人）
1997	165	811960	135543	－2736	7316	－0.02	—	—
1998	212	673174	161328	－17090	8563	－10.59	4.05	－0.43
1999	227	581672	146936	－10680	7872	－7.27	4.31	－0.31
2000	408	739566	207831	－6604	11147	－3.18	4.88	－0.16
2001	204	652916	145544	－7595	8004	－5.22	4.41	－0.23
2002	294	828467	203973	－9653	11146	－4.73	5.15	－0.24
2003	346	1081018	244013	－14197	11385	－5.82	5.00	－0.29
2004	429	1408059	357771	－18047	19809	－5.04	6.55	－0.33
2005	447	1603681	425297	－13326	20824	－3.13	7.27	－0.23

资料来源：《中国旅游统计年鉴》

（二）营业收入构成

旅游饭店营业收入构成，是衡量旅游饭店经济效益的一个重要指标。在旅游饭店营业收入构成中，客房收入始终占有最大比例，餐饮收入占第二位的比例。1992—1996 年全省旅游涉外饭店营业收入构成详见表 5－97。

1992—1996 年四川省旅游涉外饭店营业收入构成

表 5－97

年　份	饭店（家）	营业收入总额（万元）	营业收入构成（%）			
			客房	餐饮	商品	其他
1992	102	62684	38.33	23.12	25.69	12.87
1993	104	86999	47.93	23.02	19.03	10.03
1994	111	115676	53.73	23.26	13.51	9.49
1995	148	147602	51.40	24.62	14.02	9.96
1996	154	175968	51.47	27.80	10.27	10.46

说明：1995 年、1996 年的数据，含重庆市

资料来源：《中国旅游统计年鉴》

1997 年行政区划调整后，全省旅游饭店营业收入构成中，客房收入仍占有最大比例（50% 左右），占第二位的餐饮收入比例上升，商品销售收入所占比例愈来愈小。1997—2005 年全省旅游饭店营业收入构成见表 5－98。

1997—2005 年四川省旅游饭店营业收入构成统计表

表 5－98

年　份	饭店（家）	营业收入总额（万元）	营业收入构成（%）			
			客房	餐饮	商品	其他
1997	165	135542	53.03	32.65	4.77	9.55
1998	212	161328	49.72	35.84	3.03	11.41
1999	227	146937	51.83	33.91	2.11	12.15
2000	408	207831	48.78	37.34	2.29	11.59
2001	204	145544	49.00	35.78	2.71	12.51
2002	294	203973	48.64	35.39	2.14	13.84
2003	346	244013	47.33	34.83	1.93	15.91
2004	429	357771	50.42	34.53	其他 15.05	
2005	447	425297	52.13	35.57	其他 12.30	

资料来源：《中国旅游统计年鉴》

二、全省星级饭店经济效益

（一）经济指标

1992 年，全省有 33 家星级饭店，固定资产 7.74 亿元，营业收入 4.48 亿元，利润总额 2839 万元。1996 年，全省星级饭店有 94 家，固定资产 29.69 亿元，营业收入 13.60 亿元，利润总额 3319 万元。1992—1996 年全省星级饭店经济指标见表 5－99。

1992—1996 年四川省星级饭店经济指标统计表

表 5－99

年　份	饭店（家）	固定资产（万元）	营业收入（万元）	利润总额（万元）	全员劳动率（万元/人）	人均利润（万元/人）	人均利税（万元/人）
1992	33	77368	44776	2839	3. 31	0. 21	0. 35
1993	36	93053	59902	11687	4. 36	0. 85	1. 03
1994	41	117621	80421	14840	5. 41	1. 00	1. 25
1995	87	—	119272	5632	5. 29	0. 25	0. 49
1996	94	296849	135593	3319	5. 72	0. 14	0. 42

说明：1995 年、1996 年的数据，含重庆市

资料来源：《中国旅游统计年鉴》

1997 年，全省星级饭店有 97 家，固定资产 65. 78 亿元，营业收入 10. 11 亿元，利润总额 673. 74 万元。2005 年全省星级饭店有 447 家，固定资产 160. 37 亿元，营业收入 42. 53 亿元，亏损 13326 万元。9 年期间有 8 年出现亏损。1997—2005 年全省星级饭店经济指标见表 5－100。

1997—2005 年四川省星级饭店经济指标统计表

表 5－100

年　份	饭店（家）	固定资产（万元）	营业收入（万元）	利润总额（万元）	税金（万元）	利润率（%）	全员劳动率（万元/人）	人均利润（万元/人）
1997	97	657795	101068	673. 74	6064	—	4. 50	0. 03
1998	117	386299	102793	－10166	—	—	3. 84	－0. 58
1999	126	397013	108735	－5779	—	—	4. 70	－0. 25
2000	179	522527	145648	－5822	7835	—	5. 00	－0. 20
2001	204	652916	145544	－7595	8004	－5. 22	4. 41	－0. 23
2002	294	828467	203973	－9653	11146	－4. 73	5. 15	－0. 24
2003	346	1081018	244013	－14197	11385	－5. 82	5. 00	－0. 29
2004	429	1408059	357771	－18047	19809	－5. 04	6. 55	－0. 33
2005	447	1603681	425297	－13326	20824	－3. 13	7. 27	－0. 23

资料来源：《中国旅游统计年鉴》

（二）营业收入构成

星级饭店营业收入构成，是衡量星级饭店经济效益的一个重要指标。在星级饭店营业收入构成中，客房收入始终占有最大比例，餐饮收入占第二位的比例。1991—1996 年全省星级饭店营业收入构成见表 5－101。

1991—1996 年四川省星级饭店营业收入构成统计表

表 5－101

年　份	星级饭店（家）	营业收入（万元）	营业收入构成（%）			
			客房	餐饮	商品	其他
1991	29	26097	37.60	23.70	31.20	7.59
1992	33	44776	38.92	21.65	26.22	13.22
1993	36	59902	47.38	20.84	19.99	11.79
1994	41	80421	55.21	21.59	14.24	8.96
1995	87	119272	51.52	23.07	14.87	10.54
1996	94	135593	51.36	26.86	11.77	10.01

说明：1995 年、1996 年的数据，含重庆市

资料来源：《中国旅游统计年鉴》

1997 年行政区划调整后，全省星级饭店营业收入构成中客房收入仍占有最大比例（50% 左右），占第二位的餐饮收入比例大幅上升，商品销售收入所占比例大幅缩小。1997—2005 年全省星级饭店营业收入构成见表 5－102。

1997—2005 年四川省星级饭店营业收入构成

表 5－102

年　份	星级饭店（家）	营业收入（万元）	营业收入构成（%）			
			客房	餐饮	商品	其他
1997	97	101068	53.97	30.54	5.26	10.22
1998	117	102793	51.62	32.98	3.35	12.05
1999	126	108735	51.72	32.54	2.24	13.50
2000	179	145648	48.49	35.59	2.39	13.53
2001	204	145544	49.00	35.78	2.71	12.51
2002	294	203973	48.64	35.39	2.14	13.84
2003	346	244013	47.33	34.83	1.93	15.91
2004	429	357771	50.42	34.53	其他 15.05	
2005	447	425297	52.13	35.57	其他 12.30	

说明：由于 2001 年以后旅游部门只统计星级饭店，本表 2001 年以后的数据与旅游涉外饭店的相应数据相同

资料来源：《中国旅游统计年鉴》

三、全省国有经济旅游饭店经济效益

（一）经济指标

1991 年，全省有 78 家国有经济旅游饭店，固定资产 7.85 亿元，营业收入 3.40 亿元。1996 年，全省国有 135 家经济旅游饭店，固定资产 31.16 亿元，营业收入 14.48 亿元。1991—1996 年全省国有经济饭店经济指标见表 5－103。

1991—1996 年四川省国有经济饭店经济指标统计表

表 5－103

年　份	饭店（家）	固定资产（万元）	营业收入（万元）	全员劳动率（万元/人）	人均利润（万元/人）	人均利税（万元/人）	百元固定资产创营业收入（元）	客房出租率（%）
1991	78	78536	33976	2.60	1.01	0.40	33.70	60.50
1992	93	99552	53746	2.77	0.92	0.38	50.23	61.25
1993	90	113279	61937	3.31	0.71	0.83	54.68	57.67
1994	94	142974	75219	4.06	0.43	0.61	52.60	55.24
1995	127	237389	101073	4.53	0.18	0.39	42.56	51.60
1996	135	311563	144806	5.04	0.12	0.37	46.48	49.22

说明：1996 年的数据，含重庆市
资料来源：《中国旅游统计年鉴》

1997 年行政区划调整后，全省有 132 家国有经济旅游饭店，营业收入 9.33 亿元。2005 年，全省国有经济旅游饭店有 148 家，营业收入 16.45 亿元。1997—2005 年全省国有经济旅游饭店经济指标见表 5－104 及表 5－105。

1997—1999 年四川省国有经济饭店经济指标统计表

表 5－104

年　份	饭店（家）	营业收入（万元）	全员劳动生产率（万元/人）	人均利润（万元/人）	人均利税（万元/人）	百元固定资产创营业收入（元）	客房出租率（%）
1997	132	93322	3.35	－0.25	－0.09	9.65	48.20
1998	141	91723	3.76	－0.61	－0.42	25.84	46.55
1999	142	80157	3.91	－0.38	－0.18	26.15	46.71

资料来源：《中国旅游统计年鉴》

2000—2005 年四川省国有经济饭店经济指标统计表

表 5－105

年　份	饭店（家）	营业收入（万元）	全员劳动生产率（万元/人）	人均占用固定资产原价（万元/人）	百元固定资产创营业收入（元）	客房出租率（%）
2000	240	108252	4.72	16.15	29.20	49.10
2001	118	83159	4.28	18.71	22.87	52.44
2002	158	33942	5.33	15.60	34.19	62.94
2003	167	70699	4.85	15.86	30.61	61.72
2004	170	141916	5.92	26.11	22.69	57.20
2005	148	164494	7.43	27.80	26.72	59.50

资料来源：《中国旅游统计年鉴》

（二）营业收入构成

1991—1996 年全省国有经济饭店营业收入构成见表 5－106。

1991—1996 年四川省国有经济饭店营业收入构成统计表

表 5－106

年　份	国有饭店（家）	营业收入（万元）	营业收入构成（%）			
			客房	餐饮	商品	其他
1991	78	33976	36.50	25.20	27.70	12.60
1992	93	53746	38.06	21.81	26.61	13.51
1993	90	61937	47.11	21.96	20.59	10.35
1994	94	75219	53.90	23.02	13.90	9.17
1995	127	101073	55.00	25.07	11.86	8.07
1996	135	144806	51.03	28.17	10.20	10.60

说明：1996 年数据，含重庆市

资料来源：《中国旅游统计年鉴》

1997 年行政区划调整后，1997—2005 年全省国有经济饭店营业收入构成见表 5－107。

1997—2005 年四川省国有经济饭店营业收入构成统计表

表 5－107

年　份	国有饭店（家）	营业收入（万元）	营业收入构成（%）			
			客房	餐饮	商品	其他
1997	132	93322	52.69	31.86	5.04	10.40
1998	141	91723	51.61	34.18	4.06	10.15
1999	142	80157	51.55	34.54	2.40	11.52
2000	240	108252	48.46	38.67	2.66	10.21
2001	118	83159	48.22	36.28	3.67	11.83
2002	158	33942	48.06	29.36	8.07	14.54
2003	167	70699	44.40	39.52	2.58	13.50
2004	170	141916	51.41	35.23	其他 13.36	
2005	148	164494	53.06	33.60	其他 13.34	

资料来源：《中国旅游统计年鉴》

四、全省外资旅游饭店经济效益

（一）经济指标

1992 年，全省有 6 家外资旅游饭店，固定资产 2.78 亿元，营业收入 1.24 亿元。1996 年，全省外资旅游饭店有6家，固定资产8.22亿元，营业收入2.51亿元。1992—1996年全省外资旅游饭店经济指标见表5-108。

1992—1996年四川省外资旅游饭店综合经济指标统计表

表5-108

年份	饭店（家）	固定资产（万元）	营业收入（万元）	利润总额（万元）	全员劳动率（万元/人）	人均利润（万元/人）	人均利税（万元/人）
1992	6	27768	12431	-887	3.64	-0.28	-0.10
1993	10	33430	24092	673	5.37	0.15	0.41
1994	9	31326	32296	7444	7.51	1.73	2.07
1995	10	66355	40923	2342	6.81	0.39	0.68
1996	6	82217	25050	2086	7.68	0.64	1.00

说明：1995年、1996年的数据，含重庆市
资料来源：《中国旅游统计年鉴》

1997年，全省有7家外资旅游饭店，固定资产11.59亿元，营业收入2.10亿元。2005年，全省外资旅游饭店有8家，固定资产18.25亿元，营业收入3.98亿元。1997—2005年全省外资旅游饭店经济指标见表5-109。

1997—2005年四川省外资旅游饭店饭店经济指标统计表

表5-109

年份	饭店（家）	固定资产（万元）	营业收入（万元）	利润总额（万元）	全员劳动率（万元/人）	人均利润（万元/人）	人均利税（万元/人）
1997	7	115868	20999	3686	7.29	1.28	1.65
1998	10	132070	24303	2242	6.29	0.58	0.91
1999	12	108275	26271	1767	6.99	0.47	0.84
2000	16	162129	35393	5361	8.09	1.22	1.63
2001	9	99678	17206	2122	6.90	0.85	1.22
2002	11	95018	21979	3677	7.97	1.33	1.81
2003	14	141022	25140	-2528	7.56	-0.76	-0.40
2004	4	140631	23373	7590	15.06	4.89	5.63
2005	8	182505	39768	7189	15.36	2.78	3.61

资料来源：《中国旅游统计年鉴》

（二）营业收入构成

1992—1996年全省外资饭店营业收入构成见表5-110。

1992—1996 年四川省外资饭店营业收入构成统计表

表 5－110

年　份	饭店（家）	营业收入（万元）	营业收入构成（%）			
			客房	餐饮	商品	其他
1992	6	12431	40.14	28.55	20.17	11.13
1993	10	24092	46.69	25.70	15.24	9.37
1994	9	32296	50.56	26.10	14.59	8.74
1995	10	40923	44.83	23.54	16.21	15.42
1996	6	25050	57.10	24.23	7.47	11.20

说明：1995 年、1996 年的数据，含重庆市

资料来源：《中国旅游统计年鉴》

1997 年行政区划调整后，1997—1999 年全省外资饭店营业收入构成见表 5－111。

1997—1999 年四川省外资饭店营业收入构成统计表

表 5－111

年　份	饭店（家）	营业收入（万元）	营业收入构成（%）			
			客房	餐饮	商品	其他
1997	7	20999	58.07	32.34	3.17	6.42
1998	10	24304	60.53	31.29	0.99	7.19
1999	12	26271	60.87	29.77	0.95	8.41

资料来源：《中国旅游统计年鉴》

第三节　成都市、重庆市旅游饭店规模及效益

一、成都市旅游饭店规模

1989 年，成都市有旅游涉外饭店 20 家，客房 4557 间，床位 10426 张。2005 年，成都市有旅游涉外饭店 134 家，从业人员 24639 人。1989—2005 年成都市旅游涉外饭店规模见表 5－112。

1989—2005 年成都市旅游饭店规模统计表

表 5－112

年　份	饭店（家）	从业人员（人）	客房（间）	床位（张）	客房出租率（%）
1989	20	6038	4557	10426	60.40
1990	22	7289	5254	11725	66.20
1991	16	7242	4558	10207	66.70

续表 5－112

年　份	饭店（家）	从业人员（人）	客房（间）	床位（张）	客房出租率（%）
1992	13	5350	2819	6208	67.30
1993	22	9883	5135	15115	69.00
1994	27	10655	5620	12283	62.70
1995	45	13064	6968	14068	57.50
1996	51	15749	8846	17405	51.00
1997	66	19334	11163	21762	48.90
1998	78	21775	13238	25487	45.90
1999	80	18258	13010	25198	50.90
2000	95	19218	14043	26408	55.80
2001	76	15760	—	—	—
2002	107	17576	—	—	—
2003	122	20745	—	—	—
2004	130	23673	—	—	—
2005	134	24639	—	—	—

资料来源：《中国旅游统计年鉴》

二、成都市旅游饭店经济效益

1992 年，成都市有 13 家旅游涉外饭店，固定资产 3.89 亿元，营业收入 1.36 亿元，利润总额 1107 万元，利润率 8.14%。2000 年，成都市有旅游涉外饭店 95 家，固定资产 47.64 亿元，营业收入 10.71 亿元，亏损 1192 万元，利润率为负 1.11%。2001 年统计范围缩小，成都市有星级饭店 76 家，固定资产 41.24 亿元，营业收入 7.87 亿元，亏损 3936 万元。2005 年，成都市有星级饭店 134 家，固定资产 85.44 亿元，营业收入 21.39 亿元，亏损 2844 万元，利润率为负 1.33%。从 1998—2005 年的 8 年间，成都市旅游饭店连续出现亏损。1992—2005 年成都市旅游饭店经济指标详见表 5－113。

1992—2005 年成都市旅游饭店经济指标统计表

表 5－113

年　份	饭店（家）	固定资产（万元）	营业收入（万元）	利润总额（万元）	税金（万元）	利润率（%）	全员劳动率（万元/人）	人均利润（万元/人）
1992	13	38909	13587	1107	433	8.14	2.54	0.21
1993	21	59765	40273	11595	1545	28.79	4.08	1.17
1994	27	76979	50851	7699	2333	15.14	4.77	0.72
1995	45	135963	63149	5993	2765	9.49	4.83	0.46
1996	51	264516	79055	4054	3784	5.13	5.02	0.50

续表5－113

年 份	饭店（家）	固定资产（万元）	营业收入（万元）	利润总额（万元）	税金（万元）	利润率（%）	全员劳动率（万元/人）	人均利润（万元/人）
1997	66	285216	83981	3541	4233	4.22	4.34	0.18
1998	78	473053	92980	－6992	5004	－7.52	4.27	－0.32
1999	80	308071	89910	－4568	4718	－5.26	4.76	－0.25
2000	95	476357	107074	－1192	5570	－1.11	5.57	－0.06
2001	76	412368	78683	－3936	4079	—	4.99	—
2002	107	473374	104138	－4642	5290	—	5.92	—
2003	122	636660	134195	－7033	5956	－5.24	6.47	－0.34
2004	130	837244	171938	－12208	9621	－7.10	7.26	－0.52
2005	134	854399	213909	－2844	11564	－1.33	8.68	－0.12

资料来源：《中国旅游统计年鉴》

三、重庆市旅游饭店规模

1989年，重庆市有旅游涉外饭店7家，客房1744间，床位3233张。1996年，重庆市有旅游涉外饭店24家，从业人员7044人，客房3622间，床位6985张。1989—1996年重庆市旅游涉外饭店规模见表5－114。

1989—1996年重庆市旅游饭店规模统计表

表5－114

年 份	饭店（家）	从业人员（人）	客房（间）	床位（张）	客房出租率（%）
1989	7	2675	1744	3233	3780
1990	12	3866	2307	4561	41.80
1991	12	4234	2259	4593	51.10
1992	13	4969	2501	5135	55.80
1993	13	5099	2683	5307	58.10
1994	19	5838	2892	5789	56.00
1995	24	6457	3062	6128	52.20
1996	24	7044	3622	6985	50.00

资料来源：《中国旅游统计年鉴》

四、重庆市旅游饭店经济效益

1992年，重庆市旅游涉外饭店13家，固定资产3.34亿元，营业收入1.80亿元，亏损265万元，利润率为负1.47%。1996年，重庆市有旅游涉外饭店24家，固定资产5.83亿元，营业收入5.12亿元，利润总额2790万元，利润率5.45%。1992—1996年重庆市旅游涉外饭店经济指标见表5－115。

1992—1996 年重庆市旅游饭店经济指标统计表

表 5－115

年 份	饭店（家）	固定资产（万元）	营业收入（万元）	利润总额（万元）	税金（万元）	利润率（%）	全员劳动率（万元/人）	人均利润（万元/人）
1992	13	33392	17989	－265	806	－1.47	3.62	－0.05
1993	13	35263	24573	603	1119	2.45	4.82	0.12
1994	19	43168	36965	7867	1751	21.28	6.33	1.35
1995	24	77520	48954	2457	2240	5.02	7.58	0.38
1996	24	58292	51206	2790	2409	5.45	7.27	0.40

资料来源：《中国旅游统计年鉴》

第四节　四川旅游饭店在全国的排名

一、四川旅游饭店在全国各省（市、区）前 10 名中的排名

1990 年度，四川旅游涉外饭店房间数在全国排第 4 位（14639 间），旅游涉外饭店营业收入在全国排第 9 位（71730 万元），旅游涉外饭店利润总额在全国排第 8 位（1222 万元）。

1991 年度，四川旅游涉外饭店房间数在全国排第 4 位（14747 间），旅游涉外饭店营业收入在全国排第 9 位（44407 万元）。

1992 年度，四川旅游涉外饭店数在全国排第 3 位（102 家），旅游涉外饭店房间数在全国排第 4 位（16705 间），旅游涉外饭店营业收入在全国排第 9 位（67284 万元），四川的星级饭店数量在全国排第 8 位（33 家）。

1993 年度，四川旅游涉外饭店房间数在全国排第 5 位（17568 间），旅游涉外饭店营业收入四川居全国第 10 位（86999 万元）。

1994 年度，四川旅游涉外饭店数在全国与上海市并列第 6 位（各 111 家），旅游涉外饭店客房间数居全国第 4 位（17185 间），旅游涉外饭店营业收入居全国第 9 位（115676 万元）。

1995 年度，四川旅游涉外饭店数在全国排第 7 位（148 家），旅游涉外饭店房间数在全国排第 5 位（19080 间），旅游涉外饭店营业收入在全国排第 9 位（147602 万元）。

1996 年度，四川旅游涉外饭店数在全国排第 9 位（154 家），旅游涉外饭店房间数在全国排第 7 位（22719 间），旅游涉外饭店营业收入在全国排第 9 位（175968 万元）。

1997 年度，四川旅游涉外饭店客房间数在全国排第 9 位（22380 间），旅游涉外饭店营业收入在全国排第 11 位（135543 万元）。

1998 年度，四川旅游涉外饭店总数在全国排第 10 位（212 家），旅游涉外饭店客房间数在全国排第 8 位（27863 间），旅游涉外饭店营业收入在全国排第 10 位（161328 万元）。

1999 年度，四川旅游涉外饭店在全国旅游饭店各项数据前 10 位排名中阙如。

2000 年度，四川旅游涉外饭店总数在全国排第 9 位（408 家），星级饭店客房间数在全国排第 9 位（34183 间），旅游涉外饭店营业收入在全国排第 8 位（207831 万元）。旅游饭店上缴税金在全国

排第8位（1.11亿元），旅游饭店员工数在全国排第9位（4.26万人）。

2001年度，四川星级饭店在全国旅游饭店各项数据前10位排名中阙如。

2002年度，四川星级饭店营业收入在全国排第10位（20.40亿元）。

2003年度，四川星级饭店客房间数在全国排第8位（3.98万间），星级饭店营业收入在全国排第10位（24.40亿元），星级饭店员工数在全国排第10位（4.88万人）。

2004年度，四川星级饭店总数在全国排第9位（429家），星级饭店客房间数在全国排第8位（5.13万间），星级饭店营业收入在全国排第8位（35.78亿元），星级饭店上缴税金在全国排第9位（1.98亿元），星级饭店员工数在全国排第10位（5.46万人）。

2005年度，四川星级饭店总数在全国排第10位（447家），星级饭店客房间数在全国排第9位（5.32万间），星级饭店营业收入在全国排第8位（42.53亿元），星级饭店上缴税金在全国排第9位（2.08亿元），星级饭店员工数在全国排第10位（5.85万人）。

二、四川单座饭店在全国旅游饭店营业收入前100名中的排名

从1991年至1999年，国家旅游局每年公布全国旅游涉外饭店营业收入前100名排序，四川旅游饭店在其中情况如下：

1991年度，全国旅游涉外饭店营业收入前100名排序，四川有2家上榜。锦江宾馆排第59位（4534万元），成都饭店排第74位（3940万元）。

1992年度，全国旅游涉外饭店营业收入前100名排序，四川有2家上榜。锦江宾馆排第64位（6130万元），成都饭店排第85位（4978万元）。全国星级饭店营业收入前100名排序，四川有2家上榜。锦江宾馆排第51位（6130万元），成都饭店排第67位（4978万元）。全国的国营经济旅游饭店营业收入前100名排序，四川有5家，分别是锦江宾馆排第17位（6130万元），成都饭店排第23位（4978万元），成都大酒店排第49位（3755万元），岷山饭店排第58位（3414万元），重庆市会仙楼宾馆排第65位（3093万元）。全国外资旅游饭店营业收入前100名排序，四川省阙如。

1993年度，全国旅游涉外饭店营业收入前100名排序，四川有锦江宾馆1家排第77位（8979万元）。全国星级饭店营业收入前100名排序，四川有锦江宾馆1家排第67位（8979万元）。国有经济旅游饭店营业收入前100名排序，四川有4家，分别是锦江宾馆排第24位（8979万元），成都饭店排第53位（5092万元），岷山饭店排第53位（5032万元），成都大酒店排第89位（3921万元）。外资旅游饭店营业收入前100名排序，四川有重庆宾馆1家（5534万元）。

1994年度，全国旅游涉外饭店营业收入前100名排序，四川有3家，分别是锦江宾馆排第61位（12828万元），重庆宾馆排第99位（9375万元），重庆扬子江假日饭店排第100名（9310万元）。

1995年度，全国旅游涉外饭店营业收入前100名排序，四川有3家，分别是锦江宾馆排第52位（15687万元），重庆宾馆排第65位（12999万元），重庆扬子江假日饭店排第100位（10153万元）。

1996年度，全国旅游涉外饭店营业收入前100名排序，四川有2家上榜。锦江宾馆排第46位（16631万元），重庆宾馆排第82位（11447万元）。

1997年度，全国旅游涉外饭店营业收入前100名排序，四川有2家上榜。锦江宾馆排第68位（12505万元），皇冠假日酒店排第82位（11328万元）

1998年度，全国旅游涉外饭店营业收入前100名排序，四川有2家上榜。皇冠假日酒店排第53位（12209万元），锦江宾馆排第78位（10281万元）。

1999 年度，全国旅游涉外饭店营业收入前 100 名排序，四川有 2 家上榜。皇冠假日酒店排第 57 位（11579 万元）锦江宾馆排第 93 位（9092 万元）。

三、四川单座饭店在全国旅游饭店外汇收入前 100 名中的排名（1991—1993 年）

1991 年度，全国旅游涉外饭店外汇收入前 100 名排序，四川有 3 家，分别是锦江宾馆排第 62 位（2002 万元外汇人民币），重庆扬子江假日饭店排第 83 位（1583 万元外汇人民币）。

1992 年度，全国旅游涉外饭店外汇收入前 100 名排序，四川有 3 家，分别是重庆沙坪大酒店排第 28 位（6265 万元外汇人民币），重庆扬子江假日饭店排第 96 位（2175 万元外汇人民币），锦江宾馆排第 97 位（2163 万元外汇人民币）。全国星级饭店外汇收入前 100 名排序，四川有 3 家，分别是重庆沙坪大酒店排第 28 位（6265 万元外汇人民币），重庆扬子江假日饭店排第 76 位（2175 万元外汇人民币），锦江宾馆排第 77 位（2163 万元外汇人民币）。全国的国营饭店外汇收入前 100 名排序，四川有 3 家，分别是锦江宾馆排第 21 位（2163 万元外汇人民币），岷山饭店排第 33 位（1387 万元外汇人民币），成都饭店排第 94 位（560 万元外汇人民币）。全国外资旅游饭店外汇收入前 100 名排序，四川有 2 家上榜。重庆沙坪大酒店排第 24 位（6265 万元外汇人民币），重庆扬子江假日饭店排第 76 位（2359 万元外汇券人民币）。

1993 年度，全国旅游涉外饭店外汇收入前 100 名排序，四川有锦江宾馆 1 家排第 98 位（2634 万元外汇人民币）。全国星级饭店外汇收入前 100 名排序，四川有 2 家上榜。锦江宾馆排第 80 位（2634 万元外汇人民币），重庆扬子江假日饭店排第 85 位（2359 万元外汇券人民币）。全国的国营饭店外汇收入前 100 名排序，四川有 3 家，分别是锦江宾馆排第 20 位（2634 万元外汇人民币），岷山饭店排第 29 位（1747 万元外汇人民币），成都饭店排第 52 位（1027 万元外汇券人民币）。全国外资旅游饭店外汇收入前 100 名排序，四川有重庆扬子江假日饭店 1 家排第 84 位（2359 万元外汇券人民币）。

四、四川旅游饭店获取全国最佳旅游星级饭店和优秀旅游星级饭店

国家旅游局分别于 1994 年和 1996 年在全国进行 2 次旅游星级饭店的综合评比。1994 年国家旅游局评选并公布全国 96 家最佳星级饭店，四川有 3 家最佳星级饭店，分别是四川锦江宾馆（四星）、重庆宾馆（四星）、重庆扬子江假日饭店（四星）。

1996 年国家旅游局评选并公布全国 50 家最佳星级饭店和 100 家优秀星级饭店。在全国 50 家最佳星级饭店中，四川有 2 家上榜。锦江宾馆排第 6 位，重庆扬子江假日饭店排第 44 位。在全国 100 家优秀星级饭店中，四川有 3 家，分别是四川岷山饭店、重庆人民宾馆、乐山嘉州宾馆。

第五章　旅游交通

旅游交通，指旅游产业诸要素中的交通要素。旅游交通反映在两个方面。一方面是通过抽样调查，统计在全省旅游收益构成中旅游交通的效益，包括入境旅游及国内旅游在长途交通（民航、铁路、公路、内河）及市内交通的收益。另一方面是实际统计列入旅游管理部门定点管理范围的旅游车船企业的规模及效益。

第一节　旅游交通效益

旅游交通效益，是旅游产业效益构成中交通部分的经济效益，在旅游产业效益中占的比例最大，长途交通在入境旅游效益中所占比重在30%以上，在国内旅游收益中所占比重在20%左右。旅游交通效益分为入境旅游交通效益和国内旅游交通效益。

一、入境旅游交通效益

旅游部门会同统计部门，每年通过抽样调查，对入境旅游长途交通及市内交通的收益及分别在当年全省旅游外汇收入中所占比例进行统计。

1986—1990年入境旅游收益用外汇券计算，1986年，旅游交通收益2512万元外汇券人民币（其中，长途交通收益2404万元外汇券人民币，在全省旅游外汇收入的比例为36.4%；市内交通收益108万元外汇券人民币，占1.6%）。1990年，旅游交通收益8103万元外汇券人民币。1986—1990年旅游交通在入境旅游中收益及在全省旅游外汇收入中所占比例见表5－116。

1986—1990年四川省入境旅游交通收益及所占比例统计表

表5－116　　　　单位：万元（外汇券人民币）

年　份	旅游交通收益合计	长　途　交　通						市内交通	
		长途交通收　益	占外汇收入比例（%）	其中各交通工具所占比例（%）				市内交通收　益	占外汇收入比例（%）
				民航	铁路	公路	内河		
1986	2512	2404	36.4	26.1	1.7	2.6	6.0	108	1.6
1987	3241	3106	36.6	30.0	1.3	1.6	3.7	135	1.6
1988	3632	3512	31.5	25.7	1.6	1.0	3.2	120	1.0
1989	3491	3443	33.6	20.9	1.2	0.6	10.9	48	0.4
1990	8103	8012	46.4	30.1	1.9	1.1	13.3	91	0.5

资料来源：《海外旅游者抽样调查资料》《中国旅游统计年鉴》

1991年起旅游外汇收入单位用美元，当年，旅游交通收益1938万美元，1996年，旅游交通收益6685万美元（含重庆市）。1991—1996年旅游交通在入境旅游中收益及在全省旅游外汇收入中所占比例见表5－117。

1991—1996年四川省入境旅游交通收益及所占比例统计表

表5－117　　　　单位：万美元

年份	旅游交通收益合计	长途交通						市内交通	
		长途交通收益	占外汇收入比例（%）	其中，各交通工具所占比例（%）				市内交通收益	占外汇收入比例（%）
				民航	铁路	公路	内河		
1991	1404	1896	40.8					41.8	0.9
1992	3053	2984	43.3					68.9	1.0
1993	3414	3027	36.8					387	4.7
1994	2539	2359	23.6	16.9	0.2	2.6	3.9	180	1.8
1995	3183	2882	23.0	19.3	0.6	0.8	2.2	301	2.4
1996	6685	6344	39.1	28.8	2.5	1.4	6.4	341	2.1

说明：1995年、1996年的数据，含重庆市
资料来源：《海外旅游者抽样调查资料》《中国旅游统计年鉴》

1997年行政区划调整后，四川旅游外汇收入以1995年为基数，相应计算行政区划调整后四川旅游交通在入境旅游的收益。1995年在入境旅游中，旅游交通收益1368万美元（不含重庆市），1997年突破3000万美元，2000年突破5000万美元，2004年突破1亿美元，2005年达到10458万美元。1995—2005年旅游交通在入境旅游中收益及在全省旅游外汇收入中所占比例见表5－118。

1995—2005年四川省入境旅游交通收益及所占比例统计表

表5－118　　　　单位：万美元

年份	旅游交通收益合计	长途交通						市内交通	
		长途交通收益	占全省外汇收入比例（%）	其中，各交通工具所占比例（%）				市内交通收益	占全省外汇收入比例（%）
				民航	铁路	公路	内河		
1995	1368	1165	23.0	19.3	0.6	0.8	2.2	203	4.0
1996	2893	2746	39.1	28.8	2.5	1.4	6.4	147	2.1
1997	3111	3032	38.4	14.8	2.1	2.4	19.1	79	1.0
1998	2936	2744	32.8	29.1	0.9	1.7	1.1	192	2.3
1999	3908	3539	36.4					369	3.8
2000	5094	4680	38.4	26.9	2.0	2.8	6.7	414	3.4
2001	6665	6068	36.6	31.6	0.8	3.9	0.3	597	3.6
2002	7585	7325	36.6	27.7	1.6	7.0	0.3	260	1.3
2003	5669	5475	36.6	27.7	1.6	7.0	0.3	194	1.3

续表 5－118

年　份	旅游交通收益合计	长　途　交　通						市内交通	
		长途交通收　　益	占全省外汇收入比例（%）	其中，各交通工具所占比例（%）				市内交通收　　益	占全省外汇收入比例（%）
				民航	铁路	公路	内河		
2004	10340	9907	34.3	25.1	1.8	7.2	0.2	433	1.5
2005	10458	10079	31.9	24.7	3.0	2.0	2.2	379	1.2

说明：1995 年、1996 年的数据，不含重庆市
资料来源：《海外旅游者抽样调查资料》《中国旅游统计年鉴》

二、国内旅游交通效益

1993 年以前，四川省国内旅游收入只有收入总数，未进行收入构成分析。1994 年起，通过抽样调查，对国内旅游收入结构进行统计，当年旅游交通收益 10.44 亿元人民币（其中，长途交通收益 11.1 亿元，占当年全省国内旅游收益的 37%；市内交通收益 9600 万元，占 3.2%），1996 年突破 40 亿元人民币。行政区划调整后，1997 年旅游交通收益为 36.78 亿元人民币，2000 年突破 50 亿元人民币，2004 年突破 100 亿元人民币，2005 年达到 148.18 亿元人民币。1994—2005 年国内旅游交通收益及其在全省国内旅游收益中所占比例见 5－119。

1994—2005 年四川省国内旅游交通收益及所占比例

表 5－119　　　　单位：亿元人民币

年　份	旅游交通收益合计	长　途　交　通		市　内　交　通	
		长途交通收益	占全省国内旅游收入比例（%）	市内交通收益	占全省国内旅游收入比例（%）
1994	10.44	9.48	31.6	0.96	3.2
1995	32.29	28.73	26.6	3.56	3.3
1996	44.75	41.00	32.8	3.75	3.0
1997	36.78	33.71	31.8	3.07	2.9
1998	39.75	36.18	30.4	3.57	3.0
1999	33.17	28.25	13.2	4.92	2.3
2000	50.60	45.14	18.2	5.46	2.2
2001	65.40	57.00	19.0	8.40	2.8
2002	78.17	68.72	19.8	9.45	2.6
2003	86.17	77.19	18.9	8.98	2.2
2004	117.13	106.83	19.7	10.30	1.9
2005	148.18	132.18	19.0	16.00	2.3

资料来源：《中国国内旅游抽样调查资料》《中国旅游统计年鉴》

第二节　旅游车船公司规模及效益

旅游部门每年对列入统计范围的旅游车船公司的规模及效益进行实际统计。

一、全省旅游车船公司规模

1992 年，全省列入统计的旅游车船企业共有 10 家，有载客汽车 205 辆，座位 5309 座；游轮 43 艘，座位 1675 座。主要的汽车公司有：四川省旅游汽车公司，重庆旅游外事车队，有进口空调车 53 辆。四川天府旅游出租汽车公司。主要的轮船公司有重庆长江轮船公司、涪陵川陵轮船公司，巫山县宁河航运公司。1992—1996 年全省全省列入统计的旅游车船公司规模见表 5－120。

1992—1996 年四川省旅游车船公司规模统计表

表 5－120

年　份	企业（户）	从业人员（人）	载客汽车		游　轮	
			总计（辆）	总座位	总计（艘）	总座位
1992	10	1019	205	5309	43	1675
1993	14	752	321	4506	4	268
1994	14	3920	379	5477	23	12958
1995	7	4564	176	3117	45	20130
1996	3	268	99	2578	0	0

说明：1995 年、1996 年数据，含重庆市

资料来源：《中国旅游统计年鉴》

1997 年行政区划调整后，四川无旅游轮船公司，旅游交通企业只有旅游汽车公司。1997—2005 年全省列入统计的旅游汽车公司规模见表 5－121。

1997—2003 年四川省旅游汽车公司规模统计表

表 5－121

年　份	企业（户）	从业人员（人）	载客车辆	
			总计（辆）	总座位
1997	2	166	116	1806
1998	4	139	118	1856
1999	4	264	84	1884
2000	8	789	119	1596
2001	22	1092	未统计	未统计

续表 5－121

年　份	企业（户）	从业人员（人）	载客车辆	
			总计（辆）	总座位
2002	23	428	未统计	未统计
2003	24	252	未统计	未统计

资料来源：中国旅游统计年鉴

二、全省旅游车船企业经济效益

1988 年，全省列入统计的旅游车船公司营业收入 505 万元，利润总额 103 万元。1991 年，全省列入统计的旅游车船公司营业收入 385.9 万元，利润总额 37 万元。1988—1991 年全省列入统计的旅游车船公司主要经济指标见表 5－122。

1988—1991 年四川省旅游车船公司主要经济指标统计表

表 5－122

年　份	营业收入（万元）	利润总额（万元）	利润率（%）	外汇收入（万元）	外汇结汇（万元）
1988	505.51	103.25	—	238.52	219.95
1989	369.85	－42.27	—	107.40	114.12
1990	366.67	36.91	10.07	158.51	158.51
1991	385.90	37.30	10.00	178.70	178.70

资料来源：《中国旅游统计年鉴》

1992 年，列入行业管理的车船公司数量增多，统计的项目范围增多。1992—1996 年全省旅游车船公司主要经济指标见表 5－123。

1992—1996 年四川省旅游车船公司主要经济指标统计表

表 5－123

年　份	车船公司（家）	固定资产（万元）	营业收入（万元）	利润总额（万元）	税金（万元）	利润率（%）	全员劳动生产率（万元/人）	人均利润（万元/人）
1992	10	4612	2331	101.03	72.74	4.33	2.29	0.10
1993	14	4582	2301	31.72	89.51	1.38	3.06	0.04
1994	14	32154	18767	2499	892.34	13.32	4.79	0.64
1995	7	47147	18847	3440	608.17	18.26	4.13	0.75
1996	3	6999	1084	－544.7	53.90	－50.25	4.05	－2.03

说明：1995 年、1996 年数据，含重庆市

资料来源：《中国旅游统计年鉴》

1997 年行政区划调整后，1997—2003 年全省旅游车船公司主要经济指标见表 5－124。

1997—2003年四川省旅游车船公司主要经济指标统计表

表5－124

年份	车船公司（家）	固定资产（万元）	营业收入（万元）	利润总额（万元）	税金（万元）	利润率（%）	全员劳动生产率（万元/人）	人均利润（万元/人）
1997	2	1313	594.22	－2.55	16.40	－0.43	3.58	－0.02
1998	4	306.18	184.41	30.23	8.57	16.39	1.33	0.22
1999	4	1155	457.38	－42.92	7.90	－9.38	1.72	－0.16
2000	8	765.33	306.80	14.23	21.67	4.64	1.16	0.05
2001	22	5990	5119	500.82	73.17	9.78	4.69	0.46
2002	23	1348	1593	612.98	77.48	38.48	3.72	1.43
2003	24	4121	1726	－122.38	74.00	－7.09	6.85	－0.49

资料来源：《中国旅游统计年鉴》

第六章　旅游购物

旅游购物，指旅游产业诸要素中的购物要素。旅游购物反映在两个方面，一方面是通过抽样调查，统计在全省旅游收益构成中旅游购物的效益，另一方面是旅游商品生产（销售）企业获奖情况。

第一节　旅游购物效益

旅游购物效益，指通过向入境旅游者及国内旅游者出售旅游纪念品及旅游商品所获得的效益。旅游购物效益分为入境旅游购物效益和国内旅游购物效益。

一、入境旅游购物效益

1986—1990 年入境旅游收益用外汇券计算，1986 年，旅游购物收益 1600 万元外汇券，在全省旅游外汇收入中的比例为 24.23%。1990 年，旅游购物收益 3176 万元外汇券，占全省旅游外汇收入的 18.41%。1986—1990 年入境旅游购物收益及在全省旅游外汇收入中所占比例见表 5－125。

1986—1990 年四川省入境旅游购物收益及所占比例统计表

表 5－125

年　份	旅游购物收益（外汇券人民币万元）	旅游购物在当年全省旅游外汇收入所占比例（%）
1986	1600	24.2
1987	1728	20.4
1988	3151	28.3
1989	2581	25.2
1990	3176	18.4

资料来源：《海外旅游者抽样调查资料》《中国旅游统计年鉴》

1991 年起，旅游外汇收入单位用美元，当年旅游购物收益 390 万美元，1996 年，旅游购物收益 2547 万美元（含重庆市）。1991—1996 年四川省入境旅游购物收益及在全省旅游外汇收入中所占比例见表 5－126。

1991—1996 年四川省入境旅游购物收益及所占比例统计表

表 5－126

年　份	旅游购物收益（万美元）	旅游购物在当年全省旅游外汇收入所占比例（%）
1991	390	8. 4
1992	503	7. 3
1993	716	8. 7
1994	1230	12. 3
1995	1191	9. 5
1996	2547	15. 7

说明：1995 年、1996 年数据含重庆市
资料来源：《海外旅游者抽样调查资料》《中国旅游统计年鉴》

1997 年行政区划调整后，1997 年，全省旅游购物外汇收入突破 1232 万美元，2005 年达到 7330 万美元。1997—2005 年四川省旅游购物在入境旅游中收益及在全省旅游外汇收入中所占比例见表 5－127。

1997—2005 年四川省入境旅游购物收益及所占比例统计表

表 5－127

年　份	旅游购物收益（万美元）	旅游购物在当年全省旅游外汇收入所占比例（%）
1997	1232	15. 6
1998	1247	14. 9
1999	1264	13. 0
2000	2535	20. 8
2001	2802	16. 9
2002	4583	22. 9
2003	3426	22. 9
2004	7395	25. 6
2005	7330	23. 2

资料来源：《海外旅游者抽样调查资料》《中国旅游统计年鉴》

二、国内旅游购物效益

1994 年起，通过抽样调查，对国内旅游收入的结构进行统计。1994 年，国内旅游购物收益 4. 98 亿元人民币，1996 年为 16. 34 亿元人民币。行政区划调整后，1997 年国内旅游购物收益 18. 13 亿元人民币，2002 年突破 50 亿元人民币，2005 年为 135. 66 亿元人民币。1994—2005 年国内旅游购物收益及在全省国内旅游收入所占比例见表 5－128。

1994—2005年国内旅游购物收益及所占比例统计表

表5－128

年 份	旅游购物收益（亿元人民币）	旅游购物在当年全省国内旅游收入所占比例（%）
1994	4.98	16.6
1995	18.79	17.4
1996	20.63	16.5
1997	18.13	17.1
1998	19.52	16.4
1999	31.46	14.7
2000	41.66	16.8
2001	43.20	14.4
2002	58.90	16.2
2003	60.44	14.8
2004	93.28	17.2
2005	135.66	19.5

说明：1995年、1996年数据，含重庆市

资料来源：《中国国内旅游抽样调查资料》《中国旅游统计年鉴》

第二节 旅游商品获奖

1988年，由轻工部、国家旅游局组织的中国旅游商品评优中，成都市竹编工艺厂的“三友”牌瓷胎竹编工艺品被评为优质产品（部优）。

在1990年由轻工部、国家旅游局组织的“中国旅游商品天马奖”评比活动中，获得金奖的四川旅游商品有4个，为成都市竹编工艺厂生产的瓷胎竹编系列工艺品、四川省丝绸公司生产的真丝扎染头巾、重庆市酿造品总厂生产的金钩豆瓣酱、广元市食品厂生产的云雀牌琥破桃仁。获得银奖的四川商品有8个，为四川工艺美术公司绣品厂的《熊猫》装饰挂件、成都市蜀绣厂的云龙八段锦缎被面、薛涛—熊猫双面异形绣、重庆市美术漆器厂的95厘米镶嵌孔雀园盘、重庆市金星食品厂的老四川五香牛肉干、自贡扎染工艺厂的蜀颉牌扎染服装系列、成都饭店食品部的龙须牛肉。获得铜奖的四川商品有21个。

1991年获得国家旅游局优质产品（部优）的旅游商品中，四川有6个，依获奖排序为垫江县工艺厂的松鹤牌黑角棕竹手杖，自贡市扎染厂的蜀颉牌扎染系列产品，成都市蒲江食品厂的鹤山牌米花糖，重庆金星食品厂的金角牌五香牛肉干，重庆江津糖果厂玫瑰牌米花糖，重庆茶厂的峨眉牌重庆沱茶。

1992年由轻工部、国家旅游局组织的“中国旅游商品天马奖”评比，四川获得金奖有8个，分别是自贡市扎染厂的蜀颉牌扎染系列产品，成都皇汉绣庄皇汉牌观音唐卡绣，皇汉牌人体乱针绣，

重庆江津糖果厂荷花牌米花糖，垫江县工艺厂的松鹤牌黑角棕竹手杖，新都县新繁泡菜，成都饭店食品公司的杏叶牌龙须牛肉，杏叶牌麻辣牛肉。获得银奖有8个，分别是成都军区卫生学校的军卫牌果汁饮料，昭觉县民族餐具厂的结盟牌彝族木餐具，双流县花园食品厂的维博牌蔬菜汁（2种），重庆嘉美食品厂的美声牌花生，重庆露凝香火锅馆火锅底料，重庆矿泉饮料厂中梁山牌矿泉水，江津县外贸食品厂的远洋牌花生，重庆莱茵达食品厂的卡尔比排乳酸饮料。优秀奖13个。

2002年国家旅游局、中国旅游协会在南京举办中国首届旅游纪念品设计大赛评选活动，四川67项旅游纪念品送展，获金奖3项（1. 以成都为主题的三国人物金属书签；2. 以九寨沟为主题的的九寨沟吉祥物系列；3. 以九寨沟为主题的的九寨沟药材系列）。获得银奖10项，优秀奖8项。

第七章　旅游餐饮　旅游娱乐

旅游餐饮、旅游娱乐作为旅游经济的组成部分，是旅游产业组成的要素之一。

第一节　旅游餐饮效益

旅游餐饮效益，指通过抽样调查，统计入境旅游者及国内旅游者在旅游过程中餐饮消费所获得的效益。旅游管理部门没有对旅游餐饮企业进行实际统计。旅游餐饮效益分为入境旅游餐饮效益和国内旅游餐饮效益两个部分。

一、入境旅游餐饮收益

1986—1990 年入境旅游收益用外汇券计算，1986 年，旅游餐饮收益 443 万元外汇券人民币，在全省旅游外汇收入中的比例为 6.67%。1990 年，旅游餐饮收益 1053 万元外汇券人民币，占全省旅游外汇收入的 6.07%。1986—1990 年四川省入境旅游餐饮收益及其在全省旅游外汇收入中所占比例见表 5－129。

1986—1990 年四川省入境旅游餐饮收益及所占比例

表 5－129

年　份	旅游餐饮收益（外汇券人民币万元）	旅游餐饮在全省旅游外汇收入中所占比例（%）
1986	443	6.7
1987	381	4.5
1988	457	4.1
1989	686	6.7
1990	1053	6.1

资料来源：《海外旅游者抽样调查资料》《中国旅游统计年鉴》

1991 年起，旅游外汇收入以美元为单位，当年旅游餐饮外汇收入 414 万美元，1996 年，旅游餐饮外汇收入 1639 万美元（含重庆市）。1991—1996 年四川省入境旅游餐饮收益及其在全省旅游外汇收入中所占比例表 5－130。

1991—1996 年四川省入境旅游餐饮收益及所占比例统计表

表 5－130

年　份	旅游餐饮收益（万美元）	旅游餐饮在全省旅游外汇收入中所占比例（%）
1991	414	8. 9
1992	434	6. 3
1993	625	7. 6
1994	1259	12. 6
1995	1930	15. 4
1996	1639	10. 1

说明：1995 年、1996 年数据，含重庆市

资料来源：《海外旅游者抽样调查资料》《中国旅游统计年鉴》

1997 年行政区划调整后，当年全省旅游餐饮外汇收入 576 万美元，2005 年达到 3065 万美元。1997—2005 年四川省旅游餐饮在入境旅游中收益及其在全省旅游外汇收入中所占比例见表 5－131。

1997—2005 年四川省入境旅游餐饮收益及所占比例统计表

表 5－131

年　份	旅游餐饮收益（万美元）	旅游餐饮在全省旅游外汇收入中所占比例（%）
1997	576	7. 3
1998	820	9. 8
1999	894	9. 2
2000	1024	8. 4
2001	1442	8. 7
2002	1761	8. 8
2003	1316	8. 8
2004	1271	4. 4
2005	3065	9. 7

资料来源：《海外旅游者抽样调查资料》《中国旅游统计年鉴》

二、国内旅游餐饮效益

1994 年起，通过抽样调查，对国内旅游收入的结构进行统计，当年旅游餐饮收益 5. 58 亿元人民币，1996 年为 18. 23 亿元人民币。当年行政区划调整后，1997 年国内旅游餐饮收益 16. 75 亿元人民币，2001 年突破 50 亿元人民币，2005 年突破 100 亿元人民币，达到 103. 65 亿元人民币。1994—2005 年四川省国内旅游餐饮收益及其在全省国内旅游收入中所占比例见表 5－132。

1994—2005 年四川省国内旅游餐饮收益及所占比例统计表

表 5－132

年　份	旅游餐饮收益（亿元人民币）	旅游餐饮在全省国内旅游收益中所占比例（%）
1994	5. 58	18. 6
1995	19. 87	18. 4
1996	23. 00	18. 4
1997	16. 75	15. 8
1998	19. 99	16. 8
1999	40. 45	18. 9
2000	40. 42	16. 3
2001	52. 20	17. 4
2002	57. 81	15. 9
2003	69. 02	16. 9
2004	87. 85	16. 2
2005	103. 65	14. 9

说明：1995 年、1996 年数据，含重庆市

资料来源：《中国国内旅游抽样调查资料》《中国旅游统计年鉴》

第二节　旅游娱乐效益

旅游娱乐收益，指通过抽样调查，统计入境旅游者及国内旅游者在旅游过程中娱乐消费所获得的效益。旅游管理部门未对旅游娱乐企业进行实际统计。旅游娱乐的收益量及其在全省旅游收入中所占比例均很小。旅游娱乐收益分为入境旅游娱乐效益和国内旅游娱乐效益两个部分。

一、入境旅游娱乐收益

1986—1990 年入境旅游收益用外汇卷计算，1986 年，旅游娱乐收益 11 万元外汇券，在全省旅游外汇收入中的比例为 0. 17%。1990 年，旅游娱乐收益 3. 5 万元外汇券，占全省旅游外汇收入的 6. 07%。1986—1990 年四川省旅游娱乐在入境旅游中收益及其在当年全省旅游外汇收入中所占比例见表 5－133。

1986—1990 年四川省入境旅游娱乐收益及所占比例统计表

表 5－133

年　份	旅游娱乐收益（外汇券人民币万元）	旅游娱乐在全省旅游外汇收入中所占比例（%）
1986	11	0. 17
1987	1	0. 01
1988	10	0. 09

续表 5－133

年　份	旅游娱乐收益（外汇券人民币万元）	旅游娱乐在全省旅游外汇收入中所占比例（%）
1989	1. 00	0. 01
1990	3. 50	0. 02

资料来源：《海外旅游者抽样调查资料》《中国旅游统计年鉴》

1991 年起旅游外汇收入以美元为单位，当年全省旅游娱乐外汇收入 46 万美元，1996 年旅游娱乐外汇收入 438 万美元（含重庆市）。1991—1996 年四川省入境旅游娱乐收益及其在当年全省旅游外汇收入中所占比例见表 5－134。

1991—1996 年四川省入境旅游娱乐收益及所占比例统计表

表 5－134

年　份	旅游娱乐收益（万美元）	旅游娱乐在全省旅游外汇收入中所占比例（%）
1991	46	1. 0
1992	69	1. 0
1993	82	1. 0
1994	70	0. 7
1995	251	2. 0
1996	438	2. 7

说明：1995 年、1996 年数据，含重庆市
资料来源：《海外旅游者抽样调查资料》《中国旅游统计年鉴》

1997 年行政区划调整后，当年全省旅游娱乐外汇收入 316 万美元，2005 年达到 2054 万美元。1997—2005 年旅游娱乐在入境旅游中收益及其在当年全省旅游外汇收入中所占比例见表 5－135。

1997—2005 年四川省入境旅游娱乐收益及所占比例统计表

表 5－135

年　份	旅游娱乐收益（万美元）	旅游娱乐在全省旅游外汇收入中所占比例（%）
1997	316	4. 0
1998	402	4. 8
1999	389	4. 0
2000	719	5. 9
2001	1359	8. 2
2002	1221	6. 1
2003	912	6. 1
2004	1762	6. 1
2005	2054	6. 5

资料来源：《海外旅游者抽样调查资料》《中国旅游统计年鉴》

二、国内旅游娱乐效益

1994年起，通过抽样调查，对国内旅游收入的结构进行统计。1994年，旅游娱乐收益9000万元人民币，1996年为2.25亿元人民币。行政区划调整后，1997年，国内旅游娱乐收益1.59亿元人民币，2002年突破20亿元人民币，2005年达到40.35亿元人民币。1994—2005年四川省国内旅游娱乐收益见表5－136。

1994—2005年四川省国内旅游娱乐收益统计表

表5－136

年　份	旅游娱乐收益（亿元人民币）	旅游娱乐在当年全省国内旅游收益所占比例（%）
1994	0.90	3.00
1995	3.02	2.80
1996	2.25	1.80
1997	1.59	1.50
1998	2.14	1.80
1999	18.19	8.50
2000	15.62	6.30
2001	18.30	6.10
2002	21.45	5.90
2003	25.32	6.20
2004	34.71	6.40
2005	40.35	5.80

说明：1995年、1996年数据，含重庆市

资料来源：《中国国内旅游抽样调查资料》《中国旅游统计年鉴》

第八章 省旅游局直属企业

省旅游局直属企业，即省旅游总公司直属企业，亦称省属旅游企业。2000年以前，省旅游局在对全省旅游业行使行业管理的职能的同时，还直接管理几家旅游企业。2000年省旅游局与所属企业实行政企分开，将省属旅游企业移交省大型企业工委。

第一节 省属旅游企业规模

一、省直属旅游企业沿革

1984年7月，省政府批准成立四川省旅游总公司，四川省旅游总公司与四川省旅游局两块牌子，一套人员，省旅游总公司（省旅游局）直属企业，当时有4家（实际上3家），分别是锦江宾馆、中国国际旅行社成都分社（同时使用四川省中国旅行社牌子）、中国旅游服务公司四川省公司。

1986年在省旅游局车队的基础上，组建四川省旅游汽车公司，为四川省旅游局（总公司）直属企业，四川省中国旅行社从中国国际旅行社成都公社分离出来，划归省侨办管理。至此省旅游局（省旅游总公司）直属企业有5家（实际上4家）。

1988年1月，四川旅游总公司所属岷山饭店建成开业，为四川省旅游局（总公司）直属企业，至此省旅游总公司直属企业有5家。12月，四川旅游总公司新建立四川海外旅游公司（一类旅行社），至此省旅游总公司直属旅游企业达到6家。

1990年11月，中国国际旅行社成都分社与四川海外旅游公司两家企业合并经营，对外两个企业的牌子，内部一套人员，统一经营。省旅游总公司直属企业有6家（实际上5家）。

1994年，中国国际旅行社系统改制，中国国际旅行社成都分社更名为四川省中国国际旅行社，与四川海外旅游公司两个牌子，一套人员。锦江宾馆经过逐年发展，先后组建了花园餐饮娱乐有限公司、锦鑫宾馆、锦达旅行社、锦江宾馆饭店管理公司、锦江开发公司、锦江友谊商务公司等子公司。

1997年，在岷山饭店的基础上组建岷山实业开发总公司，为省属旅游企业，其属下有岷山饭店有限公司、岷山计算机通讯有限公司、岷山工程技术有限公司、岷山酒店管理公司等子公司。四川省旅游汽车公司组建大西南旅行社、瑞奇广告公司等子公司。

1998年7月，省政府批准，组建四川旅游集团有限责任公司，原四川省旅游局（总公司）5家直属企业为旅游集团公司全资子公司。

2000年，省旅游局与四川旅游投资集团实行政企分开，四川旅游投资集团归属于四川省大型企业工委。

二、省旅游局直属旅游企业规模

四川省旅游局直属旅游规模情况见表 5－137。

四川省旅游局直属企业情况表

表 5－137

年份	企业（户）	企业名称	备注
1986	5	锦江宾馆、中国国际旅行社成都分社（四川省中国旅行社）、四川省旅游汽车公司、中国旅游服务公司四川省公司	实际为 4 户
1987	4	锦江宾馆、中国国际旅行社成都分社、四川省旅游汽车公司、中国旅游服务公司四川省公司	
1988	5	锦江宾馆、中国国际旅行社成都分社、四川海外旅游公司、岷山饭店、四川省旅游汽车公司、中国旅游服务公司四川省公司	
1990	6	锦江宾馆、中国国际旅行社成都分社（四川海外旅游公司）、岷山饭店、四川省旅游汽车公司、中国旅游服务公司四川省公司	实际为 5 户
1994	6	锦江宾馆、四川省中国国际旅行社（由中国国际旅行社成都分社更名，与四川海外旅游公司两个牌子，一套人员）、岷山饭店、四川省旅游汽车公司、中国旅游服务公司四川省公司	实际为 5 户
1997	6	锦江宾馆、四川省中国国际旅行社（四川海外旅游公司）、岷山实业开发总公司（属下有岷山饭店等子公司）、四川省旅游汽车公司、中国旅游服务公司四川省公司	实际为 5 户
1998		四川旅游集团投资有限公司	集团有 5 家全资子公司（锦江宾馆、岷山饭店、四川省中国国际旅行社、四川省旅游汽车公司、中国旅游服务公司四川省公司），4 家控股企业
2000	省属旅游企业划归四川省大中型企业工委		

资料来源：省旅游局档案

三、四川旅游集团投资有限公司

1998 年 7 月，省政府批复省旅游局《关于组建四川旅游集团有限责任公司实施方案的请示》，同意组建四川旅游集团有限责任公司，授权四川旅游集团有限责任公司（以下简称四川旅游集团）对原四川省旅游局（总公司）5 家直属企业实行目标经营管理，这 5 家企业为集团公司全资子公司。同时省委组织部任命省旅游局副局长崔志伟为省旅游集团董事长（兼任），旅游局副局长张谷为省旅游集团总经理（兼任）。1999 年 7 月，省委组织部任命省旅游局局长廖冬冰为省旅游集团董事长、党委书记（兼任）。

四川旅游集团公司性质是有限责任公司（国有独资）。公司级别正厅级。省旅游局受省政府委托对旅游集团和直属企业国有资产的保值增值进行监督管理。

1998年四川旅游集团公司有5家全资子公司，为原四川省旅游局（总公司）的5家直属企业，分别是锦江宾馆、岷山饭店、四川省中国国际旅行社（四川海外旅游公司）、四川省旅游汽车公司、中国旅游服务公司四川省公司。

1999年9月，旅游集团公司宣布锦江宾馆下属的锦鑫酒店同锦江宾馆分离，单独为全资子公司，旅游集团公司实际上有6家全资子公司。

四川旅游集团公司有4家控股企业。中国重庆大有国际游船旅游有限公司，（原为四川省旅游总公司与工商银行四川省分行，重庆轮船总公司、四川海外旅游公司、长江轮船总公司东风船厂、工商银行重庆市分行、国际旅行社万县支社、香港悦兴国际有限公司、香港川泽实业有限公司共同出资组建的、由四川省旅游总公司控股的企业。）1998年，旅游集团公司在四川省旅游总公司的基础上更名改制成立以后，中国重庆大有国际游船有限公司正式成为旅游集团公司控股企业。

四川公众文化传播有限公司，为旅游集团公司与成都博瑞投资有限责任公司、四川润其投资咨询服务有限责任公司、新华通讯社四川音像中心于1998年8月签约共同出资组建的，由四川旅游集团公司控股的企业。

四川旅游集团文化产业有限公司，为四川旅游集团公司与四川国交文化艺术有限责任公司、四川省文物总店于1999年签约共同出资组建、由四川旅游集团公司的控股企业。

四川旅游集团蜀艺旅业发展有限公司，为旅游集团公司与四川省中国国际旅行社、四川省中国青年旅行社、成都海外旅游公司、成都中国青年旅行社成都康辉国际旅行社、四川航空旅游公司、成都新南铁路旅行总社于1999年12月签约共同出资组建的，由四川旅游集团公司控股的企业。

四川旅游集团参股的企业有两家，分别是蜀海（海南）企业发展公司，四川海外富长旅游有限公司。

在省旅游局对四川旅游集团监督管理期间，四川旅游集团对所属企业经营进行管理，旅游集团主要的投资活动是1999年开始投资、组织和参与组建位于成都金堂县的“成都野生动物世界”项目，于2003年开业，产生过短期效应，总的效益不佳。1999年旅游集团与三星堆博物馆协商合作事宜，由于协议中的管理体制与文物保护的意见差异较大，集团提议在三星堆文物保护区内建旅游宾馆与反对意见相持不下，省政协文史委员会曾就此作过专题调研，最终合作未成。

第二节 省属旅游企业经济效益

1986年，省属旅游企业营业收入3000多万元，利润总额1000多万元。1999年，省属旅游企业营业收入2.04亿元，利润总额157万元。1986—1999年四川省旅游局直属企业主要经济指标见表5－138。

1986—1999年四川省旅游局直属企业主要经济指标统计表

表5－138

年份	固定资产（万元）	营业收入（万元）	利润总额（万元）	税金（万元）	外汇收入（万元外汇券）	结汇（万元外汇券）
1986	—	3033	1190	98.7	1925	—
1987	—	4471	1853	153.5	2106	944
1988	8323	8657	1958	285.1	2750	982

续表5－138

年　份	固定资产（万元）	营业收入（万元）	利润总额（万元）	税金（万元）	外汇收入（万元外汇券）	结汇（万元外汇券）
1989	7266	7138	1356	260.2	2355	957
1990	11491	8639	1641	287.4	3034	—
1991	12447	8449	1716	345.3	3532	—
1992	11946	11573	2339	467.3	7266	—
1993	17420	15465	3035	423.5	4598	845
1994	37226	23459	4980	958.5	未统计	
1995	49486	28215	3746	1202	未统计	
1996	52143	29918	3597	1265	未统计	
1997	56653	24329	412	1086	未统计	
1998	57032	19914	263	873	未统计	
1999	64289	20362	157	874	未统计	

资料来源：省旅游局档案

四川省属旅游企业各企业经济指标见表8－139。

四川省属旅游企业各企业经济指标统计表

表5－139

年 份	项　目	省属旅游企业合计	其中各企业				
			锦江宾馆	岷山饭店	省国际旅行社	省旅游汽车公司	省旅游服务公司
1988	固定资产（万元）	8322	3190	4291	122	712	7
	营业收入（万元）	8656	3793	3521	631	299	412
	利润总额（万元）	1954	1369	328	177	51	29
	上缴税金（万元）	285	228	93	8	9	8
	收汇（万元外汇券）	2750	1627	631	631	110	—
	结汇（万元外汇券）	982	580	—	338	110	—
1989	固定资产（万元）	7266	3213	3170	154	706	7
	营业收入（万元）	7138	3566	2556	239	212	131
	利润总额（万元）	1356	1033	354	-43	-41	45
	上缴税金（万元）	260.2	221	88	4	7	8
	收汇（万元外汇卷）	2355	1080	582	217	51	—
	结汇（万元外汇卷）	957	500	—	318	51	—

续表 5－139

年份	项目	省属旅游企业合计	其中各企业				
			锦江宾馆	岷山饭店	省国际旅行社	省旅游汽车公司	省旅游服务公司
1990	固定资产（万元）	11491	4036	6539	274	652	49
	营业收入（万元）	8639	3594	2294	310	367	175
	利润总额（万元）	1641	853	504	135	37	13
	上缴税金（万元）	287	149	94	26	11	7
	收汇（万元外汇券）	3034	1559	734	582	159	—
	结汇（万元外汇券）	1123	817	103	495	159	—
1991	固定资产（万元）	12447	4721	6559	310	832	24
	营业收入（万元）	8449	4535	2463	2330	386	188
	利润总额（万元）	1716	1011	555	115	37	－32
	上缴税金（万元）	345	198	107	21	12	7
	收汇（万元外汇券）	3532	2002	106	445	179	—
	结汇（万元外汇券）	2510	1546	328	458	179	—
1992	固定资产（万元）	11946	5032	5677	321	894	22
	营业收入（万元）	11573	6429	3414	1151	439	140
	利润总额（万元）	2339	1256	861	145	65	11
	上缴税金（万元）	467	269	144	36	14	4
	收汇（万元外汇券）	7266	2788	1387	921	217	0.48
	结汇（万元外汇券）	4191	1174	685	460	287	2.38
1993	固定资产（万元）	17420	8508	7168	667	1056	21
	营业收入（万元）	15465	8799	5050	925	265	225
	利润总额（万元）	3035	1635	1352	103	－66	12
	上缴税金（万元）	423	363	261	31	7.6	5
	收汇（万元外汇券）	4598	2634	1747	87	130.4	—
	结汇（万元外汇券）	845	1085	461	222	162.8	—
1994	固定资产（万元）	37226	26527	8841	733	1065	54.9
	营业收入（万元）	23459	13301	6688	2844	367.5	259
	利润总额（万元）	4980	3108	1735	58	62.9	11.2
	上缴税金（万元）	958	511	395	32	10.8	10

续表 5－139

年 份	项目	省属旅游企业合计	其中各企业				
			锦江宾馆	岷山饭店	省国际旅行社	省旅游汽车公司	省旅游服务公司
1995	固定资产（万元）	49486	37890	9805	701	1002	71
	营业收入（万元）	28215	16819	8397	2228	451	320
	利润总额（万元）	3746	2388	1246	7	86	20
	上缴税金（万元）	1202	682	478	23	10	9
1996	固定资产（万元）	52143	40026	10237	629	1131	120
	营业收入（万元）	29918	18641	7836	2461	568	412
	利润总额（万元）	3597	2409	1109	8	50	6
	上缴税金（万元）	1265	793	423	29	14	21
1997	固定资产（万元）	56653	40986	13756	600	1190	121
	营业收入（万元）	24329	14083	6681	2579	557	429
	利润总额（万元）	412	506	11	－117	2	9
	上缴税金（万元）	1086	647	395	19	16	10
1998	固定资产（万元）	57032	40994	14574	471	867	123
	营业收入（万元）	19914	11716	4983	2497	464	254
	利润总额（万元）	263	284	0	－29	－3	11
	上缴税金（万元）	873	547	287	19	14	6

资料来源：省旅游局报表

第三节　部分省属旅游企业

省属旅游企业在各种类型的旅游企业（旅游饭店、旅行社旅游车船公司）中，一直是骨干企业，在企业的设施设备建设、企业经济效益、企业的规范经营、旅游服务质量等方面，均发挥了示范和标杆作用。

一、锦江宾馆

锦江宾馆于1959年10月动工修建，1961年建成开业，前身是省政府的高级招待所，1979年6月1日划归省旅游局，是四川省第一家旅游涉外饭店。1984年，锦江宾馆由事业单位改为企业单位。同年，被国家旅游局确定为全国首批“学建国饭店”实行经济改革的50家旅游饭店之一。1989年，全国进行星级饭店评定，锦江宾馆是四川省首批三星级饭店之一，1992年是四川省首批四星级饭店之一，1995年成为中国西南首家五星级饭店。

1979 年改为旅游饭店后，当年实现扭亏转盈，1987 年起利润总额超过 1000 万元，1995—1996 年，利润总额超过 2000 万元。

1988 年，锦江宾馆获国家旅游局颁发的“全国旅游优质服务先进单位”称号。1993 年，锦江宾馆客房部获“全国旅游行业先进集体”称号。1995 年，四川锦江宾馆客房主五楼小组为全国首批“青年文明号”之一。2003 年，锦江宾馆被省政府授予“四川省旅游工作先进单位”称号。2004 年，锦江宾馆被省政府授予“四川省旅游工作先进集体”称号。

1986—2005 年，国家旅游局组织两次全国最佳星级饭店评比活动，锦江宾馆两次都榜上有名，1994 年，被评为全国最佳星级饭店（全国共有 96 家），1996 年锦江宾馆在公布的全国最佳星级饭店中排第 6 位（全国共有 50 家）。

1995 年 12 月，省政府通报表彰锦江宾馆，通报指出：锦江宾馆 1995 年度经济效益、社会效益显著，全年实现利润 2388 万元，超额完成了下达的利润指标，国有资产保值增值，创五星级饭店取得成功，并获得国家旅游局“’95 全国星级饭店五十佳”荣誉称号，决定给予锦江宾馆通令嘉奖，对其领导班子集体记功 1 次。

1988—1999 年锦江宾馆规模及效益见表 8－140。

1988—1999 年锦江宾馆规模及效益统计表

表 5－140

年　份	客房（间）	床位（张）	客房出租率（%）	固定资产（万元）	营业收入（万元）	利润总额（万元）	上缴税金（万元）
1988	—	—	—	3190	3793	1369	228
1989	—	—	—	3213	3566	1033	221
1990	519	961	84.4	4036	3594	853	148.9
1991	509	938	79.4	4721	4535	1011	198.2
1992	510	933	85.3	5032	6429	1256	268.7
1993	349	628	86.6	8508	8799	1635	362.9
1994	515	948	80.0	26527	13301	3108	511.3
1995	520	957	74.2	37890	16819	2388	682
1996	523	956	70.7	40026	18641	2409	793
1997	523	960	53.0	40986	14083	506	647
1998	508	886	61.6	40994	11716	284	547
1999	523	960	53.0	—	—	—	—

资料来源：《中国旅游年鉴》、省旅游局档案资料

二、四川省中国国际旅行社（中国国际旅行社成都分社）四川海外旅游公司

中国国际旅行社成都分社 1978 年 4 月成立（中国国际旅行社成都分社的名称可追溯到 1959 年，是省政府交际处对外接待的名义性机构），是四川省成立最早的旅行社，1978 年成立时同时使用四川

省中国旅行社牌子，隶属省外事办公室。1978 年 11 月省旅游局成立，该旅行社划归省旅游局，为省旅游局直属的事业单位。1984 年由事业单位改为全民所有制企业。1989 年 2 月，以该旅行社人员为基础组建四川海外旅游公司，为一类旅行社。1990 年，四川海外旅游公司与中国国际旅行社成都分社合并为一，以两个企业的名义对外，一套人员，两个牌子，兼有一类旅行社与二类旅行社经营权的企业。

该旅行社长时期是全省拥有导游人员最多、语种门类最齐全的旅行社，拥有英、日、法、德、意、俄、印尼等语种和粤语、闽语等导游人员，在发展四川入境旅游业方面作用突出。

1999 年，全国国际旅行社“百强”，四川海外旅游公司排第 79 位。2000 年，全国国际旅行社“百强”，四川海外旅游公司排第 92 位，四川中国国际旅行社排第 96 位。2001 年，全国国际旅行社“百强”，四川海外旅游公司排第 75 位，四川省中国国际旅行社排第 76 位。2002 年，全国国际旅行社“百强”，四川海外旅游公司排第 81 位。2004 年，全国国际旅行社“百强”，四川海外旅游公司排第 91 位。

三、四川省旅游汽车公司

四川省旅游汽车公司的前身是国旅成都分社汽车队，1981 年改制为省旅游局直属旅游车队，1984 年改制为四川省旅游汽车公司，当时公司拥有大、中、小型进口空调旅游客车 76 辆。1990 年，公司拥有各式进口旅游客车 91 辆，总座位 1407 座。2000 年，该公司有旅游车辆 100 余台，是全省拥有进口客车最多的公司。该公司驾驶人员经过比较严格的职业道德和技术技能培训，特别是经过涉外旅游服务质量的培训，有较高的素质，在发展四川入境旅游过程的旅游车船交通方面，起着举足轻重的作用。2000 年公司归属省大型企业工委。

第六篇 旅 游 管 理

旅游管理，指对旅游产业的宏观管理，不涉及微观层面对各旅游企业的直接管理及旅游企业的经营管理。

宏观管理，包括制定旅游发展战略，政府对旅游业及相关行业的协调管理，旅游法治建设，以及对旅游市场的管理，旅游管理部门对旅游业的行业管理，旅游业管理机构及旅游行业组织等。

第一章 旅游发展战略

旅游业是一项新兴产业，在经济和社会发展中，旅游经济成为新的经济增长点，在促进社会发展和改革开放中发挥愈来愈重要的作用。在四川旅游业兴起和发展过程中，各级党委政府、旅游管理部门及旅游业界，在实践和理论上不断探索加快四川旅游业发展的战略，经过较长时期的努力，形成了“政府主导，企业主体，市场化运作”发展四川旅游业的战略，取得各方面共识。

20 世纪 80 年代中期，四川旅游业从事业型逐步发展成为经济型产业。四川旅游资源丰富，在全国名列前茅，但旅游经济在全省经济总量中比重甚微，在全国属于中等发展水平，与旅游资源大省的地位很不相称。四川各级党委政府积极支持旅游业发展，在经济层面上，由于当时全省经济发展水平所限，政府支持的力度有限。1987 年，省政府决定实行“以旅游养旅游”政策，即每年将省旅游局直属企业上交的盈利，由省财政全额返还省旅游局，用于全省旅游业的发展，数额不大。这一政策只在省级执行，市级及其以下旅游部门所属的旅游企业很弱小，几乎无盈利。因而当时政府的支持主要体现在政策层面上。

第一节 协调机构

由于旅游业综合性较强，涉及到许多行业，发展旅游业不能单靠旅游部门和旅游企业，政府的领导和协调十分重要。

1986 年，省政府决定成立省旅游协调小组，作为常设的议事机构，此后旅游协调小组这一形式延续下去，直到 2000 年由旅游产业发展领导小组予以替代。省旅游协调小组历任组长都由省委、省政府分管领导担任，省级相关部门负责人为成员。旅游协调小组不定期的对涉及旅游业发展的重大事项予以协调，在当时历史阶段，发挥了较大的作用。

1986 年 9 月，省政府决定成立省旅游协调小组，由省政府秘书长姜泽亭任组长，省旅游局局长李砚田任副组长。

1991 年 11 月，由省政府秘书长刘志鹏任组长，省旅游局局长周绍全任副组长。

1992 年，由副省长刁金祥任组长，省委秘书长徐世群、省旅游局局长何一心任副组长。

1993 年，省旅游协调小组由副省长徐世群任组长，省旅游局局长何一心任副组长。

1995 年 11 月，省委副书记秦玉琴任省旅游协调小组组长，副省长徐世群任副组长。

1997 年，由省委副书记杨崇汇任省旅游协调小组组长，副省长徐世群任副组长。

省内各地根据旅游发展情况，1987 成都市、重庆市、乐山市相继成立旅游协调小组，到 1992

年，各市（地、州）和部分县（市）先后成立旅游协调小组。

2000年，省委、省政府决定成立省旅游产业发展领导小组，加强对旅游业发展的领导，原省旅游协调小组自然取消。各市（州）相继成立或更名为旅游产业领导小组。

第二节　旅游战略规划

随着旅游产业规模的迅速扩大，旅游业对经济发展社会进步及对外开放的促进和推动作用更加明显。20世纪90年代初，旅游业界及社会上开始提出，实施“政府主导型”的发展战略，旅游业能保持快速健康发展。政府主导主要体现在旅游业中长期发展规划、战略布局、重大基础设施建设、以及整体旅游形象的宣传促销、旅游市场的综合治理等方面。

1995年开始的创建“中国优秀旅游城市”活动开展以后，政府主导型发展旅游业战略更加清晰。由省委省政府和各地党委政府统一领导，协调相关行业和部门，在改革发展大局的推动下，旅游业的产业地位迅速提升，产业规模迅速扩大。

1997年行政区划调整，全省经济和社会发展出现新的格局，省委、省政府决定，省人大通过决议，将旅游业作为四川的六大支柱产业之一，提出“培育旅游支柱产业、建设旅游经济强省”的战略目标。政府主导型发展旅游业战略强力推进。9月，省政府与世界旅游组织签订“关于编制四川省旅游发展总规划之协议书”，委托世界旅游组织帮助制定一份高质量的、专业化的四川旅游发展总体规划，所需经费由省财政支付，在全国属首例。

1998年省委、省政府下发《关于加快旅游业发展的决定》。明确旅游业作为四川经济和社会发展的六项支柱产业之一。2000年，省委、省政府下发《关于加快培育旅游支柱产业建设旅游经济强省的决定》，2003年，省政府下发《关于加快四川旅游产业发展的实施意见》《关于进一步加强对旅游产业发展工作领导的通知》等文件，省人大公布和修改《四川省旅游管理条例》，省政府先后发布一批关于旅游业发展的政府规章。

2000年10月，省委、省政府决定成立省旅游产业发展领导小组，并明确其主要任务和职责：制定四川省旅游发展战略，督促实施四川省旅游发展总体规划，审定各地旅游产业发展规划；协调各部门在旅游发展中的职责，理顺管理，解决制约旅游发展的重大问题；指导全省旅游产品结构和企业组织结构的调整；组织制定鼓励四川旅游产品扩大国际销售和创汇的政策，组织制定旅游产品进入市场的规范标准，组织行政执法部门进行监督实施；组织拟订旅游市场管理的规章制度，培育和发展旅游市场，规范旅游市场经营行为，保护公平竞争；组织有关专家对发展四川旅游产业提供咨询；制定、保护和扶持重点优势的旅游企业发展的政策措施，帮助企业解决困难和问题等。原省旅游协调小组自然撤销，各市（地、州）也相继成立或更名为旅游产业领导小组。

2000年5月，省旅游产业发展领导小组由省委副书记、副省长杨崇汇任组长，副省长徐世群任副组长。8月，成立省假日旅游协调小组，省委副书记、副省长杨崇汇任组长，副省长徐世群任副组长。2003年，省委、省政府调整充实省旅游产业发展领导小组，由省委副书记、省长张中伟出任省旅游产业发展领导小组组长，省委副书记、副省长蒋巨峰和副省长王怀臣任副组长。

2002年，省委副书记、副省长蒋巨峰代表省委、省政府指出，发展旅游产业，政府主导不等于政府包办，要充分发挥旅游企业的主体作用，采取市场化运作的路子。发展四川旅游业，坚持“政府主导”与坚持“市场化运作”紧密结合，大力培育旅游市场主体，充分发挥市场对资源配置的基础性作用。

2003年，省委、省政府召开首届四川旅游发展大会，以后3年每年召开一届旅游发展大会。在旅游发展大会的主要文献中，明确和强调四川发展旅游业的战略是“政府主导，企业主体，市场化运作”。四川发展旅游业的战略以及形成大旅游、大产业、大市场的经验，在全国产生很大影响，不少省、市、区到四川学习交流经验，每届旅游发展大会国家旅游局主要领导都到会并发表讲话。2005年国家旅游局局长邵琪伟指出：“四川旅游业快速发展的实践，为全国旅游业发展，特别是西部地区旅游开发，提供了宝贵的经验。”

第二章 旅游市场治理

旅游市场的规范和治理，是旅游产业发展过程中经常性的重要工作，是旅游行业管理的重点，旅游市场治理的主要内容是旅游企业的规范经营和旅游服务质量的规范和监管，市场治理的责任主体是旅游管理部门。20 世纪 90 年代中期，随着四川旅游产业规模的扩大，旅游市场治理更加受到政府的重视和支持，成为政府主导发展旅游业战略的重要组成部分，各级政府作为领导主体和责任主体，由政府牵头，相关部门参加，逐步建立和完善全省和各地的旅游市场综合治理工作体系。

第一节 常规治理

1986 年 8 月，省旅游局下发《关于加强旅游市场管理的通知》，要求全省各级旅游管理部门加强对旅游市场的管理，重点是严禁境外旅行社在四川变相设立办事处和私自聘请雇员代办旅游业务；除特许 4 家三类旅行社接待零散港澳同胞旅游者外，严禁其他三类旅行社经营此项业务；未经批准旅游涉外的饭店，不能接待海外旅游者；旅行社和旅游涉外饭店，要按规定向当地旅游管理部门填报统计报表；确保旅游团队行车安全，加强旅游价格管理等。

1987 年 7 月，根据国家旅游局关于提高旅游服务质量的要求，省旅游局分别在成都、重庆两个片区召开全省旅游系统思想政治工作和优质服务工作会议，推动全省旅游系统的“创先争优”活动。

1988 年，省旅游局组织 4 次旅游服务质量评比，分 4 个片区，检查了所有旅行社和 44 家旅游涉外饭店，根据检查结果，决定吊销 2 家旅行社的旅游经营许可证，对 9 家违规旅行社暂缓登记，通报批评了 6 家旅游饭店。

1989 年，根据当年旅游市场暂时萧条的情况，省旅游局组织对全省所有的旅游企业进行全员整顿集训，以提高服务技能和服务质量为目标，重点培训旅行社和旅游汽车公司的员工。

1990 年，经国务院批准，国家旅游局发出《关于进一步清理整顿旅行社的意见》。根据国家旅游局部署，省旅游局要求按照旅行社审批和管理权限，各级旅游部门对所管理的旅行社逐家进行检查，将处理意见上报。旅游部门会同审计部门和物价部门，专题对旅行社进行了财务审计和旅游价格的检查监督。至年底，全省吊销一批旅行社的经营许可证，保留各类旅行社 89 家，比上年减少 14 家。

1995 年，公安部、交通部和国家旅游局联合对长江三峡沿线涉外旅游市场进行全面的清理整顿。省旅游局和重庆、万县、涪陵、乐山等市（地区）旅游局，重点对游客普遍反应强烈的长江三峡游船票价过高，小三峡游轮超员载客，重庆朝天门码头旅游秩序混乱等行为进行清理，取缔了无照经营和执照不合格的售票点，理顺了朝天门码头的秩序。万县、乐山加强了对小游船的经营秩序管理。同时加快了游船星级评定的步伐。

1996 年，省政府下发《关于加强旅游市场管理的通知》，要求将重点地区将的旅游市场管理纳入当地政府的议事日程，重点整治无证无照经营旅游，旅游企业超范围经营，旅游价格非正常竞争，旅游车辆安全，旅游餐饮的食品卫生安全等。全省共组织检查 374 次，参加检查人数达 2100 多人，处理旅游投诉 763 例，检查旅游团队 534 个，导游人员 785 名，旅游车辆 1000 余台。同进还对景区景点的购物场所、饮食摊点、滑杆以及环境卫生、安全进行检查。共查处无证无照经营旅游点 75 家，超范围经营旅行社 21 家，无证照摊点 65 个，无证或证卡不全的导游人员 35 名。经过治理，旅游市场经营秩序有所好转，旅行社的内部管理有所加强，一日游市场的无序状态得以扭转，旅游景区景点旅游秩序、卫生及治安状况有所好转，旅游市场价格有所规范。

1997 年，全省旅游管理部门对旅游企业进行综合检查评比。省旅游局决定，对 11 家旅行社和 14 家旅游饭店予以通报表扬，对部分旅游企业分别进行处分。对旅行社的处分包括吊销 6 家旅行社的旅行社经营许可证，注销 7 家旅行社，警告处分 8 家旅行社。对旅游饭店的处分包括取消 1 家星级饭店的星级（乐山嘉州大酒店），降低 1 家饭店的星级（成都饭店由四星级降为三星级），警告处分 5 家旅游饭店。

2002 年，为贯彻省政府《关于加强旅游市场管理的实施意见》，省旅游局在全省党政部门、民主党派、新闻媒体及社会各界人士中聘请了一批旅游服务质量监督员。2003 年省旅游局下发《四川省旅游服务质量监督员工作暂行办法》，包括聘用范围及条件，监督内容和职责，监督范围，监督员管理等内容。

2003 年，省政府下发《关于强化旅游市场综合治理机制的意见》确定旅游市场综合治理工作的几个基本原则。统一领导的原则，各级政府是领导主体；属地负责的原则，各地政府是其属地范围内旅游市场监督管理工作的第一责任人；部门各司其职的原则，有关部门依法行使旅游市场管理监督职能，同时加强对下级部门的业务指导；机构统筹协调的原则，完善相关制度，搞好统筹协调；目标管理的原则，按照治理旅游市场的工作总目标，建立健全各级政府及各相关部门的目标责任制，职责分明。

2004 年 9 月，省旅游产业发展领导小组发布《四川省重（特）大涉旅安全事故应急反应预案》，包括重（特）大涉旅安全事故的界定，应急反应原则，报告制度，救援工作，宣传报道，善后工作，相关部门职责等内容。

2005 年，省旅游局、省纠风办公室印发 2005 年旅游行风建设工作要点，根据省旅游产业发展领导小组 2005 年工作安排，旅游行风建设工作在巩固已取得成果的基础上，要进一步提高认识，加强领导，创新工作，使旅游行风建设更加适应旅游经济发展的需要。

第二节　专项治理

在对旅游市场进行常态管理的同时，全省组织和实施了若干旅游市场专项治理行动，专项治理的目标明确，行动更加有力，社会影响较大，效果比较明显。

一、2000 年全省旅游市场专项整治行动

2000 年年初，省委主要领导派工作人员暗访都江堰和乐山旅游市场，倾听游客呼声，先后 7 次对旅游软环境建设和旅游市场整治工作作出重要批示，要求“集中抓一下各旅行社、旅游公司的导游、司机的管理”“下决心整顿导游市场”。

4 月 20 日，省政府召开旅游市场整治大会，省委副书记、省长张中伟，省委副书记、副省长杨崇汇，副省长徐世群到会讲话。根据部署，在全省主要旅游线路、旅游景区、旅游企业开展旅游市场整治行动。进行“四大战役”（四个阶段）：一是 6 月份以加强旅行社门市部管理和导游人员管理为主要内容的整顿旅行社行动，省旅游局出台“关于加强旅行社规范管理的意见”对旅行社门市部管理、旅游合同、导游管理作出要求，门市部要坚持“四统一”，即同一线路、同社、同团、同价，门市部要公示省里统一的告游客书，使用统一的格式合同。二是 8 月份以加强旅游宾馆质量管理为主要内容的整顿宾馆饭店行动。三是 9 月份以治理“零团费、负团费、高回佣”为主要内容的整顿出境旅游市场行动，省旅游局会同省工商、公安、外汇管理等部门联合实施，省旅游局制定“出境旅游组团责任书”，实行旅行社出境游送审专办员制度。四是 12 月份以规范旅游定点单位特别是定点购物点的整顿定点管理单位的行动，旅游购物点必须公示省旅游局专门制定的中英文对照的“告游客书”。旅游部门联合工商、质监、物价等部门，加强检查旅游购物场所服务质量。2000 年 9 月，全省在主要旅游地区开通了统一的咨询投诉电话“96927”。

二、2002 年旅游市场打假打非专项整治行动

为贯彻国务院办公厅关于开展旅游市场打假打非专项整治工作的通知精神，省政府办公厅下发《关于开展四川旅游市场打假打非专项整治工作的通知》，决定成立以王怀臣副省长为组长的全省旅游市场打假打非专项整治工作领导小组，确定整治的重点是查处挂靠、承包、变相转让旅行社经营权的行为，查处旅行社门市部独自运作团队等违规行为，清理虚假旅游业务广告，查处导游驾驶员等旅游服务人员私自收授回扣以及变更团队运行计划行为，查处导游无证上团行为和欺客宰客、质量欺诈等违法违规行为。整治工作突出抓住“一点两线”。一点即成都地区，两线即“成都—都江堰—九赛沟—黄龙”和“成都—峨眉山—乐山”两条精品旅游线路。各市（州）人民政府负责对本辖区内整治工作的领导，实行行政辖区包干责任制。省级各有关部门按照管理权限协调配合。

根据省政府通知精神，全省制定了 2002 年旅游市场打假打非工作方案。方案明确旅游市场整顿和规范活动以“优化四川旅游环境”为主题，以中心城市和优秀旅游城市为依托，以整治规范精品线路旅游基础环境、旅行社门市部、导游队伍和涉旅安全为重点，着力解决影响四川旅游业发展的突出和深层次问题。

9 月下旬，进行全省旅游市场综合执法大检查，抽查 102 个旅游团队，针对检查中发现的问题，省政府办公厅 10 月 30 日向负有直接管理责任的 3 个市（州）政府和 8 个省级部门发出限期整改通知书，要求在 1 个月之内有明显的改进。

据统计，1 至 11 月，全省出动检查车辆 17103 台次，检查旅游运行车辆 4152 台次，检查旅游团队 3560 个，检查旅行社 1965 家次，检查导游 17469 人次，检查景区 998 家次，检查宾馆饭店 2367 家次，检查旅游购物商店 1702 家次，检查餐饮娱乐场所 1591 家次。处罚违规旅游车辆 488 台次、旅行社 94 家次、导游 156 人次、“无证导游”67 人次、景区讲解员 60 人次、宾馆饭店 46 家次、购物

商店 17 家次、压缩旅行社门市部 862 个，取缔非法购物点 17 家、景区非法摊点 208 个。

三、2003 年“利用宗教旅游活动欺客诈客”专项整治活动

省旅游领导小组确定从 2003 年 10 月 1 日起，集中 1 个月时间（后顺延 1 个半月），开展“利用宗教旅游活动欺客诈客”专项整治活动，由地方政府负责，层层纳入目标管理体系，宗教、旅游、公安、文化、工商、物价、质监、交通（运管）、监察部门，联合对本地宗教旅游场所和涉及宗教因素的旅游活动进行专项整治。对非法经营场所及非法经营活动由工商、公安、宗教三部门负责依法关闭和取缔；违反治安处罚条例的触犯刑律的，由公安机关和司法机关依法处置；违规的宗教场所和违规的神职人员由宗教部门依法处理；政府职能部门或人员参与利用宗教旅游活动的，立即关闭或退出，由监察部门处理；旅行社及导游、驾驶员应对行程中涉及的宗教场所向游客作出明确的告示和讲解，违规的由旅游、交通，文化，建设等主管部门依照相关法规处理。

四、2003—2004 年涉旅安全生产专项整治行动

从 2003 年 12 月至 2004 年 2 月底，在省政府统一部署下，全省旅游业集中开展涉旅安全生产专项整治行动，对全省的旅游车（船）、旅游景区景点、旅行社、饭店宾馆等进行涉旅安全专项整治。行动由各地方政府负责，层层纳入目标管理体系。各地安全生产部门、旅游部门、目标办公室等部门负责督促检查，公安（治安、消防），交通（运管），文化（文物）、宗教、建设、水利、林业、质监、旅游等相关部门配合，在 2004 年春运到来之前，结合本行业的特点，针对存在的安全隐患，进行一次全面的整顿和治理。对全省主要旅游线路路况进行排查，危险路段增设波形防护栏和安全警示标志，加强路面检查，对违章驾驶的行为严厉查处；依法对旅游车（船）及驾驶员的资格进行审查确认；对旅游车（船）安全状况及安全运营和管理情况进行检查和整治，对全省旅游车（船）驾驶员开展一次专业培训；对景区景点、宾馆饭店的餐饮食品卫生状况进行检查和整治；对景区景点、宾馆饭店、旅游车（船）的消防设施设备及配置状况，消防安全通道的安全检查，对景区景点的娱乐设施设备和饭店、宾馆的锅炉、压力容器、压力管道、煤气管道、电路、电梯的安全状况检查，达不到国家规定标准的，限期整改，对安全隐患较大的，停业整顿。严格规范旅行社租用车（船）接待旅游团队行为，严禁向无营运资格的团体和个体租用车辆。严禁推出含有安全隐患的旅游线路。严格规范旅行社投保旅行社责任险及投保旅游意外险。

五、2005 年旅行社综合整治行动

2005 年 4 月，根据省委书记张学忠关于旅游市场治理的批示，省政府办公厅下发《2005 年四川省旅行社综合整治工作方案》，主要内容：大力整治和规范旅行社市场存在的旅游价格混乱、“黑社”（即不具备旅行社经营资格的组织或个人非法经营旅游业务）、“零负团费”（旅行社推销团队游客时，不向接受方交纳旅游服务费的行为称零团费，不向接受方交纳旅游服务费并且反而向接收方收取费用的，称负团费）揽客、旅行社门市部超范围经营、旅游团队违规操作和导游不规范执行等突出问题，为游客创造安全、健康、舒适、优质的旅游环境，维护四川省良好的旅游形象。明确了全省旅行社综治工作的重点和省级有关部门的职责分工。规范部分旅游线路价格，对“九寨沟—黄龙”“乐山—峨眉山”“自贡—蜀南竹海”3 条重点旅游线路出台旅游市场参考价。

2005 年 5 月，省旅游发展领导小组召开全省旅行社综合整治大会，动员全行业开展“诚信经营，

维护四川旅游形象活动"，省旅游局下发《关于贯彻落实2005年旅行社综合整治工作方案的通知》，要求各市（州）旅游局在当地政府统一领导和部署下制定旅行社综合整治工作计划。

六、2005年"绿盾行动1"

绿盾行动1，是2005年由省旅游市场综合治理办公室部署，在"九寨沟—黄龙""乐山—峨眉山"两条精品旅游线路以整治旅游市场导游服务质量为主要内容的行动。省旅游市场综合治理办公室成立了"绿盾行动1"指挥部，抽调执法人员100余人，出动车辆75台次，组成若干执法小组，同一时间集中行动，对"九寨沟—黄龙"旅游线、"乐山—峨眉山"旅游线的4个旅游景区、24个旅游购物点、14家旅行社及分支机构开展拉网式检查。四川电视台、四川日报、华西都市报等媒体进行跟踪报道。整个"绿盾行动1"检查旅游团队913个，旅行社及分社58家，导游961名，现场暂扣导游证171个，现场扣除导游分值42人次，取得阶段性成效。

第三章 旅游行业管理

从20世纪80年代初起，国家旅游局明确旅游业的行业管理实行“统一领导，分级管理”的原则。旅游行业管理不改变各级各类旅游企业的权属管理关系，主要对其旅游经营活动进行规范和监管。各级旅游行政管理部门按各自的职责和权限实施行业管理。

1991年2月，国务院批转国家旅游局关于加强旅游行业管理若干问题的请示，国务院在批转的通知中指出，“旅游业是创汇、创收的重要产业”“具有跨行业、跨地区的特点，综合性很强”“各级旅游管理部门要在统一领导，分级管理的原则下，加强旅游全行业管理”。国家旅游局明确提出“国家旅游局和地方各级旅游行政部门是旅游工作的行业归口管理部门”。

1991年9月，根据国务院文件精神，四川省政府批转了省旅游局关于加强四川旅游行业管理的请示，明确旅游行业管理的主要内容，对涉及旅游业的行住食游购娱等诸要素进行协调和权限范围内的管理，对旅游市场的秩序和服务质量进行监督和管理，在权限范围内对旅行社的设立许可进行审批，对导游人员的资格审批，对旅游饭店的星级审批，对旅游定点单位的资格审批。

20世纪80年代后期，国内部分副省级和计划单列市提出，旅游行业管理在大城市应体现为“属地管理”的原则，要求将大城市当地的旅游行业管理全部实行“属地管理”，为此一度在旅游系统内有争议。国家旅游局1993年再次明确“统一领导，分级管理”原则，各级旅游管理部门应按权限范围实施旅游行业管理。国家旅游局逐步向省级旅游管理部门下放部分管理权限，同时要求省级旅游行政管理部门逐步向大中旅游城市下放部分管理权限。

2003年省旅游局进一步明确全省旅游行业管理职责，明确全省各级旅游部门的相应权限，上级旅游行政管理部门对下级旅游行政管理部门进行业务指导，并有条件逐步下放部分管理权限，行业管理的日常管理按属地管理原则实施。

第一节 旅行社管理

旅行社管理是旅游行业管理最为直接的领域，国务院对旅行社管理有《旅行社管理条例》、《导游人员管理条例》等法规，国家旅游局制定有相应的实施细则。每家旅行社的设立许可必须经旅游管理部门审批，对旅行社的行政处罚和吊销许可必须由旅游管理部门执行，旅行社经营活动由旅游部门监管，每年必须参加旅游部门组织的旅行社业务年检（旅行社规模及效益见第五篇）。每位导游人员的资格必须经过旅游管理部门审批，对导游人员的行政处罚及资格吊销必须由旅游管理部门执行。

一、经营权审批

旅行社实行市场准入，即旅游行政管理部门通过行政许可的方式对旅行社业务经营权进行前置审批。申办旅行社，须先由旅游管理部门审批合格并发放旅行社经营许可证，再由工商管理部门审批合格并发放营业执照。

20 世纪 90 年代初期以前，按分级管理权限，国际旅行社（一类社二类社）的经营许可审批权在国家旅游局，由市（州、地区）旅游局报省旅游局初审，再报国家旅游局审批。国内旅行社（三类社）的经营许可审批权在省旅游局，由各市（地、州）旅游局初审，再报省旅游局审批。

1995 年，省旅游局向成都、重庆、乐山、万县、涪陵、绵阳、阿坝、凉山、攀枝花、德阳、自贡、内江、宜宾、雅安等 14 个市（地、州）旅游局下放三类旅行社（经营国内旅游的旅行社）审批权。这 14 个市（地、州）旅游局批准设立三类旅行社后，报省旅游局备案。

1998 年，省旅游局将国内旅行社的审批权限的下放扩大到所有市（地、州）旅游局（省旅游局保留省级以上单位设立的国内旅行社）。省旅游局每年公布各市（地、州）当年新审批的国内旅行社数量的指标，各地每年新审批国内旅行社的数量一般不得超过指标。各市（地、州）旅游局批准设立国内旅行社后，仍需报省旅游局备案。

2001 年 10 月，省旅游局向成都市旅游局下放原保留在省旅游局的省管国内旅行社审批及日常管理权。2002 年 6 月，省旅游局将省属 19 家国际旅行社及其导游人员的日常行业管理职权下放到成都市，由成都市旅游局按属地原则统一负责。2003 年，省旅游局进一步明确旅行社行业管理职责，旅行社审批。申办国际旅行社由市（州）旅游局报省旅游局初审，再报国家旅游局审批。申办国内旅行社由各市（州）旅游局根据省旅游局下达的数量指标审批。本省注册的国际旅行社在省内申请设立分社，由市（州）旅游局报省旅游局审批。旅行社设立门市部由拟设地县级以上旅游局负责登记备案。出境游组团社由省旅游局报国家旅游局确定。

二、业务年检

旅游社业务年检，是旅行社管理的一项主要工作，根据国家旅游局规定，1991 年，开始对一、二类国际旅行社进行业务年检，1994 年起，全国对三类旅行社进行业务年检。旅游管理部门每年对旅行社的经营状况、接待规模、服务质量、财务情况等指标进行审检。旅行社年检，由市（州）旅游局报省旅游局复审，国家旅游局审定。

1995 年度，全省一、二类旅行社业务年检，综合指标排名前 10 位的旅行社是重庆海外旅游公司、成都国际旅游公司、重庆长江国际旅行社、中国国际旅行社成都分社、都江堰中国旅行社、四川省中国旅行社、成都市中国青年旅行社、重庆天鹅国际公司、中国金桥旅游成都公司、四川省中国青年旅行社。全省三类旅行社综合指标前 10 名是巫溪旅行社、西充旅行社、巫山小三峡旅行社、成都市旅行社、重庆港旅游公司、巫山红旗旅游公司、巫山小小三峡开发公司、乐山红旗旅行社、成都市中北旅行社、成都光大旅游公司。

1996 年度，全省三类旅行社业务年检，应参加业务年检 145 家，实际参加 145 家，应检率为 100%。其中，参加经济指标考核为 138 家，进行审计的 129 家。表扬三类旅行社 30 家，处分 10 家，吊销经营许可的旅行社 10 家。

1997 年度，四川省国际旅行社业务年检，全省 35 家国际旅行社中有 20 家参加国际旅行社业务年检，另外15家新批准设立的国际旅行社按规定不参加当年的年检，20家国际旅行社全部通过1997年度旅行社业务年检。1997年度四川省国内旅行社业务年检，应有191家旅行社参加年检，实际参加的旅行社186家，应检率为97.4%，有152家国内旅行社符合计验证条件。年检中，表彰旅行社10家：四川锦达旅行社、四川运通旅游公司、成都联运旅行社、成都天府旅行社、内江旅行社、西昌交通旅行社、成都旅游总社、德阳旌金商务旅行社、西昌铁路旅行社、四川航空旅游公司。给予警告处分的旅行社9家，分别是成都华新旅行社、都江堰青城山旅行社、都江堰御龙旅行社、成都飞鹰旅行社、四川海峡旅行社、四川文化旅行社、四川华旅旅游有限公司、瓦屋山森林旅行社、阿坝州卡龙旅行社。不予通过1997年度旅行社业务年检的有成都中北旅行社1家。注销的旅行社有夹江神剑旅行社1家。

1998年度四川省国际旅行社业务年检，35家国际旅行社全部参加了业务年检，并对各项经济指标进行了审计验证。其中15家新批的国际旅行社首次参加国际旅行社业务年检。35家国际旅行社全部通过年检。1998年度四川国内旅行社业务年检。共有国内旅行社238家符合年检条件的219家，实际年检217家，2家因故未参加年假，应检率为99%；参加年检审计验证188家，占应检87%；参加经济指标考核的旅行社年审率100%。注销7家旅行社。

2001年年检，不予通过年检的旅行社12家，暂缓通过年检的旅行社57家，评出四川省旅行社年检综合排名国际旅行社前10强，依次为成都中国青年旅行社、四川海外旅游公司、四川省中国国际旅行社、成都海外旅游公司、四川省中国旅行社、四川海外富长国际旅行社、四川省新东方国际旅行社、成都中国康辉国际旅行社、成都中国旅行社、四川省中国青年旅行社。全省国内旅行社前10强，依次为成都联运旅行社、成都市旅游总社、绵阳市假日旅行社、绵阳市绵州旅行社、成都春秋旅行社、攀枝花二滩旅行社、成都龙舟旅行社、成都新闻旅行社、四川职工旅行社、广元风光旅行社。不予通过年检的12家旅行社分别是绵阳西山旅行社、绵阳三江旅行社、南充虹桥旅行社、德阳市旅游公司、都江堰市金叶旅行社、四川文化旅行社、四川金叶旅行社有限责任公司、四川风光旅行社；成都汇厦旅行社、凉山州旅游公司、西昌招商旅行社有限公司、盐源县泸沽湖旅行社。

2002年1月18日，省旅游局公布旅行社业务年检实施办法，共9条，对年检依据、年检范围、分级负责、参加年检旅行社条件、财务审计、以及公告、处理等作了规定。附有四川省旅行社年检省级考核打分试行办法，包括分值设置和考核打分的组织工作等内容。2002年，四川共有旅行社477家，其中，国际旅行社50家，国内旅行社427家。参加业务年检的旅行社469家，其中，国际社49家，国内社420家。通过业务年检的旅行社有400家，其中，国际旅行社42家，国内旅行社358家；暂缓通过的54家，其中，国际旅行社7家，国内旅行社47家。2002年全省国内社综合排序10强，依次为成都联运旅行社、成都市旅游服务公司、绵阳市假日旅行社、成都春秋旅行社、四川邮电旅行社、四川美丽华旅行社、绵阳市绵州旅行社、成都新闻旅行社、自贡市春秋旅行社、中旅西部旅行社。

不予通过业务年检的15家旅行社均为国内旅行社，分别是成都市蓝天旅行社、资阳市旅行社、内径铁路大千旅行社、甘孜州贡嘎山现代冰川旅游公司、四川全天旅行社、都江堰教育旅行社、平武杜鹃旅行社、西昌泸山旅行社、宜宾金马旅游公司、泸州新大陆旅行社、成都体育旅行社、四川红盾旅行社、绵阳白马风情旅行社、普格螺髻山旅行社、西昌邮电旅行社。

2003年旅行社业务年检，共有旅行社498家，其中，国际社50家，国内社448家。参加业务年检的旅行社481家，其中，国际旅行社50家，国内旅行社431家。通过年检的旅行社432家，其中，国际旅行社46家，国内旅行社386家；暂缓通过的42家，其中，国际旅行社3家，国内旅行社39家；不予通过的23家，其中，国际旅行社1家，国内旅行社22家。通过年检评出全省2003年度国际旅行社10强、全省国内旅行社10强。

2004年，共有旅行社627家，其中，国际旅行社53家，国内旅行社574家。参加业务年检的602家，其中国际旅行社53家，国内旅行社549家。暂缓通过业务年检的旅行社84家，其中，国际旅行社24家，国内旅行社60家；不予通过业务年检的旅行社37家，全是国内旅行社。

2005年有旅行社656家，其中，国际旅行社57家，国内旅行社599家。参加业务年检的旅行社580家，其中，国际旅行社57家，国内旅行社523家。通过业务年检的旅行社521家，暂缓通过业务年检的旅行社44家，其中，国际旅行社6家，国内旅行社38家；不予通过业务年检的旅行社15家，其中，国际旅行社1家，国内旅行社14家。

三、质量保证金

旅行社质量保证金制度是保护旅游者合法权益，提高旅行社服务质量的重要措施，从1995年1月开始在全国实施。旅行社质量保证金实行“统一制度、统一标准、分级管理”。负责收缴保证金的旅游行政管理部门对收缴范围的旅行社的质量投诉，判明事实后，依据旅游法规先行理赔，再由旅行社补足理赔部分。旅行社质量保证金的数额，一类旅行社60万元人民币，二类旅行社30万元人民币，三类旅行社10万元人民币。质量保证金属缴纳旅行社所有。旅行社终止经营，由旅游行政管理部门退还保证金；旅行社发生合并、解散、转让、破产等情况，其质量保证金为旅行社财产的一部分按有关法律处理。

1994年，根据国家旅游局《旅行社质量保证金制度暂行规定》《旅行社质量保证金暂行规定实施细则》，省旅游局制定《四川省旅行社质量保证金制度暂行规定实施办法》，经国家旅游局正式批复，国家旅游局授权四川省旅游局管理四川省经营国际旅游招徕和接待业务的一类旅行社的质量保证金，四川省旅游局按权限管理省内二类旅行社及三类旅行社的质量保证金。

四川省旅游局要求，各旅行社应于1995年6月1日前缴纳，个别旅行社经省旅游局批准，最迟必须于1995年12月31日前全部补足。保证金在赔偿支付后，不足额部分，旅行社必须在60日之内补足。

1995年年底，全省28家一、二类旅行社中有27家，121家三类社中有104家足额缴纳质量保证金，共计3400万元。

1995年，省旅游局对成都、万县两市旅游局下放二、三类旅行社质量保证金管理权。

1998年，省旅游局向全省所有市（州、地区）下放国内旅行社质量保证金管理权。

2001年10月，省旅游局向成都市旅游局下放成都市国际旅行社的质量保证金管理权，在向成都市下放原保留在省旅游局的省管国内旅行社管理权的同时，将这些省管国内旅行社质量保证金管理权下放到成都市旅游局。

2002年6月，省旅游局将省属19家国际旅行社行业管理职权及其质量保证金管理权同时下放到成都市旅游局。

2003年“非典”期间，为了支持和帮助旅行社渡过难关，各级旅游管理部门返回了部分旅行社质量保证金，用于维持旅行社正常开支。

“非典”结束后，部分旅行社未及时补足旅行社质量保证金。在2004年全省暂缓通过业务年检的84家旅行社及2005年全省暂缓通过业务年检的家旅行社中，大部分是因为未足额补足旅行社质量保证金受到的处理。

四、旅行社保险

旅行社是风险性较大的行业，在旅行社的各种保险业务中，旅游管理部门实施行业管理的有旅游意外保险，旅行社责任险两项。

旅游意外保险，是指旅行社在组织团队旅游时，为保护旅游者利益，代旅游者向保险公司支付保险费，一旦旅游者在旅游期间发生意外事故，按合同约定由承保保险公司支付保险金的保险行为。1990年国家旅游局规定，旅行社组织团队旅游，必须为旅游者办理旅游意外保险，属强制性的保险行为。2001年，国家旅游局推行旅行社责任险，旅游意外保险不再强制执行。

旅行社责任保险，是指旅行社根据保险合同的约定，向保险公司支付保险费，保险公司对旅行社在从事旅游业务经营活动中，致使旅游者人身、财产遭受损害应由旅行社承担的责任，承担赔偿保险金责任的行为。2001年，国家旅游局规定，旅行社从事游业务经营活动，必须投保旅行社责任保险，从9月1日起施行

1990年3月，根据国家旅游局和中国人民保险公司联合发布的通知精神，省旅游局规定，省内一、二类旅行社必须为旅游者办理旅游意外保险，对入境旅游者接待20天以内的每人次20元外汇人民币保险费；超过20天的，每超1天，增加1元保险费。最高赔偿限额为每人12万元外汇人民币。国内旅游者每人次10元人民币保险费，最高赔偿限额为每人10万元人民币。

1997年5月13日，国家旅游局以第9号令发布《旅行社办理意外保险暂行规定》。1999年1月，省旅游局发布《四川省旅行社办理旅游意外保险实施办法》共七章25条，主要内容是，旅游意外保险的投保和赔偿范围，保险期限、保险费及保险金额，保险手续及理赔程序，旅游意外保险的行业监督，奖罚规定以及附则。自1999年2月1日起执行。

从1990年至2001年6月，根据旅游部门的检查，全省旅行社对游客的旅游意外保险投保率总体保持在90%以上，其中对入境旅游者的旅游意外保险投保率基本上100%全保。少数旅行社对国内旅游者的投保有遗漏，但发生旅游意外后，保险公司鉴于保持与旅行社的业务关系，采取了后补等通融的方式承担理赔。尚未发生游客在旅游中出现意外得不到赔偿的重大事例。

2001年5月15日，国家旅游局发布《旅行社投保旅行社责任保险规定》，自2001年9月1日起施行，同时废止1997年发布的《旅行社办理意外保险暂行规定》。省旅游局制定了《四川省旅行投保旅行社责任保险暂行规定》，全省旅行社强制实行旅行社责任险，旅行社意外险不再强制实行，由旅行社自行选择。8月17日，省旅游局专题召开全省旅行社责任保险会议，9月，对旅行社责任险投保情况地进行全面检查，有290家旅行社投保，占应保旅行社的80.33%；于10月25日完成旅行社责任险的全部。

2001年底，省旅游局与保险公司联合检查旅行社责任险实行情况，共发生应由旅行社承担责任的事故9起，均按规定获得理赔。其中较大的事故有，成都市中国青年旅行社两名游客遇难案，成都海外旅游有限责任公司一名游客死亡案，中国旅游服务公司四川公司游客受伤案等。

鉴于实行旅行社责任险以后出现的一些新的情况，主要是发生旅游意外后，如果经鉴定不属旅行社的责任，而旅行社只是投保旅行社责任险，没有投保旅游意外险，保险公司按规定拒绝赔偿。这种情况下，引起旅游者与旅行社的纠纷不断。2002年，省旅游局决定，四川省境内各旅行社，在强制实行旅行社责任保险的同时，也强制实行旅游意外保险。旅游意外保险的范围为参加旅行社团队旅游的入境游、出境游和国内游的所有旅游者。确定旅游意外保险由旅行社投保，旅行社为投保主体。确定保险金

额：入境游、出境游每位旅游30万元人民币，国内游每位旅游者为10万元人民币，一日游每位旅游者为3万元人民币二日游每位旅游者为4万元人民币，三日游，每位旅游者为5万元人民币。采取这个规定后，旅游过程中出现意外事故，如果裁决应由旅行社承担责任，依据旅行社责任险理赔；如果裁决旅行社不承担责任，依据旅游意外险理赔。到2005年年底，旅游保险运行情况正常，未发生大的纠纷。

第二节　旅游饭店管理

旅游饭店指旅游涉外饭店及旅游涉外星级饭店（以下简称星级饭店）。旅游饭店管理包括旅游部门2001年以前对旅游涉外饭店的资格审批，1998年以后对星级饭店的评定，以及按星级饭店标准每年对星级饭店的质量复核、对各类旅游饭店的统计。旅游饭店管理属非强制性管理。社会上已有的或新建的旅馆饭店，自愿向旅游部门申报旅游涉外饭店资格或自愿申报星级饭店，一旦获得批准或评定，旅游部门就按标准进行行业管理。

一、资格审批

旅游业发展初期，由于接待入境旅游者的需要，部分原有政府招待所以及国营、集体经营的商业饭店中部分适合国际旅游接待条件的饭店，经市以上旅游行政管理部门商外事部门或公安部门批准并颁发“旅游涉外饭店”标牌，四川的锦江宾馆、重庆人民宾馆即属此类。20世纪80年代，国家旅游局布局在各省市区及全国重点旅游城市各新建一座旅游饭店，四川的岷山饭店即属此类。社会上原有的和新建的饭店，合符涉外旅游条件并自愿申请的，经批准可成为旅游涉外饭店。旅游管理部门对旅游涉外饭店进行行业管理，管理内容主要有对其接待入境旅游者的情况和主要经营数据进行统计，对服务质量进行监督检查。

旅游管理部门（外事部门或公安部门配合）对涉外旅游饭店进行审批并颁发标志，制定并监督执行涉外饭店涉外饭店服务标准和规定。旅游涉外饭店的审批权在省旅游局和大中城市旅游局。随着旅游业发展，审批权限下放到所有市（地）旅游局。

1986年4月，省旅游局制定“四川省涉外饭店服务试行标准”，主要内容包括服务宗旨、服务礼仪、食品和环境卫生、投诉受理、设备维修保养等方面。

1989年起，旅游管理部门对旅游涉外星级饭店进行评定，同时继续对旅游涉外饭店进行审批，与星级饭店评定并行不悖。星级饭店属于旅游涉外饭店的一部分。

2001年，旅游管理部门停止对旅游涉外饭店的审批。

二、星级评定

1988年，国家旅游局发布《全国旅游涉外饭店星级的评定标准与规定》，作为行业标准，旅游涉外饭店的星级标准从低到高按一星级到五星级，由旅游行政管理部门组织评定。

1989年根据国家旅游局的统一部署，全国进行了旅游饭店的星级评定。根据国家旅游局规定，省旅游局确定，评定三星级及其以上星级饭店的星级，由省旅游局组织初评，上报国家旅游局，再由国家旅游局组织评定。评定一、二星级饭店，由各市旅游局初评后上报，省旅游局组织评定。

1993年，国家质量技术监督局颁布《旅游涉外饭店星级的划分及评定》（GB/T 14308—93），作为国家标准，于1993年10月1日开始施行。1997年，国家质量技术监督局修订发布《旅游涉外饭店星级的划分及评定》（GB/T—1997）新标准，同时1993年的标准停止使用。同年，国家旅游局向13个省市区旅游局下放负责评定三星级饭店审批权，其中四川省旅游局获得授权。

1995年，省旅游局向成都市、重庆市、乐山市、万县市、绵阳市、宜宾地区6个市（地区）旅游局下放一、二星级饭店审批权。

1996年，国家旅游局首次对长江三峡涉外旅游船进行星级评定，评出17只星级游船，其中四川的“北斗”号被评为四星级旅游船。9月15日起，四川省委托重庆市代管涪陵市、万县市、黔江地区旅游业，国家旅游局与四川省旅游局及重庆市旅游局进行了衔接。

1997年，省旅游局向成都市旅游局下放三星级饭店的审批与管理权。

2000年为保证饭店星级评定质量，加强星级饭店评定的社会监督，省旅游局决定三星级及以上饭店评定实行公示制。凡拟评三星级以上（含三星）的饭店，在星评的明查阶段以前一周时间，在饭店予以公示，广泛征询社会对该饭店设施、服务质量和管理水平的意见。公示内容由全省旅游饭店星级评委会办公室统一内容和格式，各饭店分别制作。公示所取得的意见作为评定星级的参考。省旅游局要求各地州旅游局参照制定二星级以下饭店评定前的公示办法。同年，省旅游局决定，向获得中国优秀旅游城市称号的市级旅游局下放三星级饭店的审批权，向获得中国优秀旅游城市称号的县级旅游局下放二星级饭店的审批权。

2001年，国家旅游局向四川省旅游局下放四星级饭店的审批与管理权。

2003年省旅游局进一步明确旅游饭店管理职责。星级饭店评定，五星级饭店由市（州）旅游局报省旅游局初评，由国家旅游局评定。四星级饭店和副省级城市、地级中国优秀旅游城市以外的三星级饭店的评定由所在市（州）旅游局报省旅游局评定。副省级城市、地级中国优秀旅游城市的三星级饭店及全省二星级以下（含二星级）饭店由各市（州）旅游局评定，其中有县级中国优秀旅游城市的市（州），由该县级市旅游局所在地的市（州）旅游局向其下放二星饭店及其以下饭店评定职责。三星级及其以下饭店的年度星级复核由所在市（州）旅游局负责；四、五星级饭店年度星级复核由省旅游局负责。

三、星级饭店年度复核

根据国家旅游局规定，每年由省旅游局组织对全省星级饭店进行复核，复核是按照星级饭店评定标准，评价星级饭店现有的各个项目的水平与评定该饭店星级的时候是否一致。

1994年度国家旅游局公布最佳星级饭店，四川有3家：锦江宾馆（四星）、重庆宾馆（四星）、重庆扬子江假日饭店（四星）。10月，省旅游局联合省劳动厅、省工人技术等级考评委员会在主要旅游饭店开展工人等级评定试点，有365名工人报名参评，评出高级工140名，中级工204名。

1995年结合星级饭店复核，开展全省“星级饭店质量年活动”。活动内容有强化培训，组织考察、制定服务规范、开展技术交流大赛、等。全省旅游饭店“川菜创新菜技术交流大赛”，共有40家饭店128名厨师参赛。大赛评出冷菜、热菜、面点等63个优秀品种。年底，评出锦江宾馆等10家饭店为1995年四川最佳星级饭店，重庆饭店等7家为优秀饭店，对成都蓉通宾馆、成都大酒店、攀枝花南山宾馆、都江堰鹤翔山庄、自贡檀木林宾馆、江油盘山宾馆、峨眉山大酒店7家进行通报批评，限期整改。1995年，四川省最佳饭店是锦江宾馆、重庆扬子江假日饭店、重庆宾馆、岷山饭店、成都西藏饭店、蜀都大夏饭店、绵阳临园宾馆、万县太白宾馆、重庆银河大酒店、成都饭店。

1996年全省星级饭店复核，评出四川省1996年度最佳星级饭店10家分别是锦江宾馆（五星）、岷山饭店（四星）、重庆宾馆（四星）、乐山嘉州宾馆（三星）、重庆人民宾馆（三星）、德阳旌湖宾馆（三星）、广汉西园宾馆（三星）、成都毓秀苑宾馆（二星）、成都蜀汉宾馆（二星）、重庆建设宾馆（一星）。1996年度四川省优秀星级饭店7家：重庆雾都宾馆（三星）、成都金河大酒店（三星）、成都花都饭店（二星）、绵阳临园宾馆（二星）、重庆犀牛宾馆（二星）、成都电信宾馆（二星）、万县太白宾馆（二星）。

1997年年度星级饭店复核，复核星级饭店79家，占星级饭店总数的76.70%。通过复核，公开表扬锦江宾馆等10家，报国家旅游局批准取消乐山嘉州大酒店星级称号，将成都饭店从四星级降为三星级，给予成都大酒店、乐山市八仙洞宾馆、都江堰市中旅饭店、邛崃市红楼大酒店和自贡檀木林宾馆等5家饭店警告处分，并限期3个月整改。

1998年度星级饭店复核，共有星级饭店120家，复核108家，占总数的90%，其中，五星级1家，四星级1家，三星级28家，二星级64家，一星级14家。通过复核，推荐四川省参加1998年全国五十佳饭店及百优饭店的预备名单，评出省内最佳星级饭店14家，优秀星级饭店17家，对6家星级饭店进行通报批评。

2001年，复核星级饭店171家，合格率达97%。

2002年对全省250家星级饭店进行年度星级复核。采取授权及交叉复核等方式进行，各市、州旅游局负责各自行政辖区的三星级以下星级饭店的复核工作，省旅游局评委组织各地星评员对四星、五星级饭店进行交叉复核。

2002年度全省10佳星级饭店是锦江宾馆、成都西藏饭店、九寨沟国际大酒店、绵阳绵州酒店、王子大酒店、自贡汇东大酒店、红珠山宾馆、都江堰金叶宾馆、西昌凯丽莱大酒店、南充北湖宾馆。2002年度全省优秀星级饭店是四川宾馆、成都银河王朝大酒店、新蜀联大酒店、九龙宾馆、翠月湖宾馆、九寨沟饭店、蓉城饭店、太极商务宾馆、内江运亨酒店、彭山兴铁宾馆、巴中江北宾馆、东华宾馆、德阳旌湖宾馆、美迪花园饭店、广汉西园宾馆、阆中金龙大酒店、蓬安酒店、峨眉电力宾馆、夹江宾馆、乐山新华宾馆、高县符江宾馆、宜宾叙府宾馆、攀枝花宾馆、西昌泉茗酒店、九寨沟宾馆、雅安雨都饭店、荥经饭店、广元利州宾馆、绵阳临园宾馆、金龙宾馆、江油明华饭店、安兵宾馆。2002年度受通报批评、限期整改的饭店有成都花都酒店、惠山宾馆、帝殿宾馆、阿坝宾馆、绵阳梓潼海南大酒店、绵阳佛鑫酒店、体育宾馆、宜宾西苑宾馆、雅安雨城大酒店、西昌人和宾馆、凉山宾馆。2002年度被取消星级的饭店有成都九峰宾馆。

2003年1月，省旅游局下发《四川省星级饭店评定检察管理实施意见》（试行）自2003年2月1日起执行。条目内容包括星级饭店评定人员职责、条件、资格认定、工作守则、以及人员抽调和考核等。星级饭店评定人员由行政管理部门、旅游院校和企业三方面人员组成。2003年度对全省256家星级饭店复核，评选出2003年度全省十佳星级饭店，20家优秀星级饭店，通报批评13家星级饭店，取消10家饭店的星级。

2004—2005年采取分片复核方式，省旅游局组织和指导各片区复核。

第三节 旅游景区管理

旅游景区是宽泛的概念，包括风景名胜区、可开放的自然保护区、历史文化古城（镇）、森林公园、地质公园、度假区、河流湖泊、以及游乐场所等，分别由建设、文化、林业、水利、体育，以及城乡管理部门管理或审批。旅游部门对旅游景区的管理，限于旅游服务质量的管理及旅游企业在景区旅游经营活动的规范及监管。

1999年，国家质量监督总局颁布国家标准《旅游区（点）质量等级的划分与评定》，由旅游部门实施对A级区（点）进行评定，这个评定属非强制性管理，各类已有的旅游景区（点），自愿申报旅游区（点）的相应A级，由旅游部门按照国家标准组织评定和管理。

四川旅游部门对旅游景区的管理，主要有两项。一是对旅游景区的旅游服务质量管理，二是1999年以后对旅游区（点）的质量等级进行评定。

一、景区旅游服务管理

1992年，省旅游局联合省建委、省公安厅、省卫生厅、省工商局5个部门，决定从1993年起，对部分风景区的旅游服务实施目标管理，5个部门联合下发了《四川省风景名胜区旅游服务管理目标责任制试点意见》，明确了6个方面旅游服务管理的目标，以治理脏乱差为重点，考核卫生、摊点、滑竿、车辆、治安、服务等6个方面的旅游服务质量，确定试点范围为长江小三峡、丰都名山、都江堰—青城山、乐山大佛、峨眉山、九寨沟、黄龙、大足石刻等8个主要的旅游景区。考核的办法，年初将考核目标量化，纳入当地政务考核目标，经常性检查，年底省旅游局等五部门联合检查考核，对考核结果实行奖惩。目标管理的组织机构，成立四川省风景名胜区旅游管理服务领导小组，组长由副省长刁金祥担任，日常事务工作由省旅游局承办。

1993年年底，由省旅游局、省建委、公安厅、卫生厅、工商局联合对8个景区的旅游服务质量进行检查，经省风景名胜区旅游管理服务领导小组批准，决定授予前4名都江堰—青城山景区、峨眉山景区、九寨沟景区、长江小三峡景区“1993年度旅游服务目标管理先进单位”称号，并予以奖励。

1994年，在8个主要景区基础上，增加蜀南竹海风景区纳入景区旅游服务目标管理，年终评出前3名是都江堰—青城山景区、峨眉山景区、九寨沟景区。

1995年，在对9个主要景区旅游质量目标管理基础上，制定了全省景区旅游质量达标管理试行办法，达标管理内容包括卫生、安全、服务、市场管理、交通等方面共35项。经省政府批准，在全省景区试行，1996年组织了检查。

2001年3月，省政府以政府令发布《四川省旅游景区景点讲解人员管理办法》，2001年5月1日起施行，管理办法共30条。7月，省政府下发《关于加强旅游景区建设和管理，提升我省旅游整体形象的通知》。主要内容有提高认识，充分发挥四川丰富的自然、人文资源优势，保护旅游资源可持续发展。高水平做好规划，加快旅游景区建设。加快景区管理和从业人员队伍建设，提高管理水平和服务质量。着力解决景区建设和管理的热点难点问题，大力开展旅游市场整顿，加强景区安全管理。做好景区周边及旅游沿线的规划建设，绿化美化沿线环境。率先建设好两条旅游精品线路（九寨沟—黄龙、峨眉山—乐山）。

2004年，国务院纠风办与国家旅游局联合召开的旅游纪检监察暨行风建设工作会，峨眉山景区和九寨沟景区与安徽黄山被作为全国旅游行业的3个先进典型推广经验。

二、旅游区（点）质量等级评定

1999年，国家质量监督总局颁布国家标准《旅游区（点）质量等级的划分与评定》（GB/T

17775—1999）。旅游区（点）质量等级划分为四级，从高到低依次为 AAAA、AAA、AA、A 级旅游区（点）。旅游区（点）质量等级的标志、标牌、证书由国家旅游行政主管部门统一规定。

省旅游局成立全省旅游区（点）质量等级评定委员会（以下简称“A 评委”），规定 AAAA 级、AAA 级旅游区（点）由各市（州）旅游局初评、省旅游局推荐，报国家旅游局评定。AA 级、A 级旅游区（点）由各市、州旅游局初评、报省旅游局评定。

2003 年，国家质量监督总局发布国家标准《旅游区（点）质量等级的划分与评定》（GB/T 17775—2003），代替 1999 年发布的国家标准 GB/T 17775—1999。主要修改内容为在划分等级中增加了 AAAAA 级旅游区（点）。新增的 AAAAA 级主要从细节方面、景区的文化性和特色性等方面做更高要求。

第四节　旅游定点管理

20 世纪 80 年代，旅游管理部门对涉外旅游单位实行定点管理，依据国家旅游局和省旅游局的相关标准和规定，旅游管理部门分别对涉外旅游饭店、涉外车（船）公司、涉外旅游商品生产企业（购物点）和涉外餐饮店进行资格审批，合格的颁发旅游涉外经营许可证和定点标志牌。未经批准进行涉外旅游经营的，视为违反规定被追究责任。已获得旅游涉外定点的单位，如服务质量达不到标准，由旅游管理部门依据权限视情节作出警告、通报批评，直至取消旅游定点许可等不同程度的处理。

旅游定点管理属非强制性管理，企业自愿申报旅游涉外定点，由旅游部门根据条件进行旅游涉外定点资格审批。

20 世纪 90 年代初，由于国内旅游的迅速发展，旅游定点单位由涉外旅游扩大到国内旅游。旅游管理部门定点管理的审批权限下放，旅游定点管理单位数量迅速增加。

1999 年 4 月，省政府公布《四川省旅游定点管理办法》。旅游定点发展很快，1999—2001 年，省旅游局审批了旅游定点单位 600 多家，各市（州）旅游局批准的旅游定点单位 1000 多家，定点管理对规繁荣旅游市场，促进旅游业健康发展起到了十分重要的作用。

2003 年 4 月，鉴于全省经济和社会发展，旅游市场各要素发展的成熟，旅游定点单位的作用已不十分明显，四川省政府决定废止《四川省旅游定点管理办法》，自 2003 年 5 月 27 日起停止施行。

一、旅游车（船）公司定点管理

（一）旅游汽车公司定点管理

1986 年全省主要的涉外旅游定点车（船）公司有 3 家，分别是四川省旅游汽车公司，有进口空调车 83 辆，总座位 1246 座。重庆旅游外事车队，有进口空调车 53 辆。四川天府旅游出租汽车公司，有出租车 196 辆。此外，成都、万县、乐山、阿坝等地部分汽车公司列入旅游定点管理。

1997 年行政区划调整后，省旅游局根据国家旅游局《关于对涉外旅游汽车公司（车队）实行定点管理的通知》精神和《旅游汽车服务质量》规范标准，重新批准 7 家涉外旅游汽车公司定点单位：四川省旅游汽车公司、四川省中国国际旅行社车队、成都海外旅游汽车公司、攀枝花旅游接待局车队、自贡盐都旅游公司车队、绵阳第二运输公司客运分公司、乐山旅游车船公司，有涉外旅游定点汽车96辆。

1998年，省旅游局批准四川省中国旅行社车队、四川口岸国际旅行社车队、四川航空旅游公司车队、四川长江运输有限公司、成都市旅游总社车队、成都友谊旅行社车队、成都中国青年旅行社车队、西昌国际旅行社车队、峨嵋汽车联运有限公司等9家为四川省涉外旅游汽车定点单位。

1999年，省旅游局批准绵阳高速客运有限公司、四川省中国青年旅行社车队、四川林海旅行社车队为涉外旅游汽车定点单位。2001年，四川有旅游汽车公司140家，专业旅游车辆1000余辆，座位1万多座。到2003年，列入定点管理的旅游车辆达到1500余辆。

（二）旅游轮船定点管理

1986年进行旅游定点管理的主要游轮公司有重庆长江轮船公司，该公司有旅游轮船6艘，700多舱位。（1990年该公司6艘旅游船划归长江海外旅游总公司）。涪陵的川陵轮船公司，该公司有“太白号”中档游轮和3条抵挡游轮。巫山县宁河航运公司，该公司有由国家旅游局审定船型的小游轮26艘。

1992年，全省有旅游定点游船126艘，座位8169座。1993年，新批的旅游定点游船有重庆侨丰游船公司“侨丰号”、涪陵轮船公司“金龙号”。全省有旅游定点游船119艘，总座位7144座，其中长江航线的中高档旅游客轮28艘。1994年，由四川省旅游总公司为主投资的“北斗号”游轮下水投入运营，1996年该游轮被国家旅游局评定为四星级游轮。1996年，长江高中档游轮在四川注册的有58艘。1997年行政区划调整后，除“北斗号”游轮外，四川无旅游定点轮船公司及旅游轮船。

二、旅游商品生产企业（购物点）定点管理

1986年全省有旅游涉外商品定点生产企业（购物点）46家，主要有成都蜀绣厂、成都竹编工艺厂、成都画店、重庆文物商店、重庆美术漆器厂、四川美术学院外宾服务部、万县丝绸厂、万县地区工艺美术公司、乐山丝绸厂等。

1993年，四川开始进行旅游商品生产企业的定点的全面核查工作，省旅游局与省轻工厅、商业厅、纺织工业厅制定了旅游商品定点企业条件和申报程序，确定了省级旅游商品生产定点企业96家。同年，由国家旅游局、中国轻工总会、国内贸易部、中国纺织总会联合公布全国首批旅游商品定点生产企业123家，四川有11家。

1994年，由国家旅游局、中国轻工总会、国内贸易部、中国纺织总会联合公布第二批全国旅游商品定点生产企业141家，四川有12家。当年，全省有国家级旅游商品定点企业23家，省级旅游商品定点企业100家。

1995年，由国家旅游局、中国轻工总会、国内贸易部、中国纺织总会联合公布第三批全国旅游商品定点生产企业36家，四川有南充美亚时装公司、绵竹针织厂2家。至此，四川有全国旅游商品定点企业25家，占全国的8%。

1997年，行政区划调整后，四川有全国旅游商品定点企业16家，省级旅游商品定点企业67家（其中成都市14家）。1998年，全省有全国旅游商品定点企业14家，省级旅游商品定点企业96家。1999年，根据国家旅游局的要求，四川省重新审定了全省110家国家级、省级旅游商品定点生产企业。

2003年，全省共有旅游商品定点单位300余家，涉及轻工、食品、纺织、化工、工艺美术、医疗保健、电子、机械等行业，共有20多个大类。全省各旅游沿线和旅游景区都设有规模不等的旅游

工艺品、纪念品商店。蜀南竹海的竹商品系列、峨眉山旅游商品、三星堆仿真产品、九寨沟民族工艺品、武侯祠三国工艺品、大熊猫工艺品已形成规模，并已建有峨眉山旅游购物中心、九寨沟游人购物中心、江油旅游购物中心。

三、旅游餐饮定点管理

1986 年全省有涉外旅游餐饮店 27 家，主要有，成都市的耀华餐厅、荣乐园、芙蓉餐厅、蜀风园、成都餐厅、少城餐厅、文君酒家等，重庆市的味苑餐厅、颐之时、会仙楼皇后餐厅、小洞天饭店、老四川餐厅等。随着定点单位扩大到国内旅游业，各地旅游部门批准的可以接待国内外旅游团队的定点餐饮店迅速增多，省旅游局不再进行定点餐饮店的统计。

第五节　旅游信息化建设

1998 年，四川省旅游信息中心成立，省旅游局直属事业单位，主要负责全省范围内旅游信息化的规划建设和管理，承转旅游信息的收集、传递和咨询服务，开展旅游信息化系统集成服务和计算机软件开发，推广旅游信息化产品和网络宣传等工作。

1999 年，省旅游局研讨和制定全省旅游信息化建设思路和规划。2000 年，启动四川旅游信息网络系统一期工程建设。主要有省旅游局的局局域网综合布线工程、机房建设；局域网接入互联网、网站建设。11 月一期工程通过验收。

2001 年，根据国家旅游局《关于建设“金旅工程”，推动旅游业信息化工作上水平的意见》，启动四川“金旅工程”建设，组建四川金旅旅游信息网络有限公司，开展旅游电子商务工作。10 月，首次在四川旅游信息网上发布“黄金周”假日旅游信息预报。11 月，全省旅游信息化第一次工作会议在雅安碧峰峡召开。副省长王怀臣、国家旅游局信息中心主任钟海生、省旅游局局长钟勉出席会议并讲话。

2002 年，省旅游局党政网站点建设完成，并通过验收。四川旅游信息网（www. scta. gov. cn）完成改版工作。11 月，省旅游局、省农业银行联合于推广使用“金穗天府旅游联名卡”，首发获得成功，游客可持卡在川内旅游。

2003 年，开发四川旅游信息网自动建站系统。由省政府新闻办、省旅游局主办，四川旅游信息网、四川新闻网承办的“魅力四川网上有奖游”活动启动，利用互联网进行旅游宣传。省旅游信息中心与新浪、搜狐等全国 50 多家知名网站在首页醒目位置纷纷推出活动标识联手打造“魅力四川”品牌，活动期间网民访问 IP 量达 30 万人次以上，收到答卷 2 万余份，网页浏览量超过 200 万人次。11 月，省发展计划委员会批准开展四川旅游信息港基地项目建设。

2004 年 4 月，省旅游信息化建设专家组成立大会暨第一次会议在成都召开。省旅游局局长刘捷、省信产厅厅长李伟任专家组组长，5 月，省旅游信息化建设专家组专题讨论《四川省旅游信息化建设总体规划》。7 月，四川省旅游局被国家旅游局列为“全国旅游信息化建设重点联系单位”。同月，国家旅游局副局长顾朝曦到四川考察旅游信息化工作，对四川省旅游信息化建设的发展思路和建设重点作了指示。8 月，由省旅游局和省政府新闻办主办、四川旅游信息网和四川新闻网承办的“魅力四川 · 2004 有奖游”活动在成都举行了启动仪式。36 人获得免费游四川的大奖，500 人获赠景区门票，1000人获旅游纪念品。活动自8月27日至10月26日历时2个月，点击率超过400万次，提交有效答卷3万余份，答题者90%为省外网民。9月，四川、山东、浙江、黑龙江四省旅游局和农行联合签署了“四省八方”《金穗旅游联名卡跨省联盟合作协议》，实现了金穗旅游卡的跨省消费。

2005年3月，省旅游信息中心制作并开通了四川红色旅游网，共录入文章420多条，图片360张，红色革命歌曲和视频121个，红色故事展播视频节目43个。并与100家以上各级共青团网站、校园网站进行了链接，与省政府新闻办、省团委、省教委共同开展红色旅游爱国主义教育活动。同时，《四川省旅游信息化建设总体规划》通过专家评审。5月，《四川省旅游信息化建设内容标准》评审会召开，由省旅游局和省质监局联合组织专家评委对《四川省旅游信息化建设内容标准》进行了评审，同意立项制订四川旅游信息化地方标准。7月，由省政府新闻办、省旅游局、省教育厅、团省委、甘孜州政府联合主办，四川新闻网、四川旅游信息网、四川京邑投资管理有限公司共同承办的“魅力四川·2005省旅游信息中心红色之旅有奖游暨走进康定情歌的故乡—甘孜”活动在成都举行了启动仪式。9月举行了现场抽奖仪式，抽出30名获得免费游四川的特别大奖。据统计，活动专题网站访问IP量45万人次以上，网上收到网民答卷近3万份，页面测览量超过450万人次。9月，省旅游信息中心与省旅游协会联合开展“百家旅游企业服务质量承诺活动”，在四川旅游信息网和天府热线网视天府视频台为旅游企业和广大游客提供形象展示及信息咨询服务。

2005年12月，省旅游局印发《四川省行业等级评定信息化建设细则（试行）》，要求各地在开展等级评定时实行信息化一票否决制。

第四章　旅游法治建设

第一节　旅游法规

旅游业是新兴产业，相对其他产业，旅游业法制建设起步晚并且形成的法规较少。全国范围的旅游法制工作，从20世纪80年代初期开始草拟《中华人民共和国旅游法》、历经20多年的反复讨论修改，到2005年，仍处于修改论证阶段，只有国务院发布的政府旅游法规。1985年，国务院发布《旅行社管理暂行条例》。1996年10月国务院发布《旅行社管理条例》。2001年12月，国务院公布关于修改《旅行社管理条例》的决定，对《旅行社管理条例》作相应的修改，重新公布，于2002年1月1日起施行。2004年国务院公布《导游人员管理条例》。

国家旅游局以部门规章形式，陆续发布了一批旅游规章。1988年国家旅游局公布《旅行社管理条例实施办法》、1990年公布《旅游安全管理暂行办法》、1991年公布《旅游投诉暂行规定》、1995年公布《旅行社质量保证金暂行规定》、1996年公布《旅行社管理条例实施细则》、1997年公布《旅行社经理资格认证管理规定》、1998年公布《中外合资旅行社试点暂行办法》、2000年公布《旅游发展规划管理办法》、2001年公布《导游人员管理实施办法》、2001年公布《中国公民出国旅游管理办法》、2002年公布《出境旅游领队人员管理办法》、2005年公布《导游人员等级考核评定管理办法（暂行）》等。

在这些背景和条件下，四川省的旅游法治建设取得很大成绩，在地方旅游法规建设、地方政府规章建设、部门规章及规范化文件建设等方面有很大发展。

一、四川地方旅游法规

1996—2005年，四川陆续出台一批地方旅游法规，在促进旅游业健康发展，依法治旅起到很好作用。四川省旅游地方法规建设情况见表6－1。

1996—2005年四川省地方旅游法规

表6－1

时　间	地 方 法 规
1996年6月	重庆市人大公布《重庆市旅游管理条例》，共7章53条
1997年10月	省人大公布《四川省旅游管理条例》，共7章39条
2003年3月	省人大常委会公布《四川省旅游服务质量管理条》实施，共38条

续表6－1

时　间	地　方　法　规
2003年7月	省人大会常委会公布《关于修改〈四川省旅游管理条例〉的决定》，自公布之日施行，修改后的《四川省旅游管理条例》共有7章33条
2005年4月	省政府法制办向省人大报送《四川省旅游条例（草案）》

资料来源：省旅游局档案

二、四川地方政府规章

1999—2005年，省政府以政府规章形式，陆续发布以及废止一批关于旅游业的政府法规，四川省公布的地方政府旅游规章情况见表6－2。

1999—2005年四川省公布的地方政府旅游规章情况

表6－2

时　间	政　府　规　章
1999年4月	省政府以政府令发布《四川省旅游定点管理办法》，共21条
1999年4月	省政府以政府令发布《四川省旅游投诉暂行规定》，共19条
2001年3月	省政府以政府令发布《四川省旅游景区景点讲解人员管理办法》，共30条
2003年4月	省政府常务会议决定废止《四川省旅游定点管理办法》

资料来源：省旅游局档案

三、部门规章和规范性文件

（一）部门规章及规范性文件

1995—2005年，省旅游局制定一系列部门规章及规范性文件，见表6－3。

1995—2005年省旅游局公布的部门规章（部分）

表6－3

时　间	部　门　规　章
1995年3月	省旅游局制定下发《关于我省旅行社质量保证金制度实施办法》
1997年7月	省旅游局发布《四川省旅行社旅游业务经营管理若干规定》，共34条
1998年5月	省旅游局制定《四川省旅游广告管理办法》、省旅游局、省工商局联合制定《四川省旅行社门市部管理办法》
1999年1月	省旅游局发布《四川省省属旅行社办理旅游意外保险实施办法》，共7章25条
1999年1月	省旅游局发布《四川省旅游商品定点生产企业审批及管理试行办法》，共12条
1999年7月	省旅游局、省交通厅联合下发《关于申请道路旅游运输定点资格有关程序的规定》，共5条

续表6－3

时间	部门规章
1999年4月	省旅游局发布《四川省旅游投诉暂行规定》，共19条
2001年7月	省旅游局制定《四川省旅行社投保旅行社责任保险暂行规定》，共5章29条
2001年	省旅游局制定《四川省旅行社门市部登记管理办法》，修订了《四川省国内旅游组团标准合同》、《四川省出境旅游组团合同》
2002年4月	省旅游局下发《四川省导游人员分值管理实施办法》共4章23条，正式实施
2002年3月	省旅游局发布《四川省旅行社业务年检实施办法》，共9条
2000—2004年	省旅游局先后制定了《四川省星级饭店评定规程》、《四川省国际旅行社评定规程》、《四川省国内旅行社评定规程》、《四川省旅游区（点）质量等级评定规程》等。成立了相应的评定委员会，明确评定的权限、依据和标准
2002年	省旅游局制定《四川省重特大涉旅安全事故应急处理预案》、《关于实施旅游购物游客代表和导游双签单制度》，与省公安厅联合制定《四川省口岸旅游团队签证实施办法》、《关于建立安全生产七项制度的通知》、《关于进一步明确旅游行政管理部门安全职能的通知》，与省工商局联合发布《关于规范管理我省旅游行业经纪活动的通知》
2003年1月	省旅游局制定《四川省旅游服务质量监督员工作暂行办法》
2003年12月	省旅游局公布《四川省旅游投诉违规案件查办、协办工作规定》，共10条
2004年1月	省旅游局发布《四川省省级旅游发展资金管理办法》，共6条
2005年11月	省物价局、省旅游局联合下发《关于旅游线路报价管理的通知》，制定了省内3条重要旅游线路的市场参考价及报价备案办法

资料来源：省旅游局档案

（二）清理和规范行政审批

为深入贯彻国务院行政审批制度改革工作精神，清理和规范旅游行政审批事项，简化办事程序，2001年，省旅游局对所有的旅游行政审批事项进行了全面清理。共清理旅游行政审批事项19项，取消审批7项，占全部审批事项的36.8%，下放1项核准权。

取消的7项审批是（1）旅游商品生产单位定点审批；（2）旅游涉外汽车定点审批；（3）旅游涉外汽车公司定点审批；（4）旅游涉外大、中型客车驾驶员上岗资格审批；（5）宾馆、饭店经营涉外旅游业务审批；（6）实习导游证的颁发；（7）大、中型旅游企业开展岗位培训。

下放1项核准权，将原属省旅游局的定点单位核准权下放给各市（州）旅游行政管理部门。并依据有关法规将对旅行社设立门市部的经营许可改为在拟设地旅游行政管理部门和原审批该旅行社的旅游行政管理部门备案。

经过清理，省旅游局保留有6项行政审批项目，自2001年10月起全部纳入省政府服务中心受理。保留的6项行政审批项目是：（1）代国家旅游局受理成立饭店管理公司申请（由于工商行政管理部门未认可前置审批，此项实际上未执行）；（2）代国家旅游局受理旅行社组织中国公民自费出境旅游业务申请；（3）代国家旅游局受理设立国际旅行社申请和经营范围变更申请；（4）代国家旅游局受理设立中外合资旅行社及境外旅行社在四川省设立旅游分支办事机构的申请；（5）权限内国内旅行社及其分社的设立和经营范围变更审批（2001 年 10 月已将最后的省管国内旅行社审批及日常管理权限下放，此项实际上未执行）。（6）四星级（含预备星级）以下饭店的星级评定、复核和五星级饭店的推荐（其中一、二星级及部分市（州）的三星级饭店的评定及复核权限已下放给各市（州）旅游局）。

（三）规范行政执法行为

1997 年，省旅游局下发《关于下发〈四川省旅游局关于贯彻实施〈中华人民共和国行政处罚的意见〉等文件的通知〉》，制定《关于四川省旅游执法人员管理暂行规定》《四川省旅游局行政处罚工作制度》《四川省旅游局执法责任制实施方案》。1998 年，省旅游局下发《四川省旅游行政管理部门行政执法内部监督检查实施办法》。1999 年，省旅游局下发《关于加强规范性文件制定和备案工作的通知》《关于转发〈四川省人民下午关于贯彻〈中华人民共和国行政复议法〉的通知〉的通知》。同年，全省旅游系统开展旅游法制工作综合评比，评出成都市旅游局、阿坝州旅游局、乐山市旅游局、泸州市旅游局、宜宾市旅游局、攀枝花市旅游局、广元市旅游局、资阳地区旅游局、都江堰市旅游局为 1999 年旅游法制工作先进单位。

2000 年，省旅游局下发《关于进一步落实旅游行政执法责任制的通知》。建立和完善了行政执法程序、内部执法监督程序和行政复议程序，将执法责任分解落实到了机关各处室、执法总队及若干个职位，建立了比较完善的旅游行政执法责任制度。

2001 年，实施旅游行政执法责任制，完善行政执法制度。省旅游局制定了《四川省旅游局执法责任制实施方案》《四川省旅游局行政处罚工作制度》《四川省旅行政管理部门行政执法内部监督检查实施办法》。2002 年，省旅游局发布《四川省旅游执法总队办理行政处罚案件程序规定》。2005 年，省旅游局制定关于全面推进依法行政工作的五年规划。

第二节 旅游执法

一、旅游执法机构

1995 年以前，由旅游行政管理部门进行旅游行政执法，无专门的旅游执法队伍。1995 年，四川省旅游局组建四川省旅游局质量监督管理所，属法人事业单位，归属省旅游局领导，同时接受国家旅游局质量监督管理所业务指导。其职责范围：受理全省范围的旅行社服务质量的投诉，直接处理省内重大投诉和跨市（地、州）的旅游投诉，指导和责成市（地、州）旅游质监机构办理投诉有关事宜；直接受理省内一类社、省属和其他直接管理的旅行社的质量理赔；受理对市（地、州）旅游质监机构理赔决定不服而上诉的复议申请。省旅游局要求市（地、州）旅游行政管理部门要根据旅行社管理工作量的大小设立质量监理所或专（兼）职质监人员，在全省逐步建立质量监督网络。成都市、重庆市、万县市旅游质量监理所建立。

1997 年年底，除眉山地区、遂宁市、达川地区外，其余 17 个市（地、州）都建立了旅游质量监督机构，其中，8 个市（地、州）建立旅游质量监督所，5 个市（地、州）旅游局设立质量监督科，4 个市（地、州）旅游局设立质量监督组。5 个重点县（市）中有 4 个建立了旅游质量监督所。10 个国家级风景名胜区中有 6 个建立了旅游质量监督机构。全省有 35 家旅行社建立了质监机构，

162家旅行社设立了专兼职质监员。全省旅游质量监督管理和工作人员有522人，基本建立了旅游质量监督网络。

1998年，有19个市（地、州）、5个旅游重点县（市）、7个国家级风景区设立旅游质量监理机构，251家旅行社设有质量监理员，全省旅游质量监理人员有650多人。1999年，省内所有市（州）、22个重点旅游县（市）、8个国家级风景区设立旅游质监机构，260家旅行社设有专兼职质监员，质监队伍有700多人。2000年，四川省旅游质量监督管理所更名为四川省旅游执法总队，参照公务员管理办法进行管理。市（州）旅游质量监督管理所相继更名为执法大队。2001年，四川省旅游执法总队有编制人员25人，成都市旅游执法大队有20人，乐山市旅游执法大队20人。

2005年，省内所有市（州）旅游质监机构全部改建或更名为旅游执法大队，旅游业发展较快的56个县（市）成立或将旅游质监机构改建为旅游执法中队。全省旅游执法队伍有500多人，旅游景区、旅行社、旅游饭店等旅游企业的旅游质量监督队伍有800多人。

二、旅游执法成效

1991年，四川向社会和旅游者公布旅游投诉电话号码、受理时间，以及受理投诉的语种语种为中文、英语。1994年起，国家旅游局每年委托国家统计局城市社会经济调查总队抽样调查来华旅游者对中国大陆各省市区旅游服务质量的评价。调查按省市区分组分别对饭店、餐饮、交通、景点厕所、文化娱乐、购物、散客服务、导游、综合印象9个主要服务环节进行调查，结果进行公布。

1995年，四川省旅游质量监理所成立，当年省旅游质监所受理旅游投诉、处理质量保证金理赔案件共133件，其中，国内旅游投诉120件，占90%，海外旅游投诉13件，占10%，结案的涉及赔偿金额21万元。

1996年，省旅游质监所受理投诉82件。其中，涉及旅行社的50件，占61%；涉及景区的11件，占13.4%；涉及宾馆的8件，占9.8%；涉及三峡游轮的7件，占8.5%；涉及客运车辆的5件，占6.1%；涉及购物的1件，占1.2%。

1997年，省旅游质监所受理各类旅游投诉144件，结案141件，结案率为98%，赔付金额为28.7万元。其中，涉及旅行社的106件，占73.61%；涉及客运车辆的11件，占7.64%；涉及宾馆4件，占2.78%；涉及景区17件，占11.81%；涉及购物点6件，占4.17%。

1998年，省旅游质监所接到各类旅游投诉190件，结案187件，结案率为98.4%，赔付金额为140767.8万元。其中，涉及旅行社122件，占64%；涉及宾馆30件，占16%；涉及景区7件，占4%；涉及客运车辆4件，占2%；涉及购物点3件，占2%；涉及客车驾驶员和导游26件，占14%。

1999年，省旅游质监所接到各类旅游投诉224件，结案220件，结案率为98.2%。其中，省内投诉186件，占83%，省外和境外投诉各为19件，均占投诉总量的8.5%。

2000年，接到各类旅游投诉335件，结案328件，结案率为97.9%。其中，省内投诉289件，占86.3%，省外投诉29件，占8.6%，境外投诉17件，占5.1%。

2001年，省旅游执法总队共接到各类旅游投诉541件，结案529件，结案率为97.8%。其中，省内投诉448件，占82.8%，省外投诉78件，占14.4%，境外投诉15件，占2.8%。

2002年，全省旅游执法队伍共受理投诉376件。其中，涉及旅行社323件，占85.9%；涉及宾馆16件，占4.3%；涉及景区31件，占8.2%；涉及购物点6件，占1.6%。

2003年，全省旅游执法队伍共接到各类旅游投诉436件，正式受理414件，已结案396件，结案率为95.7%，赔付金额为20.88万元。其中，涉及旅行社369件，占89.1%；涉及宾馆13件，占3.1%；涉及景区11件，占2.7%；涉及用餐1件，占0.2%；其他2件，占0.15%。

2004年，全省旅游执法队伍受理旅游投诉共计579件，其中，省旅游执法总队处理12件，市（州）旅游执法支队处理567件，已结案559件，结案率为96.5%，赔付金额为384279元。其中，涉及旅行社545件，占94.1%；涉及景区7件，占1.2%；涉及购物点8件，占1.4%。

2005年，全省旅游执法队伍共收到旅游投诉483件，正式受理477件，已结案467件，结案率97.9%，赔付金额359309元。其中，涉及旅行社439件，占92.0%；涉及购物点5件，占1.0%；涉及宾馆13件，占2.7%；涉及景区13件，占2.7%；涉及用餐1件，占0.2%。

三、重大旅游投诉处理

（一）处理成都锦城旅行社

1998年9月下旬，成都锦城旅行社下属的一个门市部，与26位游客签订了赴九寨沟的旅游合同，收取了费用，但游客在约定的出行时间无人接待，门市部人去楼空。游客投诉后，成都锦城旅行社将责任推卸给门市部，问题长期得不到解决，严重损害旅游者的合法权益，损害四川旅游形象和声誉。此事经媒体披露后，当事游客给省委领导写信，省委书记谢世杰对此作出批示。1999年3月，省旅游局根据旅行社管理条例及其实施细则，决定吊销成都锦城旅行社的旅行社业务经营许可证，并且责成该旅行社公开对游客损失全额退赔，在全省通报，同时工商部门吊销其营业执照。

（二）处理阿坝州雪源旅行社

1999年10月，阿坝州雪源旅行社根据散客接团协议，接待成都中国青年旅行社转来的25人的旅游团队，行程为九寨沟—黄龙旅游，因所住饭店停电一事，导游人员邓某与一些游客发生争吵和抓扯。事后10月5日，导游人员邓某带旅游团返程到茂县禄禄饭店进餐时，煽动其亲属集体殴打游客，致该团所有游客受到惊吓，部分游客受伤，酿成治安案件。《中国青年报》冰点专栏以“噩梦般的九寨沟之旅”为题，对此事进行较长篇幅的报道，情节和社会影响后果相当严重，损害了四川省旅游形象。事情发生后省旅游局、阿坝州政府组织力量调查，责成阿坝州雪源旅行社和成都中国青年旅行社先行按规定作出书面道歉，先行退赔25名游客餐费、门票费、服务费及违约金13888元，导游人员作出书面道歉。根据事实，省旅游局决定对阿坝州雪源旅行社旅行社作如下处理：（1）吊销阿坝州雪源旅行社的旅行社业务经营许可证。（2）责成阿坝州雪源旅行社对旅游者的损失给予赔偿。（如公安机关已作治安赔偿的决定，不重复执行）（3）吊销阿坝州雪源旅行社所聘导游人员邓某的导游证，旅游系统不得再聘用。（4）茂县禄禄饭店，不准从事接待旅游团队业务。省旅游局予以全省通报。阿坝州政府对打伤游客行为进行了治安处罚。

（三）1999年香港“放团”事件的处理

成都海外旅游公司990217出境旅游团一行22人（游客21人，领队1人），1999年春节期间香港一地5日游，行前游客已交清费用。香港的地接社是展乐国际旅运（香港）有限公司。该团2月18日乘船从深圳抵香港中港码头，港方无人接待，经交涉1小时后，香港展乐公司一名导游才将该旅行团与广西一个14人旅行团合并，中午用车带到闹市区，导游以未收到四川游客的旅游费用为由，要求旅游者下车，四川旅游者不同意，导游将游客弃之离去，游客在车上坐等几个小时后报警，香港警方赶到现场，惊动香港大批媒体。警方责令香港展乐公司于16：40分将四川22人带至饭店，晚餐游客自行解决，直至次日凌晨，香港展乐公司负责人始到酒店，对领队及游客称，该公司未收到成都海外旅游公司此团的旅游费，所以不接待，鉴于警方的督促，展乐公司代为安排，费用由游客自付。在实际收取游客每人1250元人民币（小孩600元）后，2月19日香港展乐公司安排该旅行团在港游览后离港。

此事经香港媒体和内地媒体广为报道，称大陆游客在香港被当作“猪仔”甩了。引起国务院领导和国家旅游局重视，国家旅游局与香港旅游业议会联合调查处理，称之为“放团”事件。据查，春节期间，大陆旅行团在香港遭遇“放团”事件6起，都是香港展乐公司所为，涉及游客100多名，其中包括四川的22人。香港展乐公司在与内地几个省的旅行社在旅游团队连续运行的情况下，因为团队费用问题，春节期间突然“放团”，对事件负有主要责任，香港旅游业议会对香港展乐公司进行严厉处理。

在查清“放团”事件的主要责任的同时，内地涉及此事件的旅游管理部门也依据旅游法规查处当地旅行社的违规行为。省旅游局与成都市旅游局联合进行查处，经调查成都海外旅游公司违规行为有：（1）成都海外旅游公司不具备“香港游”组团旅行社条件，未经批准，属超范围经营“香港游”业务；（2）成都海外旅游公司未与该团的旅游者签订旅游合同，属严重违规行为；（3）成都海外旅游公司对所属门市部管理松散，其门市部独立经营，违反旅行社门市部“四个统一”的规定；（4）成都海外旅游公司没有与香港旅行社签订经济合同，仅凭电话及口头承诺，属严重违规行为；（5）该社聘用的990217团的领队未取得合格的领队证（其临时领队证是在深圳花1000元买的），严重违规。

省旅游局与成都市旅游局依据旅游法规，对成都海外旅游公司采取如下处罚措施：（1）责令成都海外旅游公司作出深刻检查，限期改正；（2）责成成都海外旅游公司对涉及本事件的责任人给予严肃处理，处理结果上报旅游行政部门；（3）对成都海外旅游公司罚款共计3万元；（4）责成成都海外旅游公司妥善处理该团旅游者的善后事宜。省旅游局将“放团”事件在全省旅游行业进行通报，同时上报国家旅游局。成都市旅游局落实了处罚措施。

（四）2001年茂县“9·23”旅游交通事故的处理

四川新东方国际旅行社接待香港关键旅行社SNOIT—A—0919DC08LD旅行团16人从成都出发去九寨沟旅游，租用四川科学城九龙实业公司车队亚星牌29座客车作交通工具，于2001年9月23日下午13时18分行驶至茂县威风公路28KM+400M石鼓乡桥头处，同一辆对面驶来的桑塔纳小车相撞，旅游车翻入岷江，16位香港客人有4人获救，其中，重伤1人，轻伤3人，打捞起3具遗体，9人失踪。

“9·23”交通事故在海内外引起很大反响，一些媒体和社会公众的责问指向旅行社和旅游部门，省旅游局组织认真调查，查清的事实是：（1）绵阳科学城九龙实业公司是经交通运管部门批准、具备旅游客运资格的专业运输公司；（2）新东方国际旅行社向九龙实业公司签订的正式租车合同符合行业规定；（3）团队的运行过程表明，该旅游团9月23早上6∶30从成都出发至发生事故，沿途没有购物，无违规行为。四川新东方国际旅行社在这次涉旅交通事故中无违规操作过错责任，也是这次突发意外交通事故的受害者。省旅游局向省政府正式报告，旅游管理部门既要保护旅游者的合法权益，也要保护旅游经营者的合法权益，鉴于新东方国际旅行社没有违规行为，不应对该旅行社进行处理。“9·23”事故作为交通事故进行处理，旅行社在其中不负有责任。

（五）黄龙旅游线供氧点问题处理

2004年，云南省委领导一行考察四川旅游业到九寨、黄龙，反映黄龙沿线少数氧气租用经营点欺宰旅游者的情况，省委书记张学忠批示："抓紧调查处理，举一反三，要把导游作为典型查处，要把购物点作为典型查处。"6月18日，以省旅游局牵头，组织省工商、药监、卫生等有关部门组成专案组，赴阿坝州对九寨沟黄龙沿线购物点进行明察暗访。阿坝州委州政府决定由阿坝州政府副秘书长带队，州工商、药监、卫生、旅游组成专案组，配合省专案组进行调查处理。联合专案组发现部分供氧点私自设点违规经营，使用不符合规定的氧气，存在严重的安全隐患，私拿回扣现象突出（氧气袋销售价50元/袋，回扣达40—45元），还有乱收费现象，现场关闭供氧点5家，清理了一批不符合规定的氧气瓶和氧气袋，采取5条措施：（1）以供氧点宰客现象为契机，举一反三，对九黄沿线旅游购物点进行全面整治，对珠宝、药材、土特产商店出售假冒伪劣商品、无证经营、欺诈游客、私拿回扣等，按照有关法规坚决惩处和取缔；（2）提倡旅游诚信、规范经营，明码实价，加大执法和监管力度；（3）川主寺镇外至黄龙沿线的供氧点予以全部拆除，统一规范到川主寺镇内依法经营；（4）实行临时价格干预，最高限价10元/袋，杜绝私拿回扣；（5）广而告知游客，黄龙景区内免费供氧和川主寺至雪山梁供氧点的整治规范情况。

（六）关于九环线问题的处理

2004年，省委、省政府信访办《信息情况反映》第18期刊载《不法商人疯狂敛财，违法经营死灰复燃》，反映九环线（九寨沟旅游环游线）的尕咪寺、山巴寺由不法商人把持对游客进行诈骗，影响旅游形象。省委书记张学忠批示："旅游事业越发展，越要加强管理，特别是要打击、取缔疯狂敛财，违法经营活动。望在旅发大会（即旅游发展大会）前认真清理死角，以免产生负面影响"。副省长王怀臣批示制定措施并组织实施。省旅游市场综合治理办公室专题研究方案，决定由省宗教局带队，省旅游局、省公安厅、省文化厅参加，组成联合调查组，在当地政府配合下，进行明察暗访。查访中发现山巴寺、尕咪寺、小西天民族文化苑等地有不法商人借宗教活动为名，非法承包经营，私给驾导人员回扣，欺诈游客，引起游客投诉。2004年9月，经松潘县政府批准对尕咪寺、山巴寺进行处理。宗教部门依法暂行关闭尕咪寺、山巴寺的宗教活动场所，小西天民族文化苑停业整顿，限期整改，取缔省级文物保护单位黄龙中寺、上寺内的非法宗教活动。

（七）关于南京游客投诉的处理

2005年8月25日，省委书记张学忠在南京旅客宋谦平夫妇的投诉材料作出批示，省长张中伟、副省长王怀臣也作出批示。9月15日，省政府秘书长李洪仁主持召开省旅游市场综合治理办公室全体成员会议，研究部署落实省领导批示，联合整治旅游市场环境，决定9月下旬对"九寨沟—黄龙"旅游线、"乐山—峨眉山"旅游线、川南旅游线开展综合执法大检查。9月19日和20日，省旅游局分别与成都市政府、阿坝州政府和省级组织力量，全面展开调查取证处理。处理结果：（1）对投诉涉及的违规旅行社和导游，由旅游管理部门依据旅游法规严肃处理；对违规旅游汽车公司和驾驶员，由交通部门依据法律法规严肃处理，处理结果上报省委、省政府，并及时回复当事游客。（2）举一反三，在全省持续治理旅游市场，保持对旅游违法违规行为的高压态势，严肃查处违法违规企业和从业人员，通过新闻媒体和互联网，向全社会公布违法违规经营企业和人员名单，接受广大群众监督。（3）坚持属地管理原则，加强对重点地区市场秩序的监管，研究制定深入整治旅游环境的工作措施。

（八）关于徐州游客投诉的处理

2005年11月11日，省委书记张学忠在徐州游客陶涛等5名老干部投诉一老年旅行团在黄龙景区坐滑杆被拒载一事作出批示，省旅游局、阿坝州委州政府和黄龙管理局迅速采取措施：（1）对黄龙景区滑杆队经营活动进行全面清理，清退直接涉案的违纪滑杆队员，对存在违规问题的其他10名滑杆队员一并清退，对景区有关负责人给予了行政和经济处罚。对游客表扬的滑杆队员进行表彰奖励。(2) 黄龙景区负责人11月19日赶赴徐州，向旅行团的所有老同志通报事件处理情况并当面道歉。郑重邀请老同志们明年免费重游黄龙，取得客人谅解。(3) 黄龙景区深入分析查找管理漏洞，调整完善管理制度，组织中层干部进行封闭培训，到峨眉山景区学习经验。全省旅游系统以省委书记批示精神为契机，举一反三，剖析典型，年底在峨眉山召开全省旅游景区管理工作现场会，通报黄龙景区滑杆宰客事件查处情况，总结推广峨眉山景区的成功做法和经验。狠抓基础，强化培训，每年组织二至三期"旅游景区高级管理人员培训研讨班"，对全省重点旅游景区中层以上管理人员进行分批集中培训。全面推动景区管理工作。将2006年确定为"四川旅游服务质量提升年"，着力提高全省旅游行业诚信经营和优质服务意识。

（九）关于厦门游客投诉的处理

2005年12月26日省委书记张学忠对厦门游客吴平利在《四川在线》投诉"九寨沟黄龙旅游被骗记"作出批示，省旅游局和阿坝州政府立即部署调查处理工作，经查，厦门客人吴平利等10人旅行团，于2005年10月24—27日由厦门汇景旅行社组团，交九寨沟山水旅行社，在游览行程中，成都天利康辉导游公司导游人员向游客谎称"因下雪黄龙已封山"为由，在未取得游客书面同意并报告旅行社的情况下，擅自改变团队运行计划，九寨沟山水旅行社事后进行道歉和部分补偿。根据《导游人员管理条例》的规定。省旅游局依据旅游法规对导游人员马凯作出了吊销导游证的行政处罚并向社会公开；对九寨沟山水旅行社限期责令限期整改，并处罚金；通知游客按程序向组团社索赔。

第五章 管理机构

第一节 省级旅游管理机构

1978年11月27日，四川省委批准成立“四川省旅行游览事业管理局”，1983年机构改革，四川省旅行游览事业局建制撤销，并入四川省外事办公室，全省旅游工作由省外办管理。1984年7月，省政府批准成立四川省旅游总公司，保留省旅游局牌子，同年8月，省旅游总公司（四川省旅游局）正式从省外办分出。四川省旅游总公司与四川省旅游局政企合一，一套人员，两块牌子。

省旅游局是管理全省旅游工作的职能机构，对全省旅游业实行管理。主要职能是贯彻执行国家发展旅游业的方针政策，结合四川旅游业实际制定措施；拟定和组织全省旅游业发展的中长期规划和年度规划；根据国家法规，审批和管理全省的旅行社、旅游涉外饭店，制定服务质量标准；组织旅游从业人员的培训和考核；管理旅游统计工作；配合物价部门，管理旅游价格；协调和指导旅游商品、纪念品的生产销售和旅游交通。

1987年，省旅游总公司（省旅游局）内设2室（办公室、审计室）、6处（规划处、企业管理处、宣传处、教育培训处、财务处、人事处）以及纪律检查组、机关党委共10个处级部门。1990年增设安全保卫处。下属有5家直属企业、1家事业单位（四川省旅游学校）。1990年，省旅游局宣传处更名为市场开发处。

1995年，省旅游局组建四川省旅游局质量监督管理所，直属事业单位，处级。成立四川省旅游局机关后勤服务中心，直属事业单位，处级。成立四川省旅游培训中心，直属事业单位，处级。4月5日，省委、省政府下发《关于四川省党政机构改革方案的实施意见》，其中确定“省旅游局与省旅游总公司实行政企分开，保留省旅游局”。省旅游局作为省政府直属机构列入政府机构序列。内设部门增设法规处，人事处与教育培训处合并为人事教育处，撤销安全保卫处，撤销审计室（其业务归财务处），企业管理处更名为旅行社饭店管理处。

1997年3月，成立四川省旅游局机关后勤服务中心，处级，为省旅游局直属事业单位。

1998年3月，成立四川省旅游规划设计所，处级。1998年5月，成立四川省旅游信息中心，处级。均为省旅游局直属事业单位。7月8日，省人民政府以川府函〔1998〕242号文批复，同意组建四川旅游集团有限责任公司，授权四川旅游集团有限责任公司对原四川省旅游局（总公司）5家直属企业实行目标经营管理。省旅游局直属企业划归四川旅游集团，省旅游总公司不复存在。省旅游局受省政府委托，对旅游集团和省属旅游企业国有资产的保质增值进行监督管理。

2000年6月，根据省委、省政府《关于实施四川省人民政府机构改革方案》，设置四川省旅游局，省旅游局是省政府主管旅游业的直属机构。省旅游局职能调整，下放的职能是将核准旅游餐厅、饭店、车船、商店、娱乐场所等定点单位的职能下放给市（地、州）旅游行政管理部门。转变3项职能是不再保留对旅游外汇的管理职能；不再保留指导旅游行业的劳动工资职能；将实施旅游行业技术等级考核、行业资格考试和等级考试等具体工资交给事业单位。

根据职能调整，省旅游局的主要职责是编制旅游业发展的中长期规划和年度发展计划；贯彻执行国家旅游管理法律、法规和规章；拟定全省旅游管理的地方法规、规章并监督实施；对全省旅游业（含旅游集团）进行行业管理。研究拟定培育旅游支柱产业的战略措施并指导实施；培养和完善全省旅游市场；组织旅游资源的普查；组织、指导重要旅游产品的开发；组织、指导全省的旅游统计工作。研究拟定前世国际国内旅游市场开发战略，组织实施全省旅游整体形象的对外对内宣传和国内外旅游市场重大促销活动；管理旅游涉外事务和旅游对外交流与合作。组织实施各类旅游景区景点、度假区及旅游住宿、旅行社、旅游车船和特种旅游项目的设施标准和服务标准并监督检查；组织和指导旅游设施定点工作。审查、申报出入境旅游业务的旅行社；审批经营国内旅游业务的旅行社；负责向国家旅游行政主管部门推荐五星级饭店；负责省内三、四星级饭店的评定和复核工作；指导一、二星级饭店的评定和复核工作。监督、检查旅游市场秩序和服务质量并组织综合治理；受理旅游者投诉，维护旅游者合法权益；参与旅游市场价格检查工作；参与重大旅游安全事故的救援与处理；指导旅游娱乐工作和旅游行业精神文明建设。提出星级饭店及其他重要旅游建设项目的审核意见；指导旅游教育、培训工作；组织实施旅游从业人员资格制度和等级制度；管理直属事业单位的机构编制和干部人事工作。管理直属事业单位和旅游协会工作。受省政府委托对旅游集团和直属企业国有资产的保值增值进行监督管理。2000年8月机构改革，省旅游局与旅游集团及直属企业实行政企分开，四川旅游集团归省大型企业工委管理。

2000年，省旅游局规划处与财务处合并为规划财务处，旅行社饭店管理处更名为质量规范管理处，四川省旅游局质量监督管理所更名为四川省旅游执法总队，参照公务员管理办法管理。2001年4月，省旅游局组建四川省旅游促进中心，直属事业单位，处级。2002年12月，四川省旅游规划设计研究所更名为四川省旅游规划设计研究院，国家旅游局核准该研究院具有旅游规划设计甲级资质。

2005年，省旅游局内设部门有：办公室、法规处、市场开发处、规划财务处、质量规范管理处、人事教育处，以及机关党委、省纪委驻局纪检组，直属事业单位有：四川省旅游学校、四川省旅游执法总队（参照公务员办法管理），机关服务中心、四川省旅游规划设计研究院、四川省旅游信息中心、四川省旅游培训中心、四川省旅游促进中心。

第二节　市（地、州）、县级旅游管理机构

1988年，全省21个市（地、州），有成都、乐山、自贡、万县、宜宾、阿坝等6个市（地、州）建立了旅游局。

1989年，重庆市在原旅游局筹备组基础上，正式建立重庆市旅游局，至此，建立旅游局的市（地、州）已有7个。其余市（地、州）在其外事办公室内设旅游管理机构。

1990年，绵阳市、甘孜州、内江市、涪陵地区建立了旅游局，使建立旅游局的市（地、州）达到11个。县级建立旅游局的有峨眉山市、都江堰市、巫山县、奉节县、大足县、松潘县、乐山五通

桥区、彭县、泸定县等。

1993 年，县以上建立旅游管理机构 82 个。

1994 年，县以上建立旅游管理机构 82 个，其中，23 个市（地、州）中，建立旅游局的有 20 个，在其他部门下设旅游管理机构的 3 个。

1995 年，县以上建立旅游管理机构 98 个，各市（地、州）均建有旅游局。

1996 年，县以上建立旅游管理机构 95 个，各市（地、州）均建有旅游局。

1997 年，市（州）、县（市）建立旅游局的达 89 个。

1998 年，市（州）、县（市）建立旅游局有 122 个。

1999 年，市（州）、县（市）建立旅游局有 94 个。

2002 年，各县（市），市属区全部建立有旅游局。

第六章　旅游协会

第一节　组织沿革

1986年4月，由省旅游局、省建设委员会、民航成都管理局、省社会科学院联合发起筹建四川省旅游协会，并于6月10日向省人民政府报送了成立省旅游协会的请示报告。省政府办公厅于7月29日下达了同意成立的批文。协会的职能主要是代表和维护全行业的共同利益和会员的合法权益，当好政府的参谋和助手，在政府和会员之间发挥桥梁和纽带作用。1987年3月27日，四川省旅游协会召开了首次全体理事会，制定了协会章程，选举产生了第一届协会领导机构，会长李砚田，秘书长张崇。第一届协会共有会员67个。省旅游协会先后设立了四川省旅游经济研究小组、四川省旅游协会培训中心、四川省旅游咨询开发服务公司和四川省国内旅游协会筹备组。

1990年2月，四川省旅游协会国内旅游分会成立。1990年3月，省旅游协会召开了全体理事会进行了换届选举，产生了协会的第二届领导机构，会长由李砚田连任，秘书长张崇。协会的会员增加到153个。4月，省旅游协会决定撤消四川旅游咨询开发服务公司。11月，由省旅游协会主办的《四川旅游》杂志创刊号问世，为内部刊物，双月刊，其宗旨是介绍四川的旅游资源，介绍旅游知识，交流旅游工作经验，传递旅游信息。

1991年11月18日，省民政厅批准四川省旅游协会以“全省性社会团体的法人资格”进行登记。1992年3月，成立四川省旅游饭店协会，与四川省旅游协会一个机构、两块牌子合署办公。1994年3月30日，省旅游协会在乐山召开全体理事会，选举产生了协会第三届领导机构，会长李砚田，秘书长张崇。

1998年6月，参加协会的会员单位（含个人会员）发展到200多个。12月2日，省旅游协会在乐山市召开全体理事会，选举产生了协会第四届领导机构，会长由省旅游局局长廖冬冰兼任，常务副会长周化勋，秘书长张崇。取消四川省旅游饭店协会，撤销省旅游协会国内旅游分会。设立四川省旅游协会旅游饭店专业委员会、旅行社专业委员会、旅游景区专业委员会3个专业委员会。省旅游协会下设秘书处、培训中心作为办事机构。

2000年12月，省旅游协会召开全体理事会，选举省旅游局局长钟勉兼任省旅游协会会长，常务副会长为周化勋，秘书长陆埙。增设分支机构省旅游协会旅游饭店女总经理分会。

2002年，根据民政部关于社团组织分支机构的规定，报省民政厅批准，将省旅游协会旅游饭店、旅行社、旅游景区3个专业委员会更名为四川省旅游协会旅游饭店分会、旅行社分会、旅游景区分会，增设省旅游协会教育分会。

2003年4月，省旅游协会在成都金牛坝宾馆召开协会全体理事会，选举产生了协会第五届领导机构，会长由省旅游局局长刘捷兼任，常务副会长周化勋，秘书长陈隆志。增设分支机构省旅游协会旅游商品分会。2004 年 12 月，四川省旅游协会被民政部授予“全国先进民间组织”称号。

2005 年 4 月，省旅游协会在成都召开第五届第三次全体理事会，省旅游局局长刘捷兼任会长，常务副会长张巨雄，秘书长沈皖蜀。

1990 年，重庆市旅游协会成立，20 世纪 90 年代，成都市旅游协会、乐山市旅游协会、自贡市旅游协会、绵阳市旅游协会、宜宾市旅游协会相继成立。到 2005 年，各市（州）都成立旅游协会，部分县（市）成立旅游协会。

第二节　主要活动

1990 年，省旅游协会举办全省普通话导游服务技能表演赛，在全省各市、地、州 31 家旅行社（公司）和景区的 449 名导游中评出最佳普通话导游 9 名、普通话服务能手 15 名，鼓励奖 16 名。

1991 年 3 月，根据中国旅游协会评选 91 年旅行社优秀经理和省旅游局有关精神，经有关单位推荐，省旅游协会组织评审委员会评出四川省 1991 年度旅行社优秀经理 2 名，并推荐 1 名参加全国旅行社优秀经理评选。10 月，省旅游协会与成都市旅游协会、重庆市旅游协会联合举办了全省第一次导游大赛，共有 1300 多名导游人员参加比赛。大赛评出最佳导游 16 名，优秀导游 26 名。

1992 年 11 月，省旅游协会与省旅游局联合举办全省旅游行业职工服务技能大赛，参赛的共有 29 家旅游饭店 113 名能手。经过理论考试和现场考试，评出最佳能手 12 名，优秀能手 15 名。组成参赛团于 12 月赴桂林参加全国旅游行业职工服务技能大赛。同年，省旅游协会主办的《四川旅游》杂志 1995 年和 1996 年连续两年在全国旅游期刊评选中获“中华旅游促进奖优秀期刊”称号。

1995 年 2 月，省旅游协会协助省旅游局举办四川省国内旅游导游大赛，评出最佳导游 10 名，优秀导游 20 名。挑选 8 名选手赴北京参加全国国内导游大赛，其中，威斯特旅游公司导游廖荣隆荣获全国“十佳导游”称号。

1996 年 2 月，省旅游协会与峨眉山管委会共同承办“星湖杯”全国景点导游大赛初赛工作，选出 22 名选手参加全国景点导游复决赛，22 名选手全部获奖，其中 4 名荣获“十佳导游”称号。四川省旅游协会国内旅游分会和峨眉山管委会获组织奖。

1997—1998 年，省旅游协会与省旅游局收集优秀导游解说词结集出版《四川导游词汇编》。

1999—2000 年，针对出境旅游市场、旅行社从业人员及旅游饭店出现的种种不规范行为，省旅游协会与会员单位协商，制定了《出境旅游自律协议书》《关于旅行社人员流动的约定》和《关于抵制私给出租车司机回扣的规定》等行业自律规定，取得了一定效果。

1999 年，省旅游协会就成都几家最早的星级饭店的水、电、气价格问题进行专题调查，根据调查结果省旅游协会向成都市政府写了专题报告。成都市政府责成物价部门作了认真研究，决定在安排 1999 年气价时，取消旅游饭店的天然气“涉外价格”。

2000 年，省旅游协会在《四川导游词汇编》的基础上加以精选，增加导游基础资料和重点旅游线路导游词，完成了《四川导游》的编印工作。

2001 年年初，省旅游协会协助省旅游局举办“新世纪四川首届十佳导游电视大赛”，73 家旅行社140多名导游参加了复赛，20名导游参加了决赛。大赛评出10名“四川省十佳导游员”和10名“四川省优秀导游员”。同年，受省旅游局委托，省旅游协会就发展四川入境旅游业进行专题调研，形成《关于我省入境旅游业近期面临的形势及发展对策的报告》，由省旅游局、省旅游协会联合上报省委、省政府。省委书记对报告作了重要批示，指出“报告所提的10条建议应当研究落实措施”。2001年，省旅游协会在全省开展创建绿色饭店活动。在省旅游局的领导下，在省环保局、省质量技术监督检验局的指导下，省旅游协会制定《四川省绿色饭店基本条件》，全省共有50多家饭店报名参加，10多家饭店通过评审，成为首批“四川省绿色饭店”。

2002年，省旅游协会编辑《四川导游词精选》，由中国旅游出版社出版，向全国发行。九寨沟地区对该地区旅游饭店的价格进行统一规定，宣布该地区旅游饭店与旅行社已确定的团队、签订的合同价一律无效，并对不按其价格规定的外地旅行社进行“封杀”处理，成都及外省部分旅行社在公布的“封杀”之列。旅行社对此反映强烈，省外一些旅行社甚至发起抵制九寨沟旅游。省旅游局向省政府作紧急汇报，副省长王怀臣作批示。省旅游协会配合省旅游局经过调查认为，一定要按照旅游市场经济规律办事，守信誉、重合，一定要按照“依法行政”的原则来进行市场规范整治，九寨沟无权“封杀”旅行社。省旅游局副局长崔志伟和省旅游协会常务副会长周化勋等连续会见阿坝州旅游局、九寨沟县政府、九寨沟县旅游局、九寨沟饭店协会负责人协商解决，得到阿坝州政府支持，取消了对当地旅游饭店价格的硬性统一规定。

2003年，“五一”黄金周前夕，省旅游协会向全省旅行社行业发出暂停一切组团及接团业务的倡议，以防止“非典”通过旅游渠道传播，并向旅游行政主管部门建议返还旅行社部分质量保证金，帮助企业度过难关，得到省旅游局的积极支持，当年省旅游局返还了旅行社部分质量保证金。该项措施在全国旅游业尚属首次，受到国家旅游局的肯定。同年6月，“非典”过后，由省委宣传部、省政府新闻办、省旅游局、省旅游协会联合主办，省旅游协会承办，组织中央、海外、省外及本省的70多家媒体开展“四川旅游大聚焦”活动，对四川10大景区进行宣传采访，有力地推动了四川旅游业的迅速恢复和复苏。

2003年9月，省旅游协会与都江堰市政府合作举办“四川省首届优秀旅游纪念品设计大赛暨四川省旅游商品博览会”。以设计大赛为切入点，推动全省旅游商品的研制开发，并为设计者、厂家、商家建立与市场对接的通道。参展的有蜀锦、蜀绣、漆器、竹编等几十个品种，上百个旅游商品生产企业和艺人。大赛评选出了金、银、铜奖各10名，优秀奖30名，组织奖4名。

2004年6月，省旅游协会与省旅游局共同举办“2004四川旅游饭店用品博览会”。9—11月，由省旅游局、省旅游协会主办，省旅游协会承办，举办“2004四川旅游区（点）讲解员大赛”，共有32家单位近100名选手参加了复赛，大赛评选出全省十佳讲解员、优秀讲解员及团体奖。8—12月，由省旅游局、省劳动和社会保障厅、省旅游协会联合主办，省旅游协会承办“2004四川旅游饭店客房服务技能大赛”，共有90多家饭店260名选手参加了复赛，大赛评选出全省旅游饭店客房服务技术能手10名、优胜奖14名及团体奖。4—8月，省旅游协会先后5次组织旅游饭店优秀能手和专业人士分片区进行技能交流活动，覆盖面达到16个市（州），共有330多家饭店的2300多名酒店第一线操作人员参加。6月，省旅游协会建立四川省旅游协会网站（www. visitsc. cn），设立各种专栏，介绍行业活动，反映行业动态。6—12月，由省旅游局、省劳动和社会保障厅、省总工会、省旅游协会联合主办，省旅游协会承办的“2005四川旅游饭店餐饮设计创新大赛”，整个大赛历时大半年，共有80多台餐饮设计参加了复赛，评选出10名“2005四川旅游餐饮技术能手”，52名优胜选手被授予国家职业技能等级晋级奖，前3名破格晋级为高级技师。

2005年下半年，省旅游协会主要活动有四项。7—12月，由省旅游局、省劳动和社会保障厅、省总工会、省旅游协会联合主办，省旅游协会承办了“2005四川导游技能大赛”。共有几千名导游人员参赛，其中300余人参加了复赛。高出历次导游大赛最高人数3倍以上。评出2005四川十佳导游。共有600多名导游人员和旅行社管理人员参加决赛的现场观摩。两项大赛的优胜者经四川省总工会推荐，获全国总工会表彰“三八”建功立业标兵岗2个，获建功立业标兵2人。省总工会在两个大赛的优胜者中，表彰建功立业标兵岗4个，建功立业标兵4人。省总工会还举办大赛优秀选手技能演示活动，向社会推广大赛成果。8月，省旅游协会与省旅游局联合主办第二届四川省优秀旅游纪念品设计大赛，共有16个市（州），500余家单位参赛，参赛作品达1200余件。联合主办第二届四川旅游饭店设计用品博览会，300余家国内外知名品牌参加。9月，省旅游协会与成都花博会组委会联合主办“花博杯”四川省首届大学旅游艺术设计大赛，600多件作品参加比赛。10月，省旅游协会向全省旅游企业发出《四川省旅游待业天诚信经营倡议书》的号召，652家旅行社、428家星级饭店、122家景区、30多家旅游汽车公司在倡议书上签名。召开“共铸四川旅游诚信峰会论坛”，10多家会员单位荣获2005年“中国诚信企业示范单位”称号。同月，省旅游协会与省劳动和社会保障厅联合举办旅游饭店餐厅服务员职业技能培训班。对来自24家宾馆饭店的79名餐厅服务员进行了培训，经过考核合格，劳动保障部门颁发了国家中级职业技能等级证书。

四川省志·旅游志

附　　录

一、大 事 记

1986 年

7 月 国务院副总理谷牧到四川考察旅游，沿绵阳、阿坝、成都、乐山、重庆一线，考察了九寨沟、黄龙、峨眉山、乐山大佛、大足石刻、三峡、小三峡等景区以及成都、重庆的部分旅游饭店。

12 月 国务院副总理谷牧在北京召开国务院旅游协调小组第 7 次会议，专题研究九寨沟、黄龙景区开发问题，四川省副省长顾金池带领省建设、旅游、交通、邮电等部门负责人到会汇报情况。

1987 年

6 月 20—21 日 省政府在南坪县（1998 年改名为九寨沟县）召开九寨沟黄龙现场办公会，副省长顾金池主持，研究落实国务院旅游协调小组第 7 次会议精神和保护开发九寨沟、黄龙事宜。

1988 年

5 月 6 日 省旅游局召开四川省旅游优质服务表彰大会，会议总结了前两年开展旅游优质服务活动的经验，表彰了全省 55 个先进集体及 107 名先进个人。

5 月 11—13 日 中央政治局委员、四川省委书记杨汝岱考察海螺沟景区。

6 月 29 日 四川省省长张皓若专题听取省旅游局工作汇报。

1989 年

7 月初 省旅游局通过中新社向海外广泛发出“四川局势稳定，旅游尽可放心”的报道，同时省旅游局向美国驻成都总领事馆、日本《读卖新闻》驻京记者、中国香港、中国澳门记者介绍四川旅游环境及旅游线路。

8 月 省旅游局组织旅游企业参加在新加坡、联邦德国、法国、英国、泰国等地的旅游促销活动。

9 月 省旅游局及部分旅行社，分批邀请日本、中国台湾、马来西亚、中国香港等的旅行商到川考察成都、重庆等地及长江三峡、九寨沟、峨眉山等旅游线路。

10 月 坐落在九寨沟沟口的九寨沟宾馆竣工，这座接待设施较好的具有民族特色的宾馆建成，获得了国家旅游局在资金及设计方面的支持。

11 月 省委决定，周绍全任省旅游总公司总经理（省旅游局局长）、省外办党组旅游局分党组书记。

1990 年

3 月 12—15 日 全省旅游工作会议在成都召开，省委常委、组织部部长秦玉琴到会讲话，副省长金洪生、省人大常委会副主任刘海泉到会。

3 月 26—27 日 中国国际旅行社集团在成都召开第 3 次董事会，副省长金洪生、省政府秘书长刘志鹏到会。

5 月 20 日 省旅游局发布《四川省旅游涉外定点饭店标准》。

5 月 30 日至 6 月 3 日 团省委、省旅游局联合举办“四川省旅游业首届青工技术比武大赛”，从中选拔优秀选手参加 8 月举行的全国青工比武大赛并获团体第 7 名。

5 月 省委决定，成立省旅游局党组，周绍全任党组书记。

6 月 23—28 日 在湖北宜昌至四川重庆的游船上，国家旅游局召开上海、福建、陕西、湖北、四川、辽宁、广东 7 省市旅游局局长座谈会，国家旅游局局长刘毅主持，四川省旅游局局长周绍全参会。会议期间与会人员考察了大宁河小三峡、白帝城、丰都、大足石刻等旅游地。

7 月 9—11 日 国家旅游局局长刘毅一行考察九寨沟、黄龙等旅游景区，省旅游局局长周绍全参加。

1991 年

9 月 12 日 省政府批转省旅游局关于加强四川旅游行业管理的请示。

10 月 省旅游局委托省旅游协会、成都市旅游协会和重庆市旅游协会，举办旅行社导游大赛，有 1312 名导游参加比赛，评选出全省最佳导游 16 名，优秀导游 23 名。

是年 国家旅游局主办的“中国旅游胜地四十佳”评选活动，历时 1 年，11 月 18 日评选活动揭晓暨证书颁奖大会在珠海市举行，四川有 7 家旅游胜地进入四十佳：长江三峡风景区、峨眉山风景区、九寨沟黄龙寺风景区、巫山小三峡、蜀南竹海风景区、乐山大佛、自贡恐龙博物馆。四川数量居全国第 1 位。

1992 年

4 月 26 日 由国家旅游局、成都市政府、四川省旅游局联合主办，成都市旅游局等部门承办的

’92中国友好观光年“烹饪王国游”暨成都美食节在成都市开幕，国家旅游局副局长何光暐，四川省省长张皓若、副省长刁金祥，成都市委书记吴希海、市长黄寅逵出席了开幕式和首游活动。

6月 省委决定，何一心任省旅游总公司总经理（省旅游局局长）、省旅游局党组书记。

是月 省政府先后批准建立两个省级旅游度假区：乐山旅游度假区和都江堰旅游度假区，在省级旅游度假区内参照执行国家级旅游度假区的优惠政策。乐山旅游度假区包括“乐山大佛度假区”及“峨眉山旅游度假区”两个部分，占地20平方公里。都江堰旅游度假区包括“都江堰核心区”和“青城山小区”两部分，占地20平方公里。

10月27日至11月4日 应国家旅游局邀请，中国政府旅游顾问、新加坡原第一副总理吴庆瑞博士及其夫人，在国家旅游局副局长程文栋陪同下到四川成都、乐山等地考察旅游，考察结束后，吴庆瑞博士对四川景区建设、旅游交通、宾馆建设和服务、人才培训等问题提出了考察意见。

1993年

2月28日 联合国教科文组织总干事马约尔在北京人民大会堂分别向四川九寨沟风景区、黄龙风景区颁发“世界自然遗产证书”。证书上载明“列入此名录说明此景区具有特别的和世界性的价值，因而为了全人类的利益应对其加以保护。”

3月2日 省政府下发《关于加速四川省旅游业发展有关问题的通知》。

6月 经省政府和国家旅游局批准，四川举办首届“三峡国际旅游节”。由重庆市政府主办，省旅游局，省委宣传部，万县、涪陵市政府协办。

7月 省旅游局与省轻工厅、商业厅、纺织工业厅联合举办“’93四川旅游商品展销会，170家企业参展，展出旅游商品20个大类，500多个品种，评选出86个金奖，70个银奖，30多个优秀奖。

9月12—16日 省旅游局与省轻工业厅、纺织厅、商业厅联合举办’93四川旅游商品展销会。

10月5—9日 西南五省区七方（云、贵、川、藏、桂及成都市、重庆市）第10次经济协调会在成都召开，五省区七方旅游部门负责人参加会议。会议研究了联合发展旅游业的问题，通过了《关于联合建立和发展旅游网络体系的意见》。

11月22—27日 省旅游局与省委宣传部、省文化厅、省财贸工会联合主办的首届四川旅游职工文娱调演在成都举行。

12月1—6日 第五届全国计划单列市、旅游城市协作会在四川成都召开。

12月9日 国家旅游局和四川省政府共同主办的’94中国文物古迹游乐山国际旅游大佛节新闻发布会在北京国际饭店举行，全国政协副主席杨汝岱、国家旅游局局长刘毅、四川省副省长徐世群等出席，国家旅游局副局长程文栋发表讲话。

1994年

3月22日 湖北“平湖2000”号游船在四川丰都县城下游长江段，船上直升机在载客空中游览时坠江，致使机上3名游客1人死亡，2人失踪（其中台胞死亡、失踪各1人）。

5月13—17日 国家旅游局在四川锦江宾馆召开全国旅游局局长座谈会，国务院副总理钱其琛到会讲话，国务院副秘书长何椿霖，国家旅游局局长刘毅主持会议、副局长何光暐等出席了会议。各省市区旅游局局长参加会议。

5月18日 由四川省政府、国家旅游局共同主办的“’94中国文物古迹游乐山国际旅游大佛节”在四川乐山市开幕，国务院副总理钱其琛，国家旅游局局长刘毅、副局长何光暐，四川省委副书记宋宝瑞，四川省副省长徐世群，各省市区旅游局局长以及日本、澳大利亚等2000多名海内外宾馆出席了开幕式。国家旅游局局长刘毅在开幕式上致辞。

5月19—21日 国家旅游局局长刘毅一行考察重庆市及长江三峡旅游线，省旅游局局长何一心参加。

9月7日 海峡两岸“心手相连”长江三峡旅游业务研讨会在四川重庆举行。

10月15—17日 第五届古三国旅游协作会年会在甘肃天水和兰州连续召开，四川、陕西、甘肃、湖北、河南以及重庆市“五省一市”旅游界人士参加了会议。

11月 由省旅游总公司与省工商银行、重庆轮船总公司等单位共同出资建造的长江游轮“北斗”号首航重庆至武汉航线，副省长徐世群参加首航仪式。“北斗”号游轮1995年被评为四星级游轮。

12月 省政府转发省旅游局《关于积极发展国内旅游业的意见》。

1995年

1月 四川省省旅游局、四川财贸工会决定，表彰四川省旅游行业先进集体和先进工作者，授予成都市旅游局等50个单位“四川省旅游行业先进集体”光荣称号，授予马元视等96人“四川省旅游行业先进工作者”光荣称号。

1月15日 省政府公布第四批省级风景名胜区名单，共20个。

3月27日 省政府批准建立省级旅游度假区长江三峡万县市旅游度假区。

4月 省级机关机构改革，省旅游局列为省政府直属机构，省政府任命何一心任省旅游局局长。

5月27日 第二届三峡国际旅游节在重庆市举行。

6月 省旅游局与成都市旅游局联合在成都设立旅游商品直销市场，同时召开有11家商品定点企业和50多家宾馆参加的酒店用品展销定货会。

7月1—15日 四川在全省进行首次国内旅游抽样调查，在全省23个市（地、州）50个景区景点发放问卷2000多份，收回有效问卷1726份，主要调查项目有出游目的地、喜欢的景点、出游1次的时间、出游1次的旅游花费、人均花费的构成比例等。

8月1—5日 国家旅游局局长刘毅在四川冕宁参加红军长征暨彝海结盟六十周年纪念活动，同时考察了凉山州旅游业及西昌卫星基地专项旅游线路。

10月10—15日 副省长徐世群在九寨沟召开现场办公会，阿坝州及省级有关部门负责人参加。会议以落实国务院批准的“沟内游，沟外住”总体规划为主题，坚持“保护第一”，开发、保护、利用有机结合，议定了有关事项，还对九寨沟环线公路改造，九寨沟通讯条件等提出了意见。

12 月 18 日 全国旅游涉外饭店星级评定委员会评定四川锦江宾馆由四星级升为五星级饭店。这是西南地区第一家五星级饭店。

1996 年

3 月 5 日 省政府下发《关于加强旅游市场管理的通知》。

3 月 副省长徐世群在盐源县召开泸沽湖景区旅游现场办公会，凉山州及省级有关部门负责人参加，会议对泸沽湖景区基础设施、交通和通信设施建设等有关事项作出了决定。

4 月 23 日 省政府决定成立旅游市场综合治理协调小组，由省政府副秘书长袁福有任组长，旅游、公安、工商、建设、交通、物价、卫生 7 个部门为成员单位，并由以上 7 个部门联合制定《四川省旅游市场综合治理实施方案》。

5 月 16—17 日 省旅游市场综合治理协调小组召开重点旅游地区旅游市场综合治理工作会议，成都、重庆、乐山、万县、涪陵、阿坝 5 市 1 州及省级 7 个部门参加。

6 月 25 日 全省召开旅游市场综合治理电话会议，省委副书记秦玉琴、副省长徐世群到会讲话。

8 月 24 日 省委书记谢世杰、省长宋宝瑞、副省长徐世群听取了省旅游局关于四川旅游发展的专题汇报。谢世杰要求四川旅游业要"解放思想。振奋精神，下决心大干一番"，宋宝瑞指出旅游业要在发展规划、管理体制、运行机制上与国际接轨，旅游发展总体规划可以考虑请海内外高水平的专家进行指导。

11 月 1—17 日 省旅游局组织全省旅游系统 50 多家单位、100 多人组成中国四川旅游展销团，由局长何一心带领，对新加坡、马来西亚、泰国 3 国进行了旅游展销活动。

12 月 6 日 在联合国教科文组织在墨西哥梅里达举行的第 20 届全委会上，峨眉山—乐山大佛被批准列入联合国自然—文化遗产名录。

12 月 31 日 省委书记谢世杰在四川电视台新闻联播节目发表"欢迎四海宾朋来四川观光览胜"专题讲话，以此拉开'97中国旅游年四川活动的序幕。

1997 年

1 月 1 日 省长宋宝瑞，省政协主席聂荣贵，省委副书记秦玉琴，副省长徐世群，省人大常委会副主任徐尚志等出席'97中国旅游年四川活动开幕式。

省旅游局通知，从 1 月 1 日起，委托重庆市旅游局全面代管涪陵、万县市和黔江地区"两市一地"旅游管理工作。

3 月 28 日 副省长王金祥带领省建设厅、乐山市及峨眉山市负责人在北京人民大会堂接受联合国教科文组织颁发的峨眉山—乐山大佛世界自然—文化遗产证书。

4 月 28—30 日 省委、省政府召开全省旅游工作会议，这是首次以省委、省政府名义召开的旅游工作会议。省长宋宝瑞，省委副书记秦玉琴，副省长徐世群，省人大常委会副主任徐尚志，省政协副主席章玉均出席会议。省长宋宝瑞作题为“加快培育壮大四川旅游支柱产业”的报告，指出行政区划调整后，省委省政府决定，省人大通过决议，将旅游业作为四川的支柱产业。

8 月 省委决定，廖冬冰任省旅游局党组书记，省旅游局副局长。

9 月 24 日 省政府与世界旅游组织签订“关于编制四川省旅游发展总规划之协议书”，副省长徐世群、世界旅游组织秘书长弗朗加利分别代表四川省政府和世界旅游组织在协议书签字。协议内容是四川省政府委托世界旅游组织帮助制定一份高质量的、专业化的四川旅游发展总体规划。

10 月 17 日 四川省人大八届 29 次全会通过《四川省旅游管理条例》，共有 7 章 39 条，省人大公布实施。

省旅游局本年在全省旅游行业开展推选十佳服务明星活动，10 月 19 日，省旅游局决定：授予锦江宾馆客房部服务员何春艳、岷山饭店财务部成本费用主管蒋雪岚、四川省中国国际旅行社导游员周伦斌、四川省旅游汽车公司驾驶员王长江、四川省旅游学校外语教研室副主任栾海洋、自贡市沙湾饭店客房部主楼服务员毛秀、峨眉山大酒店总台领班赵波、江油窦团山管理处副主任刘浩进、攀枝花宾馆餐饮中心三楼前台主管张泽蓉、广元宾馆餐饮部前台执行员李静燕 10 人“四川省旅游行业十佳服务明星”称号，进行表彰，并组织十佳明星在成都、广汉、绵阳、江油等地巡回讲演。

11 月 由于成都饭店服务质量下降，经省旅游局组织的饭店复查意见，报国家旅游局星级饭店评定委员会核准并公布，成都饭店由四星级降为三星级。

12 月 由四川省旅游局、成都市旅游局联合主办的’97 四川成都酒店设备用品订货会在成都市举行，参加展出的旅游商品企业 55 家，设展台 147 个。

1998 年

2 月 省政府任命廖冬冰任省旅游局局长。

5 月 11 日 《四川旅游发展总体规划》项目启动会在成都召开，世界旅游组织亚太部负责人瓦尔玛博士到会介绍了规划工作安排。

6 月 1 日 省委省政府下发《关于加快旅游业发展的决定》，决定包括 7 项内容，确立了“培育支柱产业，建设旅游大省”的跨世纪发展战略。

6 月 10—11 日 省委、省政府召开全省旅游工作会议，省委书记谢世杰作书面讲话。省长宋宝瑞作“培育支柱产业，建设旅游大省”的专题讲话。省委副书记杨崇汇，副省长徐世群到会并讲话。国家旅游局副局长孙钢应邀出席会议并讲话。会议的主要任务是贯彻省委、省政府《关于加快旅游业发展的决定》，加快培育旅游支柱产业。

6 月 30 日 峨眉山景区被中央文明办、国家旅游局、建设部列为全国十大“文明旅游风景区示范点”之一。同年，被评为中国世界遗产保护先进单位，峨眉山管委会获得全国精神文明景区示范单位称号，峨眉山的管理经验在全国推广。

6—9 月 省委书记谢世杰，省长宋宝瑞，省委副书记、副省长张中伟，省委副书记秦玉琴，省委副书记杨崇汇等分别进行了 5 批旅游考察，重点对四姑娘山旅游景区及甘孜州、雅安市旅游线进行了考察。

7月13日 在全国旅游行业创建“青年文明号”活动中，四川省团委、省旅游局命名14家省级“青年文明号”集体。

9月 国家旅游局派出检查验收组，先后对四川成都市、都江堰市、峨眉山市创建“中国优秀旅游城市”活动进行检查验收，3座城市均获得通过。

10月 省旅游局组织在成都召开了全省旅游商品工作座谈会，各市、州的代表、旅游商品开发企业代表57人参加会议。会议的中心议题是研究具有地方特色的旅游纪念品、工艺品开发问题，对全省旅游商品定点生产企业重新进行审定，对举办1999年全省旅游商品博览会进行协商。

12月18日 国家旅游局公布全国首批命名的54座中国优秀旅游城市，峨眉山市、都江堰市分别名列县级城市的第1名和第2名，成都市名列副省级城市的第7名。

是年 省政府委托世界旅游组织编制的《四川省旅游发展总体规划》完成，规划包括远期规划，近中期规划、六个试点项目的使用规划和前期可行性评估报告3个部分。将四川定位为中国自然生态旅游和文化旅游的目的地。

1999年

1998年12月30日至1999年1月2日 省委书记谢世杰，省委副书记、副省长杨崇汇等6位省委常委，带领攀西旅游资源开发考察团，成员有各市（地、州）党政主要负责人、省级部门负责人、部分旅游企业负责人共300多人，乘专列火车考察了攀枝花市、凉山州西昌市等地。

4月14日 省委省政府下发《关于实施《四川省旅游发展总体规划》的通知，要求将总体规划作为一个法规性文件，维护其严肃性，避免随意性，确保顺利实施。

4月20日 省政府发布《四川省旅游定点管理办法》，共21条。

4月24—25日 省委、省政府召开全省旅游工作会议，省委书记谢世杰，省委副书记、副省长杨崇汇，副省长徐世群到会讲话，全省21个市（地、州）党政主要负责人，各地计划、交通、旅游部门负责人，重点旅游县市党政负责人，重点景区负责人参加。会议主题是贯彻实施《四川省旅游发展总体规划》。

5月12—15日 省旅游局、省轻工总会、成都市旅游局联合举办“’99四川旅游商品博览会暨四川省酒店设备用品订货会”，170多家参展企业生产的旅游商品涉及轻工、食品、纺织、化工、工艺、美术、医疗保健、电子、机械等行业，共有20多个大类，5000多个花色品种。170多家企业参展，其中有全国旅游商品生产企业14家，省级旅游商品生产的企业96家。

5月 省政府决定，对成都市政府、峨眉山市政府、都江堰市政府予以通令嘉奖，奖励这3座城市获得“中国优秀旅游城市”称号。

6月 中共中央政治局常委、全国人大常委会委员长乔石考察九寨沟景区。

7月1日 副省长徐世群在达州召开“重走长征路，将帅故里游”现场办公会，旨在开发川东北资阳、南充、广安、巴中、达州一线邓小平、朱德、陈毅等老一辈革命家故里旅游资源。

9日上旬 在国家旅游局推荐20家单位参加中央精神文明指导委员会（简称中央文明委）主办的创建全国文明工作先进单位的活动中，峨眉山管委会在国家旅游局推荐名单中列第1位，9月16

日，中央文明委表彰“全国创建文明工作先进单位”，峨眉山管委会获得表彰。

9 月 27 日 世界旅游日，由国家旅游局、四川省政府、成都市政府主办的 99 世界旅游日中国（成都）主会场活动在成都举行，省委书记谢世杰、国家旅游局副局长孙钢出席庆典，海外旅行商、各省市区旅游局代表以及旅游界人士 1000 多人参加开幕庆典。

12 月 23—27 日 省委、省政府组织川南旅游资源开发考察活动。省委书记谢世杰，省委副书记、代省长张中伟，省委副书记席义方，省委常委冯崇泰、柳斌杰，省人大常委会副主任刘永顺，副省长徐世群、欧泽高，省政协副主席史志义等领导参加，考察团有各市（地、州）党政主要负责人、省级部门负责人、部分旅游企业负责人共 300 多人，对川南宜宾、泸州、自贡、内江、资阳 5 市（地）旅游资源进行了考察。

2000 年

3 月下旬 由副省长徐世群率队，20 多家单位 40 余人组成的四川旅游促销团，赴广州、深圳等地进行促销活动，省旅游局局长廖冬冰参加。

4 月中上旬 省委主要领导派工作人员暗访都江堰和乐山旅游市场，同时对加强旅游软环境建设作出批示。

5 月 省委决定，钟勉任省旅游局党组书记，省政府任命钟勉任省旅游局局长。

6 月 12—17 日 副省长徐世群率队，由旅游界 31 家单位 60 多人组成的四川旅游促销团，在南京、上海、杭州等地开展促销活动。

6 月 16 日 省政府批准四川省旅游局机构改革“三定”方案。同时确定在省旅游质监所基础上，组建省旅游执法总队，核定其编制 25 名。

7 月 13—16 日 由副省长徐世群、成都市副市长苏培玮率队，以包机形式参加在乌鲁木齐市举办的中国国内旅游交易会，全省 100 余家旅游企业 280 多人参加。省旅游局局长钟勉参加。

8 月 省政府决定成立省假日旅游协调小组，省委副书记、副省长杨崇汇任组长，副省长徐世群任副组长。

9 月 19—20 日 省政府召开全省旅游工作会议，省委省政府领导出席会议并讲话，会议提出四川旅游发展总体目标：到 2005 年将四川建成中国自然生态旅游和历史文化旅游的重要目的地，把旅游业培育为全省国民经济的支柱产业，到 2010 年，实现从旅游经济大省向旅游经济强省的跨越。

9 月 国家旅游局第二批中国优秀旅游城市检查验收组对乐山市、崇州市创建中国优秀旅游城市进行验收，两座城市均获得通过。

10 月 省旅游局与地方政府联合向社会推出对省内部分旅游景区的所有权与经营权、管理权适当分离，出让部分景区的部分经营权和管理权的宣传招商活动。

11 月 13 日 省委、省政府下发《关于加快培育旅游支柱产业、建设旅游经济强省的决定》。

12 月 在联合国世界遗产委员会第 24 届大会上，都江堰—青城山被确定为世界文化遗产。

2001 年

3 月 8—9 日 全省旅游工作会议在成都召开，省委副书记、常务副省长杨崇汇，省人大常委会副主任徐世群出席并讲话。

3 月 23 日 省政府以 147 号令发布《四川省旅游景区景点讲解人员管理办法》，共 30 条，5 月 1 日起施行。

5 月 国务院总理朱镕基考察雅安碧峰峡景区。

6 月 21 日 由四川省政府与国家旅游局主办，省旅游局与成都市政府承办的“2001 中国国内旅游交易会”在四川成都市开幕，中共中央政治局委员、全国人大常委会副委员长田纪云到会宣布开幕。中共中央政治局委员、国务院副总理钱其琛致信祝贺。省长张中伟、国家旅游局副局长张希钦等出席开幕式。

7 月 4 日 省政府下发《关于加强旅游景区建设和管理，提升我省旅游整体形象的通知》。

9 月 2 日 全国旅游局长座谈会在成都召开，国家旅游局局长何光暐，副局长孙钢、张希钦，党组成员王军，中国旅游协会副会长佟华龄出席会议，各省市区旅游局长参加会议。

是月 省文明办和省旅游局组织开展“争做文明导游员”活动。在各地选拔推荐基础上，经过集中公示和评审，评选出 30 名“省级文明导游员”。

10 月 1—7 日 中央政治局委员、国务院副总理钱其琛考察四川成都、绵阳、德阳、阿坝等地旅游，强调要抓住西部大开发的机遇，加快发展旅游产业。国家旅游局局长何光暐、省旅游局局长钟勉等陪同。

2002 年

3 月至年底 开展旅游市场打假打非专项整治活动。省政府成立以副省长王怀臣为组长的专项整治领导小组，省政府办公厅下发《四川省整顿规范旅游市场秩序工作方案》和《关于开展旅游市场打假打非专项整治工作的通知》，将“黑社、黑门市部、黑车、黑导游”作为整治对象，以“一点两线”（即成都旅游市场、九寨沟—黄龙和峨眉—乐山两条精品旅游线路）为重点。

8 月 省政府下发《关于加强旅游市场管理的实施意见》，主要内容包括加强旅游市场管理的指导思想和目标，建立旅游市场综合治理工作体系，建立执法体系，建立社会监督体系等。

2003 年

2003 年“非典”对旅游业产生重大影响，很多国家发布“赴华旅游劝诫令”。当年，接待入境旅游者 45.09 万人次，比上年下降 32.41%。特别是二、三季度大幅下滑，其中成都入境旅游者下降

43.50%，阿坝州下降23.70%，乐山市下降37.30%。

1月8—10日 在国家旅游局召开的全国旅游工作会议上，四川省旅游局等3个单位作了大会发言，四川万贯碧峰峡有限公司等2个单位作了书面发言，四川旅游在全国旅游中的地位和作用受到重视。

1月27日 省政府办公厅下发《大九寨国际旅游区规划建设方案》。

1月29日 中国（四川）第三届南国冰雪节开幕式在成都西岭雪山举行。

2月 省委决定，刘捷任省旅游局党组书记，省政府任命刘捷任省旅游局局长。

3月27日 四川省第十届人民代表大会常务委员会公告第1号《四川省旅游服务质量管理条例》自2003年7月1日起施行，共38条。

4月14日 省假日旅游协调小组召开会议，专题研究部署“五一”黄金周期间防治“非典”工作，副省长、省假日旅游协调小组组长王怀臣在会上提出要求。

4月15—16日 省旅游局在绵阳市召开全省旅游局局长紧急会议，部署全省旅游行业应对“非典”工作，省旅游局局长刘捷主持，各市（州）旅游局局长参加。

5月29日 省长张中伟主持召开省旅游产业发展专题座谈会，要求旅游行业贯彻胡锦涛总书记到川视察指示精神，面对“非典”带来的负面形象，沉着应对，坚持两手抓，夺取双胜利。

6月6日 省旅游局主办的“爱我家乡——四川人游四川”活动在成都市举行启动仪式。

6月14日 省政府办公厅下发《中国第一山国际旅游区规划建设方案》。

6月17日 省政府下发《关于加快四川旅游产业发展的实施意见》，主要内容包括加快旅游产业发展的思路和目标，加快旅游产业发展的总体思路，坚持政府主导、企业主体、市场化运作的原则，围绕两条主线，打造五大精品，提升四大遗产，开发五大片区，建设一座名山，加快两个转变。

7月13—14日 省旅游局组织14个市（州）旅游部门及旅游企业近400人的四川旅游促销团，赴重庆市进行旅游促销活动。

7月24日 四川省第十届人大常委会第四次会议作出了《关于修改〈四川省旅游管理条例〉的决定》，修正后的《四川省旅游管理条例》有7章33条，自公布之日起执行。

8月25—26日 省委省政府在峨眉山召开首届四川旅游发展大会。省委、省人大、省政府、省政协主要领导，各市（州）党政主要负责人以及计委、交通、建设、旅游部门负责人，旅游企（事）业单位负责人共400人参加会议。省委书记张学忠、省长张中伟在会上讲话，国家旅游局副局长孙钢到会并讲话。

9月26日 省政府办公厅下发《卧龙中华大熊猫生态旅游区规划建设方案》。

9月28日 成都飞往九寨沟的九黄航线正式通航。

9月28日至10月6日 全省首届优秀旅游纪念品设计大赛暨旅游商品博览会在都江堰举行。

9月 省旅游局、省旅游协会、成都市旅游局、都江堰市人民政府联合举办“四川省首届优秀旅游纪念品设计大赛暨四川省旅游商品博览会”，以青城山—都江堰及各地地方特色为设计主题，蜀锦、蜀绣、漆器、竹编、棕编、青铜、扎染等几十个品种参赛。

10月10日 省政府办公厅下发《三星堆古遗址文化旅游区规划建设方案》。

10月12日 省政府办公厅下发《都江堰青城山旅游区规划建设方案》。

10月29日 四川省中国旅行社自组的新加坡旅游团，在阿坝州九松公路85公里处翻车，造成1

人死亡，18 人重伤的重大道路交通事故。

11 月 4—7 日 省旅游局在绵阳举办全省旅游经济发展高级研讨班，各市（州）分管旅游工作的党政领导、旅游局局长，15 个重点旅游景区负责人参加。

11 月 7 日 由省委宣传部、省旅游局共同举办的首届“四川旅游发展论坛”在成都举行，省委书记张学忠发表书面讲话。

11 月 15—26 日 省旅游局分 25 批连续邀请美、加、法、日、德、英、荷、意、西班牙、瑞士、巴西、尼泊尔等国外旅行商对四川世界遗产景区和大熊猫基地进行考察。

12 月 4 日 省政府下发《关于强化旅游市场综合治理机制的意见》。

2004 年

1 月 5 日 中国（四川）第四届南国冰雪节暨首届阿坝大九寨冰瀑节开幕式在九寨沟举行。

2 月 3 日 川渝黔三省市旅游局签署旅游合作协议。

2 月 25 日 全国旅游纪检监察暨行风建设工作会议在峨眉山举行，四川峨眉山、九寨沟、安徽黄山 3 个景区被树为全国旅游系统先进典型并推广学习。

3 月 2 日 川渝黔三省市旅游局局长联席会议在重庆市举行。

3 月 15 日 省政府办公厅下发《五大旅游区建设试行标准》。

3 月 20 日 省委书记张学忠参加“百姓生活游”成都地区启动仪式。

3 月 26 日 省政府主办的 2004（中国）百姓生活游暨“相聚小平故里广安”系列活动拉开序幕，省委书记张学忠、省长张中伟出席。

8 月 省政府发布《四川省生态旅游发展报告》，主要内容有生态旅游发展态势，四川生态旅游资源，四川生态旅游发展战略，四川生态旅游建设及近期建设重点等。

9 月 8—10 日 第二届四川旅游发展大会在阿坝州九寨沟召开，国务院副总理吴仪发来贺电，全国人大常委会副委员长蒋正华、中国对外友协会长陈昊苏、国家旅游局局长何光暐出席会议，邀请 500 多嘉宾参加，其中，省外嘉宾 80 人，海外嘉宾 133 人。

10 月 12 日 第三届川滇藏“中国香格里拉生态旅游区”协调会在成都市举行。

12 月 13 日 由省旅游局、省劳动和社会保障厅、省旅游协会联合举办的四川旅游饭店客房服务技能大赛在成都举行。大赛评选出全省旅游饭店客房服务技术能手 10 名。

12 月 17 日 首届四川冬季旅游发展大会在攀枝花市召开，省委书记张学忠、省长张中伟、国家旅游局局长邵琪伟出席会议并讲话。

省旅游局党组被评为 2004 年度省级机关四好班子，受到表彰。

2005 年

1 月 12 日 中国（四川）第五届南国冰雪节开幕式在峨眉山举行。

1 月 28 日 省委、省政府在广安市举行“2005 红色旅游（四川）”启动仪式，省委书记张学忠、省长张中伟出席仪式并讲话。

2 月 4 日 省旅游局主编的《四川省红色旅游发展总体规划》及《四川省红色旅游发展纲要》通过评审。

3 月 7 日 全省五大旅游区基础设施建设工作会议在都江堰市召开。

3 月 16 日 由四川省委、省政府、国家旅游局、团中央联合举办的“长征精神永放光芒”四川红色旅游北京宣传月活动在北京开幕。

4 月 5 日 四川省红色旅游重点项目建设方案审查会在成都举行。

4 月 12 日 国家旅游局主办的全国红色旅游规划、“十一五”旅游业规划工作会在成都市举行。

5 月 20 日 省政府办公厅下发《2005 年军警民共建安全文明旅游区工作要点》。

5 月 25 日 《四川省旅游基本信息资源规范》通过评审，并被确定为地方标准。

6 月 27 日 川渝黔三省市旅游局长联席会议在成都市举行。

7 月 11 日 香格里拉生态旅游区规划协调会在成都市举行。

8 月 28—29 日 第三届四川旅游发展大会在雅安市召开，中共中央政治局委员、国务院副总理吴仪发来贺信，省委书记张学忠、省长张中伟、国家旅游局局长邵琪伟出席会议并讲话。

8 月 28 日 中共四川省委、四川省人民政府通报表彰省旅游局。

8 月 30 日 第二届国际茶文化旅游节在雅安蒙顶山举行，世界茶文化博物馆在蒙顶山开馆。

9 月 28 日 第六届中国花博会在成都温江开幕。

11 月 17 日 省委书记张学忠、省长张中伟出席法国雅高集团“宜必思”经济型酒店情况介绍会，并进行参观考察。

12 月 6 日 四川省科技顾问团组织召开《四川省旅游业发展第十一个五年规划》专家咨询会。

12 月 11—12 日 由省旅游局、省劳动和社会保障厅、省总工会、省旅游协会联合举办的“2005 四川旅游饭店餐饮设计创新大赛”决赛在成都举行，整个大赛历时大半年，决赛后评选出 10 名“2005 四川旅游餐饮技术能手”。

12 月 24—25 日 省旅游局、省劳动和社会保障厅、省总工会、省旅游协会联合举办的“2005 四川导游技能大赛”复赛及决赛在成都举行，评出“2005 四川十佳导游”。

2004—2005 年，省政府主持制定《四川省文化旅游发展报告》，主要内容有四川文化旅游发展态势，四川文化旅游资源，四川文化旅游发展战略，四川文化旅游建设等。

二、四川省旅游局 1986—2005 年历任领导人员名录

一、1986—1995 年四川省旅游总公司（省旅游局）历任负责人名录

姓　名	职　　务	任职时间
李砚田	总经理（局长）	1984.07—1988.05
	分党组书记	1986.07—1989.05
贺惠君	副总经理（副局长）	1984.07—1989.05
夏仲勋	副总经理（副局长）　分党组副书记	1986.07—1991.07
曾廷忠	副总经理（副局长）	1986.07—1995.04
周化勋	副总经理（副局长）	1989.05—1995.04
	党组副书记	1992.04—1995.04

周绍全	总经理（局长）	1989.11—1992.06
	分党组（1990 年改党组）书记	1989.11—1992.07
曾廷忠	副总经理（副局长）	1986.07—1995.04
周化勋	副总经理（副局长）	1989.05—1995.04
	党组副书记	1992.04—1995.04
杨秀明	副局长（兼）（省公安厅副厅长）	1990.10—1992.07
李存儒	机关党委书记	1991.11—1995.04

何一心	总经理（局长）　党组书记	1992.07—1995.04
周化勋	副总经理（副局长）	1989.05—1995.04
	党组副书记	1992.04—1995.04
曾廷忠	副总经理（副局长）	1986.07—1995.04
汪贵生	副总经理（副局长）	1992.06—1995.04
李树村	副局长（兼）（省公安厅副厅长）	1993.10—1995.04
李存儒	机关党委书记	1991.11—1995.04
张承隆	省纪委派驻纪检组组长	1995.02—1995.04

二、1995—2005年省旅游局历任负责人名录

姓　　名	职　　务	任职时间
何一心	局长	1995.04—1998.02
	党组书记	1995.04—1997.08
周化勋	副局长、党组副书记	1995.04—1997.08
曾廷忠	副局长	1995.04—2000.08
汪贵生	副局长	1995.04—1997.08
崔志伟	副局长	1997.02—2003.12
李树村	副局长（兼）（省公安厅副厅长）	1995.04—1998.05
李存儒	机关党委书记	1995.04—2004.08
张承隆	省纪委派驻纪检组组长	1995.04—1998.04

廖冬冰	党组书记、副局长	1997.08—1998.02
	局长、党组书记	1998.02—2000.05
何一心	党组副书记	1997.08—2000.05
曾廷忠	副局长	1995.04—2000.08
崔志伟	副局长	1997.02—2003.12
彭祖德	副局长	1997.08—2003.04
张　谷	副局长	1998.05—
李存儒	机关党委书记	1995.04—2004.08
张承隆	省纪委派驻纪检组组长	1995.04—1998.04

钟　勉	局长、党组书记	2000.05—2003.02
崔志伟	副局长	1997.02—2003.12
彭祖德	副局长	1997.08—2003.04
张　谷	副局长	1998.05—
刘吉蓉	副局长	2002.04—
张令祥	省纪委派驻纪检组组长	2000.11—

刘　捷	局长、党组书记	2003.02—
崔志伟	副局长	1997.02—2003.12
彭祖德	副局长	1997.08—2003.04
张　谷	副局长	1998.05—
刘吉蓉	副局长	2002.04—
陈献春	副局长	2003.11—
胡　斌	副局长	2005.08—
张令祥	省纪委派驻纪检组组长	2000.11—
陈立祥	机关党委书记	2004.08—

三、文献辑录

四川省旅游管理条例

（1997年10月17日四川省第八届人民代表大会常务委员会第二十九次会议通过，四川省第八届人民代表大会常务委员会公告〔1997〕第91号）

第一章 总 则

第一条 为保护和合理开发利用旅游资源，规范旅游市场，维护旅游者和旅游经营者的合法权益，促进旅游业的健康发展，根据国家有关法律、法规，结合四川实际，制定本条例。

第二条 凡在本省行政区域内经营旅游业务、进行旅游活动和旅游管理工作，均应遵守本条例。

第三条 本条例所称旅游业，是指利用旅游资源和旅游服务设施，从事旅游招徕、接待，为旅游者提供交通、游览、住宿、餐饮、购物、文娱等综合性服务的行业。

第四条 县级以上人民政府应当加强对旅游工作的领导，将旅游业的发展纳入国民

经济和社会发展计划，加大旅游投入，改善旅游环境，开拓旅游市场。

第五条 旅游业实行“统一领导，分级管理”的原则。

省旅游行政主管部门对全省旅游力实行行业管理。市（地、州）、县旅游行政主管部门对本辖区旅游业实行行业管理。计划、建设、工商、林业、公安、交通、物价、贸易、文化、卫生、环保、宗教等行政管理部门根据法律、法规规定，按照各自的职责分工，配合旅游行政主管部门共同做好旅游业的管理工作。

第二章 旅游资源

第六条 本条例所称旅游资源是指对旅游者产生吸引力，可以为旅游业发展所利用，并能产生经济效益和社会效益的自然景观、人文景观和民俗风情等。县级以上人民政府应当对本辖区内旅游资源进行普查和评估，编制旅游业发展规划，并组织实施。旅游业发展规划，应当符合国土规划、城市总体规划、风景名胜区规划和文物保护规划。

第七条 鼓励社会多渠道筹集旅游发展资金，按照规划要求开发旅游资源，建设旅游设施。

第八条 建设星级旅游宾馆、饭店，建设省级旅游度假区和大型人造旅游景区，应征得省旅游行政主管部门同意后，再按有关建设审批程序报批。禁止兴建宣扬封建迷信和有害人民身心健康的景观。

第九条 任何单位或个人都有义务保护旅游资源，不得在旅游区内采石、开矿、挖沙、毁林开荒、捕猎等，不得在旅游区内建设污染环境、损害景观的设施，不得在景区内超标准排放污染物。

第三章 旅游经营者

第十条 本条例所称旅游经营者，是指专门或主要经营旅游业务，直接为旅游者提供单项或多项服务的单位和个人。

旅游经营者必须依法经营、公平竞争、诚实可信、同质同价，为旅游者提供健康、文明、规范化的服务，不得擅自提高业标准或削减服务项目、降低服务标准。旅游经营者有权按国家价格政策制定合格的商品或服务价格；有权拒绝乱收费、乱罚款和各种滩派。

第十一条 旅游经营者应当配备旅游安全措施，建立健全旅游安全责任制度。旅行社应按国家规定为旅游者办理旅游意外保险。

第十二条 当旅游者的人身、财产受到意外损害时，旅游经营者应当及时采取救助措施，并在24小时内向公安机关、旅游行政主管部门或其他有关行政管理部门报告。

第十三条 经营国际、国内旅游业务的旅行社，必须按照国务院《旅行社管理条例》的规定，办理旅行社业务经营许可证、缴纳质量保证金，并经工商登记后，方可经营旅游业务。

第十四条 旅行社应当按照核定的业务范围开展经营活动。国内旅行社不得经营国际旅游业务；未取得经营中国公民自费出境旅游业务资格的国际旅行社，不得经营出境旅游业务，公安部门不得为其办理出境手续。

第十五条 境外旅行社在我省申办旅游办事机构，应经省旅游主管部门审核同意后报国家旅游行政主管部门审批。

第十六条 宾馆、饭店申请经营涉外旅游业务，应经检查合格后，报旅游行政主管部门审批。

第十七条 旅游宾馆、饭店按国家规定实行评定星级和星级复核制度。未评定星级的宾馆、饭店不得使用有关星级称谓和标志。

第十八条 星级宾馆、馆店的经理、旅行社经营管理人员及导游，均应按国家规定取得资格证书方可任职上岗。

第十九条 旅游行业实行定点管理。具备条件的景区（景点）、餐饮、住宿、商店、交通、文娱等旅游经营单位或个人可提出定点经营申请，经旅游行政主管部门审查同意后，授予旅游定点标志，方可接待旅游团队。定点实施办法由省人民政府制定。旅行社不得在非定点单位安排接待旅游团队。

第二十条 旅游车（船）由旅游行政主管部门实行定车（船）标志管理。旅行社不得租用非定点车（船）接待旅游团队。

第二十一条 旅行社应当与旅游者签订旅游合同，制定旅游团队运行计划，并按合同约定和团队运行计划提供服务。

旅行社因不可抗力而减少服务项目的，应当酌情减免相应的服务费用。因旅行社的过失不能兑现旅游合同和团队运行计划，给旅游者造成损失的，应予赔偿。

第二十二条 导游人员必须按旅行社与旅游者签订的旅游合同和团队运行计划提供相应的服务，

不得擅自减少服务项目或擅自改变团队运行计划。旅游从业人员不得索要小费，收受回扣。

第二十三条 未经批准，旅行社不得安排境外旅游者到非对外开放地区旅游。

第四章 旅游者

第二十四条 旅游者在旅游活动中享有下列权利：

（一）自主选择旅游经营者和服务内容、方式、拒绝旅游经营者的强制交易；

（二）了解旅游商品及旅游服务质量的真实情况；

（三）获得人身、财产安全保障；

（四）按照合同约定，获得质价相符的旅游服务；

（五）民族风俗习惯和宗教信仰受到尊重。

第二十五条 旅游者在旅游活动中应当履行下列义务：

（一）遵守国家法律、法规和社会公德；

（二）保护旅游资源和旅游设施；

（三）维护旅游秩序和安全；

（四）尊重旅游地的民族风俗习惯和宗教信仰；

（五）保护环境，爱护公共卫生。

第二十六条 旅游者合法权益因旅行社的过失受到损害时，可以直接向旅游经营者提出赔偿要求，可以直接向损害其合法权益的经营者所在地或损害或行为发生地的旅游等有关行政主管部门或其上级行政主管部门投诉，也可以直接向人民法院提起诉讼。

第五章 旅游管理

第二十七条 旅游行政主管部门会同相关部门对旅游景区实施分等定级管理。其主要内容为：

（一）法律、法规的执行情况；

（二）游览秩序和治安状况；

（三）服务质量；

（四）设施、设备完好状况；

（五）安全、卫生状况。

分等定级标准由省人民政府另行规定。

第二十八条 旅游景区、景点不得擅自提高门票价格；不得实行联票、套票和借园中园重复收取门票。

旅游景区、景点票价的确定和调整，必须按物价管理权限报批。对境外旅游团队从批准调价之日起延迟3个月执行。

第二十九条 旅游服务项目的收费应明码标价。实行国家定价、指导价或价格监审的，按物价部门有关规定严格执行。

第三十条 旅游经营单位或个人不得欺诈旅游者，不得强迫旅游者接受有偿服务。任何单位或个人不得圈占观景点进行出租垄断经营。

第三十一条 全省建立旅游监督网络，旅游行政主管部门和主要景区应设立旅游质量监督管理机构或专（兼）职旅游质量监督管理员。旅游行政主管部门应当建立健全旅游投诉制度，及时受理和处理旅游者对旅游经营者的投诉。

第三十二条 旅游行政主管部门及有关行政管理部门的执法人员执行公务时，须出示国家或省统一制作的行政执法证件。

第六章 法律责任

第三十三条 违反本条例规定有下列行为之一的，由县级以上旅游行政主管部门给予处罚。

（一）违反本条例第八条第二款规定的，由旅游行政主管部门责令限期关闭或者拆除；

（二）违反本条例第十七条规定的，责令限期改正，逾期不改正的，处以5000元以上2万元以下罚款；

（三）违反本条例第十八条规定的，责令限期改正，逾期不改正的，可处以200元以上1000元以下罚款；

（四）违反本条例第十九条第一款、第二十条规定的，对旅行社处以5000元以上2万元以下罚款；

（五）违反本条例第二十一条第一款、第二十二条第一款规定的，责令改正，对旅行社可并处3000元以上1万元以下罚款；

（六）违反本条例第二十八条规定的，责令改正，没收违法所得，可并处违法所得2倍以上5倍以下罚款；

（七）违反本条例第二十八条规定的，责令限期改正，逾期不改正的，处以5000元以上2万元以下罚款；

第三十四条 旅游定点单位或个人服务质量达不到规定标准的，由旅游行政主管部门责令限期改正；不具备旅游定点条件的，由旅游行政主管部门取消旅游定点资格。

第三十五条 违反本条例第三十条规定的，由工商行政管理部门责令限期改正，没收违法所得，可并处500元以上1000元以下罚款；上级主管部应当责令景区管理机构限期整改。

第三十六条 违反本条例其他规定的，由旅游等有关行政主管部门依照有关法律、法规处理。

第三十七条 旅游行政主管部门及其工作人员玩忽职守，滥用职权，徇私舞弊的，由其所在单位或上级主管部门给予行政处分。构成犯罪的，依法追究刑事责任。

第三十八条 当事人对行政处罚不服的，可依法申请行政复议或提起行政诉讼。

第七章 附 则

第三十九条 本条例自公布之日起施行。

四川省旅游服务质量管理条例

（四川省第十届人民代表大会常务委员会第二次会议于2003年3月27日通过，自2003年7月1日起施行，四川省第十届人民代表大会常务委员会公告〔2003〕第1号）

第一条 为提高旅游服务质量，规范旅游市场秩序，保护旅游者和旅游经营者的合法权益，促进旅游业的持续快速健康发展，根据国家有关法律法规，结合四川实际，制定本条例。

第二条 在四川省行政区域内经营旅游业务、进行旅游活动和旅游管理工作，应当遵守本条例。

第三条 本条例所称旅游服务质量，是指旅游经营者提供的服务符合国家标准、行业标准或者合同约定。

第四条 县级以上人民政府旅游行政主管部门负责本行政区域内旅游服务质量监督管理工作。其他有关行政管理部门和景区管理机构按照各自职责，与旅游行政主管部门共同做好旅游服务质量监督管理工作。

第五条 旅游行政主管部门按照公开、便捷原则建立健全旅游投诉制度。旅游行政主管部门和其他有关部门应当按照国家和省的有关规定及时处理旅游投诉，对不属于本部门职责范围内的投诉，应当自收到之日起5日内移送相关部门并告知投诉者。

第六条 旅游经营者应当建立健全内部服务质量管理制度，加强旅游从业人员的法制教育、职业道德教育和职业技能培训，实施服务质量的内部考核和监督检查制度，认真处理旅游者的投诉。旅游经营者应当按照各自职责加强旅游设施、设备的维护保养，保障安全。旅游经营者应当公开服务项目和收费标准。

第七条 国家规定实行职业资格证书和岗位资格证书制度的岗位和工种，旅游从业人员应当取得相应的资格证书后，方可上岗、任职。

旅游从业人员不得伪造、涂改、买卖、转借从业资格证。

第八条 旅行社组织旅游，应当向旅游者提供真实的旅游信息，与旅游者签订书面旅游合同，并安排合格的旅游经营者提供符合约定或者规定标准的服务。

第九条 省内旅行社组织接待在川旅游团队，应当在出发前向旅游者发放与合同相符的团队运行计划表。团队运行计划表应当载明团队每日游览的景区景点、购物场所、住宿宾馆饭店名称、住房标准和自费项目。旅行社应当向旅游者发放旅游服务质量评议表。

第十条 旅行社转并旅游团队，应当征得旅游者书面同意并以书面形式向旅游者确认价格和服务标准。转并团队后，原合同金额高于同一团队相同服务标准最低合同价格15%的，差价部分应当退还旅游者。

第十一条 旅行社应当按照团队运行计划安排购物场所。旅游者在运行计划安排的购物场所购买的物品为假冒伪劣商品的，旅行社应当协助旅游者退货或者索赔。

第十二条 旅行社因不可抗力确需变更合同和团队运行计划的，应当及时向旅游者作出说明；旅游者提出异议的，旅行社应当提供相关证明。因此而减少服务项目的，旅行社应当退还相应的费用。旅行社因过错导致合同不能履行的，应当依法或者按照约定承担相应的违约责任；给旅游者造成损失的，应当依法赔偿。

第十三条 因旅行社过错延误旅游行程的，旅行社应当征得旅游者书面同意，继续履行合同，并支付延误期间的食宿和其他必要费用以及合同约定的违约金；旅游者要求解除合同终止旅游的，旅行社应当安排旅游者返回集合地点，退还未完成的行程费用，赔偿旅游者的直接经济损失，并支付合同约定的违约金。

第十四条 因导游人员过错导致旅游者在旅游行程中脱离团队的，旅行社应当承担旅游者脱离团队期间的住宿和其他必要费用，并支付旅游费用30%的违约金。

第十五条 旅行社代理旅游者办理旅游所需的手续，应当妥善保管旅游者的各种证件。如有遗失或毁损，旅行社应当立即补办并承担补办费用，因此导致旅游者的直接损失，应当承担赔偿责任。

第十六条 旅行社应当将旅游合同、运输合同、订房合同、转并团队合同、保险合同、团队运行计划及旅游服务质量评议表等作为旅游业务档案完整保存，接受旅游行政主管部门的监督检查。

第十七条 旅行社组织15人以上的国内旅游团队，应当安排全程陪同的导游。经双方约定不安排全程陪同导游的，旅行社应当妥善安排旅游目的地的具体接洽办法和应急措施。

第十八条 旅行社临时使用导游服务单位或者其他旅行社的导游人员，应当与该导游所在单位或者旅行社签订书面借用合同，并承担借用期间该导游业务活动产生的法律责任。

第十九条 实行导游人员计分管理制度。导游人员违反国家或省有关规定的，由旅游行政主管部门予以扣分和处理。

导游与旅游者就合同内事项发生分歧不能解决时，导游应当及时请示旅行社，不得直接与旅游者发生冲突或者中止导游服务。

第二十条 旅行社租用客车、船舶的，应当与具有旅游客运资质的运输企业签订旅游团队运输合同。

旅游客运企业提供的驾驶员和车辆、船舶应当符合国家和省的有关规定。旅行社自营旅游运输的，必须符合本款规定。

第二十一条 旅游客运驾驶员应当根据团队运行计划提供运输服务。不执行旅游运输合同或者团队运行计划的，旅游客运企业应当承担违约责任；给旅行社造成损失的，应当承担赔偿责任。

第二十二条 宾馆、饭店、旅行社未协商一致，擅自变更或者解除合同的，违约方应当依法承担违约责任。

第二十三条 旅游景区景点应当根据接待需要，设置地域界限标志、服务设施和游览导向标志。对具有危险性的区域和项目，应当设立明显的安全提示或者警示标志，并采取必要的防护措施。

旅游景区景点应当配备规定的消防、救护等设施和设备，健全紧急救援体系。

第二十四条 经营涉及人身安全的特种旅游项目和客运索道、缆车等设施和设备的，在安装调试经法定检验机构检验合格后方可营运。

第二十五条 旅游景区景点门票价格调整时，物价部门在审批前应征求旅游行政主管部门意见。

全国重点文物保护单位、国家级风景名胜区、国家级自然保护区、国家森林公园、国家地质公园、重要地质遗迹等重要游览参观点门票价格及其景区景点内的营运车辆、观光缆车等价格的制定，物价管理部门应当举行价格听证会。

旅游景区景点票价上调的，旅行社组织的团队自公告之日起顺延 90 日执行。

第二十六条 旅游景区景点管理机构及其讲解服务单位应当为旅游者提供优质服务，不得强制旅游者接受讲解服务，不得限制旅行社导游进行正常的旅游景区景点导游活动，不得强制旅行社聘请讲解人员。

旅游景区景点讲解人员的管理按照省有关规定执行。

第二十七条 旅游经营者及其从业人员不得擅自在旅游景区景点内摆摊设点和兜售商品，不得强迫旅游者接受有偿服务，不得欺诈、胁迫旅游者消费。

第二十八条 实行旅游服务质量公告制度。旅游行政主管部门应当定期向社会发布旅游服务质量状况公告，并建立旅行社信誉档案供公众查询。对服务质量低劣、多次被投诉并查证属实的，应当通过新闻媒体刊登或者在违法行为人经营场所张贴通告等方式进行公告。

违法行为人不得拒绝张贴或者撕毁、覆盖通告。

第二十九条 旅行社违反本条例规定，有下列行为之一的，由旅游行政主管部门责令限期改正，给予警告；逾期不改正或年度内再次违反的，处 1000 元至 5000 元的罚款。

（一）未按规定向旅游者提交团队运行计划表或运行计划不符合规定的；

（二）未经旅游者书面同意，擅自将旅游者转至其他旅行社的；

（三）非经约定未为 15 人以上的国内旅游团队安排全程陪同导游的；

（四）未对无全程陪同导游的旅游团队妥善安排旅游目的地的具体接洽办法和应急措施的；

（五）未与导游所在单位签订借用合同而临时使用该单位导游的；

（六）未与旅游客运企业签订租用客车、船舶的旅游团队运输合同的。

第三十条 旅行社违反本条例规定，有下列行为之一的，由旅游行政主管部门责令限期改正，给予警告，可以并处 1000 元以上 1 万元以下的罚款；逾期不改正或者情节严重的，责令停业整顿 15 日至 30 日，情节特别严重的，吊销《旅行社业务经营许可证》。（一）违反团队运行计划擅自增加或变更购物场所的；（二）租用无旅游客运资质的运输企业的车辆、船舶承接旅游团队的。

第三十一条 违反本条例第七条第二款规定，由旅游行政主管部门责令改正，收缴违法物品，没收违法所得，并处 500 元以上 5000 元以下的罚款。

第三十二条 违反本条例第八条规定，由旅游行政主管部门责令改正，停业整顿 1 至 3 个月，可并处合同总金额 1 倍以上 5 倍以下的罚款；情节严重的，吊销《旅行社业务经营许可证》。

第三十三条 旅游客运企业及其旅游车辆、船舶驾驶员违反本条例第二十条第二款和第二十一条规定的，由交通运输管理部门依法处理。

第三十四条 违反本条例第二十八条第二款的，由旅游行政主管部门责令限期改正；逾期不改的，责令停业整顿 1 至 3 个月；情节严重的，吊销《旅行社业务经营许可证》。

第三十五条 违反本条例其他规定的，由旅游、工商行政管理等有关行政主管部门依照有关法律、法规处理或处罚。

第三十六条 旅游行政主管部门和有关部门及其工作人员违反本条例规定，有下列情形之一的，由有关机关追究主管人员和直接责任人员的行政责任：

（一）未及时处理旅游投诉或未按规定移送相关部门的；

（二）未按规定对应予扣分的导游人员实行扣分和处理的；

（三）未定期向社会发布旅游服务质量状况公告的；

（四）未按规定举行价格听证会的。

国家机关工作人员在管理活动中滥用职权、玩忽职守、徇私舞弊的，由有关机关追究行政责任；构成犯罪的，依法追究刑事责任。

第三十七条 当事人对行政处罚决定等具体行政行为不服的，可依法申请行政复议或者提起行政诉讼。

第三十八条 本条例自2003年7月1日起施行。

中共四川省委　四川省人民政府
关于加快旅游业发展的决定

川委发〔1998〕23号

我省国民经济跨世纪发展战略，将旅游业确定为今后培育壮大的六大支柱产业之一。为了及早实现这一目标，充分发挥我省旅游资源优势，加快旅游经济发展，把四川建成经济强省，特作如下决定：

一、提高认识，抓住机遇，把旅游业培植成为我省的支柱产业

旅游业是当今世界发展最快、前景最广的一项新兴产业。它关联范围广，市场扩张能力强，投资收效快，可提供大量就业机会，带动产业结构的调整和升级，促进经济的发展。我省旅游资源得天独厚，在国内外具有突出优势，发展潜力很大。当前，国际旅游业迅猛发展和世界旅游热点东移，国内旅游市场蓬勃兴起和国家加强中西部地区开放开发，这是我省旅游业发展面临的极好时机。我们必须提高认识，高度重视，抓住机遇，齐心协力促进旅游经济的全面繁荣和发展，尽快地把旅游业培植成我省国民经济的支柱产业。

我省旅游业发展，在指导思想上，要以建成中国的旅游大省为目标，以改革开放为动力，以市场为导向，以世界级景观为龙头，以辆旅游为基础，国际旅游为主导，加大投入力度，狠抓交通通讯建设、加大宣传力度，坚持保护、管理与开发、利用并重和旅游各要素配套发展，两个文明相互促进。

旅游业在发展速度上，既要与国民经济相关产业发展基本协调，又要快于国民经济发展的总体速度，投入产出效益于传统产业，把丰富的资源优势尽快转化为经济优势，不断增强全省旅游业综合实力，形成在国内和亚太地区有较高知名度和较大竞争力的旅游胜地。经过不懈的努力，争取到2000年，旅游外汇收入达到1.1亿美元，国内旅游收入达到178亿元人民币，当年旅游产业总收入达到187亿元人民币，相当于全省当年国内生产总值的4.7%；到2010年这一比例占到8%左右。

二、抓住特色，突出重点，加强旅游资源的开发建设

四川自然风光雄奇险秀，巴蜀文化积淀深厚，民族风情多姿多彩。这些丰富的旅游资源，要在统一规划的基础上，有重点、分层次地进行开发和建设。世界自然遗产九寨、黄龙，世界自然文化遗产乐山大佛——峨眉山，国宝大熊猫，都江堰、青城山和三星堆等，要作为全省开发的重点，充分发挥“名牌”优势。在旅游线路上，全省要突出“一个中心、两个环线”，即以成都为中心，包括都江堰、青城山、熊猫基地、三星堆等旅游胜地；以九寨、黄龙为重点，包括卧龙、四姑娘山、红叶温泉、草原在内的北环线；以乐山、峨眉山为重点，包括自贡恐龙和灯会、蜀南竹海、安岳石刻在内的南环线。这是全省培育壮大旅游支柱产业的着力点。此外，应逐步贯通熊猫基地、卧龙、蜂桶寨的熊猫观赏线，逐步开发邛海、航天城、二滩、泸沽湖的攀西旅游线，甘孜州冰川雪山、高原风光、藏族风情的旅游线，绵阳、广元（通往陕西汉中）的蜀汉遗踪和古蜀道旅游线，川东以小平故居、将帅故里、川陕苏区为特点的革命胜迹旅游线。

要调整我省旅游产品结构，加大旅游的文化内涵，改变产品单一的状况。在不断提高观光旅游产品质量的同时，大力发展休闲度假旅游，尤其是依托森林湖泊、田园农家发展适于国内省内游客消费的回归自然的假日旅游，积极开发参与型的登山旅游、漂流探险旅游、疗养保健旅游、生态环保旅游、民族风情旅游、古文化寻踪旅游、宗教旅游、修学旅游、商贸旅游、美食旅游等，增强我省旅游产品的可选择性和市场竞争力，以适应国际国内游客多样化的需求。

重视旅游商品的开发。要下功夫开发具有四川特色的、不同档次的旅游用品、工艺美术、纪念品和其他旅游商品，提高购物消费在旅游消费和旅游外汇中的比重。发挥川菜、川戏、蜀派书画、民间民族歌舞等优势，增强对游客的吸引力。

三、发展交通，改善环境，加快旅游基础设施建设

可进入性差，是目前制约我省旅游业大发展的瓶颈。要以发展旅游交通为突破口，大力改善旅游基础设施条件。一是及早立项建设九寨机场，力争2000年完工通航，使之成为我省旅游业上新台阶的旅游黄金线。二是抓紧双流国际机场的扩建，尽快开通新、马、泰、日、韩等国际航线和国内旅游热点地区直通的航线，以迅速扩大国际省际旅游规模。三是加快主要旅游线高等级公路和旅游专用公路建设，改善海螺沟、泸沽湖等景区的路况，尽快形成成都联结各主要景区的高等级环状旅游公路网络。四是重点景区及一些省级旅游度假区，要加强供电、供水、卫生、绿化、城建等基础设施建设，改善住宿、餐饮、浏览、购物、等配套建设，改善接待条件。通讯要重点解决民族地区重要景区的国际国内通讯畅通问题。

在加强基础设施建设中要注意生态环境和文物名胜古迹的保护。这既是可持续发展战略的要求，也是旅游业今后长盛不衰的根基所在。我省旅游业必须在“真山真水真古董”上下功夫，坚持“严格保护，统一管理，合理开发，永续利用”的原则，坚决禁止兴建破坏生态环境和旅游景观的建设项目，依法打击破坏、盗卖、走私文物的行径，从严控制人造景观的兴建，采取立法措施和科学办法，保护生态环境和稀缺旅游资源，使之得到永续利用。为避免重复建设和盲目建设的发生，今后凡投资兴建旅游项目，必须在重得同级旅游行政主管部门同意后，再按有关建设项目审批程序报批。建设星级宾馆、饭店、省级旅游度假区和大型人造旅游景区，必须在征得省旅游局同意后，再按有关建设项目审批程序报批。

四、深化改革，扩大开放，加大对旅游业的投入

旅游业是一项高投入高产出的产业。为了扶持旅游支柱产业的发展，在制定国民经济中长期计划和年度基建技改计划时，各级政府要安排一定的资金和贷款，作为对旅游业的导向性投入。从1998年起，全省各级财政都要安排旅游专项资金，并逐年有所增加。省计委在基本建设投资和贴息资金中，也要安排一定比例的资金用于省级重点旅游设施建设。金融部门要各级安排贷款，支持旅游业的发展。旅游业总体规划要求各地、有关部门承担的旅游开发建设项目，都要纳入地方和部门的规划，优先安排，统筹建设。

继续加强旅游发展基金的征收管理。由地税局对省行政区域内的各类旅游饭店、旅游景区（景点）等旅游经营单位按其营业收入额1.5%开征，并通过各类旅行社按每人次1元人民币向服务对象代征。基金按5∶2∶3比例在省、市（地、州）、县分配。具体征收方式，由省地税局和省旅游局研究制定。

坚持国家、集体、地方、部门、个人一起上，谁投资谁受益的原则，放手发展民营经济，在统一规划、明晰产权的前提下，调动社会各方面兴办旅游的积极性。要深化旅游企业的改革，形成符合社会主义市场经济要求的新机制。依靠资本动作，按照市场经济规律发展旅游业。积极支持条件成熟的企业到证券市场上市融资。要扩大旅游产业规模，相对集中旅游企业和资源，发挥整体优势，通过资产纽带连接，按照现代企业制度组建旅游集团公司，强化旅游企业的市场竞争力。通过资产重组等多种方式，盘活存量资产，使全省旅游资源和资产在市场竞争中合理流动，优化配置。要尽快组建省旅游集团，以此带动全省旅游企业的改革。

进一步扩大开放，大力吸引外资投入旅游业。要筛选一批精品开发项目积极开展招商引资。积极吸引外商对旅游基础设施和生态旅游、度假旅游、特种旅游的开发。采取合资、合作、兼并、参股、出售、转让、租赁等方式，吸引境外资金，航海资源性资产和现有企业存量资产。鼓励旅游企业走出国门，探索国际化发展的路子。对投资旅游项目的外商，给予优惠政策。要积极开展合资旅行社的试点。

五、加强宣传，大力促销，拓展国际国内旅游市场

搞好宣传促销，不仅是促进旅游业发展，提高经济效益和社会效益的关键，也是扩大四川影响，扩大对外开放的重要方面。各级党委、政府要重视宣传促销工作，把它作为整个四川对句宣传的重要组成部分，组织和指导宣传、旅游、外事等部门广覆盖、大密度、渠道道地开展宣传促销活动。政府组织的各类对外经济文化活动也要注意宣传旅游。我省各类驻外机构要把宣传旅游视为已任，努力提高四川在驻地的知名度。

新闻单位要进一步加强旅游的宣传报道，积极宣传政府在发展旅游业中的重大举措，宣传我省的重大旅游活动，宣传介绍旅游景区和旅游线路，并及时不断地向省外和中央新闻单位及国外大众传媒输送和交流旅游宣传节目。外和宣、旅游等部门每年要做好计划安排，邀请较多的国内外传业媒机构和新闻记者来我省实地考察和采访。

旅游部门要组织旅游企业积极参加国内外各地旅游展会、交易会、促销会，加强与旅游界的广泛联系，并努力建立起互助互惠、共谋发展的合作关系。旅游促销人员可以实行出国任务一次审批，一年内多次有效的办法。

六、完善法制，培养人才，创造旅游业发展的良好环境

加快制定和出台急需的地方性旅游法规和规章，同时配套制定有关方面的具体管理办法和规定，做到旅游经济活动和文化活动有法可依、有章可循。整顿和规范旅游市场，加强对旅游从业人员的思想素质教育，提高旅游服务质量，纠正行业不正之风，制止形形色色的宰客现象，保护旅游者和旅游经营者的合法权益，树立四川旅游业的良好形象。

加强旅游人才的培训，提高旅游职工队伍的整体素质。要坚持多层次、多渠道、多形式培养旅游人才的方针，充分利用现有教育设施和师资力量，形成包括高、中、初级不同层次的旅游教育体系，培训旅游企业管理人才。大力发展中等旅游职业教育，加强省旅游学校的建设。特别是要依托高校现有的旅游系，结合高校结构调整，按照旅游产业的需求，发展旅游高等教育，培训高级旅游管理人才。

七、理顺体制，加强领导，确保旅游业快速健康发展

省旅游局作为全省旅游行业的行政主管部门，在培训和壮大旅游支柱产业工作中承担着重要的责任，应按其行业管理的职能加大权限，并对其机构予以充实和加强。

计委、建委、航空、铁路、交通、宣传、文化、财政、税务、林业、邮电、水电、民族、宗教、商贸、公安、工商、物价、教委、卫生等部门，对旅游业发展有直接的关联，负有重要的责任，要按照各自职能分工，积极配合旅游行政部门，团结协作，形成全力，共同培育壮大旅游产业。地市一级、重点旅游县要健全和加强旅游行政管理部门。要加强旅游发展目标任务的考核，并将全省旅游发展的目标任务逐级分解，一级抓一级，确保任务的落实。

1998年6月1日

中共四川省委　四川省人民政府
关于加快培育旅游支柱产业建设旅游经济强省的决定

川委发〔2000〕48号

旅游业是当今世界发展最快、前景最广的一项新兴产业。中央决定实施西部大开发战略，为加快我省旅游发展提供了新的机遇，省委、省政府决定将旅游业列入全省经济发展的六大支柱产业。为尽快实现我省追赶型、跨越式发展，加快培育旅游支柱产业，建设旅游经济强省，特作如下决定。

一、增强加快四川旅游发展的责任感、紧迫感和使命感

（一）四川是中国旅游资源大省，丰富、独特的旅游资源为旅游发展提供了坚实基础。优美的自然风光、悠久的巴蜀历史、浓郁的民族风情，构成四川众多的自然与人文旅游资源。世界自然遗产

九寨沟、黄龙，世界自然文化遗产峨眉山、乐山大佛，以及国宝大熊猫、广汉三星堆和都江堰水利工程享誉海内外，是具有较强吸引力和竞争力的旅游产品。我省旅游资源优势明显、潜力巨大，旅游业在实施西部大开发战略中最有条件培育成支柱产业。各级党委、政府要增强加快发展四川旅游的责任感，以丰富的旅游资源为依托，以市场为导向，促进旅游产业更快更好地发展，努力实现我省从旅游资源大省向旅游经济强省的跨越。

（二）改革开放以来，四川旅游业已实现由接待事业型向经济产业型的转变，成为国民经济新的增长点，在扩大内需、促进就业、调整经济结构、拉动相关产业发展、带动民族地区和贫困地区经济发展等方面发挥着全面、持久的综合性作用。但是，由于我省地处内陆，资金短缺，旅游业发展起点不高，资源规划开发水平较低，综合服务水平较差，与之配套的基础设施建设滞后，全省旅游资源优势还没有完全转化为旅游经济优势，旅游总收入在全国所占比重低，尤其是国际旅游收入在全国排名靠后，与同处西部的云南、陕西等省相比也有较大差距。各级党委、政府对此一定要有清醒的认识，增强加快发展四川旅游的紧迫感。

（三）当前四川旅游发展面临难得的机遇和严峻挑战。中央已确定旅游业为国民经济新的增长点，把中西部地区作为新世纪我国旅游业发展的新基地。国家旅游局把四川独特的、垄断性的旅游资源作为我国实现由亚洲旅游大国向世界旅游强国历史性跨越的重要基础。同时，中西部多数省（自治区、直辖市）都把旅游业作为支柱产业加以培育，重点发展，旅游业面临着激烈的市场竞争。我们要进一步解放思想，更新观念，切实增强机遇意识、市场意识和竞争意识，以只争朝夕的精神，努力推动我省旅游发展尽快迈上新台阶。

二、加快旅游发展的目标和基本原则

（四）总体目标。在2005年把四川建成中国自然生态和历史文化旅游的重要地区，把旅游业培育成我省国民经济的支柱产业，实现从旅游资源大省向旅游经济大省的跨越；到2010年，旅游产业实力进一步巩固、壮大，实现从旅游经济大省向旅游经济强省的历史性跨越。实现旅游发展总体目标的标志：

1. 以国宝大熊猫、世界自然遗产九寨沟以及古蜀文化瑰宝三星堆为旗帜，树立起四川旅游的国际品牌形象，高品位的自然景观和巴蜀文化景观成为享誉海内外的旅游精品，四川成为中国自然生态和历史文化旅游的重要目的地，四川旅游在国际国内旅游市场的整体形象和占有份额大幅度提高。

2. 形成较为完善的旅游管理体制和市场运行机制，旅游设施、服务质量和管理水平达到全国一流水平，旅游经济总量和实力明显提高，2005年四川旅游总收入排名进入全国前8位，成为21世纪初全国旅游最具活力、发展最快的地区之一。

3. 将成都双流国际机场建成中国西部国际航空口岸，开通多条成都至世界主要旅游客源国的国际航线。省内旅游交通从公路交通为主转向航空支线交通和高速公路为主，形成重点旅游景区间快捷、安全、高效的旅游交通网络。

（五）旅游经济增长目标。

1. 2000—2005年，实现旅游发展倍增计划。国际国内旅游总收入年均增长18%，到2005年达到578亿元，相当于当年全省GDP的9%以上。其中：入境旅游者人数年均增长15%，达到83万人次，旅游外汇收入年均增长18%，达到2.5亿美元；国内旅游者人数年均增长7%，达到7534万人次，国内旅游收入年均增长18%，达到558亿元。

2. 2006—2010 年，实现旅游经济持续快速增长。国际国内旅游总收入年均增长 18% 以上，到 2010 年达到 1376 亿元，相当于当年全省 GDP 的 14%。其中：入境旅游者人数年均增长 15%，达到 167 万人次，旅游外汇收入年均增长 17%，达到 5.4 亿美元；国内旅游者人数年均增长 8%，达到 1.1 亿人次，国内旅游收入年均增长 19%，达到 1331 亿元。

（六）旅游景区景点建设目标。实施以创建世界级旅游精品和国家级旅游精品为重点的发展战略，集中力量规划、建设、提升一批规模大、品位高、特色突出、配套完善的世界级、国家级旅游景区景点。2003 年前，把九寨沟、黄龙、峨眉山、乐山大佛、都江堰建成成熟的、与国际接轨的世界级旅游精品；2005 年前，把卧龙大熊猫自然保护区、三星堆古遗址、四姑娘山、西岭雪山、蜀南竹海等建成成熟的世界级旅游精品；2010 年前，把海螺沟冰川、自贡恐龙公园、剑门蜀道、江油李白故里、稻城亚丁、泸沽湖、螺髻山、王朗自然保护区、阆中古城、大邑刘氏庄园、泸州佛宝等建成世界级或国家级旅游精品。

（七）旅游城市建设目标。2005 年前，把成都、乐山建成国际知名旅游城市；把峨眉山、都江堰、绵阳、德阳、自贡、宜宾、攀枝花、雅安、西昌、广汉、崇州、阆中等市建成全国著名旅游城市。2010 年前，把成都、乐山、峨眉山、都江堰建成社会文明、环境优美、功能齐全、交通便捷的国际旅游城市。

（八）旅游企业发展目标。到 2005 年，力争 3 家星级旅游饭店进入全国百强星级旅游饭店，5 家国际旅行社进入全国百强国际旅行社，5 家国内旅行社进入全国百强国内旅行社。到 2010 年，力争 5 家星级饭店进入全国百强星级旅游饭店，以进入全国百强旅行社为依托组建的旅行社集团，力争成为跨国旅游集团。

（九）加快四川旅游发展，要坚持以下基本原则：

1. 坚持市场导向、企业主体、依法治旅的发展战略；

2. 坚持以国际旅游为先导、国内旅游为基础的发展方针；

3. 坚持把旅游业作为重点经济支柱产业培育，形成大旅游、大产业、大市场的发展格局；

4. 坚持因地制宜、突出重点、开发旅游精品的发展路子；

5. 坚持保护第一、合理开发，社会效益、经济效益和生态效益良性循环的旅游业可持续发展模式。

（十）实现建成旅游经济强省的战略目标，必须围绕自然生态和历史文化两条主线加快开发旅游精品，强化旅游市场管理和客源市场促销，狠抓旅游基础设施、“软环境”和产业化建设，深化旅游管理体制和旅游经营机制改革，加快旅游业对外开放步伐，促进四川旅游取得新的突破。

三、加快旅游资源开发，建设世界级旅游精品

（十一）加快四大优先发展旅游区开发建设。成都口岸旅游区重点抓好以大熊猫故乡、历史文化名城、三国蜀汉文化为特色的系列旅游产品的开发建设，建成观光、度假、商务、会展、都市旅游的重要目的地和四川旅游便捷的中转口岸；川西自然生态旅游区以开发九寨沟、黄龙、四姑娘山、海螺沟、稻城亚丁、蜂桶寨等自然生态旅游产品为重点，建成融合民族风情的世界级自然生态观光、度假、探险旅游目的地；乐山—峨眉山旅游区突出佛教文化、自然风光及温泉度假的特色，建成中国佛教文化、观光、休闲度假的旅游胜地；自贡—宜宾蜀南竹海旅游区以自贡、宜宾、泸州为中心，深入挖掘恐龙文化、盐业文化、彩灯文化和竹文化、酒文化内涵，建成中国独

物的观光休闲旅游区。同时，加快以民族风情、航天科技、疗养度假为特色的攀西地区等新兴旅游区的开发建设。

（十二）开发建设精品旅游线路。近期重点建设、提升、推出4条精品线路：九寨沟—黄龙—大草原—羌寨奇山异水、藏羌风情旅游线；乐山大佛—峨眉山—三苏祠—仙女山佛教、长寿文化、休闲度假旅游线；都江堰—青城山—卧龙大熊猫自然保护区—四姑娘山—蜂桶寨生态观光旅游线；自贡恐龙—宜宾蜀南竹海—泸州佛宝观光、度假旅游线。同时，抓紧建设海螺沟冰川—跑马山—稻城亚丁自然生态观光、康巴藏族文化风情旅游线；西昌邛海—航天城—螺髻山—二滩电站—泸沽湖工业科技、民族风情旅游线；广安小平故里—阆中古城历史文化基地旅游线；江油李白故里—剑门蜀道三国文化旅游线；刘氏庄园—西岭雪山川西民俗、生态旅游线等后续旅游精品线路。加强与周边省（自治区、直辖市）的旅游合作，形成与西藏、陕西、重庆、云南相连的西部大旅游线路网络。

（十三）开发多样化、多层次旅游产品。适应假日旅游的发展趋势和不同层面消费者的需要，结合自身资源优势、开发条件和区位情况，因地制宜，积极发展满足不同旅游消费档次和国际、国内、省内、城市周边四个层面旅游需求的多样化旅游产品，大力发展休闲度假旅游，深入挖掘旅游景区文化内涵，提高旅游产品的档次和吸引力，扩大旅游消费市场，带动第三产业发展。

四、强化旅游管理，提高综合服务水平，不断改善旅游“软环境”

（十四）加快旅游法制建设。抓紧制定、完善地方性旅游法规和政府规章，建立健全的旅游法制体系。健全旅游行政执法体系和质量监督网络，提高旅游执法队伍素质和执法水平。建立全省统一的旅游投诉电话系统，及时受理投诉，查处各种违法违规行为。

（十五）建立健全旅游市场综合治理机制。省上和重点旅游地区政府要建立旅游市场综合治理联席会议制度，统一协调处理旅游市场综合整治中的重大问题；各相关部门要各司其职，各负其责，密切配合，共同维护旅游市场秩序。

（十六）强化旅游安全管理。旅游活动的各个环节都要建立健全安全制度，落实责任制，防止各类安全事故特别是重特大恶性事故的发生。重点旅游地区政府以及相关部门、旅游企业、旅游景区景点都要制定旅游安全事故紧急处理预案；以“110”“120”为中心建立社会联动系统，及时查处刑事、治安案件，处理旅游安全突发事件。

（十七）加速形成旅行社、旅游饭店、旅游定点企业的规范服务标准。加强旅游企业服务质量规范管理，牢固树立服务质量第一的观念。强化旅行社和导游人员管理，规范导游解说和团队运作。加强星级饭店评定工作，将更多的旅游饭店纳入星级饭店的标准化、规范化管理轨道。继续引进国内外先进的管理模式和经验，提高我省饭店管理总体水平。切实加强对旅游购物等定点单位和旅游车辆的管理。

（十八）创建中国优秀旅游城市和国家级旅游区（点）。巩固和发展成都、峨眉山、都江堰等首批中国优秀旅游城市的创建成果，力争乐山、崇州创建成为第二批中国优秀旅游城市；继续扩大创建城市范围，绵阳、自贡、宜宾、雅安、西昌、阆中等城市要争取早日进入中国优秀旅游城市行列。在全省重点旅游市、县开展建设“旅游强市（县）”活动，进一步提高城市的旅游经济实力和在全国的知名度。积极组织实施国家颁布的《旅游区（点）质量等级的划分与评定》，规范景区景点的设施标准、服务质量，争创国家级旅游区（点），进一步提高旅游景区景点的综合服务水平和市场竞争力。

（十九）加速培养一支高素质的旅游从业人员队伍。建立旅游人才和从业人员教育、培训体系，充分发挥省内院校旅游专业的办学优势，加快培养高、中级旅游管理人才和实用人才，优化旅游行业队伍的学历和职称结构。采取多种形式对旅游从业人员进行培训，加强思想道德和业务素质建设。抓好旅游企业重点是星级宾馆和旅行社经理资格认证工作，健全员工持证上岗制度，到2005年，旅游从业人员持证上岗比例达到80%以上。

（二十）营造良好的旅游大环境。实施旅游畅通工程，各上路执法检查部门和单位不得随意途中拦截检查旅游车辆，旅游城市要为旅游车辆入城提供方便。加强旅游城市、旅游景区景点和旅游沿线的社会治安综合治理，提高居民文明程度，共同塑造和维护四川旅游的良好形象。

五、加大宣传促销力度，大力拓展旅游客源市场

（二十一）强化四川旅游整体形象的包装、宣传。各级政府和有关部门要把宣传四川旅游整体形象作为对内、对外宣传工作的重要组成部分。新闻单位要主动宣传四川旅游，与旅游部门密切配合开辟旅游专栏节目，并积极向中央新闻单位和国内外传播媒体输送、交流四川旅游宣传节目，重点推出我省旅游名牌。各级外宣、外事、旅游、文化、新闻、影视等部门要积极邀请国内外新闻记者、旅行商及艺术家等，到四川重点旅游地区进行实地考察和采访。

（二十二）完善旅游宣传促销手段。运用影视、歌曲、广告、互联网等多种宣传促销形式，提高宣传促销的影响力、覆盖面和科技含量，增强旅游宣传促销实效。旅游行政管理部门要积极组织各旅游单位参加国内外旅游交易会及各种旅游宣传促销活动，加强与国内外旅游界的合作。简化赴海外促销人员审批程序，实行一次申请、一年有效的政策。积极创造条件在主要客源国（地区）设立旅游宣传促销窗口和旅游办事处，与国家旅游局驻外办事处密切合作，努力推销四川旅游产品。

（二十三）大力拓展海内外旅游市场。大力发展入境旅游，用好用足成都口岸落地签证的政策。继续巩固、拓展港澳台、日本、东南亚等传统市场，着力开发美国、韩国、西欧市场，积极培育大洋洲、北欧、东欧等新兴市场，形成多元化的国际客源市场格局。积极发展国内旅游，重点开拓东部沿海经济发达地区和四川周边省（自治区、直辖市）旅游市场，重视挖掘省内客源市场潜力。

（二十四）办好旅游节庆活动。大力开发、发展会展旅游、商务旅游、会议旅游、工业旅游、都市旅游、节庆旅游等新兴旅游市场，积极申办、组织各种全国性、国际性会议、展览、文化、体育、经贸等大型活动，借势造市，形成良好的旅游效应。采取政府主导、市场运作方式，努力把自贡灯会、成都国际熊猫节、都江堰放水节、乐山大佛节、康定跑马山转山会、凉山彝族火把节、广元女儿节、王朗白马风情节等办成国内国际有较大影响的旅游节庆活动。

六、深化旅游行业改革，落实扶持政策措施

（二十五）深化旅游企业改革。通过改组、改制、控股、资产重组等形式，组建专业化的旅行社集团、旅游饭店集团、旅游汽车公司、导游公司，积极推进中外合资合作旅行社的试点，促进旅游企业向市场化、规模化、品牌化和国际化方向发展。加快旅游企业现代企业制度建设，推进股份合作制、股份制、股权激励制等改革，促进国有旅游企业经营机制转换，增强企业活力。

（二十六）为旅游企业自我发展创造宽松环境。积极创造条件，建立国际旅游创汇奖励资金，对国际旅行社非贸易创汇实行奖励。切实减轻旅游企业负担，严禁对旅游企业和单位的乱摊派、乱收

费、乱检查。三星级以上旅游宾馆水、电、气收费标准与其他服务业同价，不再实行特殊行业收费标准。对专业旅游车船公司车船更新实行优惠、扶持政策，以提高旅游车船档次，适应国际旅游需要。各级政府对旅游景区景点继续实行以旅游养旅游的政策，切实减轻不合理负担，增强旅游景区景点的自我发展能力。

（二十七）多渠道增加旅游产业的投入。大力拓宽旅游发展资金筹集渠道，在省政府已安排2000万元旅游发展资金的基础上，各市、地、州及重点旅游县（市）政府也应安排一定的旅游发展经费，列入当地财政预算。各级政府对旅游发展的投入，主要用于旅游公益性设施建设、旅游教育和区域性旅游宣传促销等。有关部门要优先支持具备条件的旅游企业发行债券、股票。金融部门要在信贷政策范围内对旅游项目优先贷款。积极鼓励和支持各种经济成分组织和个人参与旅游资源、旅游项目的开发建设和投资经营，不断强化市场融资功能。

（二十八）加速开发一批旅游商品。大力开发具有四川地方特色、民族特色和文化内涵的旅游商品，提高四川旅游购物档次和经济效益。对专业旅游商品研制、开发、生产企业给予重点扶持，旅游城市、重点旅游景区景点的宾馆、饭店应主动将四川产名酒、名烟、名饮料上柜，并建立综合性旅游商品展销、演示中心，大力展示四川的烟、酒、药、家电、服装等名牌工业品，形成全省旅游商品展销网络。

（二十九）发展四川特色的餐饮业。发挥川菜、川酒、川茶等优势，做好川菜“老字号”“名小吃”的文章，搞好与旅游的有机结合，增强四川旅游餐饮特色。开发、创新川菜美食产品，使其高、中、低档品种齐全，满足不同层次旅游者的需要。

（三十）加速开发一批旅游文化产品。充分发掘川戏、谐剧、曲艺、杂技、民族歌舞等具有四川地方特色的文艺节目，突出巴蜀风情、藏彝羌民族风格，发展与旅游配套的多形式娱乐活动，丰富旅游内容和游客生活。在主要旅游城市设立旅游表演中心，形成城市晚间娱乐的亮点。大型旅游饭店、重点旅游景区要设立旅游娱乐项目，为游客提供丰富健康、参与性强的娱乐活动。

七、围绕旅游发展加速交通建设，完善旅游配套功能

（三十一）加快旅游航空交通建设。把成都双流国际机场建成西部国际旅游的主要进出口岸，形成连接主要旅游客源国、省内外重点旅游城市及旅游景区的旅游航空网络。围绕主要客源国市场开拓，积极开辟成都至日本、马来西亚、韩国、美国、澳大利亚、欧洲等国际航线。围绕重点旅游景区加快省内航空支线建设，力争2002年开通九寨黄龙机场，2004年开通攀枝花机场，做好康定机场的前期工作。

（三十二）建成高等级旅游公路网络。围绕重点旅游区和旅游精品线路建设，尽快形成成都至各主要旅游城市、旅游景区，以及旅游城市、旅游景区间的高等级旅游公路网络。加快建设都江堰—卧龙—汶川、乐山—宜宾高等级公路；改造升级松潘—九寨沟、川主寺—黄龙—丹云峡—平武、小金—蜂桶寨—宝兴—雅安、红原—瓦切—川主寺、小金—丹巴—塔公—康定—泸定—二郎山、宜宾—蜀南竹海、西昌—泸沽湖、广元—青川—平武等旅游干线公路。

（三十三）发展铁路旅游运输网络。围绕西部大旅游线路的规划、开发，尽快形成成都连接四川周边省份旅游城市、省内旅游城市的铁路旅游运输网络。提高旅游列车档次和运行速度，增开夕发朝至豪华舒适的旅游专列。

（三十四）开发水上旅游交通。加快江河、水库、湖泊旅游景区的水上基础设施及水上旅游交通

配套设施建设。提高旅游船舶档次，发展舒适、安全、节能、环保型的旅游船舶。抓紧岷江成都—乐山段复航工程的规划建设。

（三十五）完善旅游配套功能。各地、各部门要通力配合、尽快完善旅游城市、旅游景区景点、旅游交通沿线的通信、邮政、电力、银行、医疗、供水、餐饮、厕所、环保等服务设施和功能。

八、加强领导，打好加快发展旅游业的总体战

（三十六）加大党委、政府的领导力度。省委、省政府决定成立四川省旅游产业发展领导小组，统一领导和协调解决全省旅游业发展中的重大问题，办公室设在省旅游局。各级党委、政府主要领导要亲自抓旅游，逐级建立目标责任制，对旅游发展目标任务加强考核和监督检查，确保目标落到实处。

（三十七）加大旅游行政管理部门的综合协调力度。各级党委、政府要强化旅游行政管理部门的行业综合协调管理职能。省旅游行政管理部门要牵头做好对各地、各部门的协调工作，加强对全省旅游发展的行业管理。

（三十八）加大政府有关部门的支持力度。各有关部门要强化旅游意识，主动配合旅游部门，按照职能分工共同培育旅游支柱产业。计划部门要把旅游发展特别是旅游基础设施建设、旅游重点项目建设和旅游产业政策，纳入国民经济和社会发展计划。建设、交通、林业、水利、文化、文物、宗教等部门，要共同搞好旅游资源的综合利用和开发，以资源保护促进旅游发展，以旅游发展促进资源保护。公安、交通、工商、物价、技术监督、卫生等部门要加强旅游运输、安全、商品价格、市场秩序、食品卫生等方面的管理。

（三十九）加大旅游发展的宏观调控力度。各级党委、政府要认真贯彻实施并严格按照《四川省旅游发展总体规划》，开发旅游资源。要高度重视旅游规划，坚持先规划、后开发，防止一哄而起，盲目开发。各市、地、州和重点旅游县（市）、旅游景区、跨行政区域旅游片区的发展规划，须报经省旅游产业发展领导小组审批后方能生效实施。星级宾馆饭店、大型度假村、人造景观和重点旅游景区的建设项目，须报经同级旅游行政管理部门审查同意后，再按有关程序报批立项。

（四十）加大旅游管理体制的改革力度。要按照加快培育旅游支柱产业、建设旅游经济强省的要求，结合机构改革，加快建立办事高效、运转协调、行为规范的旅游管理体制。加大对旅游景区的管理力度，逐步理顺旅游景区管理体制，实行政企分开、政事分开，大胆探索适应旅游发展要求的新模式。各旅游景区景点不仅要接受现行行业主管部门的管理和领导，而且要在旅游发展规划、旅游设施标准、旅游服务质量规范、旅游投诉处理、旅游宣传促销等方面接受旅游行政管理部门的管理，凡从事旅游接待的单位都应接受旅游行政管理部门的行业管理和旅游执法监督。

各地、各部门要始终坚持以邓小平理论为指导，以实施西部大开发战略为契机，以丰富的旅游资源为依托，抓住机遇，开拓进取，真抓实干，以高度的责任感、紧迫感和使命感，创造性地做好各项工作，加快培育旅游支柱产业，努力实现我省从旅游资源大省向旅游经济强省的历史性跨越。

2000年1月1日

中共四川省委办公厅　四川省人民政府办公厅关于进一步加强对旅游产业发展工作领导的通知

川委厅〔2003〕17 号

各市、州委，各市、州人民政府，省级各部门：

为全面贯彻落实党的十六大和省委八届二次全会精神，以新的经济思想和经营理念推进旅游业管理创新，加快培育旅游支柱产业，率先实现旅游业跨越式发展，把我省建设成为旅游经济强省，省委、省政府决定进一步加强对旅游产业发展工作的领导。现将有关事项通知如下。

一、调整充实省旅游产业发展领导小组

调整后的省旅游产业发展领导小组由省委副书记、省长张中伟任组长，省委副书记、副省长蒋巨峰和副省长王怀臣任副组长（名单附后）。撤销省风景名胜资源保护开发建设领导小组、省假日旅游协调小组和大九寨国际旅游区建设领导小组，有关职能并入省旅游产业发展领导小组。今后不再另成立与旅游产业发展有关的单项工作领导小组。

省旅游产业发展领导小组的日常工作由省旅游局负责。省旅游局的主要职责是：制定并组织实施全省旅游产业发展总体规划，组织全省旅游整体宣传促销，综合协调全省旅游基础设施配套建设、旅游环境综合治理、区域旅游资源联合开发和国际、国内大型旅游节庆活动等重大问题；监督检查全省旅游产业发展总体规划、产业政策、法律法规、目标责任制和重大决策的贯彻落实情况；组织行政执法部门依据国家和省有关旅游产业发展的法律、法规及旅游产业发展中涉及的建设、交通、工商、公安、质监、物价、文化等方面的法律、法规进行综合执法，查处违法行为，整顿旅游市场秩序；搞好旅游产业行业管理和重点旅游企业、旅游项目的指导服务，组织实施旅游人力资源开发和旅游人才培养。

二、加强旅游产业发展目标管理

按照《中共四川省委、四川省人民政府关于加快培育旅游支柱产业建设旅游经济强省的决定》（川委发〔2000〕48 号）提出的我省加快旅游产业发展的总体目标，分解确定旅游产业年度发展目标，建立健全旅游产业发展目标责任制。由省旅游局会同省政府督办室加强督促检查，严格考核和奖惩，确保旅游产业发展各项目标落到实处。

省旅游产业发展领导小组成员名单

组　长：张中伟　省委副书记、省长

副组长：蒋巨峰　省委副书记、副省长

　　　　王怀臣　副省长

成　员（略）

2003 年 6 月 18 日

四川省人民政府
关于加强旅游景区建设和管理提升我省旅游整体形象的通知

川府发〔2000〕25号

各市、州人民政府，省级有关部门：

我省是旅游资源大省，拥有举世闻名的九寨沟、黄龙、峨眉山—乐山大佛、青城山—都江堰等国家重点风景名胜区和世界自然文化遗产，大熊猫、三星堆古遗址、亚丁香格里拉、泸沽湖民族风情等，对国内外游客都具有极大的吸引力。景区景点是发展旅游业的重要载体，必须在加快景区景点基础设施和旅游服务设施等硬件建设的同时，进一步加强管理，增强服务意识，不断提高旅游从业人员素质和服务水平，树立四川旅游的良好品牌，提升我省旅游的整体形象。当前，我省景区景点旅游服务设施不配套、景区景点管理不能适应景区保护和旅游发展需要等问题还比较突出。为认真落实朱总理最近来川视察对我省旅游工作的重要指示和省委主要领导近来对景区管理所作的一系列重要批示精神，尽快改善我省旅游环境，现就有关问题通知如下。

一、提高认识、转变观念、狠抓落实

朱总理最近来川视察时强调指出：四川要大力发展旅游产业，这样才能实现少数民族地区和全省的经济结构调整。各地、各有关部门一定要按照朱总理的指示和省委主要领导近来对景区管理所作的一系列重要批示精神，进一步统一思想，提高认识，认真贯彻《国务院关于进一步加快发展旅游业的通知》和《中共四川省委、四川省人民政府关于加快培育旅游支柱产业建设旅游经济强省的决定》，充分发挥我省丰富的自然、文化资源优势，保护旅游资源的可持续利用，加快旅游业的发展；同时，牢固树立以游客为中心的服务意识，针对当前全省旅游景区景点存在的问题，制定切实可行的措施，狠抓落实，尽快见效，切实改善旅游软件环境。

二、高水平做好规划，加快旅游景区景点建设步伐

全省各旅游景区景点要在当地政府的统一领导下，结合景观资源特色，严格按照全省旅游发展规划、景区总体规划和《全国生态环境保护纲要》的要求，加快景区景点建设步伐，加大景区开发建设和招商力度。全省国家级和省重点景区必须在今年“十一”旅游黄金周以前，初步完善配套景区景点各类旅游服务设施。从本通知下发之日起，各景区景点都要开展大规模的环境综合整治，尽快解决好景区景点环境脏、乱、差的问题。

三、加快景区管理和旅游从业人员队伍建设，不断提高管理水平和服务质量

各景区景点要通过聘请高素质的专业管理人才，充实景区管理干部队伍；加强对景区管理人员的业务培训，提高其业务素质和管理水平。要严格执行导游和景区讲解员持证上岗制度，通过培训不断提高其专业知识和讲解技能，使其做到敬岗爱业、科学讲解，积极宣传景区景点和当地社会经济发展及环境保护与建设所取得的成就，引导游客科学全面地认识景区景点的自然文化价值。对不

能适应的景区管理和导游、讲解的人员，必须坚决予以辞退或调换工作岗位。

四、着力解决景区景点旅游服务和接待工作中的热点、难点问题

景区景点旅游接待服务区建设要符合环境影响评价“三同时”（防污设施要与项目主体建设同时设计、同时施工、同时投入使用）的要求，严格执行国务院《建设项目环境保护管理条例》，认真学习、借鉴峨眉山景区建设和管理经验，结合旅游景区环境整治工作，绿化、美化、净化周边环境，切实解决好排污、卫生、噪音等问题。加快景区景点和旅游沿线的旅游厕所建设，各景区景点和旅游沿线要根据游客量配套相适应的旅游厕所，做到合理布局，认真解决好旅游厕所的卫生问题，国家级和省级重点景区要在9月底以前彻底消灭不卫生旱厕，建成一批高质量的旅游卫生厕所，同时建立健全旅游厕所的全日制保洁制度，切实改善旅游厕所卫生。加快景区内交通、通讯等基础设施建设，改善景区内的交通、通讯和游览条件，增设景区内的停车场所和游人休息服务设施，设立标准、科学、美观的标识、标牌，使景区内的服务设施在“十一”旅游黄金周前有一个根本的改观。

五、大力开展旅游市场整顿，切实加强旅游安全管理

在地方政府的统一领导下，工商、物价、公安、卫生、旅游、交通、质量技术监督、环保等部门要密切配合，按照省委、省政府的统一部署，深入开展旅游市场秩序整顿工作，不断加大整治力度，坚决查处景区内无证照经营、宰客、强买强卖、假冒伪劣、提供不合格产品等各种扰乱旅游市场秩序的违法行为。牢固树立“没有安全就没有旅游”的思想，不断强化旅游安全管理。交通、公安、旅游、质量技术监督部门要对景区道路中的危险路段和事故多发点进行认真排查和整改，对旅游企业、车辆和宾馆、饭店、娱乐场所等场所的安全进行认真检查，帮助企业建立健全安全责任制，全面落实各项安全防范措施，对存在重大安全隐患的，该停业整顿坚决停业整顿，限期整改仍不合格的坚决关闭或取消经营资格。建设、质量技术监督部门要加强对景区电梯、索道、游艺机和游乐设施的安全检查和监督管理，未经安全检查许可的特种设备一律不准投入运行，对破坏环境、有碍观瞻和存在重大安全隐患的设施必须立即拆除。卫生、环保部门要切实加强对宾馆、饭店等的卫生监督管理和景区环境质量监控，加大执法力度，对存在问题的，必须限期整改，整改后仍达不到要求的坚决予以关闭。

六、切实做好景区周边及旅游沿线的规划建设，绿化、美化旅游沿线环境

地方各级政府和建设、国土、林业、环保等部门要协同配合，共同做好景区景点外围和周边地区、旅游沿线的村镇、居民点建设规划，搞好旅游沿线的绿化、美化和退耕还林工程，关闭严重污染环境的“五小”企业，净化旅游环境。各地、各有关部门要结合新景区景点的开发，不断扩大景区景点的游客容量；根据全省旅游发展总体规划和风景名胜体系规划，制定好景区景点的总体规划，按景区景点环境容量制定科学的最佳游客接待量和游览线路，并采取各种有力措施严格执行。

七、率先建设好两条“旅游精品线路”

在省旅游产业发展领导小组的统一领导下，由当地政府主导实施，省级有关部门各司其职、密切配合，率先建设好九寨沟—黄龙、峨眉山—乐山大佛两条精品旅游线路，带动全省旅游精品线路

的建设和旅游形象的提升。近期工作重点是：保证沿线道路安全畅通，建成安全畅通工程；提升旅游景区综合水平，方便游客；完善旅游设施建设，服务好游客；规范旅游从业人员行为，提高服务质量。

八、加强领导，落实责任

今年，省政府将把景区管理和建设工作纳入省政府对市、州政府的目标考核。各市、州政府一定要加强对旅游景区的领导，认真查找问题，制定整改措施，加强内部管理，建立健全各种责任制，狠抓落实。景区管理和建设的考核，不仅要考核景区旅游收入和接待人数，更重要的是考核景区的有效管理、保护和对游客服务。各地的整改措施、落实情况要及时上报省政府目标办。对因工作不力、整改不及时、措施不落实造成群众反映强烈、严重影响我省旅游形象的景区景点，不仅要追究景区景点负责人的责任，还要追究有关市、州政府负责人的领导责任。

各地、各有关部门要认真按照本通知精神，在9月底以前完成各项整改工作。省政府将适时派出工作组对重点地区进行检查，并在今年“十一”旅游黄金周后进行总结、表彰。

2000年1月1日

四川省人民政府
关于加强旅游市场管理的实施意见

川府发〔2002〕10号

各市、州人民政府，省级各部门：

为实现省委、省政府提出的培育旅游支柱产业、建设旅游经济强省的目标，进一步深化改革，扩大开放，充分发挥旅游业在加快发展现代服务业中的龙头作用，规范旅游市场秩序，提高旅游服务质量，实现旅游市场管理的规范化、制度化和法制化，提升我省旅游业整体形象和综合竞争力，特制定本实施意见，请各地、各部门认真贯彻执行。

一、加强旅游市场管理的指导思想和目标

建立旅游市场长效管理机制，旨在遵循旅游市场运行规律，实现我省政府部门、旅游景区景点、旅游企业三个层面的良性互动，建立规范的旅游市场秩序，创造良好的发展环境，着力提高服务质量，树立旅游业的良好形象，提高四川旅游业的市场竞争力。

树立大旅游、大产业、大市场的发展观念。要正确处理好规范管理与深化改革、加快发展的关系，充分认识规范管理是为了更好发展，谋求发展必须抓好规范管理。通过对全省旅游市场有效的、

经常性的规范与监管，形成全面开放、管理规范、运作有序的良性发展局面。

加强旅游法制建设。立足长远，立足根本，严格执行已出台的法律法规。同时根据我省旅游市场的实际，及时制定适应新形势的相关法规、规章及政策措施，为旅游业的发展提供法制保障。

建立健全目标责任制。以实现全省旅游市场规范有序为目标，建立健全各级政府及部门的目标责任制，做到职责明确到部门、责任落实到人头，确保各项工作落到实处。

通过建立健全旅游市场管理机制，促进全省旅游软环境建设取得明显成效，旅游市场秩序得到根本整治，旅游服务质量稳步提高，旅游投诉率大幅度降低，品牌形象大大改善。

二、建立健全旅游市场综合治理工作体系

（一）各级政府是当地旅游市场监督管理的第一责任人，其职责是组织制定当地规范旅游市场的工作方案，并将其纳入本级政府的目标管理体系，明确相关部门和负责人的工作责任，加强检查督促，确保落实到位。

（二）各级政府要责成所属工商、公安、交通、文化、卫生、劳动保障、林业、质监、物价、环保、宗教、消防等部门根据当地旅游市场规范管理方案和部门职责，形成部门工作方案，经当地旅游部门汇总报当地政府同意后，按方案抓好落实。

（三）各级政府旅游行政管理部门的责任是监督旅游市场质量，代表本级政府对旅游市场质量和相关部门规范旅游市场的工作进行监督和整改，做好协调和信息交流，及时将旅游市场重大情况向当地政府报告，向相关部门通报，严格规范旅游企业的经营行为，加强对旅游企业和从业人员的管理与服务。

三、建立健全旅游市场执法体系

（一）旅游执法体系按照职能由政府相关部门、旅游执法部门组成。政府部门要按照各自的分工和职能，实施联合执法机制，具体工作中按照“统一指挥，多头受理，分别处理，协同配合”的原则，分别进行执法和投诉受理。要完善旅游市场联席会议制度，定期不定期召开联席会议，分析旅游市场情况，通报部门执法情况，针对执法中出现的问题提出解决办法。

各级旅游执法队（旅游质监所）是旅游投诉咨询的主要受理部门。要加快旅游执法队伍建设，理顺管理体制，进行合理布局，充实执法力量，重点旅游地区和重点线路要有专门的旅游执法队伍，切实保证执法队伍建设，做到人员、场地、经费三落实。

（二）旅游执法队伍要建立健全值班制度，保证全省旅游咨询投诉受理电话（96927）全天候畅通，积极发展利用网络的投诉受理系统，全天候受理旅投诉，完善旅游投诉案件的受理、登记（移交）、结案制度，完善旅游投诉定期分析和执法检查的统计制度。

（三）工商、物价等部门应充分发挥投诉受理机制的作用，主动加强与旅游执法部门的工作联系，积极受理、协调解决旅游投诉事项，切实保护旅游消费者的合法权益。

（四）加大市场检查执法力度，加强暗查暗访工作。执法部门和执法队伍要增加市场检查和执法的工作密度。坚持日常检查与集中检查相结合，以日常检查为主。要加大日常检查的频率，特别是要组织好对旅游市场的暗查暗访工作，并建立相应的工作制度。每年在假日黄金周前要组织集中检查，防止重大问题的发生。

四、建立健全社会监督体系

（一）实行旅游公告制度。省级旅游行政主管部门要将全省的中国优秀旅游城市的评定和复核、旅游景区分等定级的评定和复核、旅游星级饭店的评比和复核、旅行社的年检等工作，以及旅游企业及从业人员的质量纪录向社会公告，接受社会监督。对严重违规的企业和从业人员给予终止或一定时期内禁入旅游市场的处罚，并公开曝光，形成震慑力。

（二）社会监督员监督。由各级政府旅游行政管理部门分别聘请热心旅游事业、有一定专长、具有一定代表性的社会各界人士担任监督员，建立社会监督员工作制度。其主要内容有：

监督员要体现代表性，包括人大代表、政协委员在内的不同行业的人员组成，扩大覆盖面；全省社会监督员由省旅游局统一颁发标志，监督员可以到全省所有景区、旅游企业进行服务质量调查巡访，旅游景区、旅游企业和从业人员不得拒绝；制定社会监督员管理办法，包括监督规程、监督办法、任期制度、监督程序以及权利义务等以及监督结果报告制度。

（三）游客监督。由旅行社不定期在旅游者中对旅游质量进行随机抽样调查。各级政府旅游行政管理部门要确定旅行社随机抽样调查的游客在全年接待总数中的比例，并制定相应的调查表进行质量统计和汇总分析。

（四）旅游企业举报监督。鼓励企业为净化旅游市场和企业自身发展揭露举报旅游市场中的各种违规行为，对举报者保密。

（五）新闻舆论监督。有关新闻媒体要开办旅游专栏或专题节目，提供咨询服务，引导消费，培育市场。组织记者进行旅游市场情况调查，加强正面宣传报道，特别是对好的典型要加大宣传力度，树立好的形象。对旅游市场的违规行为要及时披露，并选择典型案例进行曝光。

（六）网上监督。建立旅游质量监督网站或网页，广泛接受社会各界对旅游质量的监督。网上监督提出的问题，由省旅游局指定具体承办部门受理并迳复投诉者。

五、全面优化旅游环境

突出抓好旅游市场的重点问题。对旅游市场当前和今后存在的重点问题，各级政府及相关部门要下决心，标本兼治，综合治理，常抓不懈，近期务必抓出成效，把我省旅游事业推上一个新水平，创造最好的旅游环境。

（一）加强对驾驶、导游人员的管理。驾、导人员的服务水平和业务素质是我省旅游形象的窗口，要进一步严格对驾、导人员的管理，加强职业道德教育，提高人员素质，建立健全各项规章制度，强化规范化、制度化运作。坚决扫除为个人私利而损害游客利益，败坏四川形象的一切不良行为。交通、公安、旅游等部门要按照各自的职责，加强领导，采取有力措施，杜绝目前驾、导人员存在的各种违规行为，树立四川旅游的良好形象。

（二）整治非法经营旅游业务。坚持取缔黑社、黑导、黑车，加大处罚力度，严厉打击非法经营等行为。由旅游部门牵头，工商、交通、公安等部门相互配合，狠抓落实。

（三）规范旅游购物市场秩序。严厉查处“质次价高”和以“诊病购药”“烧香拜佛”等为名骗取钱财的欺诈行为；按照有关规定规范购物行为，建立公开合法的佣金制度；取消旅游购物定点单位；结合旅游城镇和城市的建设，发展和完善旅游购物市场。由旅游、工商部门牵头，建设、卫生、物价、质监、宗教等部门相互配合，共同落实。

（四）强化旅游安全管理。没有安全就没有旅游，旅游安全重于泰山。与旅游安全相关的部门责任重大，必须警钟长鸣。旅游安全由安全生产部门牵头，建设、公安、交通、民航、铁路、旅游、林业、卫生、质监等部门各司其职，齐抓共管。要采取有力措施，坚决杜绝在旅游过程中重特大安全事故的发生。其中道路交通安全管理和道路运输管理，旅游车辆及驾驶人员管理是重点，由公安、交通部门牵头，旅游部门配合。

（五）整治旅游景区及周边环境，彻底改变脏乱差现象，为游客创造清洁、舒适、优美的旅游环境。由景区所在的政府负责整治、规划和建设。

（六）加强旅行社管理。重点是取缔各种名目的挂靠和承包门市部，规范旅游团队运作，强化散客市场管理，加强导游队伍建设，提高导游的业务水平和服务质量。由旅游部门牵头，工商、劳动保障部门配合。

（七）切实克服地方保护主义和部门保护主义，促进旅游市场的开放。各地不得对来本行政区域旅游的外地旅游团队附加限制条件；非经省人民政府批准，旅游景区景点和当地政府不得采取强制旅游团队换乘车辆、强制换用导游或讲解员等限制性措施；积极鼓励境外和省外旅游企业到我省各地进行合资合作或独资经营。

（八）规范景区旅游价格管理。景区门票价格调整时，物价部门在审批前要商省级旅游行政主管部门。旅游景区景点的门票由县级以上政府物价部门审核。旅游景区景点门票及其内部具有垄断性的观光车、索道、缆车票等，调价须实行听证制度，并实行3个月的准备期制。

省政府决定将各市、州政府整顿规范旅游市场工作纳入年度工作目标考核。各市、州每年要将整顿规范旅游市场工作情况进行总结，报省政府。省政府对目标任务的完成情况进行考核评比，并向全省通报。对成绩优秀的予以表彰和奖励。

2002年8月25日

四川省人民政府
关于加快四川旅游产业发展的实施意见

川府发〔2003〕19号

各市、州人民政府，省级各部门：

为认真贯彻落实党的十六大精神，按照省第八次党代会和省委八届二次全会关于旅游业要率先实现跨越式发展的要求，紧紧抓住未来5到10年旅游发展重要的战略机遇期，充分发挥我省旅游资源优势，打造旅游精品，促进旅游业在现有基础上更快更好地发展，尽快实现旅游资源大省向旅游经济强省转变，特提出如下实施意见。

一、加快旅游产业发展的思路和目标

（一）省委、省政府作出将旅游业作为支柱产业的决策以来，尤其是实施西部大开发战略以来，全省上下思想认识统一，工作力度加大，着力做大做强旅游业，取得了突破性进展。2002 年全省接待入境旅游者 66.72 万人次，比上年增长 16.1%；外汇收入 2 亿美元，增长 20.7%；旅游总收入 380.2 亿元人民币，比上年增长 21.1%。旅游外汇收入和旅游总收入增长速度分别高出全国平均增幅 6.1 和 10.4 个百分点，旅游总收入和增幅都位居西部地区首位，成为我省国民经济新的增长点，为带动第三产业快速发展，促进全省经济新跨越起到了较好的支撑作用。但是，我省旅游业的发展水平与发达省市区相比，与建成西部旅游经济强省的要求相比，还有较大差距。因此，必须积极行动，抓住机遇，与时俱进，开拓创新，以先进的经济思想和经营理念创新管理体制和经营机制，着力解决制约旅游产业发展的突出问题，进一步加快旅游产业发展，推动我省经济实现新跨越。

（二）加快旅游产业发展的总体思路。坚持政府主导、企业主体、市场化运作的原则，走可持续发展之路，保护与开发并重，以大开放促大发展，以经营城市促进历史文化名城和旅游城镇建设，围绕两条主线，打造五大精品，提升四大遗产，开发五大片区，建设一座名山，加快两个转变。即：围绕自然生态、历史文化两条主线，着力打造“中国第一山”、九寨沟与黄龙、三星堆与金沙遗址、大熊猫和都江堰—青城山五大精品；全面提升九寨沟、黄龙、乐山大佛—峨眉山、都江堰—青城山四大遗产地水准；重点开发好成都中心旅游区，大九寨国际旅游区，中国香格里拉生态旅游区川、陕旅游合作区和川、黔、渝旅游“金三角”五大片区；尽快将峨眉山建成中国第一名山；实现旅游形态由单一观光旅游向观光与休闲、度假、会议、会展等特色旅游转变，旅游市场由国内游为主向国内游与入境游并重转变，建成全国旅游经济强省。

（三）我省旅游产业加快发展的目标。提前实现《中共四川省委四川省人民政府关于加快培育旅游支柱产业建设旅游经济强省的决定》提出的支柱产业目标。到 2005 年，旅游总收入达到 590 亿元，相当于当年全省 GDP 的 10%，年均增长幅度在 20% 以上，力争达到 30%。到 2010 年，旅游总收入年均增长幅度达到 20%，相当于当年全省 GDP 的 15% 以上，建成全国旅游经济强省。

二、加快旅游产业发展的重点

（四）着力打造“中国第一山”。全面整合峨眉山、乐山大佛及其周边区域和城市的旅游资源，完善旅游基础服务设施，提升旅游景区档次，建成我国一流的国际旅游精品，世界重要的旅游目的地，实现乐山市旅游的“二次创业”，促进区域综合开发和经济社会发展。

（五）加快建设大九寨国际旅游区。以九寨沟、黄龙风景区为龙头，以整合阿坝州丰富的自然生态和历史文化资源为重点，建设大九寨国际旅游区。其范围包括：九寨沟、黄龙、神仙池、牟尼沟、丹云峡、若尔盖草原、九曲黄河第一湾、红军长征纪念碑园、九寨天堂、白河、勿角自然保护区、漳扎镇、川主寺镇等景区和小城镇。通过 2—3 年的努力，将大九寨国际旅游区建成四川连接世界的桥梁与窗口，最终形成集会议、观光、休闲、度假、运动探险等为一体的综合性国际旅游精品，成为我省入境旅游的标志性产品。近期要尽快整合九环沿线旅游资源，合理布局，形成特色，以满足九寨黄龙机场通航后游客“空中走”“地面游”的需要。同时，将九环线纳入全省生态环境建设、造林绿化规划优先实施，率先将九环线建成风景优美、环境一流的绿色走廊，形成新的旅游经济带。

（六）尽快将成都建成西部重要的中心旅游区。成都市要以经营城市的理念，高起点、高水平搞好城市规划，突出历史文化名城品牌，完善城市功能，形成独特风格，提升城市品位，建成最佳旅游城市。充分发挥成都特大型城市的聚集功能，以九环、成乐峨等黄金旅游线路为支撑，整合成都周边旅游资源，形成辐射力强、带动作用大的中心旅游区，力争在“十五”期末把成都建成观光、度假、商务、会展、都市旅游的重要目的地、西部地区旅游中心城市和四川旅游便捷的中转口岸。开发建设的重点是：

1. 进一步发展成都—眉山—乐山—峨眉山旅游带，加大对珍贵世界遗产资源的保护，着力提高品牌形象和知名度，进一步完善配套设施建设，力争将峨眉山建成“中国第一山”，成为集观光、度假、疗养为一体的旅游目的地。同时，加大三苏文化、沫若文化、长寿文化的深度发掘与整合，形成融佛教文化与历史文化、长寿文化为一体的成都—眉山—乐山自然与历史文化旅游带。

2. 加大都江堰水文化和青城山道教文化资源的深度发掘，切实做好珍贵资源的保护工作，高水平规划建设都江堰市，着力打造最佳旅游城市品牌，力争使其成为成都市观光、休闲、度假、购物的基地。

3. 进一步搞好卧龙大熊猫自然保护区和成都大熊猫繁育基地建设，在卧龙建设大熊猫野生放养观赏园。加大三星堆一金沙遗址和大熊猫栖息地世界遗产申报和开发的力度，实施精品建设工作方案，不断提升品牌形象；力争在2005年将三星堆、卧龙大熊猫自然保护区建成世界旅游精品。

4. 加大成都、德阳、绵阳、广元联合开发旅游的力度，形成以古蜀文化、三国文化为特色的成、德、绵、广文化旅游带。

5. 以成雅高速公路为轴线，整合石象湖、蒙顶山和碧峰峡旅游资源，建设旅游生态休闲度假区。

（七）整合区域旅游资源。实施旅游开放战略，按照区域联动、优势互补、资源共享的原则，加强与周边省市区的合作与互动，整合区域旅游资源，加快与西藏、云南联合开发“中国香格里拉生态旅游区”的进程，打造“康巴文化生态旅游区”；联手与贵州、重庆共同开发川、黔、渝旅游“金三角”，尽快建成佛宝—黄荆老林旅游区；加强与重庆的合作，主动做好安岳石刻扩展到重庆大足石刻世界文化遗产的申报协调工作；加大与陕西联合开发“川陕旅游合作区”的力度，形成新的区域旅游亮点。

（八）大力创建优秀旅游城市，加快地方特色旅游资源开发。各地要紧密结合经营城市积极开展创建优秀旅游城市活动，大力改善城市环境，不断完善城市功能，全面提升城市品牌和形象。宜宾、自贡和泸州市要以自然历史名胜为特色，联手重点培育蜀南竹海、五粮液博物馆、恐龙博物馆、盐业博物馆、长江第一湾等知名品牌，构建川南旅游发展合作区。南充、遂宁、广安、广元、巴中和达州等市要充分挖掘区域内丰富的历史文化资源，共同携手做好以“小平故里”为中心的将帅故里游、川陕革命根据地“红色文化游”、嘉陵江自然风光游、安岳石刻艺术之乡游和阆中古城游等大文章，办好巴人文化节和巴渠文化节。乐山和凉山要联合打造峨边黑竹沟一凉山美姑大风顶线路，努力形成川西南片区旅游的新亮点。凉山还要重点搞好西昌航天城的建设和邛海与泸沽湖的开发。

（九）搞好民族民间文化的开发。深度挖掘巴蜀文化、康巴文化、藏羌文化、彝族文化、摩梭文化内涵，把川剧、曲艺、武术、杂技、民族歌舞表演与文化旅游结合起来，把川菜、川酒、川茶文化与特色旅游结合起来，提高旅游活动的文化附加值。打造桃坪羌寨、道孚民居、丹巴藏寨碉楼、德格印经院、格萨尔王故里、彝族博物馆、藏羌族博物馆、九寨天堂藏羌文化保护区等旅游品牌。组织办好民间节庆活动，包装、推出具有浓郁四川民族民间特色、体现时代特色的优秀节目。省上重点抓好“南国冰雪节”“攀枝花国际长江漂流节”“凉山彝族国际火把节”“康定国际情歌节”“中国（四川）国际熊猫节”“少数民族艺术节”等已形成特色的固定节庆活动，进一步提升旅游的文化品位。

（十）加快旅游基础设施建设。公路交通要加快建设4大旅游环线：

九环线（北环线）：成都—广汉—绵阳—江油—平武—九寨沟/黄龙—松潘—茂县—都江堰—成都。该线重点加快环线主干线川主寺—黄龙—丹云峡—平武公路改造和川主寺—九寨沟县高等级公路改造。

西环线：成都—都江堰—卧龙—四姑娘山—丹巴—康定—海螺沟冰川—雅安—成都。该线重点加快都江堰—波川高速公路建设；卧龙—四姑娘山—夹金山—蜂桶寨—宝兴—雅安公路改建；康定—亚丁、乡城—得荣—太阳谷油路改造。

南环线：成都—峨眉/乐山—自贡—宜宾—泸州—内江—成都。该线重点加快乐山—宜宾高速公路建设和宜宾—长宁—江安公路改造。

东环线：成都—遂宁—南充—巴中—达州—广安—重庆—内江—成都。该线重点加快南充—广安—重庆高速公路建设；南充—达州—巴中—阆中—绵阳重点路段改造。

在近期内至“十五”期末，要构筑香格里拉旅游环线，加快稻城—日瓦—亚丁—泸沽湖公路建设；攀枝花—盐源—泸沽湖公路改设造；加快建设红原—瓦切—川主寺、小金—丹巴—塔公—康定—泸定—二郎山、宜宾—蜀南竹海、西昌—泸沽湖、广元—青川—平武等旅游干线公路，尽快建成省内旅游公路网络。同时，要充分发挥广元高速公路的作用，加快改造建设广元剑门关景区道路，精心打造三国遗踪旅游线，形成三国历史文化游快速通道。加快雅安—西昌高速公路建设的前期准备工作，力争早日开工；加快西昌—攀枝花高速公路建设进程，再造攀西阳光之旅。尽快规划建设通往川、黔、渝旅游“金三角”黄荆老林、佛宝森林公园等重要景区的公路，完善基础设施，形成新的旅游“亮点”。

水路重点发展成都—黄龙溪—仙女山—中岩寺—平羌江—峨眉山—乐山—成都水上黄金旅游线，形成新的特色旅游。

航空建设：进一步完善成都双流国际机场枢纽功能和设施，尽快完成成都双流机场航站区北指廊工程，为积极开辟成都至美国、欧洲等国际航线，缩短游客入川时间，创造一流的旅游环境。围绕重点旅游景区，积极培育航空市场，开辟新的旅游航空线路，充分发挥已建成和即将建成的9个支线机场的作用，形成干支合理的立体旅游航空网络，有效促进航空支线机场的建设、经营和发展。

购物设施建设：成都市要在城市建设和商业网点规划中，将旅游购物作为经营城市、完善城市配套功能的重点，在黄金旅游线路和市区建成1—2个大型旅游购物超市，聚集全川乃至全国的重点优势旅游商品和纪念品，满足游客购物的需求；各地要将旅游购物的设施建设纳入城市和景区建设的总体规划，从本地实际出发，建设特色鲜明的购物中心。

其他设施建设：旅游区的通信网络规划和建设要适当超前，逐步实现重点旅游区和旅游线路的有线、移动通信无盲区；加快完成重点旅游发展地区特别是三州农网改造，鼓励旅游宾馆、饭店及当地居民使用电力、太阳能、沼气等清洁能源；世界自然、文化遗产保护区和重点旅游景区景点要着手新能源项目的引进和基础设施建设，尽快解决燃煤、烧柴污染空气、环境等问题；重点旅游城市要规划建设一批旅游车观光停泊点。

（十一）搞好旅游发展规划。各地要按照科学规划、合理开发、永续利用的原则和《四川省旅游发展总体规划》的要求，按旅游产业综合要素编制旅游发展规划。旅游发展规划要与本地国民经济发展计划相协调，与建设、交通、林业、文化、宗教等相关专业规划有机结合。各地的旅游发展规划、旅游景区规划、跨区域旅游片区发展规划必须按规定程序报批后才能实施，凡没有批准规划的旅游项目，一律不得开发。同时，要加大对旅游资源和生态环境的保护，重点景区要逐步完善宣传教育设施，不断提高游客保护生态环境和文物的意识，实现旅游业可持续发展。九寨沟、黄龙、乐山大佛、峨眉山、青城山和都江堰等重点景区要按照国际惯例运作，在经营、管理、服务和生态环境保护等方面遵循国际标准，尽快实现与国际接轨，创造具有国际水准的景区环境，提供一流的服务，以适应旅游业日益国际化的需要。

（十二）大力搞好招商引资。进一步解放思想，将我省的旅游资源开发和景区经营性项目向国内外投资者开放，形成全社会办旅游、有实力的人办旅游的良性发展格局。着力搞好招商引资工作，策划、包装一批优势旅游项目，以项目为载体，吸引国内外知名的大企业、大财团参与我省旅游资源的综合开发。按照旅游资源所有权、管理权与项目特许经营权三权分离的原则，以特许、转让、承包等方式，依法对景区经营项目实行公开招投标，加快景区的开发与建设。创新我省旅游产业发展投融资体制，按市场化方式进行资本运作，筹集的资金主要用于我省旅游资源的保护、旅游基础设施配套建设、景区的开发建设等，在不增加各级政府财政负担的前提下，从根本上改变我省旅游业投入不足、低水平发展的格局，以适应快速发展的旅游市场的需求。

（十三）加大旅游宣传促销力度。各地的主要新闻媒体要将旅游宣传作为重要内容，精心策划，形成合力，共同营造发展旅游的良好舆论环境。大力拓展海外市场，针对不同的客源国市场，开展多种形式的宣传促销活动，每年在主要客源地组织1—2次富有实际效果的促销行动，并进一步开辟新兴的客源市场。鼓励大型旅行社在境外设立办事机构，发挥窗口作用，不断拓展海外客源市场。积极争取中央媒体、境外媒体加大对我省发展旅游业的新举措、新成效、新亮点的宣传，按市场化运作，以公开招标的方式选择确定知名媒体，对四川旅游的整体形象进行策划、包装和宣传，尽快开播四川旅游频道和栏目，滚动播出旅游节目。各地要在主要旅游城市规划、设置四川旅游公益广告宣传区。在各主要口岸（机场、车站、码头等）、交通主干线及城市出入口和重要的公共场所免费发布四川旅游公益形象广告，并纳入相关市政建设规划。

（十四）加快旅游产业信息化建设。推进“金旅工程”，构建四川统一、规范的信息技术平台，建好旅游信息数据库，组建四川旅游信息专业网络，并与各市、州及主要景区联网，网上发布旅游信息和开展网上服务。旅游、统计部门要适应旅游发展新形势，建立旅游产业发展统计监测体系，搞好旅游统计，为政府决策和社会需要提供数据信息。

（十五）努力培育有知名品牌和有较强核心竞争力的旅行社集团。鼓励支持民营、外资企业参股、控股国有旅行社，吸引国外知名旅行社到我省开办分文机构，参与我省国有旅行社的改组改造，切实推进产权多元化，力争在2004年年底前完成国有旅行社改制。按照国际标准、国家标准和行业标准，加强旅行社的建设与管理，进一步搞好对旅行社从业人员特别是导游的培训，全面提高人员素质和服务质量。

（十六）按国际惯例和国际标准兴办和管理旅游宾馆饭店，吸引国内外知名饭店集团参与我省旅游饭店的经营管理，加快我省旅游饭店集团化和与国际接轨的进程，提高服务质量和参与国际竞争的能力。鼓励旅游运输企业按照国家有关要求，积极与其他运输企业和旅行社车队等进行资产重组，组建上规模、上档次的企业集团。

（十七）进一步加大对具有四川深厚文化底蕴和代表各民族特色的旅游商品的开发与创新力度，不断提升四川旅游商品的知名度，扩大市场份额。重点搞好蜀绣、根雕、竹编、民族服饰、旅游食品和文物仿制品等一批特色旅游商品的深度开发，九寨沟、三星堆、大熊猫等重点景区要集中人力、物力在今年内研发出代表景区特色的旅游商品和纪念品，力争通过3—5年的努力，形成一批游客喜爱的旅游商品和纪念品，做大做强一批旅游商品生产与销售企业，提高旅游商品销售收入在旅游总收入中的比重。

三、加快旅游发展的保障措施

（十八）调整充实省旅游产业发展领导小组，加强旅游行政管理部门对全省旅游产业发展的综合协调、监督检查、行政执法、行业管理和指导服务的职能。各地要进一步理顺关系，调整充实旅游行政管理部门的职能，切实加强旅游产业发展工作的领导。省级有关部门要加强协调配合，发挥各自职能作用，支持旅游产业做大做强。

（十九）从有利于景区景点的发展和对整个旅游业的带动出发，对景区管理体制进行必要的改革。规模较大、有条件的风景名胜旅游区，按照机构精简、人员精干的原则，设置必需的政府管理机构。没有设立政府管理机构的旅游景区，应尽快建立，以加强对景区实行统一的领导与管理。

（二十）由省减负办牵头，省财政厅、省旅游局、省物价局参加，对全省宾馆饭店业、旅游运输企业、旅游生产企业的行政事业收费项目进行一次全面清理并公布收费项目和标准。除国家和省确定的收费项目外，该取消的取消，该降低标准的降低标准，坚决杜绝重复收费和乱收费。允许旅游运输企业实行淡季报停制，免收有关费用，具体办法由省交通厅会同省财政厅、省旅游局研究制定。对旅游运输企业的安全检查要减少环节，尽量方便旅游运输企业。对省确定的重点旅游开发区，在严格执行总体规划和土地利用规划的前提下，由当地政府向省政府申报土地使用规划。在不违背国家有关政策法规的前提下，对符合批准规划的旅游项目，可由当地政府委托旅游部门或公开招标组织开发建设。

（二十一）加大对宣传促销的支持力度，对旅行社使用贷款进行宣传促销成效明显的，各级政府有重点地适当给予贴息支持。对旅游企业创汇收入达到一定规模的，政府给予奖励。省属旅行社、旅游企业的贷款贴息及创汇奖励可在省旅游发展资金中安排。

（二十二）充分利用我省教育资源，整合各高等院校旅游专业和旅游学校的资源，加大培养中高级旅游经营管理人才、涉外人才和熟练技工的力度，不断提高教学质量和办学水平。各级有关部门应安排专项经费，有计划的选送部分优秀年轻干部到高校、旅游强省或国外旅游机构进行深造，积极创办四川旅游大学，促进我省旅游人力资源开发和旅游人才培养。

（二十三）以成都为中心，成都—乐山—峨眉山和成都—九寨沟—黄龙两条精品线为重点，继续开展旅游市场的专项整治，着力解决我省旅游市场存在的非法经营旅行社业务，承包、转让旅行社经营权；驾导人员私拿回扣索要小费，欺骗、强迫旅客购物和“宰客”；景区脏乱差，服务质量不高；旅游行业不正当竞争等突出问题，为旅游业的健康发展创造公开、公正、公平的市场环境。

（二十四）建立旅游产业发展激励机制，激励旅游企业做大做强，鼓励新闻媒体宣传报道四川旅游，促进旅游业发展。

（二十五）由省旅游局会同省政府督办室加强督促检查，抓好本实施意见的贯彻落实。

2003年6月17日

四川省人民政府
关于加快我省入境旅游发展的意见

川府发〔2005〕20号

各市（州）人民政府，省级各部门：

为深入贯彻“三个代表”重要思想，全面落实党的十六大和十六届三中、四中全会精神，树立和落实科学发展观，深入推进“三个转变”，进一步优化旅游产业结构，实现旅游增长方式的根本转变，促进旅游业全面协调可持续发展，现对加快我省入境旅游发展提出以下意见。

一、充分认识加快入境旅游发展的重要意义

入境旅游作为旅游业的重要组成部分，是衡量一个地区旅游综合发展水平的重要指标，是增加外汇收入，解决就业问题的有效途径，也是扩大对外开放，促进民间交流和社会经济文化发展的重要手段。近年来，我省入境旅游呈现良好的发展势头，2004年全省接待入境旅游人数达96.62万人次，实现旅游外汇收入2.89亿美元，分别比2000年增长109%和137%。入境旅游人数和旅游外汇收入在全国排位也由2000年的第14位和第16位跃升到第11位和第14位，为全省旅游业持续快速健康发展发挥了重要作用。

但是我们也要清醒地看到，在全省旅游业快速发展的同时当前我省旅游产业发展水平与旅游发达省市尚存在较大差距，特别是入境旅游发展水平还很低。主要表现在：2004年我省入境旅游收入与国内旅游收入比为1∶22.6，入境旅游者在川人均停留天数为1.8天，人均天花费仅165美元，2004年全国入境旅游收入占旅游总收入的比重为31%，而四川这一比重仅为4%，远远低于国际和国内发达地区水平。旅游配套设施建设不完善，旅游服务质量不高，与我省富集的高品位旅游资源不相称，难以适应国际旅游发展的需要。因此，各地、各部门要充分认识加快入境旅游发展的重要性，把促进入境旅游发展作为加快旅游资源优势向旅游经济优势转变的一项重要工作来抓，不断增强责任感和使命感，制订有效措施，大力支持旅游发展，扎扎实实抓出成效。

二、加快入境旅游发展的总体要求和发展目标

（一）总体要求。以邓小平理论和“三个代表”重要思想为指导，树立和落实科学发展观，深入推进“三个转变”，坚持政府主导、企业主体、市场化运作的原则，以资源为基础、市场为导向、效益为中心，瞄准国际先进标准，全面提高旅游经济运行质量，努力改善旅游基础设施条件，加快产品建设和体制创新，加强宣传促销工作，营造入境旅游发展的良好环境，切实推进旅游经济强省建设。

（二）发展目标。到2010年，全省入境旅游的发展目标是：成为中国和亚洲入境旅游的重要目的地，建成一批具有国际竞争优势的旅游精品，形成配套完善的旅游基础设施，全面提升国际旅游服务水平；入境游客人数和旅游创汇收入分别进入全国前8强，入境游客人数达到200万人次，年

均增幅达到15%，旅游外汇收入超过10亿美元，年均增幅达到28%。

三、加快入境旅游发展的工作措施

（一）实施入境旅游目标责任制

各市（州）人民政府和省级有关部门要把促进入境旅游发展作为扩大对外开放，推进“三个转变”，促进经济社会全面协调发展的重要工作来抓，切实加强对入境旅游工作的领导。省旅游产业发展领导小组根据全省入境旅游发展总体目标每年召开入境旅游工作会议，研究解决入境旅游发展的问题，并结合各地发展入境旅游的基础、条件及潜力，每年向各市（州）下达入境接待人数和旅游创汇指标，于次年年初对目标进行考核。各市（州）要认真研究，将入境旅游主要指标分解下达到重点县（市、区）和有关部门，形成省、市（州）、县多层责任主体结构，确保入境旅游发展目标的全面落实。

（二）全力打造国际化旅游产品

1. 打造特色突出、具有国际竞争力的旅游精品。五大精品旅游区所在地的市（州）人民政府和有关部门要认真贯彻落实《五大旅游区建设规划》《五大旅游区建设试行标准》，按照高标准、高水平、高质量和国际化的要求，重点加快建设“中国第一山”国际旅游区、大九寨国际旅游区、卧龙中华大熊猫生态旅游区、三星堆古遗址文化旅游区、青城山—都江堰旅游区。同时要抓紧四川香格里拉生态旅游区、川南旅游区、成都国际旅游城市的建设，逐步形成一批成熟的、高品质的世界级旅游精品。

2. 开发多层次、多元化的国际旅游产品。根据不同客源市场需求，大力开发多层次和多元化的旅游产品，着力解决产品结构单一、文化内涵发掘不够等问题。文化、文物、民族、宗教和旅游部门要加强协调配合，积极促进旅游与文化的融合，充分挖掘四川历史文化和地域文化内涵，大力开发三国文化、古蜀历史文化和民族民俗文化旅游产品。商务、经贸、文化、体育、邮政等部门要充分发挥行业优势，大力发展会展旅游、商务旅游、体育旅游，积极申办国际性会议、大型博览会、体育赛事和文化文艺活动，推动四川对外开放，带动入境旅游发展。

（三）不断完善旅游服务配套设施

1. 建设旅游航空交通网络。便捷完善的航空旅游服务体系是入境旅游发展的重要基础条件。要加快成都双流机场第二跑道、九寨黄龙机场扩建和康定机场前期建设工作，形成以成都双流国际机场为门户枢纽，省内支线机场合理布局的旅游航空网络体系。不断拓展国际航线，增开支线航班，利用省内现有民航支线机场建立省内外重点景区间的“旅游空中巴士”。民航、旅游、机场和航空公司要加强协作，整合旅游资源，创新旅游机场经营管理模式和体制，加快航空旅游的发展。公安机关口岸签证部门在成都双流国际机场为外国旅游团队签发旅游签证；争取国家授予成都航空口岸台胞落地签注权。口岸和机场要完善服务设施，为游客提供快速便捷的无障碍中转服务；执法查验、服务保障部门要进一步强化“窗口行业”服务意识，简化游客出入境手续，使境外游客进出四川更为方便、周到、快捷。

2. 加快旅游城市建设。旅游城市是旅游目的地建设的重点。要深入开展创建中国优秀旅游城市活动，强化城市旅游功能，完善旅游城市配套服务设施，提高国际化水平。充分挖掘地域文化优势，着力打造特色旅游城镇和民俗风情街区。成都市作为我国西部旅游的口岸城市，要充分发挥区位优势，深入挖掘历史名城的文化内涵，加大旅游形象宣传力度，加快建设西部重要的中心旅游城市和国际知名旅游城市步伐。成都市、绵阳市、乐山市和省内重点景区依托的城市要设立适应各国游客餐饮习惯的餐厅，完善各类国际旅游接待设施。省内交通枢纽和主要口岸要广泛设置旅游形象宣传广告、形象标识，规范中外文用语。在成都双流国际机场设立大型旅游电子显示屏，航空公司、旅游客运公司和星级饭店要在航空班机、旅游汽车和酒店公共区域和客房内免费播放四川旅游形象宣传片，摆放四川旅游宣传品，大力宣传四川旅游形象，营造入境旅游良好的社会氛围。

3．提高旅游服务质量。旅游服务质量的提升是入境旅游发展的重要保障。要按照国际化、标准化的要求加快星级饭店的软硬件改造，满足入境游客的个性化服务需求。要建立高档次的旅游客运队伍，逐步推进旅游客车公司化经营，在现有具备旅游客运经营资格的企业采取服务质量招标的方式，选择服务管理水平高的旅游客运企业承担入境旅游客运，保证旅游客运服务质量。加快重点旅游景区和线路、旅游星级饭店的邮政服务网点建设，扩大旅游明信片、旅游邮票销售，方便游客邮寄旅游纪念品。抓紧完善五大旅游区、四川香格里拉生态旅游区、川南国际旅游区交通沿线和成都、绵阳、乐山等重点旅游城市的中英文旅游标识、标牌，合理配置治安、医疗、餐饮、环卫、通讯等服务设施。深入开展军警民共建安全文明旅游区活动。建立省、市（州）、县三级旅游安全救援指挥系统，由公安部门牵头，交通、卫生、工商、旅游、外事、保险公司等部门配合，联合组建“旅游安全紧急救援中心”，并与“110”“119”“120”“12315”和“96927”旅游投诉实行联动报警，组织指挥旅游安全救援工作。

（四）切实做好海外宣传促销

1．形成旅游对外宣传合力。各地要进一步完善旅游宣传促销工作体系，形成政府主导、企业主体、各方联合、市场化运作的宣传促销工作格局。外事、文化、商务、新闻、出版、体育、邮政、通信等部门要积极参与旅游宣传促销工作，把宣传四川旅游作为重要工作内容。图书发行集团要积极支持旅游宣传品的发行推广工作。要充分利用驻外使领馆、国家旅游局驻外办事处以及其他驻外机构等渠道积极争取支持，加强与海外旅行商、旅游企业和海外媒体及航空公司的沟通、交流与合作，采取切实可行的措施扩大对四川的宣传，加强对客源地旅游市场的宣传促销。同时要加强与香港旅游发展局成都办事处的合作，建立信息共享和定期交流工作机制，深度开发港澳台旅游市场。充分发挥各种非政府组织在旅游对外宣传中的积极作用，鼓励和引导旅游景区、旅行社、星级饭店、旅游运输企业主动开展宣传促销工作，积极参与全省宣传促销活动，加强与海外同业的交流合作。

2．构建旅游对外宣传网络。各级宣传部门要进一步做好入境旅游宣传工作的统筹协调，加强与中央主要媒体和海外主流媒体的交流合作，扩大四川旅游宣传的覆盖面，提高四川旅游的知名度。省内主要电视台、广播电台、报刊、互联网站要开辟旅游宣传专题、专栏、专版，大力宣传全省旅游发展情况，提升四川旅游整体形象。要充分利用国家组织的各种旅游对外宣传活动平台搞好四川旅游的对外宣传促销。

3．创新旅游宣传促销方式。在全面加强现有旅游宣传促销工作的同时，严格执行《四川省旅游信息化建设总体规划》，进一步加快旅游信息化建设进程。旅游、信息部门要密切配合，尽快在海外主要客源国分别设立英语、法语、德语、日语、韩语等四川旅游海外专题网站，提高入境旅游宣传促销的便捷度和影响力。要把加强旅游宣传促销与对外文化交流相结合，促进旅游与文化的紧密融合，增强旅游对外宣传的吸引力。要采取“走出去”“请进来”，开展大型旅游对外宣传活动等多种形式加大旅游对外宣传力度，提高宣传实效。旅游和统计部门要建立入境旅游信息调查制度，及时分析、了解和把握入境游客消费动态。

（五）培育壮大旅游市场主体

1. 深化旅行社行业改革。旅游、工商部门要严格国际旅行社的设立审批，依法规范旅游中介机构经营活动，停止审批并取消导游管理公司。大力推动国有旅行社的改制、改造，建立现代企业制度，健全公司法人治理结构，完善劳动、人事、分配制度。鼓励境内外知名旅游企业和民营企业通过设立、参股、控股、购并等多种途径进入我省旅行社行业，改善我省旅行社产权结构，促进旅行社经营主体多元化。

2. 扩大旅行社行业对外开放。加快建立中外合资国际旅行社的步伐，允许境外企业设立独资国际旅行社。整合现有旅行社资源，促进省内外、国内外旅行社的合作尤其是与主要客源地知名旅行社的合作，努力扩大海外市场份额。鼓励省内旅行社与境外有影响的旅游组织、旅行社、酒店等合作开展连锁业务，扩大境外旅行代理网络，支持有条件的企业直接在境外设立经营、办事机构。

3. 培育旅游龙头企业。加快引进国内外资金、技术、人才和先进管理经验，全面提升旅游产业素质，进一步推进我省旅游业的国际化进程。鼓励省内重点景区、旅行社、星级饭店、旅游运输公司、旅游商品开发企业实施关联性发展，支持有实力的景区、酒店和航空公司创办国际旅行社和其他旅游企业，开展多种旅游经营活动。设立专项发展资金，加大对重点旅游企业的金融支持力度，对重点旅游企业的贷款给予贴息扶持，力争在短时间内培育壮大一批在国内外有知名度、能够参与国际竞争的旅游集团。

（六）建立入境旅游政策激励机制

1. 实行旅游客运优惠政策。为切实减轻旅游运输企业的经营压力，加速提升全省旅游客运装备水平，促进入境旅游客运发展，允许旅游客车淡季报停；对新增和更新的高级旅游客车在 3 年内养路费、客运附加费和运管费按应征标准实行减半征收。

2. 实施入境旅游奖励政策。为充分调动各地和旅游企业的积极性，促进全省入境旅游的发展，各级建立的旅游发展专项资金应加大对入境旅游的扶持力度，对在入境旅游中作出突出贡献的市（州）及省级有关部门给予奖励。具体考核奖励办法由省政府另行制订。

（七）营造入境旅游发展的良好市场环境

1. 建立旅游价格协调机制。对旅游公路客运和景区景点等价格调整，物价部门要坚持执行听证制度，每年于11 月底前集中一次性调整，对入境游实行提前 3 个月公告制度。支线航空票价的调整应先由省级物价部门举行听证后报国家有关部门批准，按有关规定执行。航空公司在国家批准的支线航空机票价格浮动范围内作季节性调整时要实行 3 个月预告期，确保入境旅游组织活动的开展和入境旅游团队的正常运行。

2. 加强旅游经营活动监管。航空公司应当信守与国际旅行社的订票合同，采取有效措施，确保入境旅游团队、重要政务商务和会议的票务需求。要规范旅游机票销售行为，严禁将热点航线旅游机票委托独家代理、垄断销售，防止机票代理商囤积居奇，利用旅游旺季哄抬票价、加收手续费，牟取非法利益。旅游部门要加强对国际旅行社的合同管理，督促旅行社严格履行与境外旅行社的合同约定，落实团队运行计划，提供优质诚信服务。及时妥善处理旅游团队服务质量问题和投诉，切实维护旅游者的合法权益。

3. 加强旅游外语人才培训。整合旅游教育资源，全面落实人才兴旅战略，加强培养外语人才，提高从业人员素质。旅游部门要严把入口关，着重发展外语导游，加快推进导游等级管理，争取2年内完成所有导游人员的等级培训、考核和资格认证，提高中高级导游比例。鼓励国际旅行社和涉旅企业根据发展需要广泛引进旅游外语人才，建立稳定的、多语种的、专业化程度较高的外语人才队伍。

4. 强化联合执法力度。各地、各部门要按照旅游市场综合治理机制的要求认真履行管理职能，加强部门和区域联合执法，健全统一的旅游执法体系，创造良好的市场环境。深入开展打假打非，认真清理“黑社”“黑导”“黑店”“黑车”，坚决取缔无证无照非法经营活动；严肃查处旅行社以承包、挂靠等方式向门市部转让或变相转让经营权，不与聘用导游签订劳动合同，违规收取保证金，拒付、拖欠导游人员劳动报酬以及虚假宣传、低价恶性竞争等违规行为；坚决制止私授回扣，欺诈游客，损害旅游者合法权益的违规行为；严厉打击驾导人员违反团队运行计划擅自增减旅游项目、强制消费、降低服务标准以及强索小费、私拿回扣等违规行为；严禁强制地接，严肃查处各种形式的地方和部门保护主义。

5. 加强行业自律，推进诚信建设。各级旅游协会要充分发挥自管自律作用，针对旅行社在体制、管理、营销、法律等方面的热点问题组织好调研、咨询和培训工作，提高会员单位的管理、经营水平；建立行规行约，建立旅游企业信誉等级评估、公告体系和违规记录公示制度，完善旅行社诚信经营机制。旅游企业要建立健全自我教育、自我管理、自我约束的自律制度，积极开展诚信经营、诚信服务，推动企业科学化、法制化、诚信化发展。

各市（州）要按照本意见的要求并结合当地实际制定具体贯彻实施意见。

2005年8月26日

四川省旅游产业领导小组
关于重（特）大涉旅安全事故应急反应预案

川旅产领〔2004〕15号

安全是旅游者出游的基本条件，没有安全就没有旅游。为规范我省重（特）大涉旅安全事故应急处理工作，促进相关方面快速反应，采取急救措施，妥善处理善后，将事故损失降到最低程度，根据国家有关规定，结合我省旅游实际，制定本预案。

一、重（特）大涉旅安全事故的界定

（一）重大涉旅安全事故：在旅游活动过程中发生一次死亡（含失踪）3—9人、重伤10人以上；境外游客（港、澳、台）死亡（含失踪）1人以上、重伤3人以上的涉旅交通（含公路、航运、铁路、民

航、索道和其他道路）意外事故或直接经济损失50万元以上，100万元（不含100万元）以下的事故。

（二）重特大涉旅安全事故：在旅游活动过程中发生一次死亡10人以上或直接经济损失100万元以上的事故；一次造成游客60人以上的急性中毒事故；其他性质特别严重、产生重大影响的事故。

（三）特别重大涉旅安全事故：在旅游活动过程中发生一次死亡30人以上或直接经济损失500万元以上的事故；一次造成游客100人以上的急性中毒事故；其他性质特别严重、产生特别重大影响的涉旅安全事故。

二、应急反应原则

重（特）大涉旅安全事故应急反应工作要按照快速、高效、有序、务实和有利于减轻旅游者等受害人及单位的损失、减轻对四川旅游形象的损害和有利于社会稳定的原则，在省委、省政府的统一领导下，各有关部门各负其责，密切配合，妥善处理。

三、报告制度

（一）发生重（特）大涉旅安全事故，当事人（指游客、接待旅游者的饭店或景区工作人员、司机、旅行社导游等）或目击者以最快速度就近向“110”“119”“120”和本单位、有关部门报案，单位负责人接到重（特）大伤亡事故报告后，应立即按规定报告安全生产监督管理部门、公安机关、工会、行业主管部门。行业主管部门和安全生产监督管理部门接到伤亡事故报告后，应立即按系统逐级上报。重（特）大涉旅安全事故除向本级人民政府报告外，还应按规定报至省人民政府和国务院安全生产监督管理部门、省监察厅、有关行业主管部门。

（二）发生特大事故或死亡情况不清的社会影响严重的涉旅安全事故，市（州）政府和有关部门应在事故发生的6小时内分别以事故快报传真上报省政府、省安全生产监督管理局、省监察厅、省级有关行业主管部门。

（三）重（特）大涉旅安全事故快报的内容应包括事故发生的时间、地点、类别、伤亡情况、简要经过、损失程度、事故报告单位和初步原因分析。

四、救援工作

（一）事故发生地有关部门和医疗机构接到报案后要立即携带相关设备和器械赶赴现场施救，将伤员迅速送往就近医院治疗，根据伤情需要，重伤员在经医院紧急处置并同意后，可转送医疗条件较好的医院抢救。对于重伤员的抢救，要把救治责任落实到人，尽最大努力救治伤员。

（二）按照分级管理、分级负责的原则，政府领导和有关部门负责人，接到事故报告后须立即赶赴事故现场，按安全事故抢险预案的规定，组织领导事故的抢救、善后工作。

1. 发生重大涉旅安全事故，事故所在地的县级政府主要领导、分管领导、有关部门负责人应立即赶赴现场；市（州）政府分管领导和市（州）有关部门在接到报告后，应立即赶赴现场。

市（州）政府应成立事故处理领导小组，分管领导任组长，并设立工作组，迅速开展事故抢险施救、调查取证和善后工作。

2. 发生重特大涉旅安全事故，除当地市（州）、县级政府主要领导和有关部门主要领导应立即赶赴事故现场外，在接到事故报告后，省安全生产监督管理局、省有关部门负责人应立即赶赴事故现场，成立事故处理领导小组，领导小组办公室设在事故责任单位的省级主管部门。

3. 发生特别重大涉旅安全事故和性质特别恶劣、社会影响特别大的涉旅安全事故，省政府分管领导、分管秘书长和省安全生产监督管理局、省级有关部门主要负责人应立即赶赴事故现场。

4. 特殊情况，按省政府主要领导批示办理。

5. 事故抢救和善后处理费用垫付原则：

(1) 团队、散客乘坐交通工具（铁路、民航、船舶、车辆、索道等）发生事故，承运方要积极参与并垫付善后处理费用；

(2) 在景区、饭店、餐馆发生事故，景区、饭店、餐馆方要积极参与并垫付善后处理费用；

(3) 发生的其他事故由客源组织方先行垫付。

以上各项费用待事故责任确定后，按规定由相关责任方承担。

五、宣传报道

事故发生后，在市（州）或省事故处理领导小组的领导下，由市（州）委宣传部及政府新闻办或省委宣传部及省政府新闻办负责对外宣传报道组织工作，宣传报道工作应把握以下原则：

（一）及时、全面掌握事故处理动态、事故原因等信息；

（二）根据需求，草拟新闻通稿或接受采访，向外发布信息、统一口径；

（三）根据情况提出是否召开新闻发布会的意见，经指挥部或领导小组同意后组织实施；

（四）坚持正面报道为主，努力挽回影响。

六、善后工作

（一）事故发生地市（州）相关管理部门（如交警、消防、公安、法院等）应迅速开展事故调查，及时作出事故鉴定，为游客出具相关证明，并督导相关方面按法定标准进行赔付。

（二）客源组织方（散客由车方或景区、饭店，团队由旅行社）负责与组团社及游客家属联系，做好伤者医疗护理和相关家属的接待工作，以及死者遗体的运送或火化、保险理赔的牵头组织工作。

死者遗体一般就地火化。伤病员视病情经医院同意及家属或本人提出要求可送回居住地治疗，行前必须办好交接手续。

（三）省公安出入境管理部门、铁路、民航、边检、海关、口岸国际救援部门应为海外伤病员离川提供方便。

七、相关部门职责

涉旅安全工作重在防范。各级政府及公安（含治安、消防、交警）、卫生（防疫）、交通（运管、道路）、劳动、质监、铁路、民航、安监、国家安全等安全管理部门和各级监察、旅游管理部门，必须完善相关安全规定，加强教育，按管理范围及权限，敦促各相关企事业单位牢固树立“安全第一，预防为主”的思想，制定和完善各项安全制度，强化安全意识，采取切实可行的措施，落实安全生产和服务责任制，认真做到思想到位、部署到位、宣传到位、落实到位。

安全生产监督管理部门：指导、监督、协调有关部门对景区、机场、车站、码头、道路、铁路、民航、航运等单位和场所安全生产状况的管理、监督检查以及对从事安全生产管理人员的资质培训工作；调查处理涉旅安全责任事故。

交警部门：依法严格查处各类道路交通安全违法行为；严格驾驶员考试、审验和机动车检测工作；接到重（特）大涉旅道路交通事故报警后，迅速赶赴现场，并对现场进行勘验、检查、收集证据，及时制作交通事故认定书，依法对事故责任进行处罚负责。

消防部门：负责依法对饭店、宾馆等旅游设施消防安全情况进行消防监督检查，督导进行消防问题整改，强化消防措施，查处火灾事故。

交通部门：负责公路建设和养护，在危险路段设置安全防护设施和安全警示，防止出现重大垮塌、飞石等事故；负责车辆、船舶营运管理，确定旅游客运资质标准，审批旅游客运资格，敦促旅游车船公司（队）不得挂靠车辆、船舶，纠正旅游客运违章经营行为。

卫生防疫部门：依据国家的相关法律法规对旅游宾馆饭店、“农家乐”、餐厅等旅游设施的卫生进行检查和监督，督导进行卫生问题整改。组织对伤病员进行救治。

劳动部门：负责制定安全生产保护规范并检查、落实。

质量技术监督部门：负责按照相关国家法规标准对景区索道、缆车大型游乐设施及星级饭店电梯、锅炉、压力容器等相关特种设备进行检查、验收，督导这些设备隐患的整改。

建设、文化（文物）、水利、林业、宗教部门：负责各自管辖的自然和文化景区内安全整治工作，督导安全设施设备及安全规章制度的建立和完善，植树造林，防止发生自然灾害和人为事故。

铁路、民航部门：负责做好铁路、航空安全；负责为处置重（特）大事故处理提供方便。

外事、侨务、台湾事务等部门：负责牵头协调处理相关海外客人（台胞）事故善后处理的相关事宜。

工商行政管理部门：做好旅行社及其分支机构经营主体资格的审核工作，并监督其合法经营，查处违规行为。负责旅行社门市部市场管理工作。

旅游管理部门：督促旅行社制订《安全事故应急反应预案》、负责管理、监督旅行社制定符合安全规范的团队运行计划，监督旅行社租用具备旅游营运资质的汽车、船舶并与法人签订书面运输合同，导游在带团过程中不能擅自增加参观点或购物点致使驾驶员赶路而造成安全隐患，要提醒驾驶员注意休息并安全行车；负责将消防安全、卫生合格达标作为星级饭店评定和复核的重要内容。

监察部门：对各级政府和政府部门及其工作人员履行安全监督管理职责实施监查；督促有关地方政府和职能部门积极施救，处理善后和公正认定事故性质；对责任单位和责任人在重（特）大事故中应承担的领导、监督和管理责任进行调查，对事故责任单位和责任人提出纪律处分的建议；对下级政府上报的对事故责任单位和责任人的纪律处分意见进行审定，按照干部管理权限落实对事故责任单位和责任人的纪律处分决定。

2004 年 9 月 29 日

四、四川旅游系统获得国家和省级表彰的先进集体和先进个人名录

（以时间先后为序）

（一）

1991 年 2 月，国家旅游局、中国财贸工会决定，授予 91 人全国旅游行业劳动模范荣誉称号，授予 201 人全国旅游行业先进工作者荣誉称号，授予 64 个单位全国旅游行业先进集体荣誉称号。四川省获得以上荣誉称号的名单如下。

四川获得全国旅游行业劳动模范荣誉称号（3 人）：

杨 槐　　重庆宾馆董事长、总经理

陶顺林　　万县地区旅游局局长

陈运德　　锦江宾馆绿化部经理

四川获得全国旅游行业先进工作者荣誉称号（9 人）：

刘在其　　重庆饭店动力部经理

阎秀成　　九寨沟风景名胜管理局副局长

曾憬溢（女）　　国旅大足支社导游

王韶虹　　成都和平国际旅行社外联部副经理

龚源鼎　　万县地区巫山县旅游局局长

魏得芳　　乐山嘉州宾馆总经理

张代富　　四川省旅游汽车公司驾驶员

刘桂琴（女）　　成都光明宾馆总经理

裴延龄　　四川海外旅游公司外联部副经理

获得全国旅游行业先进集体荣誉称号（2 个）：

四川岷山饭店营业部销售部

成都市蜀绣厂礼品部

（二）

1993 年 3 月，国家旅游局、中国财贸工会决定，表彰全国旅游行业先进集体 158 个，表彰全国旅游行业先进工作者 212 人，四川省获得表彰的名单如下。

四川获得全国旅游行业先进集体称号（5 个）：

重庆扬子江假日饭店工会

四川锦江宾馆客房部

乐山嘉州宾馆客房部第五服务小组

成都中国青年旅行社接待部

成都西藏饭店前厅迎宾行李部

四川获得全国旅游行业先进工作者称号（8 人）：

龚　立　　　巫山县旅游局导游员

黄月泉　　　乐山就日峰宾馆总经理

兰小康　　　重庆市国际旅游航空服务公司总经理

吉庆祥　　　阿坝州松潘县黄龙管理处处长

宋小黎　　　成都旅游商品产销公司总经理

陈学润　　　成都招商国际旅游公司总经理

王桂枝（女）　重庆市建设宾馆总经理

曹　兰（女）　成都金河大酒店客房部服务员

（三）

1994 年国家旅游局、中国财贸工会决定，授予 102 人全国旅游行业劳动模范荣誉称号，授予 201 人全国旅游行业先进工作者荣誉称号，四川省获得以上荣誉称号的名单如下。

四川获得全国旅游行业劳动模范荣誉称号（4 人）：

罗立先　　　锦江宾馆党委书记、总经理

李昆学　　　成都市中国青年旅行社总经理

兰小康　　　重庆市国际旅游航空服务公司总经理

徐　健　　　四川丰都国际旅行社总经理

四川获得全国旅游行业先进工作者荣誉称号（7 人）：

李　力　　　岷山饭店党委书记、总经理

余　瑛（女）　重庆饭店餐饮部经理

李扬孝　　　四川省中国青年旅行社总经理助理

泽仁珠　　　九寨沟风景名胜管理局局长

张万成　　　乐山市旅游局局长

吴宗华　　　万县市忠县旅游局局长

谭继先　　　四川省旅游学校校长

（四）

1995 年 4 月 1 日，共青团中央、国家旅游局命名全国旅游行业 45 个青年集体为首批全国“青年文明号”，四川锦江宾馆客房主五楼小组获得全国“青年文明号”命名。

（五）

1995 年 4 月，全国劳动模范表彰大会在北京召开，全国旅游系统共有 8 名全国劳动模范。四川锦江宾馆总厨师长、特级厨师党科获得全国劳动模范称号。

（六）

1995 年，成都威斯特旅游公司导游员廖荣隆荣获全国“十佳导游员”称号，获得“石艺杯”奖杯。

（七）

1995 年 12 月，省政府通报表彰锦江宾馆，决定给予锦江宾馆通令嘉奖，对其领导班子集体记功 1 次。通报指出：锦江宾馆 1995 年度经济效益、社会效益显著，全年实现利润 2388 万元，超额完成了下达的利润指标，国有资产保值增值，创五星级饭店取得成功，并获得国家旅游局“’95 全国星级饭店五十佳”荣誉称号。

（八）

1997 年 5 月，四川锦江宾馆总经理罗立先获得全国五一劳动奖章。

（九）

1997 年 6 月，四川省轮船公司旅游客轮“中华”获得国家旅游局、共青团中央授予的“全国青年文明号”称号。

（十）

1998 年 7 月，共青团中央、国家旅游局命名全国旅游行业“青年文明号”，四川省有 3 个青年集体获得全国“青年文明号”命名：

四川锦江宾馆客房部五楼

岷山饭店客房部三区

峨眉山万年寺索道公司

（十一）

1999 年，共青团中央、国家旅游局命名全国旅游行业“青年文明号”，四川省有 2 个青年集体获得全国“青年文明号”命名：

峨眉山金顶索道公司

长宁县竹海宾馆

（十二）

1999 年 9 月 16 日，经国家旅游局严格筛选推荐，中央文明委表彰全国旅游行业 20 家单位，授予“全国创建文明行业先进单位”称号，并颁发证书及标志牌。四川省旅游行业获得“全国创建文明工作先进单位”称号的单位是峨眉山管委会。

（十三）

1999 年 12 月 28 日，人事部、国家旅游局决定，表彰全国旅游系统劳动模范、先进工作者和先进集体。决定授予 105 人“全国旅游系统劳动模范”称号，授予 30 人“全国旅游系统先进工作者”称号，授予 55 个集体“全国旅游系统先进集体”称号。四川省获得以上称号的如下：

四川获得全国旅游系统劳动模范荣誉称号（2 人）：

孙学美（女，彝族）　西昌凉山宾馆总经理

蒋雪岚（女）　岷山饭店经理助理

四川获得全国旅游系统先进工作者称号（2 人）：

马元祝　　峨眉山管委会主任

周伦斌　　省旅游信息中心职员

四川获得全国旅游系统先进集体称号（1 个）：

峨眉山管委会

（十四）

2001 年 9 月 13 日，中央文明办、国家旅游局决定表彰全国首批文明导游员”100 名，授予“全国文明导游员”称号。四川获得“全国文明导游员”称号的有3名：

叶　红（女）　四川阿坝国际旅行社导游员

杨　铸　　　　成都中国康辉国际旅行社导游员

陈雪林（女）　成都光大国际旅行社导游员

（十五）

2002年，四川省政府授予四川省旅游局“民族团结进步”先进集体称号。

（十六）

2003年8月19日，四川省政府决定表彰全省旅游行业17家单位，授予“四川省旅游工作先进单位”称号。名单如下：

先进旅游景区4家：

峨眉山管委会

九寨沟管理局

碧峰峡景区管委会

青城山景区管理局

先进旅行社5家：

成都海外旅游公司

四川省海外富长国际旅行社

四川省中国青年旅行社

成都国际旅游有限公司

成都联运旅行社

先进星级饭店5家：

锦江宾馆

九寨沟国际大酒店

绵阳王子大酒店

成都西藏饭店

都江堰金叶宾馆

先进旅游汽车公司3家：

四川省汽车运输成都公司

四川省旅游汽车公司

绵阳市通力汽车运输有限公司

（十七）

2004年9月2日四川省旅游产业发展领导小组决定，表彰2003年度四川旅游工作先进集体和个人。

2003年度旅游工作先进集体（6家）：

成都武侯祠博物馆

四川省中国青年旅行社

锦江宾馆

绵阳王子大酒店

成都国际会议展览中心

四川省旅游汽车公司

2003年度旅游工作先进个人（6人）：

王　杰　　　　四川省中国国际旅行社导游

高霞蓉（女、藏族）　九寨沟观光公司讲解员

安茂成　　　　成都京川宾馆总经理

何淑华（女）　绵阳假日旅行社董事长

罗声群（女）　峨嵋山管委会督查办主任

李　新　　　　成都市交通局交通运输管理处副科长

（十八）

2004年9月3日，省委、省政府决定，对2003年度全省旅游工作先进单位中的2个单位予以通报表彰，受到表彰的2个单位如下：

峨眉山管委会

九寨沟管理局

（十九）

2005年8月23日，四川省旅游产业发展领导小组决定，表彰2004年度旅游工作先进单位和先进个人。

2004年度旅游工作先进单位（6个）：

黄龙管理局

四川锦江宾馆

绵阳王子大酒店

四川省中国青年旅行社

四川省旅游汽车公司

四川省旅游学校

2004 年度旅游工作先进个人（6 人）：

马元祝　　峨眉山管委会党委书记

章小平　　九寨沟管理局局长

熊　杉　　成都海外旅游公司翻译导游

徐青山　　省监察厅旅游服务监督员

胡　运　　雅安西康大酒店总经理

张永刚　　四川省汽车运输成都公司驾驶员

（二十）

2005 年 8 月 25 日，四川省旅游产业发展领导小组决定，表彰 2004 年度四川省警民共建安全文明旅游区先进单位（3 个）：

峨眉山管委会

九寨沟管理局

都江堰景区管理局

（二十一）

2005 年 8 月 28 日，四川省委、省政府决定，通报表彰省旅游局，通报指出：“省旅游局坚持以科学发展观统领旅游发展大局，认真贯彻落实省委、省政府工作部署，深入推进‘三个转变’，围绕发展大旅游、建设旅游经济强省的目标认真履行职责，加强统筹协调，大胆开拓创新，出色完成了省委、省政府交办的各项工作任务。”

（二十二）

2005 年 8 月 29 日，省委、省政府决定，授予 2 个单位 2005 年“四川旅游金熊猫奖”，并对在第二届四川旅游发展大会上受表彰的 2 个单位授予 2004 年“四川旅游金熊猫奖”。

获得 2004 年“四川旅游金熊猫奖”的单位：

峨眉山管委会

九寨沟管理局

获得 2005 年“四川旅游金熊猫奖”的单位：

都江堰景区管理局

邓小平故里管理局

编 后 记

1986—2005年期间，四川旅游业从一般经济产业型向支柱产业型转变，从旅游资源大省发展成为旅游经济大省，是四川旅游产业发展的一个重要阶段。根据四川省委、省政府关于开展四川省第二轮地方志编纂工作的部署，《四川省志·旅游志（1986—2005年）》作为《四川省志（1986—2005年）》的一部分卷，记载这个时段四川旅游业的产业状况和发展历程。

四川省旅游局作为《四川省志·旅游志（1986—2005年）》的承编单位，高度重视本书编纂工作，认真履行职责，坚持标准，严格要求。2006年11月成立以主要领导为首的编纂委员会，整个编纂过程中，落实了领导责任、编写机构、编写人员、编纂经费、工作条件等。

编纂工作从2007年初开始，经过制定编纂大纲、收集资料、编写资料长编、撰写文稿、总纂等几个阶段，2009年6月形成初稿。初稿形成后反复征求意见，反复修改，多次征求省旅游局各处室和直属单位意见，并公开在全省旅游行业征求意见，注意征求老旅游工作者意见，在此基础上形成初审稿。2011年11月，省旅游局召开初审会议，通过初审，2012年3月，向省志编委上报本书初审志稿。2012年10月通过省志编委复审。2012年，本书编辑室进行初审及复审后的编修，修改、补充、对证资料数据。2013年3月，省政府《四川省志》终审委员会通过对本书的终审。

本书编纂，得到省地方志编委会的悉心指导和帮助，编纂大纲经过省志编委批准，在编写工作全过程及各个环节，省志编委领导、责任总编及编辑，给予工作方向的悉心指导和业务培训指导。借本书付印之时，特对省地方志编委会的指导和帮助，对全省旅游行业和省级相关部门的支持协助，致以真心的感谢！

编写本书期间，编者还承担了《汶川特大地震抗震救灾志》（国务院编）、《汶川特大地震四川抗震救灾志》（四川省编）各分卷有关旅游业部分的初稿撰写或资料收集整理工作。

历经几个寒暑的编写，形成本书志稿后，既有如释重负之感，更有难舍难分之意。个中感悟、遗憾及困惑，不揣冒昧托出：

书中有个别年份的数据缺失，少数地方语焉不详，乃资料缺失所致，虽然多方查找而不得，遗憾不已。深感日常档案资料的收集、整理、归档及利用之必要。

旅游业发展依托相关行业发展，交通、航空、城乡建设等基础设施和服务设施建设对发展旅游业至关重要，本书关于交通、航空、城市建设、环境建设、餐饮、购物等相关行业的记载，由于跨越行业，记载起来必然力有不逮，难免挂一漏万，编写中深感困惑。

一个产业的发展，产生经济效益和社会效益等正能量，会有尽量的记述。同时不可否认，也会带来一些负效应，如旅游资源的过度开发对资源保护的影响，过热的旅游活动对环境的影响，假期集中时蜂拥而至的旅游者超过不少热门景区的承载力等等。此外四川旅游业发展过程中亦有一些教训，如20世纪90年代初期西游记宫、水浒宫、封神演义宫等人文景观的低水平重复建设，以及投入大但效益差的西南日月城等项目，其兴起也忽焉，其衰颓也快速，造成颇大损失。对教训和负效应，由于相关资料数据的无法收集以及顾忌把握失据，终少有记载。

《四川省志·旅游志（1986—2005）》正文包括概述和6篇，还有图片及附录。张承隆撰写第一篇、第二篇，付能强撰写第三篇、第四篇，张巨雄撰写概述、第五篇、第六篇。图片由张巨雄、张承隆、付能强辑录，图片的文字说明由张巨雄编写。附录之中，大事记、先进典型由张巨雄辑录，文献由付能强辑录，省旅游局历任领导人名单由张承隆辑录。张巨雄负责全书总纂。

编者虽然认真有加，不敢懈怠，但由于经验不足，能力有限，故错漏难免。恳请业内外人士及读者批评指正。

《四川省志·旅游志（1986—2005）》编辑室

2014年9月